地学系列教材

地质学基础

Essentials of Geology

（第五版）

(the fifth edition)

邱维理　宋春青　张振春　编著

中国教育出版传媒集团
高等教育出版社·北京

内容提要

本书分为6个部分：绪论、地球的基本特征、矿物与岩石、构造运动与地质构造、地壳演化简史、地质学在资源与环境中的应用，涵盖了地质学的基本知识、基本理论和主要应用方面，同时配套电子课件和网络资源。本书第五版保留了第四版的整体结构，继承了第四版教材的原有优点，在探讨地质学与地理学关系的基础上，调整了部分内容，突出了地质学对于地理学的基础性与实用性。

本书是高等学校地理科学类专业的本科核心课教材，可用作中学地理教师的教学参考书，也可供有关读者参考。

图书在版编目（CIP）数据

地质学基础 / 邱维理，宋春青，张振春编著. 5版. -- 北京：高等教育出版社，2025. 7. --（地学系列教材）. -- ISBN 978-7-04-064705-1

Ⅰ. P5

中国国家版本馆 CIP 数据核字第 2025905XZ3 号

Dizhixue Jichu

策划编辑 杨俊杰　责任编辑 杨俊杰　封面设计 张雨微　版式设计 曹鑫怡
责任绘图 黄云燕　责任校对 高　歌　责任印制 赵　佳

出版发行	高等教育出版社	网　　址	http://www.hep.edu.cn
社　　址	北京市西城区德外大街4号		http://www.hep.com.cn
邮政编码	100120	网上订购	http://www.hepmall.com.cn
印　　刷	人卫印务（北京）有限公司		http://www.hepmall.com
开　　本	787mm×1092mm　1/16		http://www.hepmall.cn
印　　张	25.75	版　　次	1978年4月第1版
字　　数	610千字		2025年7月第5版
购书热线	010-58581118	印　　次	2025年8月第2次印刷
咨询电话	400-810-0598	定　　价	52.00元

物 料 号　64705-00
审 图 号：GS京(2025)0155号

数字课程使用说明

一、课程登录

1. 使用计算机访问 http://abooks.hep.com.cn/64705/。
2. 注册并登录,进入"我的课程"。
3. 输入封底数字课程账号(20 位密码,刮开涂层可见),完成课程绑定。
4. 在"个人中心"菜单下点击"我的图书",开始数字课程的学习。

课程绑定后一年为数字课程使用有效期。受硬件限制,部分内容无法在手机端显示,请按提示通过计算机访问学习。

如有使用问题,请发邮件至:hepsci@hep.com.cn。

二、资源使用

与本书配套的数字课程资源按照章节知识树的形式构成,配有电子教案和教学彩图等资源。

电子教案:教师上课使用的与课程和教材紧密配套的教学 PPT,可供教师下载使用,也可供学生课前预习或课后复习使用。

教学彩图:数字课程包括一些重难点内容的教学彩图,可使学生看得更直观、更生动,也可供教师参考。

目 录

第 1 章

绪论

电子教案
第 1 章

第 1 节　地质学概述

自然科学的基础学科分为数学、物理学、化学、天文学、地学和生物学 6 大门类。地质学是地学(即地球科学)的重要组成部分。

一、地质学的研究对象

地质学是一门以固体地球为研究对象的自然科学。

地球由内部圈层和外部圈层组成。内部圈层构成固体地球,分为地壳、地幔、地核;外部圈层包括大气圈、水圈、生物圈。在现阶段,由于观察、研究条件的限制,地质学主要研究固体地球的最外层,即岩石圈(包括地壳和上地幔的上部),也涉及水圈、大气圈、生物圈和岩石圈之下的更深部位,以及某些地外物质。

岩石圈既是与人类生活和生产密切相关的部分,也是容易直接观测和研究历史最久的部分。随着科学技术的发展,如卫星、航天、深钻技术、海洋物理勘探、高温高压实验、电子显微镜、计算机、遥感遥测、红外摄影、激光等新技术、新手段的不断应用,地质学的研究范围也不断扩大。从岩石圈表面向深部发展,出现了深部地质学;从大陆向海洋发展,出现了海洋地质学;从地球向外层空间发展,出现了月球地质学、行星地质学、宇宙地质学。

除地质学外,其他涉及地球的学科还有地理学、生物学、气象学、水文学、天文学等。它们的区别在于研究的侧重点不同。地质学着重研究岩石圈,地理学侧重研究人类生存的地球表层环境,生物学研究地球上的有机生命体,气象学研究地球大气圈,水文学研究地球的水圈,天文学则从天体的角度研究地球及其起源。

二、地质学的研究内容与学科划分

地质学主要研究地球的物质组成、结构、构造运动、发展历史和演化规律,并为人类的生存与发展提供必要的地质依据,主要是资源与环境条件的评价。按照研究的内容和性质,地质学可以划分出许多独立的分支学科(表 1-1)。

表 1-1　地质学分支学科简表

研究内容和性质	主要分支学科举例
地球物质组成及其分类、成因与转化规律	地球化学　结晶学　矿物学　岩石学　实验岩石学
地球构造运动、地质作用与过程、地质构造的类型与成因	地球物理学　动力地质学　火山地质学　构造地质学　地震地质学　板块构造学　大地构造学

续表

<table>
<tr><th colspan="2">研究内容和性质</th><th>主要分支学科举例</th></tr>
<tr><td colspan="2">地球的发展历史，以及生物与古地理演化规律</td><td>地质年代学 古生物学 地层学 地史学（历史地质学） 第四纪地质学 区域地质学 古地理学 古气候学</td></tr>
<tr><td rowspan="3">地质学的应用</td><td>资源方面</td><td>矿床学（或矿床地质学） 矿产勘查地质学 矿山地质学 水文地质学 旅游地质学</td></tr>
<tr><td>能源方面</td><td>煤田地质学 石油地质学 天然气地质学 放射性矿产地质学 地热学 非常规能源学</td></tr>
<tr><td>环境、人类生活和灾害防护</td><td>工程地质学 环境地质学 灾害地质学</td></tr>
<tr><td colspan="2">边缘学科、综合学科及新兴学科</td><td>数学地质学 地质力学 天文（天体）地质学 月球地质学（月质学） 海洋地质学 遥感地质学 深部地质学 同位素地质学 岩石圈动力学 生态地质学</td></tr>
</table>

表1-1仅仅列出地质学分支学科的主要部分，实际上每一分支学科还可以进一步划出许多分支，例如古生物学可以分成古动物学、古植物学、微体古生物学、超微体古生物学等。而古动物学又包括古无脊椎动物学、古脊椎动物学等。由此可见，地质学研究的内容是非常繁多而且复杂的。

本书主要介绍地质学的基本知识和一般原理，以便读者了解地质学的基本内容，掌握地质学的基本技能和研究方法，为进一步学习地质学、地理学及其他有关学科奠定必要的基础。

三、地质学研究的特点和方法

地质学是一门综合性的学科。地质学的研究对象及其内容既不同于数学，也不同于物理学、化学和生物学，具有自身的特殊性，因而也具有自己的研究方法。

（一）地质学研究的特点

第一，地质学的研究对象涉及悠久的时间和广阔的空间。地球自形成以来已经有46亿年的历史，在这样漫长的时间里，地球曾发生过沧海桑田、翻天覆地的变化，而其中任何一个变化和事件、任何一粒矿物和一块岩石的形成和演化，往往要经历数百万年甚至数千万年的周期。对这些变化和事件，无法像研究人类历史那样，可以借助文字和文物；也不能像研究物理那样，可以在实验室中进行实验分析与验证，而是必须分析地球发展过程中遗留下来的各种地质记录。

同时，地球具有巨大的空间，在不同地点和不同深度，具有不同的物质基础和外界因素。因此，海洋和大陆、大陆的各部分、地球表层和深部，都有其不同的发展过程。地质学不仅要研究它们的共性，更要研究它们的差异性和相关性，才能全面、深入地找出地球的发展规律。

第二,地质现象具有多因素互相制约的复杂性。地质学所研究的对象和内容,从小的矿物组成的微观世界,到大的整个地球,以及宇宙的宏观世界;从矿物岩石等无机界的变化到各种有机生命体的演化;从常温常压环境到极端的高温高压环境;从各种变化的物理过程、化学过程到生物化学过程;从地球本身各个部分的物质能量转化到地球与外部空间的物质能量交换等充满着各种矛盾和相互作用的复杂过程。而任何一种地质过程,也不是单一的物理过程或化学过程。地球自诞生以来,不仅形成了多姿多彩的矿物世界、岩石世界、海洋大陆、高山深谷,也出现和演化了种类繁多的生物世界。众所周知,目前在实验室中即使合成最简单的生命物质,也是非常不容易的。地球演化到今天,产生出如此生动的面貌,这固然与其具有人类历史所不能比拟的充分长的时间有关,同时也说明地球演化的自然历史是一个十分复杂的过程。

第三,地质学是来源于实践又服务于实践的科学。但地质学必须首先以地球为课堂,以大自然为实验室,通过野外调查研究,大量掌握实际资料,进行分析对比归纳,得出初步结论,然后再用以指导生产实践,并不断修正补充和丰富已有的结论。远在数十万年前的旧石器时代,人类的祖先就是在制造石器的过程中,逐步掌握了一些岩石的特性;进入铜器时代、铁器时代,人类又在生产活动中逐步掌握了寻找有用矿产的某些规律;近代以来,由于工矿业的发展,特别是相邻学科和现代技术的进步,推动了地质学的突飞猛进,并不断形成新的理论。

(二)地质学的研究方法

地质学研究的上述特点决定了地质学的研究方法主要是在实践的基础上,进行推理论证。推理的基本方法是演绎和归纳。演绎是由一般原理推出特殊情况下的结论。例如岩石都是地球发展历史的产物,花岗岩是一种岩石,所以花岗岩是地球发展历史的产物。归纳是由一系列具体的事实概括出一般规律或原理。例如在高山上,发现成层的岩石,岩层中含有海生动物化石,说明高山的前身是海洋,由此可以推断高山的形成往往发生过海陆的变化。在地质学研究中,这两种推理方法都能用到,其中归纳法是更基本的方法,但需要注意样本的局限性和特例的存在。

1. 野外调查

为了认识地壳发展的客观规律,了解一个地区的地质构造和矿产分布情况,除了搜集和研究前人已有成果外,必须进行野外调查研究和地质测量,包括露头观察与采样、化石发掘与采集、地层钻探与取芯、地球物理勘探、地质图绘制等。在积累大量实际资料的基础上,分析对比,归纳分类,进而得出科学结论。通过“实践、认识、再实践、再认识”循环往复的形式,得出反映客观事物本质的结论。

2. 室内实验和模拟实验

室内实验也是进行科学研究的重要手段。在野外采集的各种样品,都要带回室内进行实验分析和鉴定,如岩矿鉴定、岩石定量分析、化石鉴定、同位素年龄测定等。为了生产的实际需要和探讨某些地质现象的成因及发展规律,有时需要利用已知岩矿的各种参数及物理、化学过程,进行模拟实验。虽然,这种实验结果的可靠性是相对的,但其重要性却日益增加。如目前可以制造出人造红宝石、石英、金刚石等,既有实用价值,又有助于了解自然界矿物、岩石、矿床的形成和分布规律。又如,在室内进行地质力学模拟实验,可以得出各种构造类型的形成条件和展布情况。

3. 历史比较法(现实类比法)

研究地球的历史,重塑地质时代的古地理环境,经常使用这种方法。著名英国地质学家莱伊尔(Charles Lyell,1797—1875)推广并发展了赫顿(James Hutton,1726—1797)的"以今证古"的研究方法。他们认为当前正在进行着的各种地质作用及其方式,与地质历史时期是一样的,所不同的只是量的差别。例如,目前在海洋里沉积的泥沙,其中夹杂着螺蚌壳,假如在高山地层中发现海生螺蚌壳化石,就可以判断该山所在地曾经是一片海洋,并可得出结论,地表各处的山脉并不是从来就存在的,而是地球历史发展的产物。莱伊尔强调地球上的一切地质记录——巨厚的地层、高大的山脉等,并不是什么剧烈的动力造成的。各种缓慢的人们难以察觉的地质作用,只要经过漫长的岁月,就可产生惊人的结果。这种理论被称为均变论(uniformitarianism)。后人将其概括为:"现在是认识过去的钥匙。"意思是我们从现在的已知就可推求过去的未知,根据目前的地质过程和方式就可推断过去的地质过程和方式,从而恢复地质时代的历史。这种方法也叫作现实主义方法(原则)。该方法以观察事实为依据,得出的结论既可以证实,也可以证伪,是符合逻辑的科学方法。

稍早一点,法国地质学家居维叶(Georges Cuvier,1769—1832)认为地壳的变化和生物的发展,不是自然界逐渐演化而成的,而是由于发生多次超越现在人类认识范围和经验的短暂的剧变事件造成的。他用《圣经》上所说的大洪水解释生物的灭绝,用上帝"创造"世界解释新物种的出现,认为"灾难—毁灭—再创造"是自然界和生物界历史过程的基本规律。这种观点与均变论相反,被称为灾变论(catastrophism)。由于它否认生物演化,并带有难以验证的神学色彩,所以后来受到批判,逐渐为均变论所代替。

均变论在反对当时灾变论、建立唯物主义的进化观点和研究方法中,曾经起了进步的作用,主导了近代地质学的形成与发展。但是,均变论只强调缓慢变化的一面,未见到突变的一面;只谈量变,未谈质变;只认识到古今的一致性,未完全认识到古今还有差异性。过去不会和今天完全一样,今天也不会是过去的重演,地球的历史绝不会是简单的重复。20世纪60年代以来,越来越多的学者认识到,在地球的长期发展过程中,不能排除曾经发生过若干次灾变或剧变事件。例如,大型陨石的撞击,地磁极的多次反转,地质历史上多次冰川时期的出现等,无疑都会影响地球发展的进程和各种平衡关系。特别是重要地质事件影响的广泛性和可对比性,直接形成一个新的分支学科——事件地层学。

现代地质学接受了莱伊尔现实主义的合理部分,即以今证古的原理,同时也注意到地球发展的阶段性和不可逆性,以及在地球发展的不同阶段中自然条件的特殊性,如大气成分不同、海陆分布形式不同、生物状况不同、构造运动的方式和强烈程度不同等,因此各种地质作用如风化、侵蚀、搬运、沉积等作用的方式、速度也有差异。所以研究地球的历史,必须根据具体情况,用历史的、辩证的、综合的思想作指导,而不是简单地、机械地以今证古,才能得出正确的结论。这种方法就是历史比较法或现实类比法。

近几十年通过对地球的监测获得的许多数据,认为时间是地质事件及其结果的最好过滤器,也就是随着地球的发展和时间的延续,那些意义不大的地质事件及其结果都被筛掉或过滤掉了,具有重大影响的重要事件才被记录下来。因此,人们通过对某些作用结果的观测，比通过不连续或微弱的信息直接监测地球的一般动力演化，可能会更正确地认识某些地质过程，更正确地研究现在，了解过去，预测未来。这种观点和莱伊尔的“以今证古”相反，而是“以古证今”，认为“研究过去是了解现在的钥匙（关键）”。实际上，这些不同观点可以起到互为补充的作用，古和今是一种辩证关系，以今可以证古，将古亦可论今，不可把它们割裂开来。

四、地质学研究的目的

任何一门学科，其价值与生命力就在于能够满足人类的需求——包括物质需求与精神需求。地质学也不例外。为人类服务就是地质学的最终目的。至于地质学可以在哪些方面为人类服务，从学科研究的角度可以概括为理论与实践两个方面。

地质学理论研究的目的就是正确地认识地球和地球的发展历史。它一方面满足人类认识自然、欣赏自然的精神需求，另一方面也是满足人类物质需求的前提与基础。

人类出现在地球上已经有300多万年的历史。从最初利用岩石制造工具，人类便开始了对地球的探索，此后不断积累、丰富、修正关于地球的知识，直至建立系统的地质学科学体系。但时至今日，关于地球仍有许多尚未解开之谜，如地震活动的规律、地球深部的物质与能量运动、各圈层之间的相互影响，等等。地质学的理论研究就是逐步逼近正确、全面地认识地球的过程。此外，关于地球的起源、生命的起源等自然科学的基本理论问题，也离不开地质学的研究。

地质学研究的实践目的，就是在正确认识地球的基础上，指导人类寻找并合理开发利用矿产、地下水、油气等资源与能源，查明与防治地质灾害，为改善人类生存的地质环境服务。

人类对矿产资源的开发利用，是一个随着知识积累、技术进步不断扩展的过程。在旧石器时代，人类主要利用坚硬的岩石打制石器——从大型粗笨的石球、石核到小巧精致的石刀、箭镞。在新石器时代，人类学会用黏土烧制陶器，用玉石制造饰品。进入青铜器时代、铁器时代，人类对多种金属矿产资源的利用已经相当普遍。伴随工业革命和工业现代化的技术发展，人类对各种矿产资源开发利用的能力迅速提高。在现代世界人口增长与消费膨胀的推动下，一方面人类对矿产资源开发、利用的种类和数量日益增加，有些资源甚至出现短缺的状况，另一方面资源的开发与消耗也造成环境的破坏与污染。因此，地质学不仅负有继续找出新的矿产资源以维持社会巨大需求的使命，而且还要担当起指导合理开发、保护矿产资源、防治环境恶化等重任。

地质灾害是天然地质过程与人类活动发生冲突而产生的。现代人类社会的发展已经达到空前的规模，人类活动几乎遍布整个地球，特别是人口密集、建筑集中的大城市，大大增加了地震、火山喷发、山崩、滑坡、泥石流、塌陷、海浪冲蚀、泥沙淤积、地面沉降等地质作用造成人身或财产损失的机会。地质学的任务之一就是调查地质灾害的种类、性质与分布规律，为制定减灾防灾对策提供依据。

此外，在特定地质条件下，土壤和地下水中所含的某些元素缺少或过多会危害人体的健康，而某些微量元素的存在对人体健康则是有益的。减轻或消除地质环境的负面影响，发挥地质环境的有利一面，也是地质学应用研究的重要方面。

五、地质学与地理学的关系

地质学和地理学同为地球科学的主要分支学科，二者的研究对象具有天然的“表里”关系，两个学科之间既有分工的区别，又有内在的联系。

地质学以固体地球为研究对象，重点研究岩石圈的物质组成、构造特征与形成演变历史；地理学以地表人类生存环境为研究对象，侧重研究地球表层各种地理要素及地理综合体的区域特征、空间格局与形成演变过程。但是，从地球系统的角度看，岩石圈和地球表层是在空间上彼此相邻的两个子系统，存在大量的物质与能量交换，形成了相互联系、相互影响的密切关系。

对于岩石圈子系统而言，地球内部能量及深部物质变化所驱动的地幔及软流圈运动，决定了岩石圈板块的形成和状态，并通过岩石循环、构造循环等过程影响着岩石圈的物质组成、构造特征和演化历史。地球外部太阳能驱动的大气圈、水圈及生物圈的物质运动，通过侵蚀、搬运、沉积等外动力过程进行地表物质迁移，不仅改变了岩石圈的物质组成，形成沉积岩，地表物质迁移引起的质量重新分布，还影响岩石圈的构造均衡调整。

地球表层子系统是一个位于岩石圈与大气圈、水圈、生物圈交界面的特殊圈层。一方面，受地球内能驱动的岩石圈物质运动造就的地表海陆格局和地形起伏，构成了地表自然环境的重要组成要素，并作为下垫面因素影响大气圈和水圈的运动，进一步制约水体的类型与分布。另一方面，受太阳能驱动的大气圈、水圈和生物圈物质运动，在努力缩小地表起伏和水热空间差异的过程中，塑造了类型多样的侵蚀地貌与堆积地貌，形成了具有不同水热组合和分布格局的气候类型。气候条件和地貌状况的叠加产生多样的地表生境，为生物的诞生、繁衍、演化，人类的生存、发展提供了获取物质与能量的环境基础。

因此，地理学与地质学虽然被定义为两个不同的学科，但二者研究对象的天然的“表里”关系，决定了地理学与地质学的内在联系，也要求两个学科需要相互交流，相互促进，共同发展，这具体表现在以下两个层次的关系中。

第一，两个学科的科学研究具有互补性。

地球是一个整体。地球系统的各个子系统（或圈层），虽然具有不同的物质组成和运动特点，但都遵循着物质运动与能量交换的基本物理学规律，并且通过物质流和能量流彼此联系，相互影响，共同演化。地质学与地理学从不同角度研究地球的不同部分，两个学科的研究成果有助于对地球的全面认识，形成的理论体系和研究方法可以相互借鉴。

地理学所关注的地表过程，往往与地球深部地质过程存在本质联系。因此，地质学的研究成果为地理学理解地表过程的内动力成因提供了支撑。地理学研究地表过程的成果，有一些可为追溯深部地质过程提供线索，有一些可为认识岩石圈的演化历史提供依据。例如，地貌是内、外动力作用于岩石圈所形成的地表形态，其中与构造运动相关的信息是研究岩石圈深部地质过程的重要依据，从地貌特征中提取构造运动信息称为地质调查的地貌学方法。现代世界气候类型、生物及土壤的分布规律，按照“以今证古”的现实类比法，则为认识地质历史时期各种沉积岩所记录的古地理环境及其演化提供了依据。

第二，对于地理学而言，地质学比其他相关学科更具有基础性。

构成地球表层的各种自然地理要素，大气圈、水圈和生物圈都具有运动速度快、变化周期短的特点，岩石圈因其固态性质而具有较慢的运动速度和较长的变化周期。作为地球表层相对稳定的组成要素，岩石圈的表面成为人类立足与活动的舞台，岩石圈的物质组成、构造特征和演化过程，则对地表环境的形成、演化具有深刻的影响。

构成岩石圈的矿物和岩石是地貌形成、土壤发育的物质基础，是生物生长（植物养分、动物掘穴）、地下水赋存与运动的物质条件；岩层的褶皱、断裂等地质构造是地貌形态与侵蚀作用的构造基础，为土壤发育的风化作用、地下水的赋存与运动提供孔隙条件；岩石圈不同尺度和类型的构造运动不仅造就原生构造地貌，还通过改变海陆分布格局与地表起伏状态，进一步影响气候变化，以及生物的适应与演化（地理隔离）；作为地球表层环境的重要组成部分，岩石圈随时间的演变必然引起地貌、气候乃至生物等的演化，造成地表生存环境的深刻变化。

因此，地质学既是地理学研究的重要基础，也是地理学专业课程学习的基础。不仅地貌学、气候学、水文学、土壤地理学、区域自然地理学等自然地理课程的学习需要地质学基础；与资源开发、土地利用、产业布局与规划有关的人文地理学课程，以及环境保护、自然灾害、可持续发展等相关课程的学习也需要一定的地质学基础。

第 2 节　地质学发展简史

人类对地质现象的观察和描述有着悠久的历史。但是作为一门科学，地质学成熟得较晚，通常认为近代地质学到 1840 年才建立起来。地质学的发展历史可以根据地质知识发展的程度，并参照其社会文化背景分为以下 6 个阶段。

一、萌芽时期（远古—1450）

人类对岩石、矿物性质的认识可以追溯到远古时期。在中国，铜矿的开采在 2 000 多年前即已达到可观的规模。春秋战国时期成书的《山海经》《尚书》《管子》中的某些篇章，以及古希腊的泰奥弗拉斯托斯的《石头论》（公元前 4 世纪）等作品是人类对岩矿知识的最早总结。

在开矿，以及与地震、火山、洪水等自然灾害的搏斗中，人们逐渐认识到地质作用，并给予思辨性、猜测性的解释。中国《诗经 · 小雅 · 十月之交》有“高岸为谷，深谷为陵”的描述，反映当时的民众对有关地质作用的认识。古希腊的学者亚里士多德提出，海陆变迁是“按照一定规律在一定时期发生的”。在漫长的中世纪时期，欧洲科学发展缓慢。这一时期，中国的沈括对海陆变迁、古气候变化、化石的性质做出了较为正确的解释。朱熹也比较科学地解释了化石的成因。在四川，天然气的钻井达到 1 000 m 以上的深度，说明古代中国的工程地质技术已经达到一定的水平。

二、奠基时期（1450—1750）

欧洲的文艺复兴是科学与文化发展的转折点。这一时期，对地球的历史开始有了比较科学的解释。意大利的达 · 芬奇、丹麦的 N. 斯泰诺、英国的 J. 伍德沃德、R. 胡克都对化石的生物成因做了论证。胡克还提出可以用化石来记述地球历史(1705)。斯泰诺则提出了地层层序律(1669)。在岩石学、矿物学方面,德国的G.阿格里科拉对矿物、矿脉生成过程和对水在成矿中作用的研究,开创了德国研究矿物学、矿床学的先河,在欧洲有着深远的影响。中国的李时珍在《本草纲目》(1578)中记载了200多种矿物、岩石和化石。《徐霞客游记》(1642)则是实地考察自然地理环境所获得的超越时代的成果。

三、形成时期(1750—1840)

在英国工业革命、法国大革命和启蒙思想的推动和影响下,科学考察和探险旅行在欧洲兴起。旅行和探险使得地壳成为直接研究的对象,使得人们对地球的认识从思辨性猜测转变为以野外观察为主的实证性研究。

来自不同地区的野外观察材料,使研究者们形成了不同的观点、不同的学派。这一时期,学派之间的争论十分活跃,不仅丰富了地质知识,更促进了地质学科学体系的形成。关于地层及岩石成因的水成论和火成论的争论在18世纪末期非常激烈。德国的A.G.维尔纳是水成论的代表。他提出花岗岩和玄武岩都是沉积形成的,并对萨克逊地区的岩层做了系统划分(1787)。英国的J.赫顿是火成论的代表。他认为结晶岩是地下深处熔融物质上升到地表结晶后形成的。层状岩石是海底沉积物受上部压力和地心热力作用固结成岩的,后来才抬升并形成陆地(1785、1795)。水火之争促使了地质学从宇宙起源论、自然历史和古老矿物学中分离出来,并逐渐形成一门独立的学科。19世纪上半叶,有关灾变论和均变论的争论,对地质学的思想方法产生了历史性的影响。在争论中,均变论逐渐成为百余年来地质学及其研究方法的正统观点。

此外,古生物学、地层学方面由于英国W.史密斯(1815)、法国G.居维叶(1812)、J.B.de M.拉马克(1815—1822)等的研究,至1840年,地层划分的原则和方法已经确立,地质时代和地层系统基本建立起来。矿物学沿着形态矿物学和矿物化学方向发展,美国J.D.丹纳的《矿物学系统》(1837)标志着经典矿物学的成熟。1829年,英国W.尼科尔发明了偏光显微镜,使得19世纪后半叶显微岩石学迅速发展成为可能。法国E.de博蒙于1829年提出地球冷缩造山的收缩说,对近百年来的构造理论产生了重大影响。

这一时期,有关地球历史的古生物学、地层学,有关地壳物质组成的岩石学、矿物学和有关地壳运动的构造地质理论所组成的地质学体系逐渐形成。特别是"均变论"作为地质科学的基本思想和方法论已经确立,它随着英国C.莱伊尔《地质学原理》3卷本在1830年至1833年的陆续出版得以确定。因此,可以认为地质学的建立工作已经完成。

四、发展时期(1840—1924)

随着工业化的发展,各工业先进国家都开展了区域地质调查工作,使地质学从区域地质向全球构造发展,并推动了地质学各分支学科的迅速建立和发展。其中重要的有瑞士J.L.R.阿加西等人对冰川学的研究(1837、1840),以及英国G.B.艾里(1855)、J.H.普拉特(1859)提出的地壳均衡理论。有关山脉形成的地槽说经过美国的J.霍尔(1859)和J.D.丹纳(1873)的努力最终确立起来。法国M.A.贝特朗提出造山旋回概念(1887),G.É.奥格对地槽系和大陆区的划分(1900),以及德国W.H.施蒂勒对地槽类型的划分(1924)使造山理论更加完善。奥地利E.修斯和俄国的A.П.卡尔宾斯基则对地台做了系统的研究。对阿尔卑斯构造的研究，推动了全球构造的研究。E. 修斯的《地球的面貌》(1883—1909)是19世纪地质学研究的总结。同时E. 修斯从全球的角度来研究地壳运动时空关系的综合分析方法预示了20世纪地质学研究新时期的到来。

五、20世纪地质学的发展（1924—1970）

进入20世纪以来，社会和工业的发展，使得石油地质学、水文地质学和工程地质学陆续形成独立的分支学科。同时，在地质学各基础学科稳步发展的同时，由于各分支学科的相互渗透，数学、物理、化学等基础科学与地质学的结合，新技术方法的采用，出现了一系列边缘学科。

挪威的V. M. 戈德施密特，苏联的A. E. 费尔斯曼、B. И. 维尔纳茨基创立了地球化学。英国A. 霍姆斯应用放射性蜕变原理进行了地质年代学的研究。地球物理手段与地质学相结合，促进了一系列的重大发现。地震波的研究揭示了固体地球的圈层构造，以及洋壳与陆壳结构的区别。高温高压岩石实验研究为人们认识地壳深部地质过程提供了较为可靠的依据。所有这些都促进了地质学研究从定性到定量的过渡，并向微观和宏观两个方向发展。

20世纪五六十年代，全球范围大规模的考察和探测，使地质学研究从浅部转向深部，从大陆转向海洋，海洋地质学有了迅速发展。同时古地磁学、地热学、重力测量都有重大进展，为新全球构造理论的产生提供了科学依据。在这些基础上，德国A. 魏格纳于1912年提出的、与传统海陆固定论相悖的大陆漂移说得以复活。20世纪60年代初，美国的H. H. 赫斯、R. S. 迪茨提出海底扩张理论，较好地说明了大陆漂移的机制。加拿大的J. T. 威尔逊提出转换断层的概念，并创造性地使用“板块”一词。20世纪60年代中期美国W. J. 摩根、法国X. 勒皮雄等提出板块构造说，用以说明全球构造运动的基本原因和运动模式。板块构造说被称为新全球构造理论，它标志着新地球观的形成，使现代地质学研究进入一个新阶段。

六、现代地质学的发展趋势

20世纪70年代以来，一方面，人类社会对各类自然资源日益增加的需求，全球变化及其对人类生存环境的影响，均对地质学的研究提出了更高的要求；另一方面，大量地质资料的积累，学科之间的交叉、渗透，尤其是航空、航天、计算机、深部钻探等高科技手段的应用，使得地质学获得了更为有利的发展机遇。现代地质学的发展具有以下特点。

① 地质学观察与研究的范围和领域日益扩大。在空间上，地质学不但能通过直接或间接的方法逐步深入岩石圈深部，而且对月球、太阳系部分行星及其卫星的某些地质特征，将有更多的了解。陆地深钻技术将超过现有的10 000余米水平，洋壳和位于大陆坡底的巨厚沉积层的秘密将进一步被揭示，石油开发的边界会继续扩大。同时，新型自容式潜标系统也使观察深度从已达到的3 000 m加深到6 000 m左右，除少数特别深的海沟以外，海底的其他主要部分都有可能被人们观察到。在时间上，35亿年以前底栖微生物群的发现，以及其他古生物迹象的证实，会加深人们对地球（尤其是地壳）的了解。同时与人类社会最接近的一段时间（第四纪）的地质历史的研究也将更加精细。

② 地质学研究的精度与深度随着多学科的合作而不断提升。数学、物理学、化学、

生物学、天文学等学科的发展和向地质学的进一步渗透,先进技术在地质工作中的使用,以及同精细、深入的野外地质工作相结合,使得人们有可能对更多的地质现象和规律做出更精确、科学的解释,进行更深入和本质性的研究。

③ 实验与模拟成为地质学研究的重要手段。实验地质学的发展使地质学的研究从以野外观察、描述、归纳为主,发展到归纳与演绎并重的阶段。实验技术的进一步改进,计算机模型的应用,使得一些极端地质条件可以在实验室中获得,如高温高压环境,从而可以模拟更为复杂的具有多种可变因素的地质作用,并把时间因素也纳入模拟实验之中。

④ 全球构造理论不断补充完善。板块构造理论树立了全新的地球观,开创了地质学的新时代。但是,板块构造理论也不是没有缺陷的,以海洋地质为主要证据的板块理论,对大陆构造历史的解释存在局限性。来自各大陆的有关不同地质历史时期的新资料将在很大程度上检验和发展板块构造学说,进而产生一些新的理论和学说。

⑤ 资源与环境是地质学服务社会的重要方面。开发地球资源与能源是人类社会发展的需要,也是地质学服务社会的一个传统领域。面对当今经济发展,有关矿产资源和新能源的研究,仍处于最重要的地位,因而将继续深入。海底含油、气地层,以及洋底多金属结核和现代成矿作用等的形成机理研究会有新的进展,从中国,以及各大洲的成矿带、成矿区的区域地质发展历史全过程出发,按不同成矿时代分别研究区域成矿的规律性,尤其是不同地质背景下所形成的矿组或跨矿组的成矿系列的发生、发展规律,也将取得新的成就。非金属矿床、放射性矿床、地热资源,以及其他矿产的综合利用将显著发展。同时,由于区域成矿研究的需要,将进一步加强区域地质的综合研究,并促进地层学、古生物学、沉积学、构造地质学、地质年代学,以及区域岩浆活动研究、变质地质研究等向新的水平发展。

人类的生存与发展不仅需要资源,更需要良好的环境。人类赖以生存的自然环境是地球长期演化的结果,这种演化的地质过程或者是缓慢的、难以察觉的,或者是急剧的、灾难性的。人类必须适应自然环境的这种动态平衡过程。然而,更为严峻的是,人类在资源开发、经济发展的过程中,对自然环境愈来愈强的干扰,直接导致了生存环境的恶化。矿产资源与地下水的开采、废弃物质的排放、工业化与城市化形成的人口与建筑的高度集中等,都会产生一系列环境地质问题。加强环境地质调查研究,积极参与人类生存质量的改善与管理,是当前地质学应用新的广阔领域。

⑥ 国际合作成为现代地质学研究的必然趋势。地球是一个整体,区域地质过程是在全球的背景条件下进行的,区域地质作用也对全球环境有所影响。板块构造理论建立起新的全球构造观念,更显示出地质学全球宏观研究的重要性。因此,地质学界及整个地球科学界,从20世纪70年代以来,通过国际合作,推动了大量多学科、全球性的调查与研究计划。

例如,1968—1983年执行的“深海钻探计划(DSDP,Deep Sea Drilling Programme)”及后续的“大洋钻探计划(ODP,Ocean Drilling Programme,1985—2003)”证实了海底扩张,揭示了海洋的历史、古环境、古气候、古生物的演化,调查了海底火山喷发、沉积作用与海底矿产分布,创立了“古海洋学”。1972年设立的“国际地球科学计划(IGCP,International Geological Correlation Programme,2003年前称为国际地质对比计划)”目的在于通过国际性研究解决有关地质问题，发现潜在的矿物和能源资源，确定世界范围内的岩石地层单位与地质年代之间的关系，促进新技术和研究设备的应用，向发展中国家传播科学知识和研究手段。1994 年其目标调整为：更多地以科学新发展和新观念来了解控制人类生存条件的事件与作用过程，并更名为“国际地质对比计划——地学为社会服务（IGCP，International Geological Correlation Programme——Geoscience in the Service of Society）”。

作为“全球变化研究”核心计划的“国际地圈-生物圈计划（IGBP，International Geosphere-Biosphere Programme）”，于 1987 年启动，包括“国际全球大气化学计划（IGAC，International Global Atmospheric Chemistry Project）”“全球联合海洋通量研究（JGOFS，Joint Global Ocean Flux Study）”“过去的全球变化研究计划（PAGES，Past Global Changes）”“全球变化与陆地生态系统（GCTE，Global Change and Terrestrial Ecosystems）”“水文循环的生物圈方面（BAHC，Biospheric Aspects of the Hydrologic Cycle）”“海岸带陆-海相互作用研究计划（LOICZ，Land-Ocean Interaction in the Coastal Zone）”“全球分析、解释与建模（GAIM，Global Analysis，Interpretation and Modelling）”等众多的研究领域。

1990—2000 年的“国际减轻自然灾害十年（IDNHR，The International Decade for Natural Hazards Reduction）”针对地震、风暴（飓风、龙卷风、台风）、海啸、洪水、滑坡、火山、自然大火等灾害开展整体研究，特别强调对自然灾害的预防与人类社会的应变策略。2014—2023 年的“未来地球计划（Future Earth）”则以应对全球环境变化的挑战为目的，通过加强包括地球科学在内的自然科学与社会科学的沟通与合作，为全球可持续发展提供理论与研究方法支持。由此可见，国际合作已经成为人类全面认识地球，改善全球环境，实现可持续发展的必由之路。

复习思考题

1. 地质学的研究对象和研究内容具有哪些特点？
2. 根据研究内容，地质学可以分为哪些主要分支学科？
3. “以今证古”和“以古证今”这两种思想方法在地质学的研究中是如何体现的？
4. 地质学的研究目的和研究意义何在？
5. 如何认识地质学与地理学，以及其他相关学科的关系？
6. 为什么说“地质学是一门古老而年轻的科学”？哪些理论的建立标志着近代地质学的成熟？
7. 请在本书所提供材料的基础上，利用网络搜索工具，查找现代地质学研究的热点领域，并概括现代地质学的发展特点。

第2章

地球的基本特征

电子教案
第2章

第1节　地球概况

一、地球的形状和大小

（一）对地球形状的认识

在长期生产实践中，人类对于地球形状的认识经历了反复曲折的过程。当初人们确认地球的形状为圆球形，这是一个认识上的进步，有人将其比喻为第一级近似。到18世纪末，人们普遍认识到地球为在极轴方向缩扁的椭球，这是第二级近似。为了数学上计算方便，人们用“旋转椭球体”这一几何形体来代表地球的形状。所谓旋转椭球体是将一个椭圆以它的短轴为轴旋转而成的球体。地球因自转而变扁，这符合逻辑和事实，但地球不是流体，所以旋转椭球体的光滑表面并不完全和地球真实形状一致。地球表面有大陆和海洋，地势有高有低，其形状是非常不规则的。后来人们采用“大地水准面”（geoid）这个概念来刻画地球的表面（图2-1），这是第三级近似。大地水准面是指由平均海平面所构成的曲面。静止海面上的重力位各处相等，即海平面在重力作用下是一个等位面。把这个等位面延伸通过大陆，就形成一个近似球形的封闭曲面，以此代表地球的形状。由于地球表面有71%为海洋所占据，所以在一定程度上讲，大地水准面非常接近地球的形状，而且这个面是一个实际存在的面。但它仍然是介于旋转椭球体和地球真实形状之间的一个中间形态。

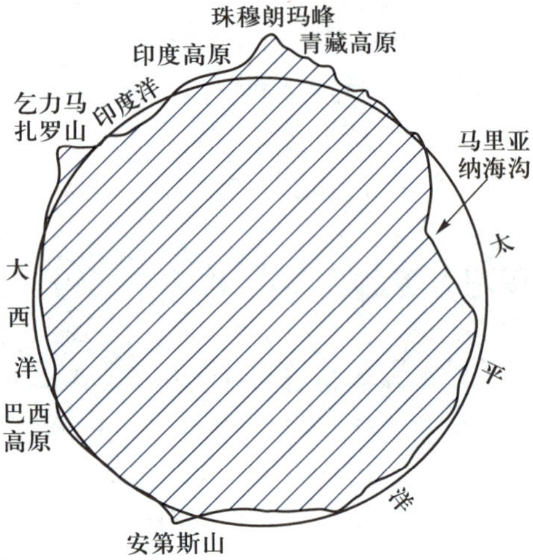

图2-1　大地水准面（圆包围部分）和地球真实形状
（引自王维《地球的形状》，1982）

航空航天技术的发展，大大地推动了关于地球形状的深入研究，不断取得新的数据。概括起来，有以下几个方面的认识：① 大地水准面不是一个标准的旋转椭球面，受地壳和上地幔物质分布不均匀的影响，有的地方隆起，有的地方凹陷，与平均地球椭球面之间相差可达±100 m左右。② 地球赤道横截面不是正圆形，而是近似椭圆形，长轴指向西经20°和东经160°方向，长短轴之差为430 m。③ 赤道面不是地球的对称面，从包含南北极的垂直于赤道平面的纵剖面来看，其形状与平均地球椭球体相比较，位于南极的南极大陆比基准面凹进25.8 m，而位于北极的没有大陆的北冰洋却高出基准面18.9 m。同时，从赤道到南纬60°之间高出基准面，而从赤道到北纬45°之间低于基准面。用夸大了的比例尺来看,这一形状是一个近似“梨”的形状(图 2-2)。这是到目前为止对于地球认识的一个新阶段。这种认识说明地球的形状及造就这种形状的内部物质分布还处于不断调整的动态平衡状态。当然,今后卫星测量还必须结合大地测量、重力测量和天文测量等综合手段,才能进一步获得精确的数据。

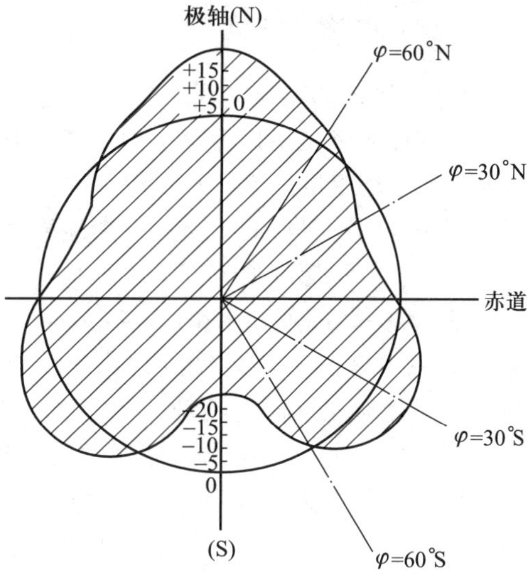

图 2-2　根据卫星测量所得出的地球形状(有所夸大)(φ 表示纬度)
(引自王维《地球的形状》,1982)

(二)地球形状和大小的基础数据

这里综合国际大地测量和地球物理学联合会、美国国家航空航天局(NASA)、中国自然资源部等机构推荐和公布的数据,将有关地球形状和大小等基本特征的数据概括如下:

地球赤道半径(a):6 378 137 m

地球极半径(c):6 356 752 m

地球平均半径:6 371 km

扁率:$f=\frac{a-c}{a}=1 : 298.257\ 222\ 010\ 1$

子午线周长:40 008.08 km

赤道周长:40 075.04 km

地球的面积:51 100 万 km^2

海洋面积:36 200 万 km^2,占地球总面积的 70.9%

陆地面积:14 900 万 km^2,占地球总面积的 29.1%

地球的体积:10 830 亿 km^3

地球的质量:$5.972\ 4\times10^{27}$ g

地球的平均密度:5.514 g/cm^3

赤道标准重力加速度(γ_e):9.780 318 m/s^2

物体脱离的临界速度:11.186 km/s

赤道上点的线速度:465 m/s

地球沿轨道运动的平均速度:29.78 km/s

大陆最高山峰(珠穆朗玛峰):峰顶岩面高程 8 844.43±0.21 m(中国 2005 年 10 月 9 日公布);雪面高程 8 848.86 m(中国和尼泊尔 2020 年 12 月 8 日联合公布)

大陆平均高度:825 m

海洋最深海沟(马里亚纳海沟):平均深度 8 000 m,最大深度 11 034 m

海洋平均深度:3 800 m

大陆和海洋的平均高度:−2 448 m(即若全球表面无起伏,则其将被 2 448 m 厚的海水所覆盖)

从以上数据可知,地球表面不仅海陆并存,而且地面起伏最大高差近 20 km。但若把地球缩小,以 3.2 m 为半径,画一道高 1.5 cm 的圆周线带,则地表的最高点和最低点均可包括在这道圆周线带内;同时,由于地球扁率只有 1/298,因此无论是旋转椭球体,还是大地水准面显示的近似“梨”形的地球体，在实际应用时人们都可将其近似地视为正球体。

二、地球的物理性质

（一）地球的密度和重力

地球的质量是根据万有引力定律计算出来的，用地球的质量除以地球的体积，便可得出地球的平均密度是 5.514 g/cm^3，而地壳上部的岩石平均密度是 2.65 g/cm^3，由此推测地球内部必有密度更大的物质。根据地震资料得知，地球密度是随着深度的加深而增大的，并且在地下若干深度处密度呈跳跃式变化，推测地核部分密度最大可达 13 g/cm^3 左右。

地球的平均密度和水星（5.427 g/cm^3）、金星（5.243 g/cm^3）相差不多，月球（3.340 g/cm^3）和火星（3.933 g/cm^3）的密度都比地球小，其他行星的密度就更小了。当前人们很重视和其他星体对比来研究地球。

地球的重力一般是指地球对地表和地内物质的引力，属于静力学的范畴，是万有引力作用产生的效果。而万有引力 $F=Gm_1m_2/r^2$，由此可知，重力与地球质量（m_1）和物体质量（m_2）的乘积成正比，与地球和物体二者质量中心直线距离的平方（r^2）成反比。地表重力还受地球自转产生的离心力和各点与地心距离的影响，各地并不相等，且随海拔和纬度的不同而发生变化。据计算，在两极，重力加速度为 9.832 177 m/s^2，比赤道地区大 0.53%，赤道为 9.780 318 m/s^2。也就是说把在两极所受重力为 100 N 的物体搬到赤道地区时，则它的重力变成 99.47 N。

如果把地球看作一个理想的扁球体（旋转椭球体），并且内部密度无横向变化，则所计算出的重力值，称为理论重力值。但由于各地海拔高度、周围地形，以及地下岩石密度不同，以至所测出的实际重力值与理论值存在差异，称为重力异常。比理论值大的为正异常，比理论值小的为负异常。存在一些密度较大物质的地区，如铁、铜、铅、锌等金属矿区，就常表现为正异常；而存在一些密度较小物质的地区，如石油、煤、盐类及大量地下水等的分布区，就常表现为负异常。重力异常的大小取决于矿石与周围岩石的密度差、矿体的大小，以及矿体的埋藏深度。根据这个原理可以进行矿产勘查和地质调查，即重力勘探，是地球物理勘探方法之一。

但是，利用重力异常研究地质情况，必须对实测重力值进行校正，即必须清除各种因素对实测值的影响。第一，实测点有一定的海拔高度，海拔越高，距地心距离越大，而高差每增减 1 m，重力差则为 $\mp 0.308\ 3\times10^{-5}$ m/s^2。因此，需要统一校正至海平面高度，这种校正只考虑海平面与测点之间高差的影响，而未考虑海平面与测点之间物质的影响，就好像那里是空的一样，所以这种校正称为自由空气校正。经这样校正后的重力值与理论重力值之差，称为自由空气异常。第二，测点与海平面之间还有岩石（平均密度一般按 2.67 g/cm^3 计算）对重力产生影响，测点周围地形也对重力产生影响，因此自由空气校正后的重力值还必须减去这部分岩石和地形对测点所产生的重力值影响，这种校正称为布格校正。布格校正后的重力值与理论重力值之差称为布格异常。目前读者在文献中所看到的重力异常一般指布格异常。

图 2-3 是中国大陆部分布格异常图。从图上可以看出两个值得注意的特征：① 青藏高原边缘和大兴安岭及太行山边缘有明显的“重力台阶”，这说明地质情况有很大变

化;② 丘陵及平原地带布格异常值较小,而青藏高原等地负布格异常值较大,甚至达到负 $400\times10^{-5}\sim500\times10^{-5}\ m/s^2$,这说明高原、高山地带在海平面以下的部分存在低密度物质,从而增强了高山、高原地形对重力的影响。根据这种现象,有人提出“地壳均衡说”,认为山脉是较轻的岩块浮在较重的介质之上,仿佛冰山浮在海水中一样,山越高,它深入下部介质中的深度也越大,即存在“山根”。这种论点现已为许多证据所证实。

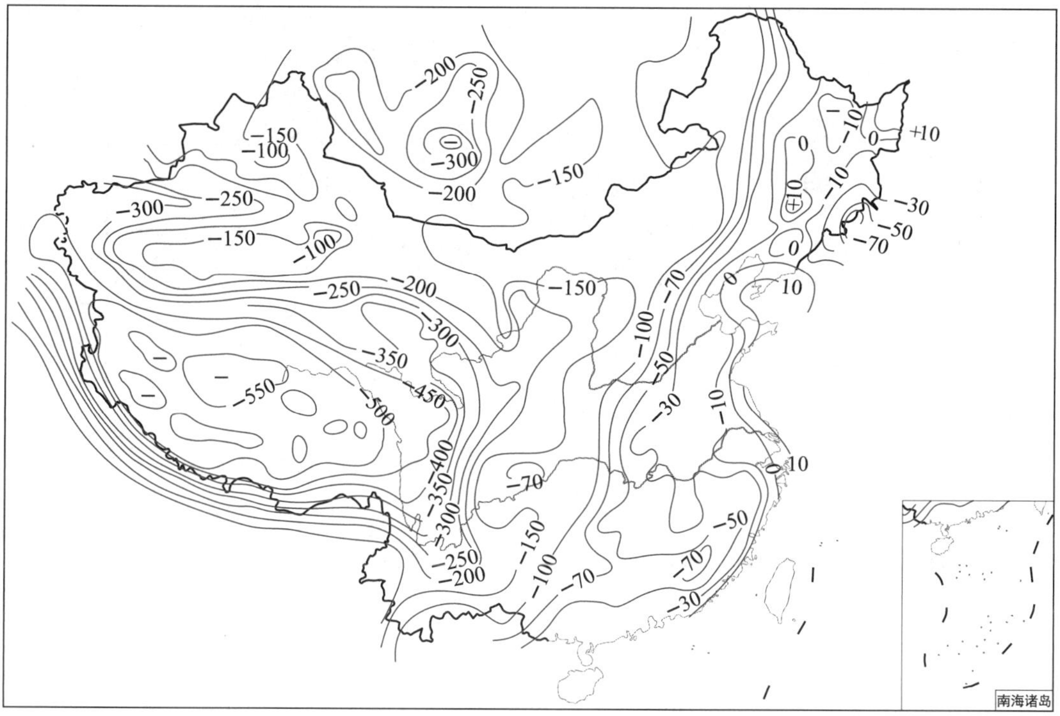

图 2-3　中国大陆部分(不包括海洋及岛屿)布格异常图

等值线上数字的单位为$\times10^{-5}\ m/s^2$

(据中国科学院地球物理研究所)

(二) 地球磁场

地球周围有一个巨大的磁场。早在公元前 3 世纪的战国时期,中国先民就已利用地球磁性发明了定向仪器——司南。

地球磁场同置于地球中心的一个大条形磁铁(与地轴呈 11.5°相交)所产生的偶极磁场相类似(图 2-4)。条形磁铁的北极指向地球的南磁极(MS),条形磁铁的南极指向地球的北磁极(MN)。其磁力线是从南磁极出发进入北磁极的。当然事实上地球内部并无这样一个条形磁铁。

为了确定地表任何一点的磁场,需要进行磁场强度测量。如图 2-5 所示,向量 $\boldsymbol{H}$ 的长度代表磁场强度(磁场强度单位为安每米,A/m),它在水平面上的投影为水平强度,它的垂直分量为垂直强度,图中 θ 角称磁偏角,α 称磁倾角。磁偏角也就是地磁子午线与地理子午线的夹角,以指北针为准,偏东为正,偏西为负。由于地球磁极与地极不重合,世界各地的磁偏角因地而异。一般而言,低纬度地区磁偏角较小,高纬度地区磁偏角较大。但是在地磁极所处子午线上,位于地极和磁极之间的各点,磁偏角为 180°,其他各处的磁偏角为 0°。磁倾角即磁针与所在地水平面的夹角，随纬度而变化，在两磁极 α 角为 90°，在磁赤道则为 0°，以指北针为准，下倾者为正，上仰者为负。

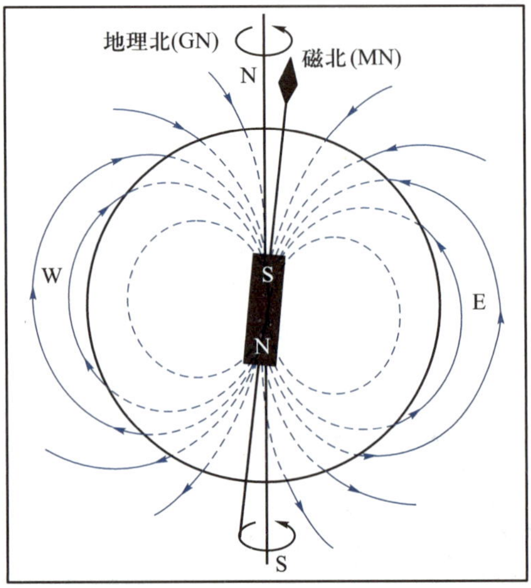

图 2-4 地球磁场示意图

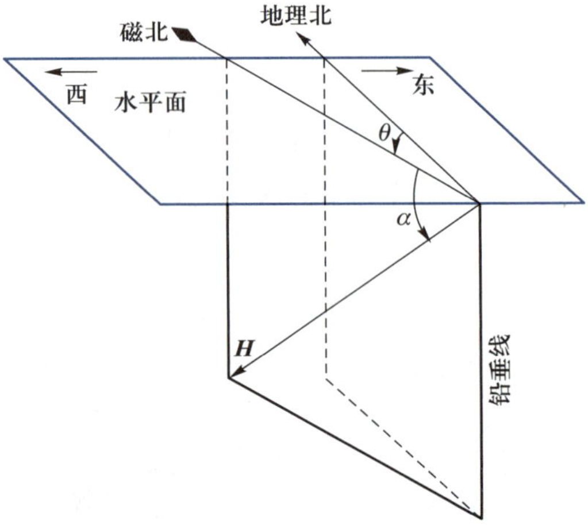

图 2-5 地球磁场要素示意图

概括而言，地球磁场具有以下特点：

① 地磁南北极和地理南北极的位置不一致，并且磁极的位置存在逐年变化，如表 2-1 所示，磁极有向西缓慢移动的趋势。

表 2-1 近代地磁极位置

年代	北磁极	南磁极	年代	北磁极	南磁极
1831*	70.1°N, 96.8°W		1960	74.9°N, 101.0°W	67.1°S, 142.7°E
1841*		75.0°S, 153.7°E	1965	75.5°N, 100.5°W	66.5°S, 139.9°E
1904*	70.5°N, 96.5°W		1970	76.2°N, 101.0°W	66.0°S, 139.1°E
1909*		72.4°S, 153.3°E	1975*	76.2°N, 100.6°W	
1912*		71.2°S, 150.8°E	1975	76.1°N, 100.0°W	65.8°S, 139.4°E
1948*	73.0°N, 100°W		1980	78.2°N, 102.9°W	65.6°S, 139.4°E
1952*		68.7°S, 143.0°E	1983*		65.2°S, 138.7°E

* 实测位置

② 地面上每一点都可从理论上计算出它的磁偏角和磁倾角。如果磁偏角和磁倾角与理论值不符，叫作地磁异常。局部的地磁异常主要由地下岩石磁性差异引起。属于地球物理勘探方法之一的磁法勘探就是据此寻找地磁异常区，从而发现隐伏地下的高磁性矿床。

③ 地球磁场存在磁极倒转现象。古地磁学通过研究岩石和地层中保存下来的剩余磁性的方向和强度，判断地球磁场的变化。利用这一原理编制的地磁极性年表可以配合其他方法探索地球岩石圈构造发展的历史。

④ 人造卫星在地球外层空间的探测资料表明，地球磁场的磁力线并不像图 2-4 所

示那样规则，由于太阳风的影响，地球的磁场被压缩在一个固定区域内，这个区域叫作磁层（图 2-6）。磁层像一个头朝太阳的彗星，磁层顶部朝向太阳，距离地球有 10 个地球半径远，而尾部可以拖到几百个地球半径那么远。磁层可以保护地球上的生物免受宇宙射线和粒子袭击的危害。

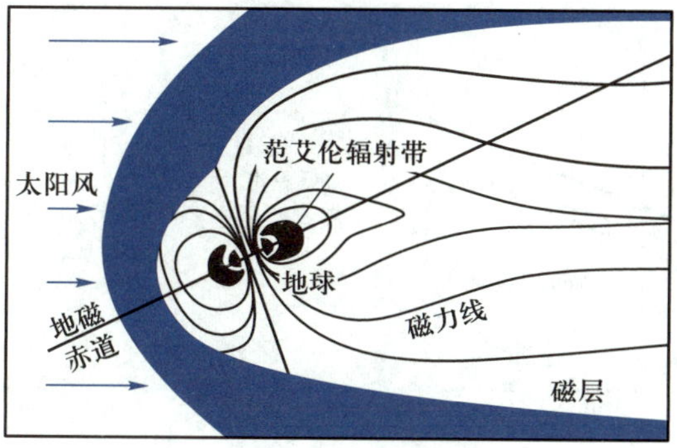

图 2-6　地球磁层

磁层中有两个特殊区域，像两个救生圈套在地球周围，那里充满高能带电粒子，叫作范艾伦辐射带

⑤ 关于地球磁场形成的原因，曾有种种推测：很早人们认为地球的地核部分为具有磁性的镍铁物质，从而形成地球磁场。但是，地内温度高达几千摄氏度，远远超过铁磁性矿物的居里点①，不可能产生磁场。人们目前所知的是，仅仅在地表下 20 km 范围内的岩石圈部分可以具有铁磁性，但它所产生的磁场强度不可能达到地磁场强度的数量级。还有人认为，巨大质量物体的转动可以形成电磁效应，但这种看法也被否定了。目前人们倾向于认为：地核的外核部分为液态的金属铁镍物质，是一种导电流体，在地球旋转过程中，产生感应自激现象，形成地球磁场。又因为在地球转动过程中，流体外核比固体地幔略有滞后，所以地球磁场逐渐向西漂移。但这些假说有待于继续研究证实。

（三）地热

地球内部储存着巨大的热能，这就是常说的地热。地壳表层的温度常随外界温度而有日变化和年变化，但从地表向下到达一定深度，其温度不随外界温度而变化，这一深度叫作常温层。它的深度因地而异。在中国北方，温度具有年变化的深度一般在 30 m 左右。在年常温层以下，地温随深度而增加，此增温规律可以用地热增温级或地热梯度表示。所谓地热增温级是指在年常温层以下，温度每升高 1 ℃时所增加的深度，单位是 m/℃，例如，大庆的地热增温级为 20 m/℃，北京房山为 50 m/℃。地热增温级的平均数值是 33 m/℃。地热增温级的倒数叫作地热梯度，即深度每增加 100 m 所升高的温度，单位是℃/m。地热梯度的平均数值大约是 0.03 ℃/m。

地热增温的规律只适用于地壳部分或岩石圈（图 2-7）。据地球物理资料推断，整个固体地球的平均温度为 2 000 ℃，地心的温度可达 6 600 ℃。

① 居里点，又称为居里温度，指磁性体受热而丧失磁性的临界温度，居里于 1895 年发现。一般金属的居里点为 400~700 ℃。

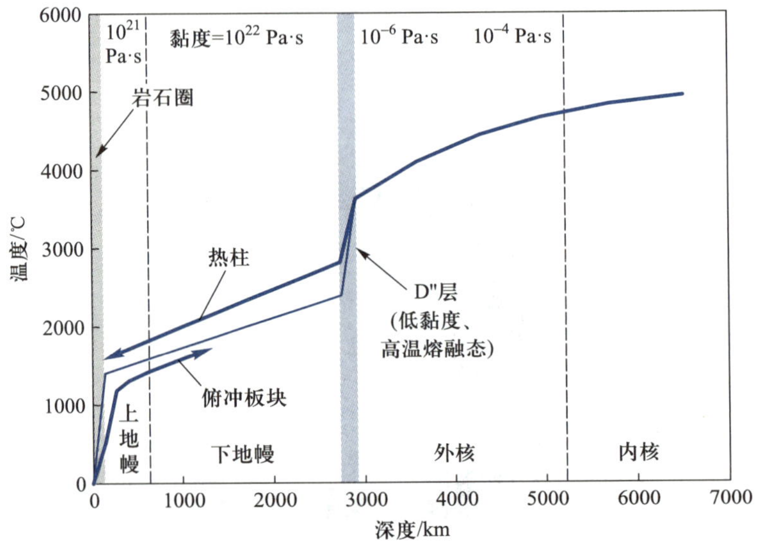

图 2-7 地球内部推测温度变化曲线

岩石圈的地热主要来源于放射性元素的衰变，如铀(^{238}U、^{235}U)、钍(^{232}Th)、钾(^{40}K)等(表 2-2)。这些放射性元素衰变释出的总热能值，现在有几种不同的估算方法。根据侯德封等 1973 年的资料，这个值至少为 2.14×10^{21} J/a。此外，也有一部分热能可能是由构造运动的机械能、化学能、重力能和地球旋转能等转换而来的。还有一部分热能来自地壳深部或地幔，被认为是地球形成时残余下来的，这就是所谓"残余热说"。

表 2-2 各类岩石放射性元素含量及生热率

岩类	放射性元素含量/($mg\cdot kg^{-1}$)			平均总生热率/($J\cdot g^{-1}\cdot a^{-1}$)	
	铀(U)	钍(Th)	钾(K)	$\times4.2\times10^{-8}$	$\times4.2\times10^{-14}$
沉积岩	3.00	5.00	20 000	1 557.64	49.40
花岗岩	4.75	18.50	37 900	3 424.80	108.02
玄武岩	0.60	2.70	8 400	502.42	15.89
橄榄岩	0.015	0.05	63	9.46	0.30

地球内部的热能可以通过不同形式进行释放，如火山喷发、热水活动，以及构造运动等都是消耗地热的形式。但地热释放最经常和持续的形式是热能从地球深部向地表的传输，这种现象称为大地热流。地球通过大地热流放热的现象十分普遍，只是单位面积(1 cm^2)的放热量很小，平均每秒钟只有 6.15×10^{-6} J。热流量的单位为 4.1868×10^{-6} J/($cm^2\cdot s$)，通称热流单位(HFU)。虽然地表的热流量很小，但整个地球表面在一年中的放热总量可以达到 $9.63\times10^{20}\sim1.09\times10^{21}$ J，这个数字相当于燃烧 300 多亿吨标准煤放出的热量。可见地球本身是一个巨大的热库。

地热流量或地热流值(Q)的计算公式是岩石导热率(K)和垂直地热梯度(dT/dZ)的乘积，即 $Q=K(dT/dZ)$，式中 T 代表温度，Z 代表深度。一般是在室内测定岩心标本的导热率，在钻井中测量地热梯度，两个数值相乘，即得出地热流值。但用钻井岩心标本测定导热率存在很大困难，因为岩心标本离开原来的位置后，其温度、湿度和所受的压力等自然状态有了很大变化，有时岩心发生破裂，或者岩心取自松散岩层，凡此种种，都会使测量的数值产生很大误差。近年来有人成功研究了一种地热流原位测定的仪器，特别适用于测量海底淤积层的导热率，大大推动了海洋地热流测定进度。到 21 世纪 10 年代末，全球地热值已测得 1 万多个，其中有 2/3 的数值测自海洋。可以从中得到一些对全球地热流值研究有意义的结果：

① 对全球地热流值的统计资料表明，全球平均地热流值为(1.47±0.74)HFU，大陆平均热流值为(1.46±0.46)HFU，海洋为(1.47±0.79)HFU，大陆和海洋平均地热流值几乎相等。

② 地热流值的分布具有明显的空间差异。以海洋而论，在洋中脊最高，为(1.90±1.48)HFU，海盆地区为(1.27±0.53)HFU，距离洋中脊最远的海沟平均值最低，只有(1.16±0.70)HFU；在大陆上，不同时期形成的岩石或大地构造单元，从古到新，地热流值表现为由低到高的趋向，最古老的前寒武纪地块为(0.91±0.02)HFU，早古生代加里东褶皱带为(1.11±0.07)HFU，晚古生代海西褶皱带为(1.24±0.03)HFU，中生代褶皱带为(1.42±0.06)HFU，新生代喜马拉雅褶皱带为(1.75±0.06)HFU，表明较新的构造带具有更为活跃的地热活动。

③ 研究还表明，地热流值与岩石圈厚度有关。岩石圈越薄，地热流值越大；反之，则越小。因此根据地热流值的大小可以推算出岩石圈的厚度，其推算结果与根据地震波推算的结果大体相符。

地热流所带出的热能是很分散的，目前只有在一定地质条件下富集起来的地热能，才能当作资源看待。在大陆地区，地热流值大于 2 HFU，一般被认为是具有良好地热资源的地区。大陆地热资源分布很不均匀，上面所述中生代褶皱带（相当于环太平洋带）、新生代喜马拉雅褶皱带（相当于地中海-喜马拉雅带）是两条著名的地热带，也是地球上著名的地震带和火山活动带。在这样的地带有很多地方的地热流值或地热梯度高于平均值，这种地方称为地热异常区。在地热异常区，地热传导给地下水，使之变成热水或蒸汽，然后再沿断层或裂隙上升到地表，这样就会形成温泉、热泉、沸泉或者喷汽孔、冒汽地面等，有时还会形成热水湖。所有这些现象都称为地热活动的地表显示。具有地热地表显示或地热异常现象的地区，叫作地热田。但热水的形成必须具备热源、水源、储集层和盖层等条件（图 2-8）。

中国东部沿海地区（包括台湾在内）和西南地区的西藏、云南等地，分别位于世界的两条地热带范围内，所以地热资源很丰富。目前中国已发现热泉点 2 800 多处（西藏地区未计入）。据近年科学考察资料，西藏全区的水热活动区不下 600 处。其中拉萨西北羊八井热汽井，钻井深只有 30 m，而温度达 130 ℃的热水汽喷出高度超过 30 m，是大型地热田之一。热泉、温泉之外，也可以通过钻井把地下一两千米以内的热水抽到地面上来，加以利用。热水除直接利用外，还可用来建立地热发电站。20 世纪 70 年代以来，中国已在广东丰顺、河北怀来，以及湖南、山东、江西、辽宁等地建成小型地热发电站。在羊八井还建成了第一座直接利用地热汽发电的地热实验站。

世界对地热的利用主要限于地表和地下热水方面，但已经注意到干热岩即“高温岩体”的利用问题。如日本曾进行高温岩体热能开发实验。其方法是在岩浆岩体上开凿一口破碎井（或利用废井），在井下采取措施，使下面岩体产生龟裂，然后注水到地下岩

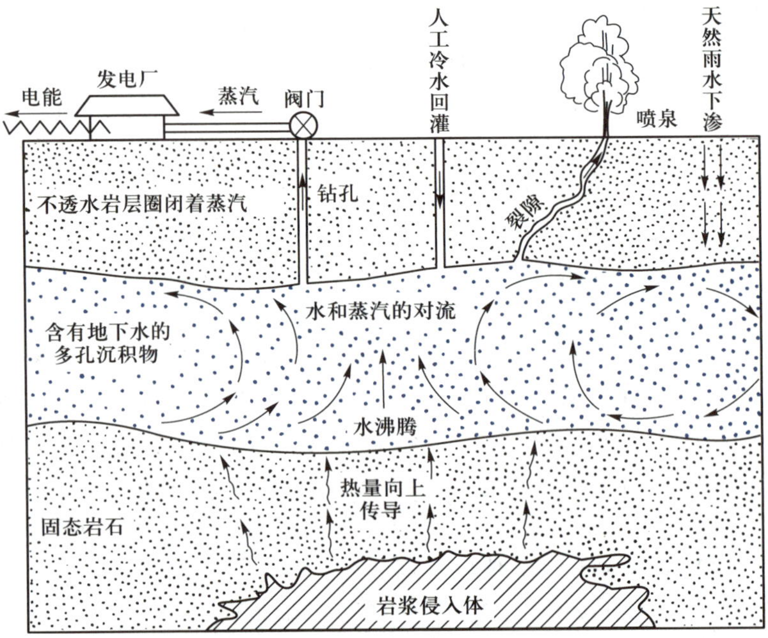

图 2-8 地下热水形成结构及发电利用示意图

岩浆侵入体为热源，含有地下水的多孔沉积物为热储集层，不透水岩层为热水保护层即盖层

体龟裂处，同时在地面另凿一口生产井，提取利用基岩热产生出来的蒸汽，推动涡轮机发电。1992 年日本在山形县挖掘了一口深 2 200 m 的实验井，成功地进行了第二次制造龟裂的实验，并准备继续进行破碎井与生产井之间水汽通过连续循环实验。研究表明，如果能开发 4 000 m 以下岩体热能，仅日本的这项可以用于发电的能源资源即可达到 4 亿 kW 以上。2014 年以来，我国在青藏高原、松辽盆地、东部沿海等地也发现丰富的干热岩资源，可见地热资源的开发利用，蕴藏着广阔的前景。

第 2 节 地球的圈层构造

地球是一个由不同状态与不同物质的同心圈层所组成的球体。这些圈层可以分成外部圈层与内部圈层，即外三圈与内三圈。其中外三圈包括大气圈、水圈和生物圈，内三圈包括地壳、地幔和地核（表 2-3）。

表 2-3 地球各圈层的质量

圈层	质量/t	占地球总质量的比例/%
大气圈	5.1×10^{15}	0.000 09
水　圈	1.4×10^{18}	0.023
生物圈	1.7×10^{13}（大气圈质量的 1/300）	
地　壳	2.7×10^{19}	0.452
地　幔	4.068×10^{21}	68.056
地　核	1.881×10^{21}	31.469

一、地球的外部圈层

（一）大气圈

从地表（包括地下相当深度的岩石裂隙中的气体）到 16 000 km 高空都存在气体或基本粒子，其总质量达 5.1×10^{15} t，占地球总质量的 0.000 09%。大气的主要成分中，氮气占 78%；氧气占 21%；二氧化碳、水汽、惰性气体、尘埃等，占 1%。

地球拥有大气圈的主要原因是地球引力把大气物质束缚住了。物体脱离地球的临界速度是 11.186 km/s，尽管气体物质很轻，运动速度也很快，如氧分子的运动速度是 0.5 km/s，氢分子的运动速度是 2 km/s，但这种速度还是不能使气体物质脱离地球的引力场。只有一部分氢气和氦气，在宇宙射线作用下可以被激发，产生很高的速度而跑掉。所以，地球大气圈中氧气和其他气体的成分就相对增加了。

太阳系中的其他星球，如月球、水星、火星等，则不同于地球的情况。月球的表面重力只有地球表面重力的 1/6，物质脱离月球的速度为 2.38 km/s。所以月球上分异出的气体物质，很容易脱离月球，使月球不可能形成大气圈。水星离地球最近，其表面重力是地球的 1/3，脱离速度是 4.2 km/s，气体比较容易跑掉，所以水星上也没有形成大气圈。火星表面的引力与水星差不多，但火星的表面温度较低，气体分子运动的速度相对比较慢，所以火星的四周还可以保存一部分大气物质，但比起地球来，气体是非常稀薄的。

木星、土星、天王星和海王星的质量与引力都比地球大得多，因此在这些星球上都存在大气圈。但它们的成分却与地球上的大不相同。由于这些行星的引力大，连氢气、氦气这些轻气体分子都能被吸引住，所以这些星球上的气体不适合各种生物的生存与发展。金星的质量与引力都和地球近似，也存在大气圈，但金星上没有植物进行光合作用，所以二氧化碳的含量很高。这样的条件也不适于生物的生存与发展。

地球大气圈成分是随着时间而变化的。初始大气中的二氧化碳体积分数可能达到百分之几十，大约在 3 亿年前，由于植物大规模繁盛，才演化成接近现今的状况，目前大气中的二氧化碳体积分数只有 4.6/10 000 左右。大约在 1 亿年前，大气的温度才接近现今的温度。从地球发展历史来看，二氧化碳的多少是影响地表温度的一个重要因素。若二氧化碳增多，地表的温度将会增高。根据有关资料，自工业革命以来，二氧化碳的含量已增加 13%，再加上其他温室气体的作用，因此人们推测地球的大气温度将会越来越高。

大气圈是地球的重要组成部分，并具有重要的作用：

① 大气可以供给地球上生物生活所必需的碳、氢、氧、氮等元素。

② 大气可以保护生物的生长，使其避免受到宇宙射线的危害。

③ 防止地球表面温度发生剧烈的变化和水分的散失，如果没有大气圈，地球上将不会存在水分。

④ 一切天气的变化，如风、雨、雪、雹等都发生在大气圈中。

⑤ 大气是地质作用的重要因素。

⑥ 大气与人类的生存和发展关系密切。大气容易遭受污染，大气环境的质量直接关系着人类健康。大气运动的风能是人类清洁能源的重要来源之一。

（二）水圈

水圈包括海洋、江河、湖泊、冰川、地下水等水体，是一个以液态为主，部分呈固态的连续而不规则的圈层。水圈的质量约为 1.4×10^{18} t，占地球总质量 0.023%，比大气圈的质量大得多，但与其他圈层相比，还是相当地小。其中海水占 97.2%，陆地水（包括江河、湖泊、冰川、地下水）只占 2.8%；而在陆地水中，冰川占水圈总质量的 2.2%，所以其他陆地水所占比重是很微小的。此外，水分在大气中有一部分；在生物体内有一部分，生物体的 3/4 是由水组成的；在地下的岩石与土壤中也有一部分。可见，水圈是独立存在的，但又是和其他圈层互相渗透的。

地球上有水，这好像是很平常的现象，与其他星球相比，则显得特殊了。如，月球、水星、金星上都没有水。金星的表面温度较高，水都变成蒸汽跑掉了。火星上的水不少于地球，但火星上的水几乎都是以冰的形式存在的。火星以外的行星表面温度更低，难以存在液态水，如土星光环，据查明是由冰块组成的。

大气圈中存在的水分只占水圈总量的十万分之一，但它的重要意义是不能以百分比来衡量的。因为大气中的水分不时凝结为雨、雪降下，又不时从地面和海面得到补充。实际上，大气中的水汽成了水分循环的中转站。这个中转站与人类生存关系极大。每年大约有 4.46×10^{14} t 的水分经过蒸发进入大气圈，同时也有相等数量的大气水分经过凝结又降回大地，其中大约有 1/5 降落在大陆上。

地球上的原生水，是地球物质分异的产物。目前火山喷发常有大量水汽从地下喷出便是证明。如 1976 年阿拉斯加的奥古斯丁火山喷发，一次喷出水汽即达 5×10^{6} kg。当然地球上的水圈是逐渐演化而成的。

水圈是地球构成有机界的组成部分，对地球的发展和人类生存有很重要的作用：

① 水圈是生命的起源地，水是生命体的主要组成物质。

② 水是最常见的溶剂，是多种物质的储藏库。

③ 水的运动是地理环境中物质与能量交换的重要途径，是改造与塑造地球面貌的重要动力。

④ 水是最重要的物质资源与能量资源，水资源的多寡和水质的优劣直接关系着人类生存与经济发展。

（三）生物圈

生物圈即地球表面有生物存在并感受生命活动影响的圈层。目前世界上已知的动物超过 150 万种，植物超过 50 万种，真菌超过 10 万种。整个生物圈的质量并不大，仅仅是大气圈质量的 1/300，但它起到的作用却是很大的。生物圈具有相当的厚度。绿色植物的分布极限大约是海拔 6 200 m，根据资料，在 33 000 m 高空还发现有孢子及细菌。广义来讲，生物圈包括大气圈的下层、岩石圈的上层和整个水圈，最大厚度可达数万米。但是绝大多数生物分布在地表以上 100 m，水面以下 100 m 的范围内，也就是说大气与地面、大气与水面的交界面附近是生物最活跃的区域，其厚度约为 200 m，因为在这个范围内具有适于生物生存的温度、水分和阳光等条件。

生物圈是在地球演化过程中形成的一个特殊圈层，大约在 30 亿年以前，地球上才开始有了最原始的生命记录。大约从 6 亿年前才进入生命演化的飞跃阶段。自从生物在地球上出现，便对地球的发展起着重要的特殊的作用。由于生物的生长、活动和死亡，生物和大气、水、岩石、土壤之间，进行着多种形式的物质和能量的交换、转化和更替,从而不断改变着周围的环境。如植物在光合作用过程中,不断从大气中吸收 CO_2,并放出 O_2,改变着大气的成分,同时将碳固定下来,并把它们的一部分埋藏在地壳中,形成大量的化石能源。据估计,每年大约有 1.5×10^{10} t 的碳,从大气转入植物之中,煤炭就是地质时代植物被掩埋于地下形成的。目前,每年大约形成含碳量达 3×10^{8} t 的泥炭。空气中的 CO_2,溶解到水中形成 HCO_3^-,与 Ca^{2+}结合形成 $CaCO_3$,一部分为生物所吸收变成硬体(外壳、骨骼等),沉积而成为石灰岩。此外,生物也参与了土壤的发育。可以说,没有生物也就没有今天的地球面貌,没有生物,地球也就不可能具有如此繁多的生物资源。

二、地球的内部圈层

内部圈层指从地面往下直到地球中心的各个圈层,包括地壳、地幔和地核。虽然人们渴望“向地球的心脏进军”,彻底搞清楚地球内部状况,但目前世界上垂直深钻的记录为 12 226 m(苏联科拉半岛科学钻探项目,完成于 1992 年),只占地球半径的 1/530,所以还不能用直接观察的方法来研究地球内部构造。通常采用地球物理方法,更主要是利用地震波的传播变化来研究地球内部构造情况。地震波分为纵波(P)和横波(S)。纵波可以通过固体和流体,速度较快;横波只能通过固体,速度较慢。同时地震波的传播速度随着所通过介质的刚性和密度的变化而改变。因此地震波实际上对地球起到“透视”的作用。当然,也可以借助宇宙地质(特别是陨石的成分)来判断地球内部的成分。

如果地球由表及里,是由均一物质组成的,那么纵波、横波的速度在任何深度和任何方向都应该相同。但根据地球内部地震波传播曲线分析,可以看出地震波的传播速度随深度而发生变化,并且有些地方还发生突然变化,说明地球内部物质不是均一的,而且还存在许多界面。

地震波在地下若干深度处,传播速度发生急剧变化的面,称为不连续面。其中有两个变化最显著的不连续面,叫作一级不连续面(表 2-4)。根据地震波的传播数据,可以制成地球内部地震波传播速度曲线图(图 2-9)。从表或图中可以看出存在两个一级不连续面。一个在地下(自海平面起算)平均 33 km 处(指大陆部分)。在此不连续面以上,纵波速率为 7.6 km/s,以下则急增为 8.0 km/s,而横波则由 4.2 km/s 增到 4.4 km/s。这个一级不连续面称为莫霍洛维奇①不连续面,简称莫霍面或莫氏面。另一个在 2 898 km 深处。在这里纵波速率由 13.32 km/s 突然降为 8.1 km/s,而横波至此则完全消失。这个面称为古登堡②界面。

这两个一级不连续面,将地球内部划分为 3 个圈层:地壳、地幔和地核(图 2-10 及表 2-4)。此外,根据次一级不连续面还可以划分出次一级圈层,如表 2-4 所示,共可划分出 A、B、C、D、E、F、G 7 个圈层;次一级圈层还可根据更次一级不连续面划分出更次一级的圈层,如 A′、A″、B′、B″等。

---

① 莫霍面是 1909 年地震学家莫霍洛维奇(1857—1936)根据地震波资料首先发现的。

② 古登堡界面是地震学家古登堡(1889—1960)于 1914 年首先发现的。

表 2-4 地球内部圈层和物理数据

圈层名称	代号	不连续面	深度/km	纵波速率/(km·s^{-1})	横波速率/(km·s^{-1})	密度/(g·cm^{-3})	压力/10^{11} Pa	温度/℃	附注
地壳	A A′			5.6	3.4	2.6	0	14	岩石圈
				6.0	3.6	2.7			
		康拉德界面	10				0.003	180~300	
	A A″			6.6	3.8	2.9			
				7.6	4.2	3.0			
		莫霍面	33				0.01	400~1 000	
地幔 上地幔	B B′			8.0	4.4	3.32			
				8.2	4.6	3.34			
			60				0.019	500~1 100	
	B B″	古登堡低速层		7.8	4.2	3.4	0.031	700~1 300	软流圈
				7.7	4.0	3.5	0.050	800~1 400	
				8.2	4.55	3.6	0.069	1 000~1 600	
		拜尔勒面	400				0.14	1 200~2 000	
	C C′			9.0	4.98	3.85			不均匀固态
			650				0.218		
	C C″			10.2	5.65	4.1		1 300~2 250	
		雷波蒂面	1 000				0.40		
地幔 下地幔	D D′			11.43	6.35	4.6		1 850~3 000	
				12.8	6.92	5.1	0.88	2 500~3 900	
			2 752				1.34	2 800~4 300	
	D D″			13.63	7.31	5.6			
				13.32	7.11	5.7	1.50		
		古登堡界面	2 898					2 850~4 400	
地核 外核	E			8.1	0.0	9.7			液态
				8.9	0.0	10.4	1.95	3 700~4 700	
			4 640					4 500~5 500	
地核 过渡层	F			10.4	2.07	12.0	3.01		固液过渡态
				10.4	1.24	12.5	3.24	4 700~5 700	
				11.0	3.6	12.7	3.33		
			5 155					4 720~5 720	
地核 内核	G			11.2	3.7	12.9	3.54	4 900~5 900	固态
				11.3	3.7	13.0	3.65	5 000~6 000	

注：═══ 一级不连续面；—— 次一级不连续面。

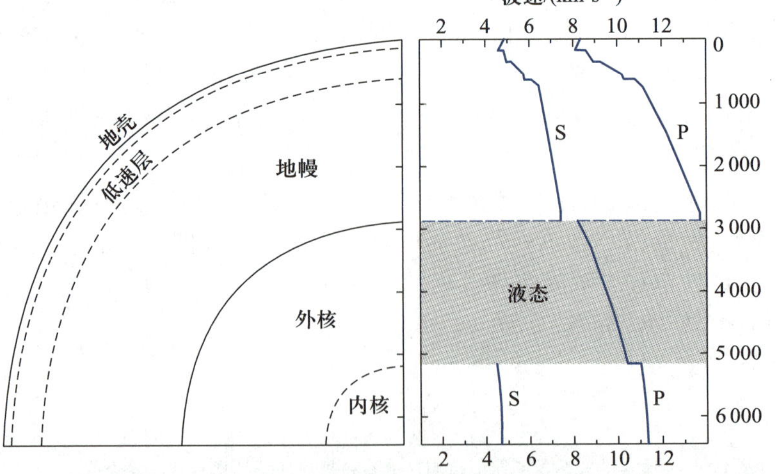

图 2-9 地球内部纵波 P 和横波 S 传播速率曲线

（一）地壳

地壳即地球莫霍面以上的固体硬壳（A 层），属于岩石圈的上部。地壳主要由硅酸盐类岩石组成，它的质量为 2.7×10^{19} t，约占地球质量的 0.45%，体积占固体地球体积的 0.5%。

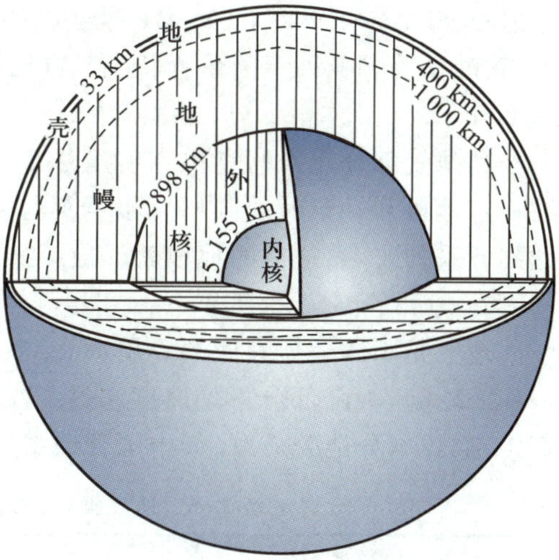

图 2-10　地球内部圈层构造示意图

1. 地壳的化学组成

地壳中含有元素周期表所列的绝大部分元素，其中 O、Si、Al、Fe、Ca、Na、K、Mg 8 种主要元素占 98% 以上，其他元素共占 1%～2%。化学元素在地壳中的平均含量称为克拉克值①，又称为元素丰度。按照计算单位的不同，元素丰度可分为质量丰度、原子丰度和相对丰度。

从表 2-5 可以看出，地壳中化学元素的克拉克值相差极大。氧几乎占有一半，硅约占 1/4，铝约占 1/13，而表中未列入的大多数元素的含量是微不足道的。例如铜的克拉克值为 0.007%，铅为 0.001 6%，钍为 0.001 2%，锑为 0.000 1%，金为 5×10^{-7}%。

表 2-5　地壳中主要元素的平均质量分数　　单位：%

元素	据克拉克和华盛顿（1924）	据费尔斯曼（1933—1939）	据维诺格拉多夫（1962）	据泰勒（1964）
O	49.52	49.13	47.00	46.40
Si	25.75	26.00	29.00	28.15
Al	7.51	7.45	8.05	8.23
Fe	4.70	4.20	4.65	4.63
Ca	3.29	3.25	2.96	4.15
Na	2.64	2.40	2.50	2.36
K	2.40	2.35	2.50	2.09
Mg	1.94	2.25	1.87	2.33
H	0.88	1.00	—	—
Ti	0.58	0.61	0.45	0.57
P	0.12	0.12	0.093	0.105
C	0.087	0.35	0.023	0.02
Mn	0.08	0.10	0.10	0.095

① 1889 年美国化学家 F. W. 克拉克发表了第一篇关于元素地球化学分布的论文，根据来自不同大陆岩石的许多分析数据分别求出陆壳中各种元素含量的平均值。为了表彰他的卓越贡献，国际地质学会将地壳中元素的平均含量称为克拉克值。

组成地壳的各种元素并非孤立存在，大多数情况是相关元素化合形成各种矿物，其中以 O、Si、Al、Fe、Ca、Na、K、Mg 等组成的硅酸盐矿物为最多，其次为各种氧化物、硫化物、碳酸盐等。各种不同矿物特别是硅酸盐类又组成各种岩石，所以说地壳是岩石圈的一部分。

其他大部分元素的克拉克值虽然很小，但它们在一定条件下可以迁移和富集。如在一定地段和一定时间某些元素富集起来，含量超过该元素的克拉克值，并在质和量上达到开采的要求，这样的地段就形成了矿床。

2. 地壳的厚度和结构

地壳是固体地球表面的一层薄壳，其厚度大致为地球半径的 1/400，但各处厚度不一（表 2-6），大陆部分平均厚度超过 37 km，而海洋部分平均厚度只有 7 km。一般说来，高山、高原部分地壳最厚，如中国青藏高原地壳最厚可达 70 km（图 2-11）。

表 2-6　地壳类型、面积和平均厚度（罗诺夫，1967）

地壳类型	面积/$10^6 km^2$	平均厚度/km	
大陆型	149	43.6	37.5
次大陆型（过渡型）	64.9	23.7	
大洋型	296.1	7.3	
整个地壳	510	20	

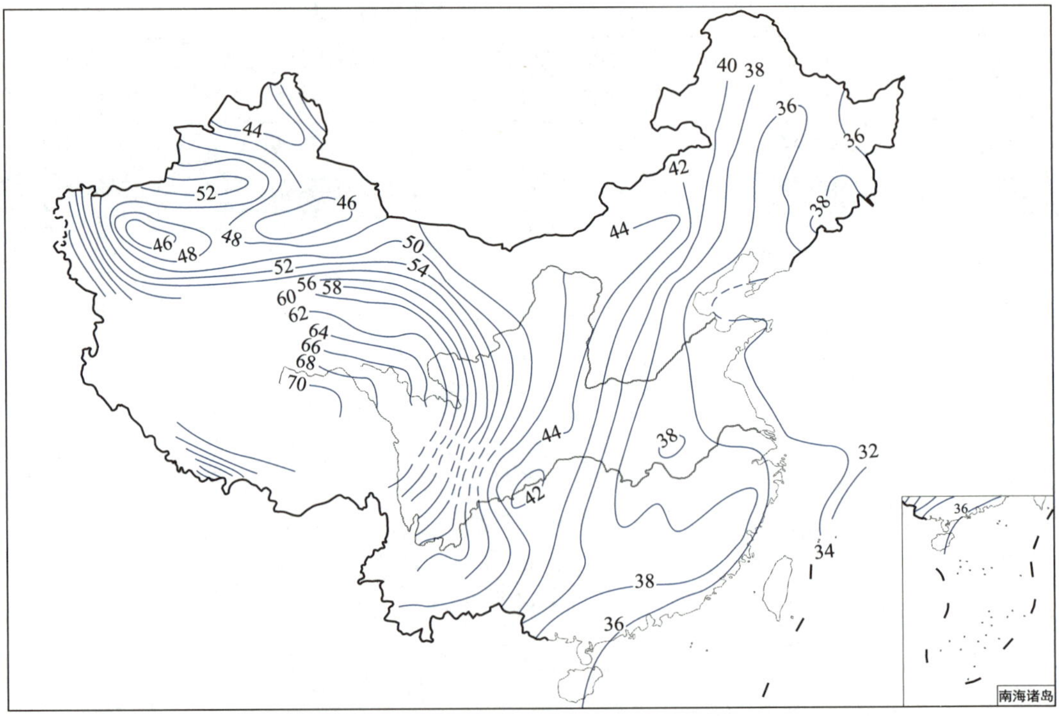

图 2-11　中国大陆部分地壳厚度等厚度线图

地壳（A 层）可以分为上下两层（图 2-12），中间被康拉德面所分开。但这一界面在海洋部分不明显或者根本不存在。

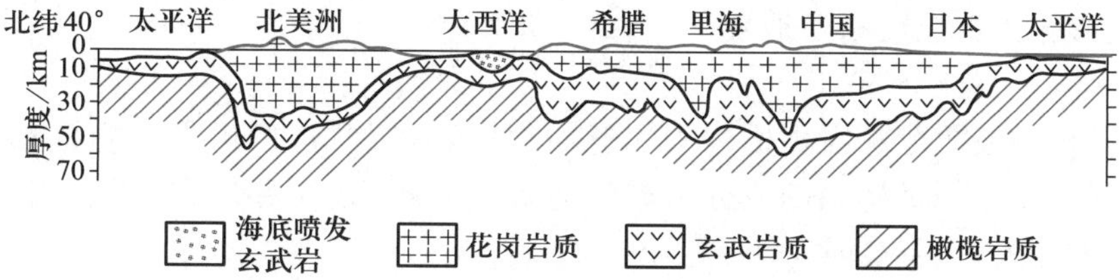

图 2-12　沿 40°N 地壳剖面图

上层地壳(即 A′层),其成分以 O、Si、Al 及 K、Na 等为主,和花岗岩的成分相似,所以叫作花岗岩质层,此层又称为硅铝层(Sial)。在这一层的表层部分常分布有 0~10 km 厚的沉积岩层。平均密度为 2.6~2.7 g/cm^3。此层厚度在山区和高原可达 40 km,在平原区常为 10 km 左右,在海洋地区变薄甚至完全缺失(如太平洋),因此是一个不连续圈层。这一层物质组成极为多样,构造形态和地貌形态也非常复杂。

下层地壳(即 A″),其成分虽然也以 O、Si、Al 等为主,但 Mg、Fe、Ca 等成分显著增加,和玄武岩的成分相似,所以叫作玄武岩质层,又称为硅镁层(Sima)①。平均密度为 2.9~3.0 g/cm^3。此层在海洋地壳部分平均厚 5~8 km,在大陆部分则延伸至花岗岩质层之下,推测可厚达 30 km,是一个连续圈层。

3. 地壳的类型

地壳可分为大陆型地壳(简称陆壳)和大洋型地壳(简称洋壳)。陆壳的特征是厚度较大(30~70 km),具双层结构,即在玄武岩质层之上有花岗岩质层(表层的大部分地区有沉积岩层)。总的来看,硅铝层好像浮在硅镁层之上,地表起伏越大(如高山、高原),莫霍面的位置越深,地壳越厚。洋壳的特征是厚度较小,最薄处不到 5 km,一般只有单层结构,即玄武岩质层,其表层为海洋沉积层所覆盖。此外,在陆壳和洋壳交会处还可分出过渡型地壳,又称次大陆型地壳,其特点介于以上 2 种类型地壳之间。从图 2-12 可以明显看出陆壳和洋壳在结构、厚度等方面的差异。

地壳厚度的差异性、垂直结构及物质成分的不均匀性,构成了地壳总的特征。这种特征常使地壳物质重新分配和调整,以便达到新的平衡关系,成为引起构造运动的多种因素之一。

(二) 地幔

地幔是莫霍面以下到古登堡界面以上的圈层。深度为从地壳底界到 2 898 km。其体积占地球总体积的 82%,质量为 4.068×10^{21} t,占地球总质量的 68.056%。物质密度从 3.32 g/cm^3 递增到 5.7 g/cm^3,压强随深度显著增加。温度随深度缓慢增加,下部约为 3 000 ℃。从莫霍面到古登堡界面,地震波传播速度大体是缓慢而均匀变化的,中间缺少一级不连续面,说明地幔物质较地壳具有更大的均匀性。但是,在约 400 km 和约 1 000 km 深处各有一个次一级不连续面存在,即拜尔勒面和雷波蒂面(表 2-4),可以据此划分出 B、C、D 层。由此可见,地幔物质又具有一定的分异作用。目前,一般以 1 000 km

① 另一种说法,把花岗岩质层和玄武岩质层即整个地壳(即 A 层)称硅铝层,而把莫霍面以下、软流圈以上的橄榄岩质层(即 B′层)称硅镁层。

为界，把地幔分为上地幔和下地幔。

1. 上地幔

由于其地震波数值和在橄榄岩中实验所得的数值相似，所以上地幔也称为橄榄岩质层或榴辉岩质层。橄榄岩的成分和广泛分布的石陨石（又称球粒陨石）相似，和地壳相比，SiO_2 成分减少，镁铁成分增加。

上地幔包括 B、C 两层，其中 B 层又可分成 B′和 B″两层。位于莫霍面以下的 B′层，相当于固态的橄榄岩质层，故通常把这一层加上地壳（即 A+B′）合称为岩石圈。

在深度 60~400 km 范围内，地震波速度明显下降，特别是在 100~150 km 深度附近下降得更多，这一层称为古登堡低速层（相当 B″层）。所以，一般认为在这一层可能有部分熔融物质，具有较大的塑性或潜柔性，因此又称为软流圈。软流圈的深度、厚度和范围常随地而异，边界有起伏变化，有时呈渐变关系。软流圈的温度一般为 700~1 600 ℃，这里可能是岩浆的主要发源地，同时构造运动、岩浆活动、火山活动，以及热对流等皆可能与此层有关。

上地幔下部（C 层）也有次一级不连续面，具体情况有待于继续探索。中、深源地震（最深可达 720 km）的震源皆发生在上地幔中。因此，对上地幔的研究日益受到学术界的重视，是固体地球物理学国际合作研究计划之一。为了进一步探索地球深部，1960 年学术界曾提出“上地幔计划”，该计划于 1970 年结束，对研究上地幔地球物理起了很大的推动作用。

2. 下地幔（D 层）

这一层物质密度较大，一般在 5 g/cm^3 以上，在底界接近地球的平均密度，压强可达 1.50×10^{11} Pa。化学成分相当于镁铁的硅酸盐矿物，与上地幔无甚差别。但由于这里压强很大，这些硅酸盐矿物可能形成晶体结构紧密的高密度矿物。

地震纵波和横波都能在地幔通过，因此一般认为地幔以固态物质为主。

（三）地核

古登堡界面以下直到地心的部分称为地核。由于地震波速度在这一部分发生了突然变化，即纵波速度从 13.32 km/s 下降到 8.1 km/s，横波则消失，表明组成地核物质的化学成分和物理性质等有了很大的变化。

根据地震纵波的变化情况（表 2-4），地核又可分为外核（E 层）、过渡层（F 层）和内核（G 层）。

据推测，地核物质非常致密，密度 9.7~13 g/cm^3，地核总质量约为 1.88×10^{21} t，占整个地球质量的 31.469%；压强可达 3.0×10^{11}~3.6×10^{11} Pa，温度超过 3 700 ℃，最高可能达 5 000 ℃或稍高。

外核由于只有 P 波才能通过，呈液态。过渡层和内核有 S 波出现，呈固态。关于地核的成分，很早就有人认为是铁镍物质，相当于铁陨石的成分，称为铁镍地核说。后来有人认为组成地核的物质也是硅酸盐，但在高温高压下，原子结构受到破坏，使各元素原子中的电子游离出来，好像原子核融于电子之中，具有很大的密度，又具有良好的导电性，成为具有金属特性和液体特性的物质，这被称为压力电离现象，这种物质状态称为超固态。近来又有人提出了新的看法。目前借助冲击波的动力研究，已经能够进行超过地心压强的实验。实验结果表明,在 5×10^{11} Pa 的超高压情况下,并不产生硅酸盐的金属化,即压力电离现象;同时,可以求得在超高压下物质密度与压强的关系,以及相当的 P 波速度值,实验结果表明 P 波速度相当于铁族金属。因此,学者对上述硅酸盐金属化的假设提出了怀疑,而重新肯定了铁镍地核说。其中可能还存在一些硅、硫等较轻的元素。

地核的形状也是学者所关注的问题。有学者根据地震波在地球内部传播情况的监测和分析,发现地震波在包含地球自转轴的平面方向容易穿透地核,而在与地球自转轴垂直的赤道平面则较难穿透地核,从而提出地核形状接近圆柱体的猜想,其中轴线与地球的自转轴重合。当然这些问题有待于不断深入论证。

第 3 节 地球的形成演化与地质作用

一、地球形成演化概要

当今地球所具有的各种特征并非从来如此、一成不变的,而是地球自形成以来,不断演化至今的结果,是地球演化达到现阶段的具体表现。

根据大爆炸-星云理论,我们所在的宇宙诞生于 138 亿年前的大爆炸,通过分子云引力坍缩分离出来的太阳星云(包含气体、冰粒、尘埃及原始核素),在旋转过程中形成绕恒星的圆盘,并通过吸积作用(accretion)和暗物质的引力影响,形成了太阳及太阳系中的各种天体。目前已知太阳系中最古老物质的年龄约为 45.67 亿年,估计太阳的年龄约为 50 亿年,与相同质量水平的恒星约 100 亿年的寿命相比,太阳目前正值壮年。

地球的形成稍晚于太阳。大约经历了 7 千万~1 亿年的星云物质团聚过程,原始地球在 45.4 亿年以前成形。地球形成的初始阶段(距今约 41 亿—38 亿年期间)曾经遭受过大量陨石、彗星、小行星等小型天体的撞击,甚至有假说认为月球的形成也是提亚(Theia)星体与地球撞击的结果。无论未来的研究结论如何,各种规模的撞击事件产生的高温高压对于地球物质的局部熔融与新物质的合成都具有重要的作用,由机械能转化形成的热能,可能也是早期地球热能的主要来源。

当原始地球由于星云物质凝聚收缩释放引力势能、天体机械碰撞、放射性同位素衰变等因素的影响,逐渐从冷变热时,大量的物质呈现熔融状态,导致火山活动频繁,不同的物质开始在重力作用下发生分异,重者下沉,轻者上浮,出现圈层的分化,奠定了现代地球圈层构造的基础。

地球原始大气的物质主要是来自火山活动释放的以 CO_2、N_2 为主的气体和来自小行星、原行星和彗星的水蒸气,几乎没有游离氧。稠密大气的温室效应显著,在当时太阳辐射强度仅为现代 70%的情况下,使得地球表面能够存在液态水。当水蒸气在大气中凝结、降落,并启动不停息的水循环过程,炽热地球的表面开始冷却、凝固,形成原始地壳;而在低处聚集的水形成了盐度较低、富含有机分子的原始海洋,为孕育地球生命创造了条件。目前所知地球最古老岩石的年龄大约为 40 亿年,含有较确切微生物痕迹的岩石年龄约为 37.7 亿年,模拟研究表明地球生命可能始于 42.8 亿年以前。

固体地球大约在 35 亿年前出现了外核液化现象,形成了地球磁场,避免了地球大气被太阳风吹走，减轻了高能粒子对生命的危害，保护了地球生物的生存与发展。大约在距今32亿—25亿年前，地壳的平均化学组成发生了显著改变，表明地壳与地幔的进一步分化，形成硅铝质为主的原始陆壳，为板块运动奠定了物质基础。约30亿年前地幔的温度比现在高，有可能达到1 600 ℃左右，这使得地幔对流的速度更快，类似板块的构造可能已经出现，与现代相比，移动速度更快，板块规模更小。

在原始地球形成以后，地球岩石圈经历过罗迪尼亚（Rodinia）、潘诺西亚（Pannotia）和泛大陆（Pangaea）等超级大陆的形成与分裂，世界海陆格局也随之发生巨大的变迁。地球气候则经历过古元古代大冰期（距今24亿—21亿年前）、前寒武纪大冰期（距今8.5亿—6.35亿年前）、晚奥陶-志留纪大冰期（距今4.6亿—4.2亿年前）、石炭-二叠纪大冰期（距今3.6亿—2.6亿年前）和晚新生代大冰期（始于约3 400万年前）等冷暖、干湿的剧烈变化。

地球生物的发展历程不仅复杂曲折，也对自然环境产生了深刻的影响。由于原核生物（如蓝藻）的出现，大气含量氧在距今24.6亿—20.6亿年前达到现代大气的10%左右，引发了地球历史上的第一次大氧化事件。随着自养型植物光合作用的持续进行，大约在距今5.8亿—5.2亿年前，大气含氧量上升到现代的60%以上，地球发生了第二次大氧化事件，这不仅使全球海洋全面氧化，也为后来的寒武纪生命大爆发奠定了环境基础。志留纪末期，一些物种开始征服并适应陆地环境，繁茂的陆生植物不仅促使地球大气含氧量进一步增加，在大约3亿年前达到了现代的水平，也在陆地表面塑造了一个新的圈层——土壤圈。

地球生命的演化，在改造环境的同时也经历了繁盛与灭绝的巨变。新元古代末至早古生代初，在大约1 300万~2 500万年的短暂地质时期内，发生了世界范围的生物复杂化、多样化事件，生物分类中的绝大多数现代动物“门”同时在这一时期出现，化石丰富的寒武纪地层与早期地层形成鲜明的对比，学术界称之为“寒武纪生命大爆发”，标志着显生宙的开始。记录了寒武纪生命大爆发的生物化石群，国外主要有埃迪卡拉（澳大利亚南澳大利亚州，距今约6.35亿—5.39亿年）、西里斯帕西特（格陵兰岛，距今约5.23亿—5.18亿年）、伯吉斯页岩（加拿大不列颠哥伦比亚省，距今5.08亿年）等，我国有陡山沱（鄂皖黔，距今约6.35亿—5.51亿年）、澄江（云南，距今约5.18亿年）、清江（湖北，距今5.18亿年）、凯里（贵州，距今5.13亿—5.06亿年）等。

19世纪40年代已经有学者注意到化石在古生代地层中的突然增多现象，达尔文在《物种起源》（1859）中也认为这是生物演化理论面临的难题。20世纪70年代以来，与生物大爆发现象相关的大量新发现不但对传统生物演化理论形成了挑战，而且对其特征和成因的研究，极大地推动了地球科学、生命科学、化学等诸多相关学科和领域的发展。

在寒武纪生命大爆发之后，地球上至少发生过五次生物大灭绝（mass extinction）事件，即奥陶纪-志留纪灭绝事件（距今约4.45亿—4.44亿年前）、晚泥盆世灭绝事件（距今约3.72亿—3.59亿年前）、二叠纪-三叠纪灭绝事件（距今约2.65亿—2.52亿年前）、三叠纪-侏罗纪灭绝事件（距今约2.01亿年前）、白垩纪-古近纪灭绝事件（距今约6 600万年前）。有学者认为，由于人类活动的影响，地球生物正在经历第六次大灭绝。生物灭绝事件表现为在较短的地质时期，相当多的生物物种在广大区域内的消失。生物灭绝对于现存物种而言是一种灾难,却为幸存物种及其后代让出了发展空间。例如,白垩纪-古近纪恐龙和裸子植物的大量灭绝,为哺乳动物、鸟类和被子植物等的繁盛创造了条件。但人类引起的生物灭绝有可能危及自身的生存环境。

地球经过长期的演化形成了人类赖以生存的现代地理环境。地球演化所经历的各种变化都是在不同能量驱动下,地质营力作用的结果。地质学的任务就是从成因机制方面揭示地球(主要是岩石圈)的物质组成、内部构造、表面形态的形成与变化,从历史的角度"以古证今",研究地球的发展历史和演化规律,重建和认识地球环境的演变历程。

二、地质作用及其能量来源

在漫长的地球历史中,组成地球的物质在不断地变化和重新组合,地球的内部构造和地表形态也在不断地经历改造和演变。地球的这种变化是和作用于地球的自然力密切相关的。我们把使地球的物质组成、内部构造和地表形态发生变化的作用,总称为地质作用。引起地质作用的自然力称为地质营力。

力是能的表现,所有的地质营力都来源于能量的驱动。按照能量来源的不同,地质作用分为内力地质作用(简称内力作用)和外力地质作用(简称外力作用)。内力作用是由地球内部的能量(简称内能)引起的,主要有地热能、重力能、地球旋转能、化学能和结晶能等。外力作用是由地球以外的能量(简称外能)引起的,主要有太阳辐射能、潮汐能、生物能等。

(一) 地热能

地球本身具有巨大的热能,这是导致地球发生变化的重要能源。目前公认,放射性热能,即由地球内部放射性元素蜕变而产生的热能,是地热能的主要来源。还有一种观点认为,地球在由星际物质聚集而成的过程中,在本身重力作用下体积逐渐压缩,引力势能产生压缩热,地球早期大量陨石撞击的机械能,也是地热能的可能来源。另外,地球内部物质发生化学反应,或者产生结晶作用,也可以释放热量,所以化学能和结晶能同样是地热能的来源。据计算,地球内部每年产生的总热量大于每年经地表散失的总地热流量,这部分剩余的地热能量,是导致火山活动、岩浆活动、地震、变质作用、构造运动的主要能源。根据岩石圈板块理论,地幔热对流是板块运动的主要驱动力,地热能就是其主要能源。

(二) 重力能

这是指地心引力给予物体的位能。在地球表面所有物体都处于重力场的作用之下。同时,在地球形成和发展过程中,地内物质在地心引力作用下,按不同密度发生分异,即轻者上升、重者下沉,使物质的总位能释放而转化为热能,这种热能称为重力分异产生的热能,成为地热能来源之一。

(三) 地球旋转能

地球自转对地球表层物质产生离心力和离极力。离心力的大小随纬度而变化,两极为零,赤道最大,故离心力自两极向赤道是逐渐增加的;同时离心力又可分解为两个分力，一是垂直地面的垂直分力，它和重力作用方向相反，并为重力所抵消；二是过地表相应点沿经向的水平分力（切向分力），这是使地球物质产生由高纬度向低纬度沿水平方向移动的有效分力。离极力是可变形旋转椭球体的转动惯量矩具有使自己取极大值的趋势的力，其方向指向赤道，从而使地球物质向赤道方向移动。

（四）太阳辐射能

太阳不断向地球输送热能，根据计算，一年中整个地球可以从太阳获得 5.4×10^{24} J 的热量。太阳辐射能是大气圈、水圈和生物圈维持运动与活力并相互进行物质和能量交换的主要能源，并由此产生了一系列的外营力，如风、流水、冰川、波浪等。

（五）潮汐能

地球上的海水在日、月引力作用下产生潮汐现象。潮汐具有强大的机械能，是产生海洋地质作用的重要营力之一。由于潮汐波的传播方向与地球自转方向相反，潮汐能还产生延缓地球自转速度的“潮汐刹车”作用。

（六）生物能

由生命活动所产生的能量，无论是植物的生长、动物的活动，还是人类大规模的改造自然活动，都会产生改变地球物质和面貌的作用。但归根结底，任何生物能都源于太阳辐射能。

三、地质作用的特点与类型

源于内能的内力作用主要在地下深处进行，但也常常波及地表，它使岩石圈发生变形、变质或重熔，以至形成新的岩石，或者使岩石圈分裂、融合、变位、漂移，使大地构造格局发生重大变化。源于外能的外力作用主要在地表或靠近地表进行，不过也可能延伸至地下相当深处，它使地表岩石组成不断发生变化，使地表形态不断遭受破坏和改造，但外力作用几乎均有重力能的参与。

自从地球形成以来，各种地质作用的进行是相对独立，又相互依存的，既存在对立之处，又处于统一之中。例如，内力作用形成高山和盆地，而外力作用则把高山削低，把盆地填平；一个地区发生隆起，其相邻地区常会发生拗陷；高处的矿物岩石受到风化、侵蚀的破坏，而被破坏的物质又被搬运到低处堆积下来形成新的矿物岩石。地质作用一方面对地球产生破坏作用，另一方面也在进行建设作用。但在不同的时空条件下，它们可能是不平衡发展的，或者是彼此互为消长的。有些地质作用进行得十分迅速，如火山、地震、山崩、泥石流、洪水等，有些地质作用却进行得十分缓慢，往往不为人们的感官所察觉，但经过悠久岁月却可产生巨大的地质后果。从地球发展的角度看，地质作用是促使地球不断新陈代谢、汰旧更新的经久不息的动力。

地质作用不仅可以按照能量来源分为内力作用和外力作用两大类，还可以根据其作用性质和形式进一步划分（表 2-7）。内力作用分为构造运动、岩浆活动、变质作用和地震。外力作用按照营力的介质类型，可以分为河流地质作用、地下水地质作用、冰川地质作用、湖泊和沼泽地质作用、风力地质作用和海洋地质作用等；按照其发生的序列、作用性质与形式，分为风化作用、侵蚀作用、搬运作用、沉积或堆积作用、成岩作用等。

表 2-7　地质作用的类型与形式

<table>
<tr><td rowspan="11">外力作用</td><td rowspan="3">风化作用</td><td colspan="2">物理风化作用</td></tr>
<tr><td colspan="2">化学风化作用</td></tr>
<tr><td colspan="2">生物风化作用</td></tr>
<tr><td rowspan="2">侵蚀作用*</td><td colspan="2">机械侵蚀作用</td></tr>
<tr><td colspan="2">化学侵蚀作用</td></tr>
<tr><td rowspan="2">搬运作用</td><td colspan="2">机械搬运作用</td></tr>
<tr><td colspan="2">化学搬运作用</td></tr>
<tr><td rowspan="3">沉积作用</td><td>大陆沉积作用</td><td>机械沉积作用</td></tr>
<tr><td rowspan="2">海洋沉积作用</td><td>化学沉积作用</td></tr>
<tr><td>生物沉积作用</td></tr>
<tr><td>成岩作用</td><td colspan="2">压固作用、胶结作用、脱水作用、重结晶作用</td></tr>
<tr><td rowspan="6">内力作用</td><td rowspan="2">构造运动</td><td colspan="2">水平运动</td></tr>
<tr><td colspan="2">升降运动</td></tr>
<tr><td rowspan="2">岩浆活动</td><td colspan="2">喷出作用（火山作用）</td></tr>
<tr><td colspan="2">侵入作用</td></tr>
<tr><td>变质作用</td><td colspan="2">动力变质作用、热力变质作用、区域变质作用</td></tr>
<tr><td>地震</td><td colspan="2">构造地震、火山地震、塌陷地震</td></tr>
</table>

* 有时作为侵蚀作用同义词的“剥蚀作用”含义更广，强调通过风化、侵蚀、搬运等外力作用使地表高程降低的总体过程。

复习思考题

1. 从人类认识地球形状的历程中可以获得什么启示？
2. 地球的重力场和磁场各具什么特点？其异常值有什么实际意义？
3. 岩石圈温度的垂直变化有什么规律？如何表达？
4. 全球地热流的分布有什么特点？地热有哪些释放形式？地热异常有什么意义？
5. 地球的圈层构造是怎样形成的？不同圈层各具什么特点？
6. 组成地壳的元素主要有哪些？什么是克拉克值？
7. 什么是硅铝层？什么是硅镁层？二者的组合构成哪些地壳类型？
8. 何谓软流圈？何谓岩石圈？二者各有什么特点？
9. 请查阅资料，了解地球历史上的某种演化事件及其成因，从中可以获得什么启示？
10. 什么是地质作用？它分为哪些类型？其能量来源主要有哪些？

第 3 章

矿物与岩石

电子教案
第 3 章

第 1 节　概述

一、矿物与岩石的概念

岩石圈的物质组成可分为三个层次——元素、矿物、岩石，分别是地球化学、矿物学、岩石学三个学科的研究对象。三者之间既有区别，又有联系：元素形成矿物，矿物组成岩石，岩石构成地壳及上地幔。

矿物是在各种地质作用下形成的具有相对固定化学成分和物理性质的较均匀物体，是组成岩石的基本单位。其含义包括 3 个方面：① 矿物是在各种地质作用下或各种自然条件下形成的自然产物，比如在岩浆活动过程中，在风化作用过程中，或者在湖泊、海洋的沉积作用下都可形成矿物；② 矿物由各种化学元素组成，具有相对固定和均一的化学成分（大多数是化合物，少部分是单质元素）及物理性质，在一定程度上讲，矿物是一种自然产生的均匀物体；③ 矿物不是孤立存在的，而是按照一定的规律结合起来形成各种岩石。

近年来，随着科学技术的发展，人们对矿物的认识范围进一步扩大，包括了地球内层及宇宙空间所形成的自然产物。如组成陨石、月球岩石和其他天体的矿物，被称为陨石矿物、月岩矿物，统称宇宙矿物。

这里特别强调矿物是自然产物，是因为许多人造物品具有矿物的某些特性，但不是真正的矿物。例如食糖，它具有一定的化学成分和物理性质（如透明、硬度小、溶于水、味甜等），但在自然条件下不能形成食糖，因此食糖不是矿物。而石盐，它具有相对固定的化学成分即 $NaCl$（因为其中常含有不定量的杂质，所以说是相对固定），也具有相对均一的物理性质（如透明、硬度很小、立方形晶体、溶于水、味咸等），因为人们直接或加工后食用而称为食盐，但在一定的自然条件下（如内陆湖泊在干燥气候条件下蒸发沉淀）可以形成石盐。所以说，石盐（食盐）是一种矿物。

许多人工合成的化学药品虽都各有其化学成分和物理特性，但均不属于矿物。如果某些人工制造的化合物具有与天然矿物相近的成分和性质，则可称为人造矿物或合成矿物，如人造金刚石、人造红宝石、人造水晶等。

矿物是人类生产资料和生活资料的重要来源之一，是构成岩石的物质基础。自然界的矿物已知的超过 5 600 种，但最常见的只有 100 种左右。至于构成岩石主要成分的造岩矿物只不过 20~30 种。它们共占岩石圈质量的 99%。

岩石是在各种地质作用下，按一定方式结合而成的矿物集合体，它是构成地壳及地幔的主要物质。有些岩石主要是由一种矿物组成，但更多的岩石是由几种矿物组成的。如大理岩主要由方解石组成，而花岗岩是由石英、长石、黑云母等矿物组成的。人们通常所说的岩石是指地球岩石，它是地球发展的产物。广义的岩石也包括宇宙天体的固体组成，如陨石和月岩。

岩石记录了过去发生的地质事件。为了探讨地球的发展历史和规律，岩石是最重要的客观依据；岩石既是地质作用的产物，又是地质作用的对象，所以岩石是研究各种地质构造和地貌的物质基础；岩石中含有各种矿产资源，有些岩石本身就是重要矿产，一定的矿产都与一定的岩石相联系。由此可见，研究岩石具有重要的理论和实际意义。

根据成因，岩石可以分为三大类：火成岩（岩浆岩）、沉积岩和变质岩。火成岩和变质岩占地壳质量的 95%，沉积岩占 5%；但沉积岩出露面积占全部岩石的 75%，火成岩和变质岩只占其中 25%。人类对于岩石成因的认识经过了漫长的历程与激烈的学术争论，这一过程是地质学逐步发展历史的组成部分。

二、矿物学与岩石学理论的建立

在古代，岩石与矿物统称为“石”，是人类最早开发利用的自然资源之一。从旧石器时代、新石器时代到青铜器时代、铁器时代，人类关于矿物与岩石的知识不断积累，古代典籍中有关岩矿资源的记载反映人类对地壳物质组成的最初认识。中国的《山海经》将矿物分金、玉、石、土 4 类记述色泽、特征和产地。古希腊泰奥弗拉斯托斯的《石头论》分金属、石质和黏土 3 大类描述了 70 多种矿物的物理性质，是最早的有关岩矿的专门著作。

矿物、矿石、岩石概念的区分大约在 15 世纪。但是，在 18 世纪中叶以前，人类关于岩石与矿物的认识，还主要是物理特征的描述与分类。例如，16 世纪初，莱奥纳尔都斯的《石志》论述了 200 多种矿物。中国明代医学家李时珍 1578 年写成的《本草纲目》，叙及的矿物、岩石、化石有 200 多种，按水部、土部、金石部分类，又将金石部细分为金类、玉类、石类、卤石类等。

近代矿物学体系的建立是以结晶矿物学和矿物化学为基础的。1837 年，美国 J. D. 丹纳的《矿物学系统》出版，1844 年再版，总结了已有矿物晶体结构与化学组成分类的成果，标志着近代矿物学的体系已臻成熟。此后，矿物学随着新技术和新理论的引进和应用而发展。19 世纪中叶偏光显微镜开始用于矿物鉴定和研究，20 世纪初 X 射线开始用于矿物晶体结构分析，20 世纪 30 年代以来对矿物形成的物理化学条件及相平衡的研究，20 世纪 60 年代以后固体物理学、量子化学方面的理论和先进的实验技术在矿物学中的应用，均促进了矿物学变革性的发展。运用晶体场理论及配位场理论、固体物理学理论与测试方法，对矿物的形成条件、标型特征和物理性质进行更深入的研究，则是现代矿物学的主要内容。

关于地层以及岩石成因的“水火之争”是岩石学发展历史上著名的学术论战，其结果是岩石学基础理论的建立。

古希腊哲学家泰勒斯“一切都来自水，又复归于水”的论断，可以视为沉积岩形成理论的思想萌芽。1695 年，英国的伍德沃德（J. Woodward）明确提出岩石是由水的作用形成的（即水成论），他利用《圣经》关于挪亚洪水的传说解释岩石和化石的成因。与水成论的观点不同，意大利的莫罗（A. L. Moro）提出了火成论。他在《论在山里发现的海洋生物》（1740）一文中指出，高山上存在贝壳化石的现象不能用挪亚洪水来说明，只能用火山作用加以解释，认为是地下火的喷发使陆地和山脉隆起，地球内部喷发出来的物质形成了新的地层。

18世纪下半叶到19世纪20年代，随着德国和法国煤矿的开采，特别是水成论集大成者德国的A.G.维尔纳的影响，水成论占了上风。维尔纳的《岩层的简明分类和描述》(1787)是水成论观点的代表作。他在野外观察基础上，将萨克逊地区的地层分为原生岩、过渡岩、层状岩、冲积岩和火山岩，并相信这一层序在全球普遍适用。他提出结晶岩，如花岗岩，是原始大洋化学沉淀结晶的产物，玄武岩也是沉积形成的。原始大洋退却后，即形成灰岩，同时生物开始出现。火山喷发是地下煤层燃烧所致。

火成论的集大成者是英国的J.赫顿。1788年他发表《地球的理论》反对单纯的水成论观点，认为"火"对地壳地层系统的形成起了重要作用。为进一步充实他的理论，赫顿多次到苏格兰、英格兰、阿尔卑斯山考察，并在1795年出版他的经典著作《地球的理论：证据和说明》。赫顿认为结晶岩是地下深处熔融物质上升到地表结晶后形成的；层状岩石虽经过水的沉积作用，却是在上部压力和地下热力的作用下固结成岩，再经火山喷发、地壳隆起，形成陆地。1802年，赫顿的朋友J.普莱费尔出版了《赫顿学说的解释》，有力推动了赫顿学说和现实主义思想的传播。

水成论与火成论各以自己的观点排斥对方，把所有的岩石基本看成同一成因。1830年英国的C.莱伊尔提出岩石的成因分类，区分出水成岩类、火山岩类、深成岩类和变质岩类。以多种成因观点代替单一成因观点的分类，标志着岩石学理论的基本建立。

此后，岩石学朝着更深入、细致的方向发展。偏光显微镜与岩石薄片制作技术的改进，使显微岩石学得到很大的发展。1856年英国的H.C.索比、1867年德国的H.P.J.福格尔桑、1873年F.齐克尔和1873年K.H.F.罗森布施等分别出版的有关显微镜下岩石矿物学的著作，奠定了显微岩石学的基础。美国的F.W.克拉克和德国的A.奥桑对岩石成分和性质的研究，创立了岩石化学。英国物理学家J.霍尔对岩石进行的高温熔融实验，开创了实验岩石学，挪威的J.H.L.福格特和美国的N.L.鲍温的系统研究奠定了实验岩石学的基础。

现代岩石学已经发展成包括火成岩岩石学、沉积岩岩石学、变质岩岩石学、实验岩石学、工业岩石学、地幔岩石学、宇宙岩石学、岩石化学(化学岩石学)、构造岩石学等在内的学科体系。

第2节 矿物

一、矿物的基本特征

绝大部分矿物具有晶体结构，只有一小部分矿物属于胶体矿物。各种矿物都具有一定的外表特征——形态和物理性质，可以作为鉴别矿物的依据。

(一) 矿物的晶体特征

1. 晶质体和非晶质体

绝大部分矿物都是晶质体。所谓晶质体，就是化学元素的离子、离子团或原子按一定规则重复排列而成的固体。矿物的结晶过程实质上就是在一定介质、一定温度、一定压强等条件下,物质质点有规律排列的过程。质点规则排列的结果,就是晶体内部具有一定的格子构造,称为晶体结构。这种晶体结构相当于一定质点(离子等)在三维空间所构成的无数相等的六面体(或四面体、八面体等)紧密相邻和互相平行排列的空间格子中的占位。如石盐的晶体结构是按正六面体(立方体)规律排列(图3-1)。不同的矿物,组成其空间格子的六面体的三个边长之比及其交角常不相同。因此,各种矿物具有多种多样的晶体结构。

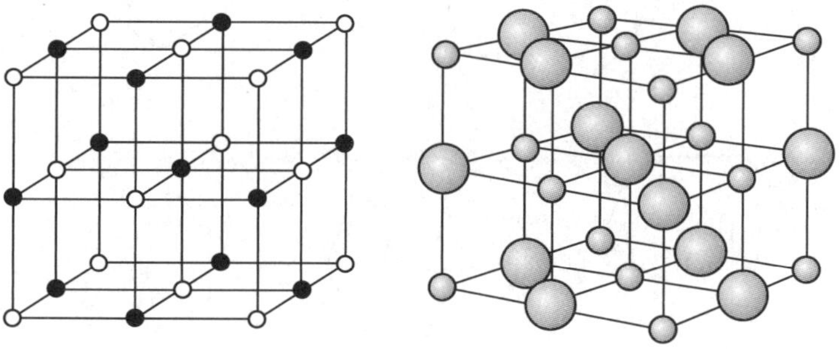

(a) (b)

图3-1 石盐的晶体结构

(a)石盐晶体的空间格子;(b)晶体质点的排列,小球代表 Na^+,大球代表 Cl^-

在适当的环境里,若有足够的生长空间,则晶质体往往表现为一定的几何外形,即具有平整的面,称为晶面;晶面相交的线称为晶棱。这种具有良好几何外形的晶质体,通称为晶体。但是,大多数晶质体矿物由于缺少生长空间,如图3-2所示,许多个晶体同时生长,结果互相干扰,不能形成良好的几何外形。实际上,晶质体和晶体除了外表形态有区别外,内部结构并无任何区别,所以二者概念基本相同。

(a) (b) (c) (d)

图3-2 从溶液中结晶形成的粒状集合体示意图

(a)形成结晶中心;(b)晶体围绕结晶中心生长;

(c)晶体继续生长受到空间限制;(d)最后形成外形不规则的粒状集合体

有少数矿物呈非晶质体结构。凡内部质点呈不规则排列的物体都是非晶质体,如天然沥青、火山玻璃等。这样的矿物在任何条件下都不能表现为规则的几何外形。

2. 晶形

在一定条件下(如晶体生长较快,生长能力较强,生长顺序较早,或有允许晶体生长的空间——晶洞、裂缝等),矿物可以形成良好的晶体。晶体形态多种多样,但基本可分成2类:一类是由同形等大的晶面组成的晶体,称为单形,单形的数目有限,只有47种。一类是由两种以上的单形组成的晶体,称为聚形。聚形的特点是在一个晶体上具有大小不等、形状不同的晶面。聚形千变万化,种类可以千万计。图3-3列举了一部分常见的单形和聚形。应该指出,自然界晶体在结晶过程中因受各种条件限制,往往形成不甚规则或不甚完整的晶形。

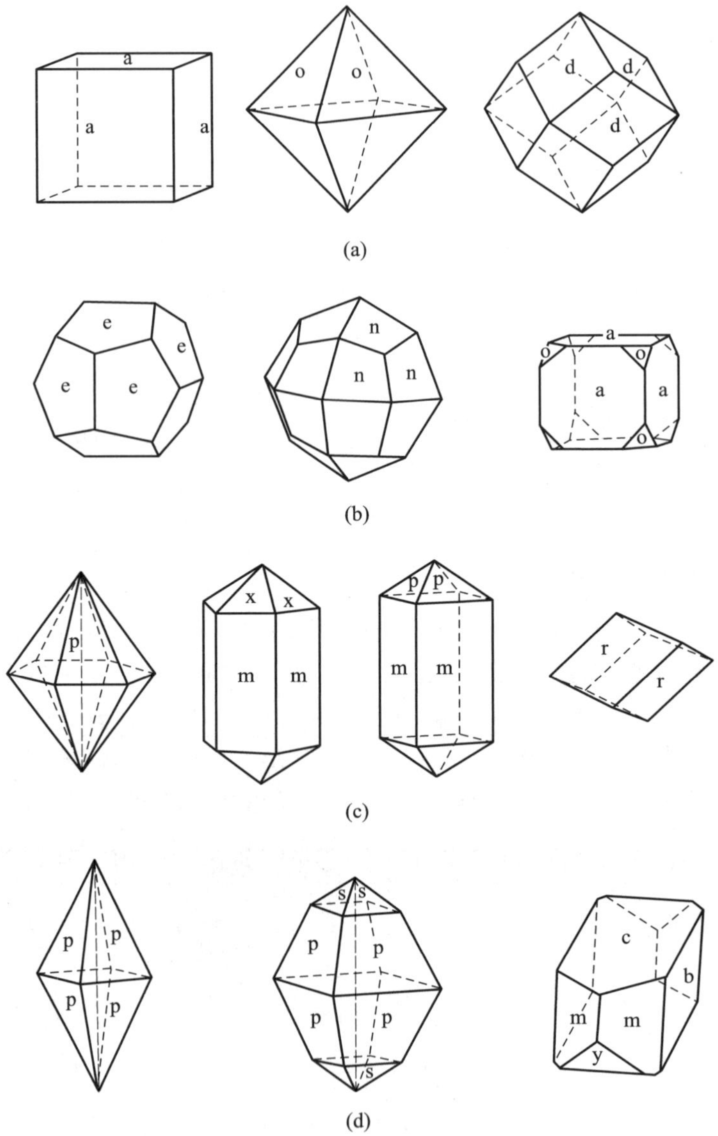

图 3-3 常见的单形和聚形

(a) 六面体,八面体,菱形十二面体;(b) 五角十二面体,四角三八面体,六面体(a)和八面体(o)的聚形;(c) 六方双锥,六方柱(m)与六方双锥(x)的聚形,正方柱(m)与正方双锥(p)的聚形,菱面体;(d) 斜方双锥,2 种斜方双锥的聚形(p,s),斜方柱(m)与 3 种平行双面(b,c,y)的聚形

在自然晶体中,人们常发现两个或两个以上的晶体有规律地连生在一起,称为双晶。最常见的有 3 种类型:

接触双晶——由 2 个相同的晶体,以一个简单平面相接触而成[图 3-4(a)]。

穿插双晶——由 2 个相同的晶体,按一定角度互相穿插而成[图 3-4(b)]。

聚片双晶——由 2 个以上的晶体,按同一规律,彼此平行重复连生一起而成[图 3-4(c)]。

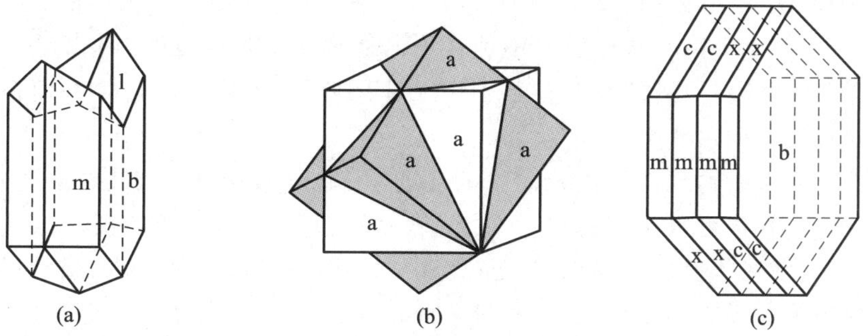

图 3-4　双晶举例

(a) 石膏燕尾接触双晶；(b) 萤石穿插双晶；(c) 钠长石聚片双晶

对某些矿物来说，双晶是重要的鉴定特征之一。

3. 结晶习性

虽然每种矿物都有它自己的结晶形态，但由于晶体内部构造不同，结晶环境和形成条件不同，因此晶体在空间 3 个相互垂直方向上发育的程度也不相同。在相同条件下形成的同种晶体经常具有的形态，称为结晶习性。它大体可分为 3 种类型：

有的矿物晶体，如石棉、石膏等常形成柱状、针状、纤维状，即晶体沿 1 个方向特别发育，称一向延伸型。

有的矿物晶体，如云母、石墨、辉钼矿等常形成板状、片状、鳞片状，即晶体沿 2 个方向特别发育，称二向延伸型。

有的矿物晶体，如黄铁矿、石榴子石等常形成粒状、近似球状，即晶体沿 3 个方向特别发育，称三向延伸型。

熟悉这些特性，对于鉴定矿物有一定的帮助。此外，还有些矿物晶体的晶面上常具有一定形式的条纹，称晶面条纹。如在水晶晶体的六方柱晶面上具有横条纹，在电气石晶体的柱面上具有纵条纹，在黄铁矿的立方体晶面上，具有互相垂直的条纹，在斜长石晶面上常有细微密集的条纹（双晶条纹）。这些特征对于鉴定矿物也有一定意义。

（二）矿物的化学成分

1. 矿物的化学组成类型

每种矿物都有一定的化学成分。大致可分为以下 3 种基本类型：

(1) 单质矿物：基本上是由一种自然元素组成的，如金、石墨、金刚石等。在自然界里这样的矿物数量不多。

(2) 化合物：自然界的矿物绝大多数都是化合物，一般情况下其化学组成相对稳定，但往往含有或多或少的杂质或混入物。可将其分为以下几种类型：

简单化合物——由一种阳离子和一种阴离子化合而成，成分比较简单，例如，石盐 $NaCl$、方铅矿 PbS、石英 SiO_2，以及刚玉 Al_2O_3 等。

络合物——由一种阳离子和一种络阴离子组合而成，为数最多，常形成各种含氧盐矿物，如方解石 $CaCO_3$、硬石膏 $CaSO_4$，等等。

复化物——大多数复化物是由两种以上的阳离子和一种阴离子或络阴离子构成，

如铬铁矿 $FeCr_2O_4$ 和白云石 $CaMg(CO_3)_2$。也有些阳离子是共同的，而阴离子是双重的，如孔雀石 $CuCO_3 \cdot Cu(OH)_2$。还有阳离子和阴离子都是双重的，但比较少见。

(3) 含水化合物：一般针对含有 H_2O 和 OH^-、H^+、H_3O^+ 离子的化合物而言。又可将其分为吸附水和结构水2类。

吸附水是渗入矿物或矿物集合体中的普通水，呈 H_2O 分子状态，含量不固定，不参加晶格构造。这种水可以是气态的，形成气泡水；也可以是液态的，或者包围矿物的颗粒形成薄膜水，或者填充在矿物裂隙及矿物粉末孔隙中形成毛细管水，或者以微弱的联结力依附在胶体粒子表面上，形成胶体水，如蛋白石即为一种含不固定胶体水的矿物，化学式为 $SiO_2 \cdot nH_2O$。在常压条件下，当温度达到100~110 ℃或更高一点时，吸附水就可从含水化合物中全部逸出。

结构水是参加矿物晶格构造的水，其中一类叫作结晶水，这种水以 H_2O 分子形式并按一定比例和其他成分组成矿物晶格，如石膏（$CaSO_4 \cdot 2H_2O$）含2个结晶水。结晶水在一定热力条件下可以脱水，脱水后矿物晶格结构也破坏了，随之矿物的物理性质也改变了。如石膏在被加热至100~120 ℃时水分开始逸出，变为性质不同的熟石膏。不同的含结晶水矿物，其失水温度是一定的，这种特性有助于了解矿物的形成温度。结晶水逸出温度多为100~200 ℃，一般不超过600 ℃。另一类是介于结晶水和吸附水之间过渡性质的水，如黏土矿物之一胶岭石 $Mg_3(OH)_4[Si_4O_8(OH)_2] \cdot nH_2O$，是具有层状格架的矿物，水分可以进入层间，使层状格架间距加大；又可排出水分，使格架间距缩小，因此胶岭石具有吸水体积膨胀的特性。这种水就是层间水。还有一类是狭义的结构水，这种水是以 OH^-、H^+、H_3O^+ 离子形式参与矿物晶格，如高岭石 $Al_4[Si_4O_{10}](OH)_8$、天然碱 $Na_3H[CO_3]_2 \cdot 2H_2O$、水云母 $(K,H_3O)Al_3[AlSi_3O_{10}](OH)_2$ 等。这种水与结构联系紧密，需要在较高温度下，如在600~1 000 ℃下，才能使晶格破坏，使水分逸出。在一种矿物中可以同时存在几种形式的水。

自然界的矿物在上述化学组成类型的基础上，由于形成条件的不同，还存在同质多象和类质同象的现象，产生晶体结构和化学组成的变化，呈现出矿物种类的多样性。

2. 矿物的同质多象

同一化学成分的物质，在不同的外界条件（温度、压强、介质）下，可以结晶成2种或2种以上的不同构造的晶体，构成结晶形态和物理性质不同的矿物，这种现象称为同质多象。在矿物中，同质多象相当普遍。例如，碳（C）在不同的条件下形成石墨和金刚石，二者成分相同，但结晶形态和物理性质相差极大（表3-1）。

表3-1 碳元素同质二象变体的比较

性质	金刚石	石墨
晶　系	等轴	六方
形　态	八面体	六方片状
颜　色	无色	黑色，钢灰色
透明度	透明	不透明
硬　度	10	1
相对密度	3.47~3.56	2.09~2.23
光　泽	金刚光泽	金属光泽
导电性	半导体	良导体

掌握同质多象的规律，对于确定矿物的形成温度具有一定意义，许多同质多象矿物的变体，被称为矿物学温度计。例如，α-石英（三方）和 β-石英（六方）在常压条件下的转变温度为 573 ℃。压强的变化对同质多象的转变也有影响，如在 3.04×10^8 Pa 的压强条件下，α 石英和 β 石英的转变温度为 644 ℃。介质的成分、杂质、酸碱度等对同质多象变体的形成也有一定影响。例如，FeS_2 在相同温度和压强下，在碱性介质中生成黄铁矿（等轴），而在酸性介质中则生成白铁矿（斜方）。由此可见，研究同质多象有助于研究矿物形成的环境。

3. 矿物的类质同象

矿物的化学成分不是绝对固定的，而是存在一定范围的变化。这主要是由类质同象引起的。所谓类质同象是指在晶体结构中，性质相近的离子可以互相顶替的现象。互相顶替的条件是：离子半径相差不大，离子电荷符号相同，电价相同。例如镁橄榄石 $Mg_2[SiO_4]$，由于 Mg^{2+} 和 Fe^{2+} 都是二价阳离子，半径分别是 0.078 nm 和 0.083 nm（即大小近似），因此其中的 Mg^{2+} 经常可以被 Fe^{2+} 所置换，但并不破坏其晶体结构。这样，就在纯 $Mg_2[SiO_4]$ 和纯 $Fe_2[SiO_4]$ 之间，出现含 $Fe_2[SiO_4]$ 百分比不同的过渡类型。

类质同象中离子置换又有两种情况：一是互相置换的离子电价相等，如 Mg^{2+}、Fe^{2+}、Ni^{2+}、Zn^{2+}、Mn^{2+} 等或者 Fe^{3+}、Cr^{3+}、Al^{3+} 等，称为等价类质同象。二是几种离子同时置换，置换的离子电价各异，但置换后的总电价必须相等。如斜长石是钠长石 $NaAlSi_3O_8$ 和钙长石 $CaAl_2Si_2O_8$ 的类质同象系列，其置换方式是 Na^+ 和 Ca^{2+} 互相置换，Si^{4+} 和 Al^{3+} 互相置换，置换结果是 $Na^++Si^{4+}=Ca^{2+}+Al^{3+}$ 总电价相等。

有的组分是在一定程度内进行离子置换，称为不完全类质同象。如闪锌矿 ZnS 中的 Zn^{2+} 可以被 Fe^{2+} 所置换，但一般不超过 20%。有的没有一定限制，即两种组分可以按任意比例进行离子置换，形成一个连续的类质同象系列，称为完全类质同象。如 $NaAlSi_3O_8$ 和 $CaAl_2Si_2O_8$ 即可形成完全类质同象系列。这种系列，一般是根据两种组分的百分比而划分出不同的矿物亚种。

类质同象是矿物中一个非常普遍的现象，是形成矿物中杂质的主要原因之一，也是许多稀散元素在矿物中存在的主要形式。

具有类质同象的矿物分子式，一般将类质同象互相置换的元素用括号括在一起，中间用逗号分开，把含量高的放在前边。络阴离子团用方括号括起来。如橄榄石是 $(Mg,Fe)_2[SiO_4]$，黑钨矿是 $(Fe,Mn)[WO_4]$，有时不加括号，写成一般化学式。

4. 胶体矿物

地壳中分布最广的除去各种晶体矿物外，还有些是胶体矿物。一种物质的微粒分散到另一种物质中的不均匀分散体系称为胶体。前者称为分散相，其大小为 $10^{-7}\sim10^{-5}$ cm；后者称为分散媒。在胶体分散体系中，当分散媒多于分散相时称为胶溶体，反之则称为胶凝体。在自然界分布最广的是某些细微固体质点分散到水中所成的胶溶体，即所谓胶体溶液。这些固体质点的最大特点是常常带有正电荷或负电荷。如 $Fe(OH)_2$、$Al(OH)_3$ 的分散颗粒带正电荷，SiO_2、MnO、硫化物等的分散颗粒带负电荷。这些胶体质点的另一个特点是因其带电而具有吸附作用，即从周围环境中吸附大量带异性电荷的离子，这种特性虽然使某些胶体矿物常含有很多其他成分或杂质，但也往往形成钴、镍等重要沉积矿产。这些带电胶体质点的第三个特点是当其电荷被中和时，如河流中的胶体质点，进入海洋就被海水中的电解质所中和,即发生凝聚而沉淀(也可称胶凝作用),并富集成矿。这样形成的矿物实际上是胶体溶液失去大部分水分而成的胶凝体,也就是所谓的胶体矿物。如 SiO_2、$Fe(OH)_3$ 等胶体溶液失水胶凝后,即可形成蛋白石、褐铁矿等。

胶体矿物在形态上一般呈鲕状、肾状、葡萄状、结核状、钟乳状和皮壳状,等等。它们的表面常常有裂纹和皱纹,这是由胶体失水引起的。在结构上,它们可以是非晶质的、隐晶质的或显晶质的,这取决于胶体的晶化程度。在化学成分上,它们往往含有较多的水,并且成分不很固定,这是由胶体的吸附作用和离子交换所引起的。

(三) 矿物的集合体形态

自然界矿物可呈单独晶体出现,但大多数是以矿物晶体、晶粒的集合体或胶体形式出现的。集合体形态往往具有鉴定特征的意义,有时候还反映矿物的形成环境。这里将主要的集合体形态分述如下。

(1) 粒状集合体:由粒状矿物所组成的集合体,如雪花石膏是由许多石膏晶粒组成的集合体,花岗岩是由石英、长石、云母等晶粒组成的集合体。粒状集合体多半是从溶液或岩浆中结晶而成的,当溶液达到过饱和或岩浆逐渐冷却时,其中即产生许多“结晶中心”,晶体围绕结晶中心自由发展,直至进一步发展受到周围阻碍,便开始争夺剩余空间,结果形成外形不规则的粒状集合体(图 3-2)。

(2) 片状、鳞片状、针状、纤维状、放射状集合体:如石墨、云母等常形成片状、鳞片状集合体,石棉、石膏等常形成纤维状集合体,还有些矿物常形成针状、柱状、放射状集合体。

(3) 致密块状体:由极细粒矿物或隐晶矿物所成的集合体,表面致密均匀,肉眼不能分辨晶粒的彼此界限。

(4) 晶簇:生长在岩石裂隙或空洞中的许多单晶体所组成的簇状集合体叫作晶簇。它们一端固着于共同的基底上,另一端自由发育而形成良好的晶形(图 3-5)。常见的有石英晶簇[图 3-6(a)]、方解石晶簇等,生长晶簇的空洞叫作晶洞。许多良好晶体和宝石是在晶洞中发育而成的。

图 3-5 晶簇形成过程图解

(5) 杏仁体和晶腺:矿物溶液或胶体溶液通过岩石气孔或空洞时,常常从洞壁向中心层层沉淀,最后把孔洞填充起来,其小于 2 cm 者通称杏仁体,大于 2 cm 者可称晶腺。如玛瑙往往以此形态产出[图 3-6(b)]。

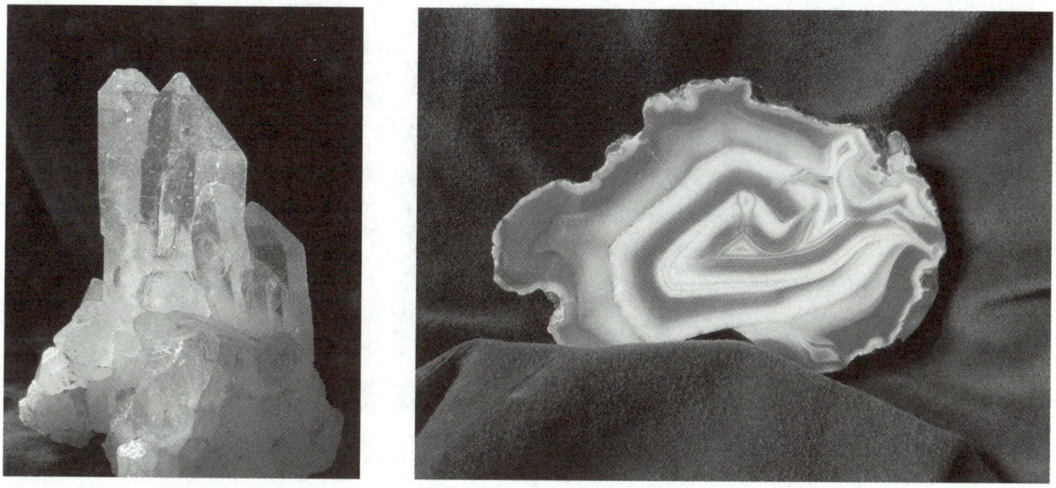

(a)　　(b)

图 3-6　矿物集合体形态举例

(a) 石英(水晶)晶簇;(b) 玛瑙

彩色图片
石英

(6) 结核和鲕状体:矿物溶液或胶体溶液常常围绕着细小岩屑、生物碎屑、气泡等由中心向外层层沉淀而形成球状、透镜状、姜状等集合体,称为结核。常见的有黄铁矿、赤铁矿、磷灰石等结核,在黄土中常有钙质(方解石)结核。其大小可由数厘米到数十厘米甚至更大。

如果结核小于 2 mm,形同鱼子状,具同心层状构造,则叫作鲕状体。鲕状体常彼此胶结在一起,如鲕状赤铁矿、鲕状铝土矿等。

(7) 钟乳状、葡萄状、乳房状集合体:这些形态大多数是某些胶体矿物所具有的特点。胶体溶液因蒸发失水逐渐凝聚,因而在矿物表面围绕凝聚中心形成许多圆形的、葡萄状的、乳房状的小突起。如石灰岩溶洞中由 $CaCO_3$ 形成的石钟乳、石笋,以及褐铁矿、软锰矿、孔雀石等表面常具此形态。

(8) 土状体:疏松粉末状矿物集合体,一般无光泽。许多由风化作用产生的矿物如高岭土等常呈此形态。

(9) 被膜:不稳定矿物因受风化作用在其表面往往形成一层次生矿物的皮壳,称为被膜。如各种铜矿表面常有一层因氧化作用而产生的翠绿色孔雀石及天蓝色蓝铜矿的被膜。

此外,人们在岩石裂缝中还常发现一种黑色的树枝状物质,酷似植物化石,但缺少植物应有的结构(如叶脉等),称为假化石(图 3-7)。这是由氧化锰等溶液沿着裂缝渗透沉淀而形成的。

(四) 矿物的物理性质

矿物的化学成分不同,晶体结构不同,从而表现出不同的物理性质。其中有些必须借助仪器测定(如折光率、膨胀系数等),有些则可凭借感官识别,后者是肉眼鉴定矿物的重要依据。

(1) 颜色:矿物具有各种颜色,如赤铁矿、黄铁矿、孔雀石、蓝铜矿、黑云母等都是根据颜色命名的。矿物的颜色有自色、他色和假色之分。

图 3-7 假化石

因矿物本身固有的化学组成中含有某些色素离子而呈现的颜色,称为自色。具有自色的矿物,颜色大体固定不变,因此自色是鉴定矿物的重要标志之一。如矿物中含有 Mn^{4+},呈黑色;含有 Mn^{2+},呈紫色;含有 Fe^{3+},呈樱红色或褐色;含有 Cu^{2+},呈蓝色或绿色;等等。

有些矿物的颜色,与本身的化学成分无关,而是由矿物中所含的杂质成分引起的,称为他色。如纯净水晶(SiO_2)是无色透明的,若其中混入微量不同的杂质,即可具有紫色、粉红色、褐色、黑色等。无色、浅色矿物常具他色,他色随杂质不同而改变,因此一般不能作为矿物鉴定的主要特征。

有些矿物的颜色是由某些化学的和物理的原因而引起的,称为假色。如片状集合体矿物常因光程差引起干涉色,称为晕色,如云母;易氧化的矿物在其表面往往形成具一定颜色的氧化薄膜,称为锖色,如斑铜矿。

(2) 条痕:矿物粉末的颜色称为条痕。通常是利用条痕板(无釉瓷板),观察矿物在其上划出的痕迹的颜色。由于矿物的粉末可以消除一些杂质和物理方面的影响,所以条痕比其颜色更为固定。有些矿物如赤铁矿,其颜色可能有赤红、黑灰等色,但其条痕均为樱红色;有些矿物如黄金、黄铁矿,二者表面颜色大体相同,但条痕却相差很远,前者为金黄色,后者为黑或黑绿色。因此条痕在鉴定矿物上具有重要意义。

(3) 光泽:指矿物表面反射光线时表现的特点。光泽有强有弱,主要取决于矿物表面对光线的反射能力。光泽可以分为以下几种。

① 金属光泽:矿物表面反光极强,如同平滑金属表面所呈现的光泽。某些不透明矿物,如黄铁矿、方铅矿等,均具有金属光泽。

② 半金属光泽:较金属光泽稍弱,暗淡而不刺目。如黑钨矿具有这种光泽。

③ 非金属光泽:是一种不具金属感的光泽。又可分为:

金刚光泽——光泽闪亮耀眼。如金刚石、闪锌矿等的光泽。

玻璃光泽——像普通玻璃一样的光泽。大约占矿物总数 70% 的矿物,如水晶、萤石、方解石等具有此光泽。

此外,矿物表面的平滑程度或集合体形态的不同会产生一些特殊的光泽。有些矿物(如玉髓、玛瑙等)呈脂肪光泽;片状集合体的矿物(如白云母等)常呈珍珠光泽;纤维状集合体的矿物（如石棉及纤维石膏等）则呈丝绢光泽；粉末状的矿物集合体（如高岭石等）通常暗淡无光，或称土状光泽。

（4）透明度：指矿物允许光线透过的程度。矿物的透明度可以分为 3 级。

① 透明矿物的碎片边缘能清晰地透见他物，如水晶、冰洲石等。

② 半透明矿物的碎片边缘可以模糊地透见他物或有透光现象，如辰砂、闪锌矿等。

③ 不透明矿物的碎片边缘不能透见他物，如黄铁矿、磁铁矿、石墨等。

一般所说矿物的透明度与矿物的大小厚薄有关。大多数矿物标本或样品，表面看是不透明的，但碎成小块或切成薄片，却是透明的，因此不能认为它们是不透明矿物。

透明度又常受颜色、包裹体、气泡、裂隙、解理，以及单体和集合体形态的影响。例如无色透明矿物，其中含有众多细小气泡就会变成乳白色；又如方解石颗粒是透明的，但其集合体就会变成不完全透明；等等。

（5）硬度：指矿物抵抗外力刻划、压入、研磨的程度。根据高硬度矿物可以刻划低硬度矿物的原理，德国莫斯（F. Mohs）选择了 10 种标准矿物，将硬度分为 10 级，制成“莫氏硬度计”。莫氏硬度只代表矿物硬度的相对顺序，而不是绝对硬度。在矿物磨光面上用一定重量的金刚石角锥压入，可以测得其重量与压痕面积之比（kgf/mm^2，1 kgf = 9.806 65 N）。显然，产生单位面积压痕所需的重量越大，矿物的硬度就越大。用这种方法确定的硬度称为压入硬度，是矿物绝对硬度的一种。以绝对硬度来衡量莫氏硬度分级，发现它们并不均匀，如滑石的压入硬度为石英的 1/560，而金刚石的压入硬度为石英的 8.9 倍（表 3-2）。

表 3-2 莫氏硬度计与压入硬度

矿物名称	化学组成	莫氏硬度	压入硬度 /($kgf\cdot mm^{-2}$)	矿物名称	化学组成	莫氏硬度	压入硬度 /($kgf\cdot mm^{-2}$)
滑石	$Mg_3[Si_4O_{10}][OH]_2$	1	2	正长石	$K[AlSi_3O_8]$	6	930
石膏	$CaSO_4\cdot 2H_2O$	2	35	石英	SiO_2	7	1 120
方解石	$CaCO_3$	3	172	黄玉	$Al_2[SiO_4][F,OH]_2$	8	1 250
萤石	CaF_2	4	248	刚玉	Al_2O_3	9	2 100
磷灰石	$Ca_5[PO_4]_3[F,Cl]$	5	610	金刚石	C	10	~10 000

尽管如此，由于莫氏硬度计测定矿物硬度很方便，所以它仍是野外工作和岩矿肉眼鉴定常用的试硬方法。例如将待定矿物与硬度计中某矿物（假定是方解石）相刻划，若彼此无损伤，则硬度相等，即可定为 3；若此矿物能刻划方解石，但不能刻划萤石，相反却为萤石所刻划，则其硬度当在 3~4 之间，可定为 3.5。依此类推。

在野外工作，还可利用指甲（2~2.5）、小钢刀（5~5.5）等来代替硬度计。据此，可以把矿物硬度粗略分成软（硬度小于指甲）、中（硬度大于指甲，小于小刀）、硬（硬度大于小刀）三等。有少数矿物用石英也刻划不动，可称为极硬，但这样的矿物比较少。

测定硬度时必须选择新鲜矿物的光滑面试验，才能获得可靠的结果。同时要注意刻痕和粉痕（以硬刻软，留下刻痕；以软刻硬，留下粉痕）不要混淆。对于粒状、纤维状矿物，不宜直接刻划，而应将矿物捣碎，在已知硬度的矿物面上摩擦，视其有否擦痕来比较硬度的大小。

（6）解理：在力的作用下，矿物晶体按一定方向破裂并产生光滑平面的性质叫作解理。沿着一定方向分裂的面叫作解理面。解理是由晶体内部结构所决定的。例如石墨，在不同方向碳原子的排列密度和间距互不相同，如图3-8所示，竖直方向质点间距约为水平方向质点间距的2.5倍。质点间距越远，彼此作用力越小，所以石墨具有一个方向的解理，即一向解理。

有的矿物具有二向、三向、四向或六向节理，如石盐具有三个方向的解理，萤石具有四个方向的解理。

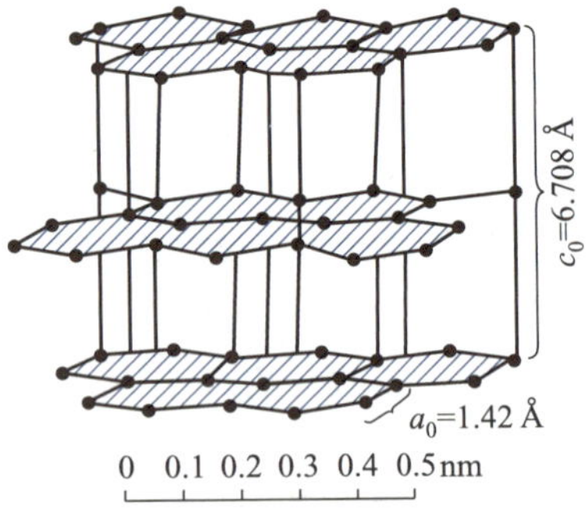

图3-8 石墨的晶体结构

不同的矿物，解理程度也常不一样。在同一种矿物上，不同方向的解理也常表现不同的程度。根据劈开的难易和肉眼所能观察的程度，解理可分为下列等级：

① 最完全解理，矿物极易裂成薄片，解理面较大而平整光滑，如云母、石膏等。

② 完全解理，矿物极易裂成平滑小块或薄板，解理面光滑，如方解石、石盐等。

③ 中等解理，解理面往往不能一劈到底，不很光滑，且不连续，常呈现小阶梯状，如普通角闪石、普通辉石等。

④ 不完全解理，解理程度很差，在大块矿物上很难看到解理，只在细小碎块上才可看到不清晰的解理面，如磷灰石等。

⑤ 极不完全解理（无解理），如石英、磁铁矿等。

对具有解理的矿物来说，同种矿物的解理方向和解理程度总是相同的，性质很固定，因此，解理是鉴定矿物的重要特征之一。

（7）断口：矿物受力破裂后所出现的没有一定方向的不规则断开面叫作断口，断口出现的程度是跟解理的完善程度互为消长的，即一般说来，解理程度越高的矿物不易出现断口，解理程度越低的矿物才容易形成断口。

根据断口的形状，可以将其分为贝壳状断口、锯齿状断口、参差状断口和平坦状断口等。其中最常见的为在石英、火山玻璃上出现的具同心圆纹的贝壳状断口（图3-9、图3-10）。一些自然金属矿物常出现尖锐的锯齿状断口。

图3-9 水晶的贝壳状断口和晶面条纹

图3-10 黑耀岩（酸性火山玻璃）的贝壳状断口

(8) 脆性和延展性：矿物受力极易破碎，不能弯曲，称为脆性。这类矿物用刀尖刻划即可产生粉末。大部分矿物具有脆性，如方解石。

矿物受力发生塑性变形，如锤成薄片、拉成细丝，这种性质称为延展性。这类矿物用小刀刻划不产生粉末，而是留下光亮的刻痕。如金、自然铜等。

(9) 弹性和挠性：矿物受力变形，作用力失去后又恢复原状的性质，称为弹性。如云母，受屈折后能恢复，是弹性最强的矿物。

矿物受力变形，作用力失去后不能恢复原状的性质，称为挠性。如绿泥石，受屈折后不能恢复，是挠性明显的矿物。

(10) 相对密度(旧称比重)：矿物质量与 4 ℃时同体积水的质量比，称为矿物的相对密度。矿物的化学成分中若含有原子量大的元素或者矿物的内部构造中原子或离子堆积比较紧密，则相对密度较大；反之则相对密度较小。大多数矿物相对密度为 2.5~4，一些重金属矿物常在 5~8，极少数矿物(如铂族矿物)可达 23。

(11) 磁性：少数矿物(如磁铁矿、钛磁铁矿等)具有被磁铁吸引或本身能吸引铁屑的性质。一般用马蹄形磁铁或带磁性的小刀来测验矿物的磁性。

(12) 电性：有些矿物受热生电，称为热电性，如电气石；有些矿物受摩擦生电，如琥珀；有的矿物在压力和张力的交互作用下产生电荷效应，称为压电效应，如压电石英。压电石英已被广泛地应用于现代科学技术方面。

(13) 发光性：有些矿物在外来能量的激发下产生可见光，若在外界作用消失后停止发光，称为荧光。如萤石加热后产生蓝色荧光，白钨矿在紫外线照射下产生天蓝色萤光，金刚石在 X 射线照射下亦产生天蓝色萤光。有些矿物在外界作用消失后还能继续发光，称为磷光，如磷灰石。利用发光性可以探察某些特殊矿物(如白钨矿)。

(14) 其他性质：有些矿物具易燃性，如琥珀；有些易溶于水的矿物具有咸、苦、涩等味道；有些矿物具有滑腻感；有些矿物如受热或燃烧后产生特殊的气味。

总之，充分利用各种感官，并通过反复实践，抓住矿物的主要特征，就可逐渐掌握肉眼鉴定重要矿物的能力。肉眼鉴定矿物是进一步鉴定矿物、识别岩石的基础，也是野外工作所需要掌握的技能。

二、矿物的命名与分类

(一) 矿物的命名

矿物种类繁多，其名称既可以“顾名思义”地反映其性质，也包含人类认识矿物的历史信息。了解矿物命名的规律，有助于矿物学知识的学习和应用。

矿物通常具有较稳定的化学组成和相应的形态与物理性质。因此，绝大多数矿物的名称都是以成分为主，再结合物理性质或形态进行命名的。例如，自然金、硼砂、钛铁矿是根据化学成分命名的，赤铁矿、黄铁矿是根据其颜色和主要成分而命名的，闪锌矿则以其光泽和主要成分命名。有些矿物的物理性质或形态很有特点，为避免名称太长而省去化学成分。例如，重晶石因其相对密度较大而得名，方解石得名于沿解理极易碎成菱形方块的特点，石榴子石以其形态酷似石榴果实的子粒而得名，等等。

在众多矿物名称中，有一部分是以地名或人名来命名的，以纪念该矿物的发现地或研究者。例如，高岭石是因发现于江西省景德镇附近的高岭而得名，章氏硼镁石则是为了纪念我国地质学家章鸿钊先生。这种命名方法在国外较普遍，在国内比较少。

中文矿物名称中有一部分源于中国的传统称谓，如石英、云母、石膏、辰砂等，但大部分是由外文翻译而来，其中既有意译，例如，rutile 依据颜色译为金红石、barite 因相对密度大译为重晶石、staurolite 根据双晶形态称作十字石；也有音译，例如，伊利石（illite）、埃洛石（halloysite）等；大多数则是根据化学成分，兼顾物理性质和形态等特征确定中文名称。

此外，中文矿物名称的词尾也有一定的含义。具有金属光泽、半金属光泽或可提炼金属的矿物，词尾用“矿”字，如方铅矿、黄铜矿、磁铁矿等；具非金属光泽的矿物，词尾用“石”字，如方解石、长石、萤石、孔雀石等。

（二）矿物的分类

目前已发现、确认的矿物有 5673 种（截止到 2021 年 1 月），随着现代研究手段的改进，不断有新矿物被发现。从 1956 年中国学者发现香花石以来，在中国发现并得到确认的新矿物已达 142 种。

矿物分类的方法很多，当前常用的是矿物的晶体化学分类，即以矿物的成分结构为依据将矿物划分为 5 大类，还可以根据元素类型、晶体结构等特征进行类（亚类）、族（亚族）、种（变种）的划分。

1. 自然元素矿物

本类主要为单质矿物，种类较少。较常见的自然金属矿物有自然铜（Cu）、自然金（Au）、自然银（Ag）、自然汞（水银，Hg）等，自然非金属矿物有石墨（C）、金刚石（C）、自然硫（S_8）等。

2. 硫化物及其类似化合物矿物

本类矿物是一系列金属元素与硫、硒、碲、砷等的化合物，其中硫化物占三分之二以上，有 200 多种。铜、铅、钼、锌、砷、锑、汞等金属矿床多由此类矿物富集而成，具有很大的经济价值。

较常见的硫化物矿物有辉铜矿（Cu_2S）、方铅矿（PbS）、闪锌矿（ZnS）、黄铜矿（$CuFeS_2$）、辰砂（HgS）、雄黄（As_4S_4）、雌黄（As_2S_3）、辉锑矿（Sb_2S_3）、辉钼矿（MoS_2）、黄铁矿（FeS_2）、毒砂（FeAsS）等。相关及相似矿物还有辉砷钴矿（CoAsS）、硒锑矿（Sb_2Se_3）、碲金矿（$AuTe_2$）、碲银矿（Ag_2Te）、方镍矿（$NiAs_3$）等。

3. 卤化物矿物

本类矿物是金属元素与氟、氯、溴、碘等卤族元素的化合物，已发现的矿物有 100 多种，主要为氯化物和氟化物，溴化物和碘化物较少。较常见的矿物有萤石（氟石，CaF_2）、石盐（NaCl）、钾石盐（KCl）、光卤石（$KMgCl_3 \cdot 6H_2O$）等，主要用作化工原料和冶金辅料。

4. 氧化物及氢氧化物矿物

本类矿物是金属元素和非金属元素与氧或氢氧根构成的化合物，共有 260 多种，分布相当广泛，是铁、铝、锰、铬、钛、锡、铀、钍等矿石的重要来源，经济价值很大。常见的氧化物矿物有刚玉（Al_2O_3）、赤铁矿（Fe_2O_3）、锡石（SnO_2）、软锰矿（MnO_2）、石英（SiO_2）、磁铁矿（Fe_3O_4）、铬铁矿（$FeCr_2O_4$）、黑钨矿（$(Fe,Mn)WO_4$）等，氢氧化物矿物有铝土矿（$Al_2O_3 \cdot nH_2O$）、褐铁矿（$Fe_2O_3 \cdot nH_2O$）、硬锰矿（$m\text{MnO} \cdot \text{MnO}_2 \cdot nH_2O$）等。

5. 含氧盐矿物

含氧盐是金属元素与各种含氧酸根，如$[SiO_4]^{4-}$、$[CO_3]^{2-}$、$[SO_4]^{2-}$、$[NO_3]^{-}$等的化合物。本大类矿物种类繁多，数量很大，约占已知矿物种数的三分之二，质量超过地壳的五分之四。根据阴离子或络阴离子类型，含氧盐矿物还可以进一步分为硅酸盐矿物、碳酸盐矿物、硫酸盐矿物、硼酸盐矿物、磷酸盐-砷酸盐-钒酸盐矿物、钨酸盐-钼酸盐矿物、铬酸盐矿物、硝酸盐矿物等 8 类。

（1）硅酸盐矿物：是一系列金属阳离子与硅酸根相结合的化合物，硅氧四面体是其晶体结构的基本单元。本类矿物约占已知矿物的四分之一，是构成岩石的最主要造岩矿物，占到地壳质量的四分之三。许多硅酸盐类矿物是非金属矿物原料，还有一些是稀有金属的主要甚至唯一来源，具有重要的经济价值。

本类矿物中较常见的岛状硅酸盐矿物有橄榄石（$(Mg,Fe)_2[SiO_4]$）、石榴子石（化学通式为 $A_3B_2(SiO_4)_3$，其中 A 代表 Ca^{2+}、Fe^{2+}、Mg^{2+}、Mn^{2+}等二价阳离子，B 代表 Fe^{3+}、Al^{3+}、Cr^{3+}等三价阳离子）、红柱石（Al_2SiO_5）、黄玉（$Al_2[SiO_4](F,OH)_2$）、绿帘石（$Ca_2Al_2(Fe^{3+},Al)[SiO_4][Si_2O_7]O(OH)$）等，环状硅酸盐矿物有绿柱石（$Be_3Al_2[Si_6O_{18}]$）等，链状硅酸盐矿物有辉石（类质同象现象普遍，成分复杂的一族钙、钠、锂、镁、铁等的硅酸盐矿物）、角闪石（类质同象现象普遍，成分复杂的一族镁、铁、钙、钠、铝等的硅酸盐或铝硅酸盐矿物）、硅灰石（$Ca_3[SiO_3]$）等，层状硅酸盐矿物有滑石（$(Mg_6)[Si_8O_{20}](OH)_4$）、云母（一族钾、铝、镁、铁、锂等的铝硅酸盐矿物）、蒙脱石（$(Na,Ca)_{0.33}(Al,Mg)_2[Si_4O_{10}](OH)_2 \cdot nH_2O$）、绿泥石（一族镁、铁、铝等的铝硅酸盐矿物）、蛇纹石（$Mg_6[Si_4O_{10}](OH)_8$）、高岭石（$Al_4[Si_4O_{10}](OH)_8$）等，架状硅酸盐矿物有长石（一族钙、钠、钾的铝硅酸盐矿物）、霞石（$Na_3K[Al_4Si_4O_{16}]$）等。

（2）碳酸盐矿物：已知 100 多种，在地壳中分布广泛，约占地壳质量的 1.7%，在含氧盐大类中仅次于硅酸盐。钙和镁的碳酸盐矿物是沉积岩的重要造岩矿物。铁、锰、铜等的碳酸盐矿物可以构成金属矿床。

本类矿物较常见的有：方解石（$CaCO_3$）、菱镁矿（$MgCO_3$）、菱铁矿（$FeCO_3$）、菱锰矿（$MnCO_3$）、白云石（$CaMg[CO_3]_2$）、文石（$CaCO_3$）、孔雀石（$Cu_2[CO_3](OH)_2$）、自然碱（$Na_3H[CO_3]_2 \cdot 2H_2O$）等。

（3）硫酸盐矿物：自然界已发现的硫酸盐矿物约 260 种，约占地壳质量的 0.1%，但分布不广，大部分是在地表条件下形成的，其中不乏重要的建材和化工原料，也是一些金属元素的来源。常见的矿物有重晶石（$Ba[SO_4]$）、天青石（$Sr[SO_4]$）、硬石膏（$Ca[SO_4]$）、石膏（$Ca[SO_4] \cdot 2H_2O$）、水镁矾（$Mg[SO_4] \cdot H_2O$）、明矾石（$KAl_3[SO_4]_2(OH)_6$）、芒硝（$Na_2[SO_4] \cdot 10H_2O$）等。

（4）其他含氧盐矿物：虽然种类繁多，成分复杂，但在地壳质量中所占比例较小。硼酸盐矿物分布不广，常见的有硼镁铁矿（$(Mg,Fe^{2+})_2Fe^{3+}[BO_3]O_2$）、硼砂（$Na_2[B_4O_5(HO)_4] \cdot 8H_2O$）等。磷酸盐-砷酸盐-钒酸盐矿物绝大部分为磷酸盐，分布广泛，常见的有磷灰石（$Ca_5[PO_4]_3(F,Cl,OH)$）、独居石（$(Ce,La)[PO_4]$）、绿松石（$CuAl_6[PO_4]_4[OH]_8 \cdot 4H_2O$）等。钨酸盐-钼酸盐矿物在自然界分布不多，常见的有白钨矿（$Ca[WO_4]$）、钼铅矿（$Pb[MoO_4]$）等。铬酸盐矿物主要出现在地表氧化环境，分布不广，常见的有铬铅矿（$Pb[CrO_4]$）等。硝酸盐类矿物皆溶于水，且只能形成于地表强氧化环境，种类和数量都很少，常见的为钠硝石（$NaNO_3$）和钾硝石（KNO_3）等。

三、主要造岩矿物简介

岩石是矿物的集合体。构成岩石主要成分的造岩矿物决定了岩石的物理与化学性质，也是岩石分类与命名的依据。这里仅对主要的造岩矿物进行介绍，作为区分三大类岩石并识别其常见岩石类型的必要基础。

（一）主要原生矿物

原生矿物是在岩浆活动、冷凝过程中与岩石同期形成的矿物，是火成岩的造岩矿物，也是形成沉积岩、变质岩的物质基础。

1. 长石

长石是一族含有钙、钠和钾的铝硅酸盐矿物的总称。长石是地壳中分布最广的造岩矿物，在火成岩、变质岩和沉积岩中都存在，数量超过地壳总质量的 50%，对于岩石的分类具有重要意义。

长石的基本成分是钾长石（$K[AlSi_3O_8]$）、钠长石（$Na[AlSi_3O_8]$）和钙长石（$Ca[Al_2Si_2O_8]$）。由于三者之间存在不同程度的类质同象置换现象，长石的种类相当丰富，可以分为正长石亚族、斜长石亚族。此外，还有一些成分相近的副长石。

（1）正长石亚族：包括钾长石 $K[AlSi_3O_8]$ 和钠长石 $Na[AlSi_3O_8]$ 的不完全类质同象置换形成的多种长石，因富含碱金属钾、钠，也称为碱性长石。以钾长石为主要成分，按照钠长石组分的含量具体分为：微斜长石，钠长石组分含量较少，最高不超过 20%，形成时的温度较低；正长石，钠长石组分含量适中，最高不超过 30%；透长石，钠长石组分含量较多，最高可达 50%，形成于较高的温度环境。

正长石的晶体为厚板状或短柱状（图 3-11），在岩石中常为晶形不完全的短柱状颗粒或块状集合体。颜色多呈肉红色，或浅黄、浅黄白色，玻璃或珍珠光泽，半透明。有两组解理直交（正长石因此得名），硬度为 6~6.5，相对密度为 2.56~2.58。

鉴定特征为：肉红、黄白等色，短柱状晶体，完全解理，硬度较大（小刀刻划不动）。

正长石是花岗岩类岩石及某些变质岩的重要造岩矿物，容易风化成为高岭土等。正长石是陶瓷及玻璃工业的重要原料。

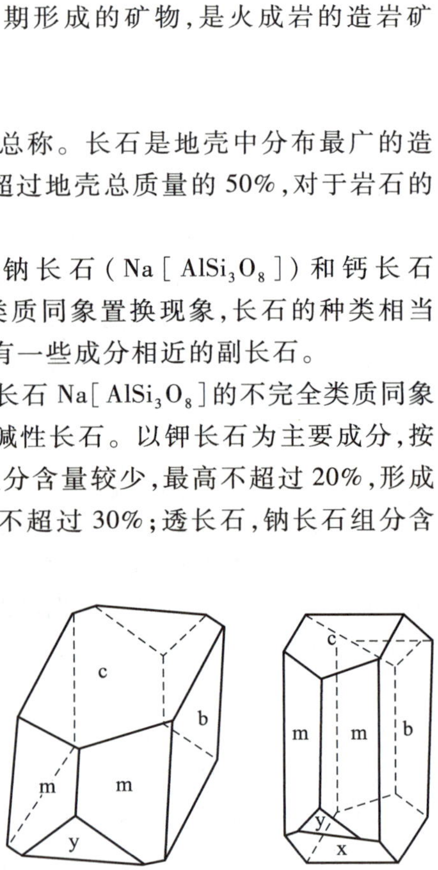

图 3-11 正长石晶体

m. 斜方柱；b，c，x，y. 平行双面

（2）斜长石亚族：斜长石是由钠长石 $Na[AlSi_3O_8]$ 和钙长石 $Ca[Al_2Si_2O_8]$ 所组成的完全类质同象系列。根据 2 种组分的比例，斜长石又可分为 6 种（表 3-3）。

表 3-3 各种斜长石的物质组成

斜长石名称	$Na[AlSi_3O_8]$ 的质量分数/%	$Ca[Al_2Si_2O_8]$ 的质量分数/%	对应 SiO_2 含量特征
钠长石	100~90	0~10	酸性
奥长石	90~70	10~30	

续表

斜长石名称	$Na[AlSi_3O_8]$的质量分数/%	$Ca[Al_2Si_2O_8]$的质量分数/%	对应 SiO_2 含量特征
中长石	70~50	30~50	中性
拉长石	50~30	50~70	基性
培长石	30~10	70~90	
钙长石	10~0	90~100	

斜长石晶体呈扁柱状或板状（图 3-12），在晶面或解理面上可见到细而平行的双晶纹；在岩石中多为板状、细柱状颗粒。白至灰白色，或浅蓝、浅绿，玻璃光泽，半透明。两组解理斜交（86°左右，斜长石因此得名）。硬度为 6~6.5，相对密度为 2.60~2.76。

鉴定特征为：细粒状或板状，白到灰白色，解理面上具双晶纹，小刀刻划不动。

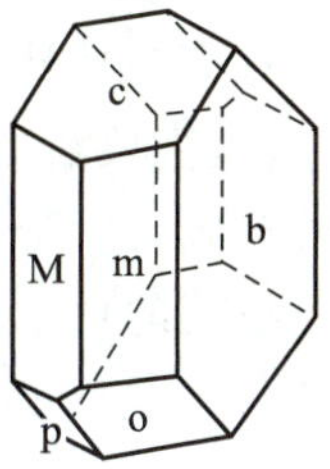

图 3-12　钠长石晶体
各符号皆为平行双面

斜长石类矿物见于火成岩、变质岩和沉积岩中，分布最广。斜长石比正长石更易风化分解成高岭土、铝土等。斜长石中的钠长石是陶瓷和玻璃工业的原料。

斜长石与正长石的物理性质相似，其主要区别如表 3-4 所示。

表 3-4　正长石与斜长石肉眼鉴定特征比较

	正长石	斜长石
晶体形状	常呈粗短柱状，粒状	常呈板片状、板条状或长柱状
双晶纹	面上无双晶纹，有时在同一断面上可见有反光程度不同的两部分（卡氏双晶）	解理面有平行细小的聚片双晶纹
颜色	肉红到白色	白到灰色，偶见红色
光泽	解理面常带珍珠光泽	玻璃光泽至珍珠光泽
硬度	6~6.5	6~6.5
产状	常产于酸性火成岩中，与石英、黑云母等共生	常产于基性、中性火成岩中，与辉石、角闪石等共生
染色试验	将小块正长石置于 HF 溶液中浸渍 1~3 min，再在 60%的亚硝酸钴钠浸液中浸渍 5~10 min，用水冲洗显柠檬黄色	按左法，不染色或呈浅灰色

（3）副长石：又称似长石，是一些化学组成与长石相似的铝硅酸盐矿物，其金属阳离子以钾、钠或钙为主，但酸根中的 SiO_2 成分比长石少。例如：

$$\text{钠霞石 } Na[AlSiO_4]+2SiO_2 = Na[AlSi_3O_8] \text{ 钠长石}$$

$$\text{白榴石 } K[AlSi_2O_6]+SiO_2 = K[AlSi_3O_8] \text{ 钾长石}$$

副长石矿物形成在富含碱质、缺乏 SiO_2 的高温条件下，因此不与石英共生。较低的 SiO_2 含量使其碱金属成分的比例高于长石，成为碱性岩石的主要造岩矿物，其中以霞石和白榴石最为重要。

霞石有钠霞石 $Na[AlSiO_4]$ 和钾霞石 $K[AlSiO_4]$ 两种组分。自然界的霞石以钠霞石为主，含有不超过分子总数 1/4 的钾霞石，化学组成以 $Na_3K[AlSiO_4]_4$ 最常见。

霞石的晶体常呈短柱状；无色或白色，有时带淡黄色、淡褐色；晶面具玻璃光泽；断口呈贝壳状，具脂肪光泽；硬度为 5～6，相对密度为 2.56～2.67；在岩石中多为粒状或致密块状集合体，极易与正长石或石英相混淆。

鉴定特征为：具脂肪光泽，又无完好解理，区别于长石；在地表易风化成粉末状，且常含有染色斑点，不同于石英。此外，霞石粉末加浓 HCl 溶液慢慢煮沸能溶于酸，加水搅拌有 SiO_2 凝胶析出呈絮状或云霞状，霞石即得名于此。

2. 石英

石英是自然界几乎随处可见的矿物，在地壳中含量仅次于长石，占地壳质量的 12.6%。是许多岩石的重要造岩矿物。含石英的岩石风化后形成石英沙粒，分布广泛。

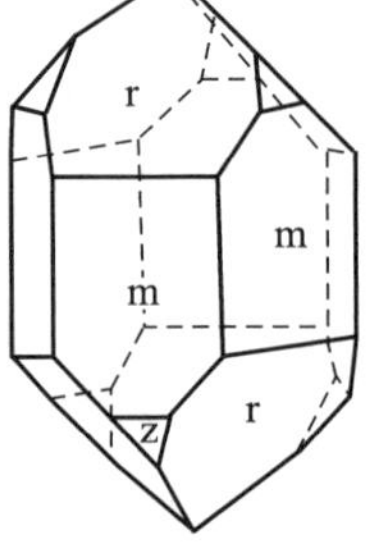

图 3-13 石英晶体

m. 六方柱；r,z. 菱面体

石英的化学组成是 SiO_2，有多种同质多象变体，常含有杂质或机械混入物。最常见的石英晶体多为六方柱及菱面体的聚形（图 3-13），柱面上有明显的横纹（图 3-9）。在岩石中石英常为无晶形的粒状，在晶洞中常形成晶簇，在石英脉中常为致密块状。无色透明的晶体称为水晶（图 3-6(a)），另外还有因含杂质而带颜色的紫水晶（含锰）、烟水晶（辐射染色）、蔷薇石英（又叫作芙蓉石，含铁锰）等。水晶的晶面具典型的玻璃光泽，透明至半透明，无解理，贝壳状断口（图 3-9），块状石英具脂肪光泽，硬度为 7，相对密度为 2.5～2.8。

石英还有一些由二氧化硅胶体沉积而成的隐晶质矿物，白色、灰白色者称玉髓（或称石髓、髓玉）。白、灰、红等不同颜色组成的具同心层或平行条带的晶腺称玛瑙（图 3-6(b)）。不纯净、红绿各色称碧玉，黑、灰各色者称燧石。此类矿物具脂肪或蜡状光泽，半透明，贝壳状断口，是硅质沉积岩的重要组成物质。

此外还有一种硬度稍低，具珍珠、蜡状光泽，含有水分的矿物，称蛋白石（$SiO_2 \cdot nH_2O$）。

石英类矿物化学性质稳定，不溶于酸（氢氟酸除外）。

鉴定特征为：六方柱及晶面横纹，典型的玻璃光泽，很大的硬度（小刀不能刻划），无解理。隐晶质各类具明显的脂肪光泽。

石英用途很广，可用来制光学器皿、精密仪器的轴承、钟表的“钻石”等；石英沙可用作研磨材料、玻璃及陶瓷等工业的原料；质纯透明、无裂隙、无双晶和包裹体的石英晶体，大小为 2 cm×2 cm×2 cm 时，可作压电石英片和光学材料，广泛应用于雷达、导航、遥控、遥测、电子、电信设备等方面。

3. 橄榄石

橄榄石是上地幔的主要物质成分，是超基性、基性火成岩的主要造岩矿物，不与石英共生，形成于岩浆早期的高温环境，在地表条件下极易风化，经热液蚀变形成蛇纹石。

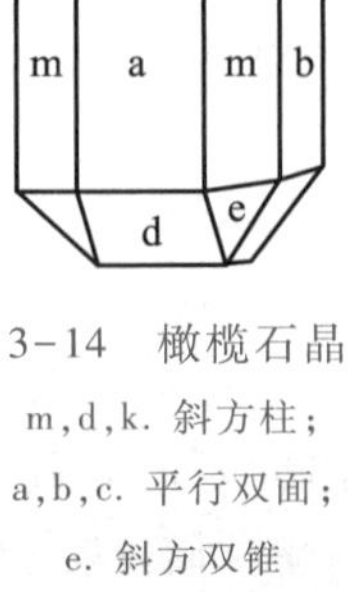

图 3-14 橄榄石晶体

m,d,k. 斜方柱；

a,b,c. 平行双面；

e. 斜方双锥

橄榄石的化学组成为 $(Mg,Fe)_2[SiO_4]$，是镁橄榄石 $Mg_2[SiO_4]$ 和铁橄榄石 $Fe_2[SiO_4]$ 的完全类质同象系列，其颜色随着铁的含量增加可变为深绿色至黑色。

橄榄石晶体呈扁柱状（图 3-14），在岩石中呈分散颗粒或粒状集合体。颜色多为橄榄绿色、黄绿色，风化后颜色变黄变浅；玻璃光泽，透明至半透明。硬度为 6.5~7。解理中等或不清楚，贝壳状断口；性脆。相对密度为 3.2~3.5。

鉴定特征为：橄榄绿色，玻璃光泽，硬度高。

4. 辉石

辉石广泛存在于火成岩和变质岩中，是基性、超基性火成岩的主要造岩矿物，在地表易风化分解。

辉石的化学组成复杂，多种金属阳离子，如 Ca^{2+}、Na^{+}，Mg^{2+}、Fe^{2+}、Mn^{2+}、Ni^{2+}、Li^{+}，Al^{3+}、Fe^{3+}、Cr^{3+}、Ti^{3+}等，存在普遍的类质同象置换现象。因化学成分与结晶特点的不同，辉石划分为两个系列：① 斜方辉石亚族，包括顽火辉石、古铜辉石、紫苏辉石、正铁辉石；② 单斜辉石亚族，包括透辉石、钙铁辉石、普通辉石、霓石、霓辉石、硬玉、锂辉石，其中普通辉石最为常见。

普通辉石的化学成分为 $(Ca,Na)(Mg,Fe,Al)[(Si,Al)_2O_6]$，晶体呈短柱状，横剖面接近八边形[图 3-15]；在岩石中常为分散粒状或粒状集合体。绿黑至黑色，条痕为浅灰绿色，玻璃光泽（风化面暗淡），近不透明。硬度为 5~6，两组解理近乎直交[图 3-15(b)]。相对密度为 3.2~3.6。

鉴定特征为：绿黑或黑色，接近八边形短粒状，解理近乎直交。

5. 角闪石

角闪石广泛存在于火成岩和变质岩中，是中性、酸性火成岩及部分变质岩的重要造岩矿物，在地表易风化分解。

角闪石是含(OH)的镁、铁、钙、钠、铝的硅酸盐矿物，类质同象置换现象普遍，成分复杂，包括直闪石、透闪石、阳起石、蓝闪石、普通角闪石、斜闪石等矿物种类，其中普通角闪石最为常见。

普通角闪石的化学成分为 $Ca_2Na(Mg,Fe)_4(Al,Fe)[(Si,Al)_4O_{11}]_2(OH)_2$，晶体多为长柱状，横剖面接近六边菱形[图 3-16]；在岩石中常呈分散柱状、粒状或放射状集合体。绿黑至黑色，条痕灰绿色，玻璃光泽（风化面暗淡），近乎不透明。硬度为 5~6，两组发育中等的解理面交角为 124°[图 3-16(b)]。相对密度为 3.1~3.4。

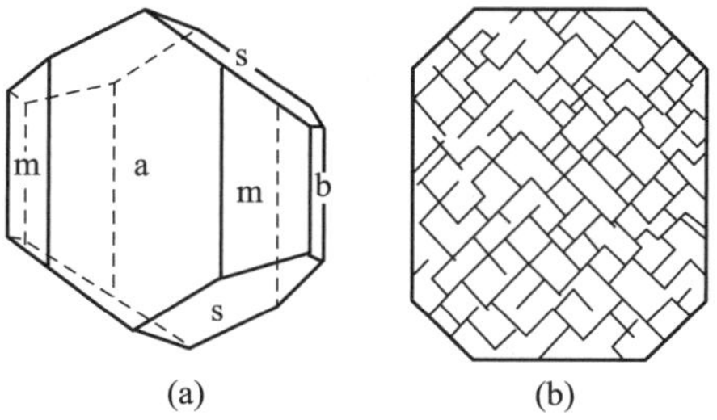

图 3-15　(a) 普通辉石晶体；(b) 横剖面及解理
a,b. 平行双面；m,s. 斜方柱

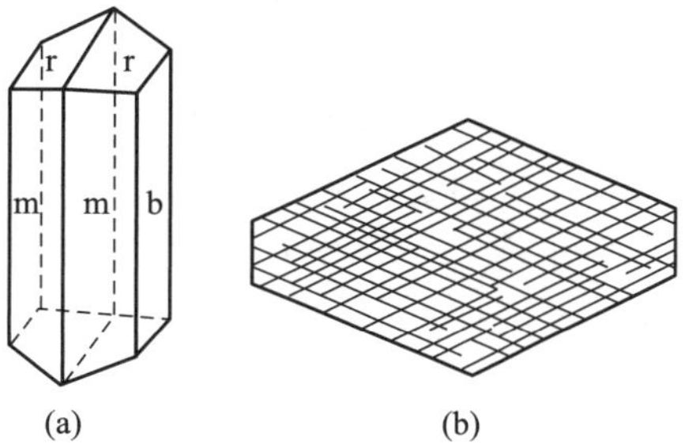

图 3-16　普通角闪石晶体
m,r. 斜方柱；b. 平行双面

鉴定特征为：绿黑色，长柱状（横剖面菱形）晶体，相交成 124°的解理，小刀不易刻划。

普通辉石与普通角闪石极相似，其区别如表 3-5 所示。

表 3-5 普通辉石和普通角闪石异同比较

异同	性质	普通辉石	普通角闪石
同点	颜色	绿黑至黑色	绿黑至黑色
	光泽	玻璃(风化后暗淡)	玻璃(风化后暗淡)
	硬度	5~6	5~6
异点	晶形	多为短柱状	多为长柱状
	横剖面	多为近乎方形的八边形	多为近乎菱形的六边形
	柱面角及解理角	87°(93°)	124°(56°)
	分布	基性及超基性岩中最多	中性及酸性岩中最多

6. 云母

云母是分布广泛的重要造岩矿物,在火成岩、沉积岩和变质岩中都存在,质量约占地壳的 3.8%。

云母属于含钾、铝、镁、铁、锂等的铝硅酸盐,因阳离子的不同而有白云母、绢云母、黑云母、金云母、珍珠云母、锂云母、铁锂云母等种类。常见的有:

(1) 白云母:化学成分为 $KAl_2[AlSi_3O_{10}](OH)_2$,无色及白、浅灰绿等色,常见于酸性火成岩、伟晶岩和接触交代的变质岩中。呈细小鳞片状、具丝绢光泽的异种称为绢云母。

(2) 金云母:化学成分为 $KMg_3[AlSi_3O_{10}](F,OH)_2$,因缺铁元素而呈金黄褐色,常具半金属光泽,多见于火成岩与白云岩的接触带。

(3) 黑云母:化学成分为 $K(Mg,Fe)_3[AlSi_3O_{10}](OH,F)_2$,是金云母与铁云母类质同象系列中的富铁者,黑褐至黑色,较白云母易风化分解,主要见于酸性、中性火成岩和片岩、片麻岩等变质岩中。

云母具有层状结构,晶体呈假六方柱状(图 3-17)或板状;常呈片状或鳞片状集合体;玻璃及珍珠光泽,透明或半透明;硬度为 2.5~3,单向最完全解理,薄片有弹性;相对密度为 2.7~3.1;具高度不导电性。

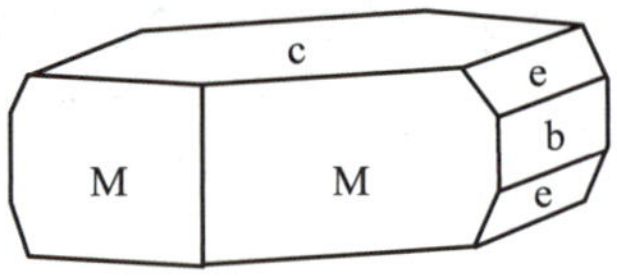

图 3-17 白云母晶体

M,e. 斜方柱;b,c. 平行双面

鉴定特征为:单向最完全解理,硬度低,有弹性。

白云母和金云母为电气、电子等工业部门的重要绝缘材料。锂云母是提取金属锂的主要矿物之一。中国内蒙古丰镇、川西丹巴、新疆等地有较大型云母矿床。

(二) 主要表生矿物

表生矿物是在地表和地表附近由大气、水和生物等外力作用所形成的矿物,是沉积岩的特征矿物。

1. 方解石

方解石在自然界分布很广,是石灰岩的主要成分,也是碎屑岩最常见的钙质胶结物。

方解石的化学成分为 $CaCO_3$,晶体常为菱面体(图 3-18);集合体常呈块状、粒状、鲕状、钟乳状、结核状及晶簇等;颜色一般为乳白色,因含杂质而呈黄、粉、蓝、灰、黑等色，无色透明者称冰洲石；玻璃光泽；硬度为 3；三组解理完全；相对密度为 2.6~2.8；遇稀盐酸产生气泡：

$$CaCO_3+2HCl \longrightarrow CaCl_2+H_2O+CO_2\uparrow$$

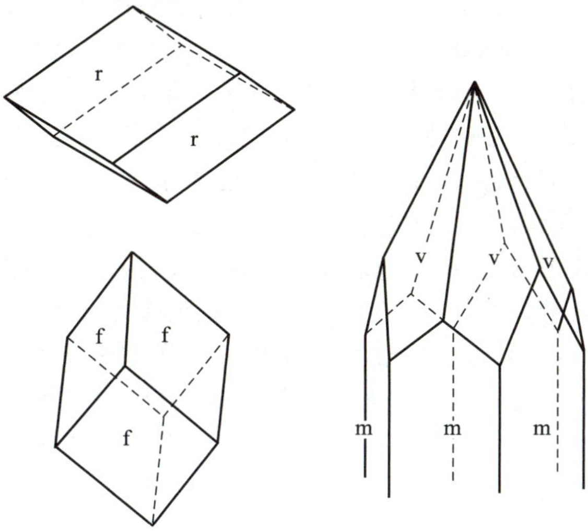

图 3-18　方解石晶体

r,f. 菱面体；m. 六方柱；v. 复三方偏三角面体

鉴定特征为：锤击成菱形碎块（方解石因此得名），小刀易刻划，遇 HCl 溶液起泡。

方解石主要是由 $CaCO_3$ 溶液沉淀或生物遗体沉积而成，岩浆热液活动形成的方解石脉，常常在晶洞中形成良好的晶体；在泉水出口析出的 $CaCO_3$ 沉淀物，疏松多孔，称石灰华；在低温条件下，方解石可以形成另一种同质多象体，常呈棒状、放射状、钟乳状、豆状、鲕状等，称为文石（或称霰石）。

方解石是水泥、石灰等建材的原料，纯度高的可用于制造重碳酸钙。冰洲石具有显著的重折射现象，是重要的光学仪器材料。

2. 白云石

白云石在沉积岩中分布很广，是组成白云岩或白云质石灰岩的主要矿物。

白云石的化学成分为 $CaMg[CO_3]_2$；晶体常为菱面体，但晶面稍弯曲成弧形；通常呈块状、粒状集合体；乳白、粉红、灰绿等色；玻璃光泽；三组解理完全；硬度为 3.5~4；相对密度为 2.8~2.9；在稀盐酸中分解缓慢。

鉴定特征为：白云石与方解石十分相似，主要区别如表 3-6 所示。

表 3-6　白云石与方解石的区别

区别	方解石	白云石
晶面	平直	稍弯曲
硬度	3	3.5~4
遇酸	起泡猛烈	粉末微微起泡

白云石主要是在咸化浅海（盐度高于正常海水）中沉淀而成，或者是普通石灰岩与

含镁溶液置换而成。可用作优质耐火材料、冶金辅料和化工原料。

3. 赤铁矿

赤铁矿是一种广泛分布的矿物，存在于不同成因的矿床和岩石中，一般形成在氧化条件下，是铁质沉积岩的主要矿物，也是碎屑岩铁质胶结物的主要成分。

赤铁矿的化学成分为 Fe_2O_3，包括 2 种类型：一类是胶体沉积的赤铁矿，隐晶质，常呈鲕状、肾状、块状或粉末状集合体；暗红色，条痕为樱红色；半金属或土状光泽；硬度较小；相对密度为 5.0~5.3；无磁性。另一类为热液成因的镜铁矿，晶体多为板状、叶片状、鳞片状，形成玫瑰花状或片状集合体；钢灰色至铁黑色，条痕为樱红色；金属光泽；硬度为 5.5~6.5，性脆；当含磁铁矿包裹体时可具有较强的磁性。

鉴定特征为：镜铁矿常呈片状、玫瑰花状集合体，以钢灰色及樱红色条痕为特征；沉积赤铁矿常为鲕状、肾状集合体，以暗红色及樱红色条痕为特征。

镜铁矿是主要形成于接触变质带的结晶矿物，分布范围较小，常与磁铁矿、石英、重晶石等共生；沉积赤铁矿主要是胶体溶液沉积的隐晶质矿物，在沉积岩中分布广泛，常与石英、黏土、鲕绿泥石等共生。赤铁矿为最重要的铁矿石之一，也是常用的红色矿石颜料。中国赤铁矿产地甚多，辽宁鞍山、甘肃镜铁山、湖北大冶、湖南宁乡、河北宣化和龙关等地都是著名的产地。中国各类铁矿资源储量居世界前列。

4. 褐铁矿

褐铁矿是各种含铁矿物在地表风化作用下经氧化或水化而成的。在湖沼、海洋中含铁胶体溶液聚积成层形成的褐铁矿，可作为铁矿开采；它在土壤淀积层中是铁质结核和铁盘层的主要成分之一；褐铁矿也可以用作褐色颜料。

褐铁矿的化学成分复杂，通常表示为 $Fe_2O_3 \cdot nH_2O$，是许多氢氧化铁和含水氧化铁等隐晶矿物和胶体矿物（针铁矿、纤铁矿及其他杂质）集合体的总称。其水分含量变化范围也很大。一般呈致密块状、粉末状或呈钟乳状、葡萄状、结核状等集合体。黄褐、黑褐以至黑色，条痕呈黄褐色（铁锈色），半金属或土状光泽，不透明。硬度为 4~5.5，风化后小于 2，可染手。相对密度为 2.7~4.3。

鉴定特征为：颜色由铁黑至黄褐，但条痕比较固定，为黄褐色。

5. 软锰矿和硬锰矿

软锰矿和硬锰矿主要是原生含锰矿物（如菱锰矿 $MnCO_3$ 等）在地表氧化环境中风化形成的，是锰质沉积岩的主要成分，也是沉积锰矿床的主要矿石矿物；在地表环境中，常与褐铁矿等含铁矿物共生形成铁锰结核，或以铁锰膜的形式存在于岩石裂隙、土壤孔隙中。

（1）软锰矿：化学成分为 MnO_2，常有 Fe_2O_3、SiO_2、H_2O 等的混入；晶体较为少见，通常为隐晶块体或粉末状，煤黑色（或带微红微褐），条痕为黑色（或带褐色），隐晶块体为半金属光泽，粉末状者为土状光泽，不透明。理论硬度为 6~6.5，但细小粉末状的硬度很低。相对密度为 4.7~5.0。

鉴定特征为：黑色煤烟灰状，性软易污手。

（2）硬锰矿：成分变化很大，一般用 $m\mathrm{MnO} \cdot \mathrm{MnO_2} \cdot n\mathrm{H_2O}$ 表示，是含有 K、Ba、Ca、Co 等多种元素的锰的氧化物和氢氧化物混合体，进一步氧化、脱水可形成软锰矿；晶体极少见，多呈钟乳状、葡萄状、肾状、树枝状及块状集合体；颜色和条痕均为黑色；半金属光泽至土状光泽；硬度为 4~6；相对密度为 4.4~4.7。

鉴定特征为：钟乳状等集合体形态，条痕黑色，硬度较高。

此外，软锰矿还可通过热液作用形成。中国湖南、广西、四川、辽宁等地锰矿床中均有大量软锰矿产出。浙江、江西等地则出产硬锰矿。

6. 磷灰石

磷灰石是分布最广的矿物之一，具有多种成因。在沉积岩中，磷灰石是磷块岩的主要矿物成分，也常形成磷灰石结核；在火成岩和变质岩中，磷灰石主要是分散存在的副矿物。目前工业开采的磷矿资源主要是磷块岩。

磷灰石的化学成分为 $Ca_5[PO_4]_3[F,Cl]$；晶体常呈六方柱状（图3-19）；在火成岩中多为散布的微小晶粒，在沉积岩中呈块状或结核状集合体。绿、白、灰、褐等色，条痕白色，晶面玻璃光泽，断口有油脂光泽，半透明至微透明。硬度为5；解理不完全。相对密度为3.18~3.23。加热发磷光。

鉴定特征为：磷灰石晶体以其六方柱状及标准硬度，容易判别。隐晶质的胶体变种称胶磷灰石，常与方解石、黏土等形成混合物，称磷块岩，外观变化极大且与石灰岩相似，可采取化学方法鉴定：① 磷块岩遇 HCl 溶液不起泡，且硬度较大；② 在条痕板（素瓷板）上用少许矿物粉末与钼酸铵粉末混合，然后加一滴 HNO_3 溶液，若含磷则呈鲜黄色反应。

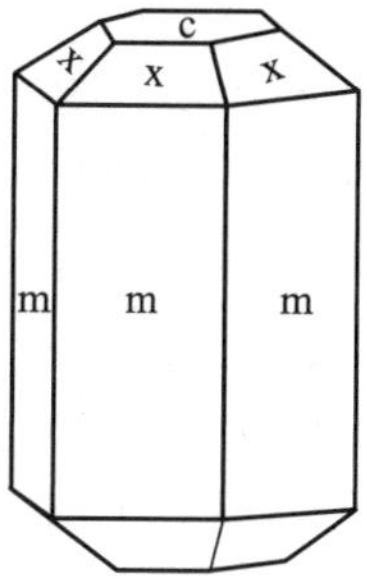

图3-19 磷灰石晶体
m. 六方柱；x. 六方双锥；c. 平行双面（底面）

磷灰石是提取磷、磷的化合物及制造磷肥的重要原料。江苏、安徽等省产磷矿；1949年以后在滇东、黔中、黔西、川西、鄂西、湘西、河北一带先后找到大磷矿，其中包括云南昆阳、贵州开阳、湖北襄阳、湖南浏阳、四川绵阳等地。

7. 铝土矿

铝土矿主要是含铝较多的火成岩、变质岩在湿热气候条件下长期风化的产物，既可原地残积形成富铝风化壳，也可经胶体搬运在海洋中沉积形成铝土岩。

铝土矿的化学式一般写为 $Al_2O_3 \cdot nH_2O$，但它不是一种单独矿物，而是由若干铝的氢氧化物矿物（如三水铝石 $Al[OH]_3$、硬水铝石 α-AlO[OH]、软水铝石 γ-AlO[OH]）所组成的混合物，经常含有高岭土、SiO_2 和赤铁矿等杂质。铝土矿多呈致密块状、鲕状、豆状等集合体，一般为灰白、灰黄、黄绿、褐、红等色，土状光泽，平坦状断口，硬度因组分不同变化在2.5~7之间，相对密度为2.4~3.5。

鉴定特征为：外表似黏土岩，但硬度较高，相对密度较大，没有黏性、可塑性及滑腻感，新鲜断面有土腥臭。

铝土矿是炼铝的主要矿石，中国分布广泛，在华北和东北地区有石炭-二叠纪煤系分布的地方往往存在铝土矿（如河北开滦、山东淄博、河南平顶山、辽宁本溪等），南方云、贵、闽诸省亦存在铝土矿。中国铝土矿储量居世界前列，但多数铝硅比值较低，冶炼比较困难。

8. 黏土矿物

黏土矿物在沉积岩和土壤中普遍存在，是组成泥岩或黏土岩的最主要矿物成分，也是沉积物和碎屑岩最常见的泥质胶结物。因其具有吸水性、可塑性、耐火性和烧结性等物理特性，而广泛用于陶瓷、耐火材料、石油、建筑等领域。

黏土矿物是一系列层状含水硅酸盐矿物的总称，颗粒极细，粒径一般小于0.01 mm，大多呈细小鳞片状、土状。此类矿物主要是长石、云母等铝硅酸盐矿物在地表风化的产物，也可通过热液蚀变、沉积作用与成岩作用形成，因成分和晶体结构的差别可进一步划分种类，其中较常见的有高岭石、蒙脱石、伊利石等。

(1) 高岭石：化学式为$Al_4[Si_4O_{10}][OH]_8$，主要是正长石、云母等铝硅酸盐矿物的风化产物，例如：

$$\underset{\text{钾长石}}{4K[AlSi_3O_8]}+H_2O+2CO_2 \longrightarrow \underset{\text{高岭石}}{Al_4[Si_4O_{10}][OH]_8}+8SiO_2+2K_2CO_3$$

高岭石在电子显微镜下可见六边形片状形态，一般为隐晶质，呈土状块体或疏松粉末状；白或浅灰色为主，有时因染色呈浅绿、浅红等色，条痕白色；土状光泽；硬度为1~2.5；相对密度为2.6~2.63；有吸水性(可粘舌)，但吸水后不膨胀，具有可塑性。

鉴定特征为：性软，粘舌，吸水不膨胀，具可塑性。

高岭石与其他黏土矿物、杂质的混合物，通称高岭土，是陶瓷的主要原料。中国为著名的高岭土出产地，高岭土即因江西景德镇附近的高岭所产质佳而得名。

(2) 蒙脱石：化学式为$(Na,Ca)_{0.33}(Al,Mg)_2[(Si,Al)_4O_{10}](OH)_2 \cdot nH_2O$，实际成分复杂，水的含量变化很大。蒙脱石由长石、云母等铝硅酸盐矿物风化而成，基性火成岩、火山凝灰岩在降水较少的碱性环境(土壤溶液富Mg、Ca、Na)中更容易形成，进一步风化则可成为更稳定的高岭石等矿物。

蒙脱石晶体为片状或絮状、毛毡状；通常为块状或土状集合体；颜色呈白灰色，或微呈浅红、浅灰、浅绿等色；土状光泽；硬度为1；相对密度约为2；吸水性很强，吸水后体积大幅度膨胀并分散为糊状，具很强的吸附力和阳离子交换性能，是膨润土、漂白土等的主要组成成分。

鉴定特征为：土状块体，吸水膨胀并分散成糊状。

(3) 伊利石和水白云母：二者成分相近，都是介于白云母和黏土矿物之间的过渡产物，并可进一步风化形成蒙脱石、高岭石。

水白云母是白云母因风化作用，H_3O^+替代K^+而向黏土矿物转变的中间产物，化学式为$K_{2-x}(H_3O^+)_xAl_4[Al_2,Si_6O_{20}](OH)_4$。

伊利石是在矿物风化过程中，K^+减少的同时，存在Al^{3+}替代Si^{4+}而保持电荷平衡，结果表现为黏土矿物向云母转化的中间状态，蒙脱石发生K^+替代，也可以形成伊利石，其理想的化学组成为$K_{2-x}Al_4[Al_{2-x},Si_{6+x}O_{20}](OH)_4$。

在自然界，水白云母仅见于含有白云母的岩石风化壳中，伊利石则普遍分布在泥岩、页岩、土壤及松散沉积物中。

伊利石多呈白色或灰白色，但常因杂质而略带黄、绿、褐等色调；常呈鳞片状或致密块状，土状块体颗粒极细；晶体具一组完全解理，玻璃光泽，致密块体呈脂肪光泽或土状光泽；硬度为2~3；相对密度为2.5~2.8。

鉴定特征为：土状，质地细腻，硬度小，久置水中不膨胀，松散有混浊现象。

9. 石膏

石膏主要是在干燥气候条件下湖泊、封闭海湾(潟湖)水体蒸发形成的化学沉积物，属于蒸发盐类，常与石盐、硬石膏共生，是蒸发岩的主要组成矿物，也是干旱环境中碎屑沉积物和碎屑岩的主要胶结物。

石膏的化学成分为 $CaSO_4 \cdot 2H_2O$；晶体常为近菱形板状，有时呈燕尾双晶（图 3-20），常形成纤维状、粒状、块状等集合体；一般为白色，因混入杂质而呈灰、黄、褐等色；晶面为玻璃光泽，纤维状集合体具有丝绢光泽；一组最完全解理，薄片有挠性；硬度为 2；相对密度为 2.3。

鉴定特征为：一组最完全解理，可撕成薄片，或纤维状、粒状；硬度低，指甲可以刻动。

石膏的透明晶体集合体称透石膏，纤维状集合体称纤维石膏，粒状集合体称雪花石膏。石膏加热失去部分水分变为熟石膏（$CaSO_4 \cdot 0.5H_2O$），在地下深处受压力和温度作用脱水形成较为致密、坚硬的硬石膏（$CaSO_4$，硬度为 3.0~3.5，相对密度为 2.8~3.0），硬石膏暴露地表因吸收水分可再成为石膏。

石膏可用于水泥、模型、医药、光学仪器等方面。中国石膏产地遍及 20 余省（自治区、直辖市），湖北应城、湖南湘潭、山西平陆、内蒙古鄂托克旗等地皆产石膏。中国石膏储量在世界上名列前茅。

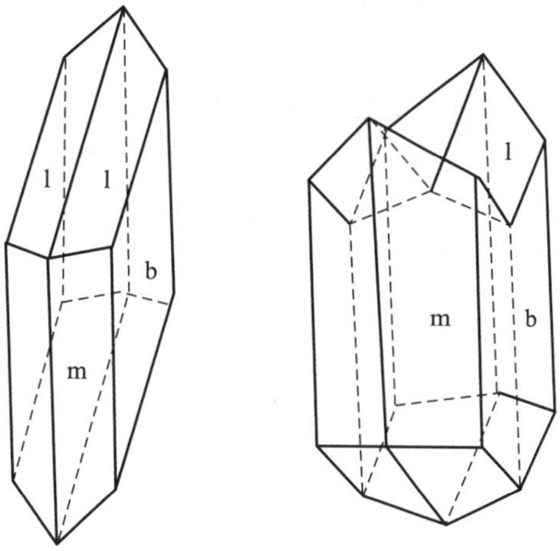

图 3-20　石膏晶体（右为燕尾双晶）

m. 斜方柱；b. 平行双面；l. 锥面

10. 石盐与钾盐

石盐与钾盐均为干燥气候条件下内陆湖盆或封闭海盆中化学沉淀的产物，可形成蒸发岩。二者也常与石膏共生，但自然界石盐的分布与数量均远超钾盐。

（1）石盐：化学成分为 NaCl，晶体为六面体（图 3-21），多形成粒状或块状集合体；呈无色透明或灰白色，可被杂质染成其他颜色，当晶体结构存在 Cl^- 缺位，捕获的电子形成色心可呈现天蓝色；玻璃光泽。硬度为 2~2.5，三组立方解理完全。石盐相对密度为 2.168，易溶于水，味咸。

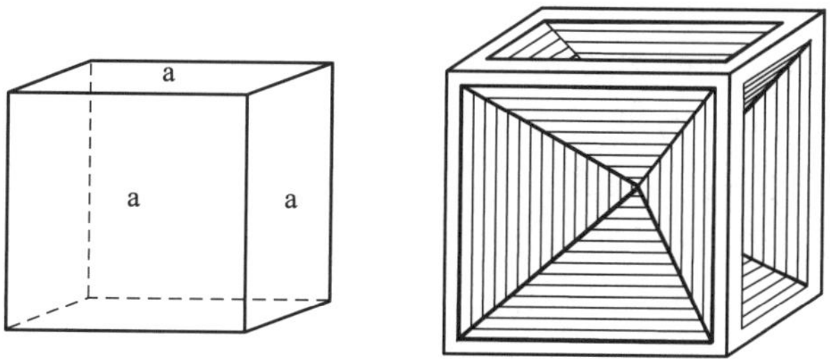

图 3-21　石盐晶体

a. 六面体

鉴定特征为：立方体单晶，三组解理，味咸。

（2）钾盐：也称钾石盐。化学成分为 KCl，晶体为六面体，多形成致密块状集合体，透明无色或乳白色，常因含 Fe_2O_3 而呈红色，也有蓝、黄等色；玻璃光泽；硬度为 1.5~2；相对密度为 1.97~1.99；易溶于水，味咸而苦涩。

鉴定特征为：钾盐性质与石盐相似，但味苦咸且涩；必要时可做焰色实验，石盐为黄色，钾盐为紫色。

石盐除供食用外，还是重要的化工原料；钾盐为制造钾肥的重要原料。中国盐类矿产资源丰富，除岩盐外，尚有海盐、湖盐、池盐、井盐等。柴达木盆地的察尔汗盐湖是中国最大的盐湖，储量达250亿t（整个柴达木盆地可达500亿t），其中含钾石盐1亿多吨，是中国最大的钾盐矿。

（三）主要变质矿物

变质矿物即由变质作用形成的矿物。变质岩的物质组成主要来自原岩（变质前的各类岩石），因此，其造岩矿物既有继承自原岩的稳定矿物，也有新生的变质矿物，后者是识别变质岩的关键物质证据。

1. 红柱石

红柱石是典型的接触变质矿物，主要形成于岩浆侵入体与富铝泥质岩石的接触变质带，也见于结晶片岩。北京西山红山口菊花石沟及周口店等地皆产红柱石。

红柱石的化学成分为$Al_2[SiO_4]O$；为长柱状晶体（横断面近正方形）（图3-22），在岩石中形成柱状或放射状集合体。后者形似菊花，俗称菊花石。灰白色，有时呈浅红色，弱玻璃光泽，半透明。解理清楚；硬度为7（风化后变低），相对密度为3.1~3.2。晶体中心沿柱体方向常有泥质和碳质填充成黑十字状（空晶石）。

鉴定特征为：近正方形柱状晶体，有碳质黑心，或为放射状集合体。

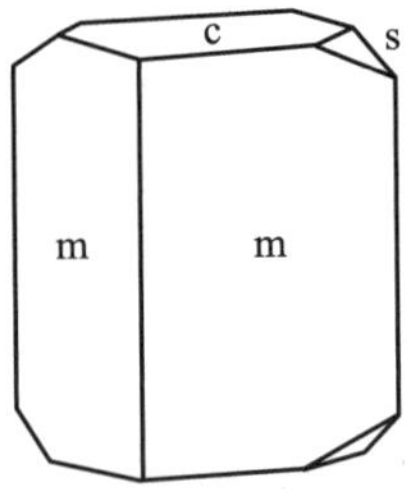

图3-22 红柱石晶体
m,s. 斜方柱；
c. 平行双面（底面）

与红柱石化学成分相同的还有蓝晶石和夕线石两个同质多象变体。三者晶体结构中Al^{3+}配位数的不同与形成时的温度和压力条件有关。

蓝晶石是结晶片岩中的典型矿物，也在片麻岩中出现，是区域变质作用较高压力条件下的产物；晶体呈扁平柱状，有双晶；集合体多呈放射状；颜色以淡蓝或蓝灰为主；两组解理发育程度不同；硬度有明显的异向性，在平行晶体伸长方向上硬度为4.5，垂直方向上为6.5~7，故又名二硬石；相对密度达到3.56~3.68。

夕线石是标准的变质矿物，常见于火成岩与富铝岩石的接触带，也见于结晶片岩、片麻岩中，是区域变质作用较高温度条件下的产物；晶体呈长柱状或针状，集合体常呈纤维状或放射状；颜色灰白或无色透明；一组解理完全，硬度为7；相对密度为3.23~3.25。

红柱石、蓝晶石和夕线石在高温作用下，都可以进一步变质形成富铝红柱石，是优质的耐火材料。

2. 硅灰石

硅灰石主要形成于酸性侵入岩与石灰岩的接触带，与石榴子石、透闪石、符山石等共生构成夕卡岩，也见于大理岩、钙质结晶片岩、火山喷出物及某些碱性岩中。

硅灰石的化学成分是$Ca[SiO_3]$；晶体呈片状、针状，常形成放射状或纤维状集合体；白色或略带浅灰、浅绿、浅红；玻璃光泽，解理面呈珍珠光泽，纤维状集合体具丝绢光泽；两组解理面交角为74°，其中一组完全，一组中等；硬度为4.5~5.0；相对密度为2.8~2.9。

鉴定特征为：夕卡岩的共生矿物，解理特征，略带色彩的白色，易溶于热盐酸。

可用于造纸、陶瓷、水泥、橡胶、塑料、过滤材料、隔热材料和冶金等领域。

3. 透闪石

透闪石与普通角闪石同属一族，主要是灰岩、白云岩遭受接触变质的产物，常见于大理岩、夕卡岩中；也可由不纯的灰岩、白云岩、基性火成岩等在区域变质作用下形成，可见于片岩、蛇纹岩。

透闪石的化学成分为 $Ca_2Mg_5[Si_4O_{11}]_2(OH)_2$，当部分 Mg 被 Fe 类质同象替代后则为阳起石；晶体呈长柱状、针状、纤维状，常为束状、放射状或纤维状集合体，白色或浅灰色（阳起石为浅绿至深蓝绿色）；玻璃光泽；硬度为 5.5~6；平行柱面的解理中等，两组解理面交角为 124°；相对密度透闪石为 2.9~3.0，阳起石为 3.0~3.3。

鉴定特征为：长柱状、纤维状晶体，较好的解理及解理面交角等，不同于辉石；颜色较淡，区别于普通角闪石。

透闪石可用作陶瓷、玻璃原料及各种填料；透闪石和阳起石形成的色浅、坚韧的致密块状集合体称为软玉；二者的纤维状集合体分别为透闪石石棉、阳起石石棉，具有强度高、细度好、耐高温和抗酸能力强的特性，用途广泛。

4. 石榴子石

石榴子石（曾称石榴石）是典型的高温矿物和变质矿物，主要分布在接触变质的夕卡岩和区域变质的各种片岩中，也见于超基性火成岩和高压变质的榴辉岩。因硬度大，化学性质稳定，岩石风化后可形成石榴子石砂。石榴子石可作研磨材料（金刚砂），透明色美者可作宝石。

石榴子石成分多种多样，一般化学式为 $R_3''R_2'''[SiO_4]_3$，其中 R″代表 Ca^{2+}、Mg^{2+}、Fe^{2+}、Mn^{2+} 等二价阳离子；R‴代表 Al^{3+}、Fe^{3+}、Cr^{3+}、Ti^{3+} 等三价阳离子，最常见的为铁铝榴石 $Fe_3Al_2[SiO_4]_3$ 及钙铁榴石 $Ca_3Fe_2[SiO_4]_3$；晶体发育良好，呈菱形十二面体、四角三八面体，或两者的聚形（图 3-23），形如石榴子，通常在变质岩中呈分散粒状或粒状、块状集合体；有深红、红褐、棕、绿、黑等色；晶面具有玻璃光泽，无解理，断口呈脂肪光泽，半透明；硬度为 6.5~7.5，性脆；相对密度为 3.5~4.3。化学性质稳定，不易风化。

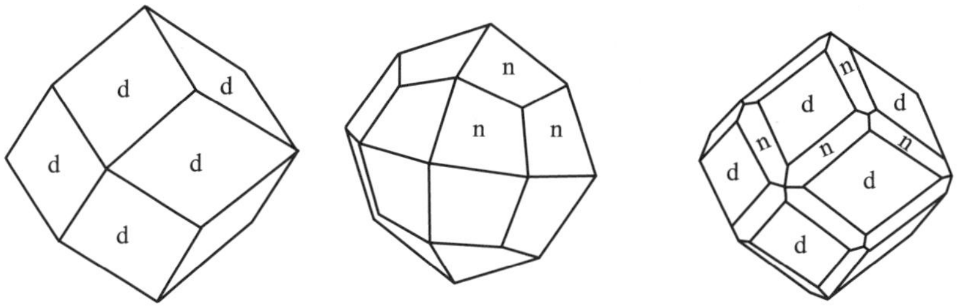

图 3-23　石榴子石晶体

d. 菱形十二面体；n. 四角三八面体

鉴定特征为：晶体良好，颜色较深，硬度很高，相对密度较大。

5. 蛇纹石

蛇纹石是蛇绿岩套、蛇纹石化大理岩等变质岩的主要造岩矿物，是作为板块边界标志的蛇绿岩套发生蛇纹石化作用的特征矿物。蛇纹石主要是超基性岩中的橄榄石、辉石受热液蚀变作用的产物，也可以由白云石受热液作用变质而成。

$$4Mg_2[SiO_4]+4H_2O+2CO_2 \longrightarrow Mg_6[Si_4O_{10}][OH]_8+2MgCO_3$$

橄榄石　　　　蛇纹石　　　　菱镁矿

$$6CaMg[CO_3]_2+4SiO_2+4H_2O \longrightarrow Mg_6[Si_4O_{10}][OH]_8+6CaCO_3+6CO_2$$

白云石　　　　蛇纹石

蛇纹石的化学成分为 $Mg_6[Si_4O_{10}][OH]_8$；完整晶体少见，一般呈隐晶质致密块状、凝胶状、层片状或纤维状集合体；浅黄至深绿色，常有斑状色纹，有时为浅黄色或近乎白色，条痕为白色；玻璃或蜡状光泽；半透明；硬度为 2.5~3.5；相对密度为 2.5~2.65；稍具滑感。

鉴定特征为：黄绿等色，凝胶状，中等硬度，蜡状光泽。

蛇纹石的纤维状变种称温石棉，是石棉的一种，具典型的丝绢光泽。中国石棉产地很多，其中以青海芒崖、四川石棉县为最著名，陕西等省也有优质石棉矿。

6. 绿帘石

绿帘石主要由含钙岩石、基性斜长石等经热液蚀变形成，是分布比较广泛的变质矿物，色泽美丽者可作宝石。

绿帘石成分复杂，典型化学式为 $Ca_2(Al,Fe)_3[Si_2O_7][SiO_4]O[OH]$，主要为钙铝铁的硅酸盐类，当铁原子数小于 0.3 时称黝帘石，二者为完全类质同象系列；晶体常伸长呈柱状或板状，晶面具明显纵纹；多形成粒状、柱状、放射状集合体，在晶洞中易发育成晶簇；黄绿、暗绿至黑绿色（随含铁多少而变化），晶面强玻璃光泽，透明至半透明；硬度为 6~7，一组完全解理；相对密度为 3.25~3.5。

鉴定特征为：具特有的黄绿或深绿色，晶体延长方向有纵纹，硬度大。

7. 黄铁矿

黄铁矿是地壳中分布最广泛的硫化物矿物，成因多种多样。黄铁矿在各类变质岩中都有分布，尤其在接触变质岩中，可形成大规模的热液矿床；在沉积岩中大多呈结核状、团块状或浸染状存在于还原条件下形成的煤层、黑色页岩、石灰岩中；在火成岩中则呈零散星点状分布。

黄铁矿的化学成分为 FeS_2；经常发育成良好的晶体，有六面体、八面体、五角十二面体及其聚形（图 3-24），有时呈块状、粒状集合体或结核状；六面体晶面上有与棱平行的条纹，相邻晶面上的条纹互相垂直。浅黄（铜黄）色，条痕呈黑色（带微绿）；强金属光泽，不透明；硬度为 6~6.5（硫化物中硬度最大的一种），无解理，参差状断口，性脆；相对密度为 4.9~5.2；在地表条件下易风化为褐铁矿。

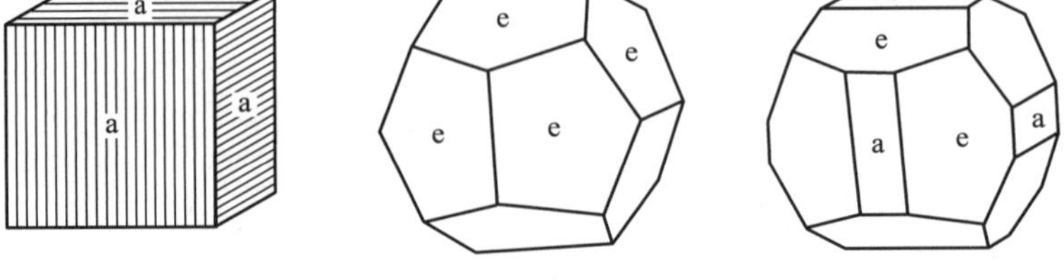

图 3-24　黄铁矿晶体

a. 六面体；e. 五角十二面体

鉴定特征为：完好晶体，浅黄色，条痕呈黑色，较大的硬度（小刀刻不动）。

黄铁矿是制取硫酸的主要原料。中国黄铁矿床（亦称硫铁矿）分布很广，广东英德、安徽马鞍山、甘肃白银、内蒙古等都有产出，近年在广东云浮探明有特大型矿床。中国硫铁矿储量居于世界前列。

8. 黄铜矿

黄铜矿可在多种条件下形成，主要见于接触变质形成的夕卡岩和热液矿床中，常与方铅矿、闪锌矿、黄铁矿等硫化物矿物，以及石英、萤石、方解石等共生；在基性或超基性火成岩和砂岩中也有数量不等的分布。

黄铜矿化学成分为 $CuFeS_2$；完好晶体少见，多呈致密块状或分散粒状；金黄色（表面常有锈色），条痕呈黑（带微绿）色；金属光泽，不透明；硬度为 3.5~4，解理不清楚，性脆；相对密度为 4.1~4.3；在地表条件下极易风化成孔雀石、蓝铜矿、辉铜矿、斑铜矿、褐铁矿等。

鉴定特征为：金黄色，条痕近乎黑色，硬度中等。

黄铜矿易与黄铁矿（俗称愚人金）、金等相混，其区别如表 3-7 所示。

表 3-7 黄铁矿、黄铜矿与金的区别

区别	黄铁矿	黄铜矿	金
晶形	完好	少见	罕见
颜色	浅黄色	金黄色	金黄色
条痕	黑色（带微绿）	黑色（带微绿）	金黄色
硬度	小刀不能刻划（6~6.5）	小刀易刻划（3.5~4）	小刀极易刻划（2.5~3）
韧性	性脆（用刀尖刻划，产生粉末）	性脆（用刀尖刻划，产生粉末）	具延展性（用刀尖刻划，产生亮刻痕）

黄铜矿为炼铜的主要矿物。中国铜矿储量居于世界前列，产地分布较广，主要有甘肃白银、山西中条山、长江中下游（如湖北、安徽）、云南东川，以及内蒙古、黑龙江等省级行政区。在江西东北部德兴、西藏玉龙等地发现大型铜矿床。

9. 萤石

萤石主要见于接触变质作用形成的气成-热液矿床，与石英、方解石、锡石，以及各种金属硫化物等共生，常形成单矿物的萤石脉产出。

萤石（氟石）的化学成分为 CaF_2；晶体多呈六面体、八面体，或为六面体穿插双晶（图 3-25）；一般为具明显解理的致密块状集合体；常为浅绿、浅紫、紫或白色等色，无色者较少，条痕白色；玻璃光泽，透明至半透明；硬度为 4，四组（八面体）解理完全；相对密度为 3.18。加热发蓝紫色荧光。

鉴定特征为：绿紫白鲜明颜色，标准硬度（4），八面体解理完全，在一组解理面上可见其他三组解理的纹路相交成正三角形。

萤石在冶金工业上用作助熔剂，也是制造氢氟酸的原料，还用于搪瓷、玻璃、光学仪器，以及火箭燃料、原子能工业等方面。中国萤石储量居于世界前列，主要产于浙江、湖南、福建等省，其中以浙江金华、义乌等地为最著名。

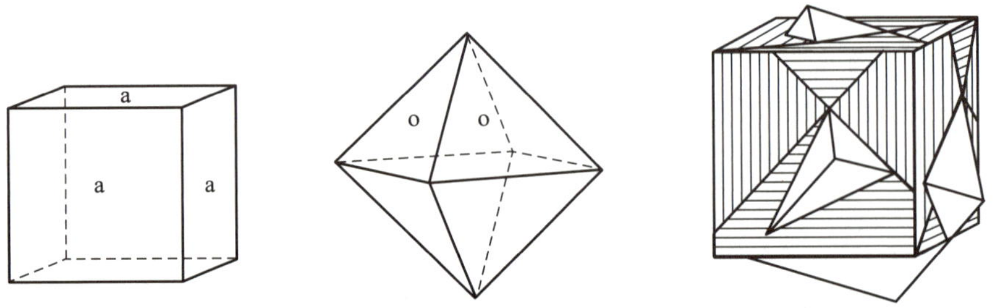

图 3-25 萤石晶体

a. 六面体；o. 八面体；右图为萤石的六面体穿插双晶

10. 绿泥石

绿泥石广泛分布于变质岩中，是绿泥石片岩等变质岩的主要矿物成分。火成岩中的普通辉石、普通角闪石、黑云母等镁铁矿物、含铁的泥质沉积岩，经受中、低温热液蚀变或区域变质作用，常形成大量的绿泥石。

绿泥石成分复杂，是一族镁、铁、铝的层状结构硅酸盐矿物的总称，较常见的是 Fe_2O_3 含量不超过 MgO 和 Al_2O_3 总量的叶绿泥石，化学式为 $(Mg,Fe)_5Al[AlSi_3O_{10}][OH]_8$；常形成叶片状、鳞片状、块状集合体；浅绿至深绿色，条痕淡绿色至灰绿色；解理面具珍珠光泽，致密块状的光滑表面呈蜡状光泽；透明至半透明；硬度为 2~2.5，单向最完全解理，薄片具有挠性；相对密度为 2.6~2.85。

鉴定特征为：绿泥石与云母极相似，但前者具特有的绿色，有挠性而无弹性。

11. 滑石

滑石是富含镁的基性、超基性火成岩或白云岩经过热液作用形成的典型变质矿物，常与方解石、菱镁矿等共生，在区域变质作用中可形成滑石片岩。由白云石形成滑石的反应式如下：

$$\underset{\text{白云石}}{3CaMg[CO_3]_2}+4SiO_2+H_2O \longrightarrow \underset{\text{滑石}}{Mg_3[Si_4O_{10}][OH]_2}+\underset{\text{方解石}}{3CaCO_3}+3CO_2\uparrow$$

滑石的化学成分为 $Mg_3[Si_4O_{10}][OH]_2$；一般为致密块状或叶片状集合体；白、浅绿、浅黄、浅红等色，条痕呈白色；脂肪光泽，解理面呈珍珠光泽，半透明；硬度为 1~1.5，单向最完全解理，薄片有挠性；相对密度为 2.7~2.8；滑腻感明显，化学性质稳定。

鉴定特征为：浅色，性软（指甲可刻划），具滑腻感。

滑石是耐火、耐酸、绝缘材料，在橡胶和造纸工业中也用作填料。中国滑石储量丰富，辽宁盖州、大石桥至海城一带及山东莱州、蓬莱等地为知名产地。自然界还有一种与滑石极相似的矿物，它叫叶蜡石 $Al_2[Si_4O_{10}][OH]_2$，是富铝的酸性火成岩受热液蚀变而成。福建寿山石、浙江青田石等即为叶蜡石的隐晶质块体。

12. 石墨

石墨大多是在高温低压条件下经还原作用形成的。煤层或炭质页岩经接触变质或区域变质可形成石墨片岩，岩浆侵入体与石灰岩接触也可将 CO_2 还原形成石墨。此外，在陨石中也发现有石墨。

石墨的化学成分为单质 C；通常为鳞片状、片状或块状集合体；钢灰色或铁黑色，条痕亮灰黑色；晶体良好者具强金属光泽，块状体光泽暗淡，不透明；有一组极完全解理，硬度为 1，薄片具挠性；相对密度为 2.09～2.23；具滑腻感，高度导电性，耐高温（熔点高）；化学性质稳定，不溶于酸。

鉴定特征为：钢灰色，染手染纸，滑腻感。

石墨是石墨烯的原料，也可用于制造坩埚、电极、铅笔、防锈涂料、熔铸模型，以及在原子能工业中用作减速剂。中国主要的石墨产地有山东、黑龙江、内蒙古、吉林、湖南等省（自治区）。

13. 蓝闪石

蓝闪石与普通角闪石同族，是经区域变质作用，在高压低温条件下形成的典型变质矿物，主要见于蓝闪石片岩中。

蓝闪石的化学成分为 $Na_2Mg_3Al_2[Si_4O_{11}]_2(OH)_2$，其中的 Mg^{2+}、Al^{3+} 分别被 Fe^{2+}、Fe^{3+} 替代后成为钠闪石；晶体呈长柱状、针状，常见粒状、放射状或纤维状集合体；以微带紫的蓝色至深蓝、黑色为主（含铁越多，颜色越暗）；条痕呈淡蓝色；玻璃光泽，纤维状集合体为丝绢光泽；与柱面平行的解理完全；硬度为 6～6.5；相对密度为 3.13～3.44；

鉴定特征为：细长柱状、针状，蓝色至蓝黑色，条痕淡蓝色。

蓝闪石和钠闪石的纤维状变种称为蓝石棉或青石棉，是耐酸、耐碱，防腐性能优良的纤维材料。

14. 磁铁矿

磁铁矿主要形成于较高温度或较强还原环境中，在变质岩和火成岩中分布较普遍。在接触变质的夕卡岩中与石榴子石、金属硫化物等共生；沉积赤铁矿经区域变质常形成大规模的磁铁矿床；在基性、超基性火成岩中，常有钒钛磁铁矿与基性斜长石、辉石共生；磁铁矿在地表条件下较为稳定，可形成砂矿，强氧化作用可使其形成赤铁矿。

磁铁矿的化学成分为 Fe_3O_4，其中的 Fe^{3+} 可以为 Ti^{4+}、Cr^{3+}、V^{3+} 等代替形成类质同象矿物，当含 V、Ti 较多时，则称钒钛磁铁矿；晶体常为小八面体或菱形十二面体（图 3-26），常形成粒状或块状集合体；铁黑色，条痕呈黑色，金属或半金属光泽，不透明；硬度为 5.5～6；解理不清楚，性脆；相对密度为 4.8～5.3；具有强磁性。

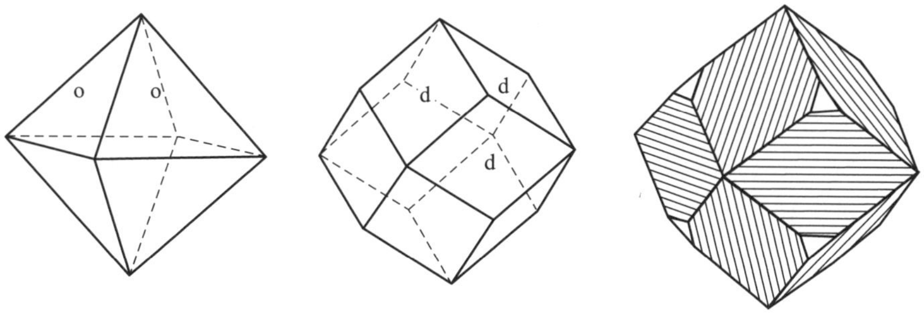

图 3-26　磁铁矿晶体

o. 八面体；d. 菱形十二面体

鉴定特征为：铁黑色，条痕呈黑色，强磁性。

磁铁矿是最重要的铁矿石之一。中国产地甚多，四川攀枝花即为大型钒钛磁铁矿基地。

第 3 节 火成岩

根据《岩石分类和命名方案·火成岩岩石分类和命名方案》(GB/T 17412.1—1998)，火成岩也被称为岩浆岩。

一、岩浆、岩浆作用和火成岩的概念

目前，一般认为火成岩由两类岩石组成：一类是岩浆作用形成的岩浆岩；另一类是非岩浆作用形成的，如花岗岩化作用形成的花岗岩。火成岩中以岩浆岩为主。岩浆岩是由岩浆冷凝结晶形成的岩石，约占地壳总体积的 65%。

岩浆形成于地壳深处或上地幔中，主要由两部分组成：一部分是以硅酸盐熔浆为主体，另一部分是挥发组分，主要是水蒸气和其他气态物质。前者在一定条件下凝固后形成各种岩浆岩，后者在岩浆上升、压强减小时从岩浆中逸出形成热水溶液，对成矿起很重要的作用。也有极少数岩浆是以碳酸盐和氧化物为主的。

岩浆的化学成分若以氧化物表示，其主要成分是：SiO_2、Al_2O_3、MgO、FeO、Fe_2O_3、CaO、Na_2O、K_2O、H_2O 等。其中以 SiO_2 的含量为最大。岩浆中含有 SiO_2 的多少，不仅影响岩浆的性质，而且影响相关岩浆岩的成分。根据岩浆中 SiO_2 的相对含量，可以把岩浆分为酸性岩浆(SiO_2 的质量分数>65%)、中性岩浆(52%～65%)、基性岩浆(45%～52%)和超基性岩浆(<45%)。酸性大的岩浆，黏性大，不易流动；基性岩浆，黏性小，容易流动。当然，温度、压强和挥发组分对岩浆黏度也有影响，如温度越高，挥发成分越多，压强越小，则黏度越小；反之，则黏度越大。这些不同成分的岩浆冷凝后可分别形成酸性岩、中性岩、基性岩和超基性岩。

岩浆的温度往往随岩浆的成分而变化。酸性岩浆的温度为 700～900 ℃，中性岩浆为 900～1 000 ℃，基性岩浆为 1 000～1 200 ℃。

综上所述，岩浆是在地壳深处或上地幔天然形成的、富含挥发组分的高温黏稠的硅酸盐熔浆流体，是形成各种岩浆岩和岩浆矿床的母体。

目前认为地下岩浆是由于局部物理化学条件发生变化(如压强减小、热能积累等)，部分固态原岩转变为熔融状态而形成的。岩浆的温度很高，富含挥发组分，又处于高压作用下，因而具有极大的物理-化学活动性，即具有巨大的动能、热能和化学能。因此，岩浆可以顺着某些地壳软弱地带或地壳裂隙运移和聚集，侵入地壳或喷出地表，最后冷凝为岩石。我们把岩浆的发生、运移、聚集、变化及冷凝成岩的全部过程，称为岩浆作用。

岩浆作用主要有两种方式(图 3-27)：一种是岩浆上升到一定位置，由于上覆岩层的外压强大于岩浆的内压强，迫使岩浆停留在地壳之中冷凝而结晶。这种岩浆活动称为侵入作用。岩浆在地下深处冷凝而成的岩石，称为深成岩；在浅处冷凝而成的岩石，称为浅成岩。二者统称侵入岩。

另一种是岩浆冲破上覆岩层喷出地表，这种活动称为喷出作用或火山作用。喷出地表的岩浆在地表冷凝而成的岩石，称为喷出岩(又称火山岩)。

由此可知，岩浆岩是地下深处的岩浆侵入地壳或喷出地表冷凝而成的岩石。

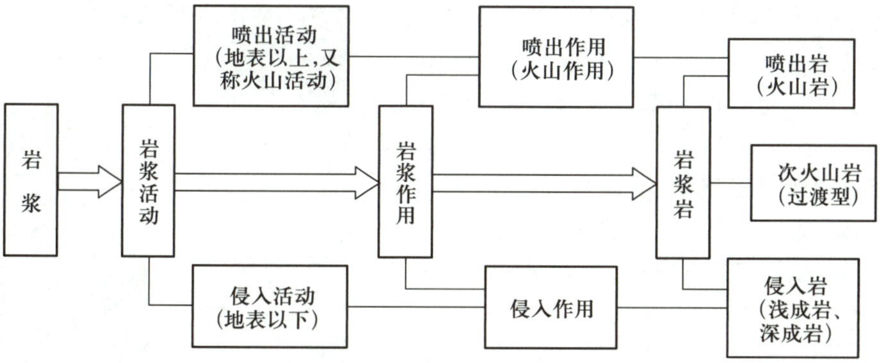

图 3-27　岩浆作用

二、喷出作用

(一) 火山活动

自古以来,人们就注意到火山活动的现象。黑龙江省五大连池市(原德都县)五大连池火山群共有 14 座火山,其中有 2 座火山——火烧山和老黑山,曾于康熙五十八年和五十九年(1719 年和 1720 年)有过喷发活动,其事分别记载于《黑龙江外记》和《宁古塔记略》中。书中说:“一日地中忽出火,石块飞腾,声振四野。”“烟火冲天,其声如雷,昼夜不绝,声闻五六十里……热气逼人三十余里。”由于这次喷发,熔岩堵塞了附近的白河河道,形成了 5 个堰塞湖,因此称为五大连池。目前,五大连池地区已划为国家自然保护区,有“火山博物馆”之称。

1951 年 5 月 27 日,在我国新疆于田东苏巴什以南的昆仑山克里雅河附近曾有一次火山喷发活动。1980 年 7 月 7 日,我国台湾屏东县鲤鱼山火山曾经爆发。

根据火山活动情况一般将其分为:活火山——现在尚在活动或周期性活动的火山;休眠火山——有史以来曾经活动,但长期以来处于静止状态的火山;死火山——史前曾经喷发,但有史以来未活动,将来也不可能再喷发的火山。这种分法是相对的,而不是绝对的。例如,意大利维苏威火山(图 3-28)是世界有名的火山,过去曾被认为是一座

图 3-28　维苏威火山爆发情景

(Scrope,1822)

不活动的火山，但于公元79年10月24日突然强烈喷发，造成极大灾害。还有些从来没有过火山活动的地方，也会产生新的火山。如1943年2月20日，在墨西哥城西方300 km外的一片玉米地里，忽然出现裂缝冒烟，继而强烈喷发，到1944年1月已形成一座高450 m的火山，这就是有名的帕里库廷火山（图3-29）。在大洋底也经常形成新火山。

图3-29　墨西哥帕里库廷火山

由此可见，过去、现在和将来，火山活动都是构造运动的一种形式。但火山活动的规模、强度和类型往往发生变化，随着地球的演化和地壳的加厚，火山活动有逐渐减弱的趋势。

（二）火山构造

火山构造或称火山机构，包括火山通道、火山锥、火山口等。

1. 火山通道

火山通道是岩浆由地下上升的通道。这种通道既可以是许多条断裂，也可以是由若干条断裂交汇而成的管状通道，称为火山管。在地质历史早期，岩浆往往以裂隙为通道喷出地表，称为裂隙式喷发；岩浆沿着火山管向上喷发，称为中心式喷发，现代火山大部分属于这种类型。火山通道在火山喷发以后往往被熔岩或碎屑物质堵塞起来，如果地表遭受风化，填充火山管的物质可以凸起形成峻拔山峰，也可相对凹下（视其岩性软硬而定）。这种填充和形成于火山管的岩体称为火山颈。

2. 火山锥

火山喷出物大部分在火山口周围堆积，一般呈圆锥形，称为火山锥。典型的火山锥，其上半部坡度较陡，可达30°～40°，下部则逐渐平缓。由于火山锥通常经由多次喷发形成，因此往往是火山碎屑物与熔岩交互成层。这种火山锥称为层状火山锥（图3-30）。其中碎屑物的粒度常随距火山口的远近而变化，大块碎屑堆在火山口周围，细粒碎屑则堆在较远的地方。围绕火山口还常常因火山喷发形成环状或放射状裂隙，随后裂隙被熔岩所填充，形成环状或放射状岩墙群。有的火山锥主要是由熔岩构成的，坡度很缓，如同盾状，称为盾状火山。

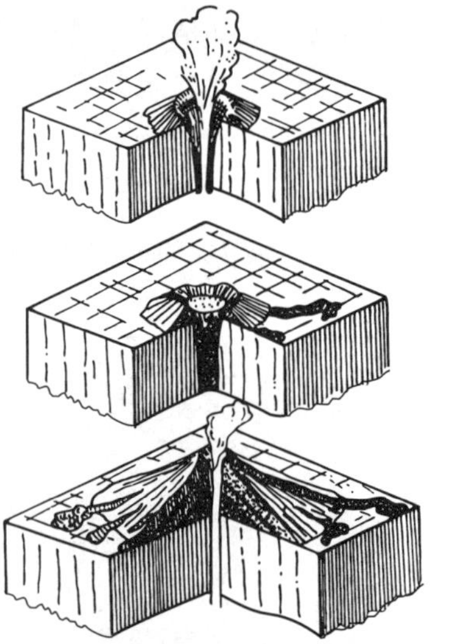

图3-30　火山锥形成示意图
火山开始喷发，形成大量火山碎屑（上图）；
接着火山喷发熔岩流，直至火山口被堵塞（中图）；
经过多次喷发，火山锥增大，形成碎屑与熔岩交替的层状火山（下图）

一个火山锥形成以后，由于不断发生火山活动，往往在原来的大火山口上形成较小的火山锥,或者在火山锥的山坡上出现许多小火山锥,后者称为寄生火山锥。如意大利西西里岛上的埃特纳火山(高 3 700 m)共有 300 多个寄生火山锥。

3. 火山口

位于火山锥顶部或其旁侧的漏斗形喷口,称为火山口。火山经过多次爆发,火山口不断破裂扩大,或由地下岩浆冷却收缩,不断塌陷,所形成巨大的火山口,称为破火口(图 3-31)。如日本阿苏山破火口南北长 23 km,东西长 16 km,好像一个小盆地或小平原,称为火口原。火口原上还往往分布着若干村落。火山口中积水形成的湖泊叫作火口湖,如长白山主峰顶上的天池(周长 13.1 km,最深 373 m)、广东湛江的游览圣地湖光岩,都是有名的火口湖。图 3-32 是五大连池火山中的一个火口湖。

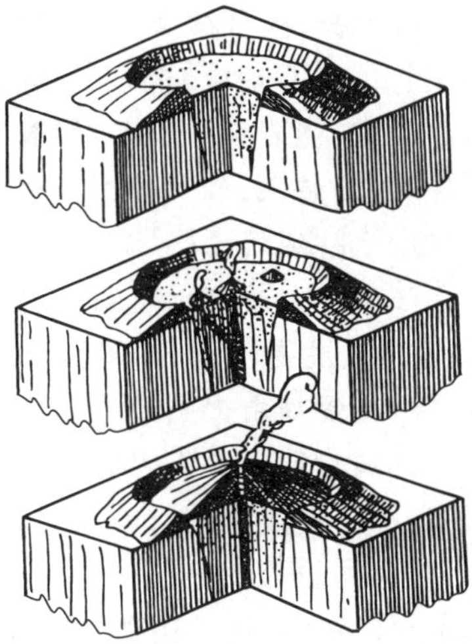

图 3-31　破火口及其变化

火山多次喷发或下部塌陷形成破火口(上图);
巨大破火口内堆积形成火口原(上图);
后来火山喷发,在破火口中形成许多小火山锥(中图);
在破火口中形成了一个较大的中央火山锥(下图)

图 3-32　五大连池南格拉球火山及火口湖

(三)火山喷发物

火山喷发时,最初常在火山口或在山坡冲开一个出口,喷出黑色气体烟柱;接着大量岩石碎屑及熔岩物质被喷上天空,然后纷纷降落于火山周围地区;最后从火山口流出灼热的熔浆,沿山坡向下流动;火山喷发停止后还常常沿着喷气孔喷出气体或形成温泉。这是火山爆发过程中火山喷发物的一般顺序。但火山喷发物的性质、内容和过程,往往因不同火山或同一火山的喷发时间不同而有很大变化,不可一概而论。

1. 气体喷发物(火山气体)

火山气体成分以水汽为最多,一般占气体总体积的 60%~90%,此外还有 H_2S、SO_2、CO_2、HF、HCl、NaCl、NH_4Cl 等。火山喷发的早期高温阶段,HCl 等气体较多;晚期则富含

SO_2、CO_2 等成分，这种规律可以作为火山活动预测的一种依据。

火山气体主要是从岩浆中分异出来的。当岩浆处于地下高压条件时，气体能够溶解在岩浆之中；当岩浆上升、压强越来越小，其中所含气体就会逐渐释出，而且越积累越多，蒸气压越来越大，当其超过上覆岩层的压强时，就会轰然爆炸，喷射出由灼热气体和碎屑组成的烟柱或气团。

火山喷气可以凝华出硫磺、钠盐、钾盐等矿产。

2. 固体喷发物（火山碎屑物质）

随着气体爆炸由火山口喷射到空中的大小岩石碎块和由熔浆凝固而成的碎块，总称为火山碎屑物质。火山碎屑物的喷发量往往很大，如 1883 年印度尼西亚的喀拉喀托火山喷发，火山碎屑量约有 18 km^3，最高喷到 27 km 的高空。火山碎屑物按其大小和形状等可以分为以下几种：

（1）火山灰：包括火山爆发时被崩碎的细小岩屑和凝固熔浆的细小浆屑，其直径一般小于 0.01 mm；比之更细的叫作火山尘；比之稍粗但不大于 2 mm 的叫作火山砂。火山灰很轻，可以升到高空进入平流层，在更大范围扩散，长期不落。

（2）火山砾：粒径为 2~100 mm 的火山碎屑叫作火山砾；大于 100 mm 者叫作火山块。

（3）火山渣：一般指火山喷发时被抛到空中的熔浆凝固而成的熔渣，多具气孔及尖锐棱角，从沙粒到核桃般大小或更大。

（4）火山弹：是熔浆以高速喷向空中时发生旋转、扭曲而形成的具有一定形状的块体，大小可从数厘米到数米，形状多为纺锤形（图 3-33）、梨形、扭曲形，以及扁平状（落地时尚未完全凝固可摔成扁平状）。有的里面具气孔，外皮有龟裂，称面包状火山弹。火山弹常和其他火山碎屑混在一起堆积在距火山口较近的地方。

图 3-33 巨型火山弹（山西大同狼窝山）

上述各类火山碎屑物质经胶结、压固等作用可形成各种火山碎屑岩。

3. 液体喷发物（熔浆）

喷出地表的岩浆，其中的挥发成分大量逸出后，称为熔浆。熔浆冷凝后称为熔岩。熔浆的流速取决于它的黏度、温度及地面的坡度，一般为 2~8 m/s。基性熔浆因温度高、黏性小，故流速大；酸性熔浆因温度低、黏性大，故流速小。如果熔浆成分相同，则其流速取决于地面坡度。熔浆在流动过程中，温度逐渐降低，黏性加大，流速越来越小，最后凝固成为火山岩（喷出岩）。

熔浆冷却速度与熔浆的成分有关。偏酸性的熔浆，凝固较快，首先是其表层很快凝成一层厚壳，而其下面的熔浆仍在流动，常使上层厚壳分裂成大大小小的岩块，这种熔岩称为块状熔岩。较基性的熔浆凝固较慢，其表面往往先凝成一层塑性薄壳，而其下面的熔浆尚在流动，常使表皮形成波浪起伏状，这种熔岩称为波状熔岩。有时载运波状皮壳的熔浆，因流经的地形陡缓不同，各部位的流速不一致，常使尚未完全凝固的波状皮壳向前翻卷，将皱纹拧成绳索状，这种熔岩称为绳状熔岩（图 3-34）。海底喷发的炽热基性熔浆，因与海水接触，使蒸气压剧增，导致熔浆分裂成大小不等的块体，并在蒸气包围中向前滚动，形成椭球状或枕状块体，这种熔岩称为枕状熔岩（图 3-35，图 3-36）。其表层因迅速冷却，多为玻璃质，气孔较多，而内部冷却得较慢，结晶程度较好。在地质时代和现在的洋中脊地带，都有这种枕状熔岩发育。

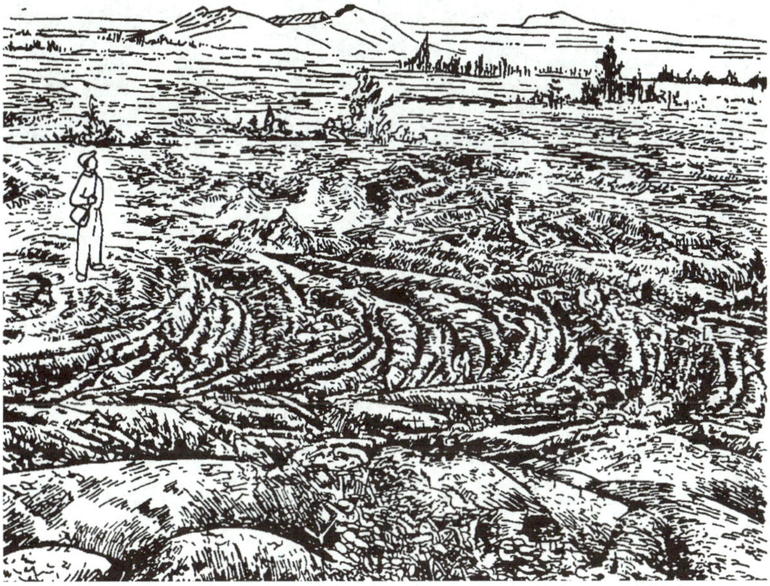

图 3-34　绳状熔岩（黑龙江五大连池）

（据蓝淇锋等《野外地质素描》）

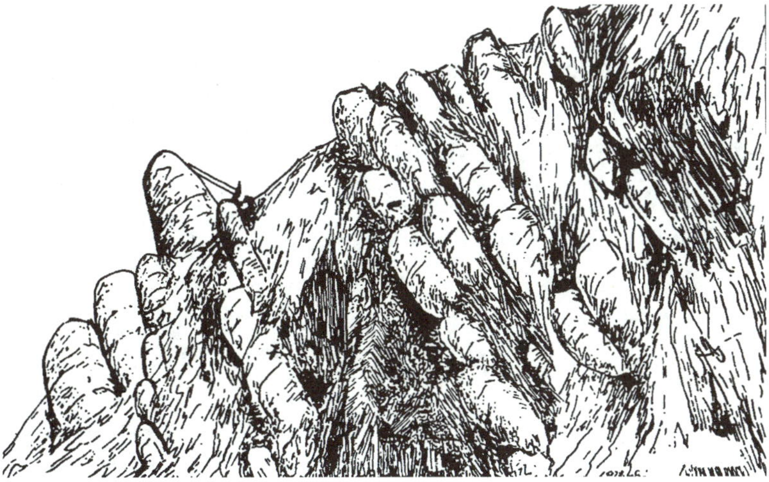

图 3-35　枕状熔岩（甘肃阿克塞县后塘北山下古生界）

（据蓝淇锋等《野外地质素描》）

图 3-36 枕状熔岩中的一个岩枕
(青海省门源二堂沟)

熔浆在流动过程中,遇到陡坎、陡坡而快速向下流动,冷却后形成熔岩瀑布。

熔浆流出地面,因物质成分不同,地形条件不一样,可形成不同形状、不同规模的岩体。酸性熔浆流不甚远,常形成短厚的熔岩锥(或叫作熔浆穹);基性熔浆往往沿着山坡或沟谷流动,呈狭长带状,前端散开或扩大,有如舌状,长可达数十千米,称为熔岩流(图 3-37)。如果基性熔岩沿地壳裂隙喷出,而地形又比较平缓,常四处漫溢,覆盖较大的面积,称为熔岩被。当喷发次数多,喷发量大,可以由熔岩构成表面较平缓的台地,称为熔岩台地。如东北长白山区新生代的玄武岩台地,分布面积为 5 000 多平方千米。印度德干高原为有名的玄武岩台地,面积达 50 多万平方千米,熔岩厚度可达 1 800 m。

图 3-37 熔岩流(黑龙江五大连池火烧山,天地图影像)

在岩浆活动过程中,岩浆不断析出水蒸气,这些气体沿裂隙升出地面,可以形成喷气泉或温泉。凡是水温高于当地年平均气温的泉水,都可称为温泉。但并不是所有温泉都直接与岩浆活动有关,例如地下水下渗,受地热或岩浆热影响,水温增高,然后涌出地面,也可形成温泉。有一种周期性喷发的温泉,称为间歇泉。间歇泉一般有一个漏斗形喷出口,其下有一个细长弯曲[图 3-38(a)]或分叉[图 3-38(b)]的地下水通道,或者在细长通道之下有若干个储水溶洞[图 3-38(c)];地下水受到地热影响或岩浆烘烤,水温逐渐增加,但上部细长水柱形成很大的压强,水在其中不易上下对流,因此使下部水可以达到超过 100 ℃的过热状态，造成很大的上下水温差；下部水温继续增加便开始沸腾（蒸汽有时集中于空洞的上部），当蒸气压超过上部水柱压强时，就会冲开水柱，喷向高空；然后地下水又重新聚集，如此周而复始，形成间歇喷发现象。

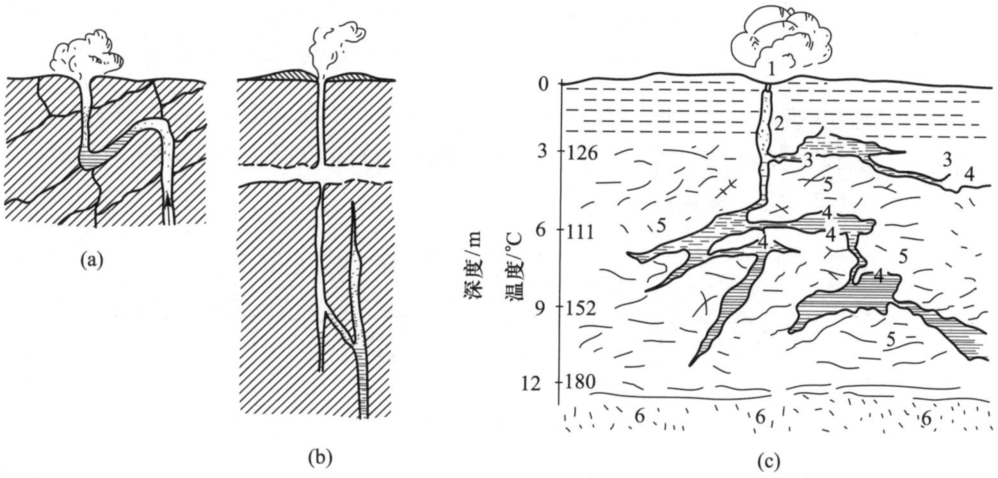

图 3-38　间歇泉地下构造类型示意图

（a）具有弯曲的地下水通道；（b）具有分叉的地下水通道；（c）储水空洞；
1. 漏斗形喷出口；2. 导水管；3. 储存于空洞中的水；
4. 蒸汽；5. 向储水洞渗透的地下水；6. 从岩浆分异出来的热气

冰岛和美国的间歇泉都很有名。人们在中国西藏也发现了很多间歇泉。

（四）火山喷发类型

火山喷发可以分为两个基本类型：裂隙式喷发和中心式喷发。后者又有暴烈、宁静等之分。火山喷发类型取决于多种因素，例如，地壳的厚薄、岩浆的成分（包括酸性与基性、水汽及挥发成分含量、黏度、温度等）、地下岩浆库内的压强、火山通道的形状，以及海底喷发和大陆喷发条件等。

1. 裂隙式喷发

岩浆通过狭长线状深断裂溢出地表，一般没有爆炸现象，流出的主要为基性玄武岩熔浆，冷凝后形成厚度相当稳定、覆盖面积很大的熔岩被，火山碎屑物较少。在地质历史时期，由于大陆壳较薄或比较活动，曾有过多次裂隙喷发活动，如印度德干高原是世界最大的玄武岩熔岩被。在二叠纪时中国西南云、贵、川交界地带也喷发了面积广泛的玄武岩，名为峨嵋山玄武岩。目前这种喷发形式在大陆上已不多见，但在洋中脊却非常普遍。整个大洋壳的玄武岩是在2亿年间从洋中脊裂谷中多次喷发并逐渐向外推移而成的，其喷发量之大十分惊人。冰岛正好位于大西洋洋中脊之上，所以在冰岛当前还能看到裂隙式喷发活动（图 3-39），因此这种喷发类型又称为冰岛式喷发。

2. 中心式喷发

岩浆沿着一定的管形通道喷出地表，熔岩覆盖面积较小。这是现代火山活动最主要的类型。按照喷发的剧烈程度又可将其粗略分为宁静式、斯特隆博利式和爆烈式等几种。

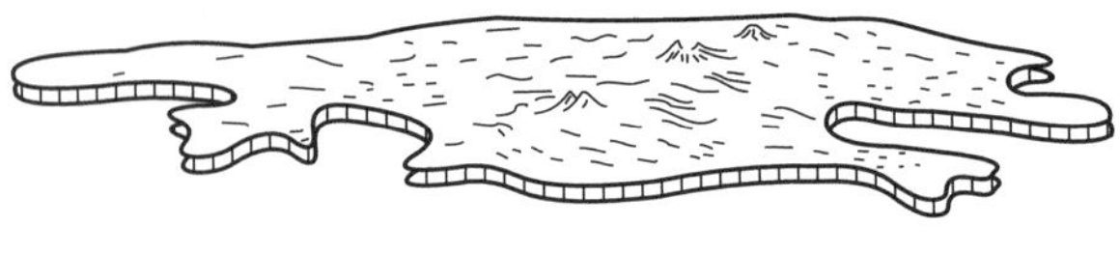

图 3-39 冰岛拉基火山裂隙式喷发及其形成的熔岩被

图中火山锥的排列方向指示裂隙的延伸方向

(1) 宁静式喷发:以基性熔浆(玄武岩)喷发为主,熔浆温度较高,气体较少,不爆炸,因此少有固体喷发物,常常形成底座很大、坡度平缓的盾形火山锥(图 3-40),以夏威夷诸火山为代表,故又称夏威夷式喷发。

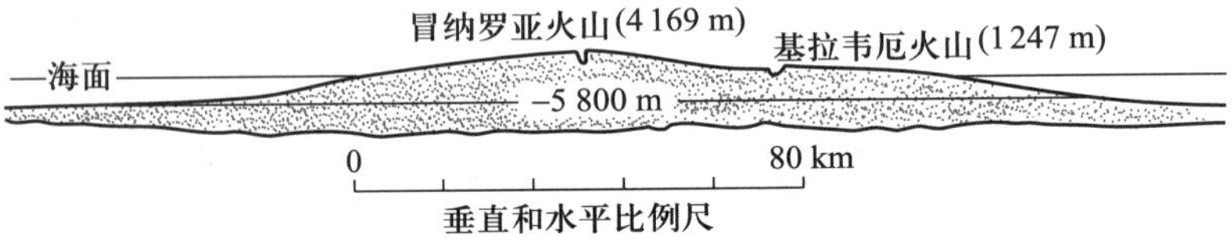

图 3-40 夏威夷盾形火山

(2) 斯特隆博利式喷发:属于宁静式与爆烈式之间的喷发类型,以中、基性熔浆喷发为主,并有一定的爆炸力。当火山爆发时可以把未凝固的熔岩抛上空中,并旋转形成纺锤形或螺旋形火山弹,但因爆炸力小,一般没有火山灰。这种喷发以斯特隆博利火山为代表。

斯特隆博利火山(926 m)位于意大利西西里岛北部利帕里群岛中,火山锥较陡。熔岩偏基性,一次喷发完了,堵塞在火山管中的熔岩还未凝固,下面又聚集了大量气体,冲开火山管中的熔岩,再次爆发,大约每隔 2~3 min 即喷发一次。夜间在 150 km 外可见到闪闪红光,故有“地中海的灯塔”之称。

(3) 爆烈式喷发:大都以中酸性熔浆喷发为主,含气体多,爆炸力强,经常形成大量的火山碎屑特别是火山灰。属于这种喷发的火山很多,如意大利维苏威火山、印度尼西亚喀拉喀托火山、西印度群岛培雷火山,以及美国圣海伦斯(St. Helens)火山等。2022 年 1 月 14—15 日的汤加海底火山喷发也属于此类型。

维苏威火山(图 3-28)是世界有名的火山。公元 79 年发生强烈的喷发。开始时喷出大量气体,烟柱高达 13 km;接着气体夹杂着大量火山灰、火山渣等一齐冲上高空;最后大量熔浆喷出地面形成块状熔岩。灼热的火山灰掩埋了庞贝等 3 个城市。后来人们把庞贝城挖掘出来,该城成为了意大利有名的游览胜地之一。

喀拉喀托火山位于印度尼西亚爪哇岛与苏门答腊岛之间的巽他海峡,1883 年 5 月 20 日发生近代以来最猛烈的喷发。喷发大量气体和火山灰,烟柱上升 27 km;微小的火山灰进入 80 km 高空环绕全球;火山碎屑总量达 18 km^3。原为 75 km^2 的海岛崩毁 2/3。1935 年又爆发一次。

圣海伦斯火山(2 949.5 m)位于美国西部喀斯喀特山脉中,在沉睡 123 年之后,于 1980 年 3 月 27 日、5 月 18 日和 25 日、6 月 12 日、7 月 22 日突然连续喷发,蒸汽及火山灰升达 24 000 m,喷发的火山灰约有 2.8 km^3(图 3-41)。该火山 1983 年又不时活动,2 月 2 日至 3 日喷发的火山灰柱高达 6 km。

图 3-41　美国圣海伦斯火山喷发(1980)

皮纳图博火山(1 758 m)位于菲律宾西北部约 80 km 处,在沉睡 600 多年之后,于 1991 年 6 月 9 日和 15 日猛烈喷发,是近百年来最大的火山喷发。火山喷发产生的 SO_2 等气体、火山灰微粒进入 20~25 km 的高空,形成包围地球的“太阳伞”,减弱了到达地面的太阳能,产生“阳伞效应”,引起全球气温变化。喷发形成的火山灰多达 8 km^3。此次喷发使 4.2 万间房屋被毁,4 万多公顷土地蒙尘,大约 900 人丧生,经济损失达数十亿美元。由于在山下和山腰设有火山监测装置,同时利用机载仪器对火山逸出气体进行分析,人们提前做出火山活动预测,及早进行了居民撤离工作,使损失减少到最低程度。当年 5 月底,经检测火山气体中 SO_2 的含量骤增 10 倍,显示出岩浆活动正在升向地表的危险信号,火山果然于 6 月中旬猛烈喷发。

对火山活动的形式可以总结如下几点:

首先,火山喷发强度主要取决于内因,即岩浆成分,基性岩浆以宁静式喷发为主,酸性岩浆以爆烈式喷发为主。但由于地下岩浆及外界条件随着时间发展而变化,任何火山的喷发形式都不是永远不变的,喷发规模和强度也经常变化。

其次,火山碎屑物的有无和多少是判断火山活动(包括地质时代的)类型的重要依据。一般把火山碎屑物数量与全部火山喷出物数量之比,叫作爆炸指数(E)。E 值越大,表示爆炸性越高;反之,则越低。因此,凡是有大量火山碎屑物特别是火山灰的火山,都是爆烈式火山;相反,只有熔岩流而根本没有或只有少量火山碎屑物者,大多是宁静式火山。

火山活动是极重要和引人注目的地质现象,自古以来,它虽然给人类带来严重灾害,但也赋予人类矿产、肥沃土壤和有待开发的热源。由于人们对火山活动的机制还只是间接推测,即使是位于地面的活火山的火山口,人们也很难接近并取得有关数据。所以迄今还不能掌握火山活动的全部规律。现在,科学家一方面利用机器人深入火山口直接测试各种数据,如 1994 年美国国家航空航天局利用机器人深入阿拉斯加斯珀(活火山,1993 年曾两次喷发)火山口 198 m 深处,随身携带 3 个传感器采集气体样品,并摄下了有关图像,传回有价值的科学信息。另一方面通过建设火山监测或观测站,组成区域性或全球性的监测台网,研究火山的活动规律。例如,我国 1999 年开始运行的长白山火山监测站在研究火山变化、评估喷发危险性方面已经取得重要的成果。相信人类迟早会进一步揭开火山活动的奥秘。

(五) 近代火山分布规律

全世界大约有 2 000 座死火山,516 座活火山,大体呈带状分布(图 3-42):

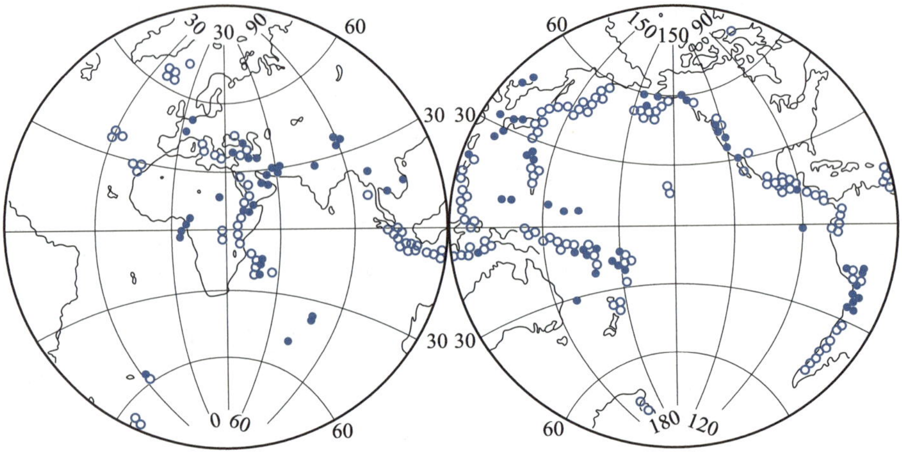

图 3-42 世界火山分布

○:活火山;●:死火山。图中数字代表经度和纬度

1. 环太平洋火山带

现在已知有 319 座活火山分布于环太平洋带,占世界活火山总数的 62%,其中西带(从阿拉斯加起,经阿留申群岛、堪察加半岛、千岛群岛、日本群岛、中国台湾岛、菲律宾群岛、印度尼西亚诸岛,直到新西兰岛)占 45%,构成西太平洋火山岛弧。东带(从南美西岸的安第斯山起,经中美、北美西部的科迪勒拉山脉至阿拉斯加)占 17%。这东西二带构成所谓“环太平洋火圈”。环太平洋火山岛弧或火山链的靠近大洋一侧,称为安山岩线,在这条线的大陆一侧多喷发中酸性熔浆(安山岩、流纹岩),在向海洋一侧则以喷发基性熔浆(玄武岩)为主。世界最高的活火山(厄瓜多尔的科托帕克希火山,5 896 m)和世界最高的死火山(阿根廷的阿空加瓜火山,6 964 m),以及著名的富士山(3 776 m)等都分布在这条火山带上。

2. 阿尔卑斯-喜马拉雅火山带

又称地中海火山带,横贯亚欧大陆南部(西起伊比利亚半岛,经意大利、希腊、土耳其、伊朗,东至喜马拉雅山脉,南折至孟加拉湾,与太平洋火山带相汇合),已知有 94 座活火山分布于此带,占世界活火山总数的 18%。

3. 大西洋海岭火山带

北起冰岛,经亚速尔群岛、佛得角群岛至圣保罗岛,有活火山 42 个;另外 9 个分布于小安德列斯岛弧上,大西洋活火山占世界活火山总数的 10%。

此外,还有一些活火山分布于太平洋、印度洋、南极洲和非洲大裂谷,约占 10%。其中非洲大裂谷上共有 7 座活火山,亦可称为东非火山带,如坦桑尼亚的乞力马扎罗山(5 895 m)是东非有名的火山。

中国近代火山多属于死火山或休眠火山,活火山为数不多。据不完全统计,火山锥约有 900 座。中国东部(北起黑龙江、吉林,经内蒙古、河北、山西、山东、江苏、安徽、台湾至广东的雷州半岛和海南岛)属于环太平洋西带范畴,所以多有火山分布。其中只有台湾的鲤鱼山最近尚在活动,而黑龙江的五大连池、查哈彦火山、长白山上的白头山、台湾的大屯火山等都处于休眠状态。山西大同火山群是死火山(图 3-43)。

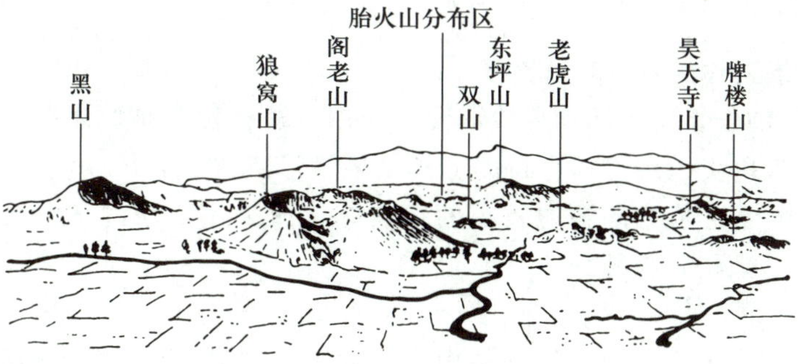

图 3-43　大同火山群（自金山向南望）

另外，云南腾冲有 8 个火山群，97 座火山；新疆南部昆仑山中也有火山。这些都属于阿尔卑斯-喜马拉雅火山带的范围。

三、侵入作用

岩浆因具极高的温度和很大的内部压强，往往向地壳薄弱或构造活动地带上升，并在沿途不断熔化围岩或俘虏崩落的岩块，从而不断扩大其侵占的空间，冷凝后形成各种侵入岩体。地下岩浆上升侵入并占据一定空间的作用，叫作侵入作用。根据岩浆侵入的环境和侵入作用方式，可以将其分为深成侵入作用和浅成侵入作用。各种侵入作用所形成的岩体都具有一定的产状（图 3-44）。所谓产状是指岩体的形状、大小、与围岩的接触关系，以及形成时期所处的地质构造环境。

（一）深成侵入作用及其岩体产状

在地下相当深处的岩浆侵入活动，称深成侵入作用。这种侵入是通过岩浆对围岩的熔化、排挤、俘虏碎块，以及变质等方式而逐渐占据空间的。其结果是形成深成岩体。深成岩体处于压强大、温度高的条件下，冷凝过程可以上百万年计，故往往形成结晶良好、颗粒粗大的岩石。岩体一般规模很大。其主要产状有岩基、岩株等。

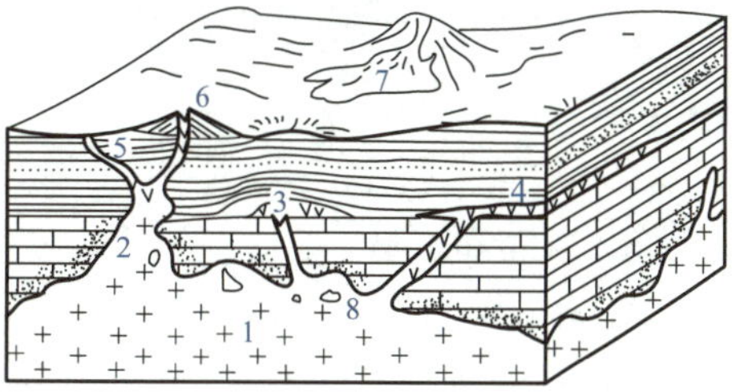

图 3-44　火成岩体产状示意图

1. 岩基；2. 岩株；3. 岩盘；4. 岩床；5. 岩墙和岩脉；6. 火山锥；7. 熔岩流；8. 捕虏体

1. 岩基

它的出露面积很大，一般大于 100 km^2，甚至可超过几万平方千米，向下延伸可达 10～30 km；多由花岗岩类岩石构成；其长轴方向常平行于褶皱山脉，构成褶皱山脉的核心；岩体切穿围岩层理，呈不谐和关系；围岩常有显著的变质现象；被挤碎的围岩碎块常常堕入岩体，称为捕虏体（图 3-44）。中国各大山脉如天山、昆仑山、秦岭、祁连山、大兴安岭，以及江南丘陵等都有不同时代的花岗岩岩基出露。

2. 岩株

它的出露面积不超过 100 km^2，平面形状多为浑圆形；主要由中、酸性火成岩组成，与围岩呈不谐和关系。岩株可能是独立的小岩体，或是岩基的分枝部分，也可能是岩基顶部的凸起部分。如北京周口店的花岗闪长岩岩体就是较典型的岩株。

（二）浅成侵入作用及其岩体产状

在地壳浅处的岩浆侵入活动称浅成侵入作用。这种侵入是岩浆在压力作用下沿着断层、裂隙或层理以贯入的方式进行的。其结果是形成浅成岩体。浅成岩的规模较小，冷却较快，所以常常形成结晶颗粒较小的细粒结构或大小不均的斑状结构。其主要产状有岩盘、岩床、岩墙、岩脉等。

1. 岩盘

岩盘又称岩盖（图3-45）。一般是由黏性较大的中性、酸性岩浆顺岩层层理贯入，并将上覆岩层拱起而成的中间凸起、边缘变薄的穹隆状岩体。其规模不大，但直径亦可达数千米；围岩顶板多被剥蚀掉，底板多是平整的，岩体上、下边界与围岩岩层是平行的，呈谐和关系；围岩亦多有变质现象。

2. 岩床

流动性较大的岩浆顺着岩层层理侵入形成的板状岩体称岩床（图3-46）。岩床主要是由基性岩构成，规模大小不定，厚度从几厘米到几百米以上，延伸从几米到几百千米。岩体与围岩的顶板和底板是平行的，围岩有时有轻微的变质现象。

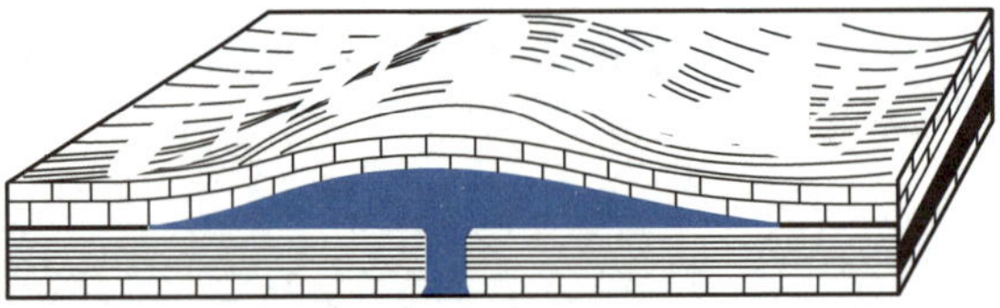

图3-45　岩盘（蓝色上凸部分）

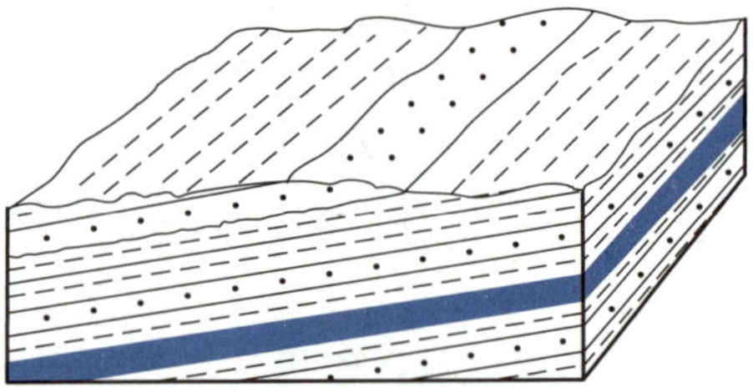

图3-46　岩床（蓝色部分）

3. 岩墙和岩脉

岩浆沿着岩层裂隙或断层贯入而形成的板状岩体称岩墙。它的特点是：① 岩墙产状一般较陡，规模有大有小，厚度从几厘米到几千米，长度从几十米到几百千米；② 岩性比较复杂，从基性到酸性的都有；③ 岩墙切断围岩，呈不谐和接触；④ 围岩可能有变质现象；⑤ 因岩墙和围岩抵抗风化、侵蚀能力的不同，岩墙在地貌上常表现为凸起的山脊（图3-47）或下凹的沟谷。

图3-47　岩墙群（甘肃马鬃山北坡的基性岩墙群，多凸起形成山脊）

（据蓝淇锋等《野外地质素描》）

岩墙有时沿着一系列裂隙侵入，形成大体平行的岩墙群（图 3-47），如在北京八达岭关沟中就可见到数目繁多的岩墙群。有时候在火山口的周围还可形成环状或放射状岩墙群。

一个地方的岩墙有时是一次侵入而成的，有时是多次侵入形成，呈彼此互相穿插的关系（图 3-48）。

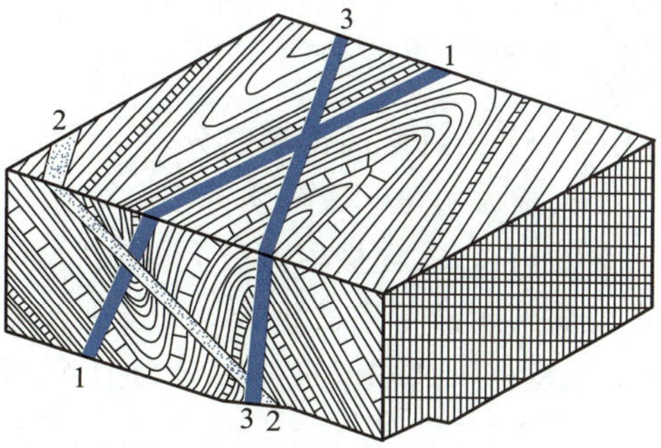

图 3-48　不同时代互相穿插的岩墙

1～3 由老到新

此外，还有一种近似岩墙的岩体称为岩脉。一般而言，岩墙与围岩之间没有成因上的联系，而岩脉则有成因上的密切关系。例如，一个深成岩体当其主体部分凝固之后，其内部还残留有未凝固的岩浆，这部分残余岩浆可以侵入母岩，形成岩脉。如在花岗岩体中经常见到有贯入其中的伟晶岩脉或细晶岩脉，它们之间就有成因上甚至成分上的联系。如果一个岩浆体侵入石灰岩裂隙，二者就无任何成因上的关系，这就是典型的岩墙。

前面谈到火山爆发后，熔浆及一些火山碎屑常常把火山管道填充起来形成火山颈或称岩颈。火山颈是介于喷出和浅成侵入的中间类型。

以上所述各种岩体，都可以有两种类型：一种是简单岩体，岩石成分单一，岩石结构比较均匀，只是内部和边缘有些区别而已，这种岩体属于一次侵入活动的产物。另一种是复杂岩体，岩石成分和结构比较复杂，岩体内部有互相穿插关系，这种岩体属于多次侵入活动的产物。岩浆活动及相关的岩石产状和岩石分类如图 3-49 所示。

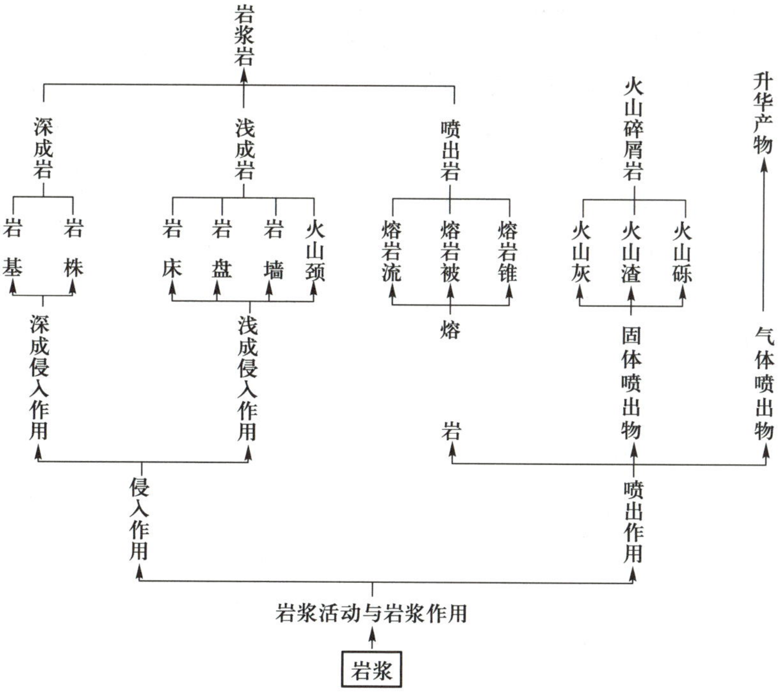

图 3-49　岩浆活动及与其相关的岩石产状和岩石分类图解

四、火成岩的成分

（一）火成岩的化学成分

火成岩的化学成分实际上和岩浆的成分大体一致，虽然几乎包括了地壳中的各种元素，但它们的含量相差极大，其中以 O、Si、Al、Fe、Ca、Na、K、Mg、Ti 等元素的含量最多，占组成火成岩元素总量的99%以上。若以氧化物计，则以 SiO_2、Al_2O_3、FeO、Fe_2O_3、CaO、Na_2O、K_2O、MgO、H_2O、TiO_2 等为主，同样也占总量的99%以上，如表3-8所示。

表3-8 火成岩的平均化学成分

元素	质量分数/%	氧化物	质量分数/%
O	46.42	SiO_2	59.14
Si	27.59	Al_2O_3	15.34
Al	8.08	Fe_2O_3	3.08
Fe	5.08	FeO	3.80
Ca	3.61	MgO	3.49
Na	2.83	CaO	5.08
K	2.58	Na_2O	3.84
Mg	2.09	K_2O	3.13
Ti	0.721	H_2O	1.15
P	0.158	TiO_2	1.05
H	0.130	P_2O_5	0.299
Mn	0.125	MnO	0.124
		CO_2	0.101
其他	0.586	其他	0.376
	100.000		100.000

注：这是据克拉克、华盛顿1924年对5 159块火成岩标本进行化学分析的结果。

从表3-8可以看到，SiO_2 是火成岩中最主要的成分。SiO_2 和各种金属元素形成多种硅酸盐矿物，各种硅酸盐矿物又组成各种火成岩。所以说，火成岩实际上是硅酸盐岩石。根据火成岩中 SiO_2 的多少，如同对岩浆分类一样，可将火成岩分为超基性岩（SiO_2<45%）、基性岩（45%~52%）、中性岩（52%~65%）和酸性岩（>65%）四大类。

由超基性岩到酸性岩，它们的区别不仅表现在 SiO_2 含量的多少上，而且其他成分也随之变化：即随着 SiO_2 含量增加，K、Na 成分越来越多，而 Mg、Fe、Ca 成分则越来越少；反之，随着 SiO_2 含量减少，K、Na 成分越来越少，而 Mg、Fe、Ca 成分则越来越多。有少数岩石 K、Na 含量特别高即 K_2O+Na_2O 含量偏高，而 Al_2O_3 和 SiO_2（或二者之一）的含量偏低，这类岩石称为碱性岩。

（二）火成岩的矿物成分

组成火成岩的矿物以硅酸盐矿物为主，其中最多的是长石、石英、黑云母、角闪石、辉石、橄榄石等（其中石英属于氧化物），占火成岩矿物总含量的99%，所以称之为火成岩的重要造岩矿物。其中颜色较浅的，称浅色矿物，因以二氧化硅和钾、钠的铝硅酸盐类为主，又称硅铝矿物，如石英、长石等；其中颜色较深的，称暗色矿物，因以含铁、镁的硅酸盐类为主，又称铁镁矿物，如黑云母、角闪石、辉石、橄榄石等。

硅铝矿物和铁镁矿物在火成岩中的含量和比例，不仅影响岩石的颜色，而且影响岩石的相对密度。一般而言，岩石从超基性到酸性，铁镁矿物逐渐减少，而硅铝矿物则逐渐增多，故岩石颜色越来越浅，相对密度越来越小；岩石从酸性到超基性，铁镁矿物逐渐增多，而硅铝矿物则逐渐减少，故岩石颜色越来越深，相对密度越来越大。

火成岩中的矿物成分是火成岩分类的重要根据之一。岩石中含量较多、作为岩类判别依据的矿物，称为主要矿物。如花岗岩类中的石英和钾长石。岩石中含量较少、对岩类判别不起主要作用，但可作为进一步区分岩石种属的依据的矿物，称为次要矿物。例如，石英在花岗岩类中为主要矿物，而在闪长岩类中则为次要矿物，其有无并不影响闪长岩的命名问题，但若含有一定数量（5%～20%），则可据此进一步分类，并称之为石英闪长岩。岩石中含量很少（一般不超过 1%）、对岩石分类不起作用的矿物，称为副矿物。如磁铁矿、磷灰石等。不过，近年一些学者对岩石中的副矿物也进行了深入研究，认为其形态、数量等对于划分岩石类型、确定岩石时代和揭示含矿规律也具有重要意义。

五、火成岩的结构和构造

岩浆在地表或地下不同深度冷凝时，因温度、压强等条件不同，即使是同样成分的岩浆所形成的岩石，也具有不同的岩石形貌特征。这种差异主要表现在两个方面，即岩石的结构和构造。

（一）火成岩的结构

所谓结构是指岩石中矿物颗粒本身的特点（结晶程度、晶粒大小、晶粒形状等）及颗粒之间的相互关系所反映出来的岩石构成的特征。

1. 结晶程度

这是指岩石中矿物是全部结晶还是部分结晶而言（图 3-50）。据此可以将其分为：

（1）全晶质结构：组成岩石的矿物全部结晶，如花岗岩。

（2）半晶质结构：组成岩石的矿物部分结晶，部分为玻璃质，如流纹岩。

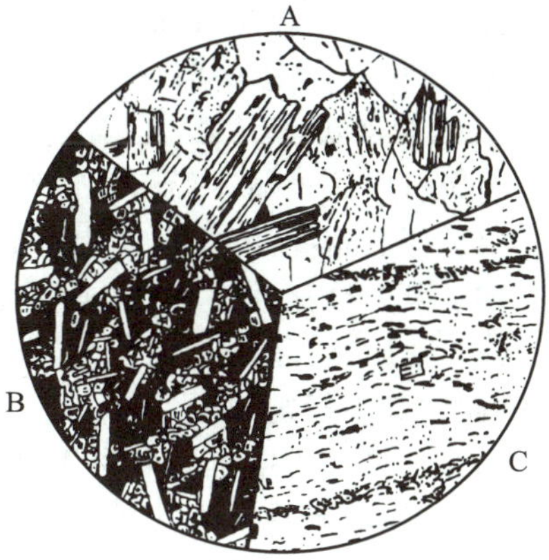

图 3-50　火成岩的结晶程度（显微镜下）
A. 全晶质结构；B. 半晶质结构；
C. 非晶质（玻璃质）结构

（3）玻璃质（非晶质）结构：组成岩石的成分全未结晶，即全部为玻璃质，如黑曜岩。

结晶程度主要取决于岩石的形成环境和岩浆成分。深成岩是岩浆在地下深处相对封闭的条件下冷凝而成的岩石，因围岩导热性不好，压强大，挥发成分不易逸散，岩浆冷凝缓慢，往往形成全晶质岩石。据研究，某些大岩体冷却时间常为数十万年至 100 万年以上。喷出岩形成于地表，冷却迅速，往往形成结晶程度较差的岩石。如果在相同冷凝条件下，基性岩浆温度高、黏性小、冷却相对较慢，其结晶程度往往比酸性岩浆要好一些。

2. 晶粒大小

按照组成岩石的矿物颗粒大小可以将火成岩分为两种结构：

（1）显晶质结构：用肉眼或放大镜即可看出晶体颗粒。它又分为：

粗粒结构——晶粒直径大于 5 mm；

中粒结构——晶粒直径 1~5 mm；

细粒结构——晶粒直径 0.1~1 mm。

(2) 隐晶质结构：晶粒小于 0.1 mm，岩石呈致密状，矿物颗粒用显微镜才能辨别。

晶粒大小也跟岩石形成环境和岩浆成分有关。深成岩在结晶过程中冷凝缓慢，结晶时间充分，往往形成颗粒较粗的岩石；喷出岩在形成之时冷凝较快，没有充足时间结晶，往往形成隐晶质结构甚至是玻璃质结构。如果是在同样条件下，则基性岩的结晶颗粒比酸性岩的要更粗一些。

3. 晶粒相对大小

按岩石中矿物颗粒相对大小可以分为：

(1) 等粒结构：又称粒状结构，是岩石中同种主要矿物的粒径大致相等的结构。它常见于深成岩中。

(2) 斑状结构：岩石中矿物颗粒相差极大，较大的颗粒称为斑晶，斑晶与斑晶之间的物质称为基质，基质为隐晶质或玻璃质。一般是斑晶结晶较早，晶形较好，而基质部分结晶较晚，多是熔浆喷出地表或上升至浅处迅速冷凝而成的。斑状结构常为喷出岩或一些浅成岩所具有[图 3-51(a)]。

(3) 似斑状结构：类似斑状结构，但斑晶更为粗大(直径可超过 1 cm)，而基质则多为中、粗粒显晶质结构。斑晶可以是与基质在相同或近似条件下，因某种成分过剩而形成的；也可以是在较晚时间经交代作用而形成的。似斑状结构常为某些深成岩所具有，如似斑状花岗岩[图 3-51(b)]。

4. 晶粒形状

按岩石中矿物晶体形状发育程度，可以分为：

(1) 自形晶：晶体发育成应有的形状。

(2) 半形晶：晶体只发育成应有晶形的一部分。

(3) 他形晶：晶体不能发育成应有的形状，而是取决于相邻晶体所遗留的空间形状，因此常是不规则的。

晶粒的自形程度主要取决于结晶的先后(图 3-52)，在岩浆中早期结晶矿物常为自形晶，晚期结晶矿物常为他形晶。如在花岗岩中，黑云母和角闪石结晶较早自形程度较好；其次为斜长石和钾长石，多为半形晶；而石英结晶最晚，不具任何晶面，为他形晶。

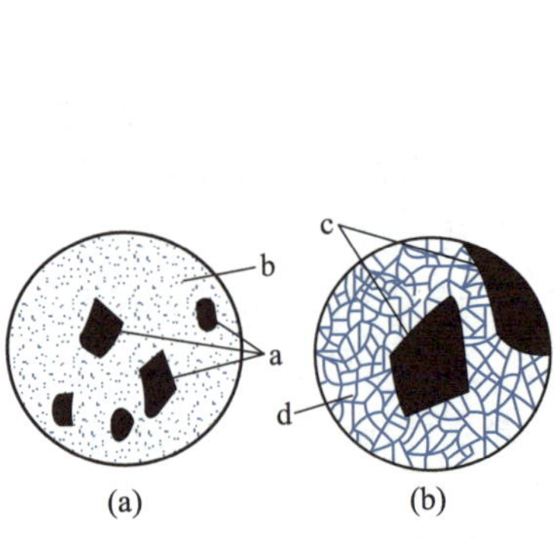

图 3-51 (a) 斑状结构和(b) 似斑状结构

a. 斑晶；b. 隐晶质或玻璃质基质；

c. 斑晶；d. 显晶质基质

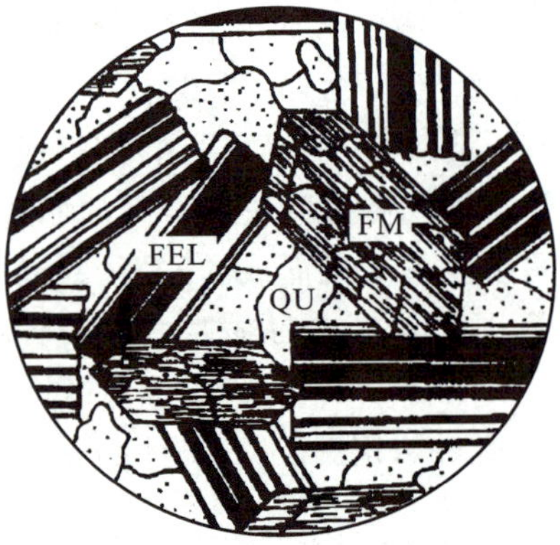

图 3-52 花岗岩中晶粒形状(显微镜下)

FM. 暗色矿物，为自形晶；

FEL. 长石，为半形晶；QU. 石英，为他形晶

（二）火成岩的构造

所谓构造是指组成岩石的矿物集合体的形状、大小、排列和空间分布等所反映出来的岩石构成的特征。

1. 块状构造

它指岩石中矿物排列无一定方向，呈不具任何特殊形象的均匀块体，是火成岩（如花岗岩）中最常见的一种构造。

2. 流纹构造

它是因熔浆流动由不同颜色不同成分的隐晶质或玻璃质或拉长气孔等定向排列所形成的构造（图3-53），常见于中酸性喷出岩（如流纹岩）中。流纹可反映熔岩当时的流动方向。

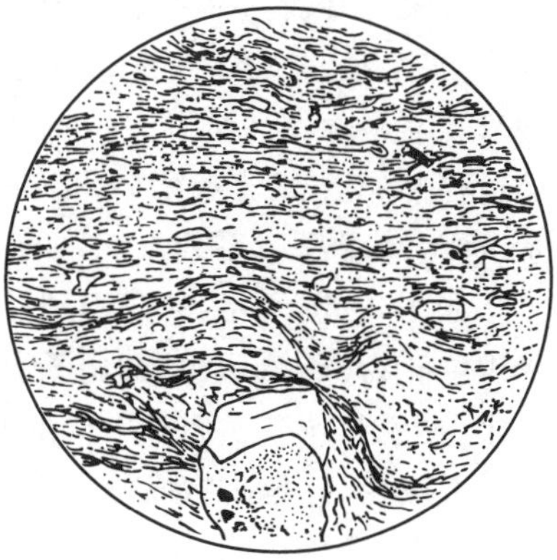

图3-53 流纹构造（显微镜下）

3. 流动构造

岩浆在流动过程中所形成的构造，包括流线构造和流面构造。岩石中长条状、柱状矿物（如角闪石）呈长轴定向排列，叫作流线构造，它一般平行于岩浆流动方向；岩石中片状矿物、板状矿物（如云母、长石）呈层状及带状排列，叫作流面构造，它一般平行于岩体的接触面。因此利用流线和流面可以测定岩浆的流动方向和岩体接触面的产状。

4. 气孔构造

熔浆喷出地表，压力骤减，大量气体从中迅速逸出而形成的圆形、椭圆形或管状孔洞，叫作气孔构造。这种构造往往为喷出岩所具有（图3-54）。

5. 杏仁构造

岩石中的气孔被以后的矿物质（方解石、石英、玛瑙、玉髓等）所填充，形似杏仁，叫作杏仁构造（图3-55）。

图3-54 气孔构造

图3-55 杏仁构造

气孔构造和杏仁构造多分布于熔岩表层。在大规模熔岩流（如玄武岩）中常可见到多层气孔或杏仁构造，据此可以统计熔岩喷发次数。

上述岩石的结构和构造，不仅可以用来判断岩石形成的环境和条件，而且也是火成岩分类和命名的一种重要依据。

六、火成岩的矿物共生组合与分类

（一）鲍温反应系列与矿物的共生组合

岩浆在冷凝过程中，由于物理化学条件不断改变，各种主要造岩矿物结晶析出有一定的顺序，而且先析出的矿物与岩浆发生反应，使矿物成分发生变化而产生新的矿物。1922 年美国鲍温（N. L. Bowen，1887—1956）在实验室观察相当于玄武岩熔浆的冷却结晶过程并结合野外观察，得出玄武岩岩浆造岩矿物的结晶顺序，以及它们的共生组合关系，称为鲍温反应系列。

如图 3-56 所示，从高温到低温，岩浆结晶过程包括两个并行的演化系列：一方面为属于浅色矿物（硅铝矿物）的斜长石的连续固溶体反应系列，即从富钙斜长石向富钠斜长石演化（也就是从基性斜长石向酸性斜长石演化）；在这个系列演变过程中，矿物晶体格架没有很大改变，只是矿物成分发生连续的变化，实际上是连续的类质同象过程。另一方面为暗色矿物（铁镁矿物）的不连续反应系列，即按橄榄石、辉石、角闪石、黑云母的顺序结晶；在这个系列演变过程中，前后相邻矿物之间不是成分上的连续过渡，而是岩浆同早期矿物发生反应产生新矿物，相邻矿物的晶体格架也发生显著变化。随着温度下降，在岩浆晚期此二系列合成单一的不连续反应系列，依次结晶出钾长石、白云母，最后析出石英。

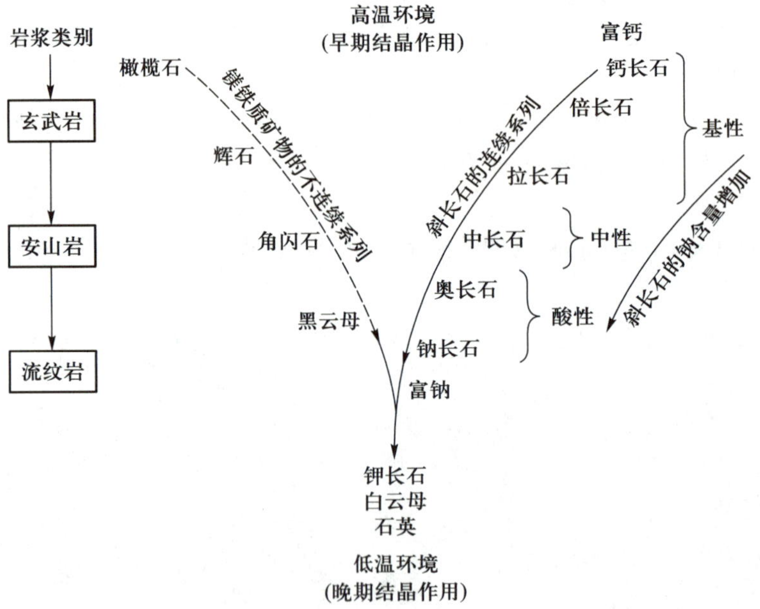

图 3-56 鲍温反应系列（简化）

鲍温反应系列在一定程度上说明了岩浆中矿物的结晶顺序和共生组合规律，提供了掌握火成岩分类的简易方法。如图 3-56 所示，纵列表示从高温到低温矿物结晶的顺序；横行表示在同一水平位置上的矿物大体是同时结晶，按共生规律组成一定类型的岩石。例如辉石和富钙的斜长石组成基性岩，不可能与石英共生；钾长石、富钠斜长石、石英、黑云母等组成酸性岩，不可能与橄榄石共生。如果在纵列方向矿物相距得越远，共生的机会就越少。其他如超基性岩、中性岩的矿物组合规律如图 3-56 所示，这里不一一叙述。但是，天然的岩浆作用过程，不仅受温度条件控制，而且其他条件如压强、挥发成分、化学成分及其组合比例等也都影响结晶程序。所以，鲍温反应系列只能代表矿物结晶顺序的一般模式，不能解释火成岩结晶过程的所有复杂现象。

（二）火成岩的分类

火成岩的种类很多，目前已知有 1 000 余种。火成岩分类的方案多样，在此主要依据岩石的 SiO_2 含量、矿物成分，以及岩石的产状、结构和构造进行简要划分，因此没有碱性岩的独立位置。主要火成岩分类简表（表 3-9）就是综合这些因素编制的。

表 3-9 主要火成岩分类简表

岩类和 SiO_2 含量/%			超基性岩 <45	基性岩 45~52	中性岩与半碱性岩 52~65		酸性岩 >65
主要矿物成分	浅色矿物						石英
							钾长石
				富钙斜长石			富钠斜长石
	暗色矿物						黑云母
						角闪石	
				辉石			
			橄榄石				
产状	结构	构造					
喷出岩	玻璃质	气孔、杏仁、流纹、块状	火山玻璃岩（黑曜岩、浮岩等）				
	隐晶、细粒、斑状		苦橄岩	玄武岩	安山岩	粗面岩	流纹岩
浅成岩	伟晶、细晶等	块状	各种脉岩类（伟晶岩、细晶岩、煌斑岩等）				
	隐晶、细粒、斑状	块状	苦橄玢岩	辉绿岩	闪长玢岩	正长斑岩	花岗斑岩
深成岩	中粒、粗粒、似斑状	块状	橄榄岩	辉长岩	闪长岩	正长岩	花岗岩

注：① 主要矿物成分一栏中，矿物名称下方的线段表示该矿物在各类岩石中的分布，实线表示该矿物为主要矿物，虚线为次要矿物。

② 表中玢岩和斑岩都是具有斑状结构的岩石，习惯上玢岩的斑晶为富钙或含钙中等的斜长石，而斑岩中的斑晶为钾长石、富钠斜长石或石英。

该表的横坐标按火成岩的化学成分及矿物成分排列，自左至右依次为超基性岩、基性岩、中性岩与半碱性岩、酸性岩。其下列出几种造岩矿物，并用线段表示其在各岩类中的分布规律。其中石英主要分布在酸性岩中，而橄榄石则主要分布于超基性岩中，所以称石英为酸性岩的指示矿物，橄榄石为超基性岩的指示矿物。在长石类矿物中，钾长石主要分布于酸性岩、碱性岩和部分中性岩中；而斜长石则广泛分布于各类岩石中，但其成分则从富钠斜长石向富钙斜长石演变；在超基性岩中不含长石或只含一点斜长石。

几种暗色矿物除橄榄石分布范围较窄外，其余则分布较广，但黑云母主要分布于酸性岩及部分中性岩中，角闪石主要分布于中性岩及部分酸性岩中，辉石主要分布于基性岩及部分超基性岩中。同一矿物在某一岩类中为主要矿物，在另一岩类中则为次要矿物，表中用实线和虚线表示了这种关系。

从超基性岩到酸性岩，暗色矿物含量逐渐减少，而浅色矿物逐渐增多，故岩石颜色逐渐由深变浅，而岩石相对密度逐渐由大变小。

表的纵坐标按岩石产状排列，依次是深成岩、浅成岩和喷出岩，同时分别列出各类岩石的主要结构和构造。因为它们能指示岩石的生成条件，从而使分类具有成因的意义。

同一列的岩石，成分相同，故属于一个岩类；只是由于产状、结构、构造不同，因此有不同的名称。同一行的岩石，其产状、结构和构造基本相同，而岩类各异。

学习岩石必须牢固地掌握火成岩分类的基本规律，在此基础上只要能辨别出岩石的主要特征（特别是主要造岩矿物、结构和构造），就可在表上查出岩石的名称。

七、主要火成岩简介

（一）超基性岩类（橄榄岩–苦橄岩类）

本类岩石分布很少。岩石中 SiO_2 含量低，几乎全部由铁镁矿物组成，如橄榄石和辉石，基本无长石，石英更不可能在其组分中出现。岩石颜色较深，相对密度较大（3.2~3.3）。多为小型侵入体或岩筒（柱状岩体）。

1. 橄榄岩

它主要是由橄榄石和辉石组成的深成岩，多为中、粗粒状结构，部分辉石呈较大斑晶出现。新鲜岩石近乎黑绿色或黑色，但在地表条件下橄榄石极易风化变成蛇纹石，使颜色变浅。如果岩石以橄榄石为主，则称纯橄榄岩，呈黄绿色。如果岩石以辉石为主，则称辉石岩，呈黑色，但其 SiO_2 含量较高，可达 55%~66%，近乎饱和。

2. 苦橄玢岩

苦橄玢岩以辉石和橄榄石为主，或含少量富钙斜长石，细粒或斑状结构，属于浅成岩。此外，还有一种金伯利岩，SiO_2 含量<35%，含橄榄石，是经过热液蚀变的浅成岩与火山岩。

3. 苦橄岩

苦橄岩以橄榄石和辉石为主，其中橄榄石超过 40%，辉石小于 40%，SiO_2 含量<47%。此外，还可含有少量基性斜长石、角闪石等。这是一种与橄榄岩相对应的喷出岩，深色，具粒状结构。

（二）基性岩类（辉长岩–玄武岩类）

本类岩石在大陆分布广泛，特别是属于喷出岩的玄武岩，相当于其他各喷出岩类总量的5倍以上；而在海洋底几乎全部为玄武岩（上覆海洋沉积物）。主要矿物为富钙斜长石和辉石，次要矿物有橄榄石和角闪石等，有时含有一定量的磁铁矿，一般具有较强的剩余磁性。岩石颜色较深，相对密度较大（2.94）。

1. 辉长岩

辉长岩为基性深成岩，主要矿物是富钙斜长石（灰白或暗灰色，板状、粒状）和辉石，还有少量橄榄石和角闪石。岩石颜色为黑色或黑灰色，中、粗等粒结构，块状构造，常以小规模深成岩体产出。

2. 辉绿岩

辉绿岩为基性浅成岩，接近黑色，或黑灰、灰绿色，一般为细粒到中粒结构，有时有较大的斜长石斑晶，呈柱状或板状。矿物成分与辉长岩的相当。多呈岩床、岩墙产出。

3. 玄武岩

玄武岩是典型的喷出岩，分布最广，是地球洋壳和月球月海的最主要组成物质，也是地球陆壳和月球月陆的重要组成物质。玄武岩一词来自日文。玄武岩多呈黑、黑灰等色，风化面呈黄褐或灰绿色。细粒或隐晶结构，或呈斑状结构，并常有气孔、杏仁等构造。矿物成分同辉长岩。

按 SiO_2 饱和程度和碱性（Na_2O+K_2O）强弱，玄武岩可分为两大类：

(1) 拉斑玄武岩：又称亚碱性玄武岩，SiO_2 过饱和或饱和，不含橄榄石和霞石。

(2) 碱性玄武岩：SiO_2 不饱和，富碱，含橄榄石和霞石等。

目前在深海洋中脊，大致以 1.5×10^{10} t/a 的速率涌出玄武岩，它们属于拉斑玄武岩类，K_2O 等含量较低，CaO 含量较高，又名深海拉斑玄武岩。在洋盆内群岛、岛孤和活动的大陆边缘，亦有大量玄武岩发育。发育于大陆内部的玄武岩，表现为两种喷发形式：

① 裂隙式喷发。往往构成大面积的泛流玄武岩，如分布于中国西南部的峨眉山玄武岩，面积约有 26 万 km^2，厚度可达 1 000~2 000 m，形成于中二叠世晚期至晚二叠世早期，属于拉斑玄武岩类。

② 中心式喷发。构成玄武岩火山锥，及其邻近的熔岩流和火山碎屑岩。中国东部北起黑龙江，南至海南岛，有数百座火山锥及相邻熔岩流分布，喷出于新生代，以碱性玄武岩为主，兼有拉斑玄武岩。

玄武岩由玄武岩浆结晶形成，根据夏威夷和堪察加火山活动观察，玄武岩浆来自地下 60~90 km 深处，并常挟带深源捕虏体，说明玄武岩浆起源于上地幔。

玄武岩也是构成月球的主要岩石，称月球玄武岩。细粒、多孔，主要由辉石、斜长石和钛铁矿等组成，一般以贫硅、富钛铁为特点。月球玄武岩是月球上最年轻的岩石，同位素年龄为距今 33 亿~37 亿年，但它几乎相当于已知地球上最古老的岩石。

（三）中性岩与半碱性岩类

本类岩石与基性岩相比，浅色矿物逐渐增多，根据其中长石成分等特点可再分为中性的闪长岩-安山岩类，以及半碱性的正长岩-粗面岩类。

1. 闪长岩-安山岩类

本类岩石分布也较广，与基性岩有一个共同的特点，即喷出岩总量远超过与其成分相当的深成岩。SiO_2 含量中等，矿物成分以中性斜长石和角闪石为主，次要矿物有辉石、黑云母等，有时可见少量石英。暗色矿物含量在 30%左右，岩石颜色较基性岩稍浅，相对密度约为 2.8。

(1) 闪长岩：是中性深成岩。主要矿物为中性斜长石和普通角闪石，多为中粒结构、块状构造。基本上无石英；当石英质量分数为 6%~10%时，称为石英闪长岩。它们一般为灰色、灰绿色。闪长岩呈独立岩体者多呈岩株、岩床或岩墙产出，但大部分是和花岗岩或辉长岩呈过渡关系。

(2) 闪长玢岩:是中性浅成岩。具明显斑状结构,基质为细粒或隐晶结构,斑晶为中性斜长石及普通角闪石,偶见黑云母。颜色多为灰及灰绿色。常以岩床、岩墙产出或为闪长岩的边缘相。

(3) 安山岩:是中性喷出岩的代表岩石,分布之广仅次于玄武岩,主要分布于环太平洋活动大陆边缘及岛弧地带。安山岩一词来源于南美洲西部的安第斯山名。它们普遍具有斑状结构,斑晶以中性斜长石及普通角闪石为主,或偶见黑云母及辉石;基质多为隐晶结构。有时斑晶呈定向排列,有明显流线构造,或具气孔、杏仁构造。新鲜岩石多为灰、灰绿、紫红等色。深色安山岩与玄武岩不易肉眼区分,若斑晶中多角闪石或见有黑云母,则可判定为安山岩。安山岩常以块状熔岩流等产出。

关于安山岩的成因有分异说(玄武岩浆分异的产物)和同化说(玄武岩浆与花岗岩质大陆壳同化的结果)等。但根据板块构造说,认为当大洋板块俯冲于大陆板块之下时,洋壳及其上覆沉积物受高温、高压影响,经部分熔融可形成安山岩浆;或认为大洋沉积物中的水,及水化大洋壳中的水,当大洋壳俯冲到一定深度时,水分脱出,使地幔富水,富水地幔部分熔融,也能形成安山岩浆。实验结果表明,当压强为 1.0~1.5 GPa 时,富水橄榄岩部分熔融即可产生安山质熔体。这种安山岩成因观点现已被多数人所接受。

2. 正长岩-粗面岩类

本类岩石分布较少。SiO_2 含量为 55%~65%,浅色矿物主要为钾长石(60%~65%)、富钠斜长石(10%~15%);暗色矿物主要为普通角闪石及黑云母(共占 20%以下),基本不含石英。相对密度在 2.7 左右。这类岩石是介于酸性和中性之间的过渡类型,也是中性到碱性之间的过渡类型,故又称为半碱性岩类。典型的碱性岩主要由似长石、碱性长石和碱性的钠质辉石、钠质角闪石等矿物组成。

(1) 正长岩:属于中性或半碱性深成岩类。主要矿物为钾长石及角闪石、黑云母等。颜色浅淡,一般为肉红色、灰黄色或灰白色。中粒结构,类似花岗岩类。但不见石英颗粒,或微含一点。常以小型岩体产出,有时见于大岩体的边缘部分。

(2) 正长斑岩:相当于正长岩的浅成岩相,部分为喷出岩相。斑状结构,斑晶以肉红色或淡黄色正长石为主,或有角闪石斑晶;基质致密,多由正长石微晶组成。岩石颜色多为淡红、灰白等色。常以岩脉等产出。

(3) 粗面岩:成分与正长岩相当的喷出岩相。一般为灰白或粉红色。斑状结构,斑晶以正长石为主;基质细粒致密多孔,断口粗糙不平,因此得名。分布不广,多为粗短熔岩流。

(四) 酸性岩类(花岗岩-流纹岩类)

本类岩石无论从体积还是面积讲,在火成岩中都居首位。其中分布最广的是深成侵入的花岗岩类(中、基性岩类与此相反,喷出岩分布最广)。酸性岩类 SiO_2 含量高,呈过饱和状态,故出现大量石英。在矿物组成上,浅色矿物石英、钾长石、富钠斜长石等占绝对优势(质量分数在 90%左右);暗色矿物以黑云母为主,其次为角闪石(共占 10%左右)。因此岩石颜色浅淡,相对密度亦略小(2.6~2.7)。因酸性熔浆黏度较大,温度也较低,冷凝迅速,故其喷出岩中常见玻璃质。

1. 花岗岩

花岗岩是分布最广的深成岩类,其分布面积占所有侵入岩面积的 80%以上。主要由钾长石、富钠斜长石、石英组成，并含少量黑云母或角闪石。通常钾长石多于斜长石，石英可达 20%以上。如果钾长石与斜长石约略相等，则称为石英二长岩。如果斜长石多于钾长石，且暗色矿物增多，则称为花岗闪长岩。

钾长石主要为正长石，多呈半自形的板状、柱状晶体，肉红或淡黄色；斜长石主要为富钠的酸性斜长石，自形程度比正长石好，白、灰白等色。在岩石断口上可见长石的平坦解理面。石英为不规则他形颗粒，断口不平坦，烟灰色，玻璃光泽。暗色矿物自形程度较高，黑云母呈小六角片状或鳞片状，光泽强，硬度小；普通角闪石多呈柱状，光泽弱，硬度较大。

此类岩石多为肉红色、灰白色，略具黑色斑点。具典型的半自形粒状结构者，称为花岗结构。根据晶粒大小，它们又可分为粗粒、中粒和细粒花岗岩。有的具似斑状结构，斑晶主要为钾长石，直径可达 1 cm 以上，称为斑状花岗岩。根据暗色矿物种类，又可区分出黑云母花岗岩、角闪花岗岩等。

花岗岩是多种成因的，其两种基本形式是岩浆侵入和花岗岩化。

（1）侵入花岗岩：指由岩浆侵入形成的花岗岩。其岩浆来源一般认为有两种途径：结晶分异和部分熔融。结晶分异理论认为玄武岩质岩浆通过结晶分异可形成花岗岩质岩浆。实验结果表明，由玄武质岩浆可以产生花岗质岩浆，但数量只有 5%。这表明由玄武岩浆分异而形成花岗岩是存在的，但数量是极少的。

1958 年美国岩石学家 O. F. 塔特尔曾做实验证明，在一定条件下，如在地表以下 20 km 深处，温度达到 630 ℃，水分压强达到 4×10^8 Pa，固态陆壳物质即开始部分熔融，形成花岗质岩浆。1974 年，澳大利亚 R. W. 查普尔等把花岗岩类划分为 I 型和 S 型。I 型花岗岩是由未经风化的火成岩部分融熔形成，通常是准铝质的；S 型花岗岩是由沉积岩部分熔融形成，通常是过铝质的。中国岩石学家徐克勤等（1984）根据花岗岩的起源物质，将花岗岩划分为幔源型、同熔型和陆壳改造型 3 种成因类型。吴利仁（1985）将花岗岩（和相应火山岩）划分为幔源型（M 型）、幔壳（陆壳）混合型（MC 型）和壳源型（C 型）。这就是花岗岩的部分熔融理论。

（2）花岗岩化花岗岩：指非岩浆成因的交代花岗岩。这种花岗岩分布很广，在前寒武纪地盾区和不同时代的褶皱带中均有分布。这种成因的花岗岩将在变质岩部分谈到。

2. 花岗斑岩

花岗斑岩相当于酸性浅成岩类。呈斑状结构，斑晶为钾长石、富钠斜长石、石英等，基质较细；斑晶所占面积往往大于基质面积。多分布于花岗岩体的边缘部分，有时成独立岩体出现。

3. 流纹岩

流纹岩是典型的酸性喷出岩类。成分与花岗岩相当。颜色常为灰白、粉红、浅紫等色。呈斑状结构，斑晶主要为钾长石、石英等，基质为隐晶质或部分玻璃质；有时呈隐晶无斑结构，常有流纹构造。相当于花岗闪长岩的喷出岩，称为英安岩，其斑晶以斜长石及石英为主。

（五）脉岩类

在岩体边缘或围岩裂隙中，常见有与深成岩体有一定成分和成因联系的岩脉、岩墙等，其构成的岩石通称为脉岩类，大体相当于浅成岩类。

1. 伟晶岩

伟晶岩是具有伟晶结构的浅色脉岩。其中分布最广、经济意义最大的(常含有稀有元素)是伟晶花岗岩。其主要矿物成分与花岗岩相似，不同之点是暗色矿物含量较少(有时出现黑云母)，矿物颗粒非常粗大，粒径可以从数厘米到数米。有时具有石英和长石穿插共生的现象，称文像结构(图3-57)。伟晶岩多以脉体或透镜体产于母岩及其围岩中，并常富集成长石、石英、云母、宝石及各种稀有元素矿床。

图3-57 文像结构

图中暗色部分为石英，浅色部分为长石

2. 细晶岩

细晶岩是具有细粒结构的浅色脉岩。其中分布最广的是花岗细晶岩。主要矿物成分为石英和钾长石，不含或少含暗色矿物。具他形细粒等粒结构，岩石颜色浅淡。多在花岗岩边缘部分呈岩脉产出。

3. 煌斑岩

煌斑岩是深色脉岩的总称。主要由暗色矿物黑云母、角闪石、辉石等组成，夹杂有长石。通常为粒状结构，岩石颜色较深，呈黑或黑褐色。根据矿物成分可将其分为云煌岩(以黑云母为主)、闪辉煌斑岩(以角闪石、辉石为主)等。

(六) 火山玻璃岩类

本类岩石指由火山喷发出来的熔岩，迅速冷却来不及结晶而形成的一种玻璃质结构岩石。因酸性熔浆温度低、黏度大，在迅速冷却条件下更容易形成玻璃质，所以火山玻璃岩以酸性为主。

1. 黑耀岩

黑耀岩是一种酸性火山玻璃岩。呈黑色或红黑色，具光滑的及标准的贝壳状断口(图3-10)，边缘微透明。

2. 浮岩

浮岩是一种多气孔的玻璃质岩石。状似炉渣，颜色浅淡，多呈白色、灰白色，质轻(相对密度为0.3~0.4)，可浮于水面。典型的浮岩多产于酸性熔岩的上部或火山碎屑中。

第4节 沉积岩

暴露在地表的岩石，在地球发展过程中，不可避免地要遭受各种外力作用的破坏，所形成的碎屑物质在原地停积或经搬运后在异地沉积下来，再经过复杂的成岩作用而形成岩石，这些由外力作用所形成的岩石就是沉积岩。

沉积岩的物质主要来源于先成岩石(包括火成岩、变质岩和已有的沉积岩)经风化作用和剥蚀作用的破坏产物，主要为碎屑物质、溶解物质和新生物质；此外还有生物遗体、生物碎屑，以及火山作用的产物。这些物质在低洼的地方沉积下来，总称为沉积物。

各种沉积物最初都是松散的，经过漫长的时间，上覆沉积物越来越厚，下伏沉积物越埋越深，经过压固、脱水、胶结等成岩作用，逐渐变成坚固、成层的岩石。未胶结的较新松散沉积物，现在也包括在广义的沉积岩范畴之内。

沉积岩是地球历史过程中，在外力作用支配下，形成于地表附近的自然历史产物。地表环境十分复杂（如海陆分布、气候条件、生物状况等），同一时代不同地区或同一地区不同时代的地理环境往往不同，因而所形成的沉积岩也存在差异。各种沉积岩都毫无例外地记录下当时的地理环境信息。因此，沉积岩是重塑地球历史和恢复古地理环境的重要依据。

按质量计算，沉积岩约占地壳的 5%，但因其形成于地表，故分布十分广泛。在大陆上有 75% 的面积出露沉积岩，而在大洋底则几乎全部为新老沉积层所覆盖。

沉积岩层中蕴藏着煤、石油、铁、锰、铝土、磷、石膏、石盐、钾盐、石灰岩等矿产资源。特别是盐类矿产和可燃有机能源矿产几乎全部蕴藏在沉积层中。

一、沉积岩的形成过程

沉积岩的形成过程一般可以分为先成岩石的破坏（风化作用和侵蚀作用）、搬运作用、沉积作用和硬结成岩作用等几个互相衔接的阶段。但这些作用常常是错综复杂和互为因果的，如岩石风化为侵蚀创造条件，而风化层被侵蚀后又为新鲜岩石的继续风化提供条件；风化、侵蚀的产物是搬运作用的物质对象，而岩石碎屑在搬运过程中又可作为进行侵蚀作用的“武器”；物质经搬运、沉积后，沉积物还可以再次受到侵蚀破坏重新搬运。凡此种种，不一而足。这里将各阶段分别叙述如下。

（一）先成岩石的破坏

引起岩石破坏的有风化作用和侵蚀作用。

1. 风化作用

暴露于地表或接近地表的各种岩石，在温度变化、水及水溶液的作用、大气及生物作用下在原地发生的破坏作用，称为风化作用。风化作用使地壳表层岩石逐渐崩裂、破碎、分解，同时也形成新环境条件下的新稳定矿物。风化作用是破坏地表和改造地表的先行者，是使地表不断变化的重要力量，是沉积物质的重要来源之一。

（1）风化作用的类型：一般分为物理风化作用、化学风化作用和生物风化作用等 3 种类型。

① 物理风化作用是指地表和靠近地表的岩石因温度变化等在原地发生机械破坏而不改变化学成分、不形成新矿物的作用。这种作用又称机械风化作用。物理风化作用的方式主要有温差风化、冰冻风化、层裂作用等。

a. 温差风化　它是指昼夜和季节性的温度变化可使岩石膨胀和收缩。岩石是热的不良导体，在白天受阳光曝晒，温度升高，表面体积膨胀，但内部很少受到热力的影响；夜间，当岩石表面逐渐冷缩，内部却因受到白天传导进来的热力影响还处在膨胀状态。如此经常不断地表里不均地膨胀与收缩，一方面产生垂直岩石表面的裂隙，另一方面产生平行岩石表面的裂隙，导致岩石表层与内部彼此脱离，层层剥落，最终破碎（图 3-58，

图 3-59)。在气温年较差大的地区,温度季节变化的幅度及影响波及的深度均超过昼夜温差。

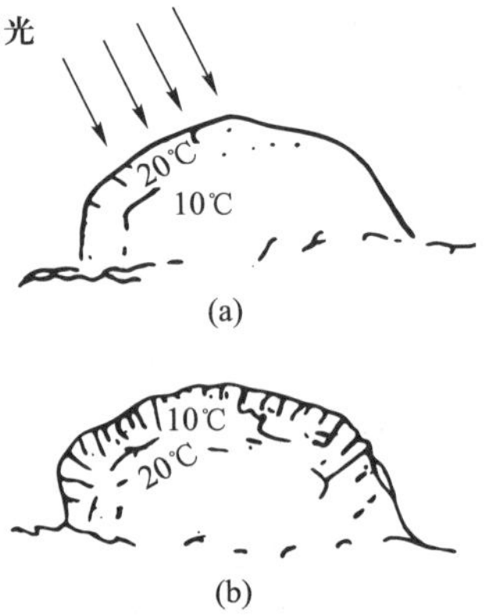

图 3-58 温差风化
(a) 白天;(b) 夜间

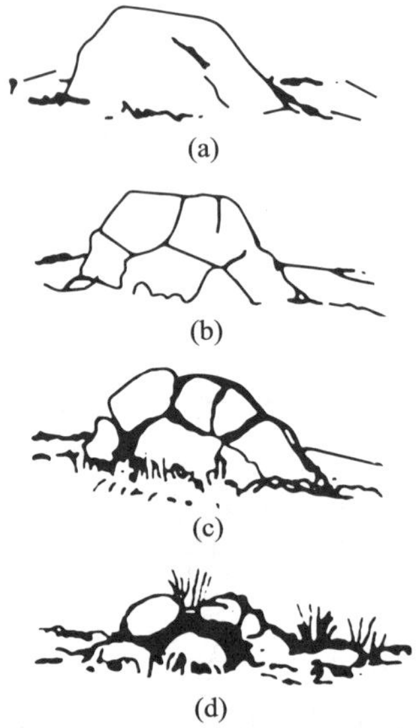

图 3-59 岩石机械破碎过程

b. 冰冻风化 填充于岩石裂隙和孔隙中的水分因冰冻膨胀使岩石机械破碎,称为冰冻风化。实际上这也是由温度变化间接使岩石破碎的现象。在高寒、高山及季节变化显著的地区,常在一年或一日之内,发生水的冰冻与融化现象。水结冰以后体积约增加 1/11,在裂隙和封闭孔隙中可产生巨大的压强(94.08 MPa),从而可以撑开和扩大裂隙;气温上升,冰融成水,继续向裂隙深处渗透。这样一冻一融,反复进行,足以把岩石劈开崩碎,因此裂隙中的冰冻作用犹如一把砍石利斧,故冰冻风化亦称为冰劈作用。

c. 层裂作用 位于地下深处的岩石,因承受上覆岩石的巨大静压强,处于坚实致密状态。这种岩石随着上覆岩石被剥蚀而出露地表,重负顿释,体积膨胀,因而可以产生平行于地表的裂隙,称为卸荷裂隙;如果是具有层理的沉积岩,层与层之间也可张开。这样,便助长了岩石的机械破碎。这种现象称为层裂作用。

② 化学风化作用是指地表和接近地表的岩石因与水溶液、气体等发生化学反应而在原地不仅改变其物理状态,而且也改变其化学成分、发生化学分解,并形成新矿物的作用。水是引起化学风化作用的重要因素,特别是在水中溶有 CO_2、O_2 等气体成分,其作用便更加显著。化学风化作用主要有以下几种方式:

a. 溶解作用 水是自然界普遍存在的溶剂,当岩石遇到水,其中的一些矿物可以被溶解。矿物溶解的难易主要取决于矿物的溶解度,因此矿物有易溶矿物和难溶矿物之分。一般说来,各种盐类的溶解度由大到小为:K^+、Na^+ 等的氯化物>Ca^{2+}、Mg^{2+} 等的氯化物和硫酸盐>Ca^{2+}、Mg^{2+} 等的碳酸盐>Fe^{3+}、Al^{3+}、Si^{4+} 等的氧化物和硅酸盐。若以常见造岩矿物论,其溶解度大小的顺序如下:

钾盐>石盐>石膏>方解石>白云石>橄榄石>辉石>角闪石>斜长石>钾长石>黑云母>白云母>石英。

矿物的溶解度除与矿物本身的化学组成有关外，还与水温、压强、CO_2 含量、pH 等有关。

岩石受到溶解作用，其中易溶矿物随水流失，而难溶矿物则残留于原地，同时岩石中的孔隙增加，变得松散软弱，为进行物理风化作用提供了有利条件。

b. 水化作用　它又称水合作用，即物质与水相结合的作用。如矿物与水作用，水可以直接进入某些矿物，形成结晶水，产生新的含水矿物，例如硬石膏（$CaSO_4$）变成石膏（$CaSO_4 \cdot 2H_2O$）、赤铁矿（Fe_2O_3）变成褐铁矿（$2Fe_2O_3 \cdot 3H_2O$）等。同时水化作用形成的新矿物，往往体积膨胀，对周围岩石产生很大压强（如硬石膏变成石膏，体积可增大30%），从而引起岩石的机械破碎。

c. 水解作用　它是指矿物与水相遇，引起矿物分解并形成新矿物的作用。由于水中常有一部分水分子解离成 H^+ 及 OH^- 离子，从而使水成为具有活泼离子，化学活性很强的溶液。各种弱酸强碱或强酸弱碱的盐类矿物溶于水后也出现解离现象，其中解离物可与水中的 H^+ 或 OH^- 离子发生化学反应。如矿物中的 K^+、Na^+、Ca^{2+}、Mg^{2+} 等阳离子很容易被水中的 OH^- 离子夺取结合，原矿物被分解破坏，同时又形成一些新的矿物。如钾长石在水解作用下，一方面形成 KOH 溶液（K^+ 与 OH^- 结合）随水流失，另一方面析出 SiO_2 胶体或随水流失，或胶凝形成蛋白石（$SiO_2 \cdot nH_2O$），其余部分则可形成难溶的高岭石残留于原地。

$$4K[AlSi_3O_8]\text{（钾长石）}+6H_2O \longrightarrow 4KOH+Al_4[Si_4O_{10}][OH]_8\text{（高岭石）}+8SiO_2\text{（硅胶）}$$

这只是一个例子，实际上各种硅酸盐类、其他盐类都可在水解作用下发生分解和产生新的矿物。

d. 碳酸化作用　自然界基本没有纯水，水中常含有多种酸类（碳酸、硫酸、硝酸等），可加速对各种岩石的破坏作用。特别是含有碳酸的水对岩石的破坏作用更为普遍。

例如，碳酸盐在含有 CO_2 的水中，就会转变为重碳酸盐，其溶解度比碳酸盐大十几倍到几十倍。

$$CaCO_3+H_2O+CO_2 \rightleftharpoons Ca[HCO_3]_2$$

又如，水中溶有 CO_2，与水结合形成碳酸，其碳酸根 CO_3^{2-} 极易与矿物中的 K^+、Na^+、Ca^{2+}、Mg^{2+} 等阳离子化合成易溶碳酸盐类，从而使矿物的离解能力增加，加速化学反应过程。这里仍以钾长石为例，其中 K^+ 与 CO_3^{2-} 化合成 K_2CO_3 随水流失，析出的部分 SiO_2 胶体或随水流失或胶凝成蛋白石，同时形成的难溶的高岭石则残留于原地。这一过程比起前述单纯水解过程要快得多。

$$\underset{\text{钾长石}}{4K[AlSi_3O_8]}+4H_2O+2CO_2 \longrightarrow \underset{\substack{\text{碳酸钾}\\ \downarrow \\ \text{呈离子溶液流失}}}{2K_2CO_3}+\underset{\substack{\text{高岭石}\\ \downarrow \\ \text{残留原地}}}{Al_4[Si_4O_{10}][OH]_8}+\underset{\substack{\text{硅胶}\\ \downarrow \\ \text{呈胶体状态流失}}}{8SiO_2}$$

在湿热气候条件下，高岭石还可继续分解，析出其中的 SiO_2，形成铝土矿（$Al_2O_3 \cdot nH_2O$）而残留于原地。

总之，在地壳中分布很广的铝硅酸盐（各种长石等）、铁镁硅酸盐（橄榄石、辉石、角闪石、黑云母等）及其他矿物在水解作用及碳酸化作用下，最终都要彻底分解，形成易溶碳酸盐（流失）、SiO_2 胶体（流失或沉淀）和不溶的黏土矿物（高岭石等）、铝土矿物，以及褐铁矿等（残留于原地）。

e. 氧化作用　在大气和水中含有大量游离氧，大气中占21%，水中溶解空气的氧气含量占33%~35%。岩石中的矿物在氧气的作用下，使其中低价元素变为高价元素，低价化合物变为高价化合物，这种作用称氧化作用。

在地壳表层氧化作用普遍而强烈，形成氧化带。氧化带的下界面称氧界面，大约和地下潜水面的位置相当。在该界面以上进行氧化作用，该界面以下多发生还原作用。氧化带的深浅各地不一，主要与岩石破碎程度、气候、地下水位等有关。例如，岩石裂隙发育、气候干燥、地下水位深，则氧化带也深，可达到地下1 km；如果岩石完整，气候潮湿，地下水位浅或者在沼泽地带及冻土地区，氧化带就浅，氧界面可能就在地表附近。

许多含有变价元素的矿物，在缺氧条件下形成低价元素化合物；在氧化带则被氧化形成高价化合物。最易氧化的是低价氧化物、硫化物。例如黄铁矿在含有游离氧的水中，首先其中S^{2-}变成S^{6+}并组成SO_4^{2-}；其中的Fe^{2+}与SO_4^{2-}化合形成铁矾（$FeSO_4 \cdot nH_2O$）；接着铁矾被氧化、水解，Fe^{2+}变成Fe^{3+}而形成稳定的褐铁矿（$Fe_2O_3 \cdot nH_2O$）并残留于原地。其化学反应过程如下：

$$2FeS_2+7O_2+2H_2O \longrightarrow 2FeSO_4+2H_2SO_4$$

$$4FeSO_4+2H_2SO_4+O_2 \longrightarrow 2Fe_2(SO_4)_3+2H_2O$$

$$2Fe_2(SO_4)_3+9H_2O \longrightarrow 2Fe_2O_3 \cdot 3H_2O\text{（褐铁矿）}+6H_2SO_4$$

此外，含低价铁的硅酸盐类及其他矿物，都可被氧化破坏，变成含高价铁的赤铁矿或褐铁矿，许多矿物和岩石的风化面常被染成红、褐色，就是这种缘故。

③ 生物风化作用是由于生物活动使岩石在原地发生破坏的作用。因为在地壳表层、大气圈和水圈中都有生物存在，在其成长、新陈代谢和死亡过程中，都可引起岩石的破碎和分解，所以生物风化作用是普遍的，也是在已知各星体中只有地球才有的一种独特的地质作用。生物风化作用的方式可分为两种：

a. 生物物理风化作用　它是指穴居地下的蚯蚓、蚂蚁、鼹鼠、黄鼠、田鼠等，经常钻土挖洞，破坏土层。所谓“蝼蚁之穴可溃千里之堤”，即形容其破坏力量之大。又如植物根系可以伸入岩石裂隙生长，对岩石可产生1 000~1 500 kPa的压强，足以劈开岩石，并使裂隙不断扩大加深（图3-60）。这种作用称为根劈作用。

图3-60　树木根劈作用扩大岩石裂隙

b. 生物化学风化作用　它是指各种藻类、苔藓、地衣等在生长过程中,经常分泌有机酸、碳酸、硝酸等,分解岩石,吸取营养。特别是微生物的生物化学风化作用更为强烈,有人统计微生物对岩石的总分解力大大超过动植物的总分解力。此外,动植物死亡后可分解出 CO_2、H_2S 和各种有机酸,在还原环境中植物死亡还可形成腐殖质,使岩石被腐蚀破坏。例如,把 1 g 钾长石放入有腐殖质的 10%的氨水溶液中,密封后经 2~3 天钾长石即可完全分解,形成高岭石。腐殖质和矿物中的阳离子可形成腐殖酸盐,以胶体状态随水流失。腐殖质还可使氧化物还原,如使难溶于水的 Fe_2O_3 还原为可溶的 FeO,加速岩石的分解破坏。

生物风化作用之所以重要,不仅在于它可破坏分解矿物和岩石,而且在于它参与形成矿物质和有机质并存的新物质——土壤。关于土壤的知识此处从略,后续的土壤地理学及相关课程会专门介绍。

(2) 各种风化作用的相互关系:上述物理的、化学的、生物的风化作用,实际上并不是孤立进行的,而是一个互相联系、互相影响的统一过程。物理风化使岩石逐渐崩裂破碎,产生、扩大和加深岩石裂隙,并增大岩石的表面积,有利于水溶液、气体和生物进入岩石中,为化学风化创造了有利条件,从而加速风化的进程,扩大风化范围;反过来,岩石的化学分解,一方面使岩石变得松软,降低抵抗机械破坏的能力,另一方面因有些矿物经水化作用变为含水矿物,体积膨胀,产生很大的压强,这些都为物理风化提供了有利条件。

不过,这里必须说明以下两点。第一,物理、化学风化虽然常常同时进行,互相影响,但物理风化使岩石破碎到一定程度,即无能为力。据实验,岩石碎屑粒径小于 0.02 mm,大多即不再发生机械崩裂。但化学风化却可继续使碎屑分解,最后形成胶体及真溶液。由此可见,物理风化是化学风化的“开路先锋”,而化学风化使风化作用深入、彻底。第二,在一定自然地理条件下,常常是以某一种风化作用占主导地位的,例如,在寒冷和干燥地区往往以物理风化作用为主,而在潮湿炎热地区则以化学风化作用占优。

(3) 影响风化作用的因素:风化作用的程度、速度和深度取决于岩石的性质和外界条件。

① 岩石性质是风化作用的内因,在相同的环境条件下,岩性不同,其风化结果也不同。

a. 深色岩石比浅色岩石更容易受到温度变化的影响。

b. 火成岩和变质岩多是在地下较高温度和较大压强条件下形成的,故当其暴露在地表时,往往比形成于地表环境的沉积岩更易受到风化。火成岩的造岩矿物在鲍温反应系列(图 3-56)中,先结晶的高温矿物比后结晶的低温矿物更容易风化。

c. 复杂矿物成分的岩石比单一矿物组成的岩石更容易受到破坏。如:花岗岩由石英、长石、黑云母等组成,它们的比热容、膨胀系数等物理特征各不同,各种矿物颗粒在温度变化情况下胀缩不均,容易分崩离析;同时,各种矿物抵抗风化的能力也不相同,如石英是最稳定矿物,在风化过程中几乎不发生分解,只有机械破碎,形成石英沙;而长石、黑云母等则极易受到化学风化。

d. 易溶岩石(如各种碳酸盐岩)比不溶岩石容易受到水的破坏。

e. 岩石中矿物颗粒的粗细、均匀程度、胶结物成分、层理厚薄等也都能影响风化作用的方式和进程,如颗粒粗细不均、胶结物为易溶成分,层理薄而松脆的岩石容易受到风化破坏。

f. 岩石中节理和裂隙的发育情况,对风化作用的影响很大。节理和裂隙是水溶液、气体和生物活动的通道和场所,可以促进风化作用。有些岩石如花岗岩、辉绿岩等常被三组近乎直交的节理切成各种块体。在棱和角的地方,岩石的自由表面积最大,最易遭受风化,使得棱角逐渐消失变成球形,这种现象称为球状风化(图 3-61)。在野外还可以看到这种风化球体由表及里层层剥落的现象,称为页状剥离作用(图 3-62)。

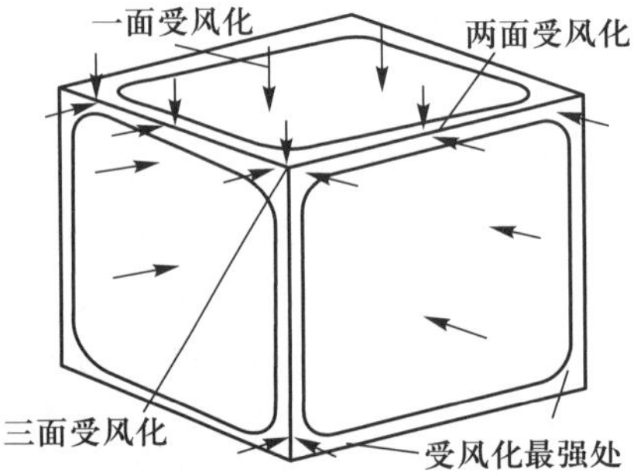

图 3-61 球状风化图解

图 3-62 辉绿岩中的球状风化和页状剥离现象
(蓝淇锋等《野外地质素描》)

② 气候条件对风化作用的方式和速度影响很大,特别是气温和降水与风化作用的关系尤为密切。众所周知,化学反应速度随温度升高而变快(在地表条件下温度升高 1 ℃,化学反应速率可增加为原来的 2~3 倍),而水分往往是化学反应的媒介和因素,故在湿热气候条件下,化学风化作用、生物风化作用特别显著、彻底,风化层厚度可达 70~80 m。在高山及高寒地区,冰冻风化特别强烈,化学风化则非常微弱。在干旱及沙漠地区,温差风化十分显著,化学风化和生物风化都不明显。

③ 地形条件对风化的影响也很大,而且影响风化作用的类型、速度、风化层的厚度等方面。在地形陡峭的高山地区,因温差大、冰冻现象显著,故常以物理风化为主,且风化碎屑在重力作用下很容易脱离母岩,使暴露出的新鲜岩石继续遭受风化,风化速度较快,但风化产物在原地不易保存。在地形坡度较小的地方或山麓地带,风化产物不易搬走,在物理风化的基础上往往经历长期、彻底的化学风化,风化层的厚度也较大。在沉积物覆盖的低洼之处或平原地区,下伏基岩受到保护,不易遭受风化作用。有时同一山体的阳坡和阴坡由于太阳辐射、温差变化,以及湿度状况等各不相同,风化情况也常有差异。

(4) 风化产物:任何暴露地表的岩石和矿物,都不可避免地要遭受风化作用的破坏。表 3-10 以花岗岩为例说明了不同化学组成的矿物在风化作用中的变化。

表 3-10 花岗岩在风化作用中的变化

矿物成分	化学组成	风化作用中的变化	风化产物
石英	SiO_2	残留不变,或机械破碎	沙

续表

矿物成分	化学组成	风化作用中的变化	风化产物
正长石*	K_2O Al_2O_3 $6SiO_2$	形成碳酸盐、氯化物进入溶液 形成含水铝硅酸盐（高岭土等） 部分形成溶胶，部分合成高岭土	溶解物质 黏土 胶体物质
斜长石*	Na_2O CaO	形成碳酸盐、氯化物进入溶液	溶解物质
	Al_2O_3 $6SiO_2$	同正长石	黏土 胶体物质
黑云母	K_2O $2(Mg,Fe)O$ Al_2O_3 $3SiO_2$	形成碳酸盐、氯化物进入溶液 形成碳酸盐、氯化物进入溶液，或赤铁矿、褐铁矿等 形成含水铝硅酸盐（高岭土等） 部分形成溶液	溶解物质 溶解物质及色素 黏土 胶体物质
白云母		抗化学风化强，机械破碎	云母碎片
磷灰石	$Ca_5(PO_4)_3$ (F,Cl,OH)	进入溶液或机械破碎	溶解物质或沙

* 在化学风化作用比较弱的情况下，正长石和斜长石也可以形成碎屑。

岩石的风化产物可以归纳为 3 大类：

① 碎屑物质包括岩石碎屑和矿物碎屑。在矿物碎屑中最常见的是化学性质稳定的石英碎屑；在干旱气候条件下也常见到长石碎屑；此外，碎屑成分中也可见到白云母、石榴子石等。碎屑物质主要是岩石物理风化的产物，有时也可能是化学风化未完全分解的产物。碎屑物质是构成沉积岩中碎屑岩类的主要成分。

② 溶解物质主要是化学风化和生物化学风化的产物。岩石中的 K^+、Na^+、Ca^{2+}、Mg^{2+} 等阳离子，常与水溶液中的 CO_3^{2-}、Cl^-、OH^-、SO_4^{2-} 等阴离子结合，形成碳酸盐、氯化物、氢氧化物、硫酸盐等易溶盐类，以真溶液的形式随水迁移流失。

从岩石分解出来的 SiO_2、Al_2O_3、Fe_2O_3 等，在一定条件下也可以呈胶体溶液流失。如 SiO_2 在碱性溶液（$pH>7$）、Al_2O_3 在强碱性或强酸性溶液（$pH>11$ 或 $pH<4$）、Fe_2O_3 在强酸性溶液（$pH<2\sim3$）中可以做远距离迁移。

这些物质在一定条件下沉积下来，便构成沉积岩中化学岩类的主要成分。

③ 难溶物质包括上述 SiO_2、Al_2O_3、Fe_2O_3 等，除在特定条件下一部分迁移流失外，大部分相对富集起来，形成高岭土、铝土、赤铁矿、褐铁矿等不溶的次生矿物，它们是构成沉积岩中黏土岩及其他岩类的主要成分。

地表岩石经长期风化作用后，由物理风化形成的碎屑物质，由化学风化形成的难溶物质，以及由生物风化形成的土壤等风化作用的综合产物，在一定条件下残留于原地，形成松散的堆积物，称为残积物。残积物的成分取决于母岩的成分，如花岗岩风化后的残积物中常包含石英沙粒、由长石变成的高岭土或黏土、由黑云母变成的褐铁矿等。残积物的厚度常取决于地形条件。地形平缓的山麓、山坡或山顶等，可保留较厚的残积物。残积物中的碎屑多具棱角，分选不好，层理不清。残积物的风化程度，一般是自上而下由深变浅的。

(5) 风化壳:陆地表面在风化作用下,形成一层薄的残积物外壳,称为风化壳,它不连续地覆盖于基岩之上。

风化作用的进程因地因时而异,但其作用的总方向是使岩石彻底分解成适应地表环境的稳定状态。风化作用的进程或方向,首先是岩石遭受物理风化,发生机械破碎;其次是岩石中K、Na、Ca、Mg、Cl、S等元素的溶失;接着是Si、Al、Fe的富集,并合成高岭土等黏土矿物;最后是黏土矿物的进一步分解,失去SiO_2而使Al、Fe更加富集,并分别形成铝土矿和铁矿,使残积物染成砖红色。因此在适当气候和地形条件下,发育良好的风化壳在垂直剖面上常显示清楚的分带性,即自下而上,风化程度越来越深,可划分出若干有规律的层次(图3-63)。

图3-63 风化壳剖面示意图

1. 未经风化的基岩;2. 碎石角砾残积层;3. 黏土层(以高岭土为主);4. 红土层;土壤层 A. 腐殖质层;B. 淋溶层;C. 淀积层

由于气候和其他条件因地而异,并非所有风化壳都能风化到最后阶段,而且风化作用的方式和强度也不一样,因此常形成不同类型的风化壳。一般可以将其划分为4种类型:

① 碎屑型风化壳主要由碎屑物组成,碎屑颗粒多具棱角,自上而下由细变粗,逐渐过渡为母岩。这种风化壳一般是在寒冷气候条件下以物理风化为主的产物。

② 硅铝-硫酸盐、碳酸盐型风化壳多是在干旱、半干旱气候条件下,荒漠或草原地带形成的,一般处于化学风化作用的初期阶段。岩石中的K、Na、Ca、Mg等元素形成易溶盐类淋失,而其中一部分较难溶的硫酸盐、碳酸盐等因气候干旱而残留富集于风化壳中,其标志矿物为石膏、方解石;有时因气候特别干旱还可以残留NaCl、天然碱等;因水呈碱性,还可形成水云母黏土,但铁、铝等元素尚未析出,风化壳厚度一般不大。

③ 硅铝黏土型风化壳又称高岭土型风化壳,多是在温湿气候条件下形成的,处于化学风化作用中期阶段。岩石中的K、Na、Ca、Mg等元素全部被析出,Si也大量被析出迁移,水溶液呈酸性,使硅酸盐和铝硅酸盐矿物分解,形成高岭石、蒙脱石等黏土矿物,风化壳厚度可达数十米。

④ 砖红土型风化壳是在湿热气候条件下化学风化作用达到晚期、母岩彻底分解后的产物。母岩中硅酸盐、铝硅酸盐矿物全部被分解,可迁移元素也全部析出淋失,而Si、Al、Fe则形成氧化物如铝土矿、赤铁矿、褐铁矿、蛋白石等,因富含铁质,风化壳呈红色,故称砖红土型风化壳,这种作用称为砖红土化作用,风化壳厚度一般很大,可达100 m左右。

风化壳可以被保存在地层内,称为古风化壳。

研究风化壳有一定的理论意义和实际意义。风化壳的表层为土壤层,其肥力和性质与风化壳的类型密切相关,例如,中国南方与砖红土型风化壳伴生的红壤,整体黏重、偏酸且较为贫瘠,面临着如何改良的问题。风化壳中常含有一定的砂矿、高岭土、铝土、铁矿等,有时根据风化壳中某些元素的丰度和残余铁矿(称为铁帽),可以探寻基岩中的原生矿床。在水利和工程建设中也要注意风化壳的厚度、特点和稳定性等。对于古风化壳的研究,可以恢复一个地区的古气候、古地理等情况。

2. 侵蚀作用

风化作用是一切外力作用的开端,岩石遭受风化之后,给风、流水、地下水、冰川、湖泊、海洋等外动力对岩石的破坏准备了物质条件。各种外力在运动状态下对地面岩石及风化产物的破坏作用,总称为侵蚀作用。侵蚀作用在破坏地壳组成物质的同时,也在不断改变着地球表面的形态。

侵蚀作用实际上包括风的吹蚀作用、流水的侵蚀作用、地下水的潜蚀作用、海水的海蚀作用和冰川的冰蚀作用等。但从侵蚀作用的性质来看,可以分为机械侵蚀作用和化学侵蚀作用两种方式。

(1) 机械侵蚀作用:指风、流水、冰川、海洋等对地表物质的机械破坏作用。如风的吹蚀作用是很强大的破坏作用,它一方面吹起地表风化碎屑和松散岩屑(称吹飏作用),一方面还挟带着岩屑磨蚀岩石(称磨蚀作用)。流水的侵蚀作用更为普遍,因为在占大陆面积 90%的地方,都受到流水作用的影响。流水也和风一样,它的强大动能不仅冲刷着地表风化的或松散的岩矿碎屑(称冲蚀作用),而且水流还挟带着碎屑作为工具进一步磨蚀着岩石(称磨蚀作用)。在占大陆面积约 10%的地方分布着冰川,冰川的冰蚀作用也很强大,100 m 厚的冰川,底部就要承受 900~960 kPa 的压强;运动着的冰川,特别是挟带着大量岩屑石块(称冰碛)的冰川,就像耕地的犁耙一样,破坏着冰川谷壁或谷底的岩石(包括刨蚀作用和磨蚀作用)。海水的海蚀作用也极为显著,海浪拍打海岸岩石,其压强能达到 3.72×10^5 Pa,所以海岸岩石在海浪直接冲击之下,再加上以所挟带的岩屑碎块为武器,破坏是相当迅速的。

(2) 化学侵蚀作用:除去风、冰川等外,雨水、坡面流水、河流、地下水、湖泊、海洋等对岩石还进行着溶解等方式的破坏作用,称为溶蚀作用。特别是在石灰岩、白云岩地区,这种作用更为显著,通称喀斯特作用(曾称岩溶作用)。

侵蚀作用和风化作用都是破坏地表岩石的强大力量。二者不同之处主要在于前者是各种介质在运动中对地表岩石进行破坏,强调物质离开原地进入介质的过程;而后者是在环境条件相对稳定的状态下对岩石的破坏,强调岩石在原地的破坏过程。但二者互相依赖,互相促进,岩石风化有利于侵蚀,而风化产物被侵蚀后又便于继续风化,从而加剧了地表岩石的破坏作用,并源源不断地为沉积岩的形成提供物质来源。

(二) 搬运作用

风化作用和侵蚀作用的产物被流水、冰川、海洋、风、重力等外营力介质从原地转移到其他地方的过程叫作搬运作用。搬运方式有机械搬运和化学搬运两种。一般说来,风化和侵蚀产生的碎屑物质多以机械搬运为主,而胶体和溶解物质则以胶体溶液及真溶液形式进行化学搬运。

1. 机械搬运作用

风、流水、冰川、海水等都可进行机械搬运。

(1) 风的机械搬运:在干旱及半干旱地区,风的搬运作用是很强烈的。风速越大,其搬运能力也越大。风的搬运方式可分为悬移和底移两种:粒径小于 0.2 mm 的碎屑多呈悬浮状态搬运,而粗大碎屑则往往沿地面移动——滚动、滑动或跳动式前进。所谓"飞沙走石",形象而恰当地描述了风的搬运方式。碎屑在风的搬运过程中,产生两种明显的作用,一是分选作用,即无论在水平方向(由近及远)还是在垂直方向(自下而上),碎屑颗粒均由大变小;二是磨圆作用,即碎屑在搬运途中互相冲撞摩擦,颗粒形状逐渐圆化。

(2) 流水的机械搬运:流水的搬运作用非常普遍,搬运量巨大,据估计,全球河流每年搬运入海的泥沙总量约为 200 亿 t。流水的搬运方式与风相似,可以分为悬移和底移两种,而底移又可分为滚动、滑动及跳动等方式。流水的搬运方式在流速相同情况下首先取决于碎屑颗粒的大小,其次取决于相对密度大小和碎屑的球度。一般而言,颗粒大、相对密度大和球度高的碎屑,主要沿水底滚动、滑动,或跳跃式前进;颗粒小,相对密度小和球度低的碎屑,多呈悬浮状态搬运。一般而言,河流悬移的搬运量最大,在平原地区底移搬运量不超过悬移的 10%,在山区可能达到 30%~40%。碎屑在流水搬运过程中,和风的搬运一样也产生明显的分选作用和磨圆作用。

流水的搬运能力与流速密切相关。对于在河床滚动的砾石来说,设 M 为被搬运物的质量,V 为起动 M 的流速,c 为系数(可因不同河流而稍有差异),则 $M=cV^6$。这个公式说明,流速增加到 2 倍,则搬运质量将增加到 64 倍;若流速减小一半,则搬运质量将减少到原来的 1/64。这就是河流在洪水暴发时可以冲走数十、数百吨的巨石,而在枯水季节有时连细小沙粒也难以搬运的缘故。对于一般搬运物来说,搬运物质质量约与流速的 4 次方成正比,即 $M \propto V^4$。在流速相同的情况下,流水搬运碎屑物质的总量与流量成正比。

(3) 冰川的机械搬运:冰川具有很大的搬运能力。冰是一种固体物质,因此冰川的搬运能力及搬运量并不受运动速度及碎屑大小的影响。冰川搬运的大量碎屑物质,主要来自两方面,一部分是从山坡滚落到冰川上的碎屑,一部分是冰川本身进行侵蚀作用的产物。它们往往大小混杂地冻结于冰体之中,随冰川移动而被载运前进。当冰川融化时,碎屑便堆积下来,成为冰碛物。由于几乎未经分选和机械磨蚀圆化,冰碛物的特征与流水、风、湖泊和海洋沉积物之间存在显著的差异。

(4) 海洋的机械搬运:海洋搬运能力也是很大的。它的搬运物质大部分是河流从大陆输入的,部分来自海水对海岸的侵蚀。海洋搬运这些碎屑物质主要靠海浪、潮汐和洋流来实现。

海浪主要是风作用于水面引起的。海浪的机械作用力随着海水加深而递减。在海面以下 20 m 深处只相当表面的 1/5,在 50 m 深处则只相当于表面的 1/50,大约在 200 m 深处,已经达到波浪作用的极限。因此,海浪搬运作用的范围仅仅是靠近海岸的浅海地区。

洋流的搬运经常在进行。洋流一般只能从浅海或半深海的水底搬运细小淤泥和悬浮物质,但搬运距离很远,可以达到几千千米,甚至更远。

潮汐也具有很大的搬运能力,但它只在海岸线一带搬运碎屑物质。

在海底,还有一种特殊的浊流搬运。大约从 20 世纪 50 年代起,人们逐渐重视和发展了关于浊流的理论。过去人们普遍认为陆源碎屑（泥、沙等）物质根本不可能被搬运到深海去，在大洋底部沉积的都是些由浮游生物、微体生物（如硅藻、有孔虫、介形虫等）、火山灰等堆积而成的物质，叫作“软泥”。后来有许多事实证明，地震、海底火山爆发、河流洪水，以及大风浪等可以搅动海底泥沙，使海底斜坡（如大陆坡）失去平衡，斜坡上的沉积物顺坡下滑，形成一种稳定或阵发性的含有大量泥沙及悬浮物质的十分混浊的高密度水流，叫作浊流。它常以体积巨大的块体进行运移，所以又称为密度流或块状流。许多沉积于近岸海底的陆源碎屑（也包括化学溶解物质）通过浊流可以搬运到远离大陆的深海地区。浊流理论的提出，对于解释某些沉积岩的形成环境，恢复古地理面貌，丰富沉积理论，都具有重要意义。

(5) 重力机械搬运：碎屑物质在重力作用下，沿斜坡由高向低移动。这种作用在有山崩、滑坡、泥石流的地方表现尤为明显。在重力影响下沿斜坡移动的碎屑物质分选不好，并多具棱角。

以上概略地介绍了各种外营力的机械搬运及其方式。碎屑物质在搬运过程中大多进行着显著的分选作用和磨圆作用。分选作用主要表现在碎屑物粒径顺着搬运方向逐渐变小。磨圆作用是指碎屑物在搬运过程中互相磨擦失去棱角变圆的作用。一般而言，颗粒大、相对密度大、硬度大，搬运远的碎屑，磨圆度较好；反之，则磨圆度较差。同时，搬运介质对于分选作用及磨圆作用有很密切的关系。流水、风、海水等可以产生良好的分选作用和磨圆作用，特别是海浪的搬运反复进行，风向可经常变化，往往比单一方向的流水有更好的分选作用和磨圆作用（如海沙比河沙纯净，磨圆度高）；而冰川及重力搬运，则一般没有分选作用和磨圆作用，碎屑大小混杂，多具棱角。

2. 化学搬运作用

除风、冰川等外，流水、湖、海等液态流体还进行着化学搬运作用。这种搬运作用基本上有 2 种方式：一种是以真溶液形式搬运，搬运物质主要来源于岩石风化和溶蚀产物中的 Ca、Na、K、Mg 等可溶盐类（其中 K 易被植物吸收或被黏土吸附，搬运距离较短），如 $CaCO_3$、$CaSO_4$、NaCl、$MgCl_2$ 等；一种是以胶体溶液形式搬运，搬运物质主要来源于岩石风化产物中的 Fe、Mn、Al、Si 等所形成的胶体物质和不溶物质。据估算，每年通过河流化学搬运进入海洋的物质总质量约为 23.4 亿 t，占全部海洋沉积物质的 8%。化学搬运的物质是组成化学岩的基本物质。

（三）沉积作用

母岩风化和侵蚀作用的产物在外力的搬运途中，由于水体或风等介质的运动速度变慢、冰川融化，以及其他物理化学条件的改变，搬运能力减弱，从而使被搬运物质脱离搬运介质而停止运移，这种作用称为沉积作用。

沉积作用可以发生在海洋地区，也可以发生在大陆地区，所以沉积作用包括海洋沉积和大陆沉积，前者又分为滨海、浅海、半深海和深海沉积，后者又分为河流、湖泊、沼泽、冰川、风力等沉积。

沉积的方式有机械沉积、化学沉积和生物沉积 3 种。

1. 机械沉积作用

被搬运的岩石碎屑在重力作用大于水流、风的搬运能力时，便先后沉积下来，这种作用称为机械沉积作用。粗大的碎屑首先沉积下来，细小的碎屑随后沉积下来；相对密度大的碎屑首先沉积下来，相对密度小的碎屑随后沉积下来。粗、细、轻、重等各种碎屑本来是混杂在一起的，在沉积过程中却按一定顺序依次沉积下来，这种作用叫作机械沉积分异作用。这种作用的结果使沉积物按照砾石→砂→粉砂→黏土的顺序，沿搬运的方向形成有规律的带状分布。它们固结后便形成砾岩、砂岩、粉砂岩、黏土岩等。有些相对密度大的金属矿物还可以富集起来，形成有用的砂矿。

这种按照碎屑大小、相对密度等进行的沉积分异，总体上反映了自然界的一般规律。因此，在进行岩石分析时常常以粗碎屑岩石（如砾岩、砂岩等）代表近岸、浅水沉积环境，而以细碎屑岩石（如粉砂岩、黏土岩等）代表远岸、深水沉积环境。但是，自然界复杂多变，例如，在流水搬运过程中，地形起伏变化或支流汇入可以改变流速流量，从而造成分异过程错综复杂的现象。

特别是前边提到的浊流，往往把成分比较复杂的陆源碎屑，有时还把浅水动物化石和植物化石，搬运到距岸上千千米远的深海沉积下来，形成浊流沉积，相应的岩石叫作浊积岩。从浊积岩的成分看，它无疑是近岸浅水沉积，而从其沉积环境看，则十分确凿应属于深海沉积。

由此可见，过去建立起来的机械沉积分异规律或模式，在自然界及地质历史时期，只能代表沉积的一般规律，而不能反映沉积的全部规律。

冰川的机械沉积作用与在水中的沉积作用不同。第一，冰川沉积没有分异作用，所以冰碛物颗粒大小混杂，层理不清楚。有时泥和砾混在一起，称为泥砾。有时冰川能搬运十分巨大的石块，体积可达几千立方米，称为冰川漂砾。第二，冰碛碎屑大部分都未经磨圆作用，带有棱角。有时冰碛石上带有钉子头状长条擦痕，称冰川擦痕。第三，当冰川前端融化，或在冰川底部有融冰水流出时，也具有流水沉积的特征，称为冰水沉积。如果冰川前端汇水成湖，在冰水湖中经常沉积细泥。春夏之际，融水较多，沉积物多且稍粗，有机质少，颜色略浅；秋冬之际，融水较少，沉积物稍细，有机质多，颜色略深；如此周而复始，便形成薄层的、条带状的、有韵律的沉积物，称为冰川纹泥。根据纹泥可以计算冰水湖存在的时间，推断冰川活动的历史与特点。

2. 化学沉积作用

化学沉积包括胶体沉积和真溶液沉积。

（1）胶体溶液沉积：胶体颗粒极小，一般不受重力作用影响，搬运很远，沉积很慢。同时，胶体质点带有电荷，如 Al_2O_3、Fe_2O_3、$CaCO_3$、$MgCO_3$ 等带有正电荷，称正胶体；SiO_2、MnO_2、黏土、腐殖质等带有负电荷，称负胶体。在一定介质中带有相同电荷的胶体质点互相排斥，可以长时间保持悬浮状态。但当胶体溶液中加入一定量不同性质的电解质时，即发生电性中和作用，并在重力影响下引起胶体絮凝沉淀。如在海岸地带，携带胶体的大陆淡水与富含电解质的海水混合时，常发生胶体沉淀。许多浅海相的沉积铁矿、锰矿大多是这样形成的。此外，在干燥气候条件下，胶体溶液因蒸发脱水也可引起沉淀。

（2）真溶液沉积：溶解于水中的物质是多种多样的，由于溶解质的溶解度不同，以及溶液的性质、温度、pH 等因素的影响，真溶液物质沉积也有先后远近的顺序，这种作用叫作化学沉积分异作用。化学沉积分异次序大体如下：

氧化物（Fe_2O_3，MnO_2，SiO_2）→铁的硅酸盐（海绿石等）→碳酸盐（$CaCO_3$，$CaMg[CO_3]_2$）→

硫酸盐($CaSO_4$)→卤化物($NaCl$,KCl,$MgCl_2$ 等)。

总的来说,以上次序基本反映了浅海地区的化学沉积分异规律。首先,氧化铁、氧化锰等胶体因受海水电解质影响,常在滨海、近海最先沉积,并和泥沙等共生。其次,部分氧化铁和二氧化硅化合成含铁的硅酸盐,如海绿石是代表浅海环境的典型矿物。再次是石灰岩、白云岩等碳酸盐沉积。最后是石膏等硫酸盐,以及石盐、钾盐、镁盐等卤化物沉积,由于它们溶解度大,在海水中停留的时间很长,只有在强烈蒸发条件下才沉积下来,因此它们代表化学分异作用的后期产物。

上述机械的和化学的沉积分异作用总称为沉积分异作用。首先,研究这种分异作用,对于了解沉积岩和沉积矿产的形成和分布规律,阐明沉积环境和古地理特征,都具有重要意义。但如前所述,自然界影响沉积分异的因素甚多,简单的规律不能概括复杂的事实。例如,有时碳酸盐沉积可以形成于浅水环境,而碎屑沉积也可见于相对深水环境。实际上,在沉积岩形成的全部过程中,即在风化作用、侵蚀作用、搬运作用、沉积作用各阶段,都贯穿着物质的分选与分异作用。甚至在沉积物和沉积岩形成之后,某些物质的溶解、淋滤、凝聚、集中、分解和改造,也会使物质重新调整和分配,使一部分物质迁移,一部分物质富集,并可形成有用的矿产。这也是一种分异作用——沉积期后的分异作用。

3. 生物沉积作用

生物沉积作用包括生物遗体的沉积和生物化学沉积。前者指生物死亡后,其骨骼、硬壳堆积形成磷质岩、硅质岩和碳酸盐岩等;后者指生物在新陈代谢中引起周围介质物理化学条件的变化,从而引起某些物质的沉淀。例如,海中藻类进行光合作用,吸收海水中的 CO_2,可以引起 $CaCO_3$ 的沉淀,形成石灰岩。有时是生物遗体沉积后,又经过复杂的化学变化,形成新的沉积物质,如煤、石油等。

生物沉积过程实际上也是一种特殊形式的物质分异过程。例如植物被埋藏后形成煤炭,硅藻沉积形成硅藻土,铁细菌作用形成铁矿床等,都可以看作通过生物作用,直接或间接地使某些成分从自然界中分异出来并在特定条件下进行富集的过程。

(四) 成岩作用

岩石的风化侵蚀产物经过搬运、沉积先形成松散的沉积物,还必须经过一定的物理、化学,以及其他的变化和改造,才能形成固结的岩石。这种由松散沉积物变为坚固岩石的作用叫作成岩作用。广义的成岩作用还包括沉积过程中,以及固结成岩后所发生的一切变化和改造。成岩作用主要包括以下几种方式。

1. 压固作用

在沉积物不断增厚的情况下,下伏沉积物受到上覆沉积物的巨大压强,使沉积物孔隙度减少,体积缩小,水分排出,密度加大,从而加强颗粒之间的作用力,使沉积物固结变硬。这种作用对黏土岩的固结有更显著的作用,其孔隙度可以由 80%减少到 20%。同时,上覆岩石的压强使细小的黏土矿物形成定向排列,从而常使黏土岩具有清晰的薄层层理。

2. 脱水作用

深埋地下的沉积物在经受上覆岩石强大压强的同时,受地热的影响温度也逐渐增高,在压强和温度共同作用下,不仅可以排出沉积物颗粒间的吸附水,而且使胶体矿物和某些含水矿物失去胶体水或结构水变为新矿物。例如 $SiO_2 \cdot nH_2O$（蛋白石）变成玉髓（SiO_2），$Fe_2O_3 \cdot nH_2O$（褐铁矿）变为赤铁矿（Fe_2O_3），石膏（$CaSO_4 \cdot 2H_2O$）变为硬石膏（$CaSO_4$）等。矿物失水后，一方面沉积物体积缩小，另一方面硬度增大。

3. 胶结作用

沉积物中有大量孔隙，在沉积过程中或在压固成岩后，孔隙被矿物质所填充，从而将分散的颗粒黏结在一起，称为胶结作用。最常见的胶结物有硅质（SiO_2）、钙质（$CaCO_3$）、铁质（Fe_2O_3）、黏土质、火山灰等。这些胶结物质可以来自沉积物本身，也可以由地下水带来。松散的砾和砂等经胶结作用可形成坚硬的砾岩、砂岩，所以胶结作用是碎屑岩的主要成岩方式。

4. 重结晶作用

沉积物在压强和温度逐渐增大情况下，可以发生溶解或局部溶解，使物质质点重新排列，非晶质变成结晶物质，这种作用称重结晶作用。重结晶后的岩石，孔隙更少，密度更大，岩石的坚固性也增强了。重结晶作用对于各类化学岩、生物化学岩来说，是重要的成岩方式。

二、沉积岩的特征

沉积岩是在外力作用下形成的一种次生岩石，无论从化学成分、矿物成分，还是从岩石结构和构造来看，它都具有区别于其他类岩石的特征。

（一）沉积岩的成分

1. 化学成分

沉积岩的材料主要来源于各种先成岩石的碎屑、溶解物质及再生矿物，归根结底来源于原生的火成岩，因此沉积岩的化学成分与火成岩基本相似（表 3-11），即皆以 SiO_2、Al_2O_3 等为主。但也有其不同之处：如沉积岩中 Fe_2O_3 的含量多于 FeO，而火成岩却与此相反，这是因为沉积岩主要是在氧化条件下形成的；又如沉积岩中富含 H_2O、CO_2 等，而火成岩中则很少，因为沉积岩是在地表条件下形成的；还有，沉积岩中常含有较多的有机质成分，而在火成岩中则缺少这样的成分。

表 3-11 沉积岩和火成岩平均化学成分对比 单位：%

氧化物	沉积岩（克拉克 1924）	火成岩（克拉克 1924）	氧化物	沉积岩（克拉克 1924）	火成岩（克拉克 1924）
SiO_2	57.95	59.14	K_2O	2.86	3.13
Al_2O_3	13.39	15.34	TiO_2	0.57	1.05
Fe_2O_3	3.47	3.08	MnO	—	0.124
FeO	2.08	3.80	P_2O_5	0.13	0.299
MgO	2.65	3.49	CO_2	5.38	0.101
CaO	5.89	5.08	H_2O	3.23	1.15
Na_2O	1.13	3.84	总和	98.37	99.624

2. 矿物成分

沉积岩的矿物成分有 160 多种，但最常见的不过 10~20 种（表 3-12），其中包括：

（1）碎屑矿物：包括石英、钾长石、钠长石、白云母等，是母岩风化后继承下来的较稳定的矿物，属于继承矿物。

（2）黏土矿物：包括高岭石、铝土等，是母岩化学风化后形成的矿物，属新生矿物，也称次生矿物。

（3）化学和生物成因矿物：包括方解石、白云石、铁锰氧化物（各种铁矿等）、石膏、磷酸盐矿物、有机质等，是从溶液或胶体溶液中沉淀出来的或经生物作用与岩石同步形成的矿物，称为同生矿物，可以反映岩石的形成环境。

表 3-12 反映了沉积岩在矿物成分上不同于火成岩的主要特征：例如，在火成岩中最常见的暗色矿物（橄榄石、辉石、角闪石、黑云母等），以及钙长石等，因极易化学分解，所以在沉积岩中较少见；还有些是在沉积岩和火成岩中都出现的矿物（石英、钾长石、钠长石、白云母、磁铁矿等），但石英和白云母等在沉积岩中明显增多，因为这 2 种矿物最不易化学分解，所以在沉积岩中便相对富集；另有些矿物（黏土矿物、方解石、白云石、石膏、有机质等）是一般只在沉积岩中才有的矿物，这样的矿物是在地表条件下的稳定矿物。

表 3-12　沉积岩与火成岩矿物成分比较

矿物成分	火成岩含量/%（花岗岩 65%+玄武岩 35%）	沉积岩含量/%（泥质岩 82%+砂岩 12%+石灰岩 6%）
橄榄石	2.65	—
黑云母	3.86	—
角闪石	1.60	—
辉石	2.90	—
钙长石	19.80	—
钠长石	25.60	4.55
正长石	14.85	11.02
磁铁矿	3.15	0.07
钛铁矿及含钛矿物	1.45	0.02
石英	20.45	34.80
白云母	3.85	15.11
黏土矿物（高岭土等）	—	14.51
铁质沉积矿物	—	4.00
白云石（一部分菱铁矿）	—	9.07
方解石	—	4.25
石膏与硬石膏	—	0.97
磷酸盐矿物	—	0.35
有机物质	—	0.73

（二）沉积岩的颜色

沉积岩具有各种各样的颜色，这主要取决于它的矿物成分或化学成分。例如由石英颗粒组成的石英砂岩，往往显示白色、灰白色；由正长石颗粒组成的长石砂岩，往往显示肉红、黄白等色。有时岩石的颜色是由于其中混入某些微量成分染色而成的，例如岩石中含有少量的 Fe_2O_3，就会呈现红色；含有少量的 FeO，就会呈现绿色；高价铁与低价铁的比例不同，又会呈现紫红、棕红、绿灰、黑色等。岩石中若含有微量 MnO_2，便会呈现黑褐色；含有一些有机碳质，常常呈现灰、黑色。这些微量成分有时是在沉积过程中形成的，例如在氧化条件下可以形成 Fe_2O_3，在还原环境下可以形成 FeO，或者有机碳等；有时岩石的颜色是在成岩后经受风化作用所产生的次生色，例如岩石中含有黄铁矿，在风化过程中可以变成褐铁矿，从而把岩石染成黄褐色。次生色的特点是颜色深浅不一，分布不均，或者呈斑点状。

描述岩石的颜色，常用复合名称描述，有时加以深、浅字样，如紫红色、蓝灰色、深紫色、浅灰色等。凡是复合颜色，前面的是修饰词，属于次要颜色，后面的是主要颜色。

详细描绘沉积岩的颜色非常重要。沉积岩的颜色往往反映岩石成分和沉积时的古地理环境。因此颜色是沉积岩命名的根据之一，如黑色页岩、红色砂岩等；沉积岩的颜色也可以提供找矿线索，如黑色碳质页岩可以提供找煤线索。

（三）沉积岩的结构

沉积岩的结构是指沉积岩组成物质的形状、大小和结晶程度。它又可分为碎屑结构、泥质结构、化学结构和生物结构，这些结构是把沉积岩划分为碎屑岩类、黏土岩类、化学和生物化学岩类的重要依据。

1. 碎屑结构

母岩风化和侵蚀的碎屑物质，经搬运、沉积、胶结而成的岩石叫作碎屑岩。碎屑岩的结构叫作碎屑结构。

碎屑结构通常由2部分物质组成，即碎屑物质和胶结物质（图3-64）。

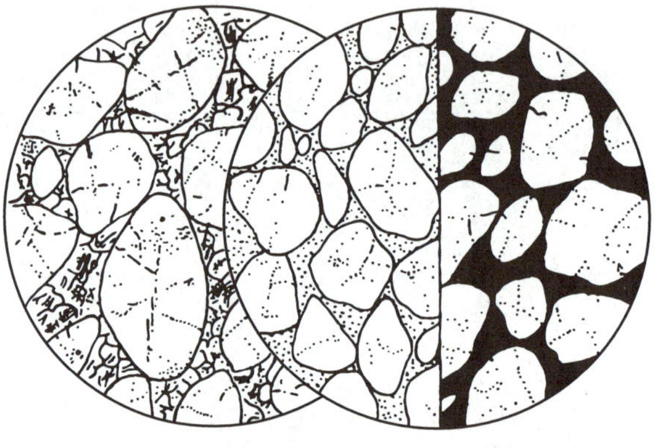

图3-64 碎屑结构（显微镜下，×30倍）

（据张宝政等《地质学原理》）

碎屑颗粒之间为胶结物质所填充，左方的胶结物质已重结晶；

中间的胶结物质为微晶状态；右方的胶结物质为非晶质

（1）碎屑物质：包括矿物碎屑和岩石碎屑（岩屑）2种。矿物碎屑中以石英为主，其次是长石（主要是正长石和酸性斜长石），再次是白云母，以及少许重矿物。总之，碎屑矿物主要是抗风化能力较强的矿物。

（2）胶结物质：指填充于碎屑孔隙之间的物质，最常见的为各种化学沉淀物或胶体物质，如钙质（方解石、白云石等）、硅质（玉髓、蛋白石、石英等）、铁质（赤铁矿、褐铁矿等），以及石膏、海绿石和有机质等。此外，在粗碎屑孔隙间填充了细碎屑物质（细沙、粉沙、泥等），这种细碎屑填充物质又称为杂基或基质。

碎屑本身有各种大小和不同形状，即具有各种粒度和圆度。

① 粒度指碎屑颗粒的大小。它不但是碎屑岩进一步分类的根据，而且也是研究其成因的重要标志。

关于粒度分级的方法，有不同的标准。一般是根据颗粒大小及其与水力学性质的内在联系为依据（表 3-13），把碎屑划分为砾（直径>2 mm，成分以岩屑为主，搬运方式以底部滚动为主）、沙（直径在 2～0.05 mm，成分以矿物碎屑为主，搬运方式以跳跃为主）、粉沙（直径在 0.05～0.005 mm，成分以矿物碎屑为主，多呈悬浮状态搬运）、泥（直径<0.005 mm，成分以黏土为主，有布朗运动现象和明显的凝聚现象）。

表 3-13　碎屑粒级分类

粒级/mm		碎屑名称		胶结的岩石	碎屑结构类型	
>2		角砾（带棱角）		角砾岩	角砾状结构	碎屑结构
		砾		砾岩	砾状结构	
2～0.05	2～0.5	沙	粗沙	粗砂岩	沙质结构	
	0.5～0.25		中沙	中砂岩		
	0.25～0.10		细沙	细砂岩		
	0.10～0.05		微细沙			
0.05～0.005	0.05～0.01	粉沙	粗粉沙	粉砂岩	粉沙质结构	
	0.01～0.005		细粉沙			
<0.005			泥（黏土）	黏土岩（泥质岩）	泥质结构	

注：松散物质用“沙”字，胶结成岩用“砂”字。

一种碎屑岩通常由多个粒级的碎屑组成。如果碎屑粒级大小近乎相等，或其中某一粒级碎屑含量大于 75%，就是分选性好；碎屑粒级相差极大或没有一种粒级含量达到 50%，就是分选性差。碎屑的分选程度可以反映碎屑岩的形成条件和环境。

② 圆度（也称磨圆度）指碎屑颗粒的棱角被磨蚀圆化的程度。圆度能反映碎屑生成的环境和搬运距离，通常碎屑搬运距离越长，或者经反复搬运（如风成碎屑、海滨碎屑），其圆度越高。重力崩塌或冰川形成的碎屑，其圆度甚差。碎屑圆度共分 5 级，即棱角状、次棱角状、次圆状、圆状和极圆状（图 3-65）。通常把棱角状和次棱角状的砾称为角砾。

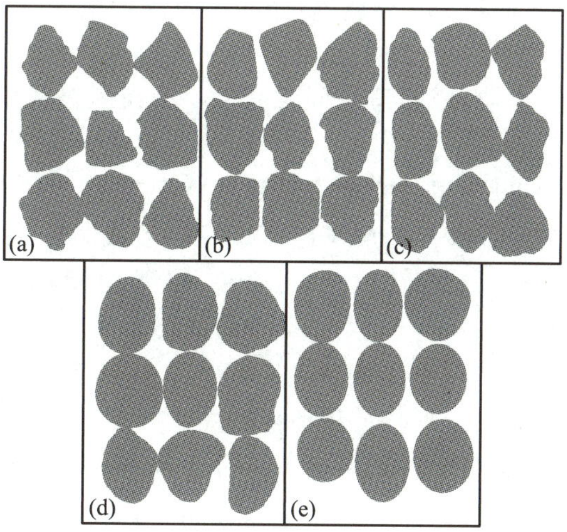

图 3-65　碎屑圆度分级

（a）棱角状；（b）次棱角状；（c）次圆状；（d）圆状；（e）极圆状

总之，各种碎屑胶结成岩后，其结构通称碎屑结构。根据其中碎屑的粒度（有的还根据圆度),碎屑结构又分为角砾状结构、砾状结构、沙质结构和粉沙质结构(表3-13)。

2. 泥质结构

泥质结构(表3-13)是指由极细小的黏土质点所组成的、比较致密均一和质地较软的结构。有时可见到鲕状及豆状结构,是在沉积过程中黏土质点围绕核心凝聚而成的同心圈层结构。泥质结构不仅因其颗粒细小而不同于碎屑结构,而且这种结构岩石的矿物成分(以黏土矿物为主)、形成原因(主要是化学风化过程中矿物分解后形成的新生矿物,基本上不是物理风化所成的碎屑)、黏粒搬运方式(以悬移为主)及沉积情况(胶体沉积等为主)等也都不同于碎屑岩类。薄片状、层状的黏土矿物在沉积过程中常平行定向排列,层层积累,故多具清楚的薄层层理构造;且致密不透水,常保存有良好的动植物化石。

3. 化学结构和生物结构

由各种溶解物质或胶体物质沉淀而成的沉积岩常具有化学结构。如某种化学成分沉淀后,在一定条件下常同时结晶,形成等粒他形晶结构。如果晶粒很细,肉眼看来就往往具有致密均一的特征。有时在岩石中含有大量(质量分数在30%以上)的生物遗体(如珊瑚、蠖、软体动物的外壳等)或生物碎片,形成各种生物结构。

(四) 沉积岩的构造

沉积岩在沉积过程中,或在沉积岩形成后的各种作用影响下,其各种物质成分形成特有的空间分布和排列方式,称为沉积岩的构造。它不仅构成沉积岩的重要宏观特征,而且还可据以恢复沉积岩的形成环境。

1. 层理构造

在沉积岩沉积过程中,气候或季节等周期性变化,必然引起搬运介质的变化,如水的流向、流量的大小等变化,从而使搬运物质的数量、成分、颗粒大小、有机质成分的多少等也发生变化,甚至出现一定时间的沉积间断,这样就会使沉积物在垂直方向上由于成分、颜色、结构的不同,而形成层状构造,总称为层理构造。

在一个基本稳定的物理条件下所形成的沉积单位叫作层;层与层之间常存在一个沉积条件的突变面,或代表一个侵蚀面。一个层的顶面或底面叫作层面。层面可以是平的,也可以是波状起伏的。有的层很厚,有的层很薄。单层厚度可以反映形成时的沉积速度。层理根据层厚可以分为:块状(层厚>100 cm)、厚层(50~100 cm)、中厚层(10~50 cm)、薄层(1~10 cm)、微层(页片层,0.1~1 cm)等类型。在一套岩层中层的厚薄变化可以反映沉积环境的变化频率。

根据形态,层理可以分为水平层理、波状层理和斜层理。

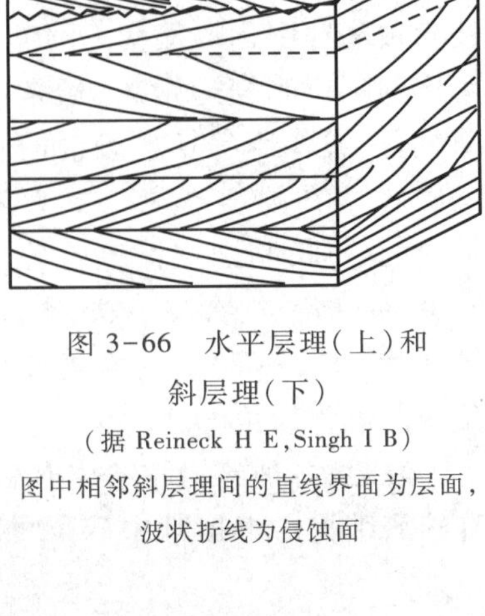

图3-66 水平层理(上)和斜层理(下)

(据 Reineck H E,Singh I B)

图中相邻斜层理间的直线界面为层面,波状折线为侵蚀面

在一个层内的纹层(不能再分的微细层)比较平直,并与层面平行,称为水平层理(图3-66上部)。这种层理主要是在水动力条件微弱、平静环境条件下形

成的,多形成于闭塞海湾、较深的海、湖泊、潟(xì)湖、沼泽、河漫滩等比较稳定的沉积环境。

波状层理是纹层呈波状起伏,但总的方向平行层面的层理。波的形态可以是对称或不对称,规则或不规则,连续或断续。这种层理主要是在较浅的湖泊、海湾、潟湖等处由于波浪作用形成的。单向水流在河漫滩沉积中也可形成不对称波状层理。

若层内的纹层呈直线或曲线形状,并与层面斜交,则称为斜层理(图3-66下部)。若各纹层均向同一方向倾斜,则称为单向斜层理(或简称斜层理),这种层理主要由河流形成。在河床上常常形成垂直于流水方向的沙垄,在河流搬运过程中沙垄逐渐向前移动,形成了斜层理(图3-67)。层理的倾向代表流水的方向。在湖滨、海滨三角洲中也有显著的斜层理。有时斜层理的倾斜方向互不一致,称为交错层理。在滨海、浅海(或湖滨)地带,由于海(湖)水运动方向反复不定,或在风成堆积中由于风向多变,都可形成交错层理。

上述波状层理、斜层理、交错层理,一般都反映海中或陆地上的浅水环境(风成者除外),因而可据以恢复沉积时的古地理环境。

根据沉积物的颗粒粗细分异情况,层理可以分为递变层理(粒序层理)和块状层理。递变层理是在一个层内颗粒由下向上由粗逐渐变细的层理。其中又有2种类型,如图3-68(a)所示,在下部没有细小颗粒,当水流速度和强度逐渐减弱的情况下常形成这种层理。如图3-68(b)所示,在由粗变细的颗粒中还夹杂着细小颗粒,在携带各种大小颗粒的浊流或悬浮流中常沉积形成这种层理,这种类型是最多的一种。块状层理是层内物质均匀或者没有分异现象、层理不很清楚的一种层理,这种层理常因沉积物快速堆积而成。

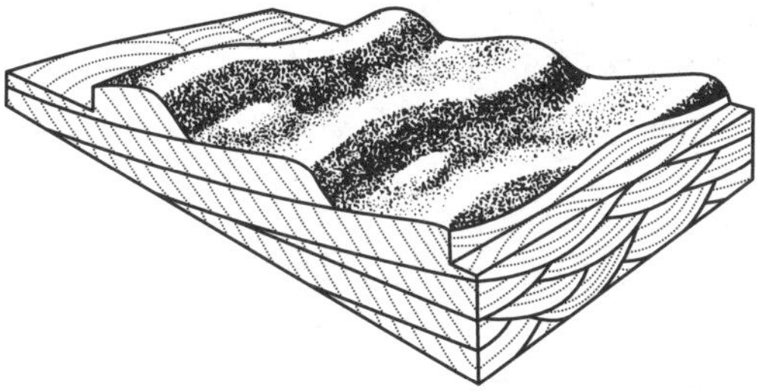

图3-67 斜层理形成块状示意图

(据 Reineck H E, Singh I B)

顶面表示波脊呈曲线状的小沙垄,沙垄的移动形成斜层理(纵剖面方向),垂直流水方向(横剖面)形成槽状层理

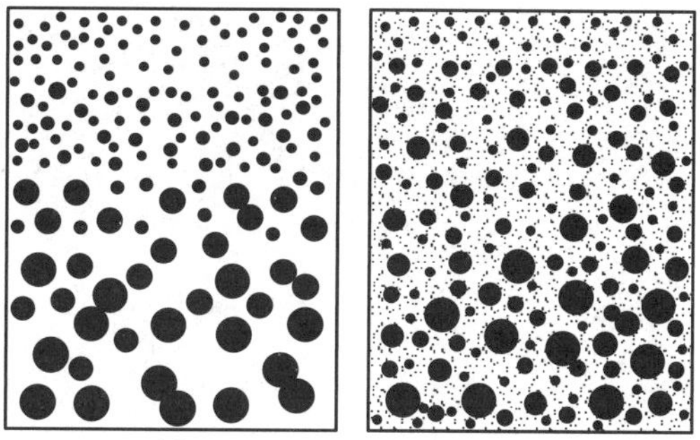

(a) (b)

图3-68 递变层理

(据 Pettijohn, 1957)

(a) 下部无细小颗粒;

(b) 在递变颗粒中夹有细小颗粒

2. 层面构造

在沉积岩层面上常保留有自然作用产生的一些痕迹,它们不仅标志着岩层的某些特性,而且记录了岩层沉积时的地理环境。

(1) 波痕:在现代河床、湖滨、海滩,以及干旱地区的沙丘表面上,常形成一种由流水、波浪、潮汐、风力作用产生的波浪状构造,称为波痕(图3-69)。这种构造也常保留在沉积岩层的层面上。波痕经常保存在砂岩中,但在泥灰岩、薄层灰岩中亦可见到。

沉积岩中最常见的是流水波痕和浪成波痕。流水波痕形态不对称，波峰和波谷均较圆滑，陡坡方向代表流水方向。浪成波痕对称性显著，波峰尖锐，波谷圆滑。这两种波痕都反映浅水（河流、海滨、湖滨等）沉积环境（因为波浪的作用只能达到一定深度）。但前者是在流水条件下形成的，而后者是在静水条件下形成的。在沙漠及湖、海滨岸带沙丘沉积物中，还常见到风成波痕，此类波痕不对称的程度更高，陡坡倾向与下风向一致（图 3-70）。

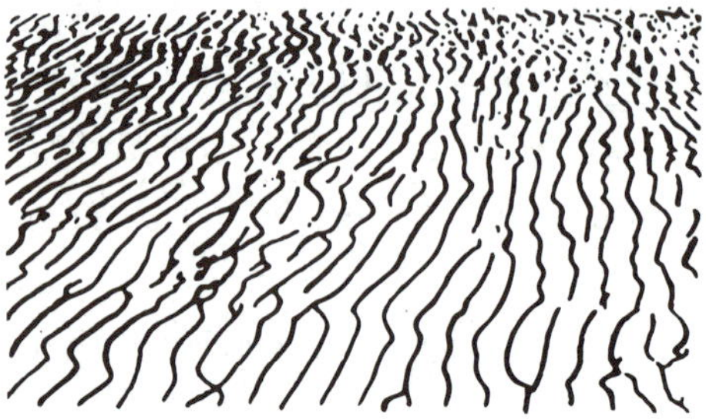

图 3-69 现代海滩上形成的不对称波痕
（据 Reineck H E, Singh I B）
陆地在右侧

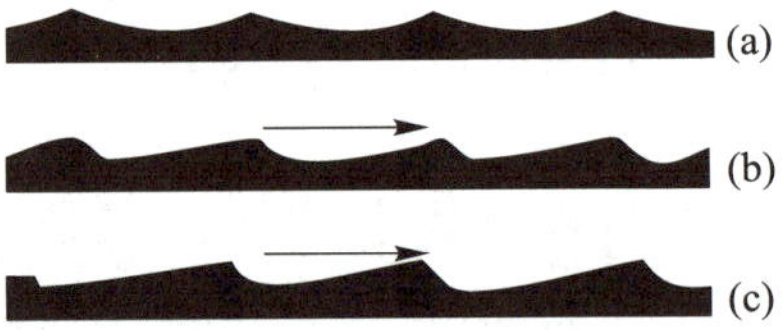

图 3-70 波痕类型
（a）浪成波痕；（b）流水波痕；
（c）风成波痕

波痕构造在岩层的纵剖面或横剖面上常与一定类型的斜层理相适应。图 3-71 为一种不对称波痕及其相应的斜层理构造块状示意图，从图 3-67 中亦可看出这种对应关系。

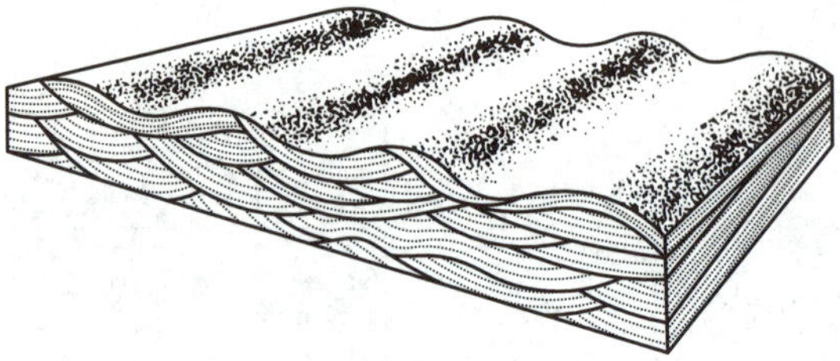

图 3-71 一种不对称波痕与斜层理
（据 Boersma，1970）

（2）干裂：在现代河滩、湖滨、海边等泥质沉积物上，常可见到多角形的裂纹，称为干裂，又称泥裂[图 3-72(a)]。在沉积岩层面上亦可见到干裂[图 3-72(b)、图 3-73]，它是在沉积物未固结之时露出水面，受到日晒，水分蒸发，体积收缩而产生的。裂纹常具上宽下窄形态，其中被泥沙填充，充填物与上覆岩层的成分相当。干裂多见于泥岩、泥质砂岩中，在碳酸盐岩中亦可偶见。干裂常指示海滨、河床、河漫滩、湖滨等浅水环境及阳光充足、阵性降水丰富的半干旱、干旱的气候环境。

（3）盐类的晶体印痕和假象：在某些泥质岩石的层面上，有时可以看到盐类晶体的凹入印痕或凸起的晶体假象。其成因可能是多种的：例如在盐度高、蒸发量大的咸水盆地沉积物中，常有石盐、石膏等晶体形成。由于成岩作用或后生作用，使沉积物失水、压缩、厚度减薄，而盐类晶体比泥质物质收缩小，因此突出于层面上，当新沉积物覆盖其上时，这凸出的晶体便嵌入上覆岩层，并在上覆岩层底面留下凹入的晶体印痕。还有一种情况，当泥质沉积物中有盐类晶体结晶出来，后来又被咸水所覆，使晶体溶解并留下其晶体外形的空洞，然后在其上又堆积了泥沙，这样上覆岩层的底面便有凸出的晶体假象嵌入下伏的岩层之中。如在中国华北下寒武统馒头组页岩中，常见有石盐的晶体印痕和假象。这种层面构造常反映沉积时的干燥环境。

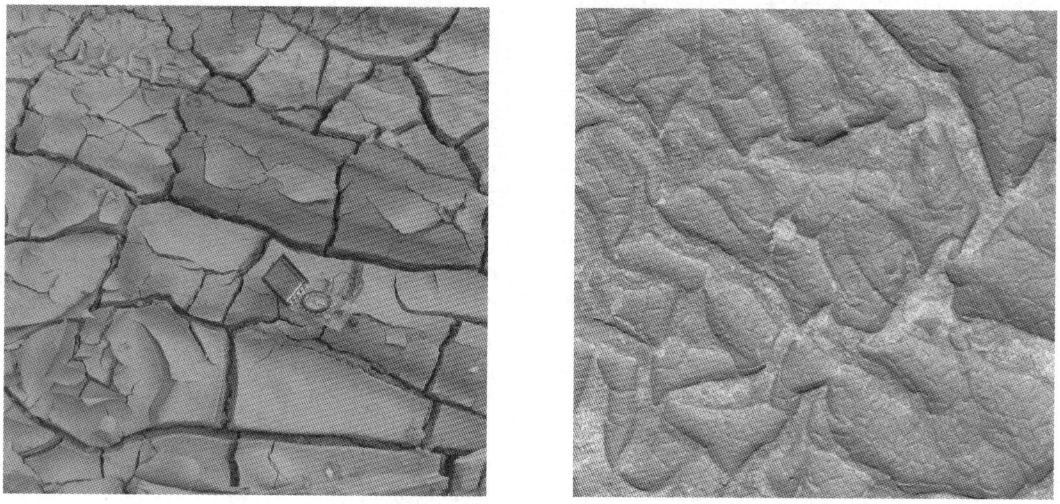

(a)　(b)

图 3-72　现代干裂(a)和岩石中的干裂(b)

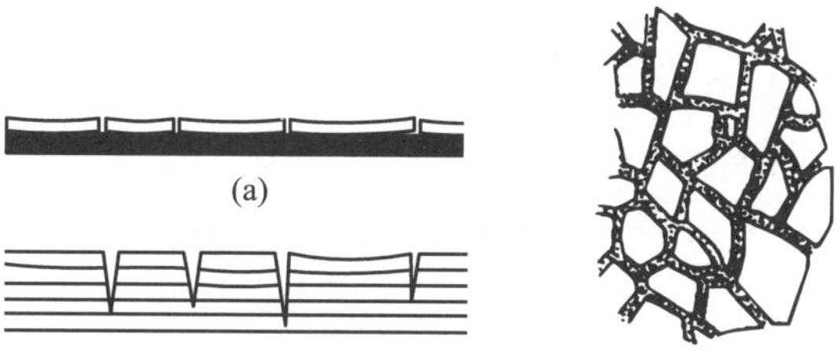

(a)　(b)　(c)

图 3-73　干裂构造

(a)、(b) 两种类型干裂剖面；(c) 干裂平面(裂缝已被泥沙填充)

(4) 雨痕和冰雹痕：雨点和冰雹降落在未固结的泥、沙质沉积物的表面，可形成圆形或椭圆形凹坑，直径在 2~3 mm(有时可达 15 mm)，深 1~2 mm，边缘稍高。这种构造有时可以保留在沉积岩的层面上。

(5) 生物痕迹：指动物在未固结的沉积物表面活动时留下的足痕(脚印)、爬痕、虫孔等，后被沉积物覆盖而保留在岩层中。常见的有恐龙足痕、动物爬痕、虫孔等。

3. 结核

在沉积岩中常含有与围岩成分有明显区别的某些矿物质团块，称为结核。其形状有球状、椭球状、透镜体状、不规则状等，内部构造有同心圆状、放射状等。结核的大小不一，从数厘米到数十厘米甚至数米，在岩层中的分布有的呈层状，有的顺层呈串珠状。根据成因，它们可以分为：

(1) 原生结核：指在沉积过程中某些矿物质或化学成分，围绕某种质点层层凝聚而成的结核。如石灰岩中含有燧石结核，砂岩中含有铁结核，此外还有黄铁矿、菱铁矿、磷灰石等结核，现代海底有大量的铁锰结核。这种结核体一般不穿过层理[图 3-74(a)]。

(2) 后生结核：指岩石形成以后，含矿物质的溶液从层间淋滤渗入，围绕某些中心沉淀，或者与岩石中某些物质进行交代而成的结核。其特点是结核穿过层理[图 3-74(b)]。黄土中的钙质结核属于后生结核。

(a) (b)

图 3-74 结核

(a) 原生结核；(b) 后生结核

由于风化作用，可以形成类似结核的团块，称为假结核。例如有些岩石被纵横裂隙分割成许多形状不一的小块，含氢氧化铁的溶液沿裂缝渗入并溶解岩石，最后被分割的岩石小块变成被褐铁矿包围的假结核形状。

4. 生物化石

在沉积岩中，特别是在古生代以来的沉积岩中，常常保存着大量的种类繁多的生物化石，这是沉积岩区别于其他岩类的重要特征之一。根据化石不仅可以研究生物的演化规律，确定沉积岩的形成时代，而且可以了解和恢复沉积时期的地理环境。

三、沉积岩的分类和主要沉积岩

沉积岩按成因及组成成分，可以分为两类，即碎屑岩类、化学岩和生物化学岩类(表 3-14)。另外，还有一些在特殊条件下形成的沉积岩，本书暂时称为特殊沉积岩类。

表 3-14 沉积岩分类

岩类		沉积物质来源	沉积作用	岩石名称
碎屑岩类	沉积碎屑岩亚类	母岩机械破碎碎屑	机械沉积为主	砾岩及角砾岩 砂岩 粉砂岩
		母岩化学分解过程中形成的新生矿物——黏土矿物为主①	机械沉积和胶体沉积	泥岩 页岩 黏土
	火山碎屑岩亚类	火山喷发碎屑	机械沉积为主	火山集块岩 火山角砾岩 凝灰岩

① 1945年，苏联什维佐夫把由母岩化学分解过程中形成的黏土类矿物沉积而成的岩石，单独划分出来称为黏土岩类。近年有人主张这一类岩石仍应属于陆源碎屑岩的范畴。

续表

岩　类	沉积物质来源	沉 积 作 用	岩 石 名 称
化学岩和 生物化学岩类	母岩化学分解过程中形成的可溶物质、胶体物质，以及生物化学作用产物和生物遗体	化学、胶体化学、生物化学沉淀和生物遗体堆积	铝、铁、锰质岩 硅、磷质岩 碳酸盐岩 蒸发盐岩 可燃有机岩

（一）碎屑岩类

根据碎屑物质的来源，又可将它们分为沉积碎屑岩和火山碎屑岩 2 个亚类。

1. 沉积碎屑岩亚类

这一类岩石是由母岩风化和侵蚀作用的碎屑物质所形成的岩石，又称陆源碎屑岩。除小部分在原地沉积外，大部分都经过搬运、沉积等过程。根据组成碎屑岩的碎屑颗粒大小，本类岩石又可分为：

砾岩类——碎屑直径在 2 mm 以上。

砂岩类——碎屑直径在 2~0.05 mm 之间。

粉砂岩类——碎屑直径在 0.05~0.005 mm 之间。

黏土岩类——碎屑直径小于 0.005 mm。

上述各碎屑岩类中，相应粒级碎屑的含量必须占碎屑总量的 50%以上，如砾岩中大于 2 mm 的砾石碎屑含量应占一半以上；如果其中含有 25%~50%的沙，则可称为砂质砾岩；如果其中含有 5%~25%的沙，则可称为含砂砾岩。其余岩类命名原则，依此类推。

（1）砾岩类：凡由直径在 2 mm 以上的碎屑（含量①大于 50%）组成的岩石都属于此类。砾岩中砾的成分一般是比较坚硬的岩石碎屑。根据碎屑的磨圆程度可将砾岩分为角砾岩和砾岩。

① 角砾岩多由带棱角的砾组成，分选不好或未经分选，一般是搬运距离很近或未经搬运便堆积而成。根据成因，它们可能由山崩重力堆积而成，由海浪冲击海岸而成，由母岩风化在原地残积而成，或者由冰川搬运的冰碛物堆积而成（称冰碛岩），也可能由断层作用而成（称断层角砾岩，碎屑多呈尖棱状）。

② 砾岩多由次圆状或圆状的砾组成。根据成因，砾岩可以在海滨潮间带由海浪反复冲刷磨蚀堆积而成，分选和磨圆度都比较好，成分比较单纯；也可以由河流距离长短不同的搬运而成，分选和磨圆度差别较大，砾石成分也比较复杂。砾岩中一般少有化石，或只含贝壳等生物碎屑化石。

（2）砂岩类：由 2~0.05 mm 的碎屑（含量大于 50%）胶结而成的岩石统称砂岩。砂岩的矿物成分通常以石英颗粒为主，其次为长石、白云母、黏土矿物，以及各种岩屑。根据粒级大小，砂岩可以分为：

粗粒砂岩（2~0.5 mm）

① 若无特别说明，本书的含量均指质量分数。

中粒砂岩(0.5~0.25 mm)

细粒砂岩(<0.25 mm)

根据矿物成分,砂岩可分为:

① 石英砂岩中石英颗粒含量占90%以上,沙粒纯净,SiO_2 含量可达95%以上,磨圆度高,分选性好,胶结物以硅质为主。岩石常为白、黄白、灰白、粉红等色。这种砂岩是原岩经过长期破坏冲刷分选而成。

② 长石砂岩主要由石英和长石颗粒组成,而长石颗粒含量一般在25%以上,以酸性斜长石、正长石为主。通常为粗粒或中粒,常呈淡红、米黄等色,碎屑多为棱角或次棱角状,胶结物多为碳酸盐质、硅质或铁质。这种砂岩多为花岗岩类岩石经风化残积而成,或在构造上升地区强烈风化、迅速堆积而成。

砂岩可以作为建筑材料,纯净石英砂岩可用作玻璃工业原料,孔隙度、渗透率较高的砂岩是地下水或石油、天然气的重要储层、产层之一。

(3) 粉砂岩类:由直径为0.05~0.005 mm的碎屑胶结而成的岩石称粉砂岩。矿物成分比较复杂,以石英为主,其次为长石、白云母,并有较多的黏土类矿物,它们在显微镜下观察多见棱角。胶结物以铁质、钙质、黏土质为主。

① 粉砂岩的质地致密,颜色多样,随胶结物和混入物而变异。具轻微沙感,或具贝壳状断口。湖成粉砂岩常具极薄的水平层理(纹理),河成粉砂岩或具细斜层理,海成粉砂岩常具复杂的层理。粉砂岩多是细颗粒悬浮物质在水动力较弱条件下,缓慢沉积而成。其沉积环境为河漫滩、三角洲、潟湖、沼泽或海、湖的较深水部位。

② 黄土是一种未充分胶结或半固结的黏土粉砂岩。黄灰色或棕色,粉沙含量一般为40%~60%,其次为黏土,并多含有10%以下的沙粒。矿物成分以石英和长石为主,此外还有白云母、角闪石、辉石等。黄土中含有这些易于分解而未分解的矿物,说明黄土的形成与干燥气候有关。胶结物以黏土及 $CaCO_3$ 为主,多钙是黄土的重要地球化学特征之一。一般没有层理,但发育有直立节理,常形成峭壁。黄土在中国分布很广,堆积很厚,形成跨越晋、陕、甘等省的黄土高原,还有些地区分布有冲积或洪积的次生黄土。

(4) 黏土岩类:由直径小于0.005 mm的微细颗粒(含量大于50%)组成的岩石,又称泥质岩。矿物成分以黏土矿物为主,如高岭石、水云母、蒙脱石等,结晶微小(0.001~0.002 mm),多呈片状、板状、纤维状等。黏土矿物主要来源于母岩的化学、生物化学风化产物,即陆源碎屑黏土矿物;还有一部分来源于沉积或成岩过程中的自生黏土矿物。此外还含有粉沙级的陆源碎屑如石英、长石、白云母等颗粒,在沉积和成岩过程中还形成一些胶体和化学沉积物(如铁、锰、铝的氧化物,碳酸盐、硫酸盐、硅质矿物、硫化物、有机质等)。黏土岩类宏观上多具致密均一、质地较软的泥质结构。黏土岩是介于碎屑岩和化学岩之间的过渡岩石,在沉积岩中分布最广。

① 页岩为黏土岩类中固结较强的岩石,具薄层状页理构造,页理主要是鳞片状黏土矿物层层累积、平行排列并压紧而成。常含石英、长石、白云母等细小矿物碎屑的粉沙,与黏土互层时页理构造更为发育。致密,不透水。可有各种颜色,含有机质者呈黑色,含氧化铁者呈红色,含绿泥石、海绿石等呈绿色。性质柔软,抵抗风化能力弱,在地形上常表现为低山低谷。

② 泥岩是一种厚层状、致密、页理不发育的黏土岩。

③ 黏土是由黏土矿物组成、固结程度较差的黏土岩。细腻质软，颜色浅淡为主。分布较多的为高岭石黏土，简称高岭土，具吸水性（粘舌）、可塑性（加水成泥）、吸附性（从溶液中吸附各种矿物质及有机质的性质）、耐火性（熔点：1 350~1 785 ℃）、烧结性（煅烧后变硬）等一系列特点，是陶瓷工业、耐火材料工业的重要原料。还有一种黏土叫作膨润土，主要由蒙脱石（胶岭石）组成，蒙脱石是黏土矿物的一种，为含水层状结构的硅酸盐矿物，化学组成为$(Na,Ca)_{0.33}(Al,Mg)_2[(Si,Al)_4O_{10}](OH)_2 \cdot nH_2O$，吸水后体积可膨胀 10~30 倍，广泛用于铸模、陶瓷、钻探、纺织工业等方面。此外还有漂白土，与膨润土相似，但含钙较多，含钠较少，吸水性和膨胀性较差，而具强吸附力，可吸收大量色素、胶状物、各种杂质等，在炼制石油和植物油工业中，可作脱色剂和漂白剂。

2. 火山碎屑岩亚类

这种亚类主要是火山喷发碎屑由空中坠落就地沉积或经一定距离的流水侵蚀、搬运、沉积而成，有学者将其归于火成岩类。从物质来源看，它与火山活动有关，但从成岩过程看，它又符合沉积岩的形成规律。有些火山碎屑岩的组成以各种火山碎屑为主；还有些火山碎屑岩中夹有很多熔岩，同时火山碎屑为熔岩所胶结；另有一些是由火山碎屑和正常碎屑（砾、沙、粉沙、泥等）混合堆积而成，其中夹有砂岩、页岩等，并常含有化石。由此可见，火山碎屑岩与熔岩之间，火山碎屑岩与正常碎屑岩之间，包含许多过渡类型的岩石。

根据火山碎屑的粒度大小可以分为：

（1）火山集块岩：主要由 50%以上粗火山碎屑（粒径>64 mm），如熔岩碎块等，固结而成的岩石。熔岩碎块带棱角或经搬运磨圆，填充物和基质为熔岩、火山灰、泥沙、钙质、硅质等。分选性一般不好，层理不清，常形成厚层和块状层。根据岩石中熔岩碎块的成分，可以命名为安山集块岩、流纹集块岩等。这种岩石质地较坚硬，堆积厚度从数百米可达数千米，中国东部在中生代中后期形成大量火山碎屑岩，常形成高山。

（2）火山角砾岩：主要由粒径为 2~64 mm 的熔岩碎块或角砾（含量 50%以上）固结而成的岩石，也常含其他岩石的角砾，多数具明显棱角，分选差，大小不等。填充物和基质为熔岩、火山灰或泥沙等，也可以是钙质、硅质等。根据角砾成分可命名为流纹角砾岩、安山角砾岩、玄武角砾岩等。

（3）凝灰岩：主要由粒径<2 mm 的火山灰（岩屑、晶屑、玻屑）及火山碎屑等（含量 50%以下）固结而成的岩石。分选差，碎屑多具棱角。岩石外貌有粗糙感，可具清楚的层理。根据碎屑成分可将其分为玻屑凝灰岩、晶屑凝灰岩、岩屑凝灰岩、混合型凝灰岩等。玻屑凝灰岩常保存于时代较新的火山碎屑岩中，经过脱玻作用和蚀变作用可以形成膨润土或漂白土等。凝灰岩可有黄、灰、白、棕、紫等不同颜色。有时凝灰岩中含有正常碎屑，而形成砂质凝灰岩、凝灰质砂岩等。

上述各类火山碎屑岩，多形成于火山口附近或其周围的有水盆地中。在地层剖面中，火山碎屑岩可以反映地史发展过程中的火山活动情况和古地理环境。

（二）化学岩及生物化学岩类

这类岩石是岩石风化产物和侵蚀产物中的溶解物质和胶体物质通过化学作用方式沉积而成的岩石和通过生物化学作用或生物生理活动使某种物质聚集而成的岩石，前者称为化学岩，后者称为生物化学岩。这类岩石大多是在海、湖盆地中形成，有一小部分也可以在地下水的作用下形成。成分常较单一，具有结晶粒状结构、隐晶质结构、鲕状结构、豆状结构或具有生物结构、生物碎屑结构等。其中有许多岩石本身就是有重要意义的沉积矿产，如石盐、钾盐、石膏、芒硝、石灰石（岩）、白云石（岩）、铁矿、锰矿、铝土、磷矿、硅藻土等。

根据化学沉积分异的一般顺序，这里简述主要岩类和岩石如下。

1. 铝、铁、锰质岩类

富含铝、铁、锰质矿物的化学或生物化学岩。Al、Fe、Mn 是溶液中化学活性较弱的元素，往往以胶体形式在原地或海、湖边缘沉积，但在深海盆 Fe、Mn 等也有大量沉积。

（1）铝土岩：又称铝矾土。主要由三水铝石（$Al[OH]_3$）、软水铝石（$\gamma-AlO[OH]$）和硬水铝石（$\alpha-AlO[OH]$）等组成，故根据成分有一水硬铝石、一水软铝石、三水铝石之分。常含有 SiO_2、Fe_2O_3 等混入物。铝土岩和黏土岩外貌和性质相似，一般称 $Al_2O_3/SiO_2>1$ 者为铝质岩；>2.6 者，称铝土矿；<1 者，称黏土岩。和黏土岩相比，铝土岩岩性致密，硬度和相对密度较大，没有可塑性。致密块状、鲕状或豆状结构。因含杂质不同，颜色有白、灰、黄等。成因不一，主要由铝硅酸盐矿物（如长石等）化学风化分解后形成的氧化铝经搬运在海、湖盆地中沉积而成，也有一部分是残积而成。是炼铝的主要原料。中国河北、辽宁、山东、河南、贵州、云南等省分布甚广。

（2）铁质岩：为富含铁矿物的化学岩或生物化学岩。主要矿物成分有赤铁矿、褐铁矿、菱铁矿等。常混入沙质、黏土质、硅质等物质。致密块状、鲕状、豆状或肾状结构。含铁在 30%以上即可称为铁矿。通常在地质时代的陆地表面，更主要是在浅海边缘形成。中国中、新元古界、泥盆系、石炭系等地层中常富含沉积型的铁质岩（铁矿）。

（3）锰质岩：为富含锰矿物的沉积岩，一般含锰 20%以上即形成锰矿。主要矿物有软锰矿、硬锰矿、菱锰矿等，常混入沙、黏土、氧化铁、二氧化硅等杂质。多呈黑、黑褐、黑紫等色。有的性软、染手、呈土状；有的很硬，呈鲕状、肾状等。在地质时代，锰质岩多在海、湖盆地边缘形成，也可在风化壳中形成。

目前世界都在瞩目一种现代海底形成的金属矿源，即锰结核。1873 年由英国海洋调查船首先在大西洋发现，但到 1958 年世界上才正式对锰结核进行有组织的调查，并逐步开展锰结核的勘探、试采和提炼技术的研究工作。锰结核广泛分布于世界各大洋 3 000~6 000 m 深的洋底表层，估计储量达 3×10^{12} t，太平洋约占一半，其次为印度洋。锰被视为世界上最丰富的金属资源，并被预测是人类 21 世纪的主要矿产之一。据分析，锰结核中含有 56 种元素（McKelvey，1983），其中锰、铜、镍、钴等金属的蕴藏总量可达陆地储量的几十倍到 1 000 多倍。按目前世界年消耗量计算，这些金属可供全球使用上千年至数万年。而且锰结核形成较快，仅太平洋每年就能增长 1 000 万 t，相当于一个大型矿床。

关于锰结核的成因问题，目前尚未得出确切结论，有人认为在洋底淤泥表层因为有机物频繁沉降，促使底土沉积物中的锰和有色金属层层堆积形成结核，由于底层淤泥具有一种弹性，因此把锰结核挤出淤泥，位于底土之上。还有人认为锰和其他金属来源可能与洋底喷出的热水矿液有关。也有人认为由洋中脊（裂谷）喷出的高温熔岩，经海水冲洗、析出含金属的热液，形成“重金属泥”，在一定条件下形成锰结核或热液多金属矿床。

2. 硅、磷质岩类

硅质岩是一种以二氧化硅为主要化学成分的岩石。二氧化硅是通过化学或生物化学沉积作用或某些火山作用生成的，主要矿物成分是玉髓、蛋白石、石英，常混入碳酸盐、氧化铁、黏土矿物等杂质。

磷质岩是一种富含磷酸盐矿物的岩石。主要矿物成分为磷灰石，常混入沙、粉沙、黏土、方解石、石英、海绿石等。大多数为经海洋生物化学作用沉积而成的。

(1) 燧石岩：是一种致密坚硬的硅质岩石，俗称“火石”。主要矿物成分为玉髓、微粒石英、蛋白石等。呈浅灰至黑灰色，蜡状光泽和贝壳状断口。主要与石灰岩共生，形成燧石结核、不规则团块或燧石条带（夹层），很少成为独立稳定的岩层。中国中、新元古界碳酸盐岩层中常含有燧石结核或薄层。多为海洋沉积或成岩交代而成。

(2) 碧玉岩：是一种致密坚硬的硅质岩石，主要矿物成分为玉髓、细粒石英，常混入氧化铁等，呈红、棕、绿、玫瑰等色，具贝壳状断口，蜡状光泽。其性质和燧石岩基本相同，但碧玉岩常与火山岩、火山碎屑岩伴生，其成因与火山沉积有关。质佳的碧玉可作各种工艺品。

(3) 硅藻土：是一种疏松粉状的硅质岩石，由硅藻遗体组成，硅藻含量可达 70%~90%。主要成分为蛋白石，常和黏土或碳酸盐混在一起。白或浅黄色，质轻而软，孔隙度可达 90%左右，粘舌，吸附力很强，是良好的吸附剂，可作炼油、制糖的吸附剂和净化剂，也是优良的隔音、隔热材料。多分布于新生代沉积层中，中国山东临朐、吉林、湖南等地皆产硅藻土。

(4) 磷块岩：通常把 P_2O_5 含量大于 5%~8%的岩石统称磷块岩或磷质岩，其结构变化很大，有沙状结构、泥状结构等，外表有时似砂岩、页岩或碳酸盐岩，一般需用化学方法鉴别（与磷灰石同）。

3. 碳酸盐岩类

碳酸盐矿物含量大于 50%，主要矿物成分为方解石、白云石等，常混入二氧化硅、氧化铁、黏土、沙等。常具结晶粒状结构、鲕状结构、豆状结构、生物结构或碎屑结构等。过去认为本类岩石主要形成于海、湖盆地中的偏深浅水环境，成因和形成环境比较简单。近来研究结果表明，其沉积环境可以是浅水、较深水，也可以是潮上带，有许多是在有丰富生物和极浅水条件下形成的；其成因可以是化学沉积、生物化学沉积、生物沉积，也可以是机械作用的碎屑沉积，后一种虽然也具有碎屑岩类的特点，但其碎屑并非来源于陆地，而是在海盆内形成的碎屑，即内碎屑。本类岩石分布很广，仅次于黏土岩和其他碎屑岩，约占沉积岩总量的 20%，在中国约占沉积岩总面积的 55%。

本类的代表岩石为石灰岩和白云岩，但二者之间有许多过渡类型的岩石（表 3-15）。

表 3-15　石灰岩与白云岩及其过渡岩石的划分

岩　类	方解石含量/%	白云石含量/%	岩 石 名 称	简　称
石灰岩类	100~90	0~10	石灰岩	灰岩
	90~75	10~25	含白云质石灰岩	含云灰岩
	75~50	25~50	白云质灰岩	云灰岩

续表

岩　类	方解石含量/%	白云石含量/%	岩 石 名 称	简　称
白云岩类	50～25	50～75	灰质白云岩	灰云岩
	25～10	75～90	含灰质白云岩	含灰云岩
	10～0	90～100	白云岩	白云岩

(1) 石灰岩类：一类以方解石为主要组分的岩石，有灰、灰白、灰黑、黑、浅红、浅黄等颜色，性脆，硬度不大，小刀能刻动，滴盐酸剧烈起泡。由于石灰岩易溶，在石灰岩分布地区常形成石林、溶洞等，称喀斯特地貌。石灰岩是制石灰、水泥的主要原料和冶炼钢铁的熔剂，也是制化肥、电石的原料，并广泛用于制碱、制糖、陶瓷、玻璃、印刷等工业中。根据结构和成因，它们的主要种类有：

① 竹叶状灰岩（砾屑灰岩）　这是一种典型的内碎屑灰岩。所谓内碎屑，也称盆地碎屑、同生碎屑，是沉积于水底的未完全固结或已固结的碳酸盐沉积物，经水流或波浪作用破碎、搬运、磨蚀而成的碎屑，这些碎屑根据大小可以称为砾屑、沙屑、粉屑、泥屑等。它们再沉积形成岩石，就是内碎屑灰岩。而竹叶状灰岩是由灰岩扁砾被钙质胶结而成的典型砾屑灰岩，其砾屑为扁圆或长椭圆形，垂直层面切开形似竹叶，故得名。砾屑大小不一，磨圆度高，其表皮常有一层紫红色或黄色铁质氧化圈，砾屑占60%～70%。砾屑成分单一，多为泥晶方解石（泥晶指泥状碳酸钙细屑或晶体，又称灰泥）；胶结物和填充物多为微晶或细晶方解石，占30%～40%。中国华北寒武系上部和奥陶系下部有广泛分布。一般认为这种灰岩是在潮汐和波浪活动频繁的海滩地区（潮间带或潮下带），先沉积了泥晶灰岩，然后被潮汐或波浪破坏，形成碎块，并被磨蚀成砾，然后又被 $CaCO_3$ 胶结而成。它的沉积环境是氧化环境。

有些灰岩是由沙屑或粉屑胶结而成的，可以称为砂屑灰岩或粉屑灰岩。这类灰岩可具交错层理、干裂、波痕等构造。

② 生物碎屑灰岩　这是由多种生物碎屑被碳酸钙胶结而成的一种灰岩，常见的有生物贝屑（贝壳碎屑）灰岩。它多形成于水流或波浪作用强烈的地区或生物礁的侧翼。

③ 鲕状灰岩（鲕粒灰岩）　这是指鲕粒含量大于50%的一种灰岩。鲕粒的直径小于2 mm，大于2 mm者称豆粒。这种灰岩的形成条件，一般认为是海水中溶解的 $CaCO_3$ 呈过饱和状态，沉积环境为潮汐和波浪作用强烈的浅海，并且海水中富含泥沙等陆源碎屑、内碎屑、生物碎屑，且比较混浊。潮汐和波浪作用经常引起水介质的搅动，每搅动一次，水中各种碎屑便处于悬浮状态，并促使 CO_2 从水中逸出，这样就导致海水中过饱和的 $CaCO_3$ 发生沉淀，并以各种细小碎屑为结核中心，层层围绕，形成鲕粒。如此周而复始，鲕粒越来越大，当其重量超过波浪、水流搅动的能量，便堆积在海底，并为 $CaCO_3$ 所胶结，形成鲕状灰岩。所以，这种灰岩是一种化学成因和机械成因的灰岩。中国北方中寒武统有典型的鲕状灰岩。

④ 化学石灰岩　这是指通过化学及生物化学方式在海、湖中沉淀而成的石灰岩。它们多具隐晶或细晶结构，致密均一，或具贝壳状断口。这种灰岩多形成于温暖浅海地区，气候温暖，有利于蒸发及水生植物进行光合作用，使海水中的 CO_2 被释出或被植物

吸收，$CaCO_3$ 沉淀。另外，在泉水出口处，由于温度升高和压强减小，水中 CO_2 逸出，也使 $CaCO_3$ 沉淀，形成疏松多孔的石灰华。

⑤ 结晶灰岩　这是指主要由方解石晶粒组成的灰岩。它常由泥晶灰岩（由 0.001~0.004 mm 的灰泥组成）及其他灰岩重结晶形成。

（2）白云岩类：指以白云石为主要组分（50%以上）的碳酸盐岩。常混入方解石、黏土矿物、石膏等杂质。外貌与石灰岩相似，但硬度略大，较坚韧，滴稀盐酸（质量分数 5%）不起泡或微弱发泡，风化面常有白云石粉及纵横交叉的刀砍状溶沟。若按结构分类，有碎屑白云岩、微晶白云岩、结晶白云岩等。若按成因分类，可将其分为原生白云岩、交代白云岩（或次生白云岩）等。

原生白云岩主要是在干热气候条件下的高盐度海湾、潟湖、咸化海或内陆咸水湖泊中通过化学沉淀而成的白云岩，或者是咸水中 Mg^{2+} 离子交代置换底部 $CaCO_3$ 灰泥中一部分 Ca^{2+} 离子（这种作用叫作同生交代作用）而成的白云岩。原生白云岩的特征是成层稳定，生物化石稀少，常和石膏等共生。

有些白云岩是在成岩过程中沉积的碳酸钙和渗透下来的咸水中的硫酸镁、氯化镁等反应交代而成。这种作用叫作白云岩化作用，这种白云岩叫作成岩白云岩或交代白云岩。白云岩化的条件一般认为是水溶液中 Mg/Ca 相当大。这种白云岩层位不甚稳定，常呈似层状、透镜状、斑块状产于灰岩中，横向常过渡为白云质灰岩或灰岩。由于方解石被白云石交代后，体积缩小 13%，因此成岩白云岩孔隙发育，是良好的储油层或某些矿床的控矿层。

白云岩在冶金工业中可作熔剂和耐火材料，部分用来提炼金属镁，也可用作化肥、陶瓷、玻璃工业的配料和建筑石材。

在上述石灰岩和白云岩之间，因二者含量比例不同，可有多种过渡岩石，如含白云质灰岩、白云质灰岩、灰质白云岩、含灰质白云岩等，其成分变化如表 3-15 所示。

（3）泥灰岩类：是碳酸盐岩与黏土岩之间的过渡类型岩石。石灰岩中泥质（黏土）成分增加到 25%~50%，即可称泥灰岩；若白云岩中泥质（黏土）成分增加到 25%~50%，则称泥云岩。岩石致密，呈微粒或泥状结构，黄、灰、绿、紫等色。常分布于石灰岩和黏土岩的过渡地带，或夹于薄层灰岩和黏土岩之间，多呈薄层状或透镜体状产出。加冷盐酸起泡（泥云岩起泡微弱或不起泡），并有泥质残余物出现。

4. 蒸发盐岩类

这是指由钾、钠、钙、镁等卤化物及硫酸盐矿物为主要组分的纯化学沉积岩，又称盐类岩。这种岩石广泛分布于闭塞海湾、潟湖、内陆盐湖等沉积中。它们是在干燥气候条件下，由于海、湖水分强烈蒸发，卤水浓度增大，致使其中盐类结晶析出沉淀而成的。常见的有石盐（NaCl）、钾盐（KCl）、石膏（$CaSO_4 \cdot 2H_2O$）、硬石膏（$CaSO_4$）、芒硝（$Na_2SO_4 \cdot 10H_2O$）、苏打（$Na_2CO_3 \cdot 10H_2O$）、硼砂（$Na_2B_4O_7 \cdot 10H_2O$）等，混入物有黏土、碎屑物，以及方解石、白云石、氧化铁凝胶等，还经常伴生溴、碘等元素。这类岩石在沉积岩中所占比重很小，但其本身常构成重要的矿产。如青海柴达木盆地中有许多盐湖，估计盐类储量可达 500 多亿吨，其中钾盐达 1 亿多吨。新疆吐鲁番盆地的艾丁湖是中国海拔最低的地方（−154 m），也是一个以芒硝为主的盐湖。

5. 可燃有机岩类

这是由各种生物(动物、植物)堆积,经过复杂变化所形成的、含有可燃性有机质的一类沉积岩,它们本身也是非常重要的能源矿产。按照成分可将它们分为两类:一是碳质可燃有机岩,包括煤、褐炭、泥炭等;二是沥青质可燃有机岩,化学成分以碳氢化合物为主,包括石油、天然气、可燃冰、地蜡、地沥青等。本类岩石的存在形式多种多样,有固体、液体和气体。在矿产资源中将进一步介绍。

(三)特殊沉积岩类

除去上述几类,还有一些沉积岩是在特殊地质条件下形成的,它们不属于正常分类系统,但这类岩石对于恢复古地理环境,阐明地球历史当中的一些事件,具有特殊的意义,故日益引起人们的重视,现择其要者介绍如下:

1. 风暴岩

这是指在风暴天气影响下在水盆地特别是在海洋中形成的沉积岩。当风暴天气发生时:

① 在海洋中会偶尔掀起强大的涌浪,造成大片海面升高,海水流速增大,波浪传播深度加大(超过正常天气浪基面的深度,可以深达几十米甚至到达 200 m 深度),因而可将海底沉积物中的细物质簸出,形成混浊的密度流;

② 这种风浪对原海底沉积物有很大的侵蚀作用,常形成侵蚀基底面,在基底面上形成冲蚀坑,上覆泥沙等填充其中,形成填充构造;

③ 风暴涌浪还经常挖掘出海底浅埋藏物质,包括各种完整的生物化石,再加上新冲刷来的化石碎片,形成混合的生物组合;

④ 风暴作用不但使沉积物高速流动,还形成较强的往复运动,时常改变方向,或发生旋卷,使其呈杂乱状或旋卷状排列;

⑤ 涌浪一般在不太长时间内,能量即迅速衰减,产生向海密度流,在陆棚上或携带陆棚边缘物质在潮下沉积形成粒级递变层(即泥沙由粗到细逐渐沉积而成的层),而在海水较浅的底部还可以形成波状沙垄,使沉积物具有交错层理;

⑥ 风暴层多位于侵蚀基面上,厚几毫米、几厘米到十数米,常呈透镜状、口袋状;

⑦ 前述竹叶状灰岩是中国北方上寒武统中广泛分布的岩石,近年有人指出有些竹叶状灰岩的"竹叶"(扁砾)排列杂乱,无一定方向,或呈涡卷排列,认为是一种在强烈振荡水流影响下形成的风暴岩。

2. 浊积岩

这是指浊流沉积形成的各类沉积岩。浊流理论认为,由于地震、风暴、海底火山爆发等因素,把陆棚浅海底上的陆源沉积物搅动起来,形成阵发性的混浊的高密度流(即含有大量泥沙等物质的水流),并把陆源沉积物携带到大陆坡上去;由于大陆坡上发育有大冲沟或峡谷,再加上重力滑塌作用,许多陆源物质包括巨大碎屑及陆地和浅海生物化石,又可以被搬运到大陆坡脚和深海底,在那里沉积下来,形成浊积岩(图 3-75)。这样一来,过去所谓深海沉积中没有陆源物质的观点便被否定了;同时过去认为在海相沉积岩中为什么不见深海相、半深海相沉积岩之谜也解决了。因此浊流理论的提出和浊积岩的发现,对于改变和研究沉积模式,以及根据沉积相恢复古地理面貌具有重要意义。

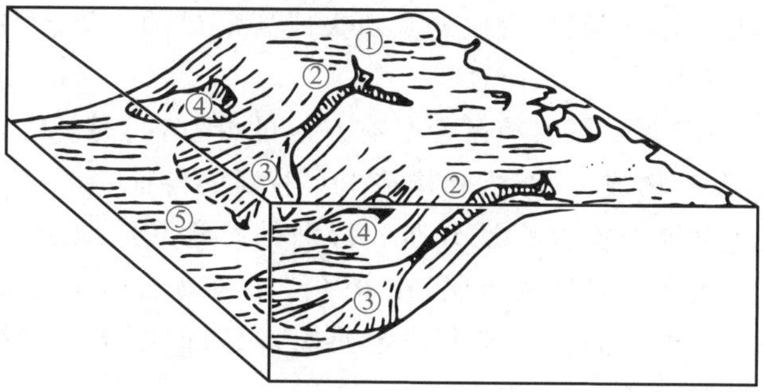

图 3-75　大陆坡与浊流沉积模式

① 大陆架沉积；② 海底峡谷；③ 海底扇沉积；④ 大陆坡上滑移沉积；⑤ 深海底沉积

浊积岩的主要特征是：

① 碎屑成分比较复杂，陆源物质较多，碎屑磨圆度不好，分选也不太好（来自海滨的物质除外），常含有异地搬运来的浅水动物化石（如大型介壳、浅水底栖动物化石等）和植物化石及其碎片等。

② 浊积岩的每一个单元（即一次阵发性泥沙密度流形成的沉积），往往下部物质较粗，有时含有砾石，如含砾砂岩等，向上物质变细，顶部常为泥岩、泥灰岩；下部常形成递变层理，向上逐渐变为微细水平层理，最上部为层理不甚清晰的泥质沉积。A. H. 鲍马曾归纳出浊积岩的沉积序列，称鲍马层序，但由于顶部往往被后期密度流所冲刷，现实中很少存在完整的层序。

③ 浊积岩的一个沉积层序的厚度不大，但许多个单元积累在一起，则常形成很大的厚度，可达数百至上万米，并显示出很好的沉积韵律（即多次重复的互层状）。

④ 由于浊流的前部富含粗物质，流速也大，具有很强的侵蚀力，故常在流经底部泥质表面时形成一系列有方向的冲槽、冲沟，并很快地被沙等浊积物所充填，在砂岩层底面形成其铸模，即槽模、沟模等；或由于迅速沉积在底部软泥上的浊积沙具有不均匀的荷载，在砂岩底部形成高低不平的荷载模。

⑤ 典型的浊积岩分布面积很广，可达 1 万～10 万 km^2，甚至以上。

⑥ 因厚度大，粗细物质交替，常形成油田较好的生（油层）储（油层）盖（层）组合。

⑦ 前述风暴岩，实际上也可以归入浊积岩的系统，是浪成浊流的产物。

第 5 节　变质岩

在地壳一定深度内，由于温度、压力、应力等因素的综合影响和物理化学条件的改变，原来的岩石在基本保持固态的条件下发生化学成分、矿物成分、岩石结构-构造的变化，形成新岩石的一系列过程，称为变质作用。

变质作用不同于风化作用，前者是在相当高或大的温度、压力等条件下进行的，而后者是在常温、常压等条件下或者说是在风化带或胶结带进行的。变质作用也不同于岩浆作用，前者是在温度升高过程中但一般是在固态下进行的，而后者是在熔融态岩浆的冷凝过程中进行的。但是，自然界不同地质作用之间的界限并不都是截然分开的，过渡状态的存在正是自然现象复杂性的表现。

由变质作用形成的岩石，就是变质岩。由火成岩形成的变质岩称正变质岩，由沉积岩形成的变质岩称副变质岩。

变质岩的特点，一方面受原岩控制而具有一定的继承性；另一方面由于变质作用的类型和程度不同，而在矿物成分、结构和构造上具有新的特征。

变质岩在中国和世界上皆有广泛分布。特别是前寒武纪地层，绝大部分都是变质岩组成的。至于古生代及其以后的岩层，在岩浆侵入体周围和断裂带附近，也均有变质岩分布。变质岩中含有丰富的金属矿和非金属矿，例如世界铁矿储量中的70%储藏于前寒武纪古老变质岩中。

一、变质作用的因素

引起岩石变质的因素，主要是岩石所处环境物理条件和化学条件的改变。物理条件主要指温度和压强，而化学条件主要指从岩浆中析出的气体和溶液。这些条件或因素的变化，主要来源于构造运动、岩浆活动和地下热流，因此，变质作用属于内力作用的范畴。

（一）温度

温度是热能的表现。引起岩石变质的热能主要有3个来源：① 由于构造运动，地壳下降使岩层沉降到地下深处而受到地热的影响；② 由于岩浆活动，与侵入岩浆接触的围岩就要受到岩浆热能的影响；③ 由于岩石构造变形，发生断裂错动，岩石就要受到机械摩擦热的影响。温度是变质作用的最积极因素，虽然上述各种原因所引起温度变化的幅度和影响范围不尽相同，但可以使岩石发生如下变化：

一是发生重结晶作用。在温度及其他因素影响下，必然会使岩石中矿物晶体内质点的活力增强，质点重新排列、生长，使晶粒变粗，这种作用称重结晶作用。例如，石灰岩可以重结晶成为大理岩，重结晶前后岩石的化学成分和矿物成分基本不变。

二是可以产生新的矿物。由于岩石受热，可以促进矿物成分之间的化学反应，重新组合结晶，形成新的矿物。实际上这也是一种重结晶作用。例如，高岭石和其他黏土矿物在高温条件下可以形成红柱石和石英：

$$\underset{\text{高岭石}}{H_4Al_2Si_2O_9} \longrightarrow \underset{\text{红柱石}}{Al_2SiO_5} + \underset{\text{石英}}{SiO_2} + 2H_2O$$

又如，硅质石灰岩在高温条件下，其中的 SiO_2 和 $CaCO_3$ 可重结晶形成硅灰石：

$$\underset{\text{方解石}}{CaCO_3} + SiO_2 \longrightarrow \underset{\text{硅灰石}}{CaSiO_3} + CO_2\uparrow$$

关于变质作用温度的上下限，说法不尽一致，在有流体相存在时，其上限为700~900 ℃，其下限为150~200 ℃。

（二）压强

根据地质压强计测定资料，现今出露在地表的变质岩大多数是在压强0.1~1.0 GPa，相当于深度约3~35 km范围内形成的。地壳中岩石受到两种压力的作用：一是静压力，又叫作围压，具有均向性，例如当岩石处于地下，就要受到上覆和周围岩石的压力，岩石所处部位越深，其所受静压力也越大。在静压力作用下，岩石中矿物往往重结晶成体积减小而密度增大的新矿物，以适应新的存在环境。例如基性岩中的钙长石（密度 2.76）和橄榄石（密度 3.3）在高压条件下形成石榴子石（密度 3.5~4.3）：

$$\underset{\text{钙长石}}{CaAl_2Si_2O_8}+\underset{\text{橄榄石}}{(Mg,Fe)_2SiO_4}\longrightarrow \underset{\text{石榴子石}}{Ca(Mg,Fe)_2Al_2[SiO_4]_3}$$

如果计算一下 3 种矿物的分子体积（等于相对分子质量/密度），则钙长石为 101.1，橄榄石为 43.9，石榴子石为 121，前二者之和为 145，与石榴子石之差为 24。

另外一种压力是侧向压力，或称应力，例如当岩石受到挤压、断裂活动或岩浆侵入，一方面可使它变形或破碎；另一方面也可使它重结晶，并使岩石中片状或柱状矿物在垂直于应力方向生长、拉长或压扁，形成明显的定向排列，从而使岩石具有各种片理构造。

（三）化学因素

当岩石所处的化学环境发生变化，同样也可引起岩石的变质。例如，岩石处于地下深部或被岩浆侵入，常常受到从岩浆析出的水汽、各种挥发性组分，以及热水溶液的作用，产生一系列化学反应，形成新的变质矿物。如白云岩或菱镁矿等在热水作用下形成滑石：

$$\underset{\text{菱镁矿}}{3MgCO_3}+4SiO_2+\underset{\text{热水}}{H_2O}\longrightarrow \underset{\text{滑石}}{Mg_3[Si_4O_{10}][OH]_2}+3CO_2\uparrow$$

又如，石灰岩在挥发组分作用下，可形成钙铁石榴子石等。

上述各种变质因素，常常是共同起作用的，例如重结晶作用不仅是在一定温度下而且是在一定压强下进行的；但不同类型的变质作用，往往是其中某一种因素起主导作用。有些岩石变质主要是由热力条件变化引起的；有些主要是由压强条件变化引起的；有些主要是由化学性质活泼的气体或溶液引起的；还有些是由复杂的变质因素引起的，比如低压高温或高压低温、高压高温等，从而会产生不同的变质结果。

不管哪种因素，对于岩石来说都是引起变质的条件。这些因素必须通过岩石本身起作用。不同的岩石在相同条件下，可以有不同的变质结果。如在同样热力条件下，石灰岩变成大理岩，砂岩变成石英岩。另外，相同的岩石，在不同的条件下，也可有不同的变质结果。例如同是石灰岩，在单纯的温度影响下产生大理岩化现象，即方解石由细粒重结晶成粗粒；若在岩浆侵入接触条件下，便会产生交代作用，形成许多新的变质矿物。

二、变质岩的特征

变质岩的特征，最主要的有两点：一是岩石重结晶明显，二是岩石具有特定的结构和构造，特别是在一定压强下矿物重结晶形成的片理构造。变质岩和火成岩相比，二者虽都具晶质结构，但前者往往含有典型的变质矿物，且有些具有片理构造，而后者则无。变质岩和沉积岩相比，其区别更加明显，后者具层理构造，常含有生物化石，而前者少有（在沉积岩变质程度较浅的情况下有所保留）。同时，沉积岩中除去化学岩和生物化学岩外，一般不具结晶粒状结构，而变质岩则大部分是重结晶的岩石，只是结晶程度有所不同。

（一）变质岩的矿物

大部分变质岩都是重结晶的岩石，所以一般都能辨认其矿物成分。其中一部分矿物是在其他岩石中也存在的矿物，如石英、长石、云母、角闪石、辉石、磁铁矿，以及方解石、白云石等。这些矿物或是从变质前的岩石中保留下来的稳定矿物，或是在变质过程中新产生的矿物。

还有一部分矿物是只能在变质过程中产生的新矿物，如石榴子石、蓝闪石、绢云母、绿泥石、红柱石、阳起石、透闪石、滑石、硅灰石、蛇纹石、石墨等。这些矿物是在特定环境下形成的稳定矿物，可以作为鉴别变质岩的标志矿物。

变质岩中的矿物常常是在一定压强条件下重结晶形成的，所以矿物排列往往具有定向性，矿物形态具有延长性，甚至像石英和长石这类矿物，也经常形成长条的形状。

（二）变质岩的结构

1. 变晶结构

变质岩是原岩重结晶而成的岩石，具有晶质结构，这种重结晶形成的结构统称为变晶结构。变质岩的变晶结构和火成岩的晶质结构，从成因和形态来看，都有所不同。前者基本上是在固态条件下各种矿物同时重结晶而成，所以矿物颗粒多为他形和半形，其自形程度反映结晶生长能力的强弱，生长能力越强，自形程度越好，而且矿物排列常具有明显的定向性。后者是在熔融的岩浆逐渐冷却过程中，由各种矿物按一定顺序结晶而成，矿物晶粒的自形程度常反映结晶的顺序，且火成岩中除去部分矿物表现为流线、流面构造外，一般不具定向排列。

根据矿物的颗粒大小和形态，可以把变晶结构分为如下若干种：

（1）粒状变晶结构：又称花岗变晶结构（图3-76）。其特征是：岩石主要由长石、石英或方解石等粒状矿物组成，矿物颗粒大小相近，多呈他形，互相镶嵌得很紧，矿物颗粒接触线呈多边形、浑圆形或锯齿状，定向排列不明显，呈块状构造。根据矿物颗粒粗细又可将它们分为粗粒（>3 mm）、中粒（1~3 mm）、细粒（<1 mm）等变晶结构。

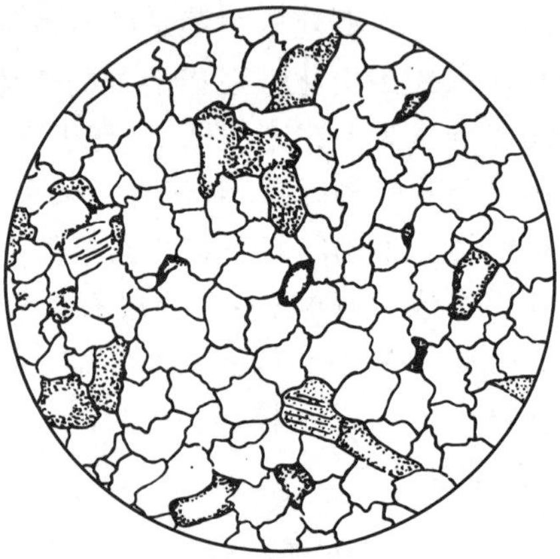

图 3-76　等粒变晶结构

显微镜下的石英岩，据成都地质学院

（2）斑状变晶结构：其特征是，在个体较小的矿物集合体（称为基质）中，分布着较大的矿物晶体（称为变斑晶）（图 3-77）。它与火成岩中的斑状结构相似，但两者的成因和特点不同。斑状变晶结构的变斑晶与基质是在变质作用过程中，在固态情况下，基本上同时形成的，但变斑晶的结束时间可能比基质稍晚。变斑晶一般是结晶能力较强的矿物，如石榴子石、蓝晶石、红柱石、磁铁矿等。火成岩的斑状结构，其中斑晶和基质矿物都是从岩浆中结晶形成的，斑晶比基质矿物的结晶时间要早。

（3）鳞片状变晶结构：主要由云母、绿泥石、滑石等片状矿物组成的岩石，其矿物常平行排列，形成片理，这种结构称鳞片状变晶结构。各种千枚岩、片岩等具此种结构（图 3-78）。

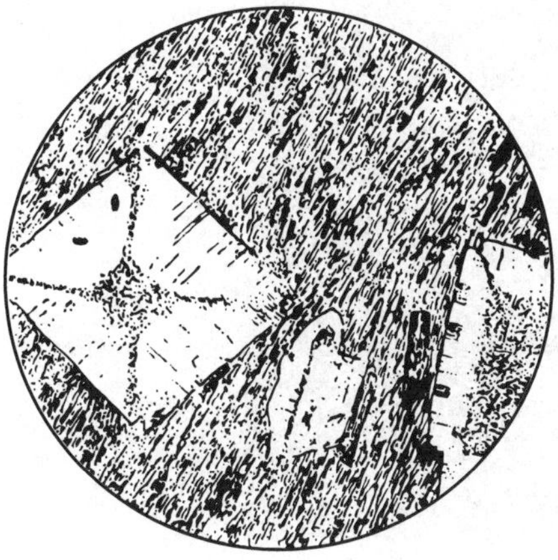

图 3-77　斑状变晶结构
显微镜下板岩中的红柱石变斑晶，基质矿物呈定向排列

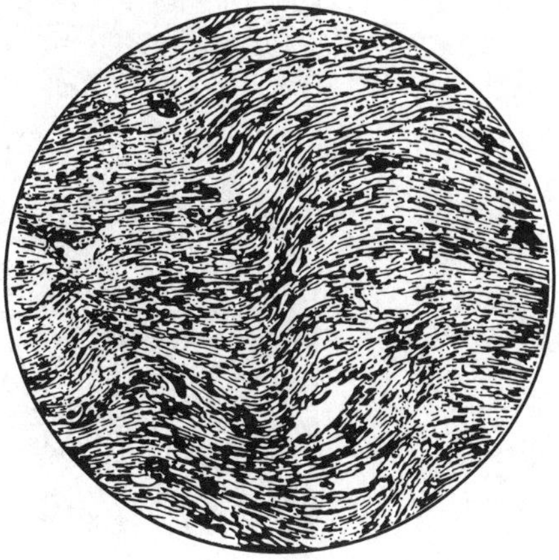

图 3-78　鳞片状变晶结构
显微镜下的云母片岩

有些由柱状、纤维状矿物（角闪石、蛇纹石、红柱石等）组成的岩石，其结构称为纤维状变晶结构。有时它们呈无定向分布，形成块状构造。有时呈束状集合体出现，称蒿束结构。有时呈放射状排列，称放射状结构。

（4）角岩结构：一般指细粒粒状变晶结构，其中矿物颗粒彼此紧密镶嵌，不呈定向排列，岩石常具块状构造。它是热接触变质作用形成的角岩所具有的特征结构。

2. 碎裂结构

它又称压碎结构。岩石在应力作用下，其中矿物颗粒破碎，形成外形不规则的带棱角的碎屑，碎屑边缘常呈锯齿状，并常有裂隙及扭曲变形等现象。它是动力变质岩常有的一种结构。

3. 变余结构

这是指变质岩中残留的原来岩石的结构，如变余斑状结构、变余砾状结构等。根据这种结构可以帮助恢复变质前的岩石种类。

此外，还有其他结构，如交代结构、糜棱结构等，将在后面结合有关岩石介绍。

（三）变质岩的构造

1. 片理构造

这是指岩石中矿物定向排列所显示的构造，是变质岩中最常见、最带有特征性的构造。矿物平行排列所成的面称片理面，其形态可以是平面，也可以是曲面。片理面可以平行于原岩的层面，也可以二者斜交。岩石极易沿着片理面劈开。根据矿物的组合和重结晶程度，片理构造又可分为以下 5 类：

（1）片麻状构造：岩石主要由较粗的粒状矿物（如长石、石英）组成，但又有一定数量的柱状、片状矿物（如角闪石、黑云母、白云母）在粒状矿物之间定向排列且不均匀分布,形成断续条带状构造(图 3-79)。如果是暗色柱状、片状矿物分布于浅色粒状矿物中,则黑白相间的片麻状构造更加明显。各种片麻岩具此种构造。

图 3-79 片麻状构造

(2) 片状构造:相当于狭义的片理构造。岩石主要由颗粒较粗的柱状或片状矿物(如云母、绿泥石、滑石、石墨等)组成,它们平行排列,形成连续的片理构造,片理面常微有波状起伏。各种片岩具此种构造。

(3) 千枚状构造:由细小片状矿物定向排列所成的构造,它和片状构造相似,但晶粒微细,不容易肉眼辨别矿物成分,片理面上常具丝绢光泽。各种千枚岩具此种构造。

(4) 板状构造:指岩石中由微小晶体定向排列所成的板状劈理构造。板理面平整而光滑,并微有丝绢光泽,沿着劈理可形成均匀薄板。这种板状构造有的来自原来岩石的板状层理;有的是原来岩石在应力作用下形成的板劈理,它可能和原来的层理一致,也可能与之斜交。板状构造是板岩所特有的构造。

(5) 条带状构造:指变质岩中由浅色粒状矿物(如长石、石英、方解石等)和暗色片状、柱状或粒状矿物(如角闪石、黑云母、磁铁矿等)定向交替排列所成的构造,也称层状构造。它们以一定的宽度呈互层状出现,在断面上形成颜色不同的条带。有的条带状构造是由原来岩石的层理构造残留而成;但更多的是暗色具片理构造的部分被浅色岩浆物质顺片理贯入而成,混合岩常具此种构造。

2. 块状构造

它是岩石中矿物颗粒无定向排列而表现的均一构造。如有一部分大理岩、石英岩等具此种构造。

3. 变余构造

它又称残留构造,是变质作用后保留下来的原岩构造。特别是在变质程度较低的变质岩中可以见到变余层理构造、变余气孔构造、变余杏仁构造、变余波痕构造等,这些构造是恢复原岩类型和产状的重要标志。

三、变质作用类型与主要变质岩

变质作用的因素和方式不同,可以造就不同的变质类型,形成不同的岩石。

（一）动力变质作用

1. 动力变质作用的概念

在构造运动所产生的强烈应力的作用下，岩层及其组成矿物发生变形、破碎，并常伴随一定程度的重结晶作用，这种变质作用称动力变质作用。其变质因素以机械能及其转变的热能为主，常沿断裂带呈条带分布。由于构造运动性质、作用强度、原岩特征等的差异，所形成的动力变质岩分为断层角砾岩、碎裂岩、糜棱岩等，这些岩石是识别断裂带的重要标志。

此外，陨石撞击的巨大冲击力造成以陨石坑为中心的圆形区域内岩石的粉碎、熔融与分解等，也是一种动力变质作用。它所形成的具有熔渣和玻璃的冲击岩是判别古陨石坑的重要标志。

2. 动力变质作用形成的岩石

（1）断层角砾岩：又称压碎角砾岩、构造角砾岩。这是原岩因构造作用破碎产生的角砾经胶结而成的岩石，角砾大小不等，具棱角，岩性与断层两侧岩石相同，并被成分相同的微细碎屑及后生作用水溶液中的物质所胶结。

（2）碎裂岩：是岩石受强烈应力作用，形成较小的岩石碎屑或矿物碎屑所成的岩石，有时具新生的矿物如绢云母、绿泥石等。有时在岩石碎屑中残留一些较大的矿物碎块，形如斑晶，称碎斑结构。

（3）糜棱岩：岩石遭受强烈挤压形成粒度较小的矿物碎屑（一般<0.5 mm）所成的岩石。主要矿物为细粒石英、长石及少量新生矿物如绢云母、绿泥石等，有时含少量原岩碎屑，呈碎斑结构。因不同成分、颜色、粒度的矿物定向排列，它们常显示类似流纹的条带构造。多见于花岗岩、石英砂岩等坚硬岩石的断裂构造带。

（二）接触变质作用

由于岩浆活动，在侵入体和围岩的接触带，产生变质现象，称为接触变质作用（图 3-80）。通常形成于地壳浅部的低压、高温条件下，压强为 0.01~0.3 GPa。

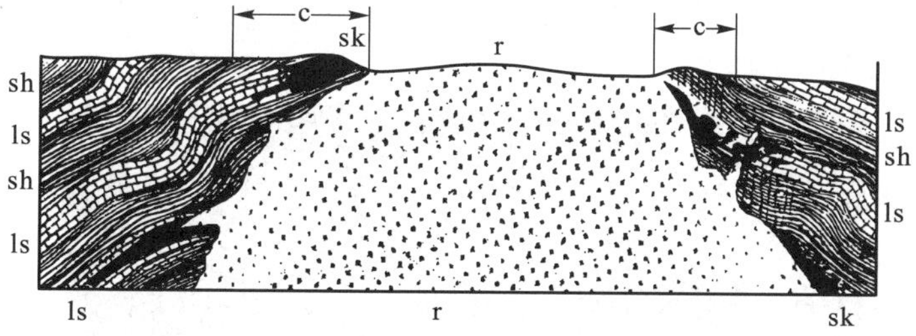

图 3-80　接触变质作用示意图

（据 Brinkmann R）

r. 花岗岩侵入体；c. 接触带；sk. 夕卡岩；ls. 石灰岩；sh. 页岩

这种变质作用在围岩中一般只波及一定范围，距离侵入体越近，变质程度越高；距离越远，变质程度越低，并逐渐过渡到未变质的岩石。从平面上看，若形成以侵入体为中心的环带状分布，则称为接触变质晕或接触变质圈。这个变质圈的宽窄，取决于侵入体的成分、规模和围岩的成分、产状等。例如，侵入体偏酸性（如花岗岩类），富含挥发性成分，规模大，而围岩为碳酸盐，接触面平缓，则变质圈较宽；若侵入体偏基性，规模小，而围岩为砂岩、页岩等，则变质圈较窄。一般说来，变质圈宽度可达数百至一两千米。根据在变质过程中有无交代作用，又可将其分为两种类型：

1. 热接触变质作用

又称热变质作用或简称接触变质作用。它是主要由侵入体释放热能使围岩的矿物成分和结构、构造发生变化的一种变质作用。它主要表现为原岩成分的重结晶，如石灰岩变为大理岩，石英砂岩变为石英岩等；有时，原岩的化学成分重新组合形成新的矿物，如硅质灰岩变成硅灰石灰岩、含镁质灰岩变成蛇纹石大理岩、泥质岩石变成红柱石角岩等。但由于没有明显的交代作用，岩石变质前后的化学成分基本没有变化。

2. 接触交代变质作用

又简称接触交代作用，指岩浆结晶晚期析出大量挥发成分和热液，通过交代作用使接触带附近的侵入体和围岩的岩性和化学成分均发生变化的一种变质作用。所谓交代作用，是挥发成分和热液进入岩石裂隙，在一定的温度、压强条件下，发生化学反应，原有矿物一边破坏，新的矿物一边形成，其结果是原有矿物逐渐为新矿物所代替。交代过程是在有气液参与的固体状态下进行的，新矿物与原有矿物是等体积交换的。这种变质作用，不仅引起岩石矿物成分和结构的变化，而且还引起化学成分的变化。特别是富含挥发组分的中酸性侵入体与碳酸盐岩接触，常引起强烈的交代作用，形成夕卡岩。从岩浆中析出的气水热液往往携带某些金属和非金属元素，通过交代作用可形成接触交代矿床，称为夕卡岩型矿床。

接触变质作用形成的岩石有如下四种。

（1）石英岩：指石英含量大于85%的变质岩石，由石英砂岩或硅质岩经热变质作用而形成。矿物成分除石英外，还可含少量长石、白云母及其他矿物。坚硬致密，具等粒变晶结构，块状构造，在断口上看不出石英颗粒边界。纯石英岩色白，含铁质者则呈红、紫红等色，或具铁矿斑点。可作建筑材料和玻璃原料。

（2）角岩：又称角页岩，是由泥质岩石（黏土岩、页岩等）、粉砂岩、火山岩等经热接触变质作用而成的变质岩，原岩已基本上重结晶，细粒变晶结构，块状构造，致密坚硬，一般为灰、灰黑和近乎黑色。矿物成分有长石、石英、云母、角闪石等，但肉眼常难分辨；有时具红柱石等变斑晶（呈柱状，横断面接近方形，具黑心），称红柱石角岩；若红柱石呈放射状，则通称菊花石（图3-81）。

图3-81 红柱石角岩（菊花石，北京红山口）

(3) 大理岩:是由碳酸盐岩(石灰岩、白云岩等)经热接触变质作用重结晶而成的岩石。等粒变晶结构(由细粒到粗粒),白、浅灰、浅红等色。如原来岩石中含有杂质,重结晶后的大理岩中可含有形成的新矿物,如蛇纹石、硅灰石、金云母等。大理岩遇盐酸起泡,但白云质大理岩起泡微弱。

大理岩是优质装饰石材和建材,还可供艺术雕刻之用。纯白而致密的大理岩通称汉白玉。

(4) 夕卡岩:主要见于中、酸性侵入体与碳酸盐岩的接触带,是在热接触变质基础上,受高温气化热液影响,经交代作用所形成的一种变质岩石。矿物成分比较复杂,主要有石榴子石、透辉石、硅灰石、绿帘石等,有时出现黄铜矿、黄铁矿、方铅矿、闪锌矿等矿物。具不等粒粒状变晶结构,晶粒一般比较粗大,块状构造,颜色较深,常呈暗褐、暗绿等色,相对密度较大。夕卡岩有重要实际意义,常和许多金属矿与非金属矿密切相关。

(三) 区域变质作用

它泛指在广大面积内所发生的变质作用,变质范围可达数万平方千米,前寒武纪的古老地块几乎都是由变质岩构成的。有时呈狭长带状分布,长可达数百、数千千米,宽可达数十、数百千米,如许多褶皱山脉(天山、祁连山、昆仑山、秦岭等)均有和其走向一致的变质岩带分布。由此可见,区域变质作用往往和构造运动、岩浆活动等密切相关。在同一个区域变质地区,其所出露岩石常有不同的矿物组合和一定的分布规律,从而反映变质作用的不同温度和压强等条件。因此,区域变质作用的物理条件具有很宽的范围,一般在压强 0~1.0 GPa、温度 150~900 ℃范围内,可以是高温高压、中温中压,也可以是高温低压、低温高压,以及其他各种情况,而且可以具有不同的地温梯度。目前,人们把区域变质作用分为许多类型,其主要类型有:

1. 区域中-高温变质作用

又称深成变质作用,是在地壳深部温度 550~900 ℃,压强 0.5~1.0 GPa 条件下的变质作用,常常发生在地壳演化的早期,变质相以麻粒岩相(温度稍高)、角闪岩相(温度稍低)为主。由于变质作用发生于较高的温度和压强条件下,因此重熔混合岩化比较发育。所形成的岩石主要为各种片麻岩、麻粒岩、角闪岩、混合岩等,并主要见于太古宙岩层中。

2. 区域动力热流变质作用

又称热动力变质作用,或造山变质作用。主要见于各大褶皱带(即造山带),多呈长条带状分布。因岩石所处部位不同,变质温度可以由低到高,高可到 700 ℃甚至 850 ℃;压强也可以由低到高,为 0.2~1.0 GPa。因此,沿着褶皱带常形成宽度不等的递增变质带。由于这种变质作用同时受到不同应力的作用,岩石变质后具有明显的叶理或片理构造。伴随着强烈的褶皱运动或构造运动,常有大规模中酸性岩浆侵入活动,以及区域性混合岩化作用。如中国祁连山褶皱带和秦岭褶皱带等,都属于这种区域变质作用范畴。所出现的变质岩石可以从深度到浅度变质,如从混合岩、片麻岩、片岩到千枚岩、板岩等。

3. 埋藏变质作用

又称埋深变质作用、静力变质作用、负荷变质作用或地热变质作用。主要指沉积岩层(如地槽区)或火山沉积物随着地壳下沉和埋藏深度递增,在地热影响下发生的区域性变质作用。这种变质作用的形成温度较低,最高可达 400~500 ℃,但压强可以从低到高,所以常在低温而压强不高时形成变质矿物如沸石类矿物,也可以在低温高压时形成变质矿物如蓝闪石等。此外,还可在高温高压时形成榴辉岩。埋深变质作用与岩浆侵入作用、构造运动应力作用无关,故与变质作用同期的花岗岩很不发育,也不见有混合岩,所形成的变质岩一般缺乏片理构造。关于埋深变质作用的成因,除与地壳下沉有关外,目前更认为与大断裂构造特别是岩石圈板块沿俯冲带下沉有关(参见后文)。

4. 洋底变质作用

这是指洋中脊附近的变质作用。洋中脊是洋壳裂开、地下岩浆(主要为玄武岩质)涌出、新洋壳生长的所在位置。它的下部具有速率较高的上升热流,而且其速率随深度而增加,使原有的玄武岩(包括辉长岩)发生变质。洋底不断扩张,使新生洋壳发生侧向移动,把这些受到变质的基性岩推移到大洋洋中脊两侧的大洋盆中。其变质相主要为沸石相、绿片岩相等,但变质岩的矿物组合常随深度而不同,出现相的规律变化。

5. 区域变质作用形成的岩石

(1) 石英岩:除接触变质作用可形成石英岩外,在区域变质作用下亦可形成石英岩,但成分稍复杂,或具条带状构造。

(2) 大理岩:在接触变质带碳酸盐岩可形成大理岩,在区域变质带亦常见大理岩,但后者往往具条带状构造,其中如含蛇纹石、石墨和其他副矿物成分,常形成条带状或褶皱弯曲状纹带,可加工成各种艺术装饰品。云南大理所产最为有名,大理岩即由此得名。

(3) 板岩:是由黏土岩、粉砂岩或中酸性凝灰岩经轻微变质而成的浅变质岩。具明显板状构造,矿物成分基本没有重结晶或只有部分重结晶,外表呈致密隐晶质,肉眼难以鉴别。在板理面上略显丝绢光泽,岩石致密,硬度比原岩高,敲之可听到清脆响声。根据颜色和杂质可以进一步划分出黑色炭质板岩、灰绿色钙质板岩等。在热接触带亦可形成板岩,其中某些杂质常集中成为不同形状和大小的斑点,称为斑点板岩。板岩可以劈开成板,用作屋瓦、铺路石等建筑材料。

(4) 千枚岩:具典型千枚状构造的浅变质岩石,由黏土岩、粉砂岩或中酸性凝灰岩经低级区域变质而成。变质程度比板岩稍高,原岩成分基本上已全部重结晶,但主要由细小绢云母、绿泥石、石英、钠长石等新生矿物组成;具细粒鳞片变晶结构,片理面上有明显的丝绢光泽,并常具皱纹构造;可有绿、灰、黄、黑、红等颜色。

(5) 片岩:具明显鳞片状变晶结构和片状构造的岩石。主要由片状或柱状矿物如云母、绿泥石、滑石、石墨、角闪石等组成,并呈定向排列;此外,间有石英、长石等粒状矿物,有时含少量石榴子石、蓝晶石等特征变质矿物的变斑晶,形成变斑晶结构。片岩一般属于中级(部分低级)变质岩石,变质程度比千枚岩高。根据组成片岩的主要矿物进行分类,如云母片岩、绿泥片岩、滑石片岩、蛇纹石片岩、角闪片岩、石英片岩、绿片岩、蓝闪石片岩等。不同种类的片岩,其原岩成分和变质条件亦不相同。如绿片岩(由绿泥石、绿帘石等绿色矿物组成)通常是基性火山岩经低级到中级变质作用的产物。蓝闪石片岩又叫作蓝片岩,是高压低温区域变质作用的典型岩石。

(6) 片麻岩:具明显片麻状构造的岩石。主要矿物成分为长石、石英(二者含量大于50%,而长石一般多于石英)等,片状和柱状矿物有云母、角闪石、辉石等,有时含夕线石、石榴子石等变晶矿物,属于变质程度较深的区域变质岩。在高温热接触变质作用下,也可形成片麻岩。其原岩主要为黏土岩、粉砂岩、砂岩和中酸性火成岩等。根据岩石中的长石种类和主要片状、柱状矿物,还可进一步分类:如角闪斜长片麻岩、黑云斜长片麻岩、黑云角闪斜长片麻岩、黑云钾长片麻岩等。若长石种类不定,则长石不参加命名。

(7) 角闪岩:主要由普通角闪石(含量大于85%)和斜长石组成,粗粒到细粒,多呈块状构造或不清楚片理,岩石颜色较深。如斜长石增多(>15%),称斜长角闪岩;如浅色矿物以石英为主,则称角闪片岩。此类岩石主要是基性岩、中性岩、富铁白云质泥灰岩的中高温区域变质产物。

(8) 变粒岩:以长石和石英为主的区域变质岩,长石多为钠长石、中酸性斜长石,其含量大于石英;暗色矿物一般少于30%,主要有黑云母、普通角闪石、透闪石、电气石、磁铁矿等。具细粒等粒粒状变晶结构(粒度一般<0.5 mm),常具微细片理或条带状构造。粒度增大时可过渡为片麻岩,片状、柱状矿物(主要为暗色矿物)<10%时,称为浅粒岩。变粒岩是由半黏土质岩石、粉砂岩、中酸性火山岩及凝灰岩等经中级变质作用的产物。

(9) 麻粒岩:是在高温条件下形成的区域变质岩,温度为700~900 ℃,压强范围较广,为0.4~1.2 GPa,相当于地下25~40 km的深度。浅色矿物成分主要为斜长石,有时含有石英,暗色矿物多为不含或基本不含水的矿物,如紫苏辉石①、透辉石等,有时含有黑云母、普通角闪石、石榴子石等。具中粗粒花岗变晶结构,片理构造不清楚,块状构造。暗色矿物含量若少于30%,称浅色麻粒岩或酸性麻粒岩;其含量若大于30%(甚至可达80%~85%),称暗色麻粒岩或基性麻粒岩。麻粒岩是变质程度最深的岩石,关于其成因,普遍认为是原先位于地壳上部的岩石因构造运动而逐渐埋藏到地下深处,受到高温变质作用而成。20世纪70年代以后,有的地质学家认为是由上地幔派生的岩浆,上升侵入地壳底部,在高温高压下变质而成。还有一种看法,原岩是洋壳板块俯冲至地壳深处熔融的产物。麻粒岩广泛分布于太古宙古老地层中,并常富含金、银、铬、镍、铂、铜、铅、硼、石墨、压电石英、宝石、云母、金红石、磷灰石等矿产。

(10) 榴辉岩:是一种典型的高压变质岩石。主要矿物成分为绿辉石和石榴子石,可含石英、蓝晶石、橄榄石等,但不含长石。岩石颜色较深,相对密度较大,粗粒不等粒变晶结构,块状构造。产状和成因比较复杂,或在金伯利岩中呈包体产出,或在橄榄岩中呈条带产出,或在高压变质带蓝片岩中出现。榴辉岩的成因,被认为是地幔物质在一定深度的结晶产物或地幔岩石熔融的残留体,或是玄武岩质岩浆在高压条件下结晶而成,还有人认为是地壳深部岩石变质作用的产物。榴辉岩的形成压强极高,为1.1~1.5 GPa,最高可达3.0 GPa;形成温度范围较宽,为450~750 ℃。

(四) 区域混合岩化作用

1. 区域混合岩化作用的概念

它又简称混合岩化作用,是区域变质作用进一步发展,使变质岩向混合岩浆转化并形成混合岩的一种作用。

混合岩化作用的成因或方式,概括起来有两条:一是重熔作用,即在区域变质作用的

---

① 紫苏辉石,属于斜方辉石的矿物系列,斜方辉石是$Mg_2[Si_2O_6]$和$Fe_2[Si_2O_6]$组成的完全类质同象系列,当$MgSiO_3$占80%~50%、$FeSiO_3$占20%~50%时,即称为紫苏辉石。晶体多呈柱状,颜色较深,褐绿至褐黑色。硬度为5~6,相对密度为3.2~3.5。多产于基性岩、超基性岩或深成变质岩中。

基础上，因地壳内部热流的作用使岩石温度继续升高，当温度升高到 700 ℃左右，在不需要外来物质的参与下，就可使一部分固态岩石，发生选择性的重熔，首先是使岩石中具有低共熔点的长石和石英开始熔化，变成液相，这种作用称为重熔作用。由这种作用产生的岩浆，称为重熔岩浆。重熔岩浆与已变质的岩石发生混合岩化作用，形成不同类型的混合岩。

二是再生作用，即在混合岩化过程中，需要有外来物质的参与，一般认为有由地下深部上升的热液（或称“岩汁”），其中富含钾、钠、硅和水等化学活性和渗透能力极强的物质，通过渗透交代作用，与已变质的岩石发生反应，使其中某些物质熔化。由此作用形成的岩浆，称为再生岩浆。再生岩浆与已变质的岩石发生混合岩化作用，形成各种混合岩。

实际上，上述两种方式均可存在。在区域变质作用过程中，在地下深处常伴随着重熔作用和再生作用，使岩石经受流体相物质的渗透、注入、重结晶、混合交代等复杂的变质作用，并使岩石的矿物成分、结构、构造等发生深刻的改变，生成一系列特殊类型的岩石，这些岩石总称为混合岩。混合岩是从变质岩逐渐向花岗岩过渡的岩石，并经常达到很大的规模。

混合岩通常由两部分组成。一部分称为基体，一般暗色矿物较多，代表原来变质岩的成分；一部分称脉体，主要由浅色的长石、石英组成（结构变化较大，由细晶状、花岗状到伟晶状，有时可具片麻状构造），脉体代表在混合岩化作用过程中新生成的物质。混合岩化作用较弱时，基体和脉体常形成条带状，脉体有时在基体中呈树枝状、眼球状等（图 3-82）；若混合作用较强，则两者界线变得不太清楚，并逐渐消失。

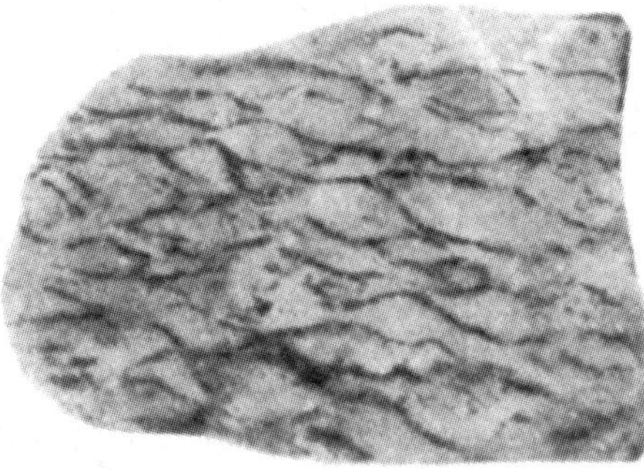

图 3-82 眼球状混合岩（北京密云）

当混合岩化作用最强烈时，可形成花岗岩或花岗质岩石，不管它们的形成方式如何，这种形成花岗岩或花岗质岩石的作用统称为花岗岩化作用，形成的岩石称为混合花岗岩。一种看法认为原来的变质岩由于受到地壳深部热液（岩汁）的渗透交代作用，在固态下（不必经过重熔和再生作用）即可在原地形成混合花岗岩。众所周知，花岗岩是分布最广的火成岩，但有一部分甚至一大部分花岗岩并非由地下岩浆侵入冷凝而成，而是花岗岩化作用或混合岩化作用的结果。

2. 区域混合岩化作用形成的岩石

（1）混合岩：混合岩的形态结构多种多样，说明其形成条件是复杂多样的。如果脉体平行于基体的片理分布，两者呈深浅相间的条带状，这种混合岩称条带状混合岩，又名顺层混合岩。一般认为是由脉体物质顺原岩的片理、片麻理注入而成。有时脉体呈树枝状，则称树枝状混合岩。有时脉体呈网状，则称网状混合岩。有时脉体呈眼球状或串珠状，称眼球状混合岩（图 3-82）。所谓“眼球”，是呈纺锤形的钾长石晶体或长石和石英的集合体，顺基体片理或片麻理方向排列，主要由注入-交代作用形成。有时脉体在基体中呈肠状褶皱，称肠状混合岩（图 3-83）。说明脉

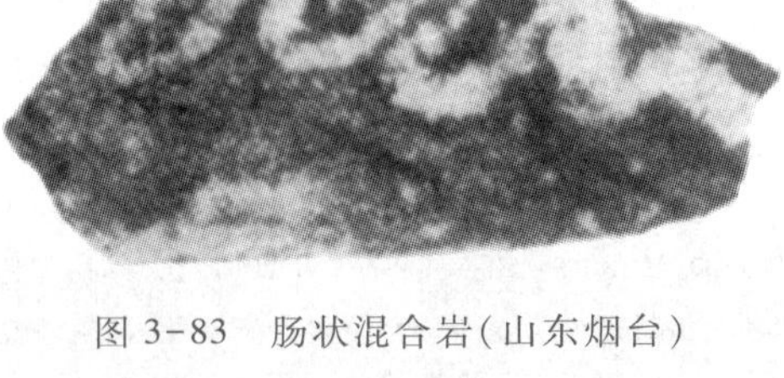

图 3-83 肠状混合岩（山东烟台）

体在注入、交代过程中伴随着变质岩的塑性变形过程。有时因基体片理不发育，被脉体分割成大小不同的角砾状，称角砾状混合岩。若基体中暗色矿物集中成大小不一的团块或斑点，远看呈云雾状，与脉体界线不清，称为阴影状混合岩。

（2）混合花岗岩：是混合岩化作用最强烈的产物，基体、脉体已无法分辨，其矿物成分相当于花岗岩或花岗闪长岩。混合花岗岩常与各种混合岩共生，一般无明确的界线；岩石中往往残留原岩的片理、片麻理等；岩性成分、结构和构造常有局部变化；并且不具有像岩浆成因的花岗岩那样的岩相分带、围岩蚀变等现象。

四、有关变质岩的几个问题

（一）变质强度

岩石在变质过程中，因其所处的温度、压强条件不同，岩石变质的程度也不同，叫作变质强度，或者叫作变质等级。

过去认为，变质作用的强度与温度、压强有关，而温度、压强又与深度有关。岩石所处的深度越大，其所受改造的程度也越深。据此，把区域变质带分为浅变带、中变带和深变带。由于在变质过程中，温度往往起主导作用，也有人按温度的高低把变质作用分为三个等级，即低级、中级和高级。那么，反映岩石变质强度的标志是什么呢？起初人们认为变质岩的粒度是判断变质强度的最主要和直观的标志。因此，板岩和千枚岩是浅变带或低级变质的岩石，片岩是中变带或中级变质的岩石，片麻岩则是深变带或高级变质的岩石。这一概念在有些情况下，例如在接触带由非晶质或隐晶质岩石变为显晶质岩石的时候大体符合实际情况。

但是，影响岩石变质的条件非常复杂，不仅有低温低压、中温中压和高温高压，而且也有低温高压、高温低压等情况，因此仅用深度来概括各种物理条件就显得不够了。而且影响变质岩粒度的因素也不仅仅是温度和压强，另外还有应力（定向压力）和流体状况等因素。根据野外观察及模拟实验，可以发现与传统概念相反的情况，如有些片岩的形成温度和压强比片麻岩还高。

正是这种缘故，促使人们设法研究新的鉴别变质强度的标准。当初人们设想，一定成分的原岩在一定的温度、压强和没有物质交换的情况下，当化学反应达到平衡时，应该形成一定的矿物成分，特别是标志性矿物成分。因此，20 世纪初，有人用标志矿物作为划分变质强度由低到高的依据，划分出绿泥石带、黑云母带、铁铝石榴子石带、夕线石带等变质带。

但是，这种简单的变质带的划分模式，并不完全符合自然界的复杂情况。因为在不同地区，原岩成分不同，温度、压强条件也不一样，所形成的变质带也不尽与简单的模式相同。因此，20 世纪 90 年代以来人们不太强调变质带的概念，而是注意在一定温度、压强条件下不同的岩石都按其化学成分形成相应的矿物组合。这种矿物组合及其代表的物理条件，称为变质相。每一种变质相是根据在一定温度、压强范围内所出现的代表性矿物组合或相当于该矿物组合的特征性岩石来命名，如蓝片岩相（代表高压低温条件）、麻粒岩相（代表中高压和高温条件）、榴辉岩相（代表高压和高温条件）等。

（二）变质作用和地壳演化的关系

过去研究变质作用，偏重于就事论事，孤立地把它看作岩石与周围物理化学条件变化的因果关系，而没有把变质作用和地壳的演化过程联系起来。20世纪90年代以来人们注意到这样的事实：

1. 大面积区域变质作用的时空分布规律

（1）变质岩在前寒武纪古老地块（如地盾、地台）上以大面积的面状分布为主，范围可达上万平方千米；而从古生代以来则只呈线状展布，见于各褶皱山脉中。这表明变质作用在古生代以前和以后有着明显的区别。

（2）前寒武纪特别是太古宙的岩石普遍变质，而且有的变质程度很深，反映出地壳演化的古老阶段地热流较高，温度的影响较为突出。但在前寒武纪变质岩中可以见到低温-中、高压的浅变质相（以绿片岩相为代表），也可以见到高温-中、高压（以麻粒岩相为代表）的深变质相，这种横向分布的不均一性说明地壳在太古宙已经有了活动带与不活动带的区别。

如前所述，由于前寒武纪的岩石大部分变质，要想恢复这一阶段地壳的演化历史是很困难的，如果能弄清楚前寒武系变质相的分布规律，无疑将有助于重塑这一漫长阶段的地壳发展历史。

（3）古生代以来的区域变质带，主要分布于各褶皱带，而在褶皱带以外的地区很少变质，这说明从古生代以后只有在构造活动带或造山带才有较高的地热流，从而导致褶皱带的岩石发生区域变质。

（4）在较新的（中、新生代）褶皱带中，经常有代表低温-高压的蓝片岩相，而在较老的（古生代）褶皱带中则很少见此，这标志着地壳的地热流有逐渐降低的趋势。

2. 变质作用和岩浆作用的关系

大陆型地壳的硅铝层以花岗岩为代表，而花岗岩的分布面积常纵横数万平方千米，若仅仅从岩浆的深成侵入角度来解释，则必须存在如此庞大的侵入空间，这实际是不可思议的事。自从发现变质作用到混合岩化作用及花岗岩化作用这一事实，认为在原地经过各种方式的重熔或再生就可交代形成混合花岗岩，在一定程度上阐明了变质作用和岩浆作用的内在联系，以及地壳演化过程中的某一侧面。总之，变质作用不仅是某一特定地区的独立现象，而且也是地壳发展和演化的有机组成部分。

3. 变质作用和整个地壳演化的关系

20世纪90年代以来发现各种变质相的变质带，常作有规律的分布，例如在太平洋西岸岛弧带，普遍发育2条变质带。在岛弧外侧有一条高压低温（高压相系）变质带，以蓝片岩相为代表；在岛弧内侧有一条低压高温（低压相系）变质带，因此把这种现象通称双变质带。这种分布规律，绝不是一种偶然现象，而是与地壳演化过程有密切关系。目前认为双变质带是地球岩石圈板块活动的必然结果，而板块构造学说被认为是解释全球构造的重要学说，由此可见变质作用是地壳演化过程中的一种具体表现。关于板块构造学说，可以参见下一章相关内容。

三大类岩石都是在特定的地质条件下形成的，但是它们在成因上又是紧密联系的。追溯到地球的早期，那时候岩浆活动十分强烈，地壳中首先出现的岩石是由岩浆凝固而成的。但是，自从地球上出现了大气圈和水圈以来，各种外力因素开始对地表岩石一方面进行破坏，一方面又进行建造，形成了沉积岩。然而，任何岩石都无法避免自然界的改造，因此在一定条件下又出现了变质岩。图 3-84 概括了三大类岩石的相互转化关系。

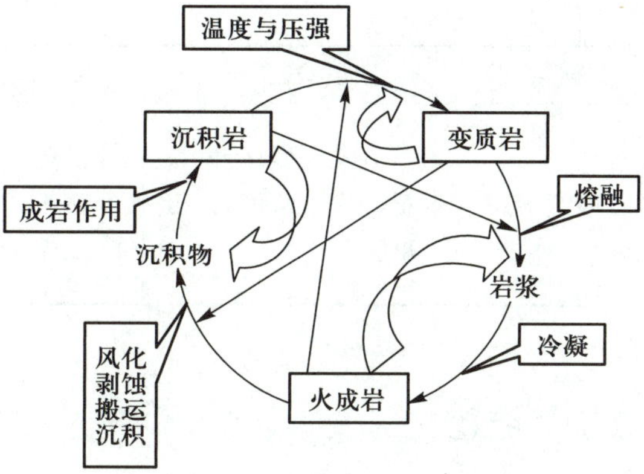

图 3-84　岩石循环图解

"新陈代谢是宇宙间普遍的永远不可抵抗的规律。依事物本身的性质和条件，经过不同的飞跃形式，一事物转化为他事物，就是新陈代谢的过程。"（毛泽东，《矛盾论》）随着时代的演进，在频繁的构造运动和岩浆活动中，老的岩石不断在转化，新的岩石不断在产生，这也就是岩石圈新陈代谢的循环过程。所以，任何岩石既不是自古就有的，也不是永远不变的。在一定时间和一定空间所形成的特定的岩石，都只代表地球历史的特定阶段。每一种岩石都忠实地记录了与它本身有关的那一阶段的历史特征。

为了帮助掌握三大类岩石的分布、产状和基本特征，这里特地列表如下（表 3-16）。

表 3-16　三大类岩石主要特征的比较

岩类		火成岩	沉积岩	变质岩
分布情况	按质量	火成岩和变质岩：95%	5%	
	按面积	火成岩和变质岩：25%	75%	
	最多的岩石	花岗岩、玄武岩、安山岩、流纹岩	页岩、砂岩、石灰岩	混合岩、片麻岩、片岩、千枚岩、大理岩等（区域变质岩最多）
产状		侵入岩：岩基、岩株、岩盘、岩床、岩墙等 喷出岩：熔岩被、熔岩流等	层状产出	多随原岩产状而定
结构		大部分为结晶的岩石：粒状、似斑状、斑状等 部分为隐晶质、玻璃质	碎屑结构（砾、沙、粉沙） 泥质结构 化学结构（微小的或明显的结晶粒状、鲕状、致密状、胶体状等）	重结晶岩石：粒状、斑状、鳞片状等各种变晶结构
构造		多为块状构造 喷出岩常具气孔、杏仁、流纹等构造	各种层理构造： 水平层理、斜层理、交错层理、常含生物化石	大部分具片理构造：片麻状、条带状、片状、千枚状、板状 部分为块状构造（大理岩、石英岩、角岩、夕卡岩等）

续表

岩类	火成岩	沉积岩	变质岩
矿物成分	石英、长石、橄榄石、辉石、角闪石、云母等	石英、长石等外，富含黏土矿物、方解石、白云石、有机质等	石英、长石、云母、角闪石、辉石等外，常含变质矿物，如石榴子石、滑石、石墨、红柱石、硅灰石、透闪石、透辉石、夕线石、蓝闪石等

复习思考题

1. 什么是矿物？什么是岩石？二者的区别与联系何在？

2. “水成论”与“火成论”各持什么观点？二者的争论在学科发展、研究方法等方面有何启示？

3. 名词解释：晶质体、非晶质体、类质同象、同质多象、光泽、透明度、断口、磁性和电性。

4. 肉眼鉴定矿物主要依据矿物的哪些基本特征？

5. 根据化学成分，矿物主要分为哪几大类？其中含氧盐类矿物可以进一步分为哪些类？分别举例说明。

6. 根据“主要造岩矿物简介”一节提供的资料，找出分别具有以下特征的矿物，并概括其鉴定特征（建议列表整理）：硬度小于指甲的矿物；硬度大于7的矿物；相对密度大于3的矿物；具有最完全解理（注明有几组）的矿物；条痕与颜色不同的矿物；条痕与颜色相同的矿物；具有弹性的矿物；具有挠性的矿物。

7. 收集资料，了解目前国内外火山活动监测与预报的主要研究。

8. 酸性岩浆和基性岩浆的特征有何区别？岩浆性质与火山喷发类型之间有何联系？

9. 如何区分喷出岩和侵入岩？

10. 简述鲍温反应系列，说明其对于认识矿物共生组合规律和掌握火成岩分类特征的意义。

11. 根据化学成分和矿物成分，火成岩可以分为哪几大类？代表性的岩石分别是什么？各具有什么特征？

12. 岩石性质是如何影响风化的？为什么高温矿物比低温矿物易风化？

13. 沉积岩是怎样形成的？具有哪些不同于火成岩的显著特征？

14. 何谓“沉积分异作用”？机械沉积分异作用和化学沉积分异作用各有什么规律？有何意义？

15. 碎屑岩由哪两部分组成？沉积碎屑岩与火山碎屑岩的特征有何不同？

16. 如何区分以下各组岩石：砂岩与花岗岩；粉砂岩与凝灰岩；页岩与泥岩；石灰岩与白云岩。

17. 何谓变质作用？影响变质作用的因素有哪些？

18. 变质作用分为哪几种类型？相应形成哪些种类的变质岩？

19. 如何区分以下各组岩石：页岩与片岩；石灰岩、白云岩与大理岩；薄层石灰岩与板岩；花岗岩与片麻岩；石英砂岩与石英岩。

20. 总结火成岩、沉积岩、变质岩三大类岩石之间的区别和转化关系。

第4章

构造运动与地质构造

第1节　概述

电子教案
第4章

一、构造运动的相关概念

内力作用引起地壳乃至岩石圈的各类地质体(岩层、岩块和岩体等)发生变形、变位的机械运动,叫作构造运动,在地球环境演变过程中起着极为重要的作用。在20世纪60年代板块构造学说创立以前,构造运动与地壳运动常作为同义语,指由内力作用引起的地壳的隆起、拗陷和形成各种构造形态的运动。也有观点认为地壳运动的含义更广,是指地壳内部物质的一切物理的和化学的运动,其中包括地壳的变形、变质和岩浆活动等。然而,地壳运动的概念未包括整个岩石圈,从当前全球构造理论的发展,以及地表构造现象与深部地质过程的本质联系来看,“地壳运动”一词有其局限性。因此,本书采用“构造运动”的概念。与构造运动相伴随的岩浆活动和变质作用在第3章已有介绍,本章侧重于岩石圈物质变形、变位的机械运动。

构造运动引起各类地质体变形、变位时形成的各种面状和线状形态统称为地质构造。地质构造的空间规模变化很大,现有研究已经扩展到10^{-8}~10^{8} cm的范围,按空间尺度划分为超微构造(<10^{-4} cm)、微型构造(10^{-4}~0.1 cm)、小型构造(0.1 cm~100 m)、中型构造(100 m~10 km)、大型构造(10~1 000 km)和巨型构造(>1 000 km)6个等级。地质构造的类型包括褶皱、断裂、面理、线理等。本章主要介绍对区域地貌发育影响显著,在野外常见的中、小型褶皱、断裂等构造,也涉及作为区域构造背景、与全球海陆格局相关的大型、巨型构造,以及主要的大地构造学说。

根据构造运动发生的时间,可以将其分为老构造运动(通常不加“老”字)和新构造运动。一般认为,新近纪和第四纪的构造运动称为新构造运动,在这以前的构造运动称为老构造运动。但关于新构造运动的含义有很大分歧,有的认为第四纪的构造运动即新构造运动,也有的认为古近纪、新近纪和第四纪的构造运动为新构造运动,还有的认为凡是造就现代地形基本轮廓的运动(未有时间限制)即新构造运动。总体而言,新构造运动是指地球发展史上最近一个时期的构造运动。

如果把时间尺度再缩短些,可以把人类历史时期所发生的和正在发生的构造运动称为现代构造运动。现代构造运动是新构造运动的一部分,它与人类的经济活动关系更为密切。

从本质上讲,新、老构造运动都是由内力作用引起的,都会产生地质体的变形与变位,但老构造运动是很早以前就发生的,它所产生的结果和痕迹,主要记录在地层里,当时的地貌形态已不存在了;而新构造运动特别是现代构造运动除了在新沉积层中有显示外,还常常表现在火山、地震、隆起、沉陷、掀斜,以及各种地貌形态上。由于新、老构造运动所表现和保存的形式不同，其研究方法也不完全一样。一般而言，研究老构造运动主要靠地层，研究新构造运动除地层外主要靠地貌，而研究现代构造运动则除用地层、地貌方法外，还可利用人类文化遗迹（考古）和历史地震记载的研究，这样往往可以得出几千年、几百年构造运动的情况，利用现代化的测量仪器进行系统观测，可以确定当前构造运动的速度和方向。

二、岩石圈构造与演化理论的建立

岩石圈的构造、物质运动及其演变规律是地质学研究的基础理论问题之一。岩石圈的构造是构造运动的结果。构造运动的性质、方向与速率因时因地而异，具有自身的内在规律，决定了各种地质作用及其组合状况的空间格局与时间变化。地球表层的岩层和岩体各具不同的物理、化学性质，它们所呈现的复杂空间组合形态（即各种地质构造），是在不同的地质作用下形成的，记录了地球历史上发生过的各种构造运动，成为地质学追溯地球演化历史的重要研究对象。因此，关于岩石圈构造与演化的理论必须以地质学各领域（特别是区域地质调查）的研究成果为基础，同时也反映地质学在各个领域里的研究水平和总的发展趋势。一个新学说或新理论的建立，则常常对地质学各个分支学科的研究产生深远的影响。

较早关于地壳和山脉形成的假说是法国博蒙（E. de Beaumont）在 1829 年提出的收缩说。该学说接受了康德-拉普拉斯太阳系起源的星云假说，认为地球最初是由灼热气体组成的，从外向内逐步冷缩而形成固体地壳。地壳之下的熔融物质进一步冷却收缩，地壳为了保持平衡，挤压成褶皱并产生了山脉，这是一个类似于苹果干缩的过程。收缩说只为解释褶皱山脉和逆冲断层的形成，对构造运动的整体认识存在很大的局限性。但是，它对后来构造理论的产生与发展起了重要的促进作用。

随着地质学的发展，学者相继提出的关于地质构造发生发展规律、分布组合规律、形成机制和构造运动原因的假说多种多样。根据不同假说之间意见分歧的焦点，可以归纳出两派对立的观点：固定论与活动论。正是这两种观点的长期争论，推动了岩石圈演化理论及地质学的进步。

固定论认为大陆自形成以来，其基底位置基本固定不变，没有经历过大规模的水平运移。这种观点也称为大陆固定论或大洋永恒论。从这种观点出发，地表的起伏及地壳的构造是垂直运动的产物，虽承认有水平运动，但认为是由垂直运动派生出来的，故也被称为“垂直论”。此观点的重要代表性学说之一为“地槽-地台说”（简称槽台说）。

1859 年，美国地质学者 J. 霍尔研究美国东部阿巴拉契亚山脉的北部，发现这些褶皱山脉曾经是地形上的巨大拗陷。1873 年，J. 丹纳把这种拗陷及其产物称为地槽，并把其形成归因于地球的收缩。1885 年，E. 修斯指出在地球上存在一些稳定地区，其上的沉积层十分平缓，地貌也非常平坦，并称之为地台。1900 年，法国 E. 奥格在其著作《地槽和大陆块》中，明确地把地槽和地台统一起来，作为地壳的两个基本构造单元。自此以后，地槽和地台理论就作为相互联系的不可分割的完整学说形成和发展起来，称为槽台说。槽台说形成后，从 19 世纪末至 20 世纪中，在大地构造学说中一直占统治地位。

活动论与固定论相对立，认为在地球历史演变过程中，大陆在地球表面的位置曾发生过显著的水平移动。因此也称“水平论”。“大陆漂移说”是这类观点的重要代表。

有关大陆漂移的想法由来已久。1620 年，F. 培根指出，非洲西部海岸和南美东部海岸的轮廓如此吻合，不大可能是偶然的巧合。1658 年，法国 R. F. 普拉塞认为，南美洲和非洲曾一度相连但后来分离开了。19 世纪中期，A. 斯奈德-佩利格里尼（1858）根据欧洲和北美煤层中的植物化石，绘制了石炭纪古地理图，表明在煤层形成时期，欧洲和北美连接为统一的大陆，后来才分离。20 世纪初期，美国 F. B. 泰勒（1908）和 H. B. 贝克（1908）在研究世界山脉的分布时，几乎同时得出大陆位移的结论。

在前人有关大陆漂移概念的基础上，德国气象学家魏格纳（A. L. Wegener）在 1912 年提出“大陆漂移说”，并在 1915 年发表的《海陆的起源》一书中做了论证。他依据大西洋两岸海岸线轮廓的相互对应，美洲和非洲、欧洲在地层、岩石、构造上的遥相呼应，大洋两岸古生物群的亲缘关系，石炭纪-二叠纪南美洲、非洲中部和南部、印度、澳大利亚等广泛存在的冰川作用等证据，认为地球上所有大陆在中生代以前曾经是统一的巨大陆块，称之为泛大陆或联合古陆，中生代开始，泛大陆分裂并漂移，逐渐达到现在的位置。大陆漂移是一种活动论的观点，对当时占统治地位的固定论提出了挑战，在世界范围内引起了一场学术论战。但由于大陆漂移说证据的某些缺陷和驱动力问题没有满意的解释，大多数地球科学家对大陆漂移说持怀疑态度。

20 世纪 50 年代，古地磁学研究获得的各大陆极移曲线表明，各大陆相对于地极位置，在地质历史中不是固定不变的，而是有规律地变化，而且彼此轨迹不同。这一现象用大陆固定论无法解释，采用大陆活动论则可以得到圆满的解释，大陆漂移说因此得以复活。20 世纪 60 年代初美国地质学家 H. H. 赫斯和 R. S. 迪茨在古地磁学研究的基础上，根据洋底磁条带、环太平洋岛弧、海沟及其与火山、地震活动的关系，以及洋中脊系统及其裂谷的属性，提出海底扩张说，较好地说明了大陆漂移的机制。1965 年英国的 F. J. 瓦因和 D. H. 马修斯论述了洋壳的产生和消亡，对海底磁异常条带的成因做出了合理的解释，进一步论证了海底扩张说，并通过深海钻探得到了验证。1965 年加拿大的 J. T. 威尔孙提出转换断层的概念，并首次使用板块（plate）一词。1967—1968 年法国的 X. 勒皮雄、美国的 D. P. 麦肯齐将转换断层概念外延到球面上，定量地论述了板块运动，用以说明全球构造运动的基本原因和运动模式，形成了完整的板块构造学说。

板块构造学说的兴起标志着以活动论为主导的新全球构造理论和新地球观的形成。虽然板块构造学说仍存在有待解决的问题，但它对一系列地质学分支学科产生的深刻影响，带来了地学的革命，使现代地质学研究进入一个新的阶段。

第 2 节　构造运动的特征与表现

一、构造运动的基本特征

（一）构造运动的方向性

构造运动按方向分为水平运动和垂直运动。

1. 水平运动

地壳或岩石圈物质大致沿地球表面切线方向的运动，叫作水平运动。这种运动常表现为岩石水平方向的挤压和拉张，也就是产生水平方向的位移并形成褶皱和断裂，在构造上形成巨大的褶皱山系和地堑、裂谷等。所以，从19世纪中叶开始，人们也称这种运动为造山运动。

目前可以找到许多例证，说明现代水平运动的存在。如1970年云南通海地震，一条60 km长的NWW向断裂，水平位移量达2.2 m。1976年7月28日唐山地震，断裂水平位移达1 m多。又如，著名的美国西部圣安德烈斯断层，地震活动频繁[如1906年圣弗朗西斯科(旧金山)大地震]，在1882—1946年的65年中进行4次三角测量，结果表明断层西盘主要向NE方向移动，平均速率为1 cm/a。近几年有学者利用卫星测量资料，证明在断层两侧两个点(昆西和奥泰山)之间，4年内共靠拢了35.6 cm，平均每年水平位移达8.9 cm，出现了运动速率加快的趋势。

2. 垂直运动

地壳或岩石圈物质沿地球半径方向的运动，叫作垂直运动，也叫作升降运动。它常表现为大规模的缓慢上升或下降，形成规模不等的隆起或拗陷，并引起海侵、海退，也就是导致海陆的变化。1890年，吉尔伯特(G. K. Gilbert)称这种大面积的升降运动为“造陆运动”。

从现代垂直运动来看，大量的是缓慢运动，其上升或下降速率一般为每年几个毫米到几个厘米。例如，据大地水准测量，喜马拉雅山的北坡地区在以3.3~12.7 mm/a的速率不断上升。但有时也产生快速垂直运动，特别是在地震过程中，沿着断层瞬间即可产生较大的垂直位移，例如，1957年蒙古博各多断层，在一次活动中垂直位移达300 cm，2008年汶川地震中断层的最大垂直断距达9.0±0.5 m。不仅是垂直运动如此，对于水平运动来说也有缓慢和迅速之分。

实际上把构造运动分为水平运动和垂直运动，并不意味着运动完全沿着水平方向或垂直方向进行。在自然界这两个方向的运动往往相伴而生，这里所说的“相伴”有两重意思，一是在自然界，构造运动的方向不一定都是单纯的水平或垂直方向，比如一条断层更多的情况是两侧岩层斜着相对滑动，其中既有水平位移分量，也有垂直位移分量；二是从两种类型运动的相互关系看，水平运动必然引起垂直运动，而垂直运动也会引起水平运动。例如岩层因挤压而褶皱，有些地方隆起，有些地方凹陷；岩层因拉张而断裂，同样也有些地方上升，有些地方陷落。

在地球发展历史中，构造运动到底是以水平运动为主，还是以垂直运动为主，曾经有过很大争论。但从当前地球科学发展的趋势看，大多数人认为应以水平运动为主。从狭义角度看，所谓水平运动还仅仅是指地壳上层岩石受到挤压而产生的变形或变位。

(二) 构造运动的速度和幅度

除去地震、断层、火山等在短暂时间内可引起显著的变形、位移外，一般而言，构造运动是岩石圈的一种长期而缓慢的运动，其平均速率以每年若干毫米或若干厘米计，因此凭人们的感官无法直接感觉出来。但是不管构造运动有多么缓慢，由于地球发展历史经历了漫长的时间，因此都会产生巨大的变化。例如，喜马拉雅山是今天世界上最高大的一列山脉。在3 000万年以前那里还是一片东西横亘的汪洋大海(古地中海的一部分)，长期处于缓慢下沉并接受沉积的阶段，但所形成的海相沉积岩总厚度竟达30 000 m，这是一个多么惊人的数字。后来亚洲大陆(板块)受到印度大陆(板块)的碰撞，岩层褶皱，大约在 2 500 万年前开始从海底升起，到 200 万年前初具规模，虽然上升速率很慢，平均只有 4 mm/a，但现在已居世界之巅，并仍处于继续上升的过程中。

又如，非洲和阿拉伯半岛本来连在一起，后来中间撕开一个裂口，并逐渐加宽，形成现在的红海，观测资料表明，非洲已水平移动离开阿拉伯半岛 200 km。再以印度次大陆为例，地质构造、地层、古生物、古气候、古地磁等资料都证明它是从南半球漂移过来的。若以孟买所在的地理位置为参照点，侏罗纪时它在 40°S；而在 1.9 亿年之后的今天，它漂移到 19°N 的地方，即以每年几厘米的速率向北移动了 7 000 km。

强调水平运动并不等于否定垂直运动的存在。例如，板块的俯冲或仰冲，地壳的隆起和拗陷，岩层的褶皱和断裂，都会引起地表的升降运动。升降运动的速度和幅度常随着时间的发展和地区的不同而有差异。例如，在同一地区，常表现为升降交替进行的情况，即存在上升为下降所代替，下降又常为上升所代替的现象。在同一时间，则常表现为甲地上升而乙地下降，或者相反，彼此互相交替。因此，无论从时间看还是从空间看，构造运动总是呈现波浪起伏的状况。

（三）构造运动的周期性和阶段性

在地球演化历史中，构造运动无论是水平运动还是垂直运动，都表现出比较平静时期和比较强烈时期的交替。在比较平静时期，运动速率和幅度都小；在比较强烈时期，运动速率和幅度都大。在漫长地史发展过程中，曾有过多次构造运动相对和缓与相对强烈阶段的交替，因而使构造运动表现出明显的周期性。构造运动从和缓到强烈，叫作一个构造旋回，其历时往往长达 2 亿年左右。

地球历史每经过一个大的构造旋回，都要引起世界性的或区域性的海陆、气候、生物和地理环境的巨大变化；同时，一个大的构造旋回还往往包括若干次一级的和更次一级的构造旋回，形成区域性的或局部性的地理环境变化。构造运动的周期性，自然也就决定了地球历史发展的阶段性。所以地史可以划分为许多“代”，代又分为若干“纪”，纪还可分为几个“世”，这就是这种阶段性的反映。

虽然构造运动具有全球的周期性，但不同地区又有自己的周期性，而且不能认为每次构造运动都会波及整个地球，也不能设想每次构造运动在所有地方都会有相同的表现形式。例如，从古近纪以来，喜马拉雅山从古地中海升起，上升幅度达七八千米；而在同一时间，江汉平原地区却表现为缓慢下降，形成了近一千米厚的沉积层；在内蒙古高原地区表现为断裂活动和大面积的玄武岩喷发活动。

应该指出，在板块构造学说出现之前，对于构造运动的时空规律，其主导认识是构造运动具有全球的同时性，承认有统一的构造旋回，具有可对比性。板块构造学说兴起后，人们认识到岩石圈板块是以大致均匀的速率不间断地运动的。因此，这在一定意义上否定了构造旋回的存在。但更新的理论对于这一客观存在必将会做出新的解释。

二、构造运动的证据

（一）新构造运动的证据

1. 地貌标志

地貌形态是内外地质作用相互制约的产物。而构造运动常控制外力作用进行的方式和速度。以上升运动为主的地区，常形成剥蚀地貌；以下降运动为主的地区，常形成堆积地貌。由于新构造运动的时间较近，有关的地貌形态保留得较好，因此地貌研究法成为新构造运动的常用研究方法之一。

例如，珊瑚是生长于温暖浅海中的腔肠动物，海水深度一般不超过 70 m。但有些珊瑚礁沉没于海下达几百米。又如，在大陆河口以外的海底可以发现溺谷，即被海水淹没的河谷。非洲刚果河口外有一段溺谷延伸 130 km，最深可达海面以下 2 000 m。中国海河也有一段河道伸入渤海 7 000 m。此外，有时在海面以下发现有被淹没的三角洲、阶地以及建筑物等，这些都是或可能是构造下沉的标志。

与上述情况相反，有时候在距海面十几米、二十几米甚至几百米高的地方发现珊瑚礁，如中国台湾高雄附近，在距今海面 200~350 m 高的地方发现有下更新统的珊瑚灰岩。有时候在距海面相当高的地点，发现海蚀穴、海蚀阶地、海蚀崖，以及蘑菇石等。如在山东荣城、福建厦门一带，古海滩遗迹高出海面 20~40 m。近年在江苏连云港南云台山主峰——玉女峰(625.3 m)及周围山地也发现了大量海蚀阶地、海蚀穴等。在陆地上河流两岸，常会发现像台阶一样的地貌，这就是河流阶地，有的地方只有二三级阶地，有的地方则可有五六级阶地。越是高位阶地，时间越长，阶地保存的形态越不完整；越是低位阶地，时间越新，保存的形态也越完整。此外在山地河流出口处，常有好几个洪积扇依次叠置。这些标志都是或可能是构造抬升的证据。

但有一点应该说明，构造升降运动常和第四纪海面升降运动叠加在一起，增加了研究问题的困难。构造升降运动可以引起海面的升降变化，称为地动型海面升降运动。另外，由于陆源堆积物填充于海水之中，引起海盆容量的变化，可以引起海面升降；海水温度的变化，也可以引起海面变化(据计算海水温度变化 1 ℃，海面可变化 1~2 m)；此外，海水负荷变化引起海盆补偿性升降，也可能引起海面升降的变化。但研究表明，大陆上冰川的形成、消融是引起第四纪海面升降运动更重要的原因。在第四纪大冰川时代，冰期时大陆上冰川规模增加，海面下降；间冰期气候较暖，冰川缩小和消融，海面上升。由上述各种原因所产生的海面变化，称为水动型海面升降运动。地动型变化和水动型变化的区别，主要是前者往往具有区域性，而后者则往往具有全球性。1842 年，C. 马克拉雷首先认识到冰川进退影响海面高度问题。据他估计，更新世冰期中海面高度变化达 107~203 m。1972 年 A. 泰勒估计海面高度变化为 180 m。

在此讨论这一问题，是因为有些地貌标志具有多解性：古海岸遗迹的变位可以是构造运动引起的，也可以是海面升降运动引起的，或者是二者叠加在一起所产生的结果，不可一概而论。

2. 测量数据

对于现代构造运动，在短期或瞬间很难在地貌上留下可以观察到的痕迹，因此必须借助三角测量、水准测量、远程测量(激光测远)、天文测量等手段，定期观测一点(线)高程和纬度的变化，以测出构造运动的方向和速度。例如，1953 年曾在甘肃省山丹县城与十里铺之间，测得一条基线，全长 1 188.931 m，1954 年地震后用同样的仪器和方法进行复测，结果是 1 188.854 m，一年内缩短了 7.7 cm。

1972—1974 年间，法、英科学家曾用 3 只深海潜水器对亚速尔群岛西南方的大西洋洋中脊进行详细考察，发现洋中脊裂谷深 2 800 m，底宽 3 000 m，由裂谷溢出奇形怪状的熔岩，形成新生的海底；研究表明海底不断向两侧扩张，通过磁异常条带的宽度计算，探知裂谷东侧海底扩张速率是 13.4 mm/a，西侧是 7 mm/a。用同样方法，得出太平洋洋中脊在赤道附近的扩张速率平均为 10 mm/a。前面提到的美国西部圣安德列斯断层，若从古近纪以来计算，其水平运动速率也平均为 10 mm/a。

（二）老构造运动的证据

发生在几百万、几千万以至若干亿年前的构造运动所造成的地貌形态，几乎都为后期的地质作用所破坏，因此不能使用研究新构造或现代构造运动的方法进行研究。但是，构造运动的每一个进程留下了可靠的地质记录。故只要根据地层的岩相特征、厚度、接触关系，以及构造变形等，就能从中找到构造运动的信息，重塑岩石圈构造的发展历程。

1. 地层厚度

在一定时间内形成的具有某些共同特征的沉积岩和堆积物称为地层，对其厚度进行分析，可在很大程度上得出升降幅度的定量结论。以浅海沉积而论，浅海的深度通常只有 200 m 左右，但许多地方出露的浅海地层厚度可以达到几千到几万米。如在天津蓟州、河北兴隆一带的中、新元古界（旧称震旦亚界）厚度近 10 000 m。如何解释在几百米深的浅海中堆积了成千上万米厚的地层呢？假如海底稳定不动，则沉积物的厚度不会超过海水深度；假如海底不断上升，则沉积物的厚度不会大于海水的深度；如果海底边下沉边接受沉积，且沉积速度、沉积幅度与海底的下沉速度、幅度相适应，则沉积物必然越来越厚，但始终保持浅海环境。又如中国中生代地层，许多是在大陆盆地中沉积的，其厚度也常达六七千米，肯定也是盆地边下沉、边堆积的结果。由此可以得出这样的结论，即沉积物的厚度并不取决于沉积时海水的深度或盆地的深度，而主要取决于构造下沉的幅度。由于构造运动常常交替进行，下沉引起相应的沉积，而抬升则引起沉积中断或沉积物的剥蚀，所以在一定时间内形成的地层总厚度乃是升降幅度的代数和，在一定程度上代表该地区构造下沉的总幅度。如果在一定地区范围内进行地层厚度对比，即可了解当时构造下沉区的范围、幅度及古地理基本情况。

2. 岩相分析

自然界的沉积环境各不相同，既有海、陆的不同，也有浅海、深海的差别，气候条件是干燥还是湿润、是炎热还是寒凉，生物群落如何组成等，必然要反映在特定环境中形成的沉积物上，使之具有相应的特征，例如沉积物的矿物成分、颜色、颗粒粗细、结构构造、生物化石种类等。人们把反映沉积环境的沉积物岩性和生物群的综合特征，称为岩相。岩相是沉积物形成环境的物质表现，一旦沉积环境发生变化，沉积物的岩性和生物特征也即随之变化。

岩相一般可以分为海相、陆相和海陆过渡相（如河流入海的三角洲相）三类。其中每类又可细分成若干种相。如海相可分为滨海相、浅海相、半深海相、深海相等；陆相可分为坡积、冲积、洪积、湖泊、沼泽、冰川、沙漠等相。

岩相是随着时间的发展和空间条件的改变而变化的。在同一时间的不同地点，或在同一地点的不同时间，岩相常有不同。同一地层的横向（水平方向）岩相变化，反映在同一时期但不同地区的沉积环境的差异。同一地层的纵向（垂直层面方向）岩相变化，反映同一地区不同时期的沉积环境的改变，而这种改变常常是构造运动的结果。

例如，当构造下沉时，陆地面积缩小，而海洋面积扩大，也就是海水逐渐侵入大陆。如图 4-1(a)所示，这时所形成的地层，从垂直剖面来看，自下而上沉积物的颗粒由粗变细；同时，新地层分布面积大于老地层，形成所谓“超覆”现象。通常把具有这种特征的地层称为“海侵层位”。

当构造抬升时，陆地面积扩大，而海洋面积缩小，也就是海水逐渐退出大陆。如图 4-1(b)所示，这时所形成的地层，从垂直剖面来看，自下而上沉积物的颗粒由细变粗；同时，新地层的面积小于老地层，形成所谓“退覆”现象。通常把具有这种特征的地层称为“海退层位”。

在同一地层剖面上有时可以看到海侵层位和海退层位交替变化，即沉积物颗粒由粗变细，又由细变粗，呈现有节奏、有韵律的变化，表明该地区曾经经历了由下沉到抬升的过程，称为一个沉积旋回。在大多数情况下，海侵层位厚度较大，保存得较好；而海退层位则相反，厚度较小，不易完全保存，有时甚至缺失，出现沉积间断。如图 4-2(a)所示，在地层剖面中可以见到 4 套海侵层位，而缺失海退层位，说明缓慢的下降运动常为迅速的上升运动所代替，海底上升到海面以上，自然只有剥蚀，而无沉积作用了。在图 4-2(b)剖面上也可以看到几次沉积旋回，但海退层位保存得较好，未见有侵蚀面介于地层之间，表明该区多次由下降转为上升，但海底始终未升出海面而遭受侵蚀。自然环境变化多端，反映在岩相上也极复杂。每一个沉积旋回中可以包括若干次一级旋回或更次一级旋回。

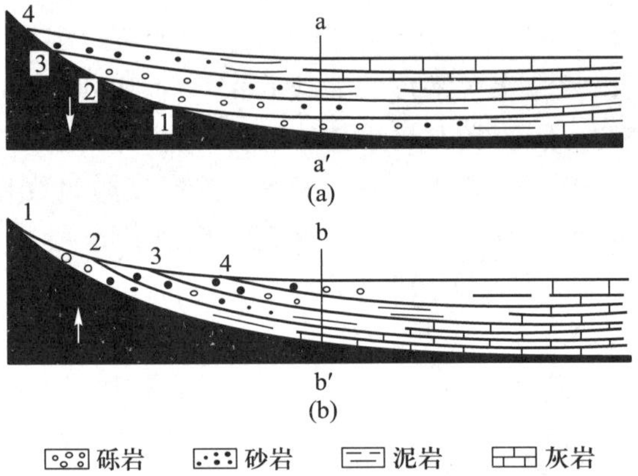

图 4-1 海侵层位(a)和海退层位(b)

1、2、3、4. 海面位置的变化；aa′、bb′. 垂直剖面位置

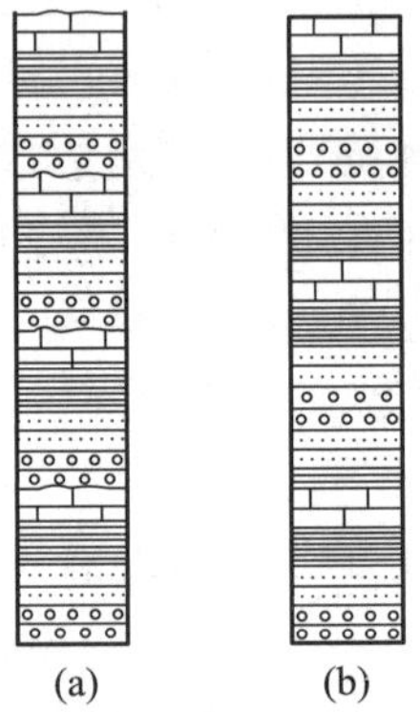

图 4-2 沉积旋回剖面示意图

(图例见图 4-1)

3. 构造变形

构造运动常使地层的产状发生改变，产生褶皱、断裂等构造变形。根据其形态特征可以推断其受力的方向、性质、强度及应力场的分布情况等。如环太平洋的山系和岛弧，以及喜马拉雅山脉等，目前多认为是板块水平移动和俯冲造成的挤压、褶皱并伴有许多断层。

4. 地层接触关系

构造下沉引起沉积，抬升引起剥蚀，所以，构造运动在地层中记录下来的各种接触关系，也是构造运动的证据。

（1）整合接触：当地壳处于相对稳定下降（或虽有上升，但未升出海面）情况下，形成连续沉积的地层，老地层沉积在下，新地层在上，不缺失地层，这种关系称整合接触。其特点是：地层是互相平行的，时代是连续的，岩性和古生物特征是递变的。整合地层说明在一定时期内沉积地区的构造运动的方向没有显著的改变，古地理环境也没有突出的变化。

（2）不整合接触：构造运动往往使沉积中断，形成时代不相连续的地层，这种关系称不整合接触。2 套地层中间的不连续面，称不整合面。按照不整合面上下地层之间的产状及其所反映的构造运动过程，可分为平行不整合（假整合）和角度不整合（斜交不整合）。

① 平行不整合的特点是不整合面上下 2 套地层的产状彼此平行，但不是连续沉积的（即发生过沉积间断），2 套地层的岩性和其中的化石群也有显著的不同；不整合面上往往保存着古侵蚀面的痕迹（图 4-3）。

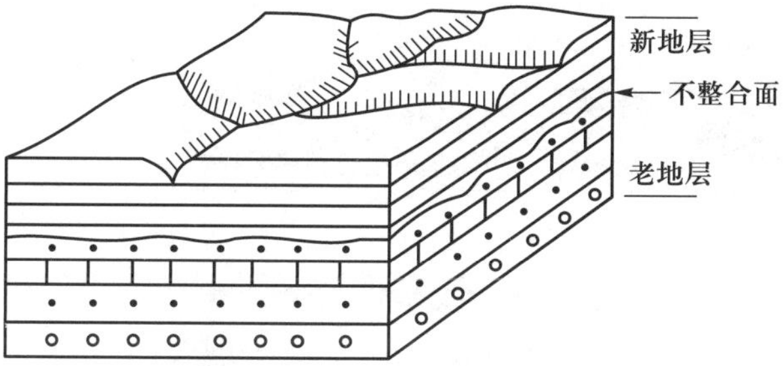

图 4-3　平行不整合块状示意图

平行不整合的形成过程可表示为：地壳下降，接受沉积；地壳隆起，遭受剥蚀；地壳再次下降，重新接受沉积。这种接触关系说明在一段时间内沉积地区有过显著的升降运动，古地理环境有过显著的变化。

② 角度不整合的特点是不整合面上下 2 套地层成角度相交，上覆地层覆盖于倾斜地层侵蚀面之上（图 4-4）；地层时代是不连续的；岩性和古生物特征是突变的；不整合面上也往往保存着古侵蚀面。

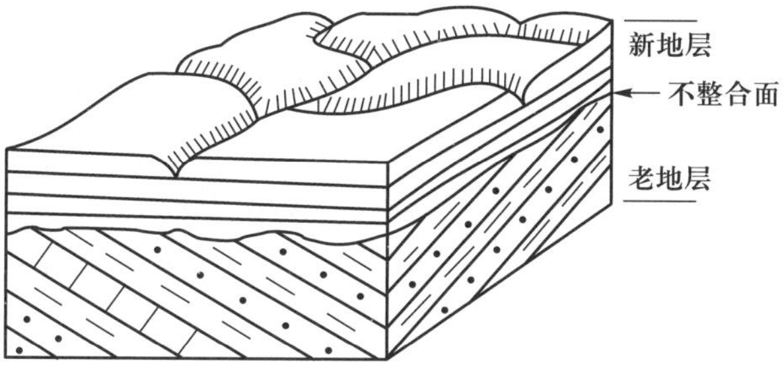

图 4-4　角度不整合块状图

角度不整合的形成过程可表示为：地壳下降，接受沉积；地层褶皱隆起为山，遭受长期侵蚀；地壳再次下降，接受新的沉积（图 4-5）。

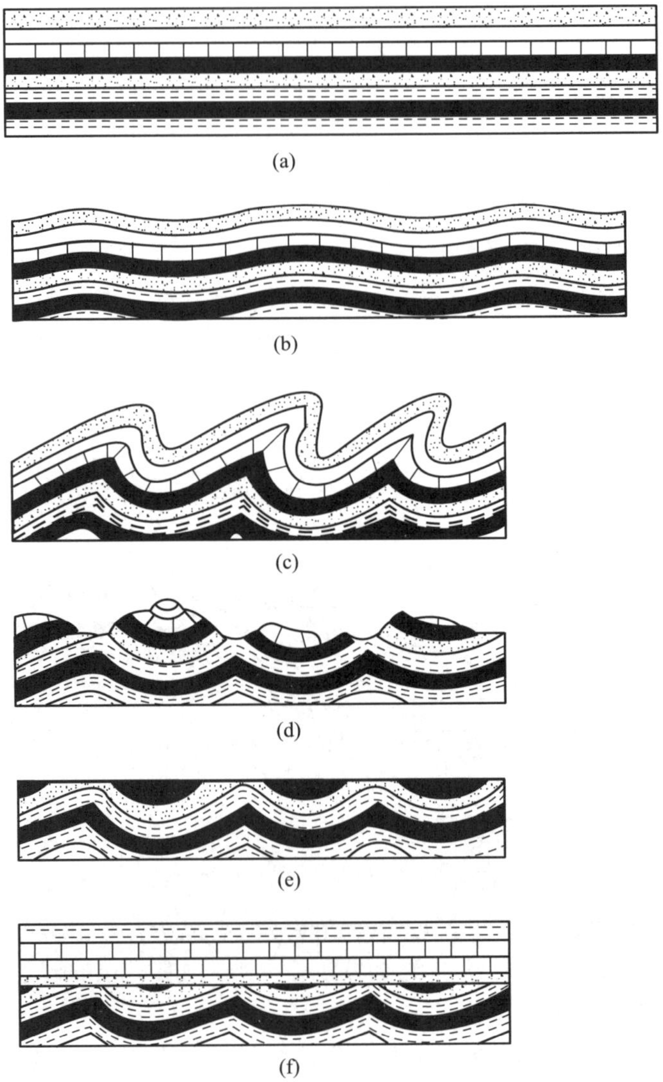

图 4-5 角度不整合形成过程

(a) 构造下沉,接受沉积;(b) 开始发生褶皱;(c) 强烈褶皱,隆起为山;(d) 遭受侵蚀;(e) 地形夷平;(f) 再次构造下沉,接受新的沉积

角度不整合说明在一段时间内,地壳有过升降运动和褶皱运动,古地理环境发生过极大的变化。

无论是平行不整合或角度不整合,都具有以下共同特点:① 有明显的侵蚀面存在,侵蚀面上往往有底砾岩、古风化壳等。所谓底砾岩是针对位于不整合面上的砾岩(有时横向变为砂岩)而言。② 有明显的地层缺失现象,代表长期间断。③ 不整合面上下的岩性、古生物等有显著的差异。

不整合面的上覆地层中最老一层(底层)的时代之前,与下伏地层中最新一层(顶层)的时代之后,是不整合面形成的时代,也就是构造运动的方向和性质发生改变的时期。

图 4-6 为河北秦皇岛石门寨古生界剖面中的平行不整合接触关系。图 4-7 为辽宁赛马集平顶山剖面中的角度不整合接触关系。

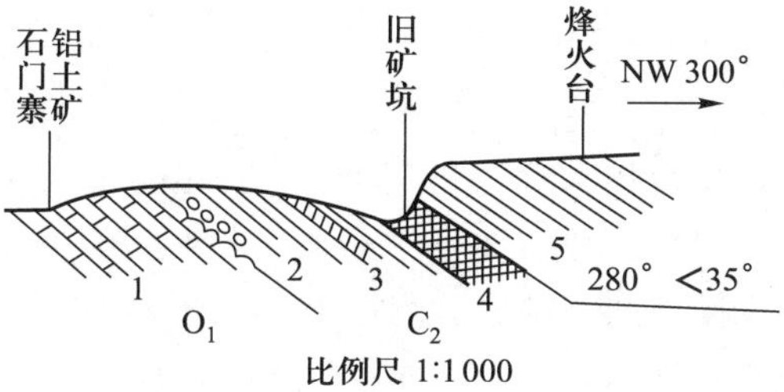

图 4-6　河北省秦皇岛市石门寨宾夕法尼亚亚系（上石炭统）与下奥陶统的平行不整合接触关系剖面图

（据张宝政等的《地质学原理》）

1. 石灰岩；2. 底砾岩；3. 褐铁矿层；4. G 层铝土矿；5. 页岩、粉砂岩

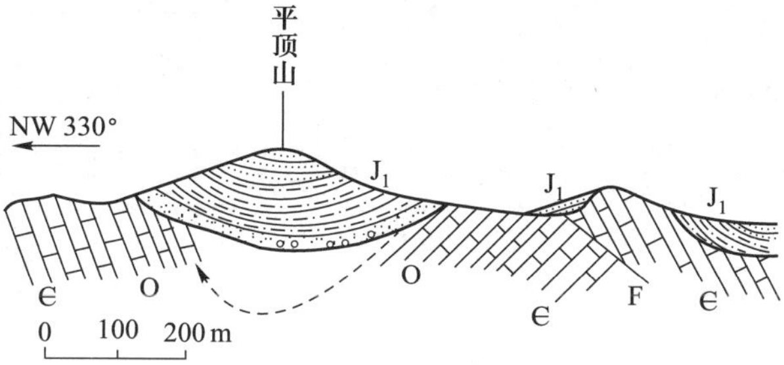

图 4-7　辽宁省赛马集平顶山下侏罗统（J_1）与奥陶系（O）、寒武系（Є）角度不整合接触关系剖面图

F 为断层（据张宝政等的《地质学原理》）

研究不整合关系，不仅可以确定地史发展过程中的构造运动，以及相应的古地理环境（如海陆变迁、山脉隆起、生物界演替等）的变化，而且可以找出某些矿产分布的规律，如在不整合面上常常富集铝土、黏土、铁矿、锰矿等矿产。

三、岩层的产状和岩石变形

岩层是指由两个平行的或近乎平行的界面所限制的岩性相同或近似的层状岩石，包括具层理构造的沉积岩和层状产出的火山岩、变质岩等。岩层的上下界面叫作层面，分别称为顶面和底面。岩层的顶面和底面的垂直距离称为岩层的厚度。任何岩层的厚度在横向上都有变化，有的厚度比较稳定，在较大范围内变化较小；有的则逐渐变薄，以至消失，称为尖灭；有的中间厚、两边薄并逐渐尖灭，称为透镜体（图 4-8）。如果岩性基本均一的岩层，中间夹有其他岩性的岩层，称为夹层，如砂岩含页岩夹层，页岩夹煤层等等；如果岩层由 2 种以上不同岩性的岩层交互组成，则称为互

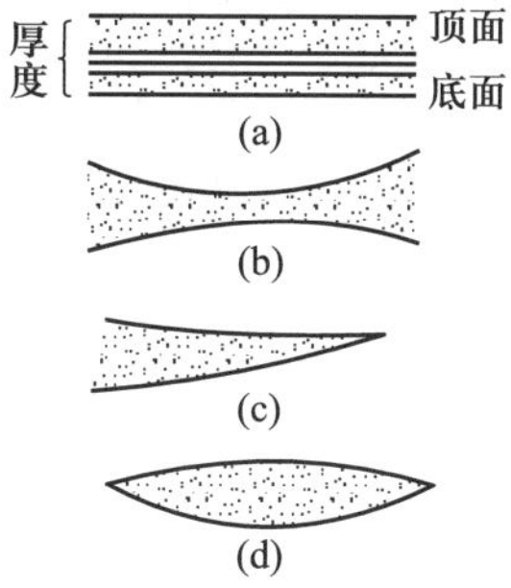

图 4-8　岩层厚度的变化

(a) 含夹层；(b) 变薄；(c) 尖灭；(d) 透镜体

层，如砂岩、页岩互层，页岩、灰岩互层，等等。夹层和互层反映了构造运动或气候变化所导致的沉积环境的变化。

（一）岩层的产状

1. 岩层产状分类

岩层在自然界的空间存在状态称为岩层的产状。由于岩层沉积环境和所受的构造运动不同，因此有不同的产状，一般分为水平岩层、倾斜岩层、直立岩层和倒转岩层：

（1）水平岩层：在广阔的海底、湖泊、盆地中沉积的岩层，其原始产状大都是水平或近乎水平的（图 4-9）。在水平岩层地区，如果未受侵蚀或侵蚀不深，在地表往往只能见到最上面较新的地层；只有在受切割很深的情况下，才能出露下面较老的岩层。例如华北平原，除非根据钻孔资料，否则无法知道地下都有什么岩层。

图 4-9 水平岩层（四川资阳）

（据李尚宽）

（2）倾斜岩层：指层面与水平面有一定交角（0°~90°）的岩层（图 4-10）。有些是原始倾斜岩层，例如在沉积盆地的边缘形成的岩层，某些在山坡、山口形成的残积、洪积层，某些风成、冰川形成的岩层，堆积在火山口周围的熔岩及火山碎屑层等，在原始堆积时就是倾斜的。但是，在大多数情况下，岩层是因构造运动发生变形、变位，才形成倾斜的产状。在一定范围内倾斜岩层的产状大体一致，称为单斜岩层。单斜岩层见于单斜构造，有时褶皱构造的一部分也表现出单斜的特点。

图 4-10 倾斜岩层（黄河西固）

（据李尚宽）

（3）直立岩层：指层面与水平面直交或近乎直交的岩层，即直立起来的岩层（图 4-11）。在强烈构造运动挤压下，褶皱中的岩层可形成直立岩层。

图 4-11　直立岩层（湖北建始风凉槽）

（据蓝淇锋等）

P_1m. 乌拉尔统（下二叠统）茅口组灰岩；P_2w^1. 乐平统（上二叠统）吴家坪组粉砂岩夹煤层；

P_2w^2. 乐平统（上二叠统）吴家坪组灰岩

（4）倒转岩层：指岩层翻转，老岩层在上而新岩层在下的岩层（图 4-12），这种岩层主要是在强烈挤压下岩层褶皱并倒转过来形成的。

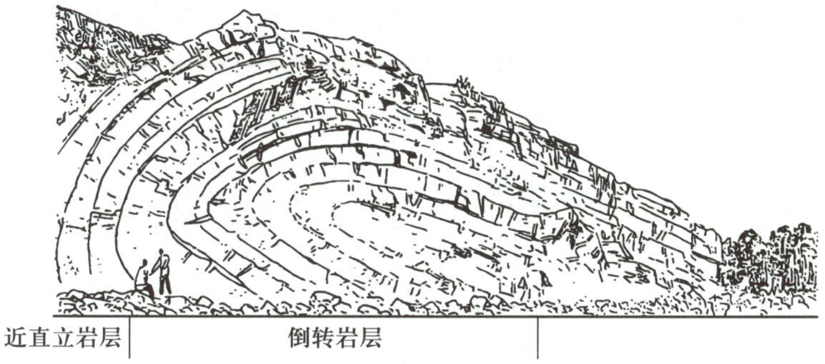

图 4-12　倒转岩层（北京坨里）

（据蓝淇锋等）

此图为一个倒转背斜，其中左翼地层（位于图的下部）倒转

2. 岩层的产状要素

它是指刻画岩层产状的 3 个基本参数，即走向、倾向和倾角（图 4-13）。走向和倾向都以方位角表示。

（1）走向：岩层层面与任一假想水平面的交线称走向线，也就是同一层面上等高两点的连线；走向线两端延伸的方向称岩层的走向，岩层的走向有两个方向，彼此相差 180°。岩层的走向表示岩层在空间的水平延伸方向。

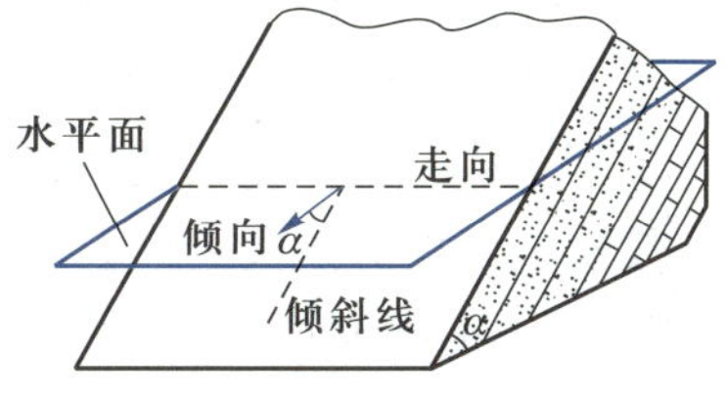

图 4-13　岩层的产状要素

α 代表倾角

（2）倾向：层面上与走向线垂直并沿斜面向坡下所引的直线叫作倾斜线，它表示岩层的最大坡度；倾斜线

在水平面上的投影所指示的方向称岩层的倾向，又叫作真倾向，真倾向只有一个，倾向表示岩层向哪个方向倾斜。其他斜交于岩层走向线并沿斜面向坡下所引的任一直线叫作视倾斜线，它在水平面上的投影所指的方向，叫作视倾向。无论是倾向或视倾向，都是有指向的，即只有一个方向。

（3）倾角：层面上的倾斜线和它在水平面上投影的夹角，称倾角，又称真倾角；倾角的大小表示岩层的倾斜程度。视倾斜线和它在水平面上投影的夹角，称视倾角。真倾角只有一个，而视倾角可有无数个，任何一个视倾角都小于该层面的真倾角。

在野外工作，都要设法求出岩层的真倾向和真倾角，但在天然剖面（如沿河谷、断崖等）和人工剖面（如沿公路、探槽、矿坑等）上所看到的岩层倾角，如果剖面方向不垂直于岩层的走向，就都是视倾角。真倾角和视倾角有一定的几何关系，如图 4-14 所示。

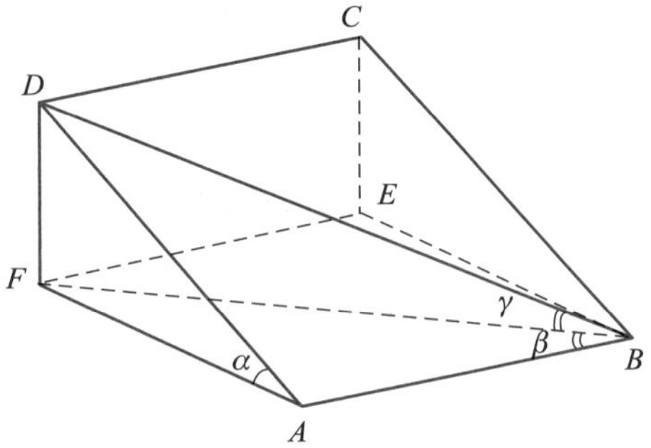

图 4-14 真倾角与视倾角的关系

设：*ABCD* 为层面，*ABEF* 为水平面，*AB*、*CD* 为走向线，*AFD* 面为与走向垂直的断面，α 为倾角（真倾角），*BFD* 面为与走向斜交的任一断面，β 为岩层走向线与任一断面线 *BF* 的夹角，γ 为视倾角，即层面上任一视倾斜线 *DB* 与其在水平面上投影 *FB* 的夹角。

$\triangle AFD$ 与 $\triangle BFD$ 为具有共同边 *DF* 的直角三角形，$AF<BF$，$\gamma<\alpha$（无例外）。

此外，还可用数学公式表示真倾角与视倾角的关系。

$$\tan\alpha = DF/AF \quad DF = AF\tan\alpha$$

$$\tan\gamma = DF/BF \quad DF = BF\tan\gamma$$

$$AF\tan\alpha = BF\tan\gamma$$

$$\sin\beta = AF/BF = \tan\gamma/\tan\alpha$$

$$\tan\gamma = \tan\alpha\,\sin\beta$$

α、β、γ 中只要知其二，就可求得第三个变量。

3. 产状要素的测量方法

测量岩层的产状要素必须用地质罗盘。地质罗盘的外形为方形（长方形）或八边形。它的主要构件有：磁针、顶针、制动器、倾斜仪和底盘等。另外，在底盘上还有带刻度的圆盘和水准气泡。罗盘的方位刻度从 0°～360°，按逆时针方向刻制，东与西的位置和实际相反。罗盘上的 N 表示北（0°）；E 为东（90°）；S 为南（180°）；W 为西（270°）。比如测得一个数据是 60°，60°在 N 与 E 之间，则表示为 NE60°；若测得数据为 300°，300°在 N 与 W 之间，则表示为 NW300°。60°与 300°都为方位角。

测走向时将罗盘的长边（即 NS 边）与层面贴靠、放平、使气泡居中后，指北针所指的度数即为所求的走向之一。测倾向时用罗盘的 N 极指着层面的倾斜方向（下坡方向），使罗盘的短边（即 EW 边）与层面贴靠、放平，指北针所指的度数即为所求的倾向。测倾角时将罗盘长侧边顺着倾斜线贴靠层面竖起，并与走向线垂直，罗盘底盘上的倾斜仪所指度数就是所求的倾角。表示走向和倾向都用方位角。因为走向具有两个指向，需要用两个方位数值来表示，二者相差 180°，如 NE35°，SW215°。倾向仅有一个指向，用一个方位数值表示即可，如 SE125°。倾角的变化介于 0°～90°之间，如∠45°。上述产状合在一起记录为：

NE35°/SW215°，　SE125°，　∠45°

在野外工作中，为节约时间，往往只测量、记录倾向和倾角，如 SE125°，∠45°。走向可由倾向得出，只有当岩层近乎直立时，即倾向无法确定，才测量、记录走向。野外工作还要把岩层的产状符号标注在地形图的相应位置上，如图 4-15 所示。产状符号一般是一条长线、一条短线互相垂直作“T”字形，长线代表走向，短线代表倾向，这两条线都要按实际方位画在图上，在短线一侧写上倾角的数字（用阿拉伯数字），不必标记“度”的符号（小圆圈），以免和“0”相混。

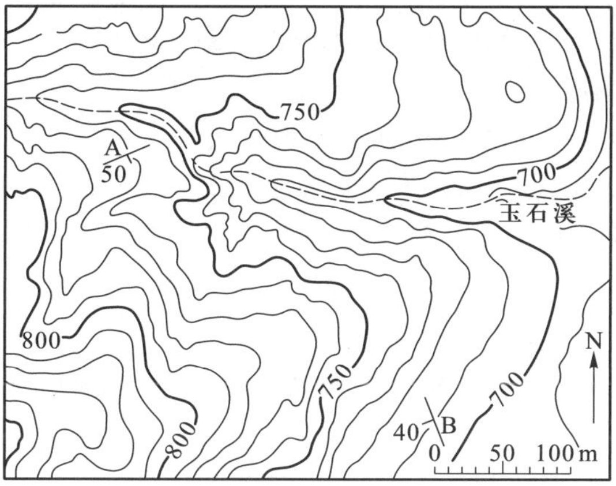

图 4-15　露头产状在地形图上的表示方法

地质图上常用的产状符号如下：

倾斜岩层，长线代表走向，短线代表倾向，数字代表倾角；

 水平岩层（0°～5°），长线代表走向；

 直立岩层，长线代表走向，箭头指向较新岩层；

 倒转岩层，长线代表走向，箭头指向倒转后的倾向。

（二）岩石变形

1. 应力、应力场、应变椭球体

岩层由原始的水平岩层变成倾斜岩层、直立岩层、倒转岩层，无疑是受到力的作用的结果；岩层发生褶皱和断裂，也同样是这一原因。当一个物体受到力的作用时，它的形状或体积发生变化，或者形状和体积同时发生变化，这就叫作变形。变形物体所受的力，可分为两种，即外力和内力。外力是指施加于物体的力；内力是指物体受外力作用，内部产生的与外力相抗衡的力，也就是物体抵抗外力引起形变时产生的各部分之间相互作用的力（这里所说的内力和外力是物理学含义的力，而不是地质学内力地质作用和外力地质作用的简称)。在物体内任一截面上单位面积的内力,称为应力,应力的单位以 kg/cm^2 来表示。在地壳内岩石中的应力,称为地应力。更确切地说:组成地壳的岩石,在构造运动所产生的构造力的作用下,其内部各质点产生的应力,称为地应力,也称为构造应力。构造应力的空间分布状况称为构造应力场,或简称应力场。

为了说明构造应力场,也就是构造应力的空间分布规律,通常采用"应变椭球体"来做几何形象的解释。

例如,在各向同性的岩石中,任取一立方体,假想其中存在一个内切正球体,当立方体受三向不等力发生均匀变形时,在不超过极限的范围内,原来的正球体即变成三轴不等的椭球体,称为应变椭球体。如果把三维空间的应变椭球体,简化为"应变椭圆",如图 4-16 所示,即可以从平面上看出岩石受力时的应力场情况,也即各种应力的空间分布情况。

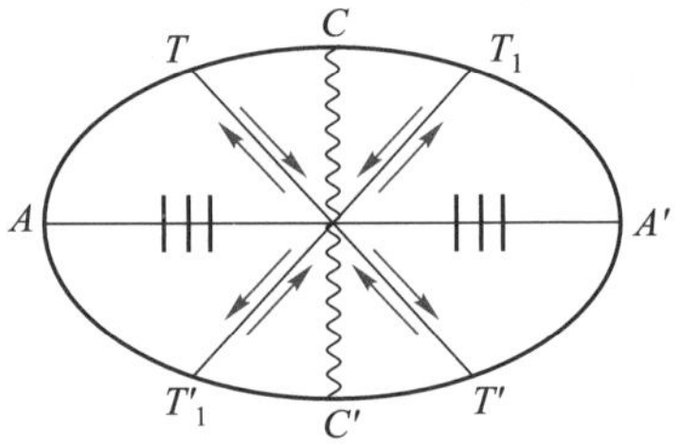

图 4-16 各种应力在应变椭圆中的分布情况

AA'. 承受最大压应力的变形面;
CC'. 承受最大张应力的变形面;
TT', $T_1T'_1$. 承受最大剪切应力的变形面

图中 CC' 方向为压应力最大的方向,AA' 为张应力最大的方向,与最大压应力或最大张应力方向成 45° 的方向,即 TT' 和 $T_1T'_1$ 为最大剪切应力的方向。所以,AA' 面为承受最大压应力的变形面,CC' 为承受最大张应力的变形面,TT'、$T_1T'_1$ 为承受最大剪切应力的变形面。在构造运动过程中,实际上张应力、压应力和剪切应力皆同时存在,并按椭球体中各种应力的相互关系而分布,构成应力场。这三种应力的任何一种都可使正球体变成"应变椭球体"。应用应变椭球体来分析地质构造的力学成因及其几何分布规律,是既简便而又有效的方法。

2. 岩石变形的阶段和影响岩石变形的因素

构成岩石圈的岩石是坚硬的,厚度和体积是巨大的,怎么会产生变形呢? 首先,应该知道岩石变形的 3 个阶段:

(1) 弹性变形:岩石受外力发生变形,如未超过弹性极限,当外力去掉后变形立即消失,这种变形即为弹性变形。地震时所产生的弹性波(地震波)即属于这种性质,弹性变形在岩石中不留下任何痕迹,所以对研究地质构造的意义不大。

(2) 塑性变形:岩石受外力发生变形,如超过弹性极限,当外力消失后,不能恢复原来的形状,而形成永久变形,并仍然保持其连续完整性,这样的变形称为塑性变形。在岩层中普遍保留的褶皱构造等重要地质现象即属于塑性变形。如在图 4-16 中,沿着 AA' 方向,容易在压应力下形成褶皱。

(3) 断裂变形:岩石受外力达到或超过岩石的强度极限时,岩石内部的结合力遭到破坏,产生破裂面,失去了它的连续完整性,这种变形即为断裂变形。所谓岩石的强度极限,是指在常温常压条件下使岩石开始出现破裂时的应力值,也称破裂极限。岩层中广泛存在的各种断裂构造,即属于此种变形。如在图 4-16 中,沿着 CC' 方向容易产生张性断裂,沿着 TT' 和 $T_1T'_1$ 方向容易产生剪切断裂。

由于岩石性质不同,有脆有柔,其变形性质也不相同。一般来说,脆性岩石当外力作用达到一定程度时,即由弹性变形直接转变为断裂变形,没有或只有很小的塑性变形。柔性较大的岩石，当外力作用增大，超过岩石的弹性极限时，则由弹性转变为塑性变形；再继续施力，最终也会发生断裂变形。

即使是同一岩石，但作用其中的应力性质不同，其效果差异也很大。岩石在外力作用下抵抗破坏的能力，称为强度。应力性质不同，岩石表现出不同的强度，如表 4-1 所列数字表明：岩石的抗压强度>抗剪强度>抗张强度。以脆性岩石为例，其抗压强度一般比抗剪强度大 10 倍左右，比抗张强度大 30 倍左右。所以，岩石在一个应力场中，受张应力作用部分极易断裂，然后沿着最大剪切面的方向形成剪切裂隙。图 4-17 为大理石柱受压产生剪切裂隙的情况。

表 4-1　岩石的平均强度　　单位：kg/cm^2

岩石	抗压强度	抗张强度	抗剪强度
花岗岩	1 480(370～3 790)	30～50	150～300
大理岩	1 020(310～2 620)	30～90	100～300
石灰岩	960(60～3 600)	30～60	100～200
砂岩	740(110～2 520)	10～30	50～150
玄武岩	2 750(2 000～3 500)	—	100
页岩	200～800	—	20

众所周知，人们在地表看到的岩石又硬又脆，但它们发生了非常显著的变形，或像柔软的面条一样弯曲（褶皱）了，或七断八裂，切成许多碎块，人们对此似乎觉得不可思议。实际上岩石变形固然与岩石本身的软硬等性质有关，但更重要的是与岩石所处的环境条件有关，如围压、温度、时间、应力状态等。所谓围压即岩石所受其围岩的压强。处于地壳深处的岩石所受围压可达几千万几亿帕。围压能增强岩石塑性变形的能力和提高它的强度。通常所见的冰是脆的，受力即破成碎块，但在强大压强下冰可变为塑性物质，冰川所以能够流动就是因为在强大压强下塑性增强。岩石也是这样，在常态条件下它是坚脆物质，但当岩石处于围压随深度而增加的地下，则变为具有高度塑性的物质。因为围压越大，物体内部质点的内聚力越强，要想使质点分开产生断裂，那就困难了。如图 4-18 所示，左图为实验前的大理石圆柱；中图为在围压 2.8×10^7 Pa 条件下，施加压力使石柱长度缩短 20%，这时石柱破裂，产生 X 形交叉的剪切裂隙；右图为在围压 4.7×10^7 Pa 条件下，加压使石柱同样缩短 20%，石柱未发生显著裂隙。与图 4-17 的实验结果相比，中图和右图的弧形外形说明二者的塑性明显增强了。

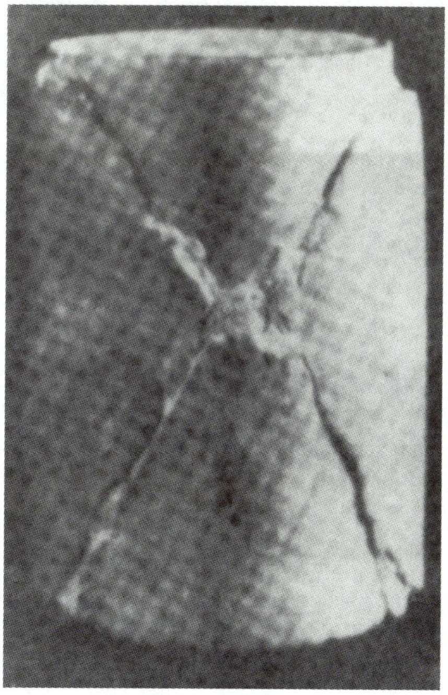

图 4-17　大理石受压发生剪切裂隙实验
（据 Paterson）

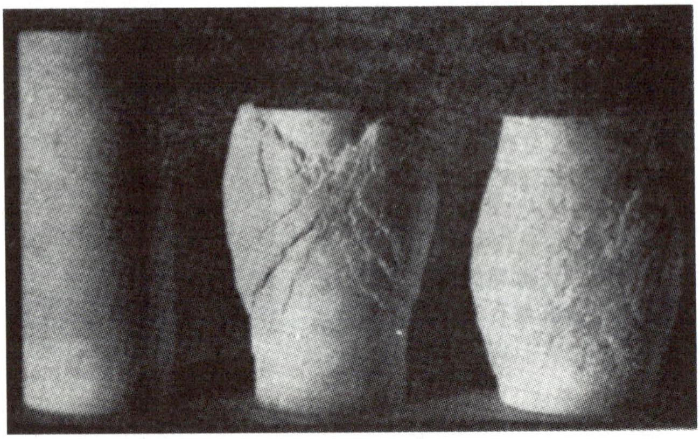

图 4-18 大理石柱塑性实验
（据 Paterson）

温度是影响岩石变形的另一个重要因素。人所共知，许多固体物质在常温下是脆的，而在高温下则变成塑性的。这是因为温度增高可以增强物体内部质点的运动，使之容易发生位移。故在较小的应力下岩石也能发生塑性变形。也有人做过大理石的实验，在围压 10^9 Pa 条件下，温度为常温，其弹性极限为 2 000 kg/cm²；若温度升高为 750 ℃，则其弹性极限减为 1 000 kg/cm²，也就是扩大了塑性变形的范围。地壳中的岩石随埋深增加，不但围压增大，温度也增高了，因此更容易产生塑性变形。温度若升高到一定程度，则还可出现物质流动现象。

此外，时间也是影响岩石变形的重要因素之一。一般来说，岩石所受的应力小于它的弹性极限，不会产生永久变形。但是如果作用时间很长或作用次数增多，也会引起缓慢的变形，这种现象称为蠕动。有人做过这种实验：把大理石横梁放在支架上，在下方坠以重物，经过较长时间，即可发现大理石横梁发生向下弯曲现象。作用于岩石圈内部的力是长期而缓慢的，要经历几百万年甚至更长时间，因此即使是坚硬厚脆的岩石，也会产生变形。

应力状态对岩石变形也有很大影响。当岩石受到张力时，会使岩石脆性增强，最容易发生张断裂；而当岩石受到压力时，岩石塑性相应增强，这时剪切裂隙比张裂隙更容易产生。此外，当岩石中含有水等流体物质时，其力学强度就会显著降低。

充分考虑到上述这些具体情况，我们如果面对复杂的、强烈的岩石变形，就不足为奇了。

第 3 节 褶皱构造

一、褶皱的概念

岩层的弯曲现象称为褶皱。岩层在构造运动作用下，或者说在地应力作用下，改变了岩层的原始产状，不仅使岩层发生倾斜，而且大多数形成各式各样的弯曲。褶皱是岩层塑性变形的结果，是自然界广泛发育的地质构造的基本形态之一（图 4-19）。褶皱的规模可以长达几十到几百千米，也可以小到在手标本上出现。

图 4-19　褶皱岩层

褶皱构造通常指一系列弯曲的岩层(图 4-20),而把其中的一个弯曲称为褶曲。但褶皱和褶曲有时并无严格的区别,而且在许多外文中就是同一个词。

图 4-20　褶皱构造(甘肃当金山西侧)
(据《野外地质素描》)

从成因上讲,褶皱主要是由构造运动形成的,它可能是升降运动使岩层向上拱起和向下拗曲,但大多数是在水平运动下受到挤压,岩层的水平距离缩短而形成的(图 4-21)。在外力地质作用下,如冰川、滑坡、流水等作用,也可以造成岩层的弯曲变形,但一般不属于褶皱构造的范畴。

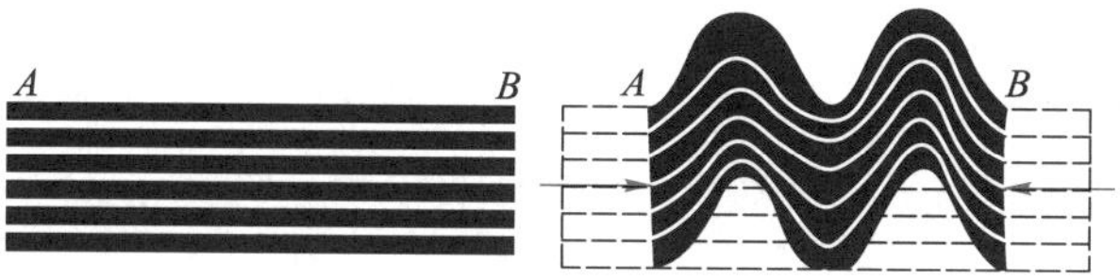

图 4-21　由挤压形成的褶皱

褶曲的形态是多种多样的,但基本形式只有背斜和向斜 2 种(图 4-22),在其单独出现的时候可分别称作背斜构造、向斜构造,在二者相伴出现时,则合称褶皱构造。

从外形上看,背斜是岩层向上突出的弯曲,两翼岩层从中心向外倾斜(倾向相背),也称背形;向斜是岩层向下凹陷的弯曲,两翼岩层自两侧向中心倾斜(倾向相向),也称

图 4-22 背斜和向斜(北京门头沟)

向形。这种从形态上的划分,在大多数情况下是对的。但在有些情况下则是无法判断的,例如当褶曲是横卧时,或褶曲两翼平行而顶部被剥蚀掉时,或褶曲呈扇形弯曲而顶部亦被剥蚀,或褶曲呈翻卷状态时,等等,则无法利用形态确定背斜或向斜。

从本质上讲,应该根据组成褶曲核部和两翼岩层的新老关系来区分,即当褶曲的核部是老岩层,而两翼是新岩层,就是背斜;相反,褶曲核部是新岩层,而两翼是老岩层,就是向斜。或者说,由核到翼,岩层越来越新,并在两翼呈对称出现,为背斜;由核到翼,岩层越来越老,并在两翼呈对称出现,为向斜。

二、褶曲要素

为了便于对褶曲进行分类和描述褶曲的空间展布特征,首先应该了解褶曲要素(图 4-23)。褶曲要素是指褶曲的各个组成部分和确定其几何形态的要素。褶曲具有以下各要素:

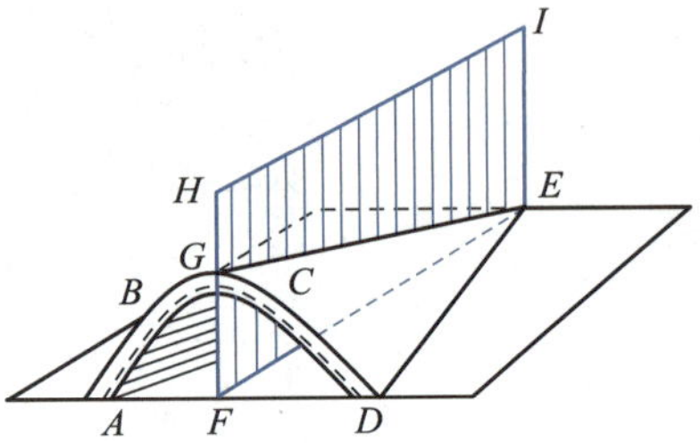

图 4-23 褶曲要素

AB、*CD*. 翼;被 *ABGCD* 包围的内部岩层. 核;*BGC*. 转折端;*GE*. 枢纽;*EFHI*. 轴面;*EF*. 轴

(一) 核

它指褶曲的中心部分。通常指褶曲两侧同一岩层之间的部分。但往往也只把褶曲出露地表最中心部分的岩层叫作核。

(二) 翼

它指褶曲核部两侧的岩层。一个褶曲具有两个翼。两翼岩层与水平面的夹角叫作翼角。

(三) 轴面

平分褶曲两翼的假想对称面。轴面可以是简单的平面,也可以是复杂的曲面;其产状可以是直立的、倾斜的或水平的。轴面的形态和产状可以反映褶曲横剖面的形态(图 4-24)。

图 4-24　褶曲轴面的各种产状

(a)、(e) 直立轴面；(b)、(c) 倾斜轴面；(d) 水平轴面

(四) 枢纽

褶曲岩层的同一层面与轴面相交的线，叫作枢纽。枢纽可以是水平的、倾斜的或波状起伏的。它可以表示褶曲在其延长方向上的形态与产状变化(图 4-25)。

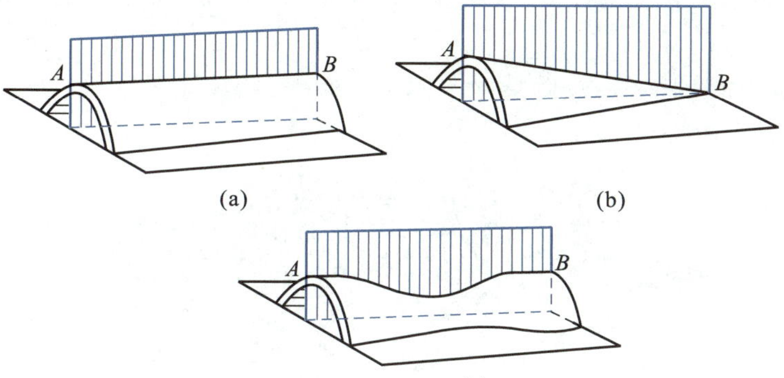

图 4-25　枢纽的各种产状

(a) 水平枢纽；(b) 倾斜枢纽；(c) 波状枢纽

(五) 轴

它指轴面与水平面的交线(图 4-23*EF*)。因此，轴永远是水平的。它可以是水平的直线或水平的曲线。轴向代表褶曲延伸的方向，轴的长度可以反映褶曲的规模。

(六) 转折端

它指褶曲两翼会合的部分，即从褶曲的一翼转到另一翼的过渡部分。它可以是一个转折点，也可以是一段曲线。这种形态变化在一定程度上可以反映褶皱作用的强度或岩石的性质。

三、褶曲的形态分类

褶曲的形态分类是描述和研究褶曲的基础，它不仅在一定程度上反映褶曲形成的力学背景，而且对地质测量、找矿和地貌研究等都具有实际意义。褶曲要素是褶曲形态分类的重要根据。

(一) 褶曲的横剖面形态类型

1. 根据轴面产状并结合两翼特点分类(图 4-26)

(1) 直立褶曲：轴面直立，两翼向不同方向倾斜，两翼倾角相等，两翼对称，故又叫作对称褶曲。

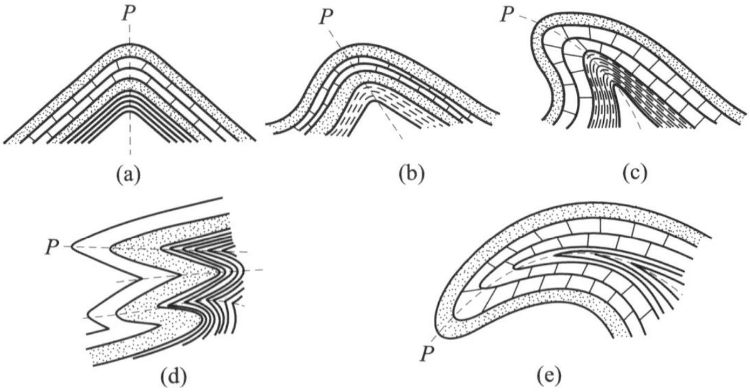

图 4-26 根据轴面产状划分的褶曲形态类型

(a) 直立褶曲；(b) 倾斜褶曲；(c) 倒转褶曲；(d) 平卧褶曲；(e) 翻卷褶曲；P 代表轴面的投影线

(2) 倾斜褶曲：轴面倾斜，两翼向不同方向倾斜，两翼倾角不等，两翼不对称，故又叫作不对称褶曲(图 4-27)。

图 4-27 不对称向斜(广东三水)

(据蓝淇锋等)

(3) 倒转褶曲：轴面倾角更小，两翼向同一方向倾斜，其中一翼岩层发生倒转，两翼倾角相等或不等(图 4-12)。

(4) 平卧褶曲：也叫作横卧褶曲，轴面水平或近乎水平，两翼岩层的产状也近乎水平；一翼层位是正常的，另一翼层位发生倒转(图 4-28)。

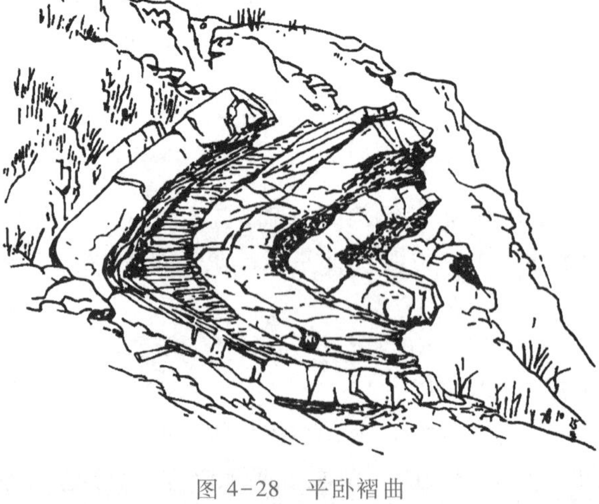

图 4-28 平卧褶曲

(据蓝淇锋等)

（5）翻卷褶曲：轴面翻转向下弯曲，此种褶曲在外观上是向（背）斜，实际上是背（向）斜，通常由平卧褶曲转折端部分翻卷而成。

上述 5 种褶曲，基本上反映了褶曲变形程度从轻微到强烈、从简单到复杂的过程，以及水平挤压力的不同强度。但不能绝对化，它们有时与岩性和构造条件等有关。

2. 根据转折端形状及两翼特点分类

（1）圆弧褶曲：转折端呈圆滑弧形（图 4-27）。

（2）箱形褶曲：转折端平直而两翼陡峭，在两翼转折处呈膝状弯曲，形似箱状。大型箱形褶曲的一翼可称挠曲，即岩层成一面倾斜的台阶状或膝状褶曲（图 4-29）。

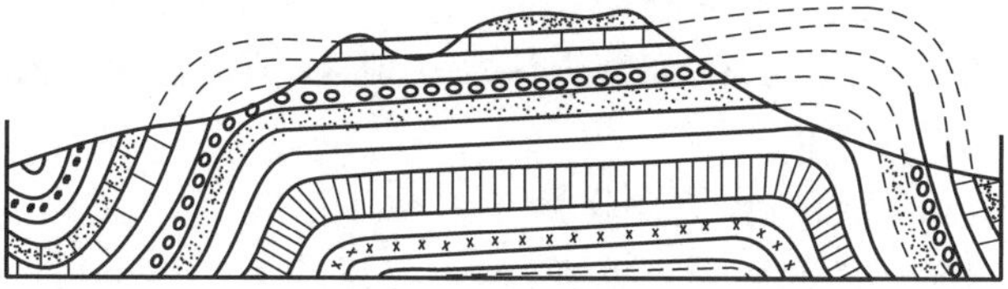

图 4-29　箱形褶曲（其中两翼部分为挠曲状）

（3）锯齿状褶曲：也叫作尖棱褶曲，转折端是一个折点，呈锯齿状。这种褶曲常发生在岩性较坚硬且脆的岩层中（图 4-30）。

图 4-30　锯齿状（尖棱）褶曲（河北下花园）

（4）扇形褶曲：转折端平缓而两翼岩层均部分倒转，在背斜中两翼岩层向轴面倾斜；在向斜中则自轴面向外倾斜。此种褶曲反映了两翼受到较大的不均匀侧向压力而在轴面方向存在拉伸和物质推挤现象（图 4-31）。

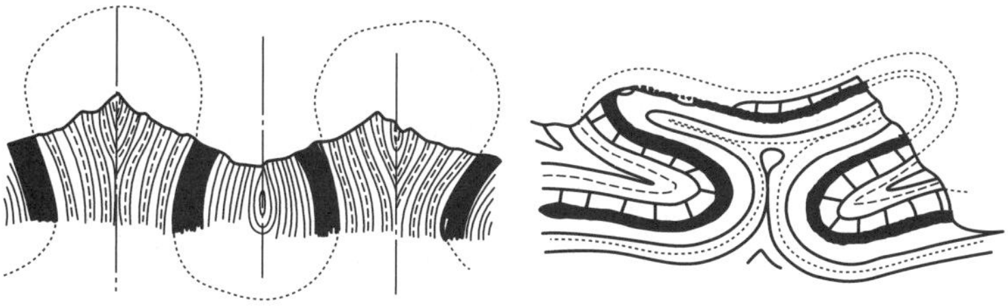

图 4-31　扇形褶曲

（二）褶曲的纵剖面形态类型

1. 根据枢纽的产状(图4-32)褶曲分为：

(1) 水平褶曲：枢纽近乎水平的褶曲。

(2) 倾伏褶曲：枢纽倾斜的褶曲。枢纽与其在水平面上投影的夹角，称为倾伏角。

(3) 倾竖褶曲：枢纽近乎直立的褶曲。

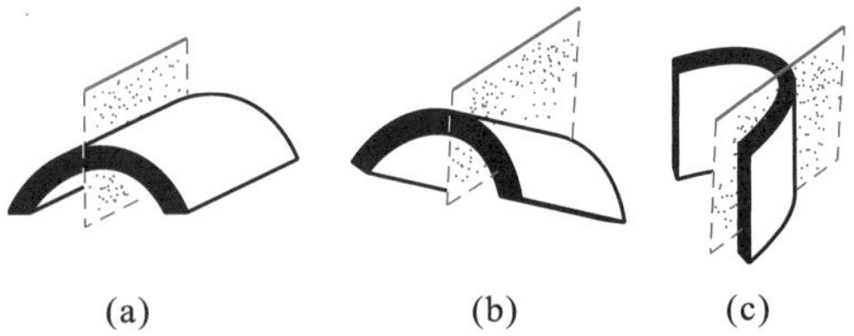

图 4-32 褶曲的纵剖面形态类型

(a) 水平褶曲；(b) 倾伏褶曲；(c) 倾竖褶曲

严格地说，自然界褶曲的枢纽很少是水平的，大多数都是倾斜的；大规模的褶曲，其枢纽往往是有起伏的[图4-25(c)]。倾竖褶曲比较少见，但在岩层陡立地区，如密云溪翁庄地区，即出现枢纽向东南倾伏接近80°的一个两翼开阔的倾竖向斜构造。

2. 根据轴面产状和枢纽产状综合分类

上述褶曲的横剖面和纵剖面形态分类，都各自反映了二维空间的褶曲特征，这对描述褶曲的形态特点，分析褶曲的延伸情况和研究褶曲的变形强度及所受力的背景，都是有用的。如果把上述二者(轴面产状和枢纽产状)结合起来进行分类，则可获得褶曲在三维空间的形态。据此，可把褶曲分为7种主要类型：

(1) 直立水平褶曲：轴面近乎直立(倾角80°~90°)，而枢纽近乎水平(倾伏角0~10°)。

(2) 直立倾伏褶曲：轴面近乎直立，而枢纽倾斜(倾伏角10°~80°)。

(3) 倾竖褶曲：轴面和枢纽均近乎直立(80°~90°)。

(4) 倾斜水平褶曲：轴面倾斜(10°~80°)，而枢纽近乎水平(0~10°)。

(5) 平卧褶曲：轴面近乎水平(0~10°)，枢纽也近乎水平(0~10°)。

(6) 倾斜倾伏褶曲：轴面倾斜(10°~80°)，枢纽也倾斜(10°~80°)，但二者的倾向和倾斜程度不一致。

(7) 斜卧褶曲：轴面倾斜(10°~80°)，枢纽也倾斜(10°~80°)，但二者的倾向基本平行，倾角也大致相等。

其中倾斜倾伏褶曲是在自然界分布最普遍的一类。

（三）褶曲的平面形态类型

不同类型的褶曲，其平面形态也不一样。

1. 线形褶曲

又称长褶曲，褶曲轴沿一定方向延伸很远，从几十千米到数百千米或者更远。长与宽之比大于10∶1。

2. 长圆形褶曲

又称短轴褶曲，长与宽之比在10∶1到3∶1之间。若为背斜，叫作短背斜，若为向斜，叫作短向斜。它们在平面上的投影形态近似椭圆形。

3. 浑圆形褶曲

长宽之比小于3∶1，平面投影近似圆形。若为背斜，叫作穹隆，若为向斜，叫作构造盆地。还有一种穹隆构造，其核部为很厚的岩盐层，并刺穿上覆岩层，此种穹隆称为盐丘。一般认为岩盐层为高塑性岩石，在差异重力作用或挤压作用下，盐层向核部塑性流动加厚，向上拱起并刺穿上覆岩层，这种构造又叫作底辟构造或挤入构造。

上述短背斜、短向斜、穹隆、构造盆地等（图 4-33），常常独立存在。其中短背斜、穹隆、盐丘等是最理想的储油构造，是石油地质工作的重要勘探对象之一。

以上所讲的褶曲形态，是从三维空间的不同剖面（横剖面、纵剖面、水平面）上分类的，其任一名称都不能反映褶曲的整体轮廓。正确识别褶曲，必须从三维空间进行全面观察才能获得其完整的立体轮廓。

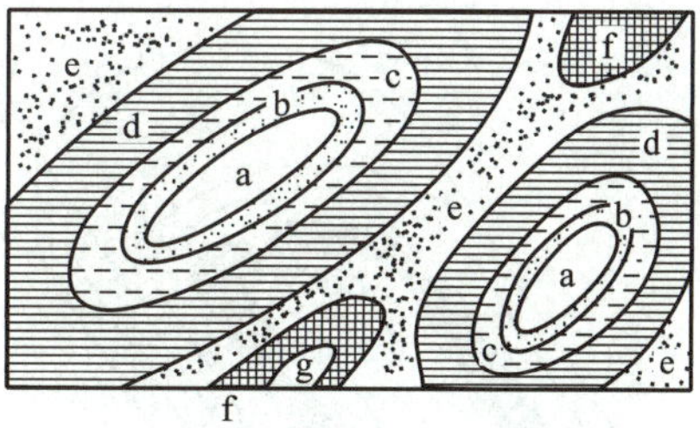

图 4-33　褶曲的平面形态
左为短背斜；右为穹隆构造；
中下为短向斜；右上为构造盆地；
a~g 岩层从老到新

四、褶曲在地质图上的表现

不同形态的褶曲，在地质图上表现为不同的形式。

（一）水平褶曲

在地质图上分析褶曲，第一要注意岩层的新老关系，第二要注意岩层的产状，第三要注意地形与岩层的关系。

例如，图 4-34 为一个水平褶曲，表现在地质图上的特点是：两翼对称重复，并与走向平行。然后进一步分析，核部为老岩层，两翼为新岩层，所以它为背斜。若核部为新岩层，两翼为老岩层，则它必为向斜。

如果该地区起伏平缓，两翼岩层倾角大致相同，但倾向相反，则为直立褶曲；若两翼倾角不等，出露宽度也不同，而倾向相反，则为倾斜褶曲，轴面倾向应与较缓一翼的倾向一致；若两翼倾角不等，宽度也不同，但倾向相同，为倒转褶曲。应该指出，岩层露头宽度与岩层厚度有关，同时与岩层本身产状也有关。在地形较平坦的条件下，若岩层厚度越大，岩层产状越平缓，其露头宽度越大；反之，若岩层厚度越小，岩层产状越陡直，其露头宽度也越窄。如果地形比较复杂，岩层露头形状则常受地形影响，变化较大。

（二）倾伏褶曲

如图 4-35 所示，倾伏褶曲表现在地质图上的特点是：两翼岩层对称重复，但彼此不平行而逐渐在转折端汇合，倾伏背斜称倾伏端，倾伏向斜称仰起端。若一组倾伏背斜和倾伏向斜连续出现时，则其地质界线呈“之”字形弯曲。沿任一褶曲轴（通过核部并对称于两翼的一条线）岩层越来越新的方向，即为褶曲的倾伏方向①。

然后，根据核部和两翼的岩层新老关系来判断背斜和向斜；再根据褶曲两翼的产状（倾角、倾向）及出露宽度等，确定褶曲形态属于哪一种类型。

① 在地质图上确定褶曲的倾伏方向，还可以根据核部宽窄的变化和转折端所指的方向。核部由宽变窄或转折端所指的方向，对背斜来说代表枢纽倾伏方向；对于向斜来说，代表枢纽仰起的方向。

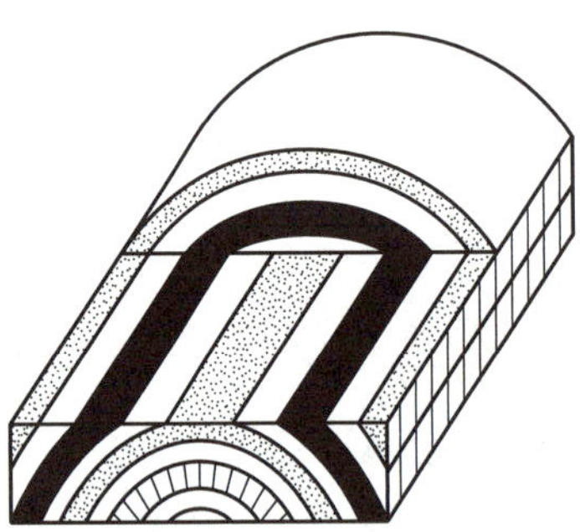

图 4-34 水平褶曲块状图
图的前面表示横剖面形态，
图的顶面表示岩层在平面上或
相当于地质图上所表现的特点

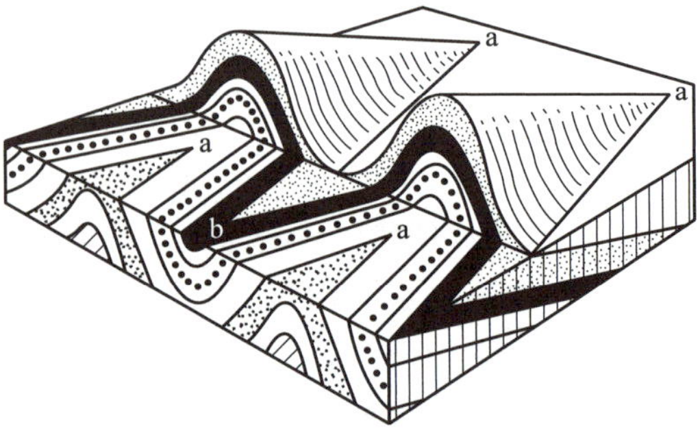

图 4-35 倾伏褶曲块状图
图的前面表示横剖面形态，图的顶面表示岩层
在平面上或相当于地质图上所表现的特点
a. 倾伏端；b. 仰起端

五、褶皱的组合类型

在一个地区，褶曲常常连续出现，形成各种褶皱组合特征，特别是在构造运动强烈地区，往往形成很复杂的褶皱带。常见的褶皱组合类型如下：

（一）从横剖面看褶皱的组合类型

（1）复背斜和复向斜：复背斜（复向斜）是规模巨大的翼部为次一级甚至更次一级褶皱所复杂化的背斜（向斜）构造。这些大规模褶皱的次一级褶皱轴走向大体一致，从平面上看多呈紧密相邻同等发育的线形褶皱；从横剖面看，复背斜的褶曲轴面多向下形成扇状收敛，而复向斜的褶曲轴面多向上形成倒扇状收敛（图 4-36）。

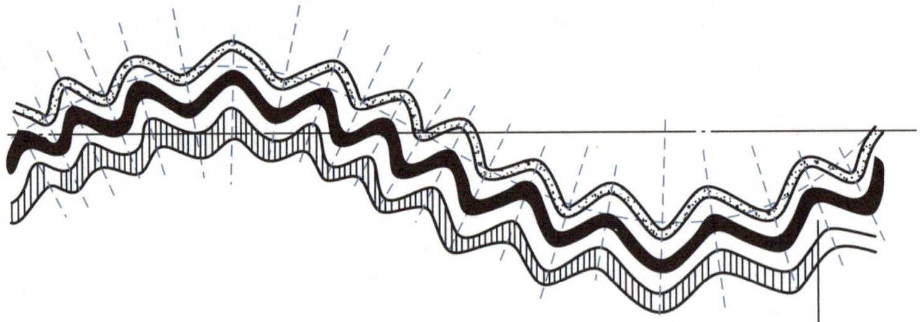

图 4-36 复背斜（a）复向斜（b）

复背斜和复向斜多分布于构造运动强烈的褶皱带。一些著名的褶皱山脉如昆仑山、祁连山、秦岭等常出现这类复杂的褶皱构造。

（2）同斜褶皱和等斜褶皱：由一系列褶曲轴面和两翼岩层向同一方向倾斜的倒转褶曲所组成的褶皱，称为同斜褶皱（图 4-37）。如果一系列相连的倒转褶曲轴面和两翼岩层，不仅向同一方向倾斜，而且其倾角几乎相等，这样的褶皱称为等斜褶皱（图 4-38）。

同斜褶皱和等斜褶皱都出现在构造运动特别强烈的褶皱山地，是在受到强烈挤压的情况下形成的。

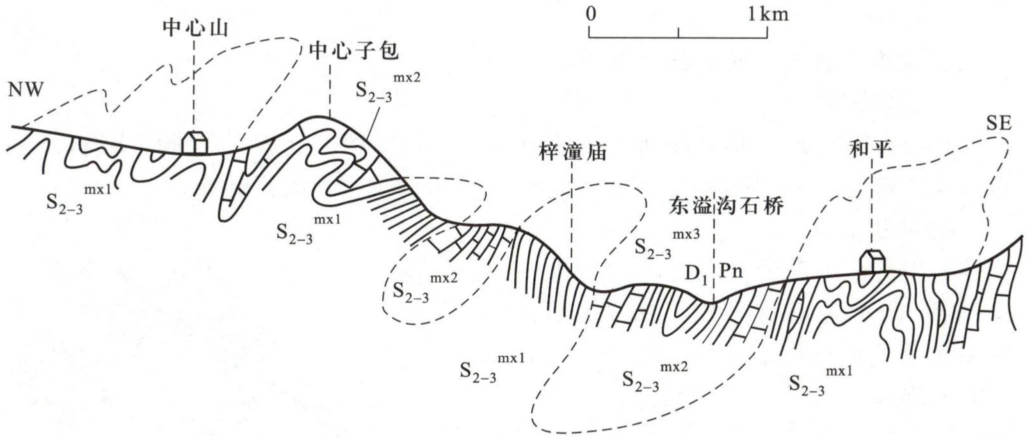

图 4-37 一个同斜褶皱的地质剖面(四川安州区)

(据长春地质学院等,《地质学基础》)

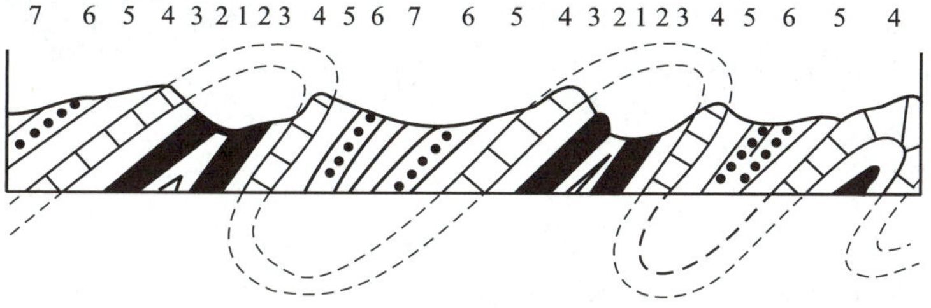

图 4-38 等斜褶皱

1~7,代表岩层由老到新

这类褶皱在经过剥蚀之后,其地表露头极似单斜岩层(图 4-38)。因此,只有根据岩层新老关系及对称排列情况,才能恢复其褶皱构造形态。

(3) 隔档式和隔槽式褶皱:在四川东部、贵州北部,以及北京西山等地,可以看到由一系列褶曲轴平行,但背斜、向斜发育程度不等所组成的褶皱。有的由宽阔平缓的向斜和狭窄紧闭的背斜交互组成,称隔档式褶皱;有的由宽阔平缓的背斜和狭窄紧闭的向斜组成,称隔槽式褶皱(图 4-39)。

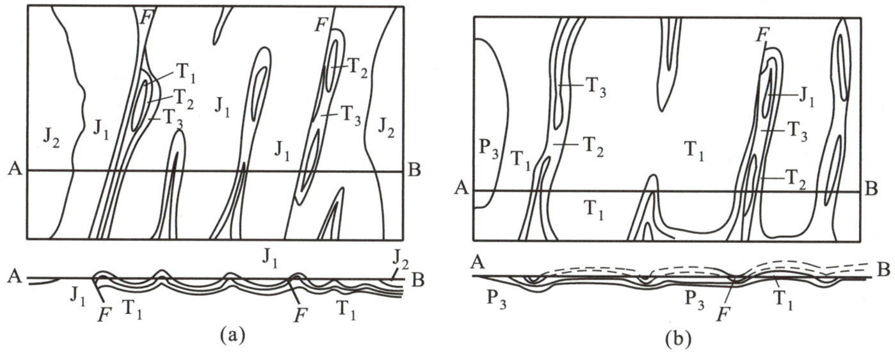

图 4-39 隔档式(a)和隔槽式(b)褶皱

上图为地质图,下图为地质剖面图

P_3. 上二叠统;T_1. 下三叠统;T_2. 中三叠统;T_3. 上三叠统;J_1. 下侏罗统;J_2. 中侏罗统;F. 断层

（二）从平面上看褶皱的组合类型

1. 平行状褶皱

这是指一系列背斜、向斜相间平行排列（图 4-40），相当于前面所讲的由线形褶曲组合而成的褶皱。它反映在一个应力场中以压应力为主所形成的褶皱。

2. 分枝状褶皱

这是指一个褶曲沿其延伸方向分叉，形成若干个褶曲，犹如树枝状。如川东华蓥山背斜朝 SSW 方向分成若干个背斜和向斜。

3. 帚状褶皱

这是指若干个褶曲相间排列，一端收敛而另一端散开，形如帚状。如中国陇西、鲁西等地的帚状构造。

4. 弧形褶皱

这是指一系列（或单个）褶曲呈明显弧状的褶皱。

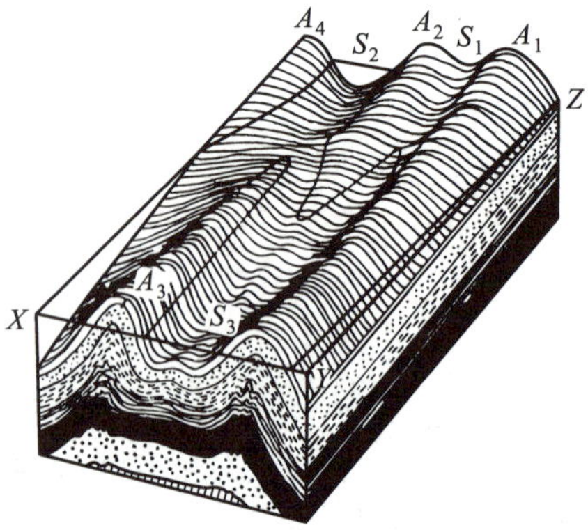

图 4-40 平行状褶皱

（据 Escher）

A_1、A_2、A_3、A_4 为背斜；S_1、S_2、S_3 为向斜

5. 雁行式褶皱

在区域性水平力偶（水平扭力）作用下，往往形成一组短轴背斜、向斜相间斜列的褶皱构造。只要做这样一个小实验，比如在一块台布上两手相对扭动一下，就会形成一排斜列的皱纹，雁行式褶皱形成的道理大致如是。如山西省纵贯中部有一系列盆地和山地呈雁行式相间排列，即此类褶皱的反映。

上述各种褶皱主要发育在构造运动强烈的褶皱山地，由于受力不均或水平旋扭等原因形成不同平面形态。如果在构造活动微弱的相对稳定地区，其褶曲组合往往具有如下特点：褶曲常是孤立的、轴向不一致的、短轴的、开阔的类型，一般发育短背斜、穹隆构造。而介于其间，则多为平缓的向斜（构造盆地）或近水平的岩层。

六、如何在野外认识褶皱构造

褶皱构造是地质构造的重要组成部分，几乎在所有的沉积岩及部分变质岩构成的山地都会存在不同规模的褶皱构造。小型的褶皱构造可以在一个地质剖面上窥见一个侧面的完整形态，而大型构造往往长宽超过数千米到数万米。这样的褶皱构造，虽然在野外观察了一段很长的距离，但仍然未超出其一个翼的范围。如果该地区有可获得的地质图，则应该首先查阅地质图件，并进行分析。下面简述两种在野外研究褶皱构造的方法。

（一）地质方法

1. 岩层观察与测量

必须对一个地区的岩层顺序、岩性、厚度、各露头产状等进行测量或基本搞清楚，才能正确地分析和判断褶曲是否存在。然后根据新老岩层对称重复出现的特点判断它是背斜还是向斜；再根据轴面产状、两翼产状，以及枢纽产状等判断褶曲的形态（包括横剖面、纵剖面和水平面）。

2. 野外路线考察

一是采取穿越法，即垂直岩层走向进行观察，以便穿越所有岩层并了解岩层的顺序、产状、出露宽度及新老岩层的分布特征。二是在穿越法的基础上，采取追索法，即沿着某一标志层（即厚度比较稳定、岩性比较固定鲜明、在地貌上的反映比较突出的岩层）的延伸方向进行观察，以便了解两翼是平行延伸还是逐渐汇合等情况。这两种方法可以交叉使用，或以穿越法为主，追索法为辅，以便获知褶曲在三维空间的形态特征。

（二）地貌方法

各种岩层软硬薄厚不同，构造不同，在地貌上常有明显的反映。例如，坚硬岩层常形成高山、陡崖或山脊，柔软地层常形成缓坡或低谷，等等。下面简要介绍几点与褶皱构造有关的地貌形态。

1. 水平岩层

有些水平岩层不是原始产状，而是大型褶皱构造的一部分。例如向斜的转折端部分，扇形褶曲的顶部或槽部，构造盆地的底部，挠曲的转折部分等。这样的岩层常表现为四周为断崖峭壁的平缓台地、方山（平顶的山），以及构造盆地的平缓盆底（图 4-41 中的方山）。

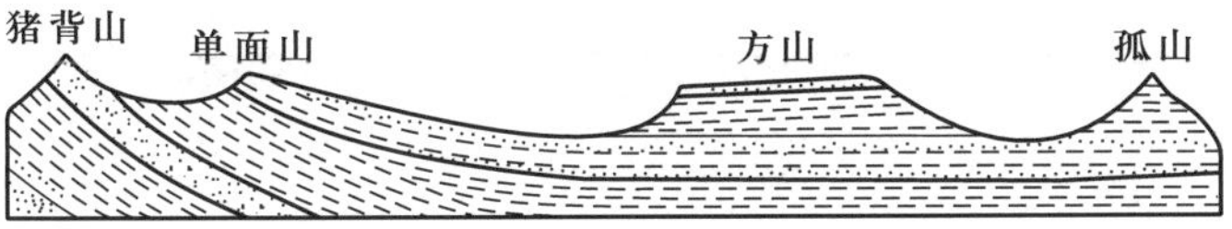

图 4-41　构造盆地及其反映的部分地貌

2. 单斜岩层

大型褶曲构造的一个翼或构造盆地的边缘部分，常表现为一系列单斜岩层。这样的岩层，在倾向方向存在顺岩层层面进行的面状侵蚀，故地形面常与岩层坡度大体一致；而在反倾向方向进行的侵蚀，常沿着垂直裂隙呈块体剥落，形成陡坡和峭壁。因此，如果单斜岩层倾角较小（如 20°～30°），则形成一边陡坡一边缓坡的山，叫作单面山（图 4-41）；如果单斜岩层倾角较大（如 50°～60°），则形成两边皆陡峻的山，叫作猪背山或猪背脊（图 4-41）。

3. 穹隆构造、短背斜和构造盆地

前二者常形成一组或多组同心圆或椭圆式分布的山脊，如果岩层产状平缓，则里坡陡而外坡缓。有时在这样的地区发育放射状或环状水系。在构造盆地地区，四周常为由老岩层构成的山地，至盆地底部岩层转为平缓，并且多出现较新的岩层。如四川盆地，北部大巴山主要由古生界和前古生界岩层组成，在盆地中心则主要由中生界及新生界岩层组成。图 4-41 可以是一个构造盆地的一部分。但应当指出，大型构造盆地的地貌形态常为次一级构造所复杂化，如四川盆地东部出现一系列隔档式褶皱形成的平行岭谷。

4. 水平褶皱及倾伏褶皱

在水平褶皱地区，常沿两翼走向形成互相平行而对称排列的山脊和山谷(图 4-42)。在倾伏褶皱地区，常形成弧形或“之”字形展布的山脊和山谷(图 4-43)。

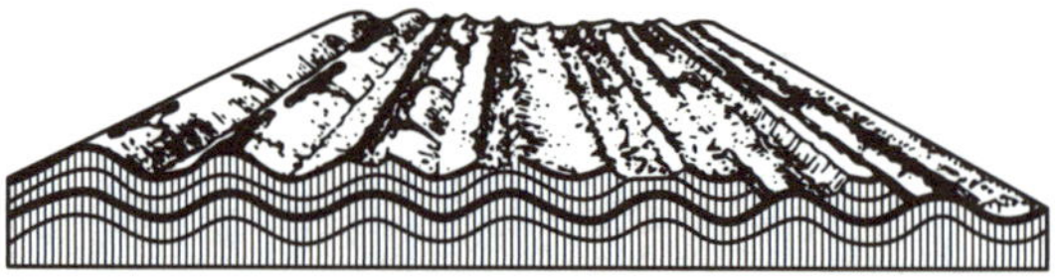

图 4-42 水平褶皱形成的平行排列的山脊和山谷
(据 R. Brinkmann)

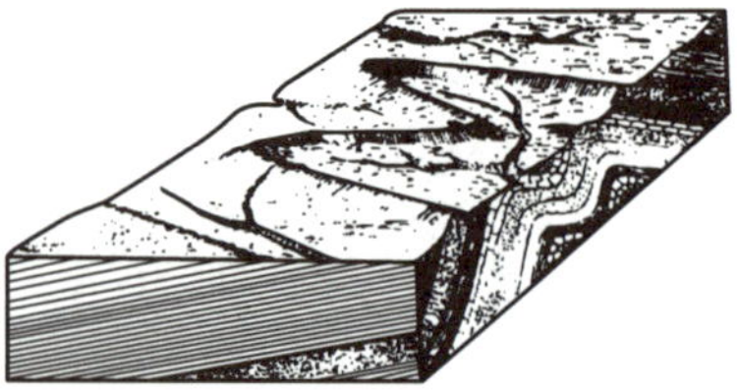

图 4-43 倾伏褶皱形成的“之”字形山脊和山谷
(据 R. Brinkmann)

5. 背斜和向斜

地形有时与地质构造基本一致，即形成背斜山和向斜谷(图 4-44)。但在更多的情况下，是在背斜部位侵蚀成谷，而在向斜部位发育成山，即形成背斜谷和向斜山。这种地形与构造不相吻合的现象称地形倒置。如图 4-45 所示，当岩层褶皱后，岩层顶面受张应力而伸长，底面受压应力而缩短，岩层顶面和底面之间有一个既未伸长也未缩短的“中和面”。又如图 4-46 所示，假设在褶皱前岩层中划出许多单位球体，褶皱后它们形成的各种应变椭球体，可清晰地反映岩层在褶皱后内部应力的分布特征。

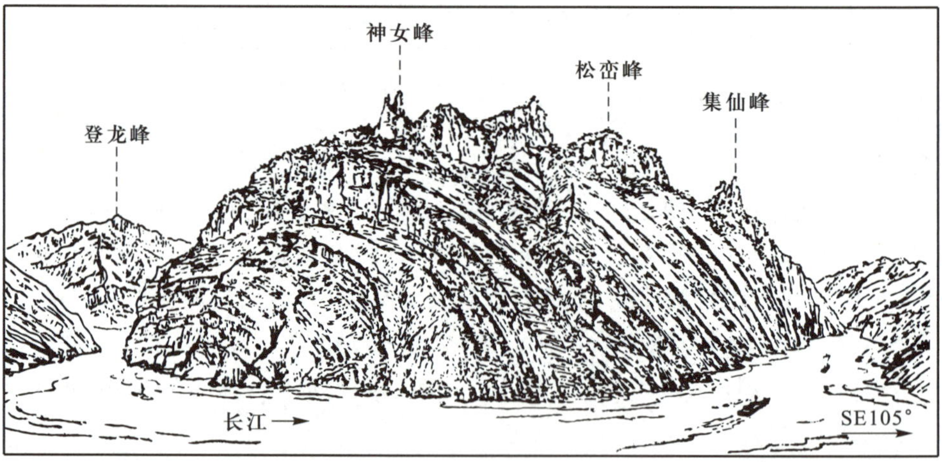

图 4-44 长江巫峡的背斜山和向斜谷
(据蓝淇锋等)
图的中部为巫山背斜，轴向 NE-SW，北西翼产状：330°~345°，∠50°~70°；东南翼产状：155°~170°，∠50°~70°，主要由中生代灰岩组成

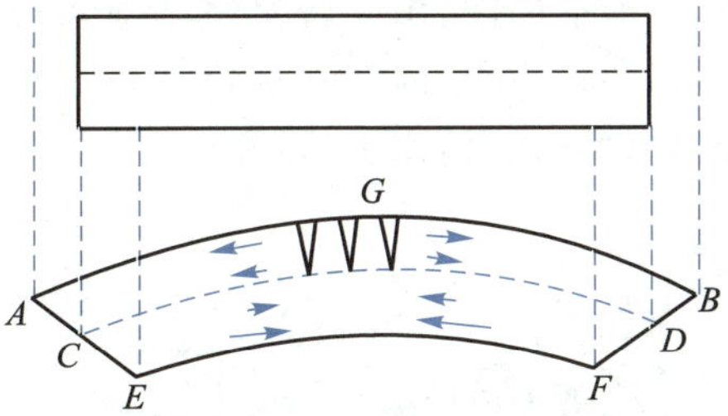

图 4-45 岩层褶曲后应力的分布情况及背斜顶部产生的张裂隙

AB. 受张应力而伸长；*EF*. 受压应力而缩短；*CD*. 中和面；*G*. 张力裂隙

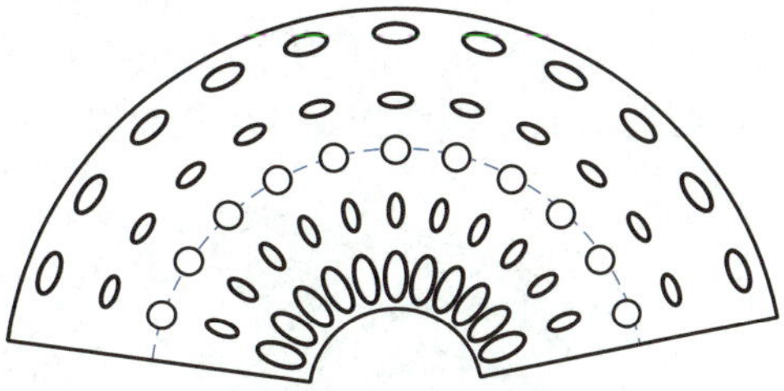

图 4-46 岩层褶曲后应变椭球体的形状及其分布情况

图中圆圈、椭圆圈和长圆圈表示应变椭球体形状

如图 4-45 所示，不难理解在背斜顶部因受张应力作用，极易形成一组平行轴面的张裂隙，为外力侵蚀作用创造了条件，如果核部岩层较软，那就相得益彰，最后侵蚀形成谷地。在向斜槽部，因受压应力作用，岩石往往挤压密实，难于破坏，如果核部岩层较硬，那就更难侵蚀风化，最后突起形成山地。图 4-47 表示背斜谷和向斜山的发展过程。从图 4-42 和图 4-43 中也可以看出许多沟谷是从背斜顶部开始发育的情况。

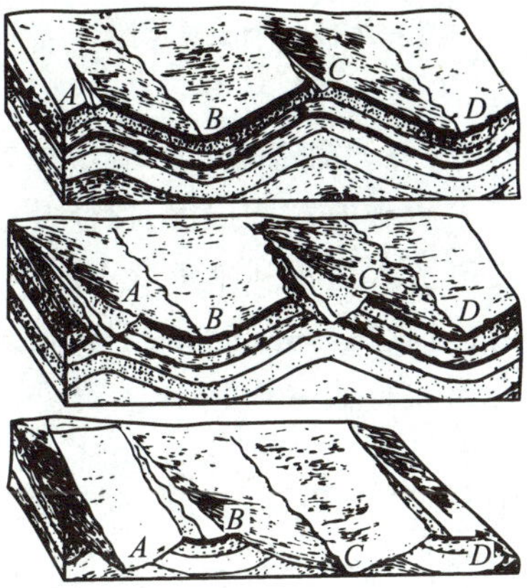

图 4-47 背斜谷和向斜山发展示意图

A,*C*. 背斜；*B*,*D*. 向斜

七、研究褶皱构造的意义

褶皱构造是地壳中广泛发育的构造形式之一。它对于矿产的形成、矿体形态、分布等有一定的控制作用；同时，也是形成地貌的重要基础。

（一）褶皱与矿产

① 对许多赋存于褶皱的沉积岩层中的矿产，必须搞清楚构造形态、规模，才能探明矿床的分布、大小、产状等情况。

② 在背斜顶部常发育一组张裂隙（图 4-45），提供矿液的侵入通道，在此部位容易形成脉状矿体（矿脉）。

③ 岩层褶皱时，由于层间滑动（如同一本书挤压弯曲时，页与页之间产生相对滑动），在上下岩层的转折端部位容易形成空隙（称为虚脱，图 4-48），常为矿质填充提供条件，形成鞍状矿体（图 4-49）。如辽宁东部某一金矿，在 62 个枢纽带中发现矿体 50 个。四川宁南铅锌矿，也形成于褶皱转折端部位。

④ 具有封闭条件的穹窿、短背斜等是重要的储油、储气构造。

⑤ 构造盆地常形成良好的储水构造。

（二）褶皱与地貌

褶皱构造与地貌的关系极为密切，它几乎控制了大中型地貌的基本形态。由褶皱构造形成的山地称为褶皱山。若要研究地貌形成的基本原因,则有必要研究褶皱构造。如北京西山地质构造主要为一系列交互排列的 NE 向或 NNE 向向斜构造和背斜构造,沿向斜构造形成许多海拔在 1 000 m 以上的山峰,如妙峰山、清水尖、百花山等。

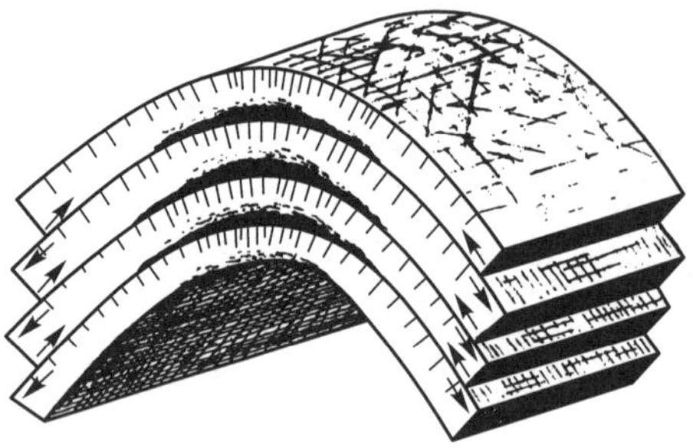

图 4-48 褶曲的层间滑动与转折端的虚脱现象

图 4-49 鞍状矿体(黑色部分)

(三) 褶皱构造与地球发展历史

褶皱的发育过程、特征及褶皱时代等往往代表一个地区的构造运动性质及地壳发展历史。通常利用角度不整合的时代来确定褶皱的时代。虽然褶皱构造的形成是长期的,但其最后完成的时期常与某一构造运动联系在一起,从地层剖面上看,就是以不整合面来代表一次构造运动(一般以典型剖面地区的地名来命名,如燕山运动、喜马拉雅运动),而不整合面的形成时代即是褶皱形成的时代。例如,在一个地层剖面中,如果存在一个角度不整合,不整合面以下的最新地层时代是早白垩纪,不整合面以上的最老地层时代是始新世,那么这个不整合面的形成时代(也就是下伏岩层的褶皱时代)是在早白垩纪以后和始新世以前。若此不整合面代表燕山运动,则这次褶皱属燕山期褶皱。

第 4 节 断裂构造

地下的岩石(岩层或岩体),特别是脆性较大和靠近地表的岩石,在受力情况下容易产生断裂和错动,总称为断裂构造。它和褶皱构造一样,是岩石圈普遍发育的基本构造形式之一。除去地壳表层普遍发育的各种断裂构造外,还存在许多不同规模、不同深度的断裂系统,甚至把岩石圈分割成许多板块。这里所讲的断裂构造主要指大陆壳上常见的构造。通常根据断裂岩块相对位移的程度,把断裂构造分为节理和断层两大类。

一、节理

(一) 节理的分类

几乎在所有岩石中都可看到有规律的、纵横交错的裂隙(图 4-50),地质学上称之为节理。节理即破裂面两侧的岩块没有发生或没有明显相对位移的断裂构造。节理的长度、密度相差很大,有的可延伸几米、几十米,有的只有几厘米;有的密度很大,有的则比较稀疏。沿着节理劈开的面称节理面。节理面的产状和岩层的产状一样,用走向、倾向和倾角表示。节理常与断层或褶皱相伴生,它们是在统一构造作用下形成的有规律的组合。

图 4-50　陡峭岩壁上出现的节理(湖南张家界)

1. 节理的成因分类

节理按成因分为非构造节理和构造节理。

(1) 非构造节理:指岩石在外力地质作用下,如风化、山崩、地滑、喀斯特塌陷、冰川活动,以及人工爆破等作用所产生的节理。这类节理常分布于地表浅部的岩石中,节理的几何规律性较差,一般没有矿化现象。但这些节理常成为地下水运移的通道,或在一定条件下形成储水层;节理密集的风化破碎带对于工程建设有很大影响。

非构造节理还包括岩石在成岩过程中所形成的节理,即所谓原生节理。例如:

① 侵入岩体中的节理即岩浆侵入围岩,随着岩浆的冷却而形成的有规律性的节理。它们主要分布于岩浆侵入体的顶部和边缘部分。其形成主要与岩浆的冷却和收缩有关。岩浆体冷却收缩是从上而下,从外及内,从边缘到中心缓慢进行的,因此在岩体内容易形成平行于接触面的节理;同时当岩体外部冷凝后,而内部仍在流动,流动部分和冷凝部分之间也容易产生裂隙。在火成岩体中常见的节理有横节理、纵节理、层节理、斜节理等(图 4-51)。

横节理又称 Q 节理,指节理面与岩体中流线构造(原生线状流动构造)相垂直的节理。这可能是岩浆冷凝不均,在垂直流线方向产生张力所致。节理面较粗糙,产状较

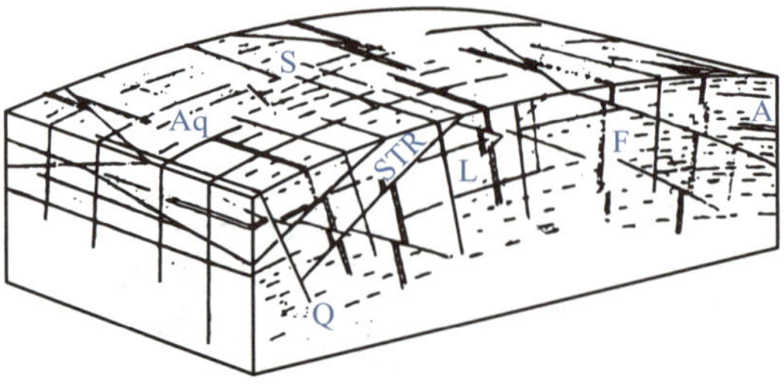

图 4-51 岩浆侵入体中的节理
（据 Cloos H）
F. 流线；Q. 横节理；S. 纵节理；L. 层节理；
Aq. 横节理中填充而成的岩脉；STR. 斜节理及断层；A. 细晶岩脉

陡。其中常被岩浆填充，形成互相平行的岩墙或岩脉。

纵节理又称 S 节理，指节理面平行于流线构造的节理。这可能是岩浆在流动方向由外及里冷却收缩不均产生剪切力所致。节理面平直，节理裂隙紧闭，产状较陡。

层节理又称 L 节理，指节理面平行于流面（或岩体与围岩接触面）的节理，常发育于岩体顶部或与围岩接触的平缓部位。这可能是岩浆自上而下冷却依次逐渐收缩所致。

上述 3 种节理常把侵入体分割成大小方块，促进岩石的风化。

斜节理指节理走向与流线、流面斜交的节理，常两组共生呈“X”形。节理面光滑，有时可见擦痕和光滑镜面。这种节理属于构造节理，常与断层伴生，是在上述节理形成后，岩体受压后，剪切作用所致。

② 玄武岩中的柱状节理即在玄武岩熔岩流或其他浅成岩体中，垂直冷凝面发育而成的规则的六方柱状节理。其成因，一般认为，假设在均一基性的熔岩中有均匀分布的冷却中心（呈等边三角形分布，冷却中心距离彼此相等），然后各向中心收缩，形成六方柱状节理，如图 4-52 所示。在自然界，由于熔岩物质的不均一性等因素的影响，这种节理不一定都是六方柱状，也可能呈五角柱状、七角柱状及其他。徐松年（1984）等的研究表明，柱状节理面不是单纯的张裂面，还存在非平面的剪切变形。

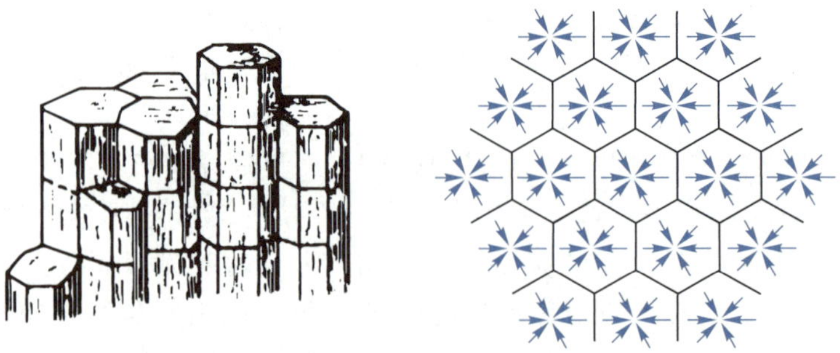

图 4-52 六方柱状节理成因图解
左为立体图，右为顶视平面图，箭头代表冷却收缩方向

（2）构造节理：指在构造运动作用下形成于岩石中的节理，常常成组成群有规律地出现。这种节理往往与其他构造如褶皱、断层等有一定的组合关系和成因联系。图 4-53 表示在水平挤压下褶皱构造中可能发育的各种节理。

2. 节理的几何分类

它指按照节理与其所在的岩层或其他构造的关系进行的分类(图 4-53)。实际上这种几何分类与力学成因有密切关系,即一定的几何关系可以反映一定的力学成因。

(1) 根据节理与所在岩层的产状要素的关系,可以将节理分为(图 4-54):

① 走向节理,即节理的走向大致平行于岩层的走向;

② 倾向节理,即节理的走向大致垂直于岩层的走向;

③ 斜向节理,即节理的走向斜交于岩层的走向;

④ 顺层节理,即节理面大致平行于岩层层面。

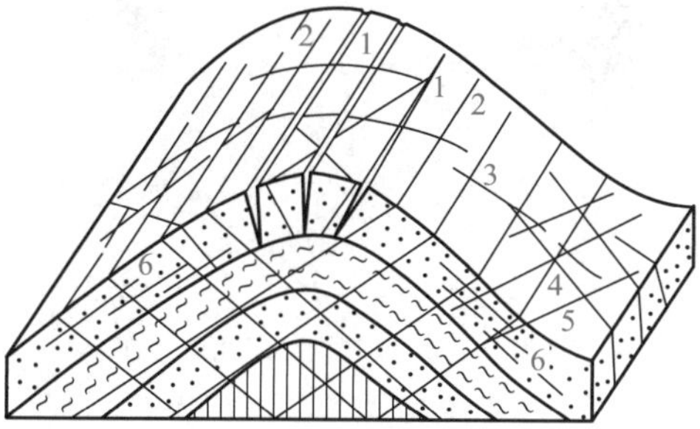

图 4-53　在褶皱(背斜)构造中的各种节理

1、2. 走向节理(纵节理);3. 倾向节理(横节理);4、5. 斜向节理(斜节理);6. 顺层节理

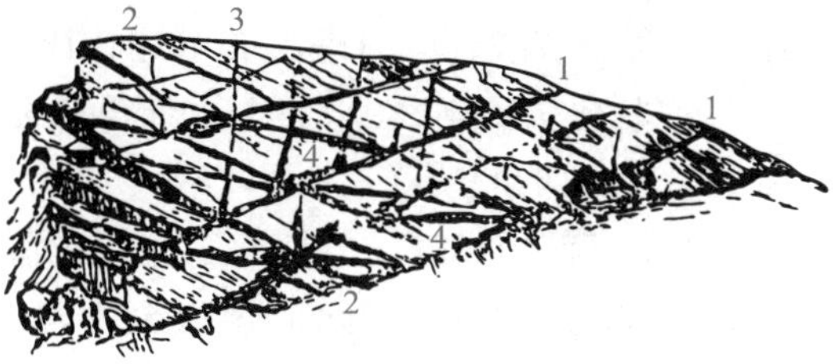

图 4-54　在单斜岩层中的各种节理

(据长春地质学院等《地质学基础》)

1. 走向节理(纵节理);2. 倾向节理(横节理);3、4. 斜向节理(斜节理)

(2) 根据节理的走向与所在褶曲枢纽的关系,可以将节理分为:

① 纵节理,即二者大致平行的节理;

② 横节理,即二者大致垂直的节理;

③ 斜节理,即二者相互斜交的节理。

上述两种分类,在某些情况下,例如对于水平褶皱而言,走向节理相当于纵节理,倾向节理相当于横节理,斜向节理相当于斜节理。

3. 节理的力学成因分类

按照产生节理的力学性质(图 4-16),节理主要分为张节理和剪节理。

(1) 张节理:是岩石在张应力作用下所产生的节理。上述褶曲构造中的纵节理和横节理都属于张节理。张节理常具有如下的特征:

① 产状不甚稳定,在岩石中延伸得不深不远;

② 多具有张开的裂口,节理面粗糙不平(图 4-55),面上没有擦痕,节理有时为矿脉所填充;

(a)　(b)

图 4-55　张性节理

(a) 锯齿状、粗糙状;(b) 节理绕过矿物、砾石,节理面凹凸不平;箭头代表应力方向

③ 在碎屑岩中的张节理，常绕过沙粒和砾石，节理面随之呈弯曲形状（图 4-55）；

④ 节理间距较大，分布稀疏而不均匀，很少密集成带；

⑤ 常平行出现，或呈雁行式（即斜列式）出现，有时沿着两组共轭呈 X 形的节理断开形成锯齿状张节理，称追踪张节理（图 4-56）。

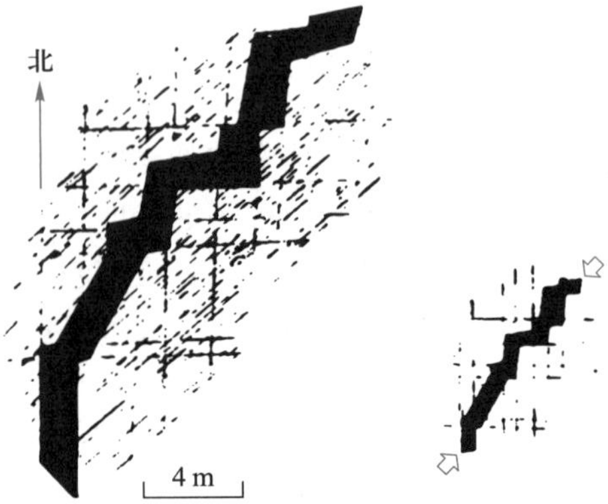

图 4-56 天然露头中的追踪张节理（广东海丰）

岩石中首先存在两组交叉的剪（扭）节理，然后在张应力作用下，沿着两组节理面断开，形成节理面呈锯齿状的张节理

（2）剪节理：又称剪切节理，是岩石在剪切应力（亦称扭应力）作用下所产生的节理，它一般产生于大约与压应力呈 45°角的平面上，即最大剪切面上。上述褶曲构造中的斜向节理或斜节理多属于剪节理。剪节理具有下述特征：

① 产状比较稳定，在平面上延伸得较远，在剖面上向下延伸得较深。

② 常具紧闭的裂口，节理面平直而光滑，沿节理面可有轻微位移，因此节理面上常具有擦痕、镜面等。

③ 在碎屑岩中的剪节理，常切开较大的碎屑颗粒或砾石（图 4-57），或切开结核、岩脉等。

④ 节理间距较小，常呈等间距均匀分布，密集成带。

⑤ 常平行排列、雁行排列，成群出现；或两组交叉，称“X 节理”，或称“共轭节理”（图 4-58），两组节理有时一组发育较好，另一组发育较差。

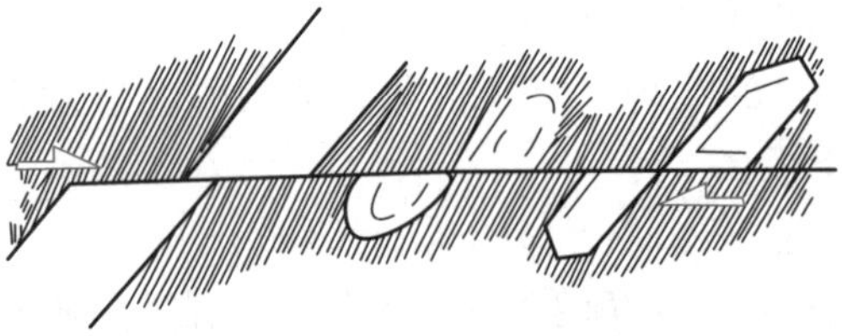

图 4-57 剪节理切开岩脉、矿物和砾石

箭头指示剪切应力方向，沿节理稍有错动

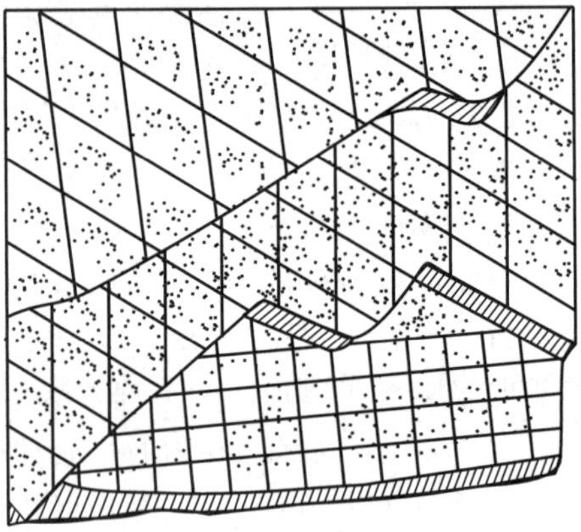

图 4-58 X 节理（共轭节理）

（二）节理与褶皱构造的关系

在一个地区，在同一应力场（或在同一构造运动）作用下，所产生的褶皱和断裂等彼此之间存在密切的成因联系。

图 4-53 已经说明各种节理的分布与褶皱构造的关系。现以图 4-59 为例，进一步

说明褶皱的形成和各种节理的发生次序。

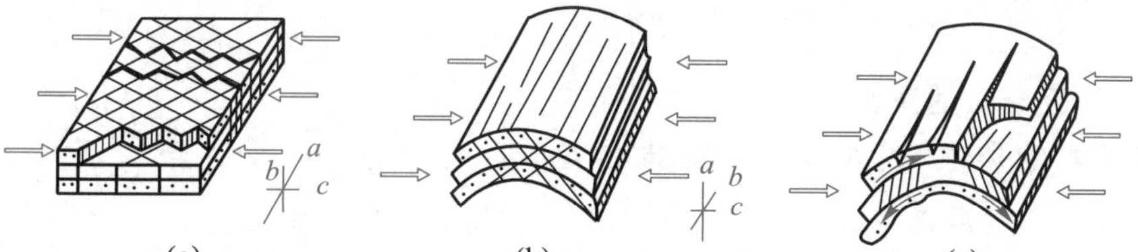

图 4-59　节理与褶皱关系示意图

(a) 褶皱前产生的 X 节理及追踪横张节理；(b) 褶皱后出现的 X 节理；

(c) 褶皱后在背斜顶部出现的纵张节理及层间剪节理；

图(a)、(b)中 3 个轴代表应变椭球的 3 个轴：*a* 轴为最大应变轴，代表最大拉张方向；

b 轴为中间应变轴；*c* 轴为最小应变轴，代表最大压力方向

1. 岩层褶皱前的早期节理

当一套水平岩层受到水平方向的侧向压力时，在平面上出现两组剪切节理，即 X 节理(共轭节理)；其节理面垂直于层面，是平面型 X 节理[图 4-59(a)]。

如果继续受力，会沿着压力方向产生一组张节理，又叫作横张节理；有时它会沿着 X 节理面曲折拉开，形成追踪张节理[图 4-59(a)]。

2. 岩层褶皱后的晚期节理

岩层在水平压力的继续作用下，开始弯曲褶皱，如图 4-59(b)所示，沿着最大剪切面又发育成 X 节理，但这晚期 X 节理与前者不同，在剖面上呈 X 形交叉，而在层面上与枢纽平行，故称剖面 X 节理。

如果褶皱继续发展，如图 4-59(c)所示，在背斜顶部产生平行于枢纽的张节理，又叫作纵张节理(因在背斜顶部受到张应力作用，参阅图 4-45)。这种节理垂直层面，上宽下窄呈楔形，从横剖面看，在中和面以上发育呈扇形分布。在脆性岩层中发育较好，有时追踪早期 X 节理，形成锯齿状的纵张节理。它们沿走向一般延伸得不远。

如果岩层中间夹有塑性较大岩层(如页岩)，岩层褶皱时由于层间滑动所产生的力偶作用，使岩层发生小型褶皱，叫作层间牵引褶皱或从属褶皱(图 4-60)。

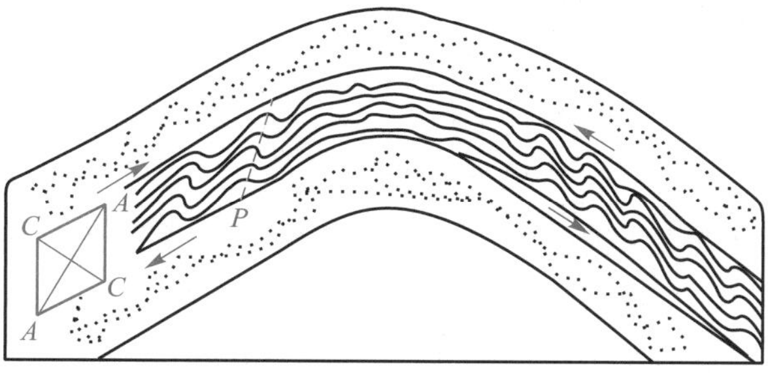

图 4-60　层间牵引褶皱

图左侧 *AA*. 长轴；*CC*. 短轴；牵引褶曲轴面 *P* 与 *AA* 方向一致

如果岩层中间夹有脆性较大的岩层，则在上下层的力偶作用下，形成层间剪节理

[图 4-59(c)]。有时这种剪节理或其他原因的剪节理,细而密集,甚至可将岩层劈成薄片,称为劈理。图 4-61 说明了层间剪节理或剪劈理的成因。

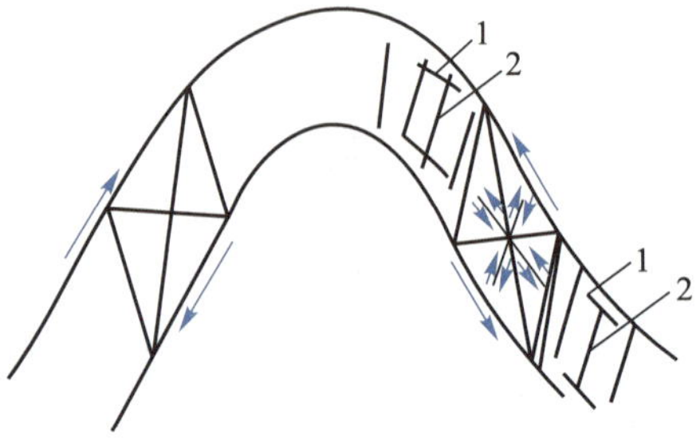

图 4-61 岩层褶皱形成的层间劈理

图中大箭头代表岩层褶皱后顶板与底板的滑动方向,二者形成一对力偶;岩层中左、右侧的两个菱形代表在力偶作用下变形后的应变椭球(图中表示出长轴和短轴),沿着两个最大剪切面方向发生了层面劈理(1)和层间劈理(2)

(三)研究节理的意义

研究节理的类型、成因和分布规律有着重要的理论和实际意义。

首先,研究节理的分布、性质和组合情况,有助于推断区域性应力场的特点和各种应力的分布规律,以及与各种构造的相互关系。例如,共轭节理的锐角等分线的方向,从理论上讲代表挤压作用力的方向。图 4-62 为不同类型的节理组合图,s_1s_1 和 s_2s_2 为两组共轭剪切节理,其锐角等分线方向即南北向为压应力方向,那么东西方向当然是张应力方向,因此产生了相应的张节理 *tt*。

有时候一条剪节理由许多条首尾衔接的呈羽状排列的小节理组成。沿着小节理的走向向前观察,若后一条小节理重叠于前一条小节理的左侧,则它们为左行(或叫作左旋);若后一条小节理重叠在前一条节理的右侧,则它们为右行(或叫作右旋)。图 4-63 有 *MN* 和 *M′N′* 两组共轭羽状剪节理,根据上述方法可以判断 *MN* 为右行剪节理,*M′N′* 为左行剪节理,并可据此判断压应力为南北方向(如箭头所示)。

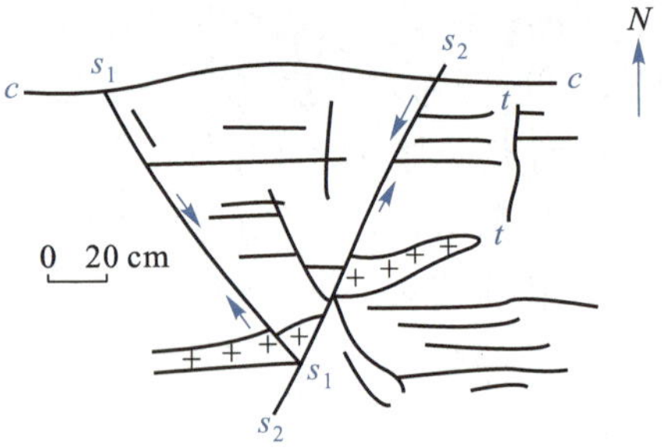

图 4-62 不同力学性质的节理组合平面图

cc. 压性断裂;*tt*. 张性断裂;s_1s_1,s_2s_2. 两组扭性断裂

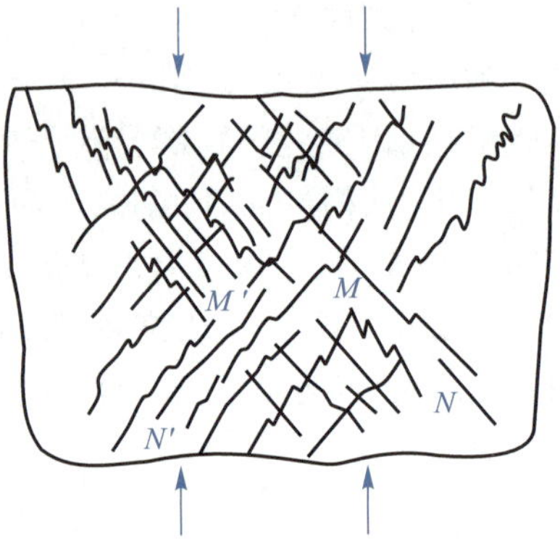

图 4-63 羽状 X 型共轭节理

(据马宗晋、邓起东)

其次,研究节理具有很大的实际意义。有些节理,主要是张节理常提供岩浆活动侵入的通道,并控制矿体的形成和分布。富含张节理的岩石,与地下水的运动和富集有密切关系,有时构成地下水的含水层。此外,在进行隧道、水工建筑(水库大坝等)、矿井坑道、桥梁等工程设计和施工时,都必须对有关地区的岩石节理做详细的调查和测量,以防止可能引起的破坏作用和不良影响。

最后,节理对于地貌的发育、形态等有着深刻的影响。节理构成岩石的软弱面,为风化和侵蚀提供了有利条件,流水、冰、植物等常沿节理风化或侵蚀,形成各种地貌。如花岗岩中的纵节理、横节理和斜节理，往往把坚硬的岩石切割成方块，在棱、角处先行风化，形成球状风化地貌（图 4-64）。有时沿着陡倾斜的节理风化侵蚀成险峻峭拔的地貌（图 4-65）；有时沿着垂直节理侵蚀成悬崖峭壁（图 4-66）或峰林石柱，如广东仁化丹霞地貌、河北承德棒槌山、北京西山龙门洞、云南路南石林、湖南张家界等，都是在近乎水平的岩层中发育了几组垂直节理，然后顺着节理差别风化，结果塑造成千姿百态、群峰林立、石柱凌空的地貌形态。有些河谷也是沿着主要节理的方向发育的。

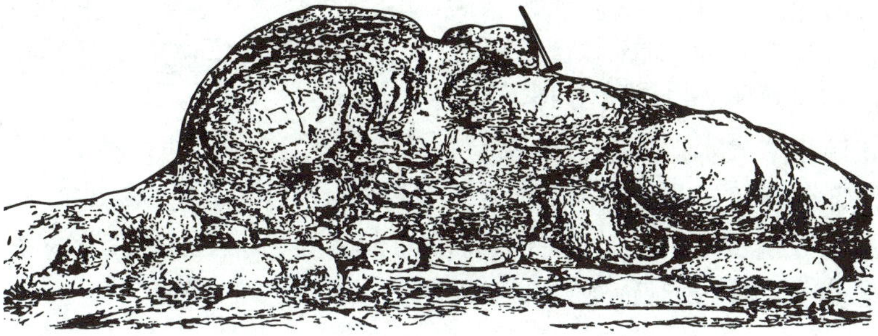

图 4-64　花岗岩的球状风化（甘肃北山）
（据蓝淇锋等）

图 4-65　沿花岗片麻岩陡倾斜节理风化侵蚀而成的地貌（内蒙古凉城小山子）

图 4-66　沿垂直节理风化侵蚀而成的地貌（湖北巴东新家拖扒子灰岩）
（据蓝淇锋等）

测量节理产状要素的方法与测量岩层产状相同。有时节理面未暴露在外，可将硬纸片插入节理裂隙中，然后测量其产状要素。

二、断层及其几何要素

岩块沿着破裂面有明显位移的断裂构造称为断层。断层的规模有大有小，所波及的深度有深有浅（深者可切穿地壳或岩石圈，浅者可切穿盖层或只在地表）；形成的时代有老有新；有的是一次构造运动的结果，有的是多次构造运动的结果；有的已不活动，有的还在继续活动；形成断层的力学性质或张或压或剪，各不相同。

断层的几何要素包括断层本身的基本组成部分(图4-67),以及与阐明断层空间位置和运动性质有关的具有几何意义的要素。

(一) 断层面

岩层或岩体断开后,两侧岩体沿着破裂面发生显著位移,这个破裂面称为断层面。它可以是平直的面,也可以是弯曲或波状起伏的面。它有时是直立的,但大多数时候是倾斜的。断层面的产状和岩层、节理一样,用走向、倾向、倾角来表示。同是一条断层,其产状在不同部位可以有很大变化,甚至倾向完全相反。大规模断层不是沿着一个简单的面发生,而是往往是沿着一系列密集的破裂面或破碎带发生位移,这种面或者带称为断层带或断层破碎带。

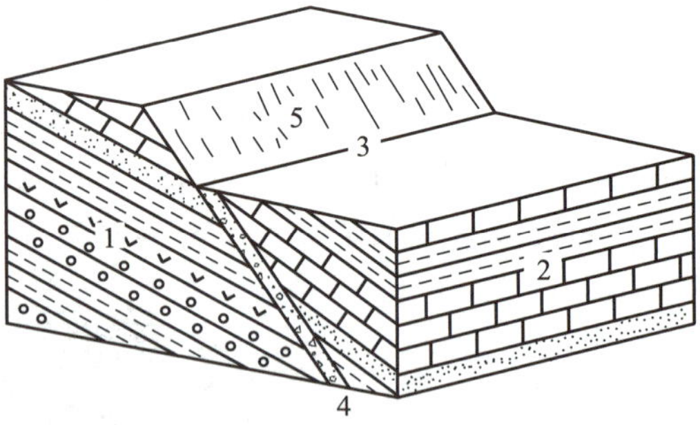

图4-67 断层要素

1. 下盘;2. 上盘;3. 断层线;4. 断层破碎带;5. 断层面

(二) 断层线

断层面与地面的交线称断层线,表示断层的延伸方向。它可以是一条直线,也可以是一条曲线或波状弯曲的线。断层线的形状取决于断层面的产状和地形起伏条件。当地面平坦时,断层线是直是曲,取决于断层面本身的产状;如果地形起伏很大,而断层面是倾斜的,尽管断层面是平的,断层线的形状也呈弯曲状。特别是在大比例尺地质图上,断层线随地形变化而弯曲的现象就更明显。

(三) 断盘

1. 上盘和下盘

断层面两侧发生显著位移的岩块称为断盘。如果断层面是倾斜的,位于断层面以上的岩块叫作上盘,位于以下的叫作下盘。如果断层面是直立的,可根据断块与断层线的关系命名,如断层线的走向为东西,则可分别称两盘为南盘和北盘。

2. 上升盘和下降盘

从运动角度看,很难确定断层面两侧岩盘究竟是怎样移动的,也许是一侧上升,另一侧下降;也可能是两侧同向差异上升或两侧同向差异下降。因此,在实际工作中根据相对位移的关系来判断上升和下降,相对上升的岩块叫作上升盘,相对下降的岩块叫作下降盘。应该指出,上升盘与上盘,下降盘与下盘,切勿混淆。上升盘可以是上盘,也可以是下盘;下降盘可以是下盘,也可以是上盘。

(四) 位移

断层两盘的相对移动统称位移。在实际工作中,经常要判断断层两盘相对位移的方向和测算位移的距离。为此,必须以相当点或相当层为根据。图4-68显示断层发生前的一个点,在断层发生后变成位于断层面上的两个点,即 A 和 A'。这两个点就是相当点。这两个点的实际距离,表示断层的真位移距离,称为总滑距(AA');总滑距在断层面走向方向和倾斜线上的分量,分别称为走向滑距(BA')和倾斜滑距(AB)。同时总滑距在铅直方向的分量称为铅直滑距（DA'），在水平面上的投影称为水平滑距（AD）。

但在自然界，在断层面上找相当点是困难的，所以在实际工作中（在野外或在地质图上）总是根据相当层被错开的距离来测量位移。同一地层由于断层错动，分别在上下盘出现，好像变成了两个地层，这两个地层就是相当层。因为相当层是具体的看得见的东西，以此为依据来计算位移就容易了。通常是在垂直岩层走向的剖面上来测量相当层之间的位移，这样算出来的位移都是视位移，一般称之为断距（以便与滑距相区别）（图 4-69）。

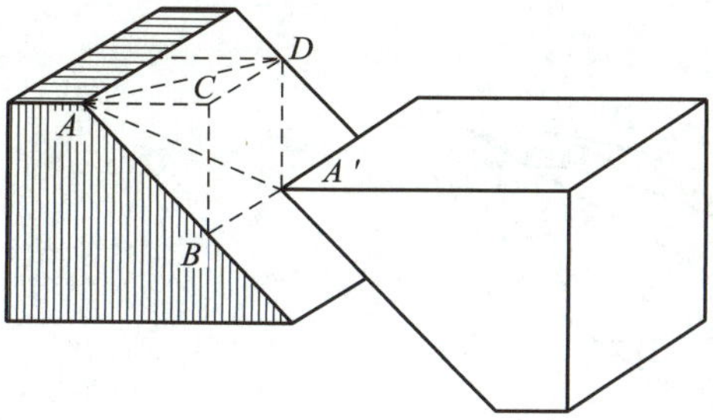

图 4-68　断层位移图

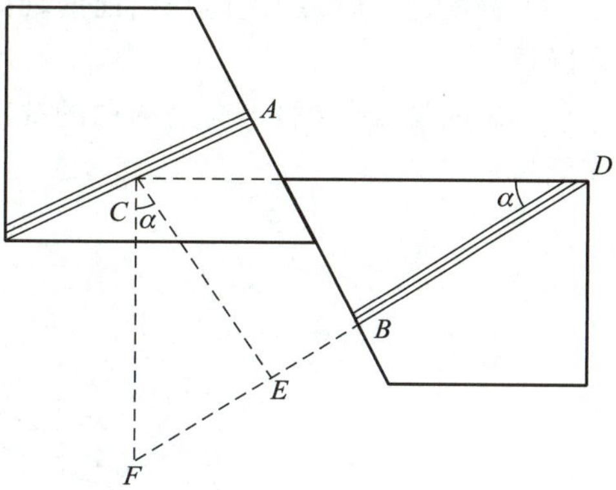

图 4-69　垂直于被断地层（相当层）走向的剖面

AB. 视断距；CE. 地层断距；CF. 铅直断距；CD. 水平断距；α. 地层倾角

① 视断距即断层两盘上相当层的同一层面错开后沿断层面的位移量（AB）。

② 地层断距即断层两盘相当层层面之间的垂直距离（CE），基本上就是相当层被错断后重复或缺失的地层厚度。

③ 铅直地层断距即断层两盘相当层层面在铅直方向上的距离（CF）。

④ 水平断距即断层面两侧相当层层面在同一水平面上相距的距离（CD），这个断距代表断层面两侧相当层位移拉开的水平距离或两侧相当层掩覆的水平距离。

上述断距并不代表断层移动的实际距离，但在实际工作中比较有用。从图 4-69 可以看出，$\triangle CEF$ 和 $\triangle CED$ 为两个相似直角三角形，只要知道地层的倾角（α）及其中一个位移量，就可根据下式计算出其他两种断距。

$$CE = CF\cos\alpha$$

$$CE = CD\sin\alpha$$

三、断层的分类

为了认识断层的几何规律和成因，可以从以下几个方面对其进行分类。

1. 根据断层走向与两盘岩层产状的关系分类（图 4-70）

（1）走向断层：断层的走向与岩层的走向一致。

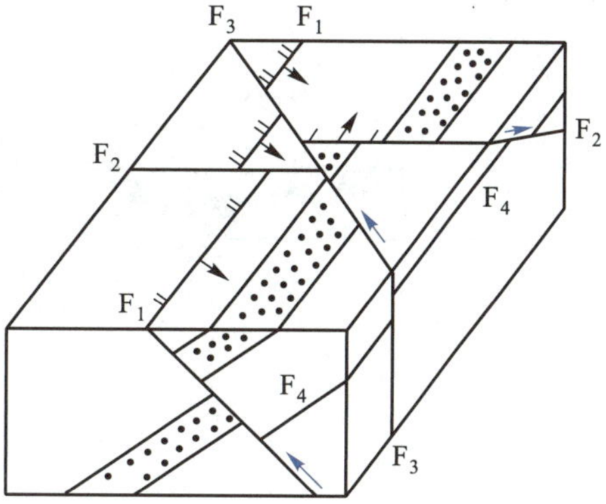

图 4-70　断层走向与岩层产状的关系

（据长春地质学院等《地质学基础》）

F_1. 走向断层；F_2. 倾向断层；F_3. 斜交断层；F_4. 顺层断层

(2) 倾向断层：断层的走向与岩层的走向垂直。

(3) 斜交断层：断层的走向与岩层的走向斜交。

(4) 顺层断层：断层与岩层面大致平行。

2. 根据断层走向与褶曲轴或区域构造线的关系分类(图 4-71)。

(1) 纵断层：断层的走向与褶曲的轴向或区域构造线一致。实际上，纵断层基本是走向断层。

(2) 横断层：断层的走向与褶曲的轴向或区域构造线直交。实际上，横断层基本是倾向断层。

(3) 斜断层：断层的走向与褶曲的轴向或区域构造线斜交。实际上，斜断层基本是斜交断层。

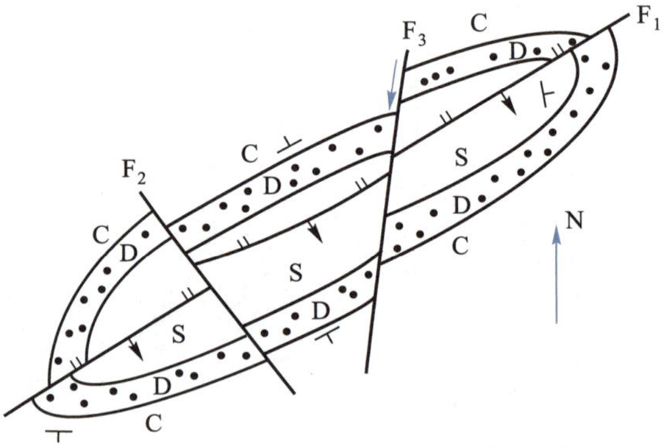

图 4-71 断层走向与褶曲轴的关系(平面图)

F_1. 纵断层；F_2. 横断层；F_3. 斜断层；S. 志留系；D. 泥盆系；C. 石炭系

3. 根据断层两盘相对位移的关系分类

(1) 正断层：上盘沿断层面(斜面)相对下降，下盘相对上升的断层叫作正断层(图 4-72)。断层面的倾角一般较陡，多在 45°以上。正断层使相当层之间出现拉开的一段水平断距，如图 4-72(c)中的 *bc* 一段，说明正断层是在张力或重力作用下形成的。正断层的规模有大有小，断距从小于 1 m 到数百米；断层线从数米到数百千米以上，一般比较顺直。

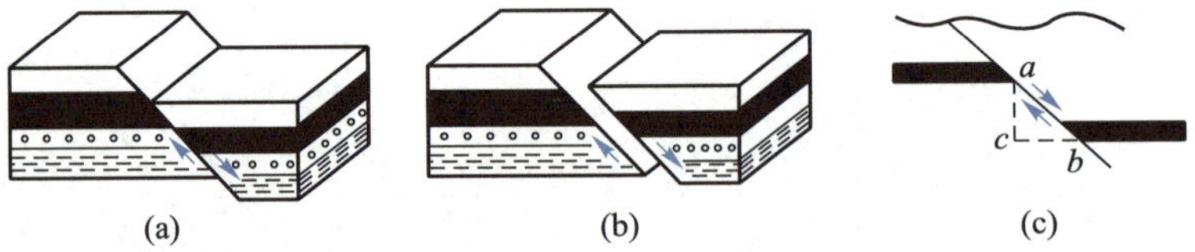

图 4-72 正断层

(a) 上盘顺断层面倾向滑动；(b) 上盘顺断层面斜向滑动；
(c) 正断层剖面示意图

(2) 逆断层：上盘沿断层面(斜面)相对上升，下盘相对下降的断层叫作逆断层(图 4-73)。逆断层使相当层之间出现一段掩覆现象，即上盘相当层掩盖下盘相当层的现象，如图 4-73(c)中 *bc* 一段，说明逆断层主要是在水平挤压力作用下形成的。逆断层又可根据断层面的倾角分为：

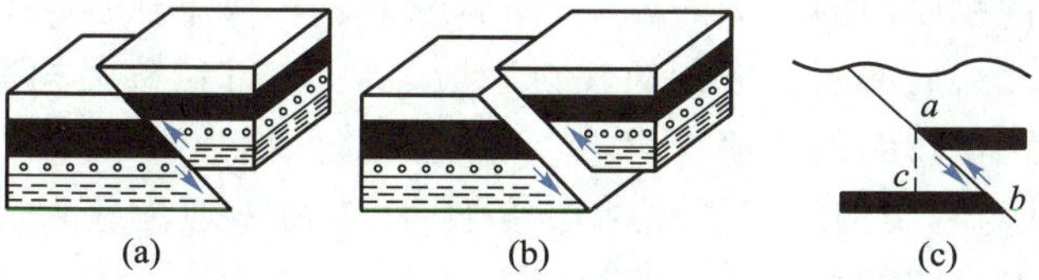

图 4-73　逆断层

(a) 上盘顺断层面倾向向上滑动；(b) 上盘顺断层面斜向向上滑动；

(c) 逆断层剖面示意图

① 冲断层，指高角度的(倾角大于 45°)的逆断层(图 4-74)，断层线比较平直。

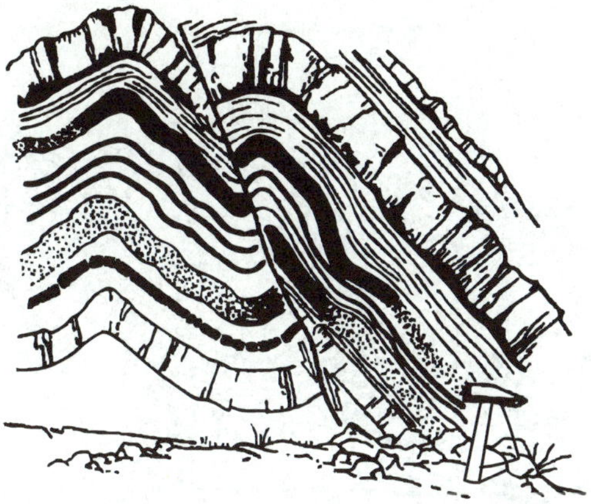

图 4-74　冲断层(广东合水南露天采场煤系地层中)

(据蓝淇锋等)

② 逆掩断层，指断层面倾角小于 45°的逆断层。

③ 推覆构造，指规模巨大、断层面倾角平缓(一般小于 30°)并呈波状起伏、上盘沿断层面远距离推移(数千米至数万米)的逆掩断层，又称逆冲推覆构造。

大规模的逆掩断层或推覆构造所表现的突出特征是：老岩层沿断层面推覆在新岩层之上(图 4-75)。断层上盘盖在较新岩层之上的来自远处的老岩层，称为外来岩块或

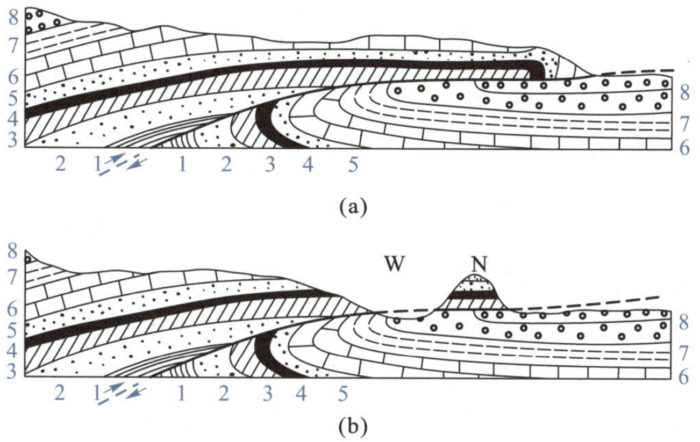

图 4-75　推覆构造、构造窗及飞来峰剖面示意图

(a) 推覆构造；(b) 遭受侵蚀后形成的构造窗(W)和飞来峰(N)；1~8 表示岩层由老到新

推覆体；相对地停留在原地的下盘的岩层，称为原地岩块或下伏岩块。当推覆构造的上盘岩块遭受差异侵蚀，局部露出下盘的较新原地岩块，该部位称为构造窗。而上盘的外来岩块遭受侵蚀后，在较新的原地岩块之上的残留部分称为飞来峰。构造窗和飞来峰，在平面图上都表现为和周围的岩层呈断层接触，构造窗表现为新岩层的周围都是老岩层，而飞来峰则是老岩层的周围都是新岩层。

构造窗可以暴露下伏岩块的信息，可提供探矿和开采的有利条件。飞来峰则常形成老岩层压在新岩层之上的孤立或峻拔山峰，如河北张家口下花园区鸡鸣山的海拔为 1 200 多米，就是中元古界白云质灰岩推覆在中生代侏罗纪煤系地层之上的一个飞来峰。河南登封石门村附近也有一个飞来峰构造（图 4-76，图 4-77）。

图 4-76 河南登封飞来峰构造
（据蓝淇锋等）

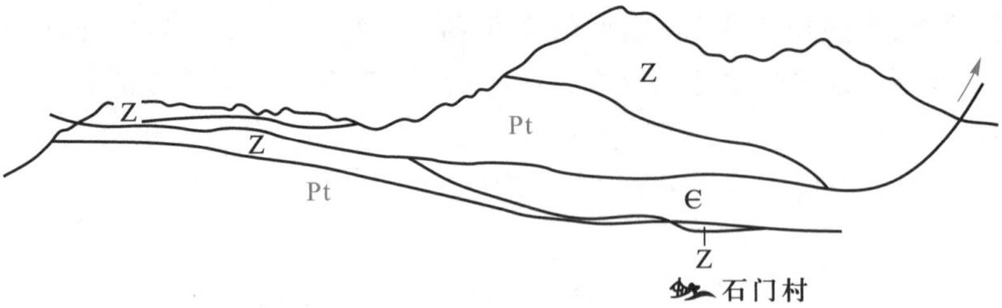

图 4-77 河南登封飞来峰剖面示意图
（据蓝淇锋等）
Є. 寒武系，底部为砂岩、砾岩，上部为灰岩；Z. 震旦系，紫红色砾岩及石英岩；
Pt. 元古界嵩山群，石英岩夹千枚岩

逆断层特别是逆掩断层及推覆构造，其形成与强烈的水平挤压作用有关。这种断层的特点是：断层常与倒转褶皱、平卧褶皱等伴生；岩层受水平压力褶皱，由倾斜、倒转、平卧到翼部（倒转翼）变薄而断裂，断层一般发生在倒转翼上；推覆体盖在新岩层上，上下盘的相当层有很长一段距离的掩覆（图 4-78）。如果在平面图上看，断层线与褶曲轴的走向大体一致，故多为纵断层或走向断层。由于推覆构造是因褶皱受侧压发展而来的，因此它又称为褶皱推覆构造。

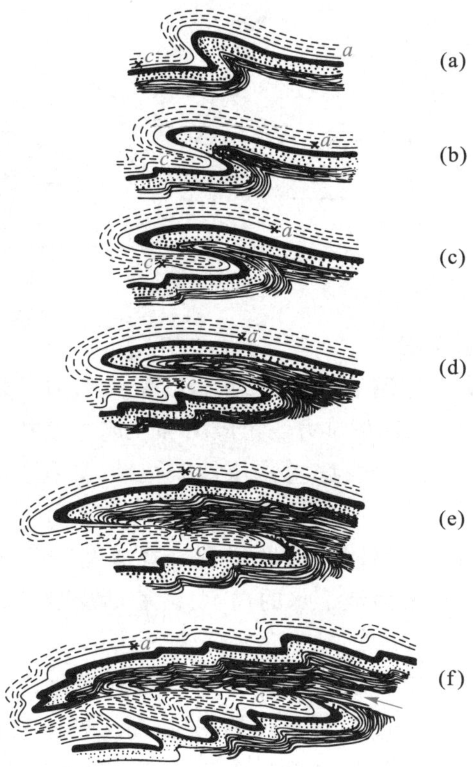

图 4-78 逆掩断层的发展过程剖面图解

(a) 倒转褶曲;(b)、(c)、(d) 平卧褶曲;(e)、(f) 逆掩推覆;*a*,*c*. 相当层同一层面上的两点

(3) 平推断层:指断层两盘沿着断层面在水平方向发生相对位移的断层,又叫作平移断层(图 4-79)。实际上无论是正断层或逆断层,很多是斜向滑动的。如果其走向断距大于倾斜断距,皆可归入平推断层一类。平推断层往往是在褶曲形成过程中在水平剪切应力作用下产生的,断层走向常与褶曲轴垂直或斜交,断层面多近乎直立。

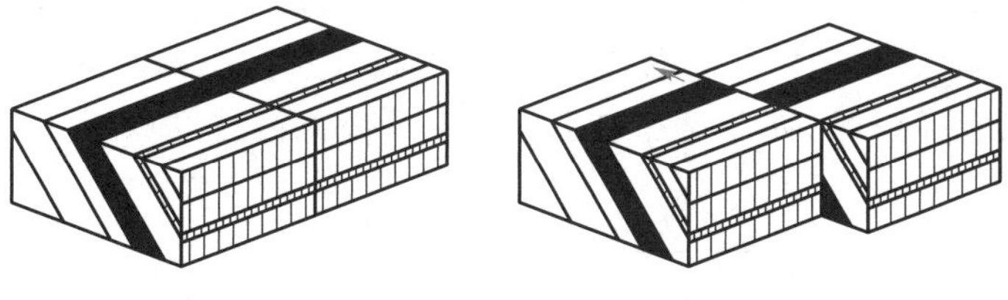

图 4-79 平推断层

(4) 枢纽断层:前述各种断层,其两盘位移都是做直线运动的,但有些断层运动具有旋转性质,好像上盘围绕着一个轴做旋转运动,这样的断层叫作枢纽断层或旋转断层。两盘运动方式有两种情况,一种如图 4-80(a)和图 4-81 所示:旋转轴位于断层的一端,其特点是在同一条断层的不同地段其位移量不等。另一种如同图 4-80(b)所示:旋转轴位于断层的中间,其特点是除了位移量随断层不同地段而变化外,还表现为在旋转轴的两侧,一侧为正断层,一侧为逆断层。在自然界这种带有枢纽旋转性质的断层是屡见不鲜的。

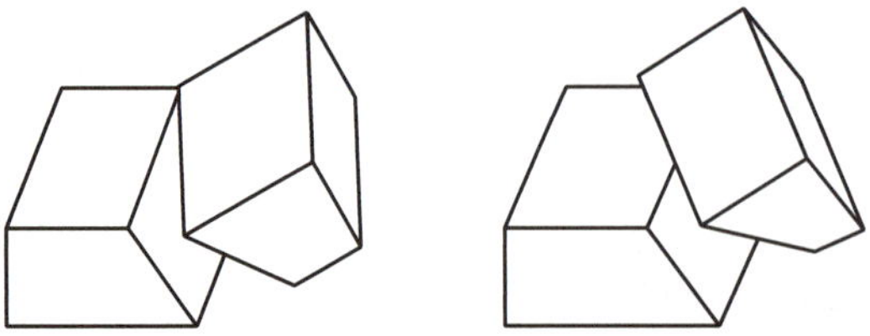

(a) (b)

图 4-80 枢纽断层

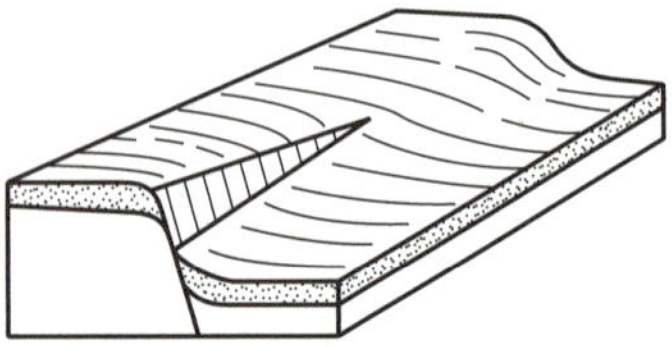

图 4-81 枢纽断层块状图

4. 根据断层的力学性质分类

断层是在一定的地应力作用下产生的，而岩石所受的力不外乎是张应力、压应力和扭(剪切)应力，但更多的时候是张应力兼扭应力和压应力兼扭应力。因此，可以把断层分为张性、压性、扭性、张性兼扭性(张扭)、压性兼扭性(压扭)等5种(最后两种也可以是扭张或扭压)。

(1) 张性断层：断层面一般较粗糙；断层带较宽或宽窄变化悬殊，其中常填充构造角砾岩，如尚未完全胶结，常成为地下水的通道；沿着断层裂缝常有岩脉、矿脉填充。正断层多属于张性断层。

(2) 压性断层：断层面的产状沿走向、倾向常有较大变化，呈波状起伏；断层带中破碎物质常有挤压现象，出现片理、拉长、透镜体等现象；断层两侧岩石常形成挤压破碎带，为地下水运移和储集提供了有利条件，而断层带本身由于挤压密实，反倒形成隔水层；断层两盘或一盘岩层常直立、或呈倒转褶皱、牵引褶皱；断层带内常产生一些应变矿物(受压受热重结晶)如云母、滑石、绿泥石、绿帘石等，并多呈定向排列。逆断层多属于压性断层。

(3) 扭性断层：断层面产状较稳定；断层面平直光滑，犹如刀切，有时甚至出现光滑的镜面；断层面上常出现大量擦痕、擦沟等；断裂面可以切穿岩层中的坚硬砾石和矿物；断裂带中的破碎岩石常碾压成细粉，出现糜棱岩，有时也出现一些应变矿物如绿泥石、绿帘石等。平推断层多属于扭性断层。

对于扭性断层的相对扭动方向，常用左行、右行或反扭、顺扭等术语来表示(图4-82)。判别的方法是：观察者面朝所在断盘移动方向，对盘在自己左侧向身后方向移动就叫作左行或叫作反扭(反时针)；如对盘在自己右侧向身后方向移动就叫作右行或叫作顺扭(顺时针)。

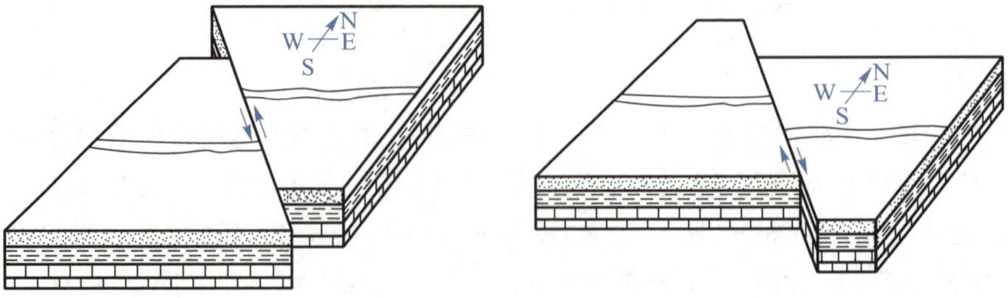

(a) (b)

图 4-82 扭性断层的扭动方向

(a) 左行(反扭)；(b) 右行(顺扭)

（4）张扭性断层：自然界纯张纯压的断层，事实上并不多见，而是多少带一些扭动。如某些上盘沿着断层面斜向往下滑动的正断层，即带有张扭性质。如果走向断距大于倾向断距，那就向真正的扭断层过渡了。这种断层具有张性和扭性断层的特点，断层面上常显示上盘斜向滑动的擦痕，断裂有时呈雁行状排列。

（5）压扭性断层：上盘沿着断层面斜向往上推动的逆断层，带有压扭性质。如果走向断距大于倾向断距，便向着扭断层过渡。这种断层具有压性和扭性断层的特点，断层面小范围内显示光滑平直，大范围内常呈舒缓波状；断层面上斜冲擦痕和小陡坎（阶步）发育；其他特点多与压性断层相似或相同。

四、断层的组合类型

在自然界，常见许多断层以一定的组合形式出现。从平面上看，断层排列有平行状（图 4-83）、雁行状、环状和放射状等。从剖面上看，有阶梯状、叠瓦状、地堑和地垒等。

（一）阶梯状断层

两条以上的倾向相同而又互相平行的正断层，其上盘依次下降，这样的断层组合称为阶梯状断层（图 4-84）。它在地形上常表现为阶梯状下降或阶梯状上升的块状山地。

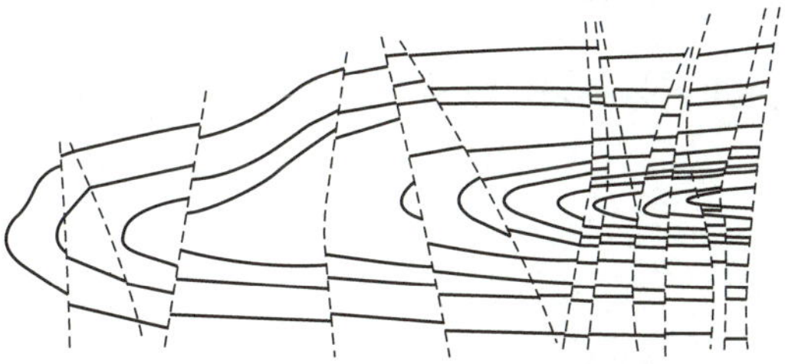

图 4-83　横切一个构造盆地的横断层组合
（据 Stegemann）

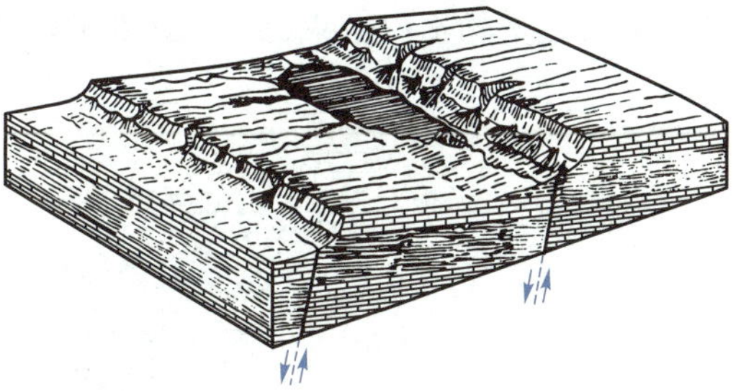

图 4-84　阶梯状断层块状图
（据 Brinkmann R）

（二）叠瓦状断层

两条以上的倾向相同而又互相平行的逆断层，其上盘依次向上推移，形如叠瓦，这样的组合称为叠瓦状断层，又称为叠瓦状构造（图 4-85）。这种断层组合常常和一系列倒转褶皱相伴生，其断层面的倾向和褶曲轴面的倾向大体一致，断层线的走向和褶曲轴的走向大致平行，相当于一系列平行的纵断层。

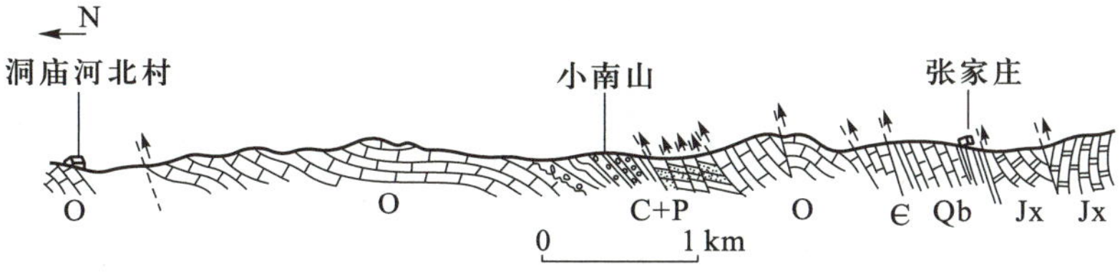

图 4-85　叠瓦状断层（河北省兴隆县鹰手营子附近）
Jx. 元古界蓟县系；Qb. 元古界青白口系；Є. 寒武系；
O. 奥陶系；C+P. 石炭-二叠系

(三) 地堑

两条或两组大致平行的断层,位于中间的地块为共同的下降盘,两侧为上升盘,这样的断层组合叫作地堑(图 4-86)。组成地堑的断层在地表一般表现为正断层。但也有地堑在地下一定深度,正断层为倾向相反的逆断层所代替。

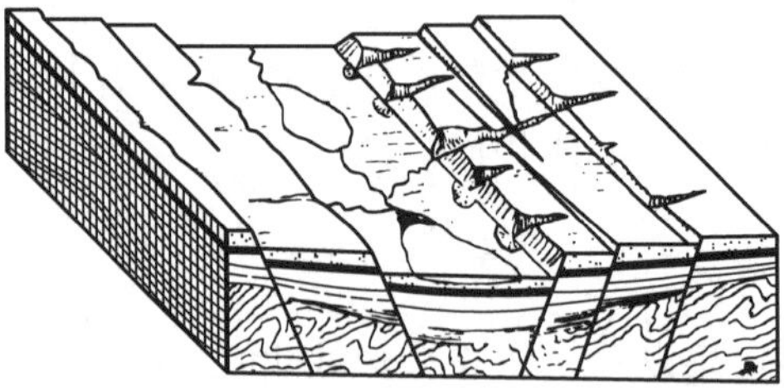

图 4-86　地堑块状图

(据 Brinkmann R)

在地形上地堑常形成狭长的凹陷地带,如欧洲的莱茵河谷(图 4-87)、中国的汾河河谷、渭河河谷等都是有名的地堑构造。地堑还常控制着后来盆地的发育,如中国华南的一些古近纪、新近纪红色盆地。在南美洲沿着安第斯山山脉,断续分布着长达数千千米的中央地堑构造(图 4-88)。按照板块理论,巨型地堑(又称为大裂谷)是开始分离的

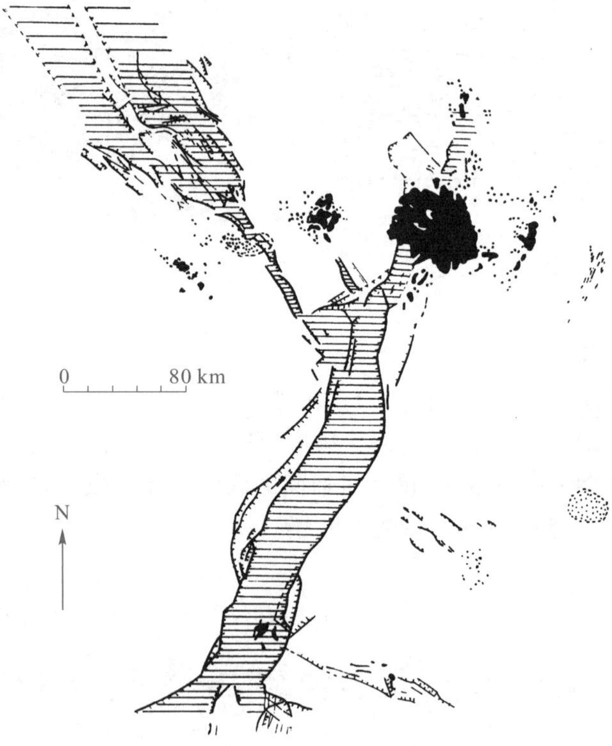

图 4-87　莱茵地堑

(据 Cloos H,转引自 Elements of Structural Geology)

图中黑色部分为古近纪火山岩;⧹⧹ 为正断层;☰ 为地堑下陷部分

两个岩石圈板块之间的扩张构造，也是地下岩浆涌出的通道，所以那里多见火山喷发活动。著名的长达 6 500 km 的东非大裂谷（图 4-89）就是一条巨型地堑。

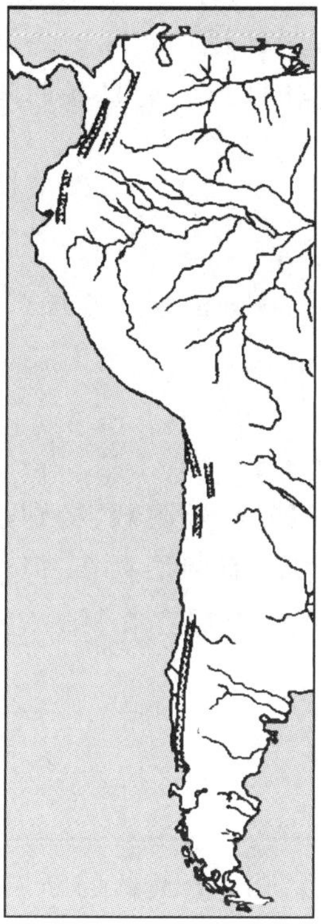

图 4-88　安第斯山脉中的地堑构造

地堑边界断层

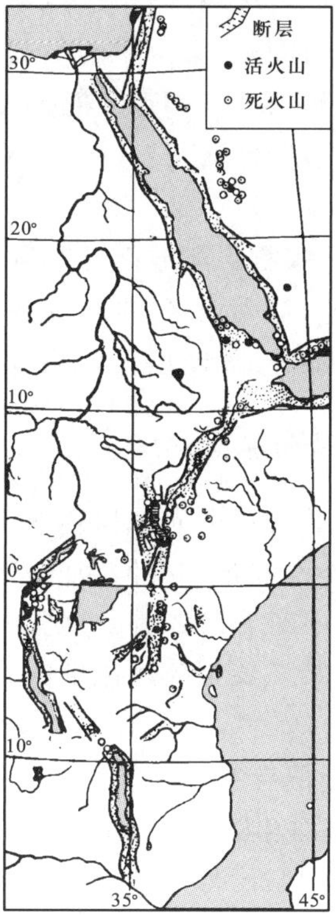

图 4-89　东非大裂谷

（据 W. Ramsay）

（四）地垒

两条或两组大致平行的断层，其中间地块为共同的上升盘，两侧为下降盘，这样的断层组合叫作地垒（图 4-90）。造成地垒的断层一般是正断层，但也可能是逆断层。地垒构造往往形成块状山地。

图 4-90　地垒块状示意图

无论是地堑或地垒，其两侧断层都可能是一条，也可能是由若干条断层组成的阶梯状断层。

地堑和地垒常常共生,两条地堑之间形成一个地垒,两个地垒之间形成一条地堑。在古老的硬性地块地区,由于区域性的构造运动,岩块常常断裂,形成块状山地。在许多大平原下边的基岩,也多为断裂所分割,潜伏着隆起和凹陷,实际上是埋藏于松散岩层之下的地堑和地垒构造。它们不仅控制着沉积盆地的发育,而且在凹陷盆地中还控制着石油的形成和富集。

(五) 环状断层与放射状断层

在穹窿构造等地区,常形成在平面上呈环状或放射状的断层。断层产状各不同,环形断裂断续相连,而断层的性质一般以正断层为主。

五、怎样识别断层

在野外有时在剖面上可以一眼看到断层,有时断层却比较隐蔽,特别是地面覆盖物较多时,更不易发现。有时虽然在一个点或一个剖面发现有断层存在,但要确定整个断层的面貌也不是容易的事。研究断层第一要判断是否有断层存在,第二要判断断层的性质、成因,第三要判断断层的时代。

(一) 断层存在的标志

1. 断层面和断层带上的标志

断层面和断层带是断层存在的直接证据。断层面(带)上遗留的断层擦痕、断层滑面(镜面)、阶步、断层构造岩、构造透镜体等痕迹是判别断层的标志。

(1) 断层擦痕:断层两盘相对错动,在断层面上留下的平行细密而均匀的摩擦痕迹(图 4-91),有时形成相间平行排列的擦脊和擦槽。这些擦痕有时呈一头粗深一头细浅的"丁"字形,由粗向细的方向代表对盘运动的方向。若用手抚摸擦痕,则不同方向滑涩感不同,其中光滑方向代表对盘移动方向。

图 4-91 断层擦痕和阶步

(据长春地质学院等《地质学基础》)

（2）断层滑面（镜面）：断层两盘相对错动摩擦生热，使断层面上的一些铁、锰、钙、硅等成分的物质粉末重熔，敷在断层面上形成一层光滑的薄膜。在扭性、压扭性断层面上更容易出现断层滑面。

（3）阶步：断层两盘相对错动，在断层面上所形成的小陡坎（台阶）（图 4-91）。阶步常垂直擦痕方向延伸，但延伸得一般不远，阶步间彼此平行排列。阶步陡坎方向指示对盘运动方向。

（4）断层构造岩：断层作用在断层带形成各种岩石。最常见的构造岩有断层角砾岩（图 4-92），其中的角砾棱角显著，大小不一，一般无定向排列，角砾的成分与断层两盘岩层的成分相同。断层角砾常被钙、硅、铁、黏土等物质胶结。典型的断层角砾岩常见于正断层（或张性断层）。

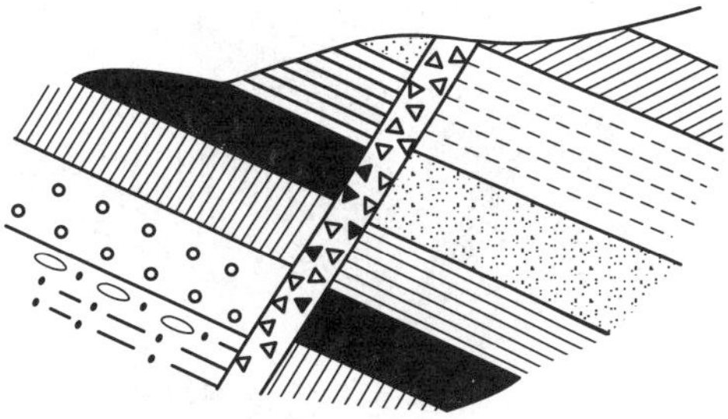

图 4-92　断层角砾岩

注意图中黑色角砾的分布与相当层错动距离的关系

如果断层两盘剧烈错动，破碎岩石常被辗磨成细小的碎屑和粉末，呈鳞片状或小透镜体状（肉眼不易分辨），定向排列显著。若松软未胶结，称断层泥；若胶结起来，致密坚硬，称糜棱岩。在逆断层、平推断层中常见此种构造岩。

（5）构造透镜体：常形成于压性、压扭性断层带中。两组共轭节理，把岩石切成菱形方块，然后又沿节理面滑动，使棱角部分大多消失，呈透镜体状，叫作构造透镜体。在透镜体周围往往环绕着片状矿物，形成片理（图 4-93，图 4-94）。

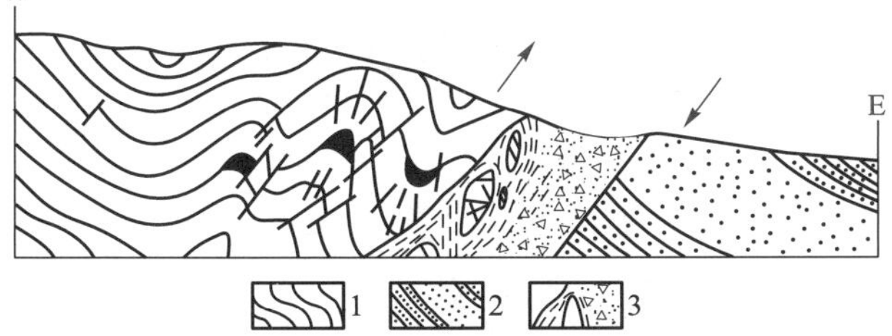

图 4-93　压性断层带中的构造岩

1. 较老地层；2. 较年轻地层；3. 断裂带的透镜体、带片理的糜棱岩以及断层泥、角砾等；上盘伴生岩层褶皱、小断裂及鞍状矿体

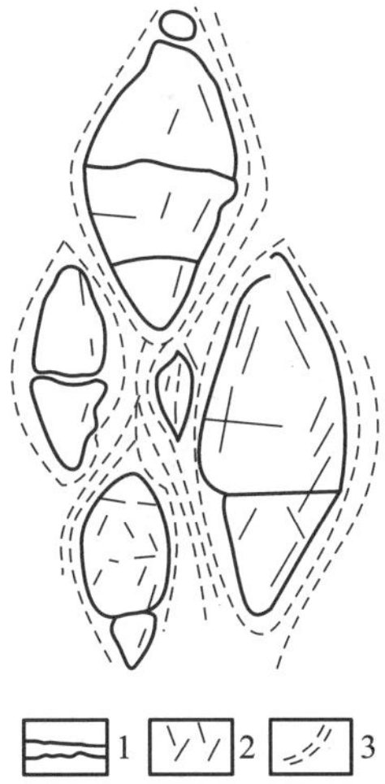

图 4-94　构造透镜体

1. 张性断裂；2. 扭性断裂；3. 片理

2. 岩层上的标志

断层活动常常使岩层错断，造成岩层的不连续、重复或缺失、加厚或变薄，还可以造成岩层产状的变化。这些现象可以指示断层的存在。

(1) 岩层的不连续：断层常把原来连续的地层、矿脉、岩脉、变质带，以及各种构造线错开，使它们发生不连续或中断现象，特别是横断层、倾向断层和平推横断层，这种现象非常明显。图 4-95 为一个倾向断层，断层把岩层错开，侵蚀形成的山脊也是错开的。图 4-96 是平推横断层，也存在同样现象。

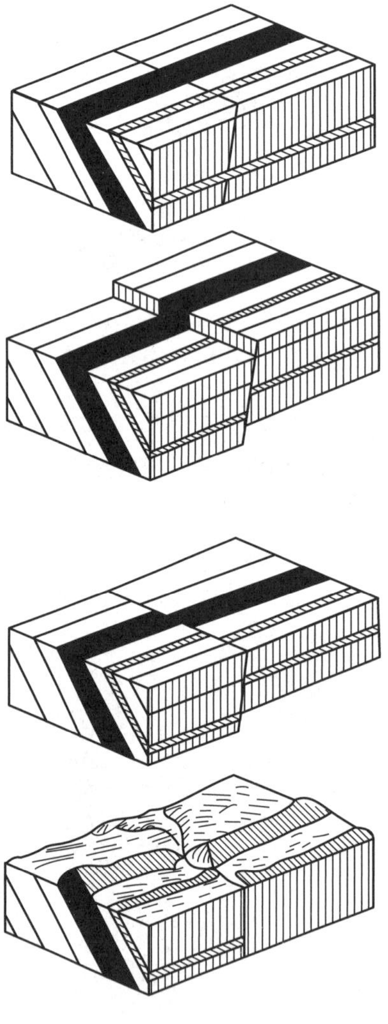

图 4-95 倾向断层形成的岩层及山脉错开块状示意图

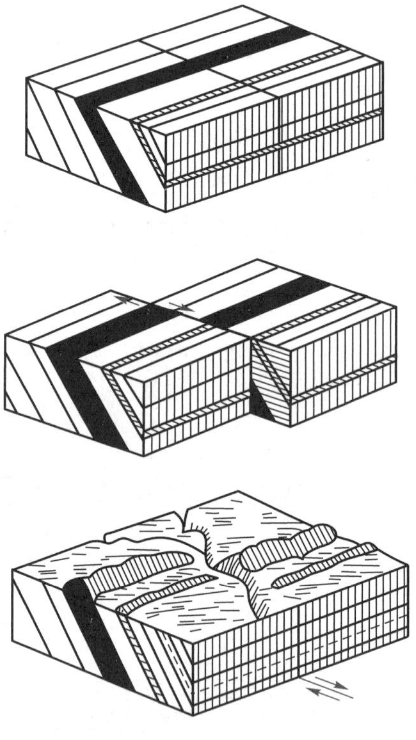

图 4-96 平推横断层形成的岩层及山脉错开块状示意图

应该指出，岩层和构造的错开中断，也可因岩层尖灭和岩层的角度不整合接触等而形成，图 4-97 是断层接触和角度不整合接触所形成的岩层中断现象比较图。二者最主要的区别是，断层所形成的岩层中断是上盘岩层界线与断层线斜交（左图），而不整合所形成的岩层中断，是不整合面上的岩层界线与不整合线平行。

(2) 岩层的重复或缺失：走向断层或纵断层（无论是正断层或逆断层）必然会产生岩层重复或缺失、加厚或变薄的现象（图 4-98）。岩层重复或缺失取决于断层性质、断层产状和被切断岩层的产状三者之间的关系（表 4-2）。褶曲和不整合也可造成岩层的重复或缺失，但它们是有区别的（表 4-3）。

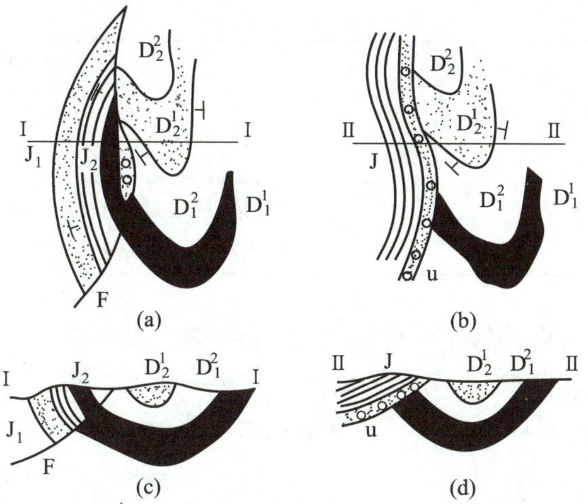

图 4-97 断层和角度不整合所形成的岩层不连续现象对比图

（据长春地质学院等《地质学基础》）

(a)(c)中的 F 为断层；(b)(d)中的 u 为角度不整合；(a)(b)为平面地质图；(c)(d)为地质剖面图

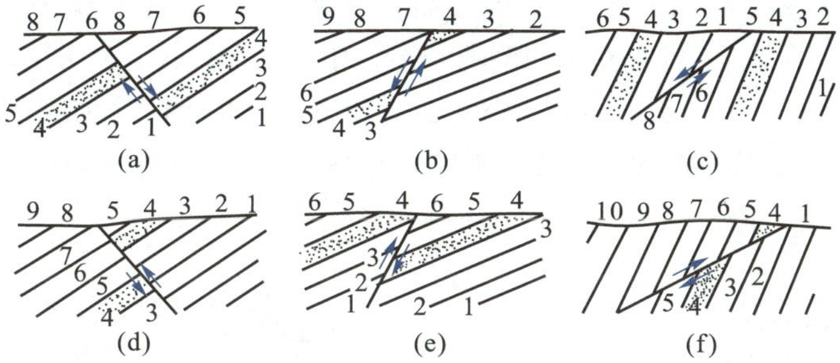

图 4-98 走向断层造成岩层重复

((a),(c),(e))与缺失((b),(d),(f))

1~10. 代表岩层由老至新

表 4-2 走向断层造成岩层重复和缺失

断层性质	断层倾向与岩层倾向关系		
	相反	相同	
		断层倾角>岩层倾角	断层倾角<岩层倾角
正断层	重复	缺失	重复
逆断层	缺失	重复	缺失

注：此表 6 种重复缺失情况与图 4-98 中图的顺序一致，可以对照来看。

表 4-3 不同构造所造成的岩层重复与缺失特征比较

构造	岩层重复	岩层缺失
断层	岩层顺着倾向方向不对称重复（即顺序重复）如 123453456……；有时某一地层变厚，如 1234456…… 其中 4 就加厚了	岩层沿着倾向方向缺失若干层，如 12567……，有时某一地层变薄，如 123456……，其中 3 变薄，等于缺失了 3 的一部分。缺失的地层只限于断层的两侧，是局部的

续表

构造	岩层重复	岩层缺失
褶曲	岩层的重复是对称的，如 1234321，或 4321234	
不整合		缺失的岩层往往是区域性的；在不整合面上常有底砾岩；不整合面常为侵蚀面

(3) 岩层产状的变化：枢纽（旋转）断层形成时，断层线两侧的岩层产状发生很大变化（图 4-99），上图为旋转断层，下图表示侵蚀后在地表能见到断层一侧为石灰岩，另一侧为石灰岩及其他岩石，而且岩层的产状发生重大变化（无论是走向、倾向，还是倾角）。

3. 断层两侧的伴生构造标志

在断层面的一侧或两侧，常形成一些伴生的褶皱、节理等构造，作为断层存在的证据，并可用以判别断层的力学性质和两盘的移动方向。

(1) 牵引褶皱：又名拖曳褶皱（图 4-100）。当柔性较大的岩层断开时，断层面一侧或两侧因发生韧性剪切变形形成一些小褶皱，这种小褶皱的特点是：① 多为倾斜或倒转褶皱；② 离开断层面一定距离，这种小褶皱即渐消失；③ 图 4-100 表示了牵引褶皱的形成过程，正断层和逆断层的牵引褶皱形态不同。根据牵引褶皱的形态可判断两盘的运动方向，从而进一步确定断层的性质。其方法是：牵引褶皱的弧顶所指的方向指示其所在盘的移动方向。

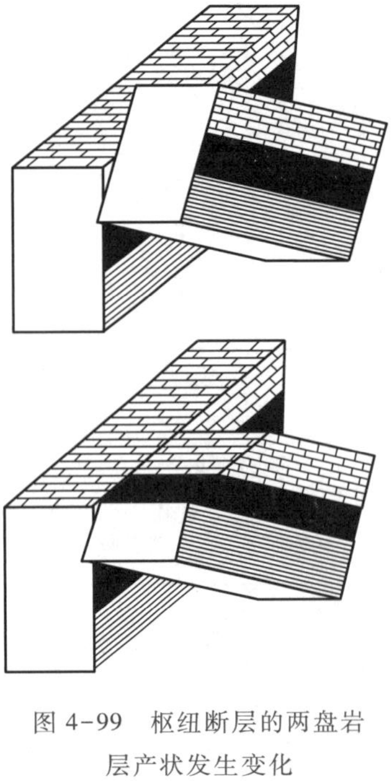

图 4-99 枢纽断层的两盘岩层产状发生变化

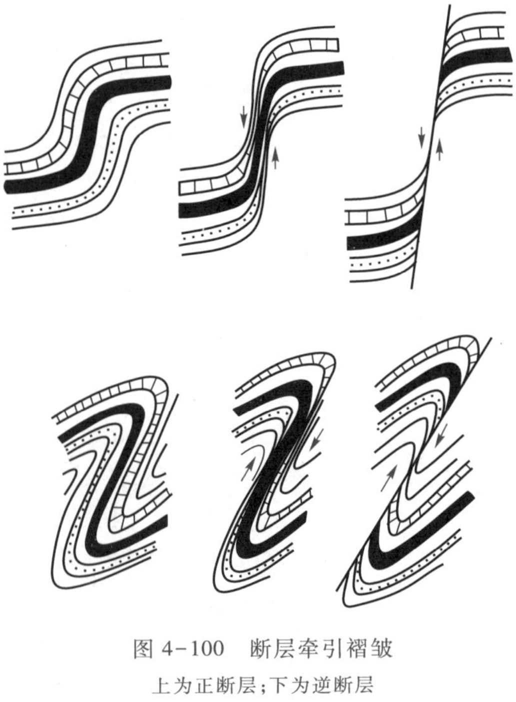

图 4-100 断层牵引褶皱
上为正断层；下为逆断层

(2) 伴生节理：即在断层面的一侧或两侧，因上下盘错动产生的若干组有规律的节理。

4. 断层的间接标志

由于断层活动改变了近地表岩层的状况，从而影响断层所在区域的地貌、水文、植被等自然条件，因此可以利用这些特征间接判断断层的存在。

（1）断层崖和断层三角面：断层面（一般是上升盘）露出地表形成的悬崖，称断层崖（图 4-101），是断层活动形成的构造地貌。有时沿着断层线，由于两侧岩石性质不同，在差异侵蚀作用下亦可形成陡坡或悬崖，称断层线崖。多数断层崖形成后，受到流水的侵蚀切割，形成 V 形谷，谷与谷之间形成一系列三角形面，称断层三角面（图 4-101）。这种面有时也可呈梯形面。山西太谷、内蒙古大青山南麓、关中华山北麓等都有明显的断层崖或断层三角面。但必须注意，三角面、悬崖等还有其他成因，并不完全与断层有关。

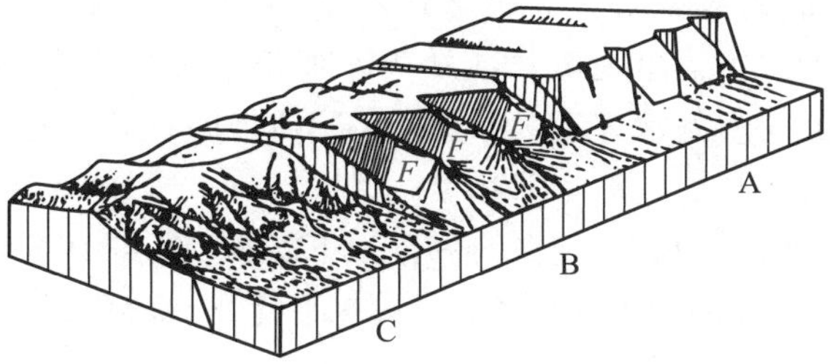

图 4-101　断层崖和断层三角面形成示意图

A. 断层崖；B. 冲沟扩大形成三角面（F）；C. 继续侵蚀，三角面消失

（2）山脉错开或中断：断层引起地层的错开，在地貌上有时会表现为山脉的错开或中断。山脉的山脊或山峰一般顺着岩层的走向延伸，如果突然错开（图 4-95、图 4-96、图 4-102）、中断或呈大角度拐弯，或截然与平原相接触，则可考虑这里可能存在断层。

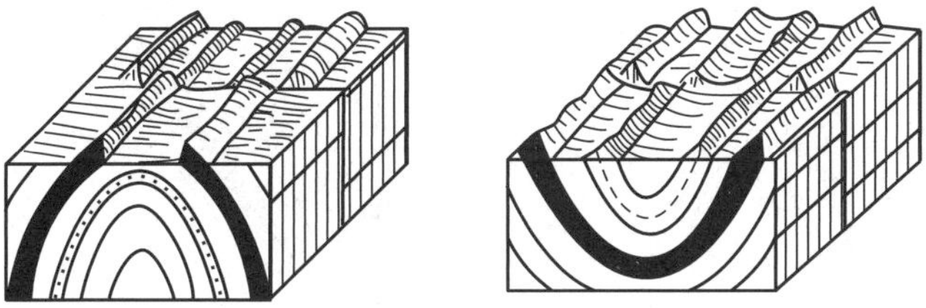

图 4-102　平行排列的山脊被错开

（3）断层谷、断陷湖、断层泉：断层在平面上呈线性展布，常成为控制地貌发育的构造线，沿断层线或地堑常形成断层谷，或形成一系列断陷湖盆。有时沿断层线出现一系列泉水。如内蒙古凉城县的岱海就是一个断陷湖。如果水系突然呈直角转折，也可能与断层（或节理）有关。

（4）火山分布：第四纪火山锥常沿着断层线或断层的交叉点分布，因此有规律分布的火山锥或侵入体，可能与断层有关。

（5）植被变化：断层线两侧因岩性不同、土壤性质不同，可以有规律地生长着各异的植被；有时断层带为地下水富集带，生长着茂盛的或喜湿的植被，在干旱、半干旱地区尤其明显。

（二）怎样确定断层的性质

在可能条件下，首先应该测量断层面的产状（走向，倾向，倾角）。其次，要确定断层两盘相对位移的方向。若是，断层的性质（正、逆、扭等）便可判断了。确定两盘相对位移方向的方法主要如下：

(1) 根据断层面上的擦痕、阶步和断层两侧的牵引褶皱判断(前已述及)。

(2) 根据断层两盘岩层的新老对比判断：对于走向断层或纵断层来说，在断层线上同一点，其较老岩层一侧为上升盘，较新岩层一侧为下降盘[图 4-98(a)，(b)，(d)，(e)]。但当断层面倾向与岩层倾向一致，而断层面倾角小于岩层倾角时，则较老岩层一侧为下降盘，较新岩层一侧为上升盘[图 4-98(c)，(f)]。对于倾向断层或等斜褶皱中的横断层来说，不论是在平面，还是剖面上，都不易判断升降盘，必须借助其他小构造等标志来判断。

(3) 根据褶曲核部或两翼的宽窄变化判断：如果是发育在背斜或向斜中的走向断层或纵断层，其一翼岩层经常出现重复或缺失。如果是发生在背斜或向斜中的倾向断层或横断层，则在断层线两侧常表现为核部宽窄不同，即在背斜中，核部或两侧相当翼变宽的一盘为上升盘，变窄的一盘为下降盘[图 4-103(a)]；在向斜中正好相反，核部或两侧相当翼变窄的一盘为上升盘，变宽的一盘为下降盘[图 4-103(b)]。如果是切过背斜或向斜的平推断层，则核部及两盘相当翼只有水平错开，而无宽窄的变化(图 4-104)，即两侧岩层或褶曲轴各向一个方向错开。

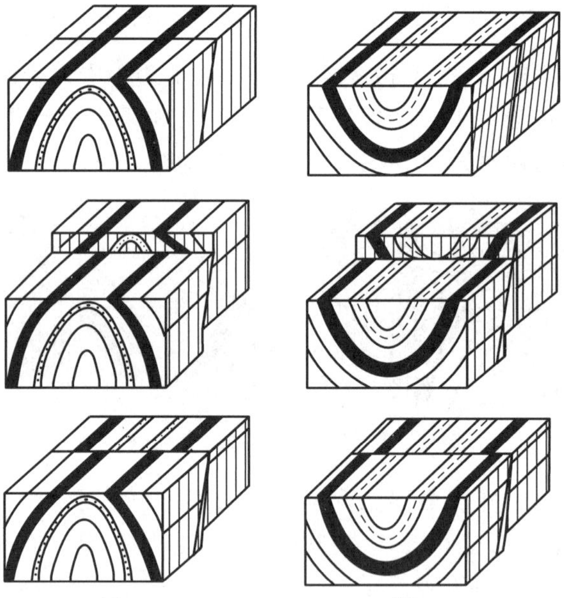

图 4-103　横断层所引起的褶曲核部或两盘相当翼宽窄的变化

(三) 怎样确定断层的时代

(1) 利用断层和岩体、岩脉等的关系：若断层切断岩体，则断层形成于岩体侵入之后；若断层被岩体、岩脉所填充，则断层形成于岩体侵入之前。如果测出岩体的同位素年龄，则可较确切地推断断层的时代。

(2) 利用断层互相错断的关系：若有三条断层，f_1 被 f_2 错断，f_2 被 f_3 错断，则 f_1 最老，f_2 其次，f_3 最新(图 4-105)。由此可得出断层的相对时代：即在许多相交的断层中，被切断的断层时代较老，切断其他断层者较新。

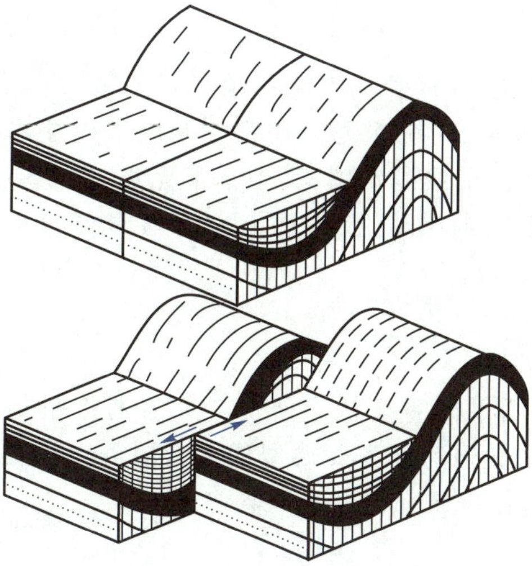

图 4-104　切过背斜和向斜的平推断层

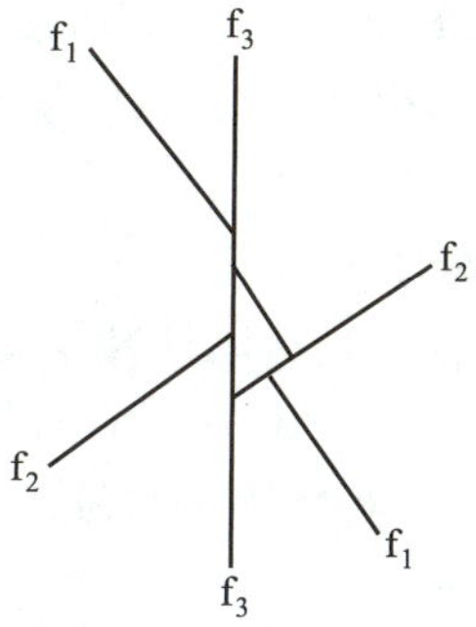

图 4-105　利用断层的切断关系确定断层的相对时代

六、研究断层的意义

研究断层，搞清楚断层的存在、性质和产状等，无论在实际应用，还是理论方面，都有重要的意义。

（一）断层与矿床

矿床的形成、矿体产状及其分布等，常常受断层构造的控制。岩浆、热水溶液、含矿溶液最容易循断裂带侵入或充填，形成重要成矿带。特别是在两条断裂的交叉处，断层产状（走向或倾向）突然变化的地方（图 4-106），断层切穿多孔隙的或化学活性较强的岩层（如碳酸盐岩）部位等，更是成矿的良好场所。

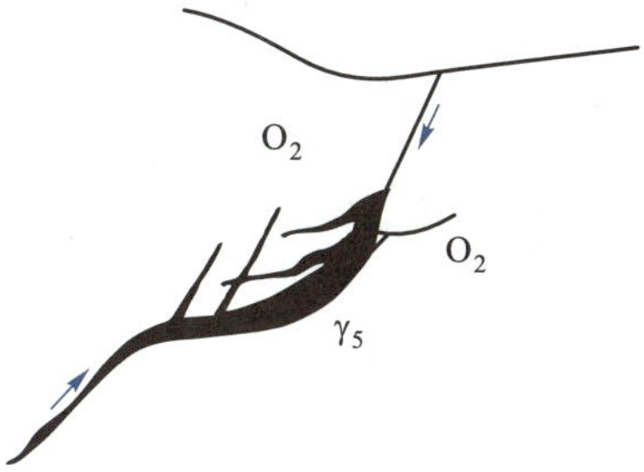

图 4-106　在断层产状变化的地段和两侧裂隙中填充形成矿体

O_2. 中奥陶统；γ_5. 燕山期花岗岩

在采矿过程中遇到断层，矿层或矿体便会突然中断，只有搞清断层的产状、性质和断距，才能求出矿层等的去向，然后决定下一步开采步骤和生产施工方案。

对于石油和天然气来说，断层是其运移的通道，例如，在一套单斜岩层中夹有厚层多孔隙含油气砂岩，油气可以顺层到达地表逸散；若其中有断层存在，含油气层被错断，不能直接通到地表，使油气保存下来，从而构成储油气的有利条件。

（二）断层与工程建设

进行工程建筑、水利建设等，必须考虑断层构造。例如水库、水坝不能位于张性及活动断层带上，以免漏水和引起其他不良后果；大型桥梁、隧道、铁道、大型厂房等如果通过或坐落在断层上，必须根据断层的性质和活动性采取相应的工程措施。因此凡是重大工程项目都必须具有所在地区的断裂构造等地质资料，以供设计者参考。

(三) 断层与地下水

断层构造与地下水的运移和储集具有密切关系。特别是在基岩山区找水工作中，调查是否有断层存在，断层的性质和规模如何，十分重要。如张性断层带往往构成良好的地下水通道；而压性断层带由于挤压密实，形成隔水墙，其中常常无水，但断层的一盘或两盘的破碎带和裂隙带却常形成地下水的带状通道，再加上有压紧密实的断层带起到隔水作用，因而容易形成地下水的富水地带。

(四) 断层与地震

断层，特别是活动性断层是导致地震活动的重要构造条件。如汾渭地堑是历史上地震的多发地带；中国东部的郯庐大断裂、美国西部圣安德烈斯大断层等也都是地震活动频繁地带。断层构造是地震地质和地震预报研究的主要内容之一。

(五) 断层与地貌

断层和地貌发育的关系甚为密切。如块状山地、掀斜地块、断陷盆地、断层谷、飞来峰、大裂谷，以及某些水文现象（如湖泊的形成，沟谷的发育等）都与断层有关。

研究大型断裂构造的空间格局和时间演化规律，对于认识区域构造的发育历史和进行大地构造单元的划分，以及探讨全球构造的演化规律，都具有重要理论意义。如洋中脊上的阶梯式地堑断裂、东非大断裂等，都关系到地壳和岩石圈演化，以及海洋成因等重大理论问题。

七、韧性断层与区域性大断裂

(一) 韧性断层

韧性断层是和脆性断层相对的一类断层，又称韧性剪切或韧性变形。在地壳表层或浅层，断层常表现为脆性断层，其特点是断层面明显，两盘滑动相对集中于个别断裂面上，位移显著。而韧性断层是在剪切带中沿着微细滑动面做微小滑动，使韧性断层两侧岩块有剪切错位，但像断而未破，错而似连。一般而言，在地下深处 10~15 km，普遍存在岩石塑性流变，许多脆性断层向地下延伸至一定深度，往往为韧性断层所代替。韧性断层规模差别很大，小者宽不过数厘米，长不过数米；而巨型韧性断层长度可达数千或数万米。这种巨型韧性断层带，实际上是由成群小型韧性断层和夹于其中的相对刚性岩石条块组合而成的。

在韧性断层带内常常形成新的片理。岩石和矿物的破碎程度和变形程度由边界向中心递增，中心常形成糜棱岩带，而断层边界既无碎裂岩，也无破裂面。有时一些较坚硬的岩层、岩脉等卷入韧性断层带内，产生强烈的变形，或者因受压缩而局部加厚，或者因受拉伸而形成一段段似断而连的香肠状构造（图 4-107）。发生在高级变质岩（如黑云母片麻岩）内的韧性断层，常形成一条退变质带。退变质作用是指岩石已经遭受较高温度和压强的变质作用后，又受到较低温度和压强的变质作用，其特征是原来较高级的变质矿物被较低级的变质矿物所代替。例如在黑云母片麻岩中出现一条绿泥石白云母片岩，这可能是一条韧性断层带。在韧性断层带内还经常出现在剪切作用下塑性岩石形成的拉伸线理构造。

图 4-107　香肠状构造(北京大灰厂奥陶系白云岩中)
(据武汉地质学院《地质构造形迹图册》)

韧性断层主要产出于古老变质岩中,如古地台的基底或褶皱造山带的核部,它们是露出地表的、被侵蚀的古老断裂的深部构造遗迹。在野外根据新生片理带、退化变质带、糜棱岩带、拉伸线理等构造可以确定韧性断层。韧性断层的研究对于认识前寒武纪地壳结构和演化史、不同构造层次断裂构造形成机理等都有重要意义。

(二) 区域性大断裂

在岩石圈中除了存在一般规模的断层外,还存在区域性的大型断裂构造。如深大断裂、裂谷、逆冲推覆构造等。这类断裂规模很大,常常构成区域性断裂甚至全球性断裂。

1. 深大断裂

1946 年,苏联地质学家 A. B. 裴伟提出深大断裂的概念,1956 年他又对此做了系统论述。深大断裂又称深断裂,指规模巨大的深切地下的发育时期很长的区域性断裂构造。其切割深度可切穿地壳深入地幔,区域延伸可达数百千米以至上千千米。在元古宙即已发育了最早的深断裂,成为地壳发展历史的一部分。深断裂把地壳分割成运动特点和构造特点各不相同的地块,成为各级区域构造单元的分界,并控制着区域古地理、古构造的发展,控制着区域性地层、岩相及厚度的变化;控制着各类岩浆活动,成为岩浆和热液的运动通道与停积场所,形成内生成矿带;深断裂也常常成为近代火山带和地震带,是新构造运动最活跃的地方;它也常是大地貌单元的分界线,断裂带本身也往往出现引人注目的各种地貌景观(如串珠式湖泊、洼地、火山锥、大峡谷等);深断裂也常是一条地球物理异常带,并成为区域性地球物理场的分界线,如中国著名的雅鲁藏布江深断裂就是划分藏北和藏南的地球物理场分界线。

深断裂可以分为不同的类型,最主要和最令人注意的为正断层型,也就是在拉张作用下形成的深断裂,如贝加尔湖、莱茵河、东非大裂谷、洋中脊,都属于这一类。

另外也有逆断层型,即逆冲断层型,是在压缩作用下形成的;平移断层型,常形成区域性走向滑动断裂带;更重要的还有顺层断层型,常形成各类顺层滑脱构造。

中国重要的深断裂带有雅鲁藏布江深断裂带、台湾大纵谷深断裂带、额尔齐斯深断裂、西拉木伦深断裂、东昆仑深断裂、北祁连深断裂、阿尔金深断裂、龙门山深断裂、金沙江—红河深断裂、班公错—怒江深断裂、郯城（鲁）—庐江（皖）深断裂、沧州深断裂、吴川（粤）—四会（粤）深断裂等。

深大断裂，在20世纪五六十年代，对中国及世界地质学界曾产生过重要的影响，但在70年代以后，由于大量深部地质实践和有关资料的积累，对深大断裂的产状、成因、性质等有了新的认识，包括深大断裂的提出者 A. B. 裴伟本人也不断修正自己的观点。过去确认的许多深断裂，往往不是从地表向下一直深切，而是向下倾角变缓，以至倾角变平，总体形成上陡下缓的犁式。新认识的形成得益于对构造运动形式，特别是对逆冲推覆构造、层间滑动及滑脱构造等有了新的论证。有一些深断裂向地下延伸，常由脆性断裂转变为韧性断裂，但更重要的是有许多深断裂向下延伸，往往穿过不同岩层或构造层面，呈阶梯式与各层间近水平或低角度的滑动面相连接，使深断裂成为上陡下缓的形式。现将近年国内外学者对岩石圈的层圈性和滑脱构造等有关问题的研究进展，概述如下：

① 过去认为岩石圈的圈层构造只限于硅铝层、硅镁层、上地幔软流圈等，而今发现有大量事实证明岩石圈包含着一个近乎平行的层圈系列，从深部到地表，这种圈层界面间距愈来愈小，愈来愈密集。各个界面侧向展布变化很大，延伸距离不等。

② 形成这种圈层构造的原因，主要是由于顺层滑脱或者滑脱构造所产生的结果。所谓滑脱构造，是在岩石圈层中存在许多滑脱界面，包括断层面、岩系界面、岩层不整合面、高塑性层、高孔隙层、盖层与基底界面、地壳与上地幔界面等，在一定应力作用下，在这些界面以上的岩石便可从下盘滑脱，这种构造总称为滑脱构造。滑脱构造又可分为两类：一是伸展型滑脱构造，又称拆离构造，是在重力作用或伸展作用下（如地壳隆起）引起的岩石滑动，以近水平或低角度脱离原来位置，形成一系列由正断层构成的叠瓦式构造，称上拆离盘；而滑脱面以下岩石未参与滑移运动，只形成摩擦作用产生的糜棱岩带，称下拆离盘。另一是压缩型或挤压型滑脱构造，即在挤压作用下上盘沿滑脱面以近水平或低角度所形成的逆冲推覆构造，与伸展型滑脱构造的不同点是上盘往往形成一系列由逆冲断层构成的叠瓦式构造。上述滑脱构造，无论是伸展型或挤压推覆型，一般都是上盘拆离或推覆，并引起褶皱变形，而下盘则未卷入滑移变形，这种构造又称薄皮构造。在地壳深部的滑脱带，表现为韧性滑脱剪切带及糜棱岩带。

③ 岩石圈内多层次的近水平滑脱造成的薄皮构造（大部分为远距离而来的岩片）构成岩石圈构造的重要特征，而岩石圈中多级分层及滑脱构造的发现，被认为是构造地质认识上的重大突破。因此许多深断裂依次连接地下众多滑脱面，角度逐渐变缓，以至到一定深度断裂戛然而止。这种构造特点常反映在地震源顺层分布，以及地震波速度的突然变化等方面。

2. 裂谷

裂谷是大型区域性断裂构造之一，在一定程度上也是深断裂的一种表现形式。1894年J. W. 格雷戈里研究东非大裂谷时提出这一术语，一般认为裂谷是因隆起而断陷形成的大型复杂的地堑构造体系，或者认为是一种岩石圈的伸展构造，切割深而延伸长。有的裂谷两侧断裂不是均一发展，一侧为主干断裂，而另一侧规模较小。按照裂谷发育的区域部位及其地质构造特征，裂谷可分为大洋裂谷，如大西洋洋中脊；大陆裂谷，如东非裂谷；和陆间裂谷，如红海裂谷。这些类型的裂谷构成全球性的裂谷系。

大陆裂谷是由一系列以正断层为主构成的地堑或半地堑系；裂谷中常以断陷谷、断陷盆地的形式沉积一套巨厚的碎屑岩，伴有蒸发盐、火山熔岩及火山碎屑岩；沿着断裂常溢出玄武熔岩，或形成一系列火山，地震比较频繁。关于裂谷的成因，存在各种不同的看法，H. 克鲁斯（1919）提出隆张说，认为裂谷是区域性穹隆构造形成过程中沿着轴部张性断裂断陷形成的。近年通过深部构造等研究，认为区域性隆起和拉伸只是这种作用的表现形式，而其实质是由于裂谷下的地幔上隆，地壳变薄的结果造成的。在玄武岩下普遍存在着地震波波速较低、由壳幔物质混合组成的穹隆状构造，称为裂谷垫。

中国的汾渭地堑带，也可以称之为裂谷带，以渭河地堑和汾河地堑为主体，裂谷内形成一系列雁列式盆地，北段汾河地堑正好位于背斜区隆起的轴部。整个地带地壳厚度较薄，地震强度大、频度高，震源浅，一般深 10～30 km。

任何裂谷都有其发生、发展和衰亡的阶段，自 20 世纪 60 年代板块构造学说问世后，裂谷作用与全球构造有机联系起来，成为板块构造理论中区域构造研究的一项重要内容。

3. 逆冲推覆构造

前文逆断层部分对这种构造形式有所介绍。在 19 世纪后期，许多地质学家先后研究了阿尔卑斯山的主体构造，确定它是由很远距离之外因巨型逆冲推移过来的块体，称之为推覆体。A. 海穆等人认为这些推覆体是水平挤压引起褶皱进一步发展的结果，因此可以称之为褶皱推覆体。但是关于推覆体，近年有了进一步研究。一是关于推覆体的成因问题，发现它不仅仅是褶皱发展的结果，因为有许多推覆构造与强烈的褶皱没有直接联系，而且不是出现在褶皱山脉的中央，而是出现在山脉两侧的山前拗陷中。这类推覆体的形成与上面提到的滑脱构造有关。即当造山带隆起后，其两侧相对下降形成山前拗陷或前缘拗陷，其中沉积了相当厚度的沉积层，由于山体隆起，这些沉积岩层在重力作用下（或称伸展作用下）产生滑动移开原来的位置，滑覆在较远的地方，因此称之为拆离构造。当然在一定条件下也可以产生侧向逆冲滑脱，形成挤压型推覆体。二是关于推覆体的规模和推覆距离问题。以阿尔卑斯山为例，有的推覆体长达 30 km，上盘推移距离达 40 km。推覆体如此之大，推移距离如此之远，岩块又未因此而破碎，这种构造是怎样克服推覆体的巨大重力和推覆体运移时的摩擦力，是一个极难解释的问题。M. K. 哈伯特等（1959）提出孔隙液压说，认为高孔隙含水岩石，产生液压，可以起着浮力作用，从而降低推覆岩块的重力和推覆体与原地岩块之间的摩擦力。除此，还有其他一些说法。

1975 年，通过可控震源探测，发现美国南阿巴拉契亚山是一个巨大推覆体，自 SEE 方向向 NWW 方向推覆，推移距离达 260 km，使前寒武系古老岩层推覆到下古生界之上。近年人们不断发现在岩石圈不同层次存在许多大逆冲断层推覆体和滑脱构造形成的薄皮构造岩片。A. B. 裴伟近年也潜心研究拆离推覆构造，并将之分为深层次（幔层）推覆和浅层次（壳层）推覆，后者又分为基底推覆和盖层推覆。不同层次的推覆，其主要岩石组成、结构构造、变形特征、所含矿体均有所不同。因此，这些发现不仅具有重大理论意义，而且具有更重大的实际意义。

板块构造理论的兴起，对于逆冲推覆构造的产生成因，更提供了多方面的认识。例如，太平洋板块向欧亚板块俯冲，另一侧亚欧板块必然向大洋方向逆冲，形成推覆体带；再比如，大陆板块与大陆板块碰撞，如印度板块与亚欧板块相撞，印度板块向喜马拉雅山下俯冲，喜马拉雅造山带必向印度板块逆冲，形成一系列逆冲推覆体带。

第5节 新构造运动与地震

一、新构造运动

新构造运动是发生在新近地质时期的构造运动。就其构造运动的性质而言,和老构造运动并无本质上的差别。由于新构造运动主要表现为火山、地震、断裂、褶皱、温泉和地热异常等,与人类活动关系极为密切,在国民经济建设中具有重大意义,比如,大型、长远工程的建设都必须掌握一个地区的新构造运动性质、数量及发展方向。在理论研究上,因为新构造运动是现在人类可以直接观察、测量的构造运动,通过对它的直接研究,可以更好地理解过去地质年代中的构造运动。正是由于生产实践及科学研究的需要,特别是近年来地震研究不断提出来的大量问题,新构造运动及新构造成了地质学中的专门研究对象,并且有一套与老构造运动不同的研究方法,逐步形成了一门独立的学科——新构造学。其任务就是要研究岩石圈的各种不同的新构造运动及其变形。

尽管新构造运动的时限问题还存在分歧,从构造运动中单独划分出新构造运动已经成为公认的事实。其实,新构造期的开始时间,不同地区并不完全一致,有的早,有的晚。从中国地形基本轮廓的形成来看,认为新构造运动是从新近纪开始直到现在发生的构造运动是比较适宜的。在实际工作中,还从新构造运动中划分出现代构造运动,即发生在有人类历史记载时期的,可以用考古法、历史法及仪器法研究的构造运动。它是新构造运动的一个组成部分,与火山、地震关系密切。

(一)新构造运动的特点

1. 新构造运动的方向与速度

从运动方向来看,新构造运动既有垂直升降运动,又有水平运动。而且水平运动的幅度和速度甚至比垂直升降运动的幅度和速度还要大。如从早中新世以后,加利福尼亚圣安德列斯断层的水平运动距离为260 km。费尔干纳盆地与塔里木盆地间的断裂在新构造期水平移动达370 km,新疆一般的山地水平错动也为20~30 km,而天山地区新近纪以来垂直升降运动的幅度最大超过10 km。另据测量资料可知,天山地区的现代构造运动速度,升降运动为1 mm/a,最大达4.5 mm/a,水平运动最大的可达10 mm/a。但是由于垂直升降运动较水平运动易于识别,在地形上和沉积物中表现得比较明显,所以历来对垂直升降运动的研究程度都超过对水平运动的研究。

新构造运动中的垂直升降运动和老构造运动一样,具有明显的振荡和节奏性。一个大的构造上升或下降运动是由次一级的振幅较小、周期较短的振动所组成的。而这些次一级的振动又由振幅更小、周期更短的振动所组成。升降运动的速度也是变化的,有时很快,有时缓慢。这种速度上快慢的交替,也是新构造运动的基本性质。

新构造运动的垂直升降运动的方向、性质及强度等方面在不同地区是不一样的。有的地区表现为相对的宁静,而另一些地区则特别强烈。一些地区在不断地上升过程中发生断续地下降;而另一些地区又在不断地下降过程中发生断续地上升,因此,新构造运动在区域地貌上反映显著。

由于垂直升降运动的振荡性质,在计算升降运动的速度时,往往分为似速度和真速度两种。真速度就是在很短的时间内,用仪器测量的方法测量的运动速度的平均值,比较接近当地当时构造运动的实际速度。似速度是在一个较长的地质时期内，根据保存下来的新构造运动遗迹所代表的综合幅度计算出来的平均速度。振荡运动的上升和下降是互相交替进行的，上升和下降变化的过程不易查清，只能根据上升和下降的代数和去计算速度。例如利用平原中沉积层的累积厚度和时代计算构造下沉的幅度及速度。

2. 新构造运动的类别

从运动的类别来说，新构造运动既有断裂，也有褶皱。但是，断裂构造非常普遍，不仅在褶皱地带，而且在新老地台上也十分发育。断裂与地块升降的结合表现为普遍的断块运动，这是新构造运动的特点之一。

褶皱构造包括大范围的拱曲变形及规模很小的沉积层褶皱变形，后者局限在一定的地带。

3. 新构造运动的继承性和新生性

从新、老构造运动的关系来看，新构造运动具有明显的继承性和新生性。岩石圈无时不在运动，但构造运动具有阶段性。新构造运动是在老构造运动的背景下活动的。因此，新构造运动一方面继承了老构造运动的特点，使之具有继承性；同时又对老构造进行改造，或形成新的构造，具有新的特点，称为新生性。

新构造运动的继承性和新生性在中国各新构造单元中都可以看到，它们同时存在。从构造发育系统来看，中国东部表现出明显的新生性，西部相对地以继承性为特征。东部地区新构造体系遵循 NNE 方向环绕太平洋西岸呈有规律的带状分布，如长白山、兴安岭、太行山等褶皱断块山系，显示了各单元在 NNE 延长方向上的构造一致性及 WE 方向上的构造差异，与新构造以前各阶段构造单元相比有显著的改建。西部地区新构造单元的轮廓则与以前各阶段基本一致，构造线的方向与老构造十分吻合。如天山、昆仑山、祁连山等老褶皱山系表现出强烈的大幅度差异运动，而位于其间的塔里木地块等在新构造期仍然为差异性运动较微弱地区。

（二）新构造类型

新构造运动所产生的构造变形——新构造，不仅可以通过地层变形变位表现出来，而且也通过地形表现出来。从中国的构造情况来看，以断裂及伴有断裂的构造为主。褶皱则主要表现为大面积平缓的拱形构造。小型褶皱是由于断块运动挤压新沉积物而产生的。新构造的类型可以简要概括如下：

1. 大面积的拱形构造

这是一种内部差异性小，核部运动幅度大的大范围内由升降运动所形成的构造。面积可达 100 km^2 或更大。这类构造常伴有断裂构造，或在核部或在翼部形成补偿性地堑。有的则形成单斜状隆起（图 4-108）。内部运动幅度的不同，可通过年轻地层或夷平面等

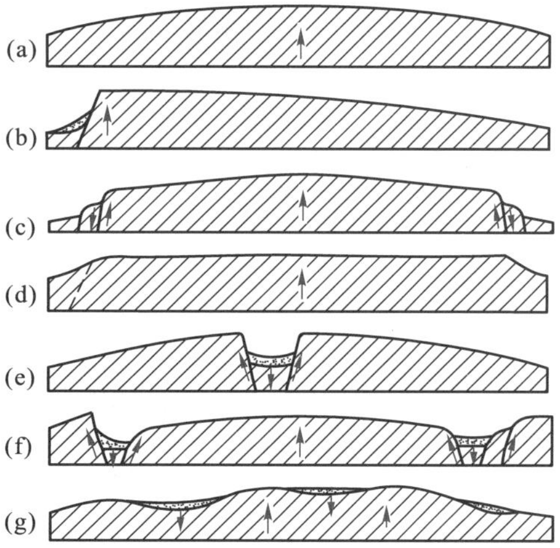

图 4-108　大面积拱形构造示意图

（据杜恒俭等，1981）

(a) 简单拱形隆起；(b) 翘起或单斜断块隆起；(c) 拱形隆起边缘伴有断裂；(d) 地块隆起；(e)、(f) 补偿性地堑；(g) 波状隆起

地形有规律的倾斜变形表现出来。这种大面积的拱形构造在中国东部地区分布广泛，如内蒙古高原。

大面积的拱形构造，既可以是上升运动形成的正向构造，也可以表现为下降运动造成的负向构造。后者形成盆地或平原。

2. 断块构造

断块构造是十分普遍的新构造类型。和大面积的拱形构造相比，它具有明显的差异性。这种断块构造的断层绝大部分是老断裂在新构造时期重新活动的。

断块构造在中国有两种不同的表现形式(图 4-109)。第一种是大幅度具强烈升降运动的差异性断块构造。相邻两断块的断距很大，往往把原始夷平面断开，使同一级夷平面处于不同高度。在地形上表现为高耸的断块山地与断陷盆地相间。中国西部大部分地区属于这种构造类型。例如秦岭为断块山地，渭河谷地为地堑盆地。如果把其间次一级断裂忽略，秦岭山地和渭河平原可以看成一升一降的两个断块(图 4-110)。秦岭断块"北仰南倾"，形成了对渭河地堑高差达 2 000 m 以上的巨大断层崖。在渭河地堑盆地有巨厚的新生代地层，西安拗陷中的新生界厚达 5 000 m，第四纪沉积达 941 m。太白山上新世夷平面被断裂变位，一部分被断块抬升到秦岭山顶，一部分陷落在渭河平原之下，断裂幅度达 3 000 m。活跃的新构造运动，使渭河地堑盆地成为一个强烈地震带。

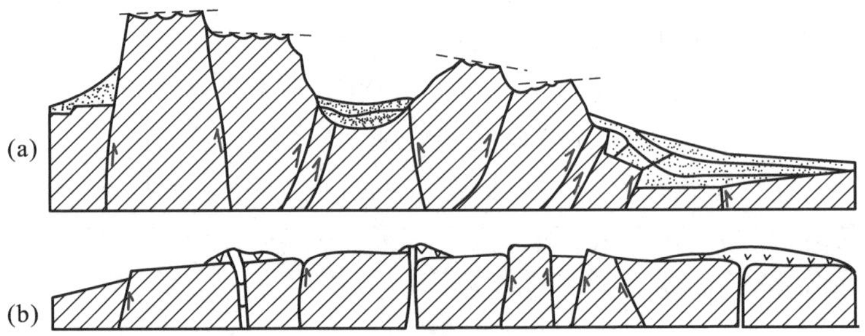

图 4-109 断块构造

(据杜恒俭等，1981)

(a) 差异性断块构造；(b) 破裂构造

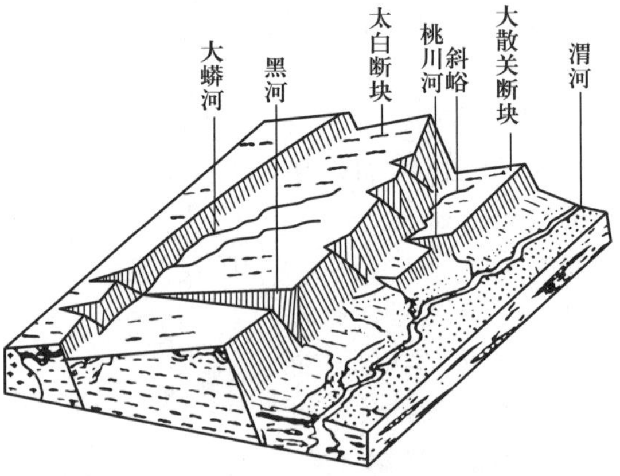

图 4-110 秦岭太白山断块山地示意图

(据张伯声，1957)

第二种是分异很小的“破裂构造”。这种构造断块间差异不大，运动幅度较小。但它仍然具有强烈的活动性，表现为沿断裂带存在强烈的地震、火山活动及温泉等。中国东部沿海地区很多构造具有这种特点。如沿小兴安岭山麓西南侧从德都到铁力的近 NW 向的断层，在地貌上表现得不明显，但沿断层方向，大致与小兴安岭平行分布有沙秃火山群、五大连池火山群、尖山火山群、二克山火山群等第四纪时期形成的火山。其中五大连池火山群中的老黑山、火烧山 1720 年还喷发过。这一地区还是强烈地震带，1941 年 5 月绥北地区在 8 天内共发生 18 次破坏性地震。

3. 挤压褶皱构造

这种褶皱的规模一般较小，在地形上表现不明显。其成因，一般认为是由断裂错动派生的次一级构造，常与大幅度差异性断块构造伴生。由于断块的升降使年轻沉积物遭受挤压形成一系列平行排列的长丘，即短轴背斜构造或拗曲，这些表层褶曲在深部往往转变为断层（图 4-111）。在新近纪、第四纪地层中，特别是在六盘山以西一些内陆盆地边缘的年轻沉积物中经常见到这种褶皱。尤其是在天山南北的山麓带，挤压褶皱构造非常典型。

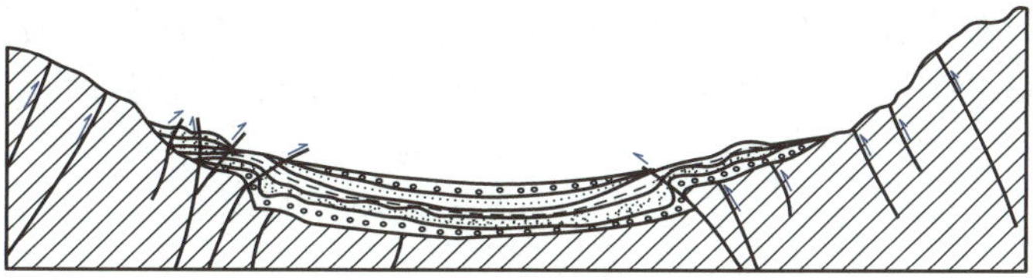

图 4-111　挤压褶皱构造

（据杜恒俭等，1981）

二、关于地震的一些概念

大地发生突然的震动，称为地震。一般地震指自然作用产生的震动，它主要是岩石圈内能量积累和释放的一种形式，是自然界经常发生的一种地质作用，也是新构造运动的重要表现形式。人为的原因也可以造成地震，称为人工地震。地球上差不多天天都有地震，一年以数百万次计。但其中绝大部分是人们觉察不出来的无感地震，而为人所感到的有感地震约为 5 万次，其中能造成严重灾害的大地震平均每年为 10~20 次。

地下发生地震的地方称震源，震源在地面上的垂直投影称震中，从震中到震源的距离称震源深度（图 4-112）。

地震按震源深度可以分为：

浅源地震——深度为 0~70 km；

中源地震——深度为 70~300 km；

深源地震——深度超过 300 km，目前已知最深地震为 720 km（为 1934 年 6 月 29 日发生于印度尼西亚苏拉威西岛东边的 6.9 级地震）。

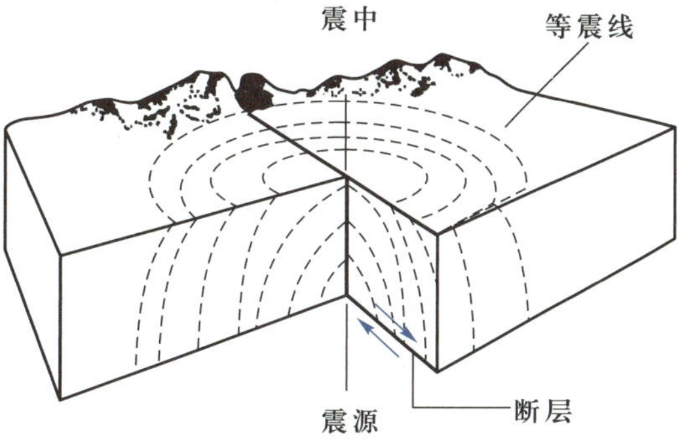

图 4-112　震源和震中

由此可见，震源所在不仅限于地壳和岩石圈的范围，有些可深达地幔。不过，大多数地震属于浅源地震，数量约占地震总数的72.5%，所释放的能量占地震总能量的85%；破坏性最大的地震震源深度多在10~20 km，一般不超过100 km。中源地震发震次数较少，占地震总数的23.5%，释放能量约占总能量的12%；深源地震仅占地震总数的4%，释放能量只占总能量的3%左右。中深源地震有的尽管震级很大，但危害较小。

从观测点（如地震台）到震中的距离，叫作震中距。通常把震中距小于100 km的地震，叫作地方震；100~1 000 km的叫作近震；超过1 000 km的叫作远震。一般距震中越远，地震危害越小。

地震不仅发生在大陆上，称为陆震，也常发生于大洋底部，称为海震。同样级别的地震，海震要比陆震的破坏性小，因为陆震横波和纵波都能传到地面，而海震只能把纵波传到海面（由于横波不能通过液体）。但是，有时候海震可以掀动上覆的海水形成巨大的海浪，称为海啸。这种海浪波长达数百米，振动周期也很长，约为15 min到1 h，在广阔的大洋中，这种波浪不明显，波浪高度也较小，但一旦接近海岸，由于海底变浅，波浪受阻变高，能量集中冲上海岸，就可产生极大的破坏力。2004年12月26日印度尼西亚苏门答腊岛附近海域发生9级强烈地震，引发的海啸波及印度洋沿岸的南亚、东南亚及东非数国，死亡人数接近30万，成为近200年以来死亡人数最多的海啸灾难。据全球2400年的记录，较大海啸约每10年发生一次，多数是由环太平洋海沟浅源地震所引起的（图4-113）。

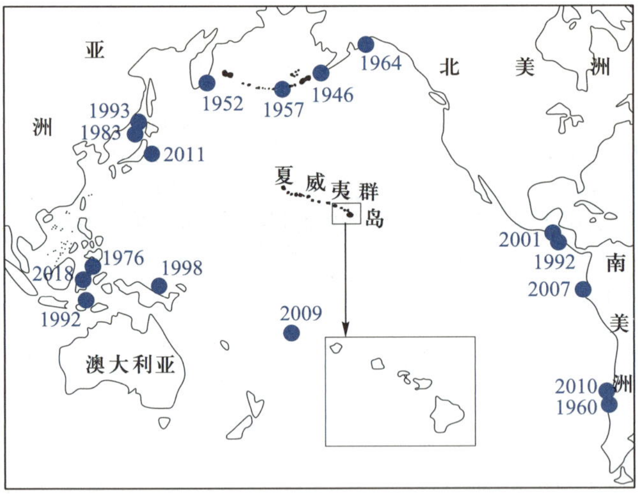

图4-113 环太平洋海啸发生地

中国有辽阔的海域，所以也常有海震发生。如渤海自1548—1983年共发生4.7级以上的地震39次。东海和台湾海峡自古至今地震频繁。1604年12月29日夜间在泉州海外发生8级大地震，泉州和莆田一带破坏惨重，“城内外庐舍倾圮”。南海区域也常发生地震，1915—1983年地震仪所记录到的4.7级以上地震共70余次。由于中国沿海大陆架宽阔，所以很少发生海啸。中国历史上只有一次海啸的记录，1867年12月18日在台湾基隆以北海底发生6级地震，随着台风和大风暴引起海啸，造成“基隆金包里沿海山倾地裂，海水暴涨，溺数百人。”

三、地震的成因和类型

引起地震的原因很多，据此可将地震分为构造地震、火山地震和冲击地震，人类活动也可以导致地震，称为诱发地震，如水库地震。

（一）构造地震

构造地震是由构造运动特别是断裂活动所产生的地震。全球绝大多数地震是构造地震，约占地震总数的 90%。其中大多数又属于浅源地震，影响范围广，对地面及建筑物的破坏非常强烈，常引起人民生命财产的重大损失。

中国的强震绝大部分是浅源构造地震，其中 80%以上与断裂活动有关。如 1970 年 1 月 5 日云南通海地震（7.7 级），是曲江断裂重新活动造成的。1973 年 2 月四川甘孜、炉霍地震（7.9 级），是鲜水河断裂重新活动造成的，地震后在地面形成一条走向为 NW310°、长 100 多千米的地裂缝。

世界上许多著名的大地震也都属于构造地震。1906 年美国圣弗朗西斯科（旧金山）大地震（8.3 级）与圣安德烈斯大断裂活动有关。1923 年日本关东大地震（8.3 级）与穿过相模湾的 NW—SE 向的断裂活动有关。1960 年 5 月 21 日至 6 月 22 日在智利发生一系列强震（3 次 8 级以上的地震，10 余次 7 级以上的地震），都发生在南北长达 1 400 km 的秘鲁海沟断裂带上。

1. 构造地震的成因和震源机制

这个问题是地震预报理论中最核心的问题，也是目前仍在继续探讨和需要解决的问题。在地壳及上地幔中，由于物质不断运动，经常产生一种互相挤压和推动岩石的巨大力量，即地应力。岩石在地应力作用下，积累了大量的应变能；当这种能超过岩石所能承受的极限数值时，就会使岩石在一刹那间发生突然断裂，释放出大量能量，其中一部分以弹性波（地震波）的形式传播出来，当地震波传到地面时，地面就震动起来，这就是地震。

从已发生的地震来看，它的发生跟已经存在的活动构造（特别是活断层）有密切关系，许多强震的震中都分布在活动断裂带上。如果从全球范围来看，地震带的分布与板块边界密切相关。这些边界实际上也是张性的、挤压性的或水平错开的一些断裂构造。

断裂活动何以产生能量很大的地震，其活动方式如何，目前存在若干有关的假说。

（1）弹性回跳说：根据 1906 年美国圣弗朗西斯科（旧金山）大地震时发现圣安德烈斯断层产生水平移动而提出的一种假说，是出现最早、应用最广的关于地震成因的假说。该假说认为地震的发生，是由于地下岩石发生了断裂错动，而岩石本身具有弹性，在断裂发生时已经发生弹性变形的岩石，在力消失之后便向相反的方向整体回跳，恢复到未变形前的状态。这种弹跳可以产生惊人的速度和力量，把长期积蓄的能量霎间释放出来，造成地震。总之，地震波是由于断层面两侧岩石发生整体的弹性回跳而产生的，来源于断层面。如图 4-114 所示，岩层受力发生弹性变形（b），力量超过岩石弹性强度，发生断裂（c），接着断层两盘岩石整体弹跳回去，恢复到原来的状态，于是地震就发生了。这一假说能够较好地解释浅源地震的成因，但对于中、深源地震则不好解释。因为在地下相当深的地方，岩石已具有塑性，不可能发生弹性回跳的现象。

（2）蠕动说：蠕动又称潜移、潜动。地表土石层在重力作用下可以长期缓慢地向坡下移动，其移动体和基座之间没有明显的界面，并且形变量和移动量均属过渡关系，这种变形和移动称为蠕动；蠕动速率每年不过数毫米至数厘米。

人们发现修建在活动断层上的建筑物和活动断层本身在没有地震的情况下也有这种蠕动现象，即相对缓慢稳定的滑动。如在土耳其安卡拉以北 110 km 处有一条安纳托里亚活动断层带，位于此断层带上的建筑物墙壁被发现有错断现象，其蠕动量每年约为 2 cm。也有人对中东一带发生地震以后的断层进行观测，发现有些地段伴有无震蠕动，其蠕动量每年约为 1 cm。

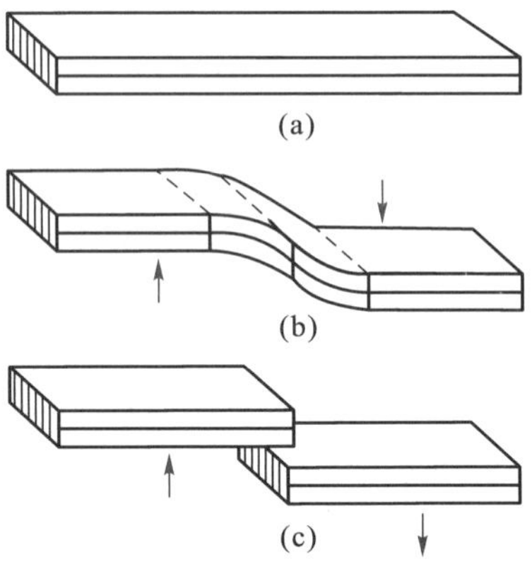

图 4-114 地层断裂及弹性回跳示意图
(a) 断裂前；(b) 弹性变形；
(c) 断裂，两盘岩层弹性回跳到变形前的状态

在什么情况下容易产生蠕动，人们对此还不是十分清楚。有些实验表明，在高压低温，岩石孔隙度高（含水），含有软弱性矿物如白云石、方解石、蛇纹石等岩石的条件下，容易产生稳定蠕动。也有人认为在更高的围压或更高的温度条件下容易产生蠕动。

有一种现象逐渐为事实所证明，即岩层中长期蠕动的地段或在活动断层中蠕动占长期活动的百分比较高的地段，由于能量通过缓慢的蠕动而逐渐释放，反而很少发生强烈地震。在中国阿尔金山地区有规模很大的剪切断层，是正在活动的断层，通过卫星影像分析，发现有蠕动现象，现代水系被切穿，位移明显，错距也很大，但是有史以来却少有地震记录，推测此断层的活动方式是以无震蠕动为主。

蠕动与地震大小关系的资料表明：蠕动占长期活动的 50% 以上的地段，最大地震只能为 5 级，而蠕动占长期活动的 10% 以下的地段，可能发生 8 级以上的大地震。

(3) 黏滑说：在地下较深的部位，断层两侧的岩石若要滑动必须克服强大的摩擦力，因此在通常情况下两盘岩石好像互相粘在一起，谁也动弹不了。但当应力积累到等于或大于摩擦力时，两盘岩石便发生突然滑动。通过突然滑动，能量释放出来，两盘又黏结不动，直到能量再积累到一定程度导致下一次突然滑动。实验证明，物体在高压下的破坏形式，是沿着断裂面黏结和滑动交替进行，断面发生断续的急跳滑动现象，经过多次应力降落，把积累的应变能释放出来，这种观点就叫作黏滑说。

影响断层活动方式的因素很多：一是温度，当温度低于 500 ℃时，断层面两侧岩体易产生黏滑；当温度高于 500 ℃时，则易产生蠕动和蠕变。二是岩石成分，岩性脆硬（如石英岩、石英砂岩等），断层两侧岩石往往以黏滑为主；岩性柔软，则以蠕动为主。三是岩石的孔隙度和水分含量，岩石孔隙大，孔隙度高，含水分多，显然容易蠕动；相反，岩石孔隙小，孔隙度低，含水分少，则多呈黏滑形式。此外，围压的大小也会影响断层的活动方式。如果断层两盘连续发生黏滑，便是地震频繁的时期。

实际上，同一活动断层在不同的深度可以有不同的活动方式，同一断层在不同的时期也可以有不同的活动方式。例如，圣安德烈斯断层，深度在 4 km 以上为无震的稳定蠕动；4 ~ 12 km 则为伴随有地震的黏滑运动；12 km 以下（由于高温）又以稳定的蠕动为主。因此，圣安德烈斯断层带上的地震震源深度均不超过 20 km。

(4) 相变说:有人认为深源地震是由于深部物质的相变过程引起的。地下物质在高温高压条件下,引起岩石的矿物晶体结构发生突然改变,导致岩石体积骤然收缩或膨胀,形成一个爆发式振动源,于是发生地震。此说未能从多方面得到具体论证,因而未能得到广泛认可。近年来人们根据地震纵波在地下深部传播情况分析,深源地震所在部位也同样发生了断裂和错动,证明地震发生与断裂活动有关。同时,板块构造学说认为,当岩石圈板块向地下俯冲时,中、深源地震发生在向地幔消减的板块内部,而并非发生在地幔软流圈物质中,因此相变说自然失去了存在的依据。

2. 构造地震的特征

构造地震的特点是活动频繁,延续时间长,波及范围广,破坏性强。

(1) 地震序列:任何一次地震的发生都经过长期的孕育过程即应力积累过程,这一过程可以长达十几年、几十年甚至几百年。

但在一定时间内(几天,几周,几年),在同一地质构造带上或同一震源体内,却可发生一系列大大小小具有成因联系的地震,这样的一系列地震叫作地震序列。在一个地震序列中,特别大的地震,称为主震;在主震之前往往发生一系列微弱或较小的地震,称为前震;在主震之后也常常发生一系列小于主震的地震,称为余震。

构造地震的重要特征之一,就是常呈这种有序序列的形式发生。这种特征可能和构造地震产生的过程有关。一般说来,当地应力即将加强到超过岩石所承受的强度时,岩层首先产生一系列较小的错动(或者沿着断层带开始黏滑交替过程),从而形成许多小震,即前震。接着地应力继续增大,到了岩层承受不了的时候,就会引起岩层的整体滑动或新断裂滑动,形成大震,即主震。主震发生后,岩层之间的平衡状态还需要经过一段时间的活动和调整,把岩层中的剩余能量释放出来,从而引起一些小的余震。在地震现场,常可见到在破裂的地面上,又出现许多次一级裂隙,错杂其间,表明运动没有完全停止,直到许多尚未破坏的地点彻底破坏,所剩余的应变能全部得到释放。这种情况类似压紧弹簧过程,当作用力消失后,所蓄位能即转化为动能反跳回来,恢复原来状态,但又难于一下子复原,还需经过一段时间的慢慢颤动调整,才能恢复原来的平衡位置。这种现象称为弹簧效应。岩石也是具有弹性的,所以也应有这种弹性效应。1920 年宁夏(当时属于甘肃省)海原大地震,余震 3 年未消。其强度与频度时高时低,但总的趋势是逐渐衰减直到平静下来。

(2) 地震序列类型:虽说构造地震常呈一定序列,但其能量释放规律、大小地震的活动时间和比例等又常各不相同。根据 1949 年 10 月以来中国所发生强震的分析研究,地震序列可以归纳为 3 种类型:

① 单发型地震,又称孤立型地震。这种地震的前震和余震都很少而且微弱,与主震震级相差极大,整个序列的地震能量几乎全部通过主震释放出来。此类地震较少,1966 年秋安徽定远地震、1967 年 3 月山东临沂地震,均未观测到前震和余震,震级很小,只有 4~4.5 级。

② 主震型地震,是一种最常见的类型,主震震级特别突出,释放出的能量约占全系列的 90%以上;前震或有或无,但有很多余震。1975 年 2 月 4 日辽宁海城地震(7.3 级),发震前 24 h 内共发生了 500 多次前震,主震后又发生很多次余震。1976 年 7 月 28 日唐山大地震(7.8 级),则基本没有前震,但余震连续数年不断。

③ 震群型地震,是由许多次震级相似的地震组成地震序列,没有突出的主震。此类地

震的前震和余震多而且较大,常成群出现,活动时间持续较长,衰减速度较慢,活动范围较大。如1966年邢台地震,从2月28日至3月22日,震级由3.6、4.6、5.3、6.8、6.8逐步升到7.2,发生大震。有时这种类型的地震是由两个主震型地震组合或混淆在一起形成的。

有时地震序列比较复杂,仿佛是由若干单发型、主震型、震群型组合而成。如1971年8—9月四川省马边地震。

地震序列类型可能与岩石和构造的均匀程度及复杂性有关。据实验,当介质均匀,且介质内应力不集中时,主破裂前无小破裂,主破裂后也很少小破裂;当介质不均一且应力有一定的局部集中或高度集中时,主破裂前后都会产生一定的或很多的小破裂。

研究地震序列类型,有助于预测和预报地震活动的趋势。如1967年河间地震,当主震发生后,根据其前震少和震级小(2.3级),被判断为主震型地震,主震后不会有较大的余震。事实表明推断正确。

(二)火山地震

这指火山活动引起的地震。这种地震可以是直接由火山爆发引起地震;也可能是因火山活动引起构造运动,从而发生地震;或者是因构造运动引起火山喷发,从而导致地震。因此,火山地震与构造地震常有密切关系。

火山地震为数不多,约占总数的7%。震源深度不大,一般不超过10 km。有些地震发生在火山附近,震源深度为1~10 km,其发生与火山喷发活动没有直接的或明确的关系,但与地下岩浆或气体状态变化所产生的地应力分布的变化有关,这种地震称为A型火山地震。还有些地震集中发生在活火山口附近的狭小范围内,震源深度浅于1 km,影响范围很小,称为B型火山地震。有时地下岩浆冲至接近地面,但未喷出地表,也可以产生地震,称为潜火山地震。

现代火山带如意大利、日本、菲律宾、印度尼西亚、堪察加半岛等最容易发生火山地震。

(三)冲击地震

这种地震,因山崩、滑坡等原因引起,或因碳酸盐岩地区岩层受地下水长期溶蚀形成许多地下溶洞,洞顶塌落引起。后者又称塌陷地震。本类地震为数很少,约占地震总数的3%。这类地震的震源很浅,影响范围小,震级也不大。1935年广西百寿县(今永福县)曾发生塌陷地震,崩塌面积约有4万 m^2,地面崩落成深潭,声闻数十千米,附近屋瓦震动。又如,1972年3月在山西大同西部煤矿采空区,大面积顶板塌落引起了地震,其最大震级为3.4级,震中区建筑物有轻微破坏。

(四)水库地震

有些地方原来没有或很少发生地震,后来由于修了水库,经常发生地震,称为水库地震。这说明这种地震与水的作用有关,当然也与一定的构造和地层条件有关,水的作用只是一种诱发因素。如广东河源新丰江水库,自1959年蓄水后,在库区周围地震频度逐渐增加,于1962年3月19日发生了一次6.4级地震,震中烈度达到8度,是已知最大水库地震之一。截至1972年,该区共记录了近26万次地震(图4-115)。又如,著名的埃及阿斯旺水库,坝高110 m,库容达165亿 m^3,1960年正式开工,1964年截流蓄水,1968年正式投入运行。此地区在建库前历史上无地震,从 1980 年起出现小震、微震,于 1981 年 11 月在坝址西南 60 km 库区发生了 5.6 级地震;于 1982 年同一地点又发生了 5 级和 4.6 级地震。

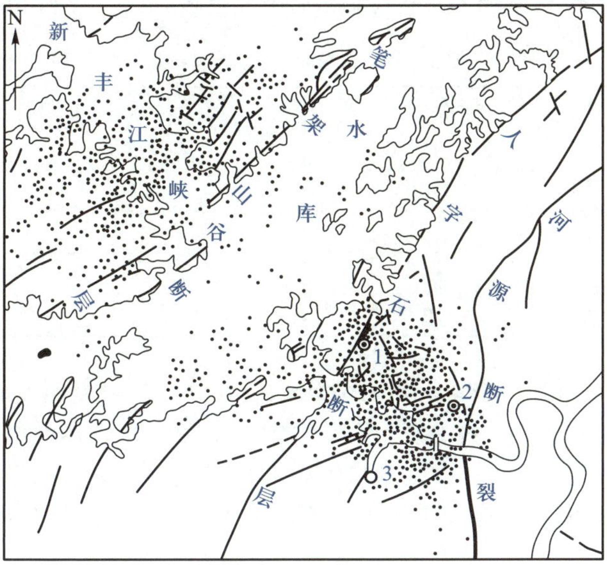

图 4-115　广东河源新丰江水库库区震中分布图

(据李善邦)

图中黑点为震中;1. 高龙嶂;2. 双塘;3. 罗坑

此外,因深井注水、地下抽水等也可触发地震。如美国科罗拉多州有一座落基山军工厂,为处理废水凿了一口 3 614 m 的深井,用高压将水注到地下,于 1962 年发生频繁的地震。以后停止注水,地震活动减弱;恢复注水,地震又有所增加。

上述地震,特别是水库地震的成因引起人们极大关注。一般认为,在有利于发震的地质构造条件下(如有活动断层、密集或交叉的断裂存在,或在升降差异运动的过渡部位等),水库蓄水可诱发地震。除去人为因素诱发地震外,某些自然因素如太阳黑子活动期,阴历的朔、望期等,也容易诱发地震。各种触发机理有待于人们深入研究。

四、地震强度

地震强度用震级和烈度来表示,但二者的概念并不相同。

(一) 震级

震级表示地震本身的大小,与地震释放出来的能量大小相关。震级是根据地震仪记录的地震波最大振幅经过计算求出的,它是一个量纲一的数值[①]。由于每次地震所积蓄的能量是有一定限度的,所以地震的震级也不会无限大。一次地震只有一个震级。用里氏

① 震级的标度最初是美国地震学家里克特(C. F. Richter)于 1935 年研究加利福尼亚地方性地震时提出的。他规定以震中距 100 km 处"标准地震仪"(或称安德生地震仪)所记录的水平向最大振幅(单振幅,以微米计)的常用对数为该地震的震级。例如,水平向最大振幅为 10 mm 即 10 000 μm 时,其常用对数为 4,则该地震的震级为 4 级。如为 1 μm,则该地震为 0 级。根据计算所依据的地震记录,又有面波震级、体波震级等类别。目前一般都使用面波震级,即通常所说的里氏震级,面波震级符号用 M_s 表示。

的测算方法计算，目前已知最大的地震是 2004 年 12 月 26 日在印度尼西亚苏门答腊岛附近海域发生的 9 级地震。最小的地震已可用高倍率的微震仪测到-3 级。震级相差 1 级，能量相差很多倍（表 4-4）。如一个 7 级地震相当于 32 个 6 级，或为 1 000 个 5 级地震。

表 4-4 震级（M_s）和震源发出总能量（E）的关系

M_s	E/J	M_s	E/J
1	2.0×10^{6}	6	6.3×10^{13}
2	6.3×10^{7}	7	2.0×10^{15}
3	2.0×10^{9}	8	6.3×10^{16}
4	6.3×10^{10}	8.5	2.0×10^{17}
5	2.0×10^{12}	8.9	1.0×10^{18}

按照震级大小，可以把地震划分为超微震、微震、弱震、强震和大地震。

（1）超微震：震级小于 1 的地震，人们不能感觉，只能用仪器测出。

（2）微震：震级大于 1 小于 3 的地震，人们也不能感觉，只有靠仪器测出。

（3）弱震：又称小震，震级大于 3 小于 5 的地震，人们可以感觉到，但一般不会造成破坏。

（4）强震：又称中震，震级大于 5 小于 7 的地震，可以造成不同程度的破坏。

（5）大地震：指 7 级及其以上的地震，常造成极大的破坏。

一次大地震所释放的能量是十分巨大的，例如一个 8.5 级地震所释放的能量，大约相当于一个 100×10^4 kW 的大型发电厂，连续 10 年的发电总量。

（二）地震烈度

地震对地表和建筑物等的破坏程度，称为地震烈度。一次地震只有一个震级，如海城-营口地震是 7.3 级，唐山地震是 7.8 级。但同一次地震对不同地区的破坏程度不同，地震烈度也不一样。如同一个炸弹，其所含炸药量相当于震级，炸弹爆炸后对不同地点的破坏程度有大有小，相当于地震烈度。

地震烈度是根据人的感觉、家具及物品振动的情况、房屋及建筑物受破坏的程度和地面的破坏现象等划分的。目前世界许多国家都有自己的地震烈度表，烈度划分的标准并不完全一致。1883 年意大利罗西（M. S. de Rossi）和瑞士佛瑞尔（F. A. Forel）首先制定地震烈度表，划分为Ⅻ级，称罗西-佛瑞尔烈度表。世界各国烈度表大都以此为基础并结合本国具体情况拟定。日本采用从 0 到Ⅶ的 8 级（阶）烈度表；也有国家采用 X 级烈度表。中国 1957 年发布的烈度表，主要是根据中国历史地震资料编制的，共分Ⅻ度，与世界上各种Ⅻ度表相当。1980 年在此表基础上重新修订，制成《中国地震烈度表》（表 4-5）。

在宏观地震烈度调查后，把各调查点的烈度标记在地图上，然后把烈度相同的点连成封闭的曲线，这样的线叫作等震线，由不同等震线所组成的平面图叫作等震线图（图 4-116）。实际上等震线就是不同烈度区的分界线。等震线图在地震工作中有很大用途：利用这种图可确定宏观震中位置、估计震源深度、了解一次地震中各地地面烈度的变化。对于破坏性地震来说，等震线所包围的最高烈度区称为极震区，也就是震中区。根据震中区的形状推断产生地震的断层走向等。

表 4-5　中国地震烈度表(1980)

烈度	人的感觉	一般房屋		其他现象	参考物理指标(水平方向)	
		大多数房屋震害程度	平均震害指数		加速度/$(cm\cdot s^{-2})$	速度/$(cm\cdot s^{-1})$
Ⅰ	无感					
Ⅱ	室内个别完全静止的人可感					
Ⅲ	室内少数完全静止的人感觉到	门、窗轻微作响		悬挂物微动		
Ⅳ	室内多数人可感；室外少数人可感；少数人梦中惊醒	门、窗作响		悬挂物明显摆动，器皿作响		
Ⅴ	室内人普遍可感；室外多数人可感；多数人梦中惊醒	门窗、屋顶、屋架颤动作响，灰土掉落，抹灰出现微细裂缝		不稳定器物翻倒	31（22~44）	3（2~4）
Ⅵ	惊慌失措，仓惶逃走	损坏：个别砖瓦掉落；墙体微细裂缝	0~0.1	河岸和松软土上出现裂缝；饱和沙层出现喷沙冒水；地面上有的砖烟囱轻度裂缝、掉头	63（45~89）	6（5~9）
Ⅶ	大多数人仓惶逃出	轻度破坏：局部破坏、开裂，但不妨碍使用	0.11~0.30	河岸出现塌方；饱和沙层常见喷沙冒水；松软土上地裂缝较多；大多数砖烟囱中等破坏	125（90~177）	13（10~18）
Ⅷ	摇晃颠簸，行走困难	中等破坏：结构受损，需要修理	0.31~0.50	干硬土上亦有裂缝；大多数砖烟囱严重破坏	250（178~353）	25（19~35）

续表

烈度	人的感觉	一般房屋		其他现象	参考物理指标(水平方向)	
		大多数房屋震害程度	平均震害指数		加速度 /($cm \cdot s^{-2}$)	速度 /($cm \cdot s^{-1}$)
Ⅸ	坐立不稳,行动的人可能摔跤	严重破坏:墙体龟裂,局部倒塌,修复困难	0.51~0.70	干裂土上有许多地方出现裂缝,基岩上可能出现裂缝;滑坡、塌方常见;砖烟囱出现倒塌	500 (354~707)	50 (36~71)
Ⅹ	骑车人会摔倒;处不稳定状态的人会摔出半米远,有抛起感	倒塌:大部倒塌,不堪修复	0.71~0.90	山崩和地震断裂出现;基岩上的拱桥毁坏;大多数砖烟囱从根部破坏或倒毁		
Ⅺ		毁灭	0.91~1.00	地震断裂延续很长;山崩常见;基岩上拱桥毁坏		
Ⅻ				地面剧烈变化,山河改观		

注:① Ⅰ~Ⅴ度以地面上人的感觉为主,Ⅵ~Ⅹ度以房屋震害为主,Ⅺ~Ⅻ度的评定,需要专门研究。

② 一般房屋包括用木构架和土、石砖墙构造的旧式房屋和单层的或数层的未经抗震设计的新式砖房。对于质量特别差或特别好的房屋,可根据具体情况,对表列各烈度的震害程度和震害指数字以提高或降低。

③ 震害指数以房屋完好为0,“毁灭”为1,中间按表列震害程度分级。平均震害指数指所有房屋的震害指数的总平均值而言,可以用普查或抽查方法确定。

④ 使用本表时可根据地区具体情况,做出临时的补充规定。

⑤ 在农村可以自然村为单位,在城镇可以分区进行烈度评定,但面积以 1 km^2 左右为宜。

⑥ 烟囱指工业或取暖用的锅炉房烟囱。

⑦ 表中数量词的说明,个别:10%以下;少数:10%~50%;多数:50%~70%;大多数:70%~90%;普遍:90%以上。

此表经中国地震烈度表(1980)审定会12月4日通过,国家地震局科研处以(80)震科字第054号通知试行。

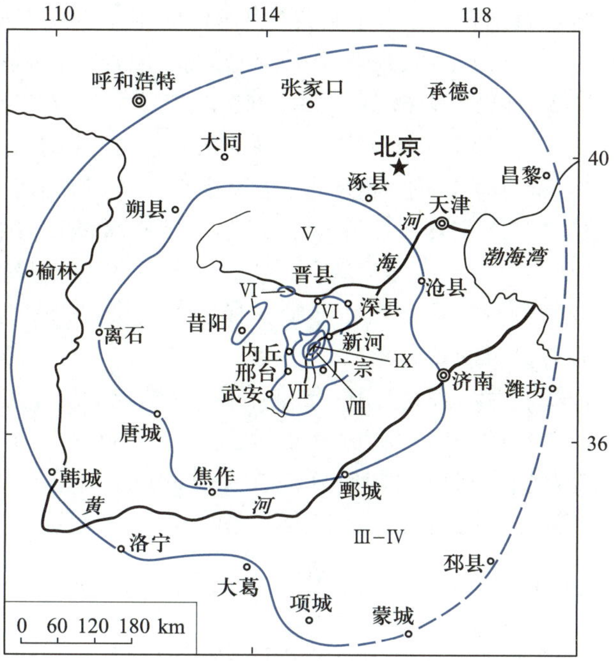

图 4-116　邢台地震等震线图

时间：1966 年 3 月 8 日；震级（M_s）：6.8；震中烈度：IX度

影响地震烈度的因素很多，首先是地震等级（震级），其次依次为震源深度、震中距、土壤和地质条件、建筑物的性能、震源机制、地貌和地下水位等。

一般说来，在其他条件相同的情况下，震级越大，震中烈度也越大，地震影响波及的范围也越广。如果震级相同，则震源越浅，对地表的破坏性越大。如 1960 年 2 月 29 日在摩洛哥加迪尔发生一次只有 5.8 级的地震，但震源深度仅为 2～3 km，震中烈度竟然达到IX度，造成十分严重的破坏。深源地震常常震级很大，而烈度往往很小。表 4-6 说明了震中烈度与震级和震源深度（浅源地震）的关系。

表 4-6　震中烈度与震级和震源深度（浅源地震）的关系

震级	震源深度/km				
	5	10	15	20	25
2	3.5	2.5	2	1.5	1
3	5	4	3.5	3	2.5
4	6.5	5.5	5	4.5	4
5	8	7	6.5	6	5.5
6	9.5	8.5	8	7.5	7
7	11	10	9.5	9	8.5
8	12	11.5	11	10.5	10

地震烈度的大小与震中距有很大关系。如 1975 年 2 月海城地震（7.3 级），震中烈度为IX度，在沈阳减为VII度，北京为IV度，在长江以南则不受任何影响。震中距相同，由

于地质构造、房屋及建筑物结构，以及其他条件不同，也往往出现不同的地震烈度。比如，地质基础坚实，烈度就相应小些；地质基础薄弱，或有断层、古河道通过，烈度就相应提高。如1976年7月28日唐山大地震，玉田、丰润距离震中只有几十千米，但破坏程度较轻；而距唐山较远的平谷、通县（今通州）、大兴的某些地方，反倒遭到较重的破坏。以北京平谷县（今平谷区）将军关为例，那里正好有一条断层通过，坐落于断层上的民房有很多倒塌。基于上述原因，在高烈度区中会出现小范围的低烈度区（称为"安全岛"）；在低烈度区中也会出现小范围的高烈度区（如图4-116，在Ⅴ度烈度区中出现有小片的Ⅵ度区）。这些异常现象统称为地震烈度异常。根据地震资料准确地划出"安全岛"的范围，对于建设规划有着重要的现实意义。

房屋建筑的地基坚固程度、设计好坏、抗震结构，以及施工质量等，都会影响破坏程度。如唐山地震中，某工厂的一座三层宿舍楼（处于Ⅹ度烈度区），在周围建筑物普遍倒塌的情况下，由于地基牢固、设计好，却完好无损。由此可见，重灾区中有轻灾，轻灾区中有重灾，地震烈度的大小往往是由许多因素决定的。

五、地震的时间和空间分布规律

地球上差不多天天有地震，但其分布并不平均，而是具有一定的时空分布规律。

（一）地震的时间分布规律

根据历史地震资料，在全世界、一个地区或一个地震带，在一段时间内表现为多震的活跃期，在另外一段时间内则表现为少震的平静期。这种活跃期和平静期交替出现的现象，叫作地震的周期性或地震的间歇性。如图4-117，在世界范围内，1904年以来7级以上大地震的次数表现出多个峰值区与活跃期。

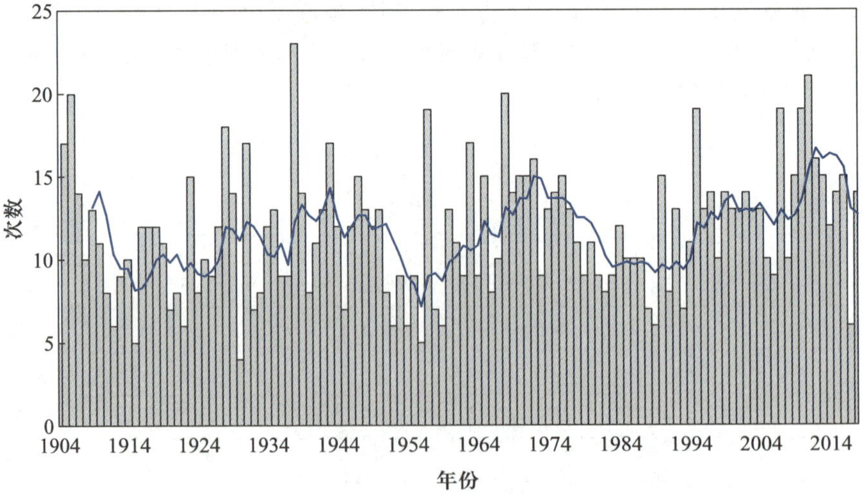

图4-117 世界7级以上地震次数（1904—2018）逐年变化
图中移动平均曲线以6年为周期

在一个地震带内，又往往表现为自己特有的周期性。如在环太平洋地震带北带，1915—1933年共19年间，发生了一系列7.8级以上的浅源地震；1934—1951年共18年间，在整个断裂带上都比较平静，1952—1969 年这 18 年间，地震增多，进入一个新的活跃期。

具体到一个活动断裂带或地震带，活跃期和平静期交替出现的情况也很明显。如在甘肃河西走廊断裂带，1920—1954 年的 25 年内，先后发生了海原、古浪、昌马、山丹、民勤等多次 7 级以上的地震，但此后却一直保持相对的平静。又如，陕西渭河地堑，881（唐广明二年）—1486 年（明成化二十二年）的 606 年间，未见破坏性地震记载，此后到 1570 年间，地震转入活跃期，1556 年（明嘉靖三十四年）1 月 23 日发生了空前的 8 级大地震（震中在今华阴市）；1570 年以后又趋向平静，极少发生 5 级以上的地震。再如，1679 年三河、平谷大地震和 1976 年唐山大地震，同属燕山地震带，时间相隔 297 年，存在 300 年左右的准周期性。

这种地震活动的周期性现象，是一个地震带的应变积累和释放的全过程的表现。也有人认为，这种活跃期与平静期交替出现，是震源机制黏滑和蠕动交替进行的一种反映。

（二）地震的空间分布规律

地震震中分布集中的地带，称为地震带。从世界范围看，有些地区没有或很少有地震，有些地区则地震频繁而强烈。地震带往往与活动性很强的地质构造带一致。

1. 世界地震带

从图 4-118 上可以清楚地看出世界震中的分布规律，大体可以划分以下几个地震带：

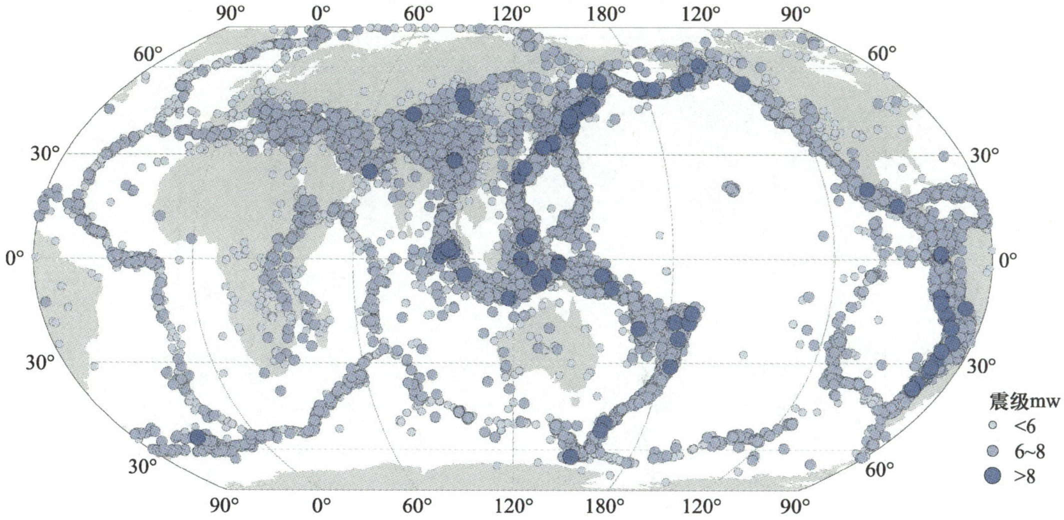

图 4-118　世界地震震中（1904—2018 年）分布图

（1）环太平洋地震带：世界约 80%的浅源地震（图 4-118），90%的中源地震和几乎全部深源地震（图 4-119）都发生在这一带。所释放的地震能量约占世界能量的 80%，但其面积仅占世界地震带总面积的一半。

此地震带，在太平洋西部大抵从阿留申群岛，向西沿堪察加半岛、千岛群岛，经日本诸岛、琉球群岛，至中国台湾岛，过菲律宾群岛、伊里安岛，南至新西兰为止。在太平洋东部，大致从阿拉斯加西岸，向南经加利福尼亚、墨西哥（在中美有一个分支，称为加勒

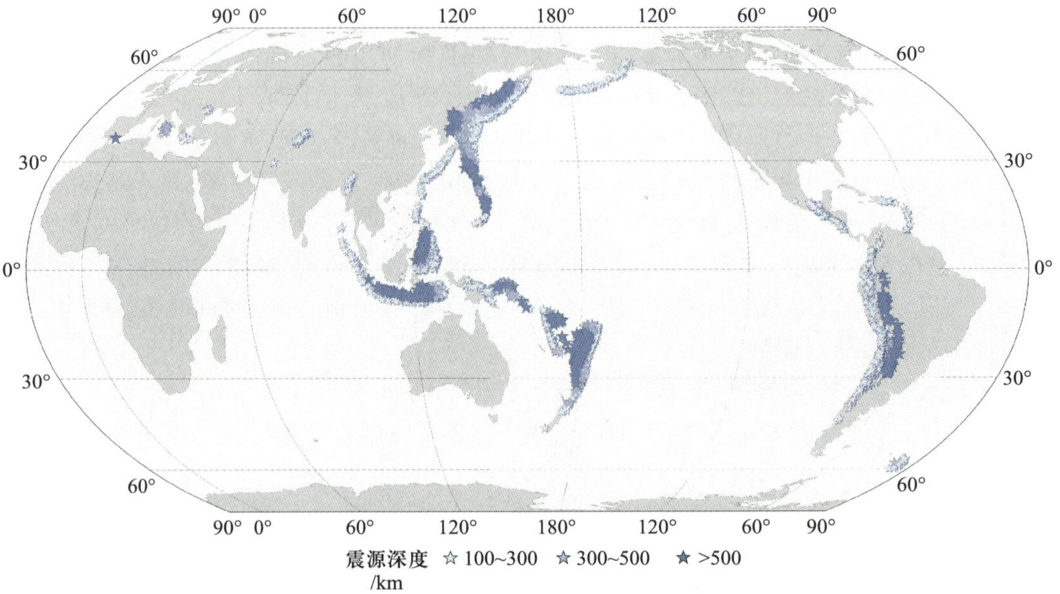

图 4-119 世界中、深源地震(100~700 km)震中(1904—2018 年)分布图

比或安德列斯环)、秘鲁,沿智利至南美洲的极南端。这一带也是著名的火山带,它与中、新生代褶皱带(图 4-120)和新构造强烈活动带是一致的。

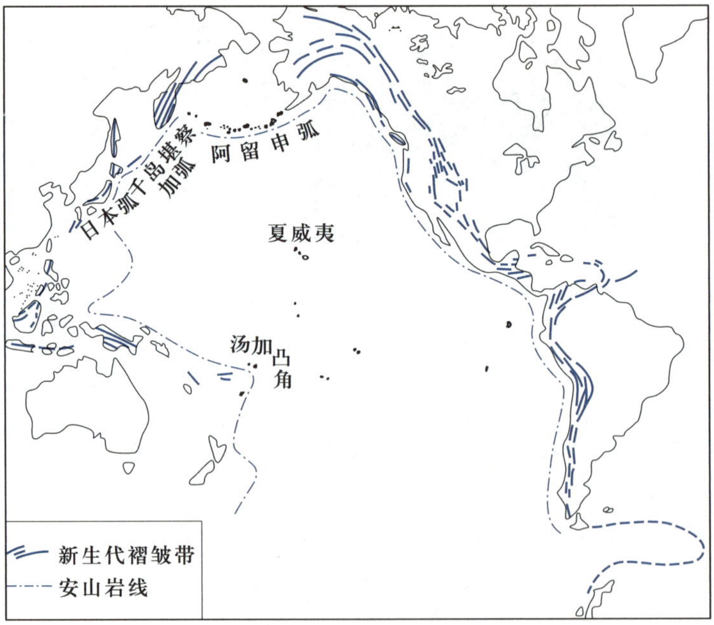

图 4-120 环太平洋新生代褶皱带
(据李善邦)

(2) 地中海-喜马拉雅地震带:这是一条横跨亚欧大陆,并包括非洲北部,大致呈东西方向的地震带,总长约 15 000 km,宽度各地不一,在大陆部分常有较大的宽度,并有分

支现象。环太平洋地震带外几乎其余的较大浅源地震和中源地震都发生在这一带。释放能量占世界地震释放总能量的 15%。

此地震带西起葡萄牙、西班牙和北非海岸，向东经意大利、希腊、土耳其、伊朗至帕米尔高原北边，进入中国西北和西南地区；南边沿喜马拉雅山山麓和印度北部，又经苏门答腊、爪哇至伊里安，与环太平洋带相接。这一带也有许多火山分布，对比图 4-118 和图 4-121，可以看出此地震带和亚欧新生代褶皱带（也是最年轻的造山带）是一致的。

图 4-121　亚欧新生代褶皱带

（据李善邦）

（3）洋中脊（海岭）地震带：包括分布在各大洋的 3 个地带。

① 大西洋洋中脊（海岭）地震带自斯匹次卑尔根岛经冰岛向南沿亚速尔群岛、圣保罗岛等至南桑德韦奇群岛、色维尔岛，沿大西洋洋中脊分布，向东与印度洋南部分叉的海岭地震带相连。

② 印度洋海岭地震带由亚丁湾开始，沿阿拉伯-印度海岭，南延至中印度洋海岭；向北在地中海与地中海-南亚地震带相连；向南到南印度洋分为两支，东支向东南经澳大利亚南部，在新西兰与环太平洋带相接；西支向西南绕过非洲南部与大西洋洋中脊地震带相接。

③ 东太平洋中隆地震带从中美加拉帕戈斯群岛起向南至复活节岛一带，分为东西二支，东支向东南在智利南部与环太平洋地震带相接；西支向西南在新西兰以南与环太平洋地震带和印度洋海岭地震带相连。以上 3 带皆以浅源地震为主。

（4）大陆裂谷地震带：分布于一些区域性断裂带或地堑构造带，主要有东非大断裂带、红海地堑、亚丁湾及死海、贝加尔湖，以及太平洋夏威夷群岛等。此带也主要为浅源地震。

上述各地震带的分布，与全球火山的分布相似（图 3-42），也与板块的各类分界线一致。

2. 中国地震带的划分

中国位于环太平洋和地中海-喜马拉雅两大地震带之间（图 4-122），是一个多地震

的国家(图 4-123)。中国科学院地球物理研究所将中国地震的空间分布分为 4 个区 23 个地震带,具体如下:

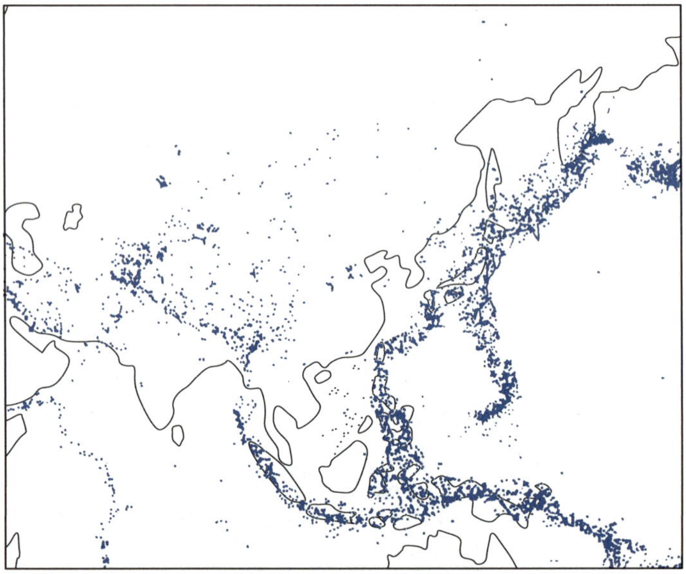

图 4-122 中国及周边地区震中分布
(据李善邦)

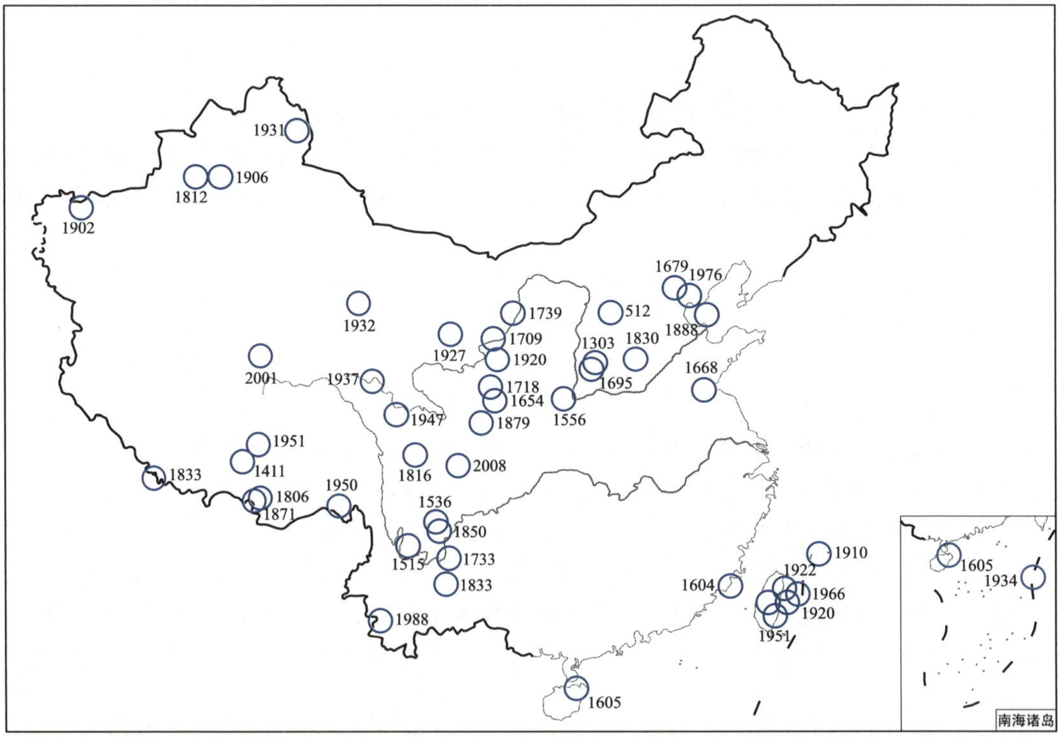

图 4-123 中国北魏以来 7.5 级以上大地震震中分布图

(1) 华北地区(含东北南部):包括郯城-庐江带(沿郯庐断裂,从安徽庐江经山东郯城,穿越渤海至辽东半岛、沈阳一带),燕山带,河北平原带(太行山东麓),山西带(主要沿汾河地堑),渭河平原带(主要沿渭河地堑)。

(2) 东南沿海地区:包括东南沿海带(主要在福建及广东潮汕地区),台湾西部带,台湾东部带。

(3) 西北地区:包括银川带,六盘山带,天水-兰州带,河西走廊带,塔里木南缘带,南天山带,北天山带。

(4) 西南地区:包括武都-马边带,康定-甘孜带,安宁河谷带,滇东带,滇西带,腾冲-澜沧带,西藏察隅带,西藏中部带。

除去上述地区,还有东北深震带(主要在吉林、黑龙江的东部)。

图 4-123 表明,全国破坏性地震大都聚集于一定的狭长地带,在这些带内地震发生的时间、强度和空间分布往往有一些共同的表现形式,并与地质构造有密切关系。如闽粤沿海及台湾一带,恰好濒临太平洋西岸,属于环太平洋地震带的范畴。燕山地区属于中生代褶皱带,是华北相当活跃的地带。从山东、跨渤海至辽宁海城、营口一带,因位于郯庐大断裂附近,形成地震多发点,1668 年在山东郯城发生了 8 级大地震。晋、陕、豫交界地带,是汾渭地堑所在,曾多次发生 8 级以上大地震,如 1303 年 9 月 17 日山西赵城大地震,1695 年 5 月 18 日山西临汾大地震,1556 年 1 月 23 日陕西华县大地震(图 4-124)。宁夏、甘肃一带,因存在着大断裂,历来是地震活动的地区,如 1709 年 10 月 14 日宁夏中卫大地震,1739 年 1 月 3 日宁夏平罗大地震,1920 年 12 月 16 日宁夏海原大地震,1927 年甘肃古浪大地震,以上大地震皆为 8 级以上。至于西北部天山、昆仑山一带,西南横断山一带,近代断裂上升活动十分强烈,喜马拉雅山是最年轻的山脉,这些地区是新构

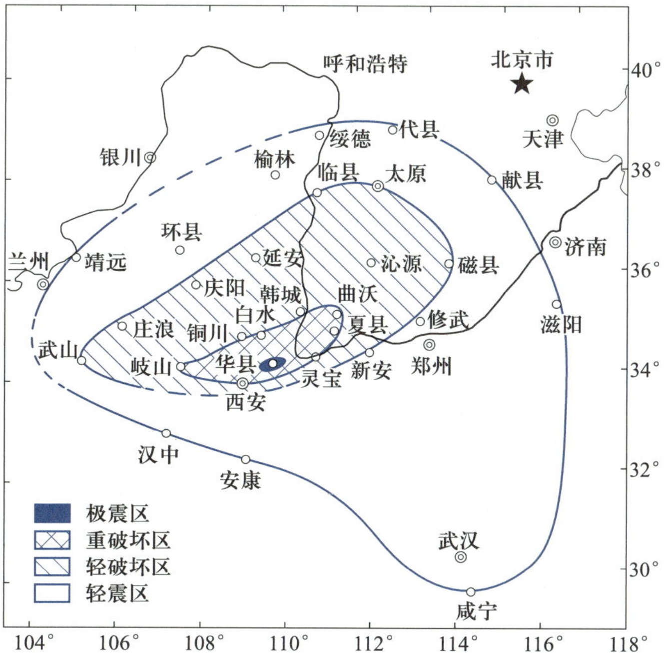

图 4-124　1556 年陕西华县大地震(关中大地震)波及范围图

(据《地震学基础》)

造运动特别活动的地带，因此经常有地震发生，8 级以上的地震有 1902 年 8 月 22 日新疆阿图什大地震，1906 年新疆玛纳斯大地震，1931 年新疆富蕴大地震，1786 年 6 月 1 日四川康定、泸定大地震，1833 年 9 月 6 日云南嵩明大地震，1950 年 8 月 15 日西藏察隅大地震，1973 年 2 月 6 日四川炉霍大地震，2008 年 5 月 12 日四川汶川大地震等。至于东北深震带，主要位于乌苏里江以西、牡丹江-延吉以东的地带，震源深度多为 500~590 km，少数为 300~400 km，为太平洋深震带的一部分，这些地震即使震级很大，也不会对地面产生很大的破坏。其余地区的地震震源深度大多数在 10~20 km 之间，大地震常造成极大的破坏。

六、地震预报

研究地震的目的，主要在于掌握地震活动的规律，以便解决地震预报、控制和利用问题。解决地震预报是当前的首要的问题。

地震预报，又称地震预测，其科学前提是认识地震孕育和发生的物理过程，包括地球介质物理、力学性质的异常变化。但目前人们对地震成因及其发生规律还知道得很少，主要是因为地震是宏观自然界中大规模的地下深层变化过程，不同于在实验室可控条件下单纯进行的样品实验过程，其影响因素不仅过于复杂，而且还可能有人类未知的因素存在。人们目前还不能深入地球内部直接或间接观测其介质的物理化学状态及其变化过程，而只能做到在地面上进行某些物理量的观测，有时这种观测是不完全或不完善的，甚至也不能确知所观测的物理量异常变化是否与地震发生真正相关。这就是地震预测研究工作进展缓慢的原因。

目前地震预测研究包括三个方向，即由于地震大部分是发生在地壳中、上层，少数是发生在深入地幔的部位，故认定地震的孕育和发生是属于地质过程，研究地震预测应着重研究地震发生的地质构造特点，这个方向可以称为地震地质方向。另外一个方向是着重地震统计，即运用数理统计方法，设法得出地震发生的规律，特别是地震发生时间序列的规律，这种根据过去以推测未来的方法，可称为地震统计方向。还有一个方向是关注地震前兆，认为地震过程属于物理过程，观测地球物理场各种参量及其异常变化，可以找到地震发生的征兆。这个方向称为地震物理方向。但上述三个方向或三个方法，都有其片面性，不可能孤立地从某一个方面来求得地震预测的方法，而必须采取综合观测的方法，才可探索出可以利用的规律。

地震预报的内容包括三个方面，即地震发生的地点、时间和强度（震级）。地震预报可分为长期预报（预报 10 年或更长期的地震活动情况）、中期预报（预报数年或几个月内的地震活动情况）、短期预报（预报几天到几个月内将要发生的地震）和临震警报（预报几天至几小时内即将发生的地震）。中长期预报是一种地震形势的估计，以便及早做好战略准备，对于市政、交通、水利等工程的设计和建设采取防患于未然的必要措施；而短期预报和临震警报则可及时采取战术上的措施，做好防震、抗震工作。现将与地震预报有关的问题简述如下：

（一）地震烈度区划

在一定地区、一定时间内（通常指百年左右）、在一般场地条件下可能遭受地震的最大烈度,称为地震基本烈度①。通常对大区域的地震基本烈度进行鉴定,称为地震烈度区划。把这种结果绘制在全国或一个地区的图上,称为地震烈度区划图(图 4-125)。实际上,这种图件具有中长期预报的含义,对于部署国民经济计划及各种工程设计,皆具有重要的意义。如图中若将基本烈度鉴定偏低,一旦遭受强震便会造成重大损失;若将烈度鉴定偏高,则会增加不必要的抗震措施,提高工程造价,造成经济上的损失。因此,编制全国的或地区性的地震烈度区划图,特别是制作地震危险区划图,对于未来强震可能发生地区的预测,很有实际意义,但又是一件很不容易的事。一方面要处理大量的可靠的地质资料,另一方面要对历史地震进行分析。

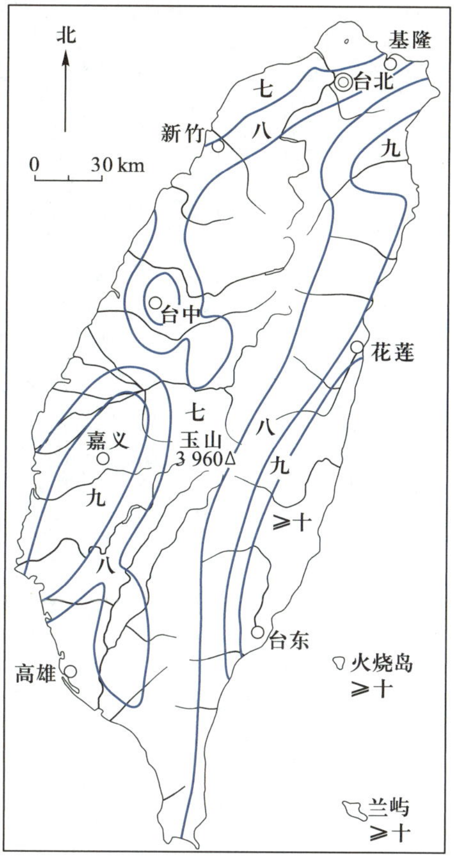

图 4-125 我国台湾岛地震烈度区划图

(据《中国地震烈度区划图》,1977)

1. 地震地质构造分析

(1) 强震多发生于活动性断裂构造上:搞清地质构造,特别是断裂构造是进行地震烈度区划的重要基础。日本神户于 1995 年 1 月 17 日发生 7.2 级大地震,据考察认为是由淡路岛北部的野岛断层和须磨断层发生活动造成的。因此,地震地质工作主要着眼于活动断裂构造,特别要注意活动断裂的一定部位。中国自古迄今已记录到 22 次 8 级以上的大地震,均发生在延伸规模为数百千米的强烈活动的深断裂带上。中国大陆地区 6 级以上地震也大都发生在新生代特别是第四纪活动断裂构造上。断裂构造的下述部位和地震的关系尤为密切。

① 活动断裂带曲折最突出的部位(简称拐点)外侧,最易集中地应力,引起地震。如云南通海、建水、石屏一带,正好位于弧形断裂拐弯处,地震非常密集。

② 活动断裂带的两端(简称端点)是应力比较集中和促使断裂继续发展的最有利部位,容易发生地震。例如,甘孜-康定鲜水河断裂带,全长 300 km,强烈地震往返"跳动"于从西北到东南两端之间(图 4-126)。

③ 两条活动断裂带会而不交的地方(简称交叉点)应力最易集中,常发生大地震。1668 年山东莒县-郯城 8.5 级地震,1679 年北京平谷马坊 8 级地震(图 4-127),以及河北唐山地震等都与这种交叉部位有关。

④ 活动断裂带的中断部位(简称闭锁段)也是应力容易集中和发生地震的地方。

---

① 除此,考虑到某工程现场的具体地形、地质、地基等情况,对基本烈度进行调整,称场地烈度;根据工程的性质、国家的要求等,对工程建筑所采用的抗震设防目标,称设计(设防)烈度。

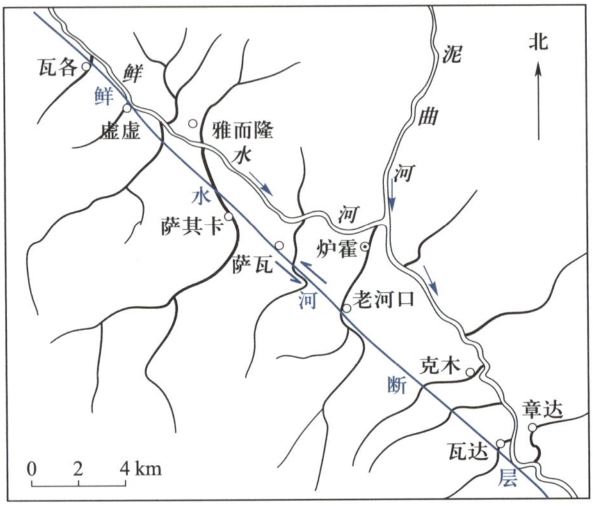

图 4-126 四川省炉霍鲜水河断层 1973 年 2 月 6 日发生炉霍大地震

（国家地震局西南烈度队，1977）

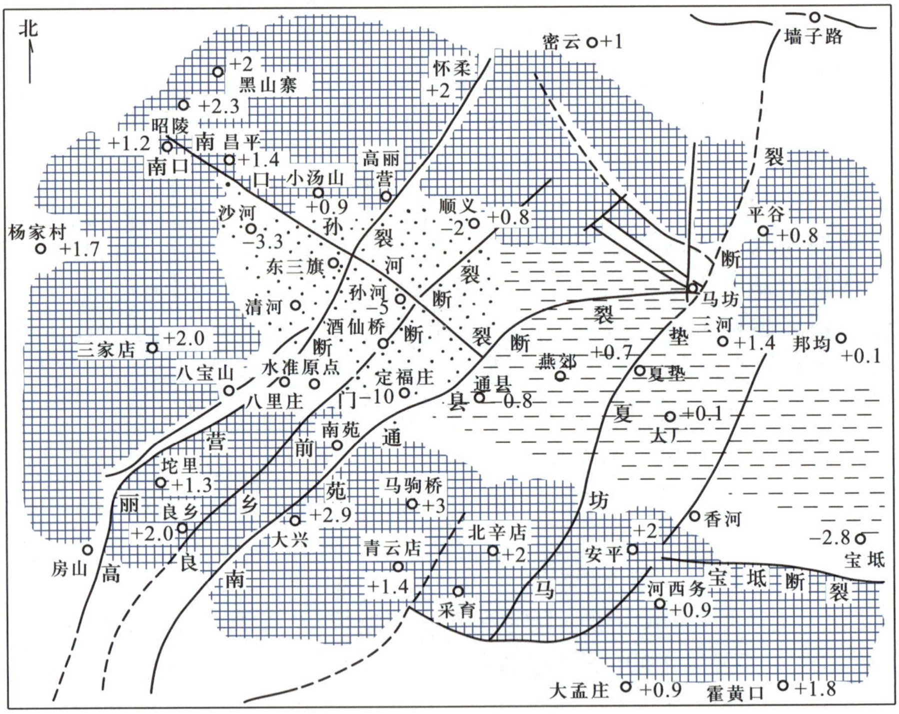

图 4-127 北京平原断裂系统及现代垂直运动图

“+”为上升；“-”为下降，单位 mm/a；三河、平谷、马坊一带，若干断层在此交叉，

1679 年 9 月 2 日发生马坊大地震

（据黄培华等《地震地质学基础》）

（2）强震常发生在新生代形成的或有继承性活动的断陷盆地内：这种盆地的一侧或两侧常为活动性断裂所控制，在盆地深、陡的一侧活动性断裂的断距最大的部位，特别容易发生地震。这样的地段往往是第四纪或现代沉降中心，沉积厚度也最大。从地

貌看往往表现为最低洼的或河流通过的地段。1556 年陕西华县大地震、1966 年河北邢台地震等就发生在这样的部位上。

2. 历史地震分析

利用历史地震资料，并结合具体地质构造进行分析，可以推断震中的分布地点、总结地震的时间分布规律、预测未来地震的震级等。在分析过程中常需注意以下几个问题：

（1）地震带内强震的重复性：中国历史上有记载的破坏性地震共 6 000 多次。其中有些地震是在同一地震带内重复发生的，但相隔年数有长有短。地震带内强震的重复经常与一定的构造条件有关。例如，四川炉霍-康定一带曾发生 16 次 6 级以上的地震，均集中于鲜水河断裂上。

（2）强震的填空与填满：在活动性构造带内，有时在一段时间内发生许多小震，并围绕成一个地震相对平静的地区——空白区，后来就在这空白区内某一部位上发生大震，这种现象叫填空。

图 4-128 表明 1695 年山西临汾地震的填空现象，在大震前 50 年内在周围地区发生许多小震，中间形成一个空白区，后来在空白区内大震发生。

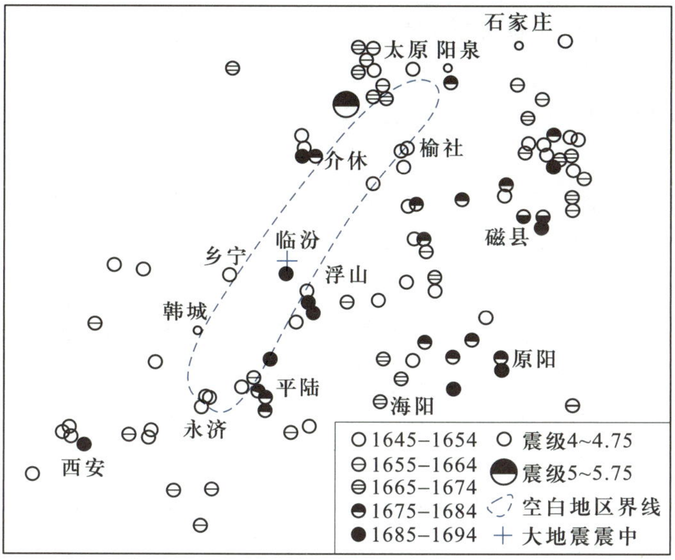

图 4-128　1695 年 5 月 18 日临汾大震前 50 年震中分布图

（据中国科学院地球物理所《地震学基础》）

有时与此相反，在某些强震发生之前，在其未来震中附近，发生许多次小震，这种现象称为地震的填满现象。如 1556 年陕西华县 8 级大地震前 1484—1555 年的 72 年间，在其附近发生过多次较小地震，于 1556 年大震发生（图 4-129）。

总之，历史地震分析结合地质构造分析，并参照地震活动期、震级和频度等，是确定地震的危险地段，进行地震烈度区划的重要方法。

（二）地震短期预报

目前研究地震预报的主攻方向是寻找和抓住地震前兆。地震的发生，一般是地壳或更深处的岩石长期受力逐渐变形直至破裂的结果。这个过程是一个长期演变过程，

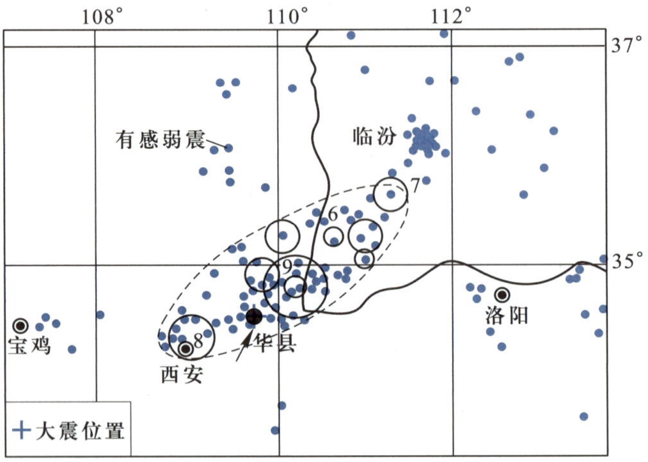

图 4-129　1556 年 1 月 23 日陕西华县大震前 72 年内地震的填满现象
（据中国科学院地球物理所《地震学基础》）

当其濒临破裂之前，常产生许多相关现象，预示地震将要发生，这些现象称为地震前兆。它又可分为微观前兆和宏观前兆。

1. 微观前兆

地震前人们不能感觉到的而必须用仪器长期监测才能发现的自然现象变化，称微观前兆。

（1）地应力变化：地震的孕育、发展和发生过程，也是地应力的逐渐集中和骤然释放过程。因此，可以根据地应力的集中加强活动的变化来预报地震。地应力变化必须用专门仪器测量。

（2）地形变化：地震前，震源区岩层发生剧烈变形，可使地面出现大面积升降、水平位移或倾斜现象。一般用大地水准测量、断层位移测量、地面倾斜测量等方法（或用伸缩仪、电阻丝应变仪、激光测距仪、测潮仪等）进行长期监测。

（3）地磁异常：地震前，地应力作用常导致磁场强度的变化，引起磁场的局部异常现象。华东有一个地震台，曾利用震前磁偏角的变化，成功地预报了 1972 年 1 月 25 日发生在中国台湾岛的 8 级地震。

（4）地电流变化：一般是用地电流测量方法观测大地的自然电流数值或任意两点间的电位差值。通常在地面选择两个点，分别埋上电极，将电极用金属导线连接起来，并串联一个电流表（或电压表），就可以测量出两点的自然电流数值，或自然电位差数值。这些数值若发生异常变化，应考虑地震发生的可能性。

此外，还有一些其他变化，如海平面的升降、地震波传播速度的变化、地温变化、重力变化、地下水化学成分（如氡气含量）的变化等，都必须用仪器或一定手段进行长期、连续的观测，才能看出结果，并据以分析得出应有的结论。

2. 宏观前兆

这指地震前人的感觉器官能够直接察觉到的一些震前征兆。

（1）地下水异常：包括地下水位的突然升高或下降，水质变苦、变甜、变色、变浑或变清，以及翻花、冒泡等；有时还有微观的变化，如地下水温、放射性物质（氡、铀等同位素含量等)变化。由于气候、用水情况等因素,也可引起地下水的变化,必须全面分析考虑。

(2) 动物反应异常:地震前的各种变化,往往为动物的某些器官敏锐地感觉到,引起异常反应。如 1969 年 7 月 18 日上午,天津人民公园的动物忽然出现异常现象,水中泥鳅、蚂蟥上下翻腾不停、大熊猫痴呆不动、牛突然打滚不吃草,等等。人们认为可能是地震前兆,并向有关部门做了反映。不久果然在渤海地区发生了 7.4 级地震。1995 年 1 月 17 日日本神户大地震前一天,突然从海底掀起的泥沙让整片海域变得浑浊,有大量小鱼浮于海面上。在淡路岛上的一家牧场,有一个饲料和种子仓库,平日老鼠为患。但地震前数日却“鼠迹杳然”。但必须注意,其他原因如生病、发情、饥饿等,以及天气和生活环境的变化,也可造成动物异常反应。

(3) 地声:地震时或临震前往往在地下发出声响,常如闷雷声、载重车通过声、风声、金属碰撞声等,自远而近传来;若在震中区,则一听到地声,地震随即发生。地声的出现,可能和岩石破裂有关。实验表明,在应力达到岩石破裂强度一半时,声发射信号显著增加;当微破裂进一步发展时,声发射频率由高频向低频变化,因而有可能被仪器和人耳接收。根据地声的特点还能够判断地震的大小和远近。有人总结其规律:声调沉闷如闷雷,地震较大;声音发尖,地震较小;声音长,在远方;声音短,离不远。

(4) 地光:在临近强烈地震发生时出现发光现象,称为地光。有的呈大面积笼罩地面,有的呈条带状闪光,有的如火炬或火球成串升起;有时一闪而过,有时可以持续几十秒。其颜色以白中发蓝似电焊火光者居多,间有红色、黄色及其他颜色。关于地光的成因,尚无定论。一种说法,认为震前低空大气发光是一种气体放电现象;另一种说法认为岩石中石英颗粒产生压电效应,并形成强电场;还有人认为与地下水流动产生的高电压有关;有人认为火球式地光是从地下逸出的天然气在地表处的爆发式点燃现象。

除上述之外,地震前兆还常表现为天气骤冷或骤热、大风、暴雨、大雪等异常现象。

从理论上讲,地震是可知的和可以预防的,中国古代就注意观察和研究地震现象,并且注意到地震前兆和预防。1949 年以后,中国制定和贯彻了“地震工作以预防为主,专群结合,土洋结合,依靠广大群众,做好预测预防工作”的方针,地震工作取得一定的进展。如 1975 年 2 月 4 日海城-营口地震,1976 年 5 月 29 日云南潞西-龙陵地震,同年 8 月 16 日四川松潘-平武地震等,都在震前做了较准确的预报。但是,地震科学是一门年轻的科学,地震的成因、机制和观测方法都处于探索之中。目前国内外的地震预报水平还不高,中国地震预报的水平相对居于世界前列。

不过,无论是预测理论或应用手段,地震工作者都在积极开拓新领域。如美国正在探求断层带氢气释放和地震的关系,认为富含铁镁的岩浆和水发生反应,可以产生氢气并通过断层上升到地表;同时,形成蛇纹岩一类物质,挤入断层,就像涂上润滑油一样,导致断层猛然滑动,从而形成地震。美国地质调查局用 15 个传感器组成的网络,探测活动断裂带氢气释放情况,然后通过卫星把数据传输给在华盛顿的一个观测所。许多科学家认为,氢气是准确预报地震的关键。

日本东京大学和京都大学的地壳变动研究小组,以及欧美一些国家都在试验利用通用全球导航卫星系统,即在地球上的两个点利用专门接收机捕捉从人造卫星上发出的电波,测定这两个点的距离,其误差只有百万分之一到千万分之一。这样可以十分准确地测定地壳变动情况,根据这种变动来达到预测地震的目的。现在已有若干颗这样的卫星围绕地球旋转。

为了避免或尽量减少地震给国家、人民带来的灾害，必须做好地震预防工作。第一是要编制出精确可靠的全国地震烈度区划图，这是地震预报和预防工作的基础。第二，是在地震区划的基础上，因地制宜，制定抗震的整体建筑规划，设计一定的抗震结构，对于建筑物的重量、高度、房屋层数，以及重大工程的地基等，都必须严格按照抗震条例设计。第三，在接到临震警报后，必须立即采取断电灭火措施和做出人员疏散安排等。

当前在地震研究方面，还注意到地震控制问题。由于在美国某工厂向地下高压注入废液，意外地触发一些小震，从而得到一种启示，是否可以在地震带对活动断层定时定点高压注水，用人为的方法诱发小震，也就是采取化大震为小震的、化整为零的控制办法，来避免发生强烈地震。但这只是一种设想，尚待实践证明。

第 6 节 大地构造学说简介

19 世纪中叶到 20 世纪中叶，随着工业的发展，各国广泛开展了矿产及区域地质研究，把地质科学推向更高的阶段，并诞生了一门研究大陆、大洋或某一区域地壳或岩石圈的组成、结构和演化历史的地质学分支学科，这就是大地构造学。

在大地构造学的发展史中，曾出现过许多学说，如收缩说、重力均衡说、对流说、脉动说、膨胀说、重力分异说、放射性旋回说、振荡说、放射性热融化说等，这一事实反映了大地构造学理论尚处于不断探索和完善的阶段，但每一种新的大地构造学说的提出，常标志着地球科学进入了一个更高水平阶段。

现将地质学科发展历史上具有重大影响的近代和现代主要大地构造学说简要介绍如下。

一、地槽-地台说

1900 年，法国 E. 奥格在其著作《地槽和大陆块》中，明确地把地槽和地台统一起来，作为地壳上的 2 个基本构造单元。自此以后，地槽和地台理论就作为相互联系的不可分割的完整学说形成和发展起来，称为地槽-地台说，简称槽台说。地槽-地台说将地壳的一级构造单元划分为地槽和地台两种类型，在研究其物质组成、构造组合等特征的基础上，阐明地壳的演化历史与规律，奠定了大地构造学的理论基础。

（一）地槽区

地槽区代表地球上构造运动强烈活动的地带，垂直运动速度快、幅度大，沉积作用、岩浆作用、构造运动和变质作用都十分强烈。如北美西部的科迪勒拉山脉、南美西部的安第斯山脉、亚欧之间的乌拉尔山脉、横贯亚欧大陆呈东西走向的阿尔卑斯山脉、喜马拉雅山脉，以及中国的天山、秦岭、祁连山等山脉，都是世界著名的地槽区。地槽区呈狭长带状，宽可数百千米，长可达数千千米。

1. 地槽区的发展过程

它可以分为两个大的阶段，第一阶段以构造下沉为主，但伴随着次一级的上升运动；第二阶段以构造抬升为主，但伴随着次一级的下降运动。

（1）下降阶段：整个地槽区以构造下沉为主，下降速度快、幅度大。但从地槽区横剖面来看，其运动方向、速度和幅度并不均衡。如图 4-130(a)所示，两侧是稳定的地台区，中间是地槽区，但其中有的地方拗陷较深，沉积的厚度较大，称为地向斜；有的地方相对隆起，沉积厚度较小甚至缺失一部分沉积，称为地背斜。所以说，地槽区是由地向斜和地背斜相间排列组成的狭长地带。

在下降初期阶段，从相邻地台或地背斜剥蚀下来的碎屑物质迅速堆积在地向斜中[图 4-130(a)]，并时常伴随有海底火山喷发活动；在下降占优势阶段，海水面积扩大，有些地背斜也被海水覆盖，广泛地沉积了碳酸盐岩[图 4-130(b)]。

（2）上升阶段：整个地槽区以构造抬升为主，又称回返阶段。但上升初期一般是从个别最活动的地向斜部分开始，称为局部回返；地向斜上升隆起后称为中央隆起，中央隆起两侧相对发生拗陷，称为山前或边缘拗陷。上升过程中，在狭长空间内形成的巨厚岩层不可避免地要遭受挤压，因而产生强烈的褶皱和断裂，同时岩浆乘虚侵入，形成巨

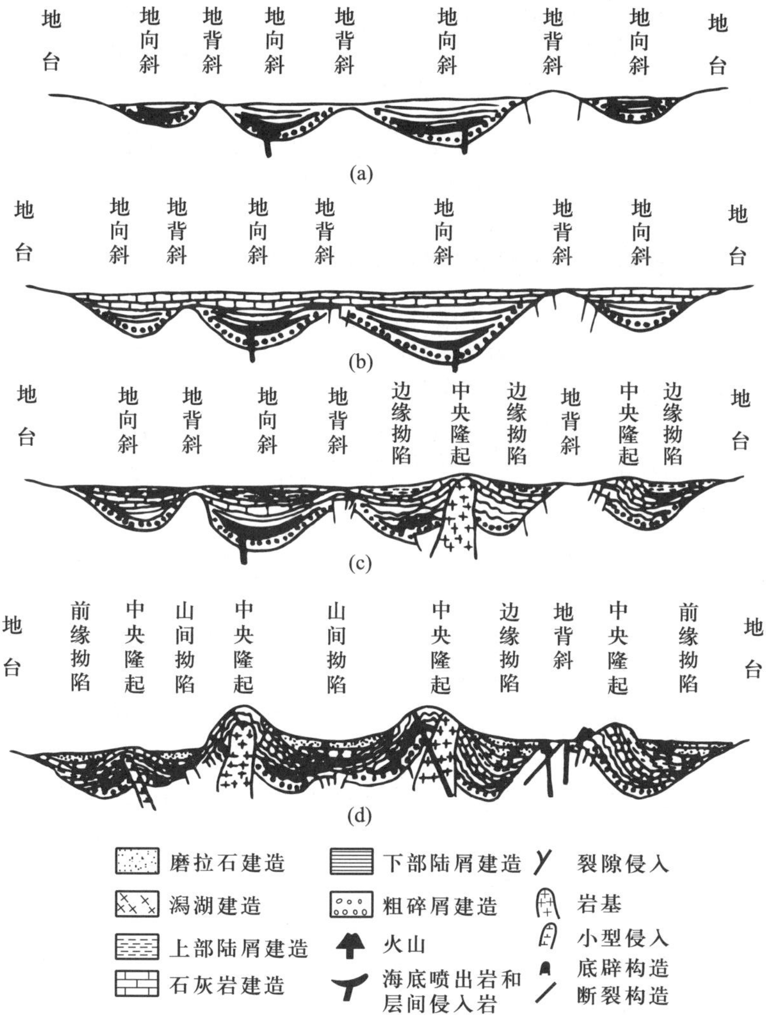

图 4-130　地槽区的一个构造旋回发展过程示意图

(a) 下降初期阶段；(b) 下降占优势阶段；(c) 回返初期阶段；(d) 回返后期阶段

大的岩基。这时中央隆起变成新的剥蚀区，而边缘拗陷变成新的沉积区，接受从中央隆起剥蚀下来的碎屑物质[图 4-130(c)]。

在上升后期，各个地向斜都上升隆起，连同在边缘拗陷中的碎屑沉积也一起发生褶皱，这时在 2 个相邻的中央隆起之间，即相当于原来地背斜的地方，形成新的拗陷区，称为山间拗陷；在地槽区两侧的中央隆起和地台之间所形成的新拗陷区，称为前缘拗陷。这时山间拗陷和前缘拗陷成为新的沉积区，接受正在迅速隆起过程中剥蚀下来的大量粗碎屑物质。在这些拗陷中，有时有一部分海水残留下来，形成潟湖。

最后，地槽区的各个部分先后隆起，这种现象称为普遍回返[图 4-130(d)]。这时，岩层强烈褶皱隆起，海水完全退出，地槽区变成了错综复杂的褶皱山脉，称为褶皱带。从地槽区下降，经过回返隆起成为褶皱带，这样一个完整的构造发育过程，称为一个构造旋回。一个构造旋回大约要经历几千万年到 1 亿多年。

概括起来，地槽区的构造运动有如下特点：一是升降幅度很大，可达一两万米；二是升降速度相对较快，但按年平均计仍是微不足道，一般也只有一或数毫米；三是升降差异性明显，从地槽区横断面来看，升降幅度、速度很不均一，所以沉积物的厚度和岩相的横向变化很大。

2. 地槽区的特征

(1) 巨厚的沉积建造：沉积建造泛指在地球历史的某一构造阶段中，一定的大地构造环境中，以及一定的气候条件下所形成的沉积岩的共生组合。在地槽区整个构造旋回的每一特定阶段，必然形成与其沉积环境相适应的沉积建造，其特点如下：

① 沉积厚度很大，可达一两万米；但无论是在纵向，还是横向上，岩性和厚度都有很大变化。

② 常表现为由陆相到海相，又由海相到陆相的一套完整的沉积旋回。

③ 具有明显的节奏和清楚的韵律，即自下而上形成有节奏的沉积顺序(图 4-130)：

a. 旋回开始，先堆积陆相碎屑，后过渡为海相碎屑，总称为下部陆屑建造(陆屑指来自陆地的碎屑)。岩性主要为砂页岩；因旋回开始，海水面积不广，陆上植物丛生，所以在下部陆屑建造中常夹有煤层等可燃有机岩建造。

b. 随着下降，常伴生巨大断裂，因而常导致中基性海底火山喷发活动，形成海底火山岩建造。

c. 下降占优势阶段，海侵范围扩大，在广阔的浅海里，陆屑成分减少，生物化学沉积增多，形成一套以石灰岩为主的石灰岩建造。

d. 回返开始，形成新的隆起和拗陷，在拗陷中填充大量来自中央隆起及其他高地的陆源碎屑，称为上部陆屑建造。在上部陆屑建造中，经常出现一种主要由沙、泥质层交替组成的、具有明显韵律的海相陆源碎屑沉积岩层，称为复理石建造(flysch formation 的音译兼意译)，是一种典型的地槽型沉积建造。建造的总厚度很大，可达数千至万米以上；由粗碎屑到细碎屑相间构成明显的韵律层，每一层厚数厘米到数十厘米，上下 2 个韵律层之间常被冲刷面所分隔；岩性以砂岩、页岩为主，砾岩很少；交错层和波痕罕见，几乎不含化石。在回返初期，由于地槽正处于升降交替的阶段，主要表现为频繁的振荡运动，因此形成一套独特的建造①。

---

① 近年有一种看法，认为复理石建造与有规律变化的浊流沉积有关。

在回返阶段，中央隆起部分提供了树木繁生的场所，而边缘拗陷又常形成良好的还原环境，因此常形成可燃有机岩建造，与复理石建造共生或单独出现。其特点是建造（含煤地层）厚度很大，可达数千米；富有韵律，砂页岩夹煤层重复出现，故煤层层数很多；从现代地貌看，这一类型的煤田常沿山麓呈带状分布。这一阶段是地槽型煤层形成的主要时期。

e. 地槽区回返后期，在山间拗陷中常形成四周被山地阻隔的潟湖，其中往往形成一套以蒸发盐和化学沉积岩为主（如石盐、钾盐、石膏、白云岩等）的潟湖建造。

f. 地槽区普遍回返之后，地理环境有了极大变化，山地高耸，受到剧烈剥蚀，因而在山前、山间和边缘拗陷中形成一套快速堆积的、以陆相为主的、巨厚的（可达数千米）、以砾岩和砂岩为主的沉积岩层，称为磨拉石建造（molasse formation）。这种建造自下而上往往由海相细碎屑过渡到陆相粗碎屑，分选很差，层理不规则（反映山地急剧上升，剥蚀加剧）、常夹红色岩层（反映气候由海洋性气候转变为大陆性干燥气候），是地槽区发展后期的产物。

总之，地槽区的沉积建造是复杂的，但又是有规律的。上述建造序列只代表一种典型模式，不同地区或不同时代的地槽区，其建造类型和发育程度常各有差异。

（2）强烈的构造运动：地槽区的构造运动非常强烈，褶皱常表现为挤压十分紧密的线形褶皱，褶曲轴沿地槽走向延伸可达数百甚至上千千米，背斜、向斜相间，同等发育；从横剖面看，常形成规模很大的复背斜和复向斜，在次一级或更次一级褶皱中，横卧、倒转，以及等斜褶皱特别发育。地槽区的断层常有很大的规模，断层线可延伸数十到数百千米，大多数为平行地槽走向的纵断层；逆掩断层和叠瓦式构造发育，有时形成较大规模的推覆构造；垂直褶曲轴也常发育正断层和平推断层；在地槽区发展末期，高山隆起，而前缘拗陷又强烈下降，其间常常产生平行褶曲轴向的巨大正断层。

（3）频繁的岩浆活动：在地槽发育的全过程中，常伴随着强烈、频繁而有规律的岩浆活动。地槽旋回开始，经常有以中、基性为主的海底火山喷发活动，形成一套复杂的火山岩系，接着喷发活动转为中、酸性小型侵入和层间侵入活动；地槽回返阶段，岩层强烈褶皱，岩浆往往乘机大规模侵入，形成以酸性花岗岩为主的岩基，同时，岩浆顺着围岩裂隙贯入形成酸性或超酸性的岩墙、岩脉、岩盘等；旋回结束，地槽隆起形成褶皱带，由于断裂发育，地下岩浆沿断裂喷出地表，再度转为强烈的火山喷发活动。在整个岩浆活动过程中，岩性有由基性向酸性发展的明显趋势。这种与一定构造阶段相伴随的一系列岩浆活动的有规律的总和，称为岩浆旋回。

（4）显著的区域变质作用：地槽区是地球上构造运动和岩浆活动最强烈的地带。剧烈的构造运动会引起动力变质作用；大规模的岩浆活动会引起接触变质作用；地槽区强烈的拗陷和褶皱会引起广泛的区域变质作用。故地槽区所形成的褶皱带，常常是显著的区域变质带。区域变质是地槽发展过程中各种因素综合作用的结果。

（5）丰富多样的矿产资源：由于地槽区发育的长期性、复杂性和环境多变性，决定了在这一地带矿床成因类型和矿产种类的多样性。在地槽区的不同发展阶段，可以形成沉积矿床、可燃有机岩矿床、岩浆矿床、接触交代矿床及区域变质矿床等。在矿产种类方面可以形成各种金属矿产、能源矿产和非金属矿产。因此地槽区常常是各种矿产资源聚集的宝库。

（二）地台区

地台区指地球上构造活动微弱、相对稳定的地区，垂直运动速度缓慢、幅度小，沉积作用广泛而较均一，岩浆活动、构造运动和变质作用也都比较微弱。地台区的外形呈近似圆形，直径可达数千千米，是大地构造中相对稳定的构造单元。在文献中有“克拉通”（Craton）一词，含义大致与此相同。

1. 地台区的发展过程

按照槽台论的观点，地槽区构造旋回结束变成褶皱带，便由相对活动向相对稳定发展，最终形成地台区，也就是说地台区是地槽区发展演变的产物。

地台区虽然是稳定的，但并非静止不动，在其范围内也不时进行着升降运动，相对于地槽区而言，其特点是速度慢、幅度小，横向差异性也不很明显。地台区升降总幅度一般只相当于地槽区的 1/10，但在个别地段也可以有很大的升降幅度，甚至超过地槽的个别部分。

由于地台上有升降运动，上升部分可以变成陆地；下降部分可因海侵形成地台浅海，或者形成内陆拗陷。这样，在地台浅海或内陆拗陷中沉积的岩层称盖层。因此，地台的结构可以分为 2 个基本构造层，下层称地台的褶皱基底，上层称地台的盖层，二者之间为不整合面。褶皱基底是在该地区形成地台以前的地槽阶段的产物，岩层褶皱复杂，变质强烈，主要由结晶变质岩所组成；地台盖层是褶皱基底形成以后，在侵蚀面上堆积的新岩层，层次清楚，构造运动也比较和缓。但在地台区长期处于上升的部分，则只有褶皱基底一层结构（图 4-131）。

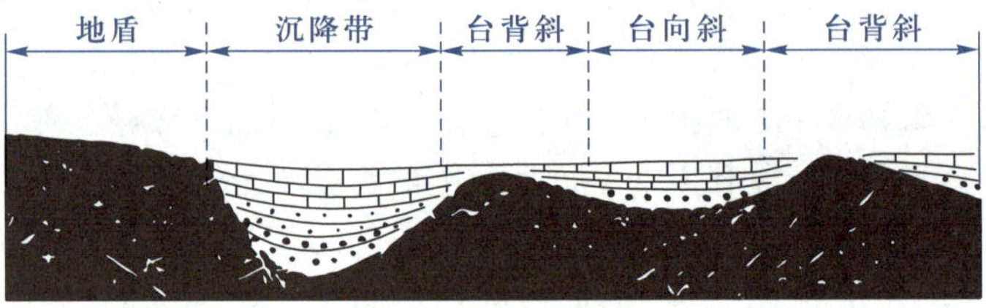

图 4-131 地台结构及其次一级构造单元示意图

黑色部分表示地台的褶皱基底，岩石变质、地层褶皱、岩浆侵入活动都比较显著；
白色部分表示地台盖层，为地台上较新的沉积层，层次清楚，构造平缓；盖层和基底之间为角度不整合

根据地台基底的形成时期，可以将其分为古地台和年轻地台：如果基底褶皱时代在寒武纪以前，这种地台就称为古地台，如中国地台、俄罗斯地台等；如果基底褶皱时代在寒武纪以后，这种地台就称为年轻地台。一般古生代以后的地槽构造旋回结束转变成褶皱带，多数还处于山岳状态，故很少用年轻地台这个名词。一般所说的地台主要是指古地台。

根据地台区上有无盖层及其厚度大小等特征，可以划分出次一级的构造单元（图 4-131）：

（1）地盾：又称台盾，是地台区中有大面积基底岩石出露的地区。地盾是从古生代以来趋向上升的构造单元，长期稳定隆起，遭受剥蚀，没有盖层，或只在局部拗陷中有薄的盖层；它通常具有平缓的凸面，且被有盖层的地台所环绕。世界上著名的地盾有加拿

大地盾、波罗的海地盾等，中国华北地台上有胶辽地盾、淮阳地盾等。

(2) 台向斜：是地台区长期趋向下降的次一级构造单元，面积广阔，直径数百至上千千米，上面覆有沉积盖层，具二层结构。沉积盖层产状平缓，拗陷中心沉积物较厚，趋向边缘则逐渐变薄，并有较老岩层出露。如中国四川台向斜、陕北鄂尔多斯台向斜等。

(3) 台背斜：是地台区与台向斜相对应的长期趋向隆起的次一级构造单元，面积相当广阔，沉积盖层由边缘向中心逐渐变薄，中心部分有较老岩层出露，甚至有基底出露，沉积建造中常有缺失或间断。如华北地台上有山西台背斜。

(4) 沉降带：又称台褶带，是地台区长期下沉的最活跃的地带，多呈狭长带状，拗陷较深，地层发育完全，构造运动比较强烈，有时还伴有海底火山喷发，以及花岗岩侵入活动。这是中国地台上特有的构造单元，也有人称之为准地槽、台槽等。华北地台上的燕辽沉降带是一个典型例子。沉降带一般位于地台区的边缘地带，其形成可能与深断裂的控制有关。

2. 地台区的特征

地台区是地球发展的阶段性产物，在沉积建造、构造等方面具有如下的特征：

(1) 厚度较小的沉积建造：与地台区的升降运动相对应，其沉积建造具有如下特点：a. 沉积厚度(即盖层厚度)较小，一般只有几十、几百米，有时可达一二千米，但有例外。b. 沉积范围较广，岩性、岩相比较稳定，横向变化不太显著。c. 具有一定的沉积韵律，一般表现为每一个旋回开始时是陆缘碎屑建造，而后是石灰岩建造，最后又是陆缘碎屑建造。在正常情况下，自下而上沉积建造序列如下：

① 地台下降开始，海水侵入，形成地台浅海。由于地台基底经过长期风化剥蚀，地势逐渐低平，特别是在湿热气候条件下，可溶物质大多淋失，而往往残余下来黏土、铝土、铁矿一类物质，在侵蚀面上形成铝土或铁质岩建造；如果当时植物丛生，堆积泥沙和植物遗体，可形成砂页岩夹煤层的可燃有机岩建造，若还原性条件好，则还可形成油页岩或石油。有时候，在海侵开始时，形成石英砂岩建造，由于地台稳定，风化作用彻底，所以矿物成分单纯，沙粒均匀，磨圆度和分选均好，同时波痕和交错层特别发育。

② 地台继续下降，海侵范围扩大，陆源碎屑减少，而石灰岩等碳酸盐成分增加，形成石灰岩建造。成分纯净，化石丰富，如华北奥陶系石灰岩是这类建造的代表。

③ 地台回升，海水后退，陆地面积扩大，往往形成陆相碎屑建造(如砂岩、页岩)，有时含有盐及石膏等蒸发盐。但这一阶段的沉积物往往缺失或保存得不全。

(2) 不太强烈的构造运动：在典型的地台区，褶皱作用比较和缓，多发育平缓开阔、不甚连续的褶皱构造，如短背斜、短向斜、穹隆、构造盆地等。断裂构造一般以正断层为主，还常常形成阶状断层、地堑、地垒等构造。由于地台一般属于刚性地块，断裂构造比较发育。

(3) 微弱的岩浆活动：在典型的地台区盖层中，火成岩比较少见，或以小型侵入和裂隙喷发为主。如形成岩株、岩盘、岩床、岩墙之类，以及大规模的玄武岩喷发活动。这里所说的岩浆活动是指在地台盖层沉积过程中或形成以后的岩浆活动，不包括基底中的岩浆活动，因为那是在形成地台以前的地槽阶段的产物。

(4) 不太显著的变质作用：由于地台区构造运动和岩浆活动都比较微弱，升降幅度也比较小，所以盖层的变质现象不太显著或不普遍，很少有区域变质现象。

(5) 丰富的沉积矿产:地台区环境稳定,有彻底的风化、剥蚀条件和广阔平静的沉积环境,因此沉积矿产比较丰富,常形成沉积铁矿、锰矿、铝土、黏土、煤、油页岩、石油、盐、石膏等矿产。特别是在地台上常形成穹隆、短背斜等构造,为石油的聚集提供了很好的条件。在典型的地台区,因岩浆活动微弱,少有各种内生矿床。但在地台基底(前寒武系各种变质岩)部分,经常蕴藏着地台形成以前所形成的各种矿产,其中包括全球60%~70%的铁矿,以及金、铜、镍、铀等金属矿产。

(三) 过渡区

在地槽褶皱隆起过程中,地槽与地台交界的地区同时形成的大型带状拗陷,称为前缘拗陷(也有人把前缘拗陷和边缘拗陷作为同义词),由于它具有从地槽向地台过渡的性质,所以又称为过渡区或过渡带。过渡区的结构往往是不对称的,与地槽毗邻的一边具有地槽的特征;与地台毗邻的一边又具有地台的性质。过渡区的沉降幅度可达四五千米,介于地槽区和地台区之间。由于新隆起的褶皱山系急剧上升,剥蚀速度越来越快,大量粗碎屑物质堆积于前缘拗陷中,形成数千米厚的磨拉石建造。如果气候湿润,树木繁茂,还可形成含煤或油页岩建造,沿山麓呈带状分布,厚度很大。若有还原环境,则可发育成含油建造。假如气候炎热干燥,可形成红色岩层或含盐建造。这里的构造形态也常具有过渡性质,断裂比较发育,并常存在深断裂。

例如,天山是古生代末形成的褶皱带,其南北两麓在中生代和新生代强烈下降,形成前缘拗陷带,不但有煤田分布于其间,而且也是重要的产油地带。同样,祁连山也是古生代末形成的褶皱带,在靠近甘肃走廊一侧,形成前缘拗陷,其中蕴藏石油、煤等矿产。

(四) 槽台说的不同学派

槽台说自从问世以来,在大地构造理论中几乎占据了统治地位。但人们对地球构造发展的规律有着不同的看法,出现了不同的学派。

由于地台区最突出的特征是具有双层构造,即上层是产状平缓的沉积盖层,下层为和地槽区一样的强烈褶皱构成的褶皱基底,2 个构造层之间呈明显的角度不整合关系。根据这种现象,有一派得出地台区是由地槽区转化而来的结论,认为地球构造历史是:地壳形成初期全球都被地槽所占据,这一时期称为地槽期。后来地槽区面积日趋缩小,地台区面积日趋扩大,而目前正处于地槽区转化为地台区的时期,将来终归有一天全世界都转为地台区,那时地壳的活动性将十分微弱,进入其最后的发展阶段。因此这个学说称为“泛地槽说”,也称“地台扩大说”。其代表人物有瑞士 E. 阿尔岗,德国 H. 施蒂勒,苏联 A. M. 卡尔宾斯基、A. Д. 阿尔汉格列斯基、H. C. 沙茨基等。

地槽区转化为地台区之后,地球构造是不是还要发展呢?泛地槽说认为地台就是地槽发展的最后归宿。但是,1937 年苏联 Ю. П. 谢音曼发现在中国地台上古生代特别是中生代的地层,厚度大,构造复杂,认为在地台上又有“新地槽”产生了,把这种现象称为“地台活化”。后来苏联 A. B. 裴伟、B. M. 西尼村等进一步发展了上述见解,认为世界上任何一个地槽区都是在地台区之上发育起来的。1950 年,他们系统地论述了其观点,认为在很早(相当中国前震旦纪)以前,所有大陆是一个统一的硅铝层,称为泛大陆。在这个泛大陆上,有些地方被深大断裂所分割,在其控制下发展成为地槽;另外还有一些地方至今仍然处于稳定状态，即古老地台。这一学说认为在地槽出现之前，全球只有一个连续不断的地台，所以此说称为泛地台说；又因为地台崩溃瓦解后才转化为地槽，所以又称“地台崩溃说”。其地球构造演化规律是：古地台→地槽→年轻地台，古地台在逐渐缩小，年轻地台在逐渐扩大。

槽台说第一次揭示了地球构造发展中的 2 大构造单元及其本质差别，这是它的重要贡献。槽台说是以沉积建造和岩相分析为基础建立起来的，它对于古地理的恢复，大地构造单元的划分，以及揭示矿产的形成和分布规律，都有着重要的作用。

二、多旋回构造说和地洼构造说

中国有 2 位地质学家经过多年实践和研究，在槽台说的基础上，提出了有创见性的大地构造学说，这就是黄汲清的“多旋回构造说”和陈国达的“地洼构造说”。

（一）多旋回构造说

德国著名地质学家 H. 施蒂勒曾提出地槽发展的单旋回观点，多年来一直为各国地质学者所接受。其要点是任何地槽从下降接受沉积开始，伴有基性岩浆喷发活动；然后地槽上升、岩层褶皱，伴有大规模花岗岩侵入；造山后期有安山岩喷发和各种小型侵入体；最后地槽褶皱形成褶皱带，并由玄武岩喷发活动，转化为地台。这就是一个构造旋回。地槽的孕育、发展和封闭，是通过一个构造旋回完成的。

黄汲清在长期研究并总结中国地质构造发育特征的基础上，于 1945 年指出：地槽的发展不是单旋回的，而是多旋回的。中华人民共和国成立以来，由于中国大量地质资料的积累，黄汲清不断阐述地槽褶皱带的多旋回观点，并初步建立起多旋回模式，认为一个褶皱带的形成，往往要经历许多发展阶段：即前期旋回、主旋回及后期旋回。每个旋回都可以出现施蒂勒所说的各种岩浆活动，而沉积建造、构造运动、变质作用和成矿规律等也都是多旋回的。以天山优地槽为例，它的发展共经历了许多旋回，华力西旋回是主旋回，前期旋回是加里东旋回，后期旋回是燕山旋回和喜马拉雅山旋回。每一个旋回都有基性岩出现、强烈的褶皱运动、花岗岩侵入和安山岩喷发；更重要的是每一个旋回都具有它独特的内生矿床组合，如哈萨克斯坦地槽，早期以金矿为主，中期金矿减少，晚期则钨锡矿特别重要。这种地槽多旋回发展的规律也适用于世界其他一些著名的地槽。

20 世纪 50 年代，黄汲清在深入研究深断裂后，初步提出了中国深断裂类型。随后，他结合地球物理资料，把深断裂进行了分类：断到地壳上层的硅铝层深断裂；断到地壳下层的硅镁层深断裂；切过岩石圈的岩石圈深断裂和达到软流圈的超岩石圈深断裂。他强调超岩石圈断裂即板块构造说的贝尼奥夫带（即俯冲带），并认为深断裂也是多旋回活动的产物。

20 世纪 70 年代以来，黄汲清进一步把多旋回构造与板块构造学说结合起来，认为板块运动也是长期的、多旋回发展的。例如澳大利亚的塔斯马尼亚地槽的发展由 6 个褶皱旋回组成，它是太平洋板块向西、向澳大利亚大陆板块下 6 次俯冲的结果，每次俯冲都发生了蛇绿岩套、褶皱运动、花岗岩侵入和安山岩喷发；而深海沟即俯冲带随着褶皱运动由陆地向大洋方向迁移，这叫作多旋回向洋迁移运动。西南日本地槽褶皱带的向洋迁移运动也十分明显，那里发生了 5 个褶皱旋回，1 次板块俯冲结束之后，地槽即向东、向太平洋方向迁移。在中国,特提斯-喜马拉雅地槽褶皱带的向洋迁移运动同样十分明显。

地槽的发生、发展也和世界上一切事物一样,不是简单的多次重复,而是多旋回的、螺旋式的发展过程。黄汲清指出:多旋回构造与板块构造学说不但没有矛盾,而且可以互相补充、互相渗透和相互结合。板块构造学说必须将多旋回的规律纳入其模式,而多旋回学说又可由板块构造学说部分地解决其运动机制问题,解决驱动力问题。在研究中国大地构造的过程中,把这2种学说密切结合起来,是我们的长期任务。

以黄汲清为代表的多旋回构造说,长期以来对国内外地质界有较大的影响,特别是在区域地质调查中有广泛的应用。一些国外地质工作者也采用了多旋回观点来分析褶皱运动、岩浆活动和成矿作用的相互联系,并已在俄、美,以及日本的部分地质工作者的著作中得以引用。

(二)地洼构造说

槽台说认为,相对活动的地槽区和相对稳定的地台区是地壳构造的2大单元,而地台区是由地槽区演化而来的,并且是地壳发展的最后阶段,这种观点曾为多数地质学者所接受。但后来人们发现,有些所谓稳定的地台区又变得活动起来,人们把这种现象称为地台活化,或称为地台回春,并把这样的地台称为“活化地台”,但也有人认为地台既然活化,那就不属于地台的范畴,而应属于地槽的性质,称之为“再生地槽”。

陈国达在多年考察实践中,注意到中国地台从中生代以来的活化现象,比如在古老变质基底的上面覆盖了古生代的盖层,而在厚度一般不大的古生代盖层上面却又覆盖了巨厚的甚至达六七千米的中生代地层,且常伴随着大量侵入岩和喷出岩、火山碎屑岩,褶皱和断裂构造也非常复杂,等等。这说明中国地台区在中生代发生了剧烈拗陷,岩浆活动和火山活动频繁而强烈,构造运动也十分剧烈。20世纪50年代末期,陈国达认为中生代以来地壳演化进入了新阶段,其大地构造性质既不属于地台,也不属于地槽,而是一种新型活动区,是从地台区向活动区转化的产物。他把这种新型活动区叫作“地洼区”,认为是大陆地壳发展演化的第三种构造单元。地洼区的最主要特征是构造运动强烈,区内出现强度很大的构造起伏,既形成上升的短带状隆起,称为“地穹”,各隆起之间,也形成相对下陷的短带状盆地,称为“地洼”。地洼中充填了地洼沉积,因此地洼具有3层构造,即地台基底、盖层和最上面的地洼沉积层。

地洼区的发现和阐明,揭示了陆壳的发展过程,并非如槽台说认为的那样,直线式地仅由地槽阶段发展到地台阶段,而是多阶段发展地。地洼构造说认为:地壳由地槽区演化到地台区,是由动到“定”;由地台区演化到地洼区,是由“定”到动;地壳的活动区与相对稳定区相互转化和交替更迭的过程,称之为动“定”转化。地洼说还认为:这种动“定”转化并非地壳构造单元的简单重复,而是由低级向高级、由简单到复杂,螺旋式不断向前发展(例如地洼区还要进一步向着另一新型的稳定发展,……),这种发展过程,称为“递进”。地壳的发展规律叫作“动‘定’转化递进律”(图4-132)。

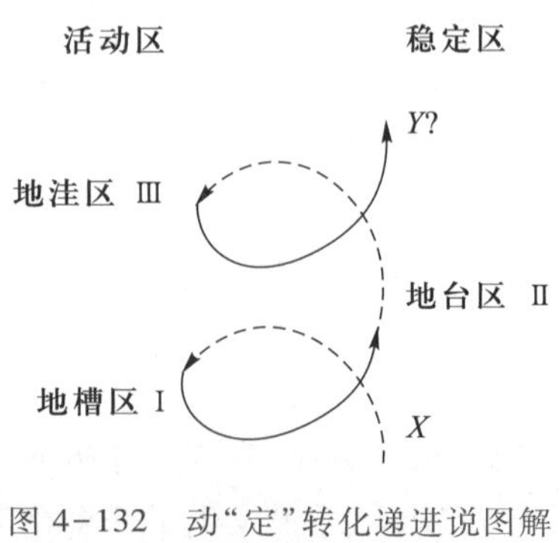

图4-132 动“定”转化递进说图解

地洼说认为:构造运动的动力来源于上地幔物质

因热力和重力作用产生的离心扩散和向心凝聚。当地幔下部物质受热膨胀时发生以水平运动为主的强烈构造运动,地壳趋于活动;当上地幔上部物质自浅处向深处凝聚、进行重力分异和散热收缩时,发生以垂直运动为主的构造运动,地壳趋于稳定。地壳发展就是这样在地球内部物质的凝聚与扩散的矛盾中互相转化而递进的。

地洼说认为:地洼区不仅在中国最为典型,而且遍及世界各个大陆,具有全球性的意义。地洼说的实际意义在于阐明一种新的成矿作用,从新的角度探索成矿规律,扩大了找矿领域。地洼区矿产有自己的特色,不仅蕴藏着丰富的内生矿床(钨、锡、钼、铋、铜、铅、锌、锑、锂、铍、铌、钽、铀,以及铁、金、汞等),而且也形成丰富的煤、石油,以及其他沉积矿床。以石油而论,过去人们仅知晓地槽型(如台湾)和地台型(如大庆)2 类油田,但中国还蕴藏着许多地洼型油田(如大港、胜利等),这是原来的找油理论所未论及的。地洼区除自身的成矿作用外,还继承了历代前身的矿产,因此区内地下资源综合多样,并常形成既大且富的叠加矿床和多成因矿床。基于这种原因,地洼说的创立引起了国内外学术界的重视。

三、地质力学

对大地构造空间展布规律方面的研究,李四光教授(1889—1971)所创立的"地质力学"有着重要的贡献。地质力学认为,地质构造现象是力作用的结果,只有查明其力学性质,追溯其动力来源,才能阐明大地构造的本质与演化。

(一) 地质力学的创立及其主要内容

1921 年,李四光研究中国北方石炭-二叠纪含煤地层,发现北方地层主要是陆相,而南方同时代的地层却是海相,因此提出一个问题:为什么时代相同,而南北的沉积环境却有如此大的差异呢?为此李四光研究了晚古生代以来大陆上海水进退的情况,于 1926 年和 1928 年先后发表了《地球表面形象变迁之主因》和《晚古生代以后海水进退的历程》,在魏格纳"大陆漂移说"的影响下,提出上述海水进退的现象是由地壳的水平运动引起的,而地壳的水平运动可能是由于地球自转速度发生变化产生的,从而提出"大陆车阀"自动控制地球自转速度的假设,称为"大陆车阀说"。稍后,李四光在俄罗斯发现,在乌拉尔山脉的东西各有一个大平原——西伯利亚地台和俄罗斯地台,在它们的南面有一条弧形山脉,即大高加索山脉和兴都库什山脉,上述各构造大致都是同时代的产物,这种展布格局是一种偶然现象,还是彼此之间有什么成因上的联系呢?1928 年前后,李四光在江苏、广西,以及湖北、安徽之间,都发现了类似情况,因此他于 1929 年提出"构造体系"这一重要概念,并建立了一系列构造体系类型。

在构造体系概念指导下,李四光继续研究,1941 年他在演讲《南岭地质构造的地质力学分析》时,正式提出"地质力学"这个名词。1945 年他发表了《地质力学的基础与方法》,对地质力学理论做了系统的概括。但使地质力学获得发展和日趋完善,是 1949 年以后完成的。

地质力学是力学与地质学相结合的边缘科学,是地质学的一门分支学科,即用力学原理研究地壳构造和构造运动及其起因的科学。其基本观点如下:

首先,地质力学认为地壳上的许多地质构造现象,都是地壳运动的结果,因此要想研究地壳运动，就必须研究由地壳运动所产生的地质构造现象，即“构造形迹”。这一名词是李四光首创的。在野外见到的岩层褶皱、劈理、片理、节理、断层，以及沉积岩的层理、岩浆岩的流线、流面等，都叫作构造形迹。其规模可以很大，如岩块、地块、大型隆起和拗陷、断裂带，横向跨度可为几千米、几十或几百千米；规模也可以很小，小到必须用显微镜或其他方法去测量它们的产状，如各种隐裂隙，乃至晶格错位等。换言之，地质力学的研究方法不是从因寻果，而是探果推因，即用一种外推的反序方法进行研究。具体而言：从构造形迹探讨地应力作用的方式和方向；从地应力作用的方式和方向追索地壳运动的方式和方向；从地壳运动的方式和方向追索地壳运动力的来源。

其次，地质力学认为地质构造形迹，和其他一切自然现象一样，错综复杂，千变万化，但它们不是孤立存在的，而是互相联系、互相制约的，每项构造形迹都有和它相伴生的有成因联系的一群构造形迹。这种内在联系，李四光称之为“成生联系”。这样一些具有成生联系的构造形迹群往往聚集成带，称为构造带。在构造带之间又往往夹有一些构造形迹相对微弱的地块或岩块。这种由“许多不同力学性质、不同形态、不同序次①和不同等级，但具有成生联系的各项构造形迹所组成的构造带，以及它们之间所夹的岩块或地块组合而成的总体”，即统一的整体，称为构造体系。构造体系被认为是地质力学的核心。

最后，地质力学探讨了地壳运动的起源和力的来源问题，后面将对此进行说明。

（二）构造体系

就目前认识的范围和程度，构造体系可划归 3 类，即纬向构造体系、经向构造体系和扭动构造体系。

1. 纬向构造体系

它又称东西复杂构造带，指出现在一定纬度上规模巨大的构造带，在大陆上往往表现为横亘东西的山脉。

每条构造带都自成体系，其主体是走向东西的剧烈挤压带，由褶皱和压性断裂带构成，一般常伴有东西走向的岩浆带分布；同时还有与它垂直的张断裂，和与它斜交的 2 组扭断裂，以及低序次的构造体系（图 4-133）。它们是在南北向挤压作用下形成的。每一条宏伟的东西构造带，都经历了长期复杂的演变过程、反复多次的强烈变动和构造运动，对许多矿产的形成和分布起着控制作用。纬向构造体系在地球表层以一定纬度间隔（8°~10°）重复出现，规模很大，在大洋底也有其踪迹。

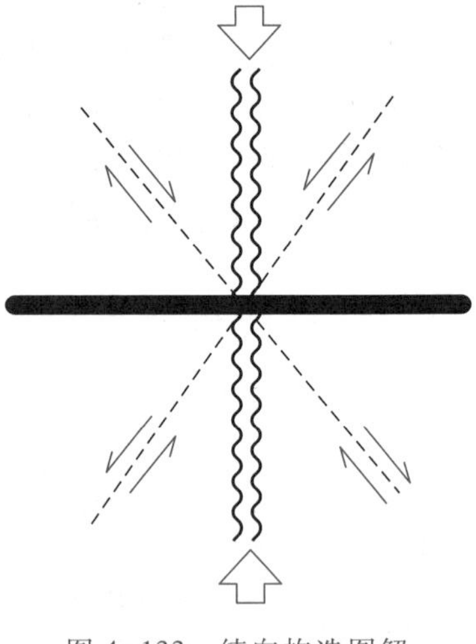

图 4-133 纬向构造图解

① 构造序次，表示在一场地壳运动中，同一动力作用方式持续作用下，构造形迹形成的世代关系。例如，一个地区在持续单向挤压作用下，首先产生两组扭裂面（X 共轭节理），随即褶皱形成背斜，该扭裂面和褶皱轴面都属于初次构造；接着，随着背斜的拱起，在它的顶部受到张力，出现纵张断裂，属二次构造；如果进一步发展，轴部地块沿着纵张断裂陷落，形成地堑，并在纵张裂面附近产生小褶曲和分支断裂，属于三次构造。总之，在形变过程中局部边界条件发生变化，它内部一定范围内各点的应力作用方式，也必然跟着变化，所以尽管构造运动方式不变，但反映这种应力状态变化相继产生的各项构造形迹的力学性质和排列方位，也必然有所不同，并分别属于不同的构造序次。

在中国境内有 5 条，但主要有 3 条发育得极为良好。它们自北而南是：

（1）阴山-天山构造带：大致位于北纬 40°30′~42°30′间，其中间部分构成阴山山脉，往西与大青山、乌拉山、天山山脉相连；往东至下辽河一带隐没于沉积物之下。从整体看，大体呈向南凸出的弧形。如果再向两侧追索，向西北经费尔干纳、土耳其北部、保加利亚到西班牙北部的比利牛斯山，然后进入大西洋，到美国宾夕法尼亚；向东在太平洋中也可寻其踪迹，这是一条环球构造。

这条构造带的历史悠久，在元古代时期已经存在。古生代以后又经过多次强烈活动和多次岩浆侵入活动，形成不同时期的花岗岩和超基性岩，伴生有钛、钒、铜、铅、锌、铬等金属矿床和稀有分散等元素。

（2）秦岭-昆仑构造带：大致位于北纬 32°30′~34°30′间，长达 4 000 多千米，形成中国地史发展和自然地理景观的南北分界线。此带中段为秦岭山脉，又分为 2 个亚带：北亚带由古老变质岩组成，挤压现象非常强烈，花岗岩相当发育；南亚带由古生代海相地层组成，形成一系列褶皱和冲断层，并有大量花岗岩和超基性岩侵入。秦岭往西，走向转为北西西，至青海境内与昆仑山相连；秦岭往东，分为两支：一支经嵩山逐渐埋没于华北平原之下，至鲁南复有零星出露，向东进入海底；另一支由伏牛山、大别山构造带组成，因受其他体系干扰而向南弯曲。这也是一条环球构造带，从昆仑山向西经阿富汗北部的柯依巴巴山、非洲北部的阿特拉斯山，越过大西洋，到美国的乌奇塔山和洛杉矶北边的圣伯纳迪诺山，在太平洋的这个纬度上有 3 000 km 长的一条摩利挤压带。

此构造体系，肯定至少从古生代以来经过多次强烈的构造运动。火成岩特别发育，内生矿床丰富，主要有铁、铜、钼、汞、铬等矿床。

（3）南岭构造带：大致位于北纬 24°~25°30′间。它的东段和中段包括闽南、赣南、湘南、粤北地区，主要由古生界、中生界地层、大量花岗岩及部分变质岩组成，发育有规模不等的东西走向冲断层及挤压褶皱。它的西段包括桂北、滇中地区，主要由古生界岩层组成，发育有局部褶皱或东西向隆起带。自东向西，在中国西南部受到其他体系干扰，此构造带形成一些分散片断；再西至印度中部、阿拉伯湾北部海底，也可能存在这一构造带的踪迹。

此带历史，至少可以追溯到泥盆纪以前，但从中生代以来，受到的干扰较大，其外貌不甚明显壮观。然而，若论花岗岩分布规模，则以此带为最，基性、超基性岩也有一些分布。内生矿床极为丰富，主要有钨、锡、铜、铅、锌等。

除去上述构造带，在中国境内，还有一条横亘海南岛的构造带，在北纬 18°~20°间；和另一条位于黑龙江附近的构造带，在北纬 49°~51°间。但其在中国境内的分布范围远比前述 3 条为小。

2. 经向构造体系

它又称南北构造带，大体与经向平行，呈南北方向延伸。它的规模和性质不尽相同，可以是压性的，也可以是张性的（图 4-134）。

图 4-134 经向构造图解

在中国出露的南北构造带，主要由南北走向的褶皱和压性断裂，以及与之伴生的张性断裂、扭性断裂组成。

如川滇南北向构造带，在地理上称横断山脉，由一系列强烈褶皱和规模巨大的冲断层组成，也是中国巨型成矿带之一。

在地球上的其他地方，如北美西部的科迪勒拉山脉、落基山脉和南美的安第斯山脉，东非大断裂带、欧洲莱茵河流域等地的断裂构造，都是南北向的经向构造体系。

3. 扭动构造体系

上述两类构造带反映了经向和纬向的水平挤压或引张作用，是地壳构造的两个基本方向。但由于地壳组成的不均一性，经向或纬向作用力发生变化，导致局部地壳发生扭动，形成各种扭动构造体系，它往往反映区域地壳构造运动的特点。

扭动构造体系根据作用力方式的不同，又分为直线扭动（简称直扭）和曲线扭动（简称旋扭）两种型式，每种型式又包括若干类型：

（1）直扭构造体系：包括多字型构造、山字型构造、棋盘格式构造和入字型构造等，现择主要者简述如下：

① 多字型构造是最常见最基本的一种构造型式。地壳岩体在力偶的扭动下，必然产生一系列斜列的压性结构面和与其垂直的张性结构面，其组合形态像“多”字，故称多字型构造。如图 4-135 所示：在 f_1 力偶作用下，产生 f_2 压应力和 f_3 张应力；在 f_2 作用下，形成一列斜列式褶皱（a）；在 f_3 作用下，形成一列斜列式张断裂（b）。如图 4-136 所示：在力偶作用下，除能形成压性结构面（P）和张性结构面（t）之外，还可以形成 X 形扭性结构面（s′，s″）。压性结构面或张性结构面若发育程度不同，常分别单独斜列出现，称为雁行式，如雁行式褶皱、雁行式断裂等。本类构造，其规模可大到数百、数千平方千米，也可小到手标本上的痕迹。

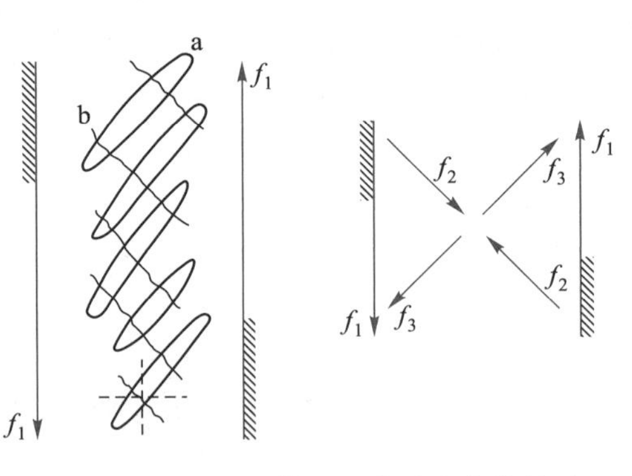

图 4-135 多字型构造及其形成力学关系

f_1. 扭力；f_2. 由扭力产生的压应力；f_3. 由扭力产生的张应力；

a. 雁行式褶皱；b. 雁行式断裂

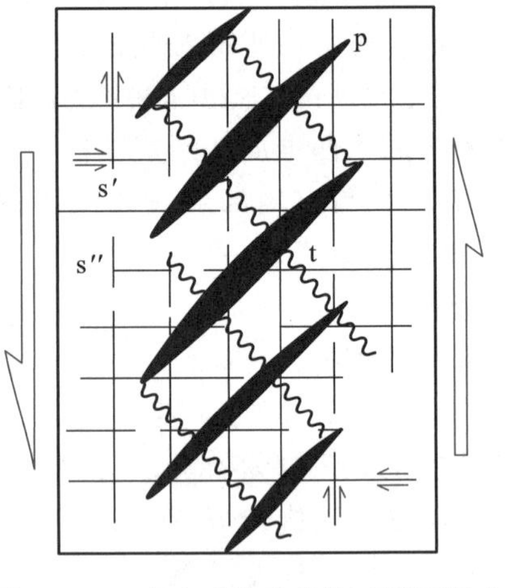

图 4-136 多字型构造结构面平面组合

p. 压性结构面；t. 张性结构面；

s′、s″. 扭性结构面

a. 新华夏系构造主要由 NNE 向（一般为 18°～25°）压性结构面（褶皱或压性断裂带）和与其近乎直交的 NWW 向张性结构面（断裂带）所组成，有时可伴生两组扭裂带，一组为 NNW 向张扭面，一组为 NNE 向压扭面。它是一个规模宏伟的多字形构造体系，构成中国东部和东亚地貌的地质基础。

根据主要结构面的不同方位，又可将多字型构造分为下列构造：

新华夏系的主体由属于一级构造的 3 个隆起带和 3 个沉降带组成（图 4-137），从东向西依次相间排列：第一隆起带由东亚岛弧（千岛群岛、日本群岛、琉球群岛、台湾岛、菲律宾群岛到加里曼丹岛）组成，其东侧有一系列深海沟；其西侧与第一沉降带毗邻，主要包括若干个海盆（鄂霍次克海、日本海、东海、南海等）。第二隆起带由许多山脉（朱格朱尔山、锡霍特山、张广才岭、长白山、朝鲜的狼林山、辽东半岛和山东半岛山地、武夷山、戴云山等）；其西侧为第二沉降带，包括东北平原、华北平原和江汉平原等构造盆地。第三隆起带也由许多山脉（大兴安岭、太行山、雪峰山、湘黔交界诸山）组成；其西侧为第三沉降带，由许多盆地（呼伦贝尔-巴音和硕盆地、鄂尔多斯盆地、四川盆地等）。再往西，为贺兰山和龙门山，也受到这一巨型构造的影响。总之，前述东西构造带与新华夏系构造相复合，构成了中国东部地质构造的基本骨架。在 2 大构造体系的复合地带，新华夏系一级隆起带和沉降带，多少受到一些影响，错开扭曲略具 S 形特征。

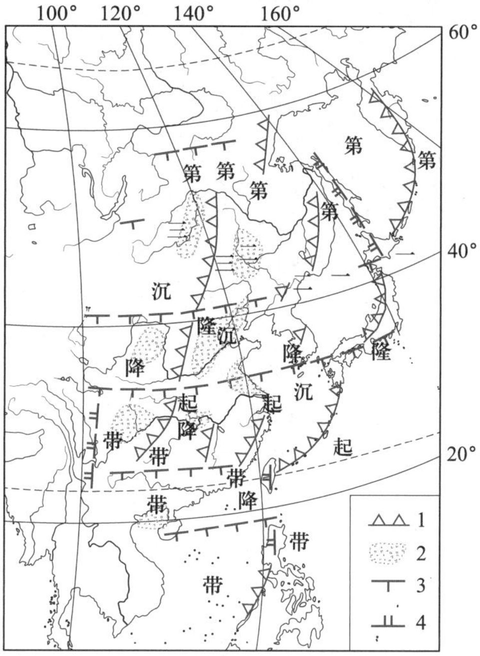

图 4-137 亚洲东部新华夏系构造分布略图

1. 新华夏系隆起带；2. 新华夏系沉降带；3. 纬向构造带；4. 经向构造带

在亚洲东部，为什么形成如此突出的新华夏系构造？李四光认为：东亚大陆硅铝壳与太平洋硅镁壳相邻，当地球旋转速度加快时，大陆壳受到自北向南的挤压力，但遇到大洋壳的阻力，产生自南向北的反作用力，构成力偶，结果形成扭动构造。新华夏系构造主要形成于中生代末到新近纪末，在隆起带内，花岗岩等火成岩特别发育，形成丰富的金属矿床；而在沉降带内，中生代以来接受大量沉积，基本控制了大小盆地的形成和分布，并成为重要的生油盆地（大庆、大港、胜利、江汉等油田）。地质力学学说认为，研究中国东部地貌、地震，新华夏系构造是不可忽视的重要构造因素。

b. 华夏系构造是中国东部一系列呈 NE 向（45°）的褶皱挤压带，大体在古生代末和白垩纪以前形成。另外有展布形式与上述相同的构造体系，但形成时间较晚（白垩纪到古近纪），为了加以区别，将其称为华夏式构造。

c. 河西系构造是青海、甘肃交界地带常出现的一系列 NNW 向（330°~345°）大致相互平行的褶皱隆起带、沉降带、冲断层、压扭性构造等，也属于多字型构造体系，称为河西系构造。此构造形成于中生代末，在新生代仍在活动。

② 山字形构造因其构造形式像汉字“山”而得名。其形成过程如图 4-138 所示：平板横梁受力弯曲，中间产生一个即不伸长也不缩短的中和面 AA′，其内侧受到挤压，外侧受到引张。某一地块在同样一个力的作用下，也可以形成挤压区、中和区和引张区，并发展为山字形构造，其组成和特征是：

a. 前弧由一系列弧形褶皱(背斜和向斜)、冲断层、挤压带等组成(图 4-139);而这些弧形褶皱多呈雁行式排列,是在弧顶外侧的引张力和内侧的挤压力联合作用下形成的,其形成的力学关系如图 4-135 所示。在各部分还常有与其垂直的张断裂及与其斜交的两组扭断裂。前弧又可分为弧顶和两翼,弧顶一般向南凸出(个别向西凸出),弧顶张断裂常呈放射状,有时沿断裂陷落形成地堑构造,在弧顶部分因断裂发育可能有花岗岩侵入体。在前弧两翼的撇开方向,有时出现反向弯曲的弧形构造,称反射弧。

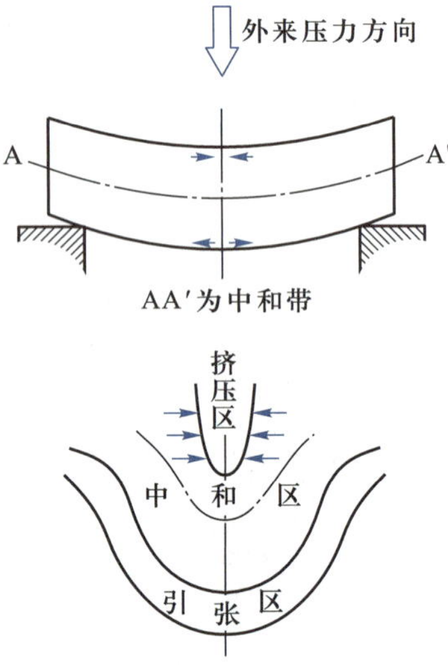

图 4-138 山字形构造组成部分示意图

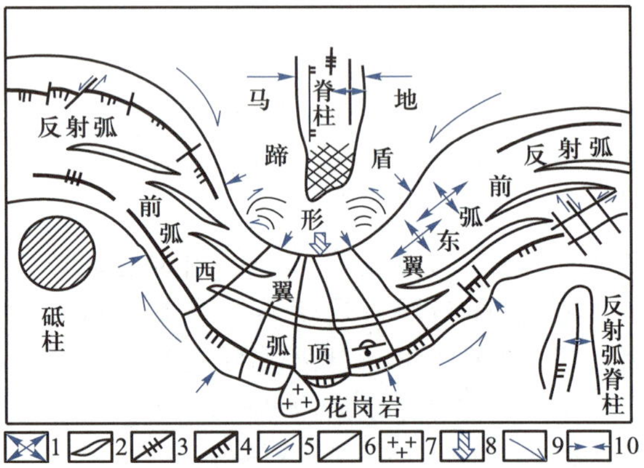

图 4-139 横梁受力弯曲形变示意图

1. 背斜;2. 向斜;3. 挤压带;4. 冲断层;5. 扭断层;6. 张断层;7. 花岗岩;8. 作用力;9. 旋扭方向;10. 主压应力

b. 脊柱位于前弧的内侧,相当于图 4-138 挤压区的位置,出现与前弧垂直的挤压带,称为脊柱。它常由褶皱、挤压破碎带、冲断层等构成。若岩性较脆硬,脊柱比较开阔,有时甚至压性特点不甚明显,而只表现为横向的张断裂和与之伴生的 X 形扭断裂;若岩石塑性较大,则脊柱比较狭窄,岩层褶皱也比较强烈。脊柱的延伸长度,一端不能达到或穿过前弧,而另一端不能超过两反射弧弧顶的连线,或超过不能太远。正是这脊柱和前弧构成了山字形的基本轮廓。

c. 马蹄形盾地在脊柱和前弧之间,即相当图 4-138 中和区的位置,常出现一块“凹”形弯曲的构造形迹比较微弱的地区,称为马蹄形盾地。这里地层平缓,褶皱轻微。

在反射弧的凹侧,有时也会形成脊柱,称反射弧脊柱;如果在凹侧有先期存在的稳定地块,则称为砥柱。

由于大多数山字形构造的弧顶指向赤道,表明地壳表层曾发生从北向赤道方向的不均衡挤压。因此,山字形构造是纬向构造带的变种。

中国已发现有 20 多个山字形构造,规模最大的是祁吕贺山字形构造,即贺兰山、六盘山为脊柱,祁连山为前弧西翼,吕梁山为前弧东翼,弧顶在宝鸡、天水一带。此外,有淮阳山字形、广西山字形、河北遵化马兰峪山字形等构造。弧顶向西的山字形只有湖南祁阳山字形,脊柱为东西向,说明自东向西的压应力也可形成山字形构造。

(2) 旋扭构造体系:是在曲线扭动或旋转扭动力偶作用下形成的由一群弧形构造

形迹和环绕的岩块或地块所组成的构造体系。其类型很多，包括帚状构造、S 状或反 S 状构造、歹字形构造、莲花状构造、漩涡状构造等，这里不多做介绍。

（三）地壳运动的原因

1. 地壳运动的方式和方向

根据以上各种构造体系的介绍，说明地壳运动的方式和方向是有规律可寻的。地球上纬向构造带的存在，反映沿南北方向（经向）有一股反复作用力的存在；同时，山字形构造的弧顶，在北半球几乎全部朝南，而在南半球几乎全部朝北，也就是弧顶都指向赤道。这些规律表明地壳运动的一个主要趋向，是自两极向赤道（经向）推动的水平运动。

地球上经向构造体系的存在，以及某些山字形构造的弧顶朝西（如祁阳山字形、巴西山字形）的现象，表明地壳运动的另一个趋向，是由东向西（纬向）的水平运动。

相邻大陆或大陆壳和大洋壳相对扭动，或者经向力和纬向力联合作用，便产生各种扭动构造体系。

总之，各种构造体系的展布规律，表明地壳运动的主要方式是水平运动。

2. 地壳运动的动力来源

地质力学认为，地壳运动的驱动力不是地球自转，而是地球自转速度的变化。

地球围绕太阳公转，其线速度为 108 000 km/h；同时，地球每天自转一周，赤道上任何一点的线速度为 1 674 km/h。如此高速旋转的球体，除两极外，任何一点都受到不同程度的离心力作用。如图 4-140 所示，地球上任一点 A，在自转过程中产生离心力 F。F 值的大小随着旋转轴至该点的距离（r）的大小而变化，即自两极（在极点 F 等于 0）向赤道离心力是逐渐增加的。F 又可以分解为 2 个分力，一个是垂直地面的垂直分力 f_2，它和重力作用方向相反，并为重力所抵消；另一个是与地面相切的水平分力（切向分力）f_1，正是这个分力使地壳表层产生由两极向赤道的水平运动。可以理解，也可以计算，这个水平分力在两极等于 0（因为在两极 F 等于 0），在赤道也等于 0（因为在赤道 F 只有垂直分量），因此，水平分力 f_1 在中纬度最大。这和在中纬度全球纬向构造最为发育的事实是相符合的。

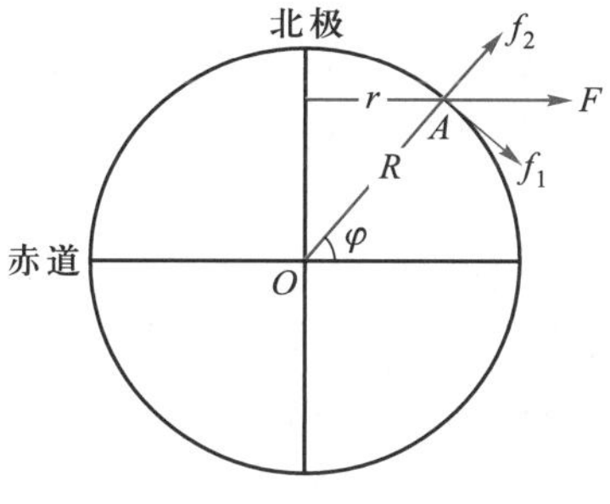

图 4-140　地球自转离心力图解

F. 离心力；f_1. 水平分力；f_2. 垂直分力；r. 旋转轴至 A 点距离；R. 地球半径；φ. A 点所在纬度

事实证明，在漫长的地质年代里，地球的自转速度是有变化的。例如，现在珊瑚的生长线，每年为 360 条，而在中泥盆世时，某种珊瑚显示一年留下 385～410 条生长线，说明当时一年有 385～410 d，地球自转速度比现在快多了。地球不是一个理想的刚体，当自转速度变快时，它的扁度就要变大。但是，地球究竟用怎样的方式变扁呢？这不外乎有两种情况：一种方式是地球作为一个整体，全体变扁，就像把一个苹果或柿子使劲压扁一样，这样两极受到挤压，赤道地方就要张裂，但地球表面构造现象并非这样。另一种方式是地球内部扁度变化很小甚至不变，即使有变化也很缓慢，但地球表层——地壳，在自转离心力的水平分力的作用下，使之受到从高纬度向低纬度方向的挤压，在中纬度挤压作用更强烈,产生一系列纬向构造带,及弧顶向赤道的山字形构造。

这种地球自转速度的变化,不仅对地壳产生影响,对水圈的影响更大。当自转速度变快时,海水即从两极向赤道集中,也就是在高纬度地区普遍发生海退,而在低纬度地区普遍发生海侵。当自转速度变慢,海水即从赤道向两极方向移动,也就是在低纬度地区发生海退,而在高纬度地区发生海侵。

以上所说是经向力的来源。当地球自转速度加大时,产生一个自西向东的纬向切向分力,同时还产生一个与纬向切向分力大小相等但方向相反即自东向西的惯性力;当地球自转速度变小时,其切向分力和惯性力的方向正好相反。好像人们乘车一样,车速忽快忽慢便会发生前仰后合的现象,车速变快,人们向后倾倒。地壳也是如此,地球从西向东自转加速,地球外壳粘附不牢的部分,就会自东向西滑动。例如,美洲大陆相对于亚欧大陆、非洲大陆向西移动,其间分裂形成大西洋;美洲大陆西缘遇到太平洋底的阻挡,挤压形成南北向的构造(科迪勒拉山脉-安第斯山脉)。由于地球自转速度变化所形成的纬向惯性力,在赤道最大,向两极方向减小,所以在赤道附近出现大型呈东西向分布的旋扭构造体系可能与此有关。

3. 地球自转速度为何变化——大陆车阀说

这里应当提一下"角动量守恒原理",即地球的自转速度不管怎么变化,必须符合这条普遍的自然规律。角动量守恒原理可表示为:$\omega I=C$,式中,ω 为旋转物体的自转角速度,这里指地球自转角速度;I 为旋转体对它的旋转轴的转动惯量;C 为常数。可见,ω 与 I 成反比关系,即角速度随转动惯量增大而变小,随转动惯量减小而增大。转动惯量为物体内所有各质点的质量与它对应旋转轴的转动半径平方的乘积之总和,即 $I=\sum mr^2$。

在地球总质量不变的情况下,转动惯量的变化取决于半径 r,即 I 与地球内部物质的分配状态有关,当地球的质量向地球中心集中时,r 变小,I 就变小,ω 就相应变大,因而地球自转角速度变大,以保持角动量不变;反之,当地球内部物质向外扩散时,r 变大,I 就变大,ω 必然减小,因而地球自转角速度变小。

上述道理可以用一个极普通的事实加以说明,譬如花样滑冰运动员在做旋转动作时,两臂张开,旋转速度比较小,当把两臂收拢,旋转速度便迅速加快。对于地球来说,在重力分异作用下地球内较重物质向地球深部集中,地球质量分布格局缩小,便导致地球的转动惯量减小,地球自转速度加大,并导致一次全球性的大规模的地壳运动,地壳表层在水平分力的作用下,形成各种构造;同时促进岩浆侵入或喷出活动,使密度大的物质向上扩散,地球质量分布格局扩展,再加上经向和纬向水平扭错运动,以及与地球深层间的摩擦作用等,消耗了一部分能量,导致地球转动惯量增大,地球自转角速度变小。这个过程就像自动刹车一样,称为"大陆车阀",因此,地质力学又叫"大陆车阀说"。随之,因重力作用,密度较大的物质又逐渐向地球内部运动,使地球质量又趋于集中,便又孕育新的自转加速因素,为下一次新的更复杂的运动过程创造条件。

总之,地质力学认为地球自转角速度的变化,是由地球内部物质运动决定的,地壳构造运动是控制地球自转角速度的自动机制,地球自转角速度变快,就包含着使之变慢的因素在内,反之亦然,二者是对立的统一,地壳就是在这种对立统一的矛盾斗争中,不断运动和发展。

（四）地质力学的贡献

地质力学的主要贡献在于阐明了地壳构造的空间展布规律。地质力学特别重视地壳的改造，它不是把各种构造形迹看成孤立的、零碎的、偶然的、互不相关的现象，而是认为彼此之间有内在的、本质的、规律性的联系，它所建立的构造体系就反映了各构造形迹之间的这种联系，从而揭示了每一次地壳运动或同一方式的多次地壳运动所产生的各种构造形迹的客观空间展布规律。

地质力学的研究方法不是从概念出发，又回到概念，而是从感性到理性，从局部到整体，从客观的具体构造现象入手，来推求地壳运动的方式和方向，判断地壳运动力的来源，并得出结论：地壳运动的根本原因是地球内部的矛盾运动。这些都是符合认识事物的法则和规律的。

地质力学的理论对于普查找矿、水文地质、寻找地下热水、地震地质等方面也做出了很大的贡献。一级构造带常控制广大的成矿区或成矿带，新华夏系的一级隆起带便是多金属矿带，而其一级沉降带又是石油的成矿带。事实证明，2 个构造带的复合部位，常形成重要矿床。各种类型的储水构造或富水带，常有规律地出现在某些构造体系的特定部位，比如：张性断裂的破碎带，山字形构造的前弧和反射弧部位等。有许多温泉的出现与一定的构造有关，比如，东南沿海的许多温泉，天津地区的地热异常等常与新华夏构造体系有关。

但是，如何进一步探索大地构造空间展布与地球发展历史相互间的规律，如何深入揭示地壳运动的内因和外因及其相互联系，如何利用当今日益丰富的大量有关地球科学的新材料、新数据，以求地质力学理论更加符合客观实际，仍是地质力学研究的重要任务。

四、板块构造学说

板块构造学说是当今最有影响的关于全球构造形成、演化的学说。作为活动论的代表性理论，它的出现既有历史的根源，又有时代的背景，经历了大陆漂移、海底扩张-板块构造的发展历程，充分体现出科技发展对地球科学理论的重要意义。

（一）大陆漂移说的兴衰

1912 年，德国气象学家 A. 魏格纳（1880—1930）在总结前人有关大陆漂移概念的基础上，提出一种大地构造假说——大陆漂移说，引起全世界科学界的重视。

魏格纳认为：在 3 亿年前的古生代后期，地球上所有的大陆和岛屿是连在一起的，构成一个巨大的联合古陆，称为泛大陆（Pangea）；周围的海洋称为泛大洋（Panthalassa）。从中生代开始，这个泛大陆逐渐分裂、漂移，一直漂移到现在的位置（图 4-141）。大西洋、印度洋、北冰洋是在大陆漂移过程中出现的，太平洋是泛大洋的残余。

漂移说认为：较轻的花岗岩质（sial）大陆是在较重的玄武岩质（sima）海底上漂移的，并列举了许多事实来证明这种漂移现象。如大洋两岸特别是大西洋两岸的轮廓，凹凸相合，只要把南北美洲大陆向东移动，就可以和欧洲大陆、非洲大陆拼在一起，几乎严丝合缝。又如在为大洋所分割的大陆上，地层、构造、岩相、古生物群、古气候等也都具

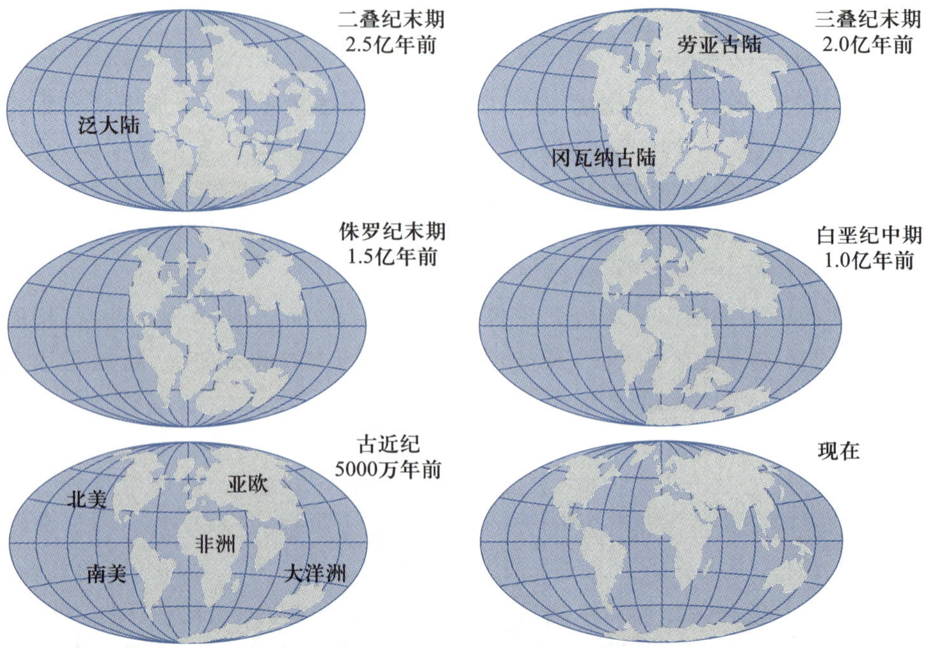

图 4-141 泛大陆的解体与漂移示意图

有相似性和连续性。以古构造而论，非洲的开普山和南美洲的布宜诺斯艾利斯山可以连接起来，被看作同一地质构造的延续。以古气候而论，在南美洲、非洲、印度、澳大利亚都发现有石炭-二叠纪的冰川堆积物，说明它们当初是连在一起的，并正好处于极地位置，是以后经过分裂、漂移才形成目前这种分布的形势。诸如此类，例证很多。

漂移说还认为：大陆漂移有两个明显的方向性：一是从两极向赤道的离极运动，是由地球自转所产生的离心力引起的。东西向的阿尔卑斯山脉、喜马拉雅山脉等，就是大陆壳受到从两极向赤道的挤压的结果。一是从东向西的运动，是日月对地球的引力所产生的潮汐(摩擦力)作用引起的。美洲西岸的经向山脉如科迪勒拉山脉和安第斯山脉，就是美洲大陆向西漂移受到硅镁层阻挡，被挤压褶皱形成的；亚洲大陆东缘的岛弧群、小岛，是陆地向西漂移时留下来的残块。

这个学说，在当时有两点引起人们的兴趣。一是地球自转所产生的水平运动对地壳构造形成的主导作用；二是大陆和大洋的位置并不是固定不变的。如李四光在当时也受到此学说的影响。但是，大陆漂移的驱动力问题没有得到解决，有人怀疑地球自转离心力和日月潮汐摩擦力是否足以使大陆硅铝层在洋底硅镁层上漂移；此外还有一些问题不能得到很好的解释，如果是硬的硅铝层在较软的硅镁层上发生漂移，那么为什么硅铝层的前缘褶皱成山而硅镁层的边缘反倒没有褶皱而只拗陷为海沟？如果大陆漂移是在中生代开始的，那么古生代以前的褶皱山脉是怎样形成的？由于许多问题得不到答案，特别是受到固定论者的坚决反对，到 20 世纪 30 年代，这一学说便逐渐消沉下去了。

(二) 海底扩张说的提出

若干世纪以来，地质工作都局限于大陆之上。第二次世界大战后，由于科学技术的发展，特别是因为苏联、美国等大国争夺战略要地和海底资源，各个学科伸入这片占地球总面积 71%的“禁区”，展开了多方面的海洋调查工作，并获得了海洋科学大量的资料。例如，人们发现或进一步弄清了洋中脊形态、海底地热流分布异常、海底地磁条带异常、海底地震带及震源分布、岛弧及与其伴生的深海沟、海底年龄及其对称分布、地幔上部的软流圈等等。在这些新资料的基础上，产生了一个崭新的学说——海底扩张说。

1. 地球表面最长的山脉——洋中脊

洋中脊，指海底纵横绵延的山脉，总长度可达 65 000 km，是地球上最长的山脉。其中最典型的为大西洋洋中脊，它与两侧大陆平行延伸，略呈 S 形；高出洋底 2 000~3 000 m，洋中脊中央常为一条深陷裂谷，两侧有一系列阶梯状断层，形成地堑构造（图 4-142）。有些海底山脉并不在大洋的中间，一般称为海岭，如沿东经 90°的东印度海岭，北冰洋上的罗蒙诺索夫海岭等。又如太平洋东部的海岭，没有明显的中央裂谷，也不甚崎岖，称为太平洋中隆。

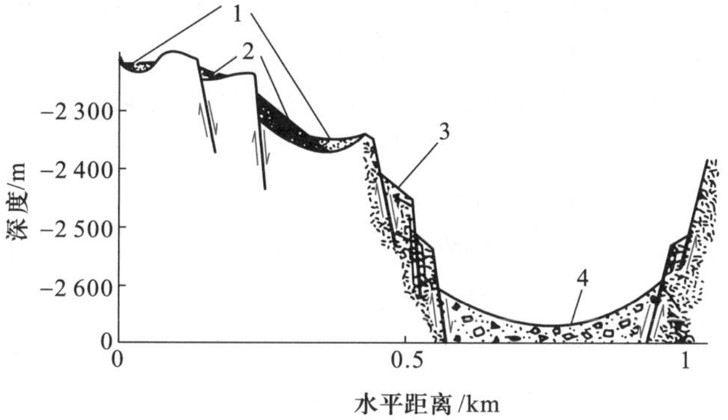

图 4-142 亚速尔群岛西南大西洋洋中脊中央裂谷剖面
（据 Press F 和 Siever R，1982）
中央裂谷深 2 800 m，底宽 300 m；
1. 沉积物；2. 山麓堆积；3. 岩墙；4. 山麓堆积和沉积物

根据实地勘测资料，人们发现洋中脊具有如下地球物理学方面的特点。第一，洋中脊为高地热流异常区。中央裂谷附近的热流值常是深海盆正常值的 2~3 倍。第二，重力测量结果，中央裂谷一带常表现为重力负异常区。第三，地震波的研究表明，在洋中脊下方的地幔中，波速小于正常值，同时莫霍面不清晰，地壳有明显变薄的趋势。以上各项地球物理测量说明洋中脊下面是软流圈物质上涌的部位，温度较高，密度变小，有部分物质熔融变为岩浆（表现为重力值降低，波速降低），洋中脊是地热的排泄口（表现为热流值较高）。

此外，深潜及海底打捞资料证明，在洋中脊大部分地段基岩裸露，主要为玄武岩，没有或只有极薄的深海沉积物，在较深部位的岩石由于地温较高，有不同程度的变质现象。

综上所述，洋中脊位于温度较高的地幔软流圈上隆的地段，是岩石圈的巨型张裂谷，是岩浆的涌出口和地热排泄口，也是区域变质发生的地带。

2. 洋中脊两侧的地质特征

在洋中脊两侧人们发现有许多地质现象，特别是地球物理现象表现出一定程度的对称性，引起一些学者的重视和思考。

（1）地质现象的对称性：从洋中脊向两侧，基岩风化程度有由浅逐渐变深的趋势；同时海底沉积层有由薄变厚的趋势，形成以洋中脊为中心、两侧地质现象对称的鲜明特点。这种特点应该同洋中脊及洋壳的形成过程密切相关。

（2）海底磁条带的对称排列：地球磁场的两极能使指南针的两端指向南北，这是自古就为人所知的事。但是地球发展过程中磁场的极性特征，可以保存于不同时代的岩石中，则是 20 世纪 50 年代才被揭示出来的。研究表明，从地下溢出的高温熔岩，当其温度下降到居里点（500～450 ℃）以下，其中矿物内部原子振动量减小，特别是像磁铁矿一类的矿物，其内部原子开始受到地球磁场的控制，按照磁力线的方向发生磁化，使每一块小矿物变成一个极性与地球磁场相平行的小磁石。在外界磁场作用下物质获得磁性，当外界磁场去掉或改变后，又保持形成时获得的磁性，这被称为剩余磁性。像熔岩在由热变冷的过程中即可获得剩余磁性，被称为热剩余磁性。大部分火成岩具有这种磁性，部分沉积岩也可获得剩余磁性。通过岩石的剩余磁性研究地球磁场变化历史及其与地球演化之间关系的科学，称为**古地磁学**。用精密仪器可以测定岩石剩余磁性的方向和大小，并可据以确定古地磁极的位置及磁场强度、追溯地球磁场变化的历史和确定岩石的年代。

从 1956 年起，学者开始测量海底岩石的磁化强度，并把正、负磁性异常标在图上进行研究。从 20 世纪 60 年代起，就陆续有人发现，在横穿洋中脊方向所测得的磁力异常曲线相似，每一侧的正负异常都在另一侧对应的位置出现；同时一些学者发现在过去亿万年地球发展过程中，地球磁场南北极曾多次反向，现在的磁场叫作正向，与现在磁场方向相反的叫作逆向。把所有横剖面上所测得的正负异常连接起来，即可看出在洋中脊两侧具有一系列与之平行的磁异常条带，正向和逆向交替出现，以洋中脊为中心对称排列（图 4-143）。每一条磁条带宽度不超过数十千米，长度却可达几千千米以上。

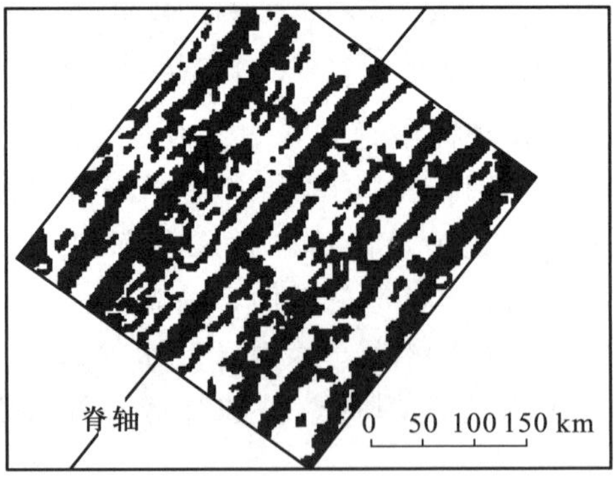

图 4-143 冰岛西南大西洋洋中脊——雷克雅奈斯洋中脊两侧的磁力异常条带

（据 Heirtzler J R 等，1966）

黑色条带为正极性；白色条带为负极性

（3）洋底年龄的特征：前面提到海底沉积物有从洋中脊向两侧由薄逐渐变厚的特点。除此之外，洋底采样及年龄测定资料表明，海底沉积物还具有 2 个特点：一是最老的沉积物年龄不早于侏罗纪，即不早于 2 亿年，远比大陆上最古老的岩石（38 亿年）年轻。二是海底沉积物年龄从洋中脊到两侧由新到老对称分布（图 4-144）。

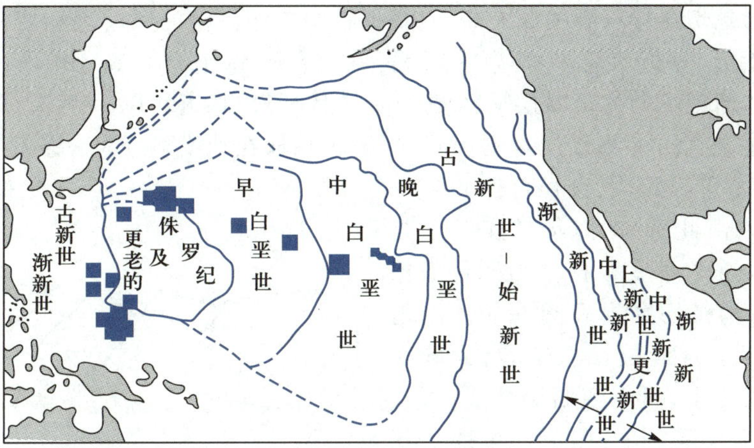

图 4-144　太平洋洋底年龄图

（据 Fisher 等，1970）

从东太平洋中隆向两侧，年龄由新到老对称分布

3. 切穿岩石圈的巨型断裂——海沟

在环太平洋地带，有一圈下陷很深的负地形——海沟（图 4-145），最深超过 10 000 m。根据海底深潜观察和重力、地热流等测量资料，人们发现海沟具有如下特征：

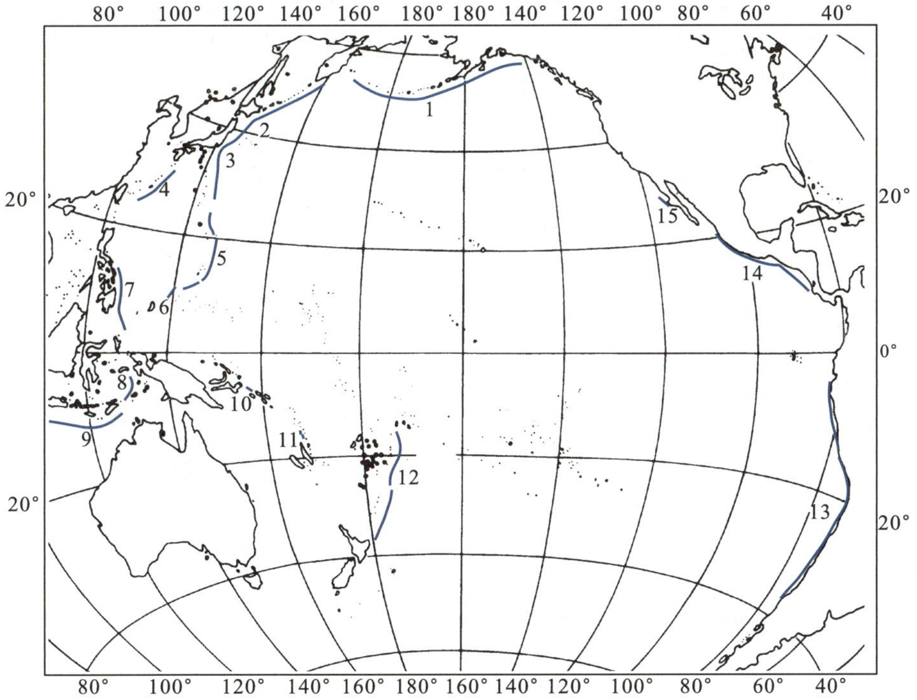

图 4-145　环太平洋海沟

（据 Fisher R L 和 Revelle R）

1. 阿留申海沟；2. 千岛海沟；3. 日本海沟；4. 琉球海沟；5. 马里亚纳海沟；6. 帕劳海沟；7. 菲律宾海沟；8. 韦伯尔海沟；9. 爪哇海沟；10. 新不列颠海沟；11. 新赫布里底海沟；12. 汤加-克马德克海沟；13. 秘鲁-智利海沟；14. 阿卡普尔科-危地马拉海沟；15. 塞德罗斯海沟

（1）海沟是切穿岩石圈的深大断裂：根据在中美洲海沟的深潜观测资料，人们发现在海沟轴线附近，靠近大洋一侧为一系列平行台阶，每个台阶高 10～30 m，宽 150～200 m，是一些断距不大的正断层所组成的阶梯状断层；靠近大陆一侧，为陡峻谷壁，其上有许多近乎垂直的 V 形断层沟槽和阶步（滑阶）；而在轴线附近为一条宽约 30 m 的破碎带，上有大量角砾碎块，直径可达 1～3 m（图 4-146）。由此看来，海沟带实际上是一条断层带。多数学者根据重力测量数据分析，认为海沟是切穿岩石圈并切入上地幔的深大断裂。从断层性质来看，大陆壳推覆在大洋壳之上，属于逆断层性质；大洋壳向下斜插于大陆之下，因下插弯曲而伴生一系列张断裂或阶梯状正断层。总之，洋中脊是将岩石圈拉开，而海沟带则是使岩石圈受到压缩。

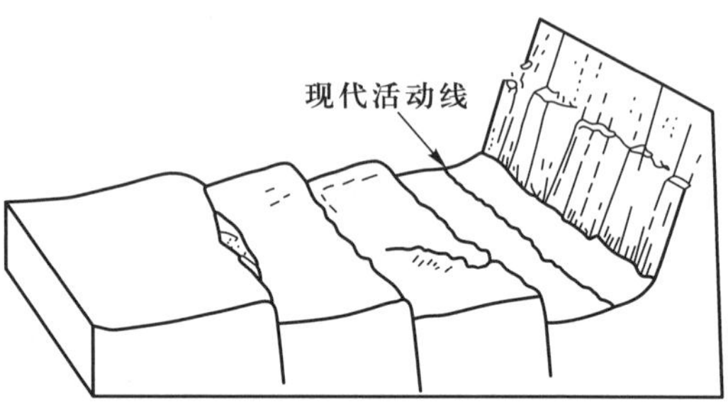

图 4-146 深潜观察所作的中美洲海沟远景素描图
（引自张宝政等《地质学原理》）

（2）海沟是陆壳和洋壳交叉重叠的复杂地带：重力测量和地震资料表明，在这里大洋壳以较大的角度（45°±15°）向大陆壳下俯冲插入①，换言之，大陆壳向着大洋壳之上仰冲。最初和达清夫（1935）发现向大陆方向震源由浅变深的现象，经贝尼奥夫（1954）研究证实为一个地震震源倾斜带（图 4-147），后来证明这个倾斜带就是大洋壳的俯冲带，所以这一个带又称为贝尼奥夫带，也称和达清夫-贝尼奥夫地震带。它实际上构成了环太平洋地震带，而世界的中、深源地震也主要发生在这里。

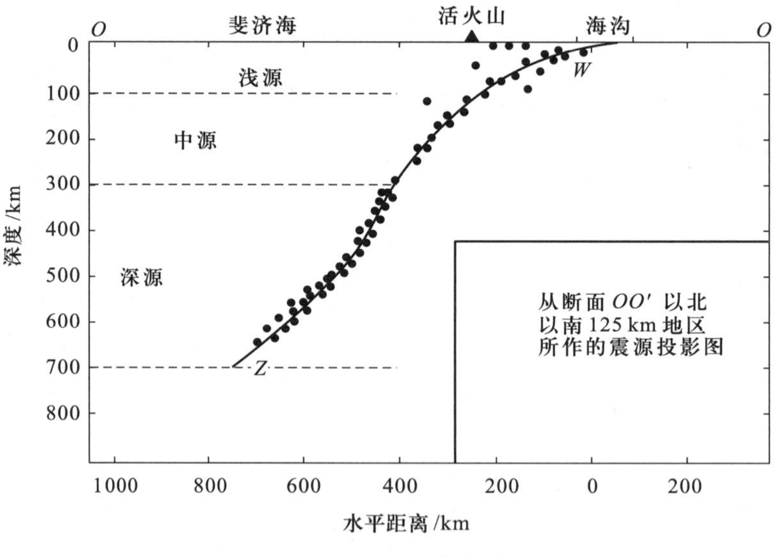

图 4-147 震源倾斜带

（3）海沟是不对称的地热流异常区：海沟带和洋中脊一样，都是地热流异常区，但

① 俯冲带倾角各处不一，如马里亚纳海沟俯冲带倾角可达 70°～80°，爪哇俯冲带倾角则只有 10°，在东太平洋北美俯冲带倾角小于 10°。

海沟带显示了地热流值一低一高平行排列的特点。在海沟附近，显示一种地热流值较低（0.99~1.16 HFU）的特征，一般没有现代火山活动；而在海沟向陆一侧 150~200 km 区域，则往往是一系列火山带，在地貌上则显示一系列岛弧带，热流值显著升高，可达 2.0 HFU 左右。在岛弧的靠大陆一侧，往往形成边缘海（或称弧后盆地），高地热流异常区也常扩大到这一地区。

4. 海底扩张说

上述这些新现象的发现，引起学者的极大兴趣和注意。人们自然而然地提出一系列需要解答的问题。例如，洋中脊是岩石圈的张裂带和地下岩浆涌出口，如果这种作用继续进行，岩石圈是不是会拉开？越来越多的岩浆流到哪里去？海沟（或贝尼奥夫带）是岩石圈的挤压带，如果这种作用继续下去，岩石圈将会缩短到什么程度？深海沉积物既薄而又年轻，如果深海沉积速度以每 100 年 1 mm 计，从太古代至今，应该有 30 km 以上的厚度，但实际上只有几十、几百米的厚度，这是为什么？凡此种种，传统的地质学理论都是无法解释的。因此，一个新的课题摆在人们面前，那就是大洋壳究竟是如何形成和演化的。1960—1962 年，赫斯（H. H. Hess）和迪茨（R. S. Deitz）首先提出一种假说，即海底扩张说。

海底扩张说认为：密度较小的大洋壳浮在密度较大的地幔软流圈之上；由于地幔温度的不均一性，导致地幔物质密度的不均一性，从而在地幔或软流圈中引起物质的对流，形成若干环流；在 2 个向上环流的地方，使大洋壳受到拉张作用，形成洋中脊，洋中脊被拉开形成 2 排脊峰和中间裂谷，来自地幔的岩浆不断从洋中脊涌出，冷凝后形成新的洋壳，所以洋中脊又叫作生长脊，温度和热流值都较高；新洋壳不断生长，随着地幔环流不断向两侧移动，也就是如传送带一样不断向两侧扩张，因此就产生了地磁异常条带在洋中脊两旁有规律的排列，以及洋壳年龄离洋中脊越远越老的现象（图 4-148）；洋中

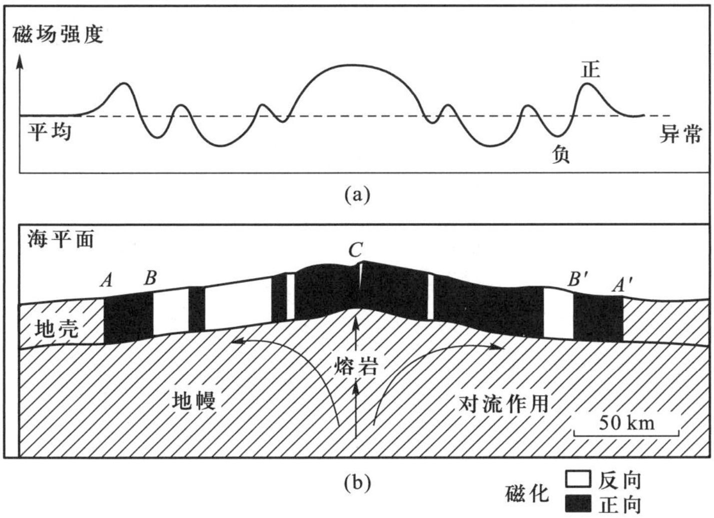

图 4-148　海底扩张和“磁条带记录器”示意图

（据 F. J. Vine 和 D. H. Matthews）

（a）地磁异常曲线；（b）海底扩张，熔岩不断上升、磁化，并不断把磁化熔岩推向两边，形成平行于洋中脊的对称性磁异常条带，AA′、BB′过去曾分别是重合在一起的洋中脊，现在因海底扩张而被分开

脊两侧向外扩张速度(半速度)大约为每年 1~2 cm,有的可达 3~8 cm;在向下环流的地方,或在不断扩张的大洋壳与大陆壳相遇的地方,由于前者密度较大,位置较低,便向大陆壳下俯冲,形成海沟或贝尼奥夫带;向大陆壳下面倾斜插入的大洋壳,由于远离洋中脊,温度已经变低,同时海底沉积物中的水分也被带入深部,形成海沟低热流值带;另一方面,由于深部地热作用,再加上强大的摩擦,在大约 150~200 km 深处,导致大洋壳局部或全部熔融,形成岩浆,岩浆及挥发成分的强大内压促使其向上侵入,并携带大量热能上升,因此在海沟向陆一侧一定距离处形成高热流值;同时,来自地幔的,以及混杂了重熔陆壳的岩浆喷出地表形成火山和岛弧;这些火山喷出的岩浆,由于混入了硅铝层(沉积物和大陆壳重熔物质)的成分,因此经常是属于中性的安山岩质,在环太平洋区安山岩出露的界线,称为安山岩线(图 4-120)。大洋壳俯冲带,由于其下部逐渐熔化、混合而消亡,所以贝尼奥夫带又称为大洋壳消亡带。

海底扩张说对于许多海底地形、地质和地球物理的特征,都能做出很好的解释。特别是它提出一种崭新的思想,即大洋壳不是固定的和永恒不变的,而是经历着"新陈代谢"的过程。地表总面积基本上是一个常数,既然有一部分洋壳不断新生和扩张,那就必然有一部分洋壳逐渐消亡。这一过程大约耗时 2 亿年。这就是在洋底未发现年龄比这更老的岩石的缘故。

(三)大陆漂移说的复活

从 20 世纪 60 年代起,由于海洋科学和地球物理学等迅速发展,获得了大量的有利于大陆漂移的论据,使大陆漂移的学说得到复活。例如,当初魏格纳从地图上论证了大陆边界的拼合现象,1965 年 E. C. 布拉德重新研究了这一问题。他认为大陆的边界不应当以海岸线为准,而应当以大陆壳的边界即大陆坡的坡脚为准,并应考虑消除在大陆分裂后陆壳的增建(例如非洲尼日尔三角洲沉积增建数百千米,古近纪、新近纪和近代火山喷发熔岩形成冰岛及其他火山岛等)和改造(如外力侵蚀海岸后退等)部分,然后利用电子计算机以数学方法进行拼接,终于取得令人满意的结果(图 4-149)。同时,大陆拼接以后,在岩石、构造、地层、古生物等方面也应该对应连接在一起,这如同把一张报纸撕成碎片,不仅可以按碎片形状拼合复原,而且复原后其上面的文字也应该是连贯的,在这方面也取得令人信服的结果。

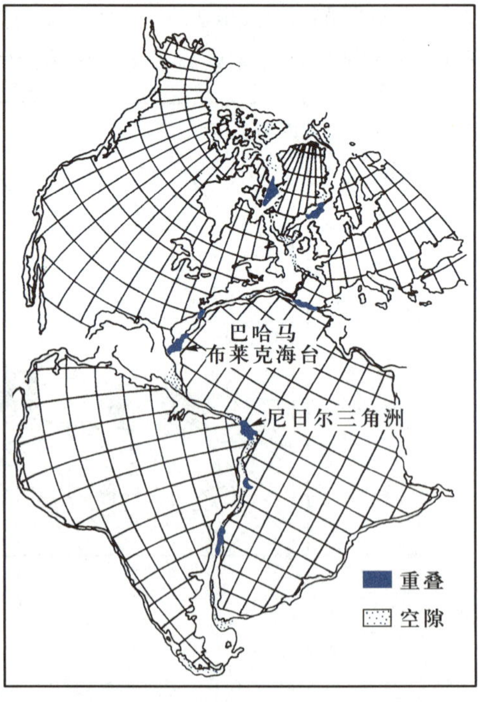

图 4-149 大西洋两岸大陆的拼接
(据 E. C. Bullard, 1965)

又如,通过磁极迁移曲线,也可以证明大陆漂移是确实存在的。把已经测出的不同时代磁极的迁移轨迹在图上用曲线表示出来,该曲线被称为极移曲线。图 4-150 中 I 是北美大陆近 10 亿年的极移曲线，Ⅱ是欧洲大陆近 10 亿年的极移曲线，二者相似但不重合，中生代之后才逐渐靠近，最终在现代汇于北磁极。若欧美大陆是固定的，应该得出同样的一条极移曲线，而现今得出的两条曲线，只有设想欧美大陆原来是合在一起，后来逐渐分离，直到形成现在的位置，才能解释这种现象。

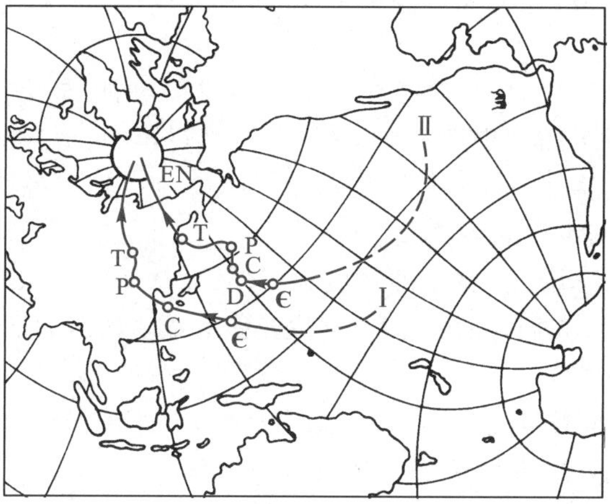

图 4-150　北美大陆和欧洲大陆极移曲线

此外，在古气候方面也找到充足的证据。图 4-151 左半部表示在南方各大陆（南美东南部，非洲南部，印度大半部，澳大利亚南部）二叠纪早期都有过广泛的冰川活动（均有该时代的冰碛岩）。设想当时南方大陆还未分裂，并位于极区附近（箭头表示冰川流动的方向），后来大陆漂移，乃出现当前这种情况，如图的右半部所示。

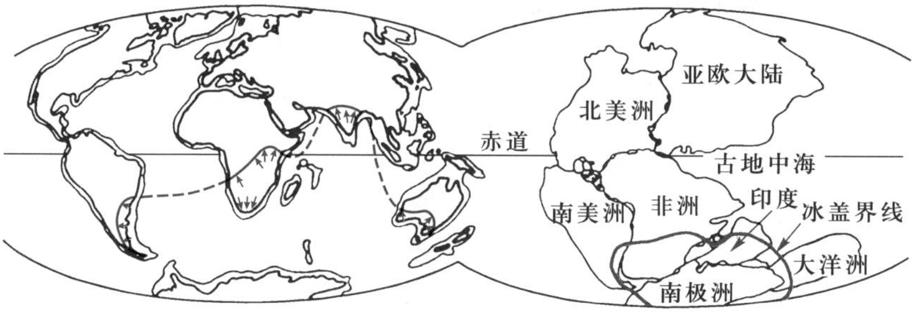

图 4-151　南方大陆（冈瓦纳古陆）二叠纪冰川的分布及拼合复原
（据 Dietz 等，1971）

（四）板块构造学说的诞生

1967 年，美国普林斯顿大学的摩根（J. Morgan）、英国剑桥大学的麦肯齐（D. P. Mekenzie）、法国的勒皮雄（X. L. Pichon）等人，把海底扩张说的基本原理扩大到整个岩石圈，并总结提高为对岩石圈的运动和演化的总体规律的认识，这种学说被命名为板块构造学说，或新的全球构造理论。到 1973 年，这个学说基本成型，直到现在仍在继续发展。

1. 板块构造的基本思想

板块构造学说认为：地球表层的硬壳——岩石圈（或称构造圈），相对于软流圈来说是刚性的，其下面是黏滞性很小的软流圈。岩石圈并非是整体一块，它具有侧向的不均一性，被许多活动带如洋中脊、海沟、转换断层、地缝合线、大陆裂谷等分割成大大小小的块体，这些块体就是“板块”。换言之，整个岩石圈可以理解为由若干刚性板块拼合起来的圈层，板块内部是稳定的，而板块的边缘和接缝地带则是地球表面的活动带，有强烈的构造运动、沉积作用、岩浆活动、火山活动、变质作用、地震活动，又是极有利的成矿地带。

其次，岩石圈板块是活动的，围绕着一个旋转扩张轴活动，并且以水平运动占主导地位，可以发生几千千米的大规模水平位移；在漂移过程中，板块或拉张裂开，或碰撞压缩焊结，或平移相错。这些不同的相互运动方式和相应产生的各种活动带，控制着全球岩石圈运动和演化的基本格局。

总之，板块构造说是海底扩张说的发展和延伸，而从海底扩张到板块构造，又促进了大陆漂移的复活。因此，人们称大陆漂移、海底扩张和板块构造为不可分割的“三部曲”。

2. 岩石圈板块的划分

1968 年勒皮雄根据各方面的资料，首先将全球岩石圈划分成 6 大板块，即太平洋板块、亚欧板块、印度洋板块、非洲板块、美洲板块和南极洲板块（图 4-152）。除太平洋板块几乎完全是海洋外，其余 5 大板块既包括大块陆地，又包括大片海洋。随着研究工作的进展，又有人进一步在大板块中划分出许多小板块。如美洲板块分为北美和南美板块，印度洋板块分为印度和澳大利亚板块，东太平洋单独划分为一个板块，亚欧板块中分出东南亚板块，以及菲律宾、阿拉伯、土耳其、爱琴等小板块。

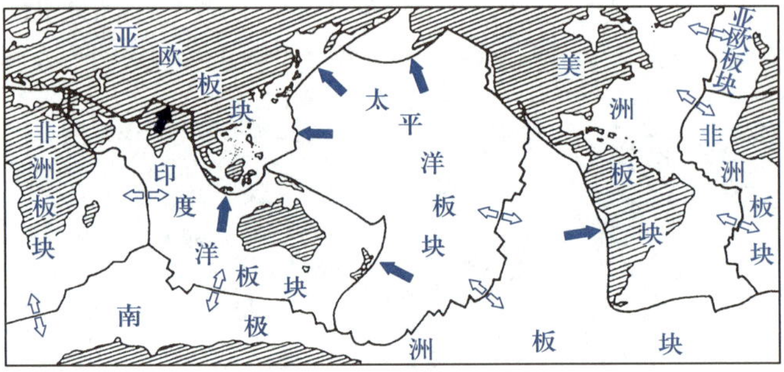

图 4-152 岩石圈板块划分

（据勒皮雄，1968）

白色箭头为生长边界；黑色箭头为消亡边界

这些板块都是活动的，如太平洋板块，从太平洋东部中隆生长脊新生长出来的大洋壳，平均每年以 5 mm 的速度向西移动，2 亿年内可移动 10 000 km。从东太平洋中隆至马里亚纳海沟的消亡带正好为约 10 000 km，而马里亚纳及其附近海底岩石年龄也正好为 1.5 亿~2 亿年。这说明太平洋底洋壳的更新周期大约为 2 亿年。

3. 板块的边界及其类型

作为岩石圈活动带的板块边界，可以归纳为 3 种类型：

（1）拉张型边界：又称分离型边界，主要以洋中脊（或中隆、海岭）为代表。它是岩石圈板块的生长场所，也是海底扩张的中心地带。其主要特征是岩石圈张裂，基性、超基性岩浆涌出，并伴随有高热流值及浅源地震。如大西洋洋中脊、东太平洋中隆等都属于此种类型。在洋中脊两侧分布有直线排列的火山或平顶山，它们的年龄与离开洋中脊的距离成正比。原先在洋中脊形成的火山锥，被海浪侵蚀作用把顶截去，形成平顶山，并逐渐向两侧推移，高度降低，顶部海水深度也随离洋中脊的距离而加大，有时上面被数千米厚的珊瑚礁所覆盖。在西太平洋和南太平洋分布着许多平顶山。

大陆裂谷也属于拉张型边界。绝大多数裂谷为复式地堑构造，中间下陷最深，两侧为一系列阶梯状断层，主要为高角度正断层。典型的裂谷位于隆起带的顶部，如东非大裂谷、贝加尔裂谷等，垂直断距可达数千米。在裂谷中火山活动比较频繁，浅源地震比较活跃。其明显的高地热流异常，可以达 2HFU 以上。有一部分大陆裂谷被认为是胚胎时期的洋中脊，可发展形成新的海洋。

（2）挤压型边界：又称汇聚型边界或消亡带，也称为贝尼奥夫带。主要以岛弧-海沟为代表。在西太平洋这种类型最为典型，如日本岛弧-海沟、千岛岛弧-海沟、汤加岛弧-海沟等。这里是 2 个板块相向移动、挤压、对冲的地带。如图 4-153 所示，板块汇聚向下俯冲的弯曲部分的表层处于拉伸状态，形成一系列正断层，所以海沟附近是浅震很多的地方。板块继续向下俯冲，另一侧板块向上仰冲，正断层到深处转变为逆断层，板块间的强烈挤压、摩擦，积累了大量应变能，这种能量常以地震形式突然释放出来。由于俯冲带一般向大陆方向倾斜，因此由海到陆形成从浅震到深震有规律的分布。当板块俯冲到深处完全被地幔熔融，不再发生摩擦作用，因此也就不会再有地震发生。目前已知最大震源深度为 720 km，据此认为这是板块俯冲的最大深度，在此深度以下，板块已经全部熔化、消亡。

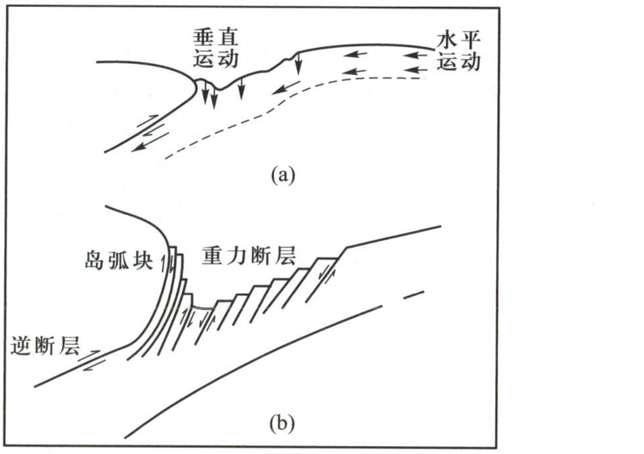

图 4-153　板块俯冲带正断层变为逆断层示意图
（据 Malahoff, 1970）

大洋岩石圈板块沿着消亡带俯冲到 150～200 km 深度，由于板块摩擦所产生的热和随深度而增加的热，使洋壳局部熔融形成岩浆，高温熔融物质密度相应减小，再加上挥发成分所产生的强大内压强，因此岩浆在不同深度上升，形成火山，火山相连形成岛弧。若消亡带的倾角为 45°左右，则火山岛弧带距离海沟应为 150～200 km，并在岛弧与海沟之间形成 50～100 km 宽的无火山带（图 4-154）。

除此，也有另外一种类型，如在南美洲，一侧为海沟，一侧为安第斯山，叫作山弧-海沟型。

如果是两个大陆板块汇合相撞，则出现又一种形式，一侧是高山，另一侧是地缝合线，叫作山弧-地缝合线型。阿尔卑斯-喜马拉雅褶皱带，特别是它的东段喜马拉雅山脉北面的雅鲁藏布江一带，是典型的代表。两个大陆板块相向移动，它们的前缘因碰撞而强烈变形，形成褶皱山脉，使原来分离的两个板块拼接、缝合起来，其出露地表的接触线，就称为地缝合线。这种边界的特点之一是从地形上看，以没有海沟为标志，而是表现为高峻的山脉。这种边界的两侧，都是又厚又轻的陆壳，有人认为二者相遇，只能在

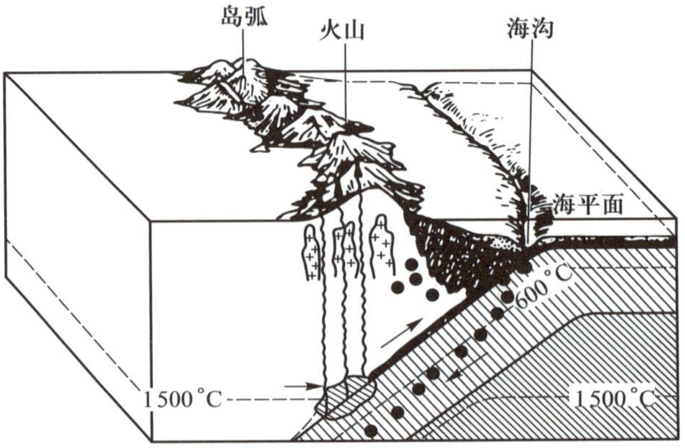

图 4-154 板块消亡带的岩浆活动和地震
（• 震源）

碰撞带压缩增厚；也有的认为同样有俯冲和仰冲现象；或者两种情况兼而有之。以喜马拉雅山为例，人们普遍认为是南亚次大陆板块和亚欧板块互相碰撞的结果，但由于这一带山脉都有比较发育的中、新生代海相地层，因此断定在碰撞成山之前，在两个板块之间存在一片海洋，这就是古地中海（又称特提斯海）。鉴于这种情况，有人认为地缝合线是海沟发展末期的产物，即洋壳全部俯冲消亡，海洋封闭消失，跟在后面的陆壳继续移动，于是出现陆壳与陆壳相撞的现象。对于地缝合线的位置也有不同看法，有人认为喜马拉雅山就是地缝合线，但目前大多数人认为应该在山脉北侧的雅鲁藏布江一带或者更北的地方。

（3）剪切型边界：又称平错型边界，这种边界是岩石圈既不生长，也不消亡，只有剪切错动的边界，转换断层就属于这种性质的边界。

图 4-155 转换断层块状示意图
图中洋中脊被平推断层错开（两个大蓝箭头表示运动方向，左旋）；洋底两侧海底持续扩张（如白色箭头所指方向），结果使断层两盘运动方向发生改变（如虚线所圈箭头所示，右旋），而在洋中脊以外地段断层两盘向同一方向运动

转换断层是威尔逊（J. T. Wilson）于 1965 年提出的一种新型断层，它构成了板块构造模式中最重要的特点之一。如图 4-155，洋中脊常为垂直于它的横断层所错开，并常切成许多段。从表面上看，这些断层非常像平推断层，但经过地震发震机制等研究，它又和平推断层有许多差异（图 4-156）。其主要区别是：

① 洋中脊被转换断层错开（比方是左旋），由于在错开后洋中脊持续扩张，使断层的运动方向跟洋中脊错开的方向变得相反（比方改为右旋），而一旦越过洋中脊，两盘位移或错动的方向就改为同向或同步。

② 断层持续发展，两盘位移增加，但被错开的洋中脊之间的距离一般并不增加［图 4-156(a)、(b)］；如为平推断层，则随着断距的增加，洋中脊错开的距离也增加［图 4-156(c)、(d)］。

③ 转换断层只有在洋中脊之间的地段才有浅震分布[图 4-156(a)];若为平推断层,则在断层线上都有浅震[图 4-156(c)]。

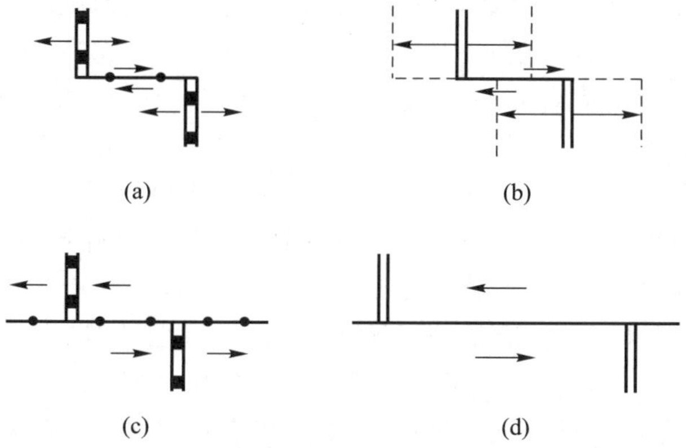

图 4-156　转换断层与平推断层区别示意图

(a)、(b) 转换断层;(c)、(d) 平推断层;

双线为洋中脊;黑点为震源

正是由于海底扩张,导致断层的运动方向和特点发生了改变,所以称为转换断层。

转换断层的推断和证实,在地球物理学界,继海底磁条带被发现之后,再一次引起震动,并为海底扩张说增加了新的根据,从而使现代活动论在地学领域居于主流地位。

转换断层在海底常形成一些深沟,水平断距可达数百千米。著名的美国西部圣安德列斯断层为一条右旋断层,其西盘向北移动达 1 100 km,是有名的地震带。从前被认为是一条平推断层,威尔逊和瓦因根据地磁资料,证实它是一条错开太平洋中隆的转换断层。

4. 板块运动与海洋演化

按照板块构造学说,不仅在海洋中有洋壳分裂、地幔物质涌出、新洋壳的生长,而且在大陆上也有同样的现象,大陆裂谷就是这样的地带。东非大裂谷正处于陆壳开始张裂,即大洋发展的胚胎期。若裂谷继续发展,海水侵入其间,就会像红海和亚丁湾一样,进入大洋发展的幼年期。如果再继续扩张,基性岩浆不断侵入和喷出,新洋壳把老洋壳向两侧推移,扩张速率以每年 5 cm 计,大约经过 1 亿年,就会形成一个新的"大西洋"。板块说认为大西洋正处于大洋发展的成年期;而太平洋的年龄比大西洋要老,它已处于大洋发展的衰退期;地中海是宽阔的古地中海经过长期发展演化的残留部分,代表大洋发展的终了期;南亚次大陆长期北移,最后和亚欧板块相撞,二者融合一起,形成巍峨的喜马拉雅山脉,以及地缝合线的形迹。地缝合线代表大洋发展的遗痕。

如上所述,海洋从开始形成到封闭,可以归纳为下列过程:大陆裂谷→红海型海洋→大西洋型海洋→太平洋型海洋→地中海型海洋→地缝合线。这一过程被称为大洋发展旋回或威尔逊旋回。

5. 板块构造学说如何解释各种地质现象

(1) 现代地槽:根据传统概念,一个地槽由于长期下沉,接受巨厚的沉积;后来经过回返,沉积岩层受挤压褶皱,形成褶皱带,如果是年轻的褶皱带,则在地貌上表现为高耸的山系。

板块构造学说认为，地槽可以发生在板块的不同部位，或海陆的不同部位，其所处部位不同，地槽类型和性质也不同。如在美洲东部大陆边缘沉积了相当厚的地层，因其所处部位一边是美洲大陆，一边是大西洋，同属于一个板块，海陆之间没有俯冲带，也没有火山和地震带，属于冒地槽性质，称之为大西洋型地槽。又如在南美洲西部大陆边缘，一边是纵贯南北的安第斯山，一边是深海沟，位于两个板块的挤压带上，多火山和地震，沉积物中多火山碎屑物，在大陆斜坡及海沟中常形成浊流沉积，沉积物因受板块俯冲影响，常发生变形，属于优地槽性质，称之为安第斯山型地槽。再如在太平洋西部岛弧地带，其大陆架一般不宽，沉积物中多为陆源碎屑，夹火山碎屑及熔岩，间有侵入岩，在远海地带形成碳酸盐岩，这类地槽称为岛弧型地槽。此外还有日本海型地槽、地中海型地槽等。地槽类型可以在一定条件下转化，如日本海型地槽指发育在大陆与岛弧之间的海盆中的地槽，其中常形成三角洲沉积、浅海沉积、浊流沉积等，如果板块移动变慢，沉积速度变快，海盆便可被沉积物填满，甚至覆盖住岛弧，这样沉积作用便可向海洋方向扩展推进，使地槽转化为大西洋型地槽。

（2）造山作用：两个板块相撞，会产生很大的挤压力，使一个板块对另一个板块向下俯冲或向上仰冲，从而使地槽沉积褶皱和发生断裂，并形成山脉。如欧洲的阿尔卑斯山是推覆构造的典型代表，自南向北，前后4次形成大型推覆体。这是非洲板块和欧亚板块互相碰撞的结果（地缝合线区）。世界最高的喜马拉雅山脉也是板块碰撞的结果。

（3）浊流沉积和混杂堆积：在地槽区常形成一些特殊的沉积建造，如复理石建造。槽台说认为它属于地槽型浅海陆屑建造，是在升降运动相持阶段即在振荡运动情况下形成的巨厚的韵律性明显的建造；而板块学说则认为它是板块俯冲带的一种典型建造。在板块俯冲带形成深海沟，并在大陆斜坡上因震动、滑动、重力等原因，形成富含悬浮质点及泥沙的高密度水流，在深海盆边缘及邻近海沟形成浊流沉积，其代表岩石就是复理石沉积。

在大陆的地缝合线地带，还常发现一种特殊的岩石，即在某些地层中含有很多大大小小的外来岩块（岩块最大可达数千米），其成分不同（包括沉积岩、火成岩、变质岩）、时代不同、原始产地也不同，混杂堆积在一起，这种堆积体称为混杂岩或混杂堆积。板块学说认为，板块相向移动，彼此前缘相碰，一方面俯冲板块上边的沉积物被刮下来，堆积在接触线附近；另一方面仰冲板块上也有破碎的岩块滑落下来，形成杂乱无章的堆积物。也有人认为板块向下俯冲时，由于受到对方的阻力，下部地层翻转过来，从而形成在较新地层中混杂有许多外来老地层的岩块。混杂岩或混杂堆积是确定大陆上地缝合线的重要标志之一。中国近年在西藏、秦岭、川西等地区都发现有混杂岩，说明这些地区曾是不同时代的地缝合线。

（4）蛇绿岩套：在地缝合线地带，常出现一套特有的岩石，称为蛇绿岩套，也叫奥菲里建造。人们很早就发现在一些剧烈的褶皱带，沿着深大断裂常分布有超基性岩带。一般都认为它是顺着切穿岩石圈的深断裂从地幔涌上来的岩浆物质所形成的岩石，但是，这些岩体的围岩一般没有接触带应具有的接触变质现象。20世纪60年代对它进行深入的研究表明，这种岩体的成分相当复杂，并且具有一定的层序，自下而上往往是超基性岩、基性深成岩（辉长岩）、枕状基性熔岩（玄武岩）、深海沉积岩（含放射虫硅质岩或大理岩等），同时其中超基性和基性岩多已变为含绿泥石、蛇纹石等的绿色岩石，故称之为蛇绿岩套。通过近年的深海钻探，人们发现大陆壳上的蛇绿岩套和大洋壳的岩石剖面非常相似，所以认为蛇绿岩套是板块碰撞带被推挤上来的古海底（即大洋壳），并作为地缝合线的另一种重要标志。例如，在西藏沿雅鲁藏布江谷地出露超基性岩带，东西延伸达数百千米，人们认为它就是由蛇绿岩套所组成的蛇绿岩带，而这个地带就是古板块的地缝合线。

（5）双变质带：又称成对变质带。板块学说认为，两个板块相撞，在俯冲一侧的上面和仰冲一侧的下面，或者说在海沟的靠陆一侧，由于海沟热流温度较低，带着冷岩石俯冲，再加上下冲的压强很大，常常形成以蓝闪石片岩为代表的蓝片岩带（其中杂有大量玄武岩和蛇纹质岩石），称为高压低温变质带。在仰冲板块的一侧（相当岛弧或大陆边缘的火山岩带），其下俯冲带因摩擦熔化消失，导致岩浆的形成、侵入或喷出，并常在侵入岩的接触带上形成低压高温变质带，也就是常见的接触变质带。双变质带被认为是板块聚合或板块俯冲带的典型标志。

（6）火山活动：如果把世界火山分布同全球板块边界做一个对比，可以发现二者有基本一致的规律，火山主要分布在下述 3 个地带：一是沿着洋中脊分布，如冰岛火山等。随着洋壳不断产生和扩散外移，活火山逐渐变为死火山，并密集成群对称排列于洋脊两侧。二是沿着大陆裂谷分布，如东非大裂谷北段曾有多期岩浆喷发活动，形成埃塞俄比亚熔岩高原；乞力马扎罗火山（5 895 m）、肯尼亚火山（5 199 m）等都是世界著名的火山。三是沿着板块俯冲带分布，如环太平洋火山带及阿尔卑斯-喜马拉雅（古地中海）火山带，它们构成全球最主要的火山带。前已述及，在环太平洋板块俯冲带，一侧是海沟，另一侧是岛弧火山带，其分界线称为安山岩线，它的内侧为大洋型地壳，以少含 K_2O 的拉斑玄武岩为主；它的外侧（即靠近大陆一侧），则过渡为大陆型地壳，以喷发大量安山岩（或侵入花岗闪长岩）、火山碎屑岩为主，或喷出含 K_2O 较多的碱性玄武岩，构成有名的环太平洋火山圈。日本的富士山，菲律宾的皮纳图博火山，印度尼西亚的喀拉喀托火山等都是这一带的知名火山。

（7）地震活动：地震的分布规律和成因机制，大体可概括为以下几点：① 沿着洋中脊、转换断层、俯冲带（贝尼奥夫带）、大陆裂谷、地缝合线分布。② 世界上的中、深源地震，特别是深源地震，主要分布于俯冲带倾向大陆的一侧。③ 发生于洋中脊、大陆裂谷的地震主要由拉张所产生；发生于转换断层带的地震主要由扭错所产生；发生于俯冲带、地缝合线的地震主要由挤压、逆掩所产生，但发生于海沟附近的地震有许多是因张裂形成。④ 板块内部地震较少。

6. 板块的驱动力问题

是什么力量驱使板块运动？这是最核心的学术问题。起初有人设想在地壳或岩石圈下存在着热对流现象，并且有多个对流中心，在对流上升的地方板块分裂，涌出地幔物质，冷却固结形成新洋壳。在对流下降的地方板块俯冲，最后使板块消亡。至于热对流的形式，有人设想为深对流模式（Orowan 等，1969），即在地幔中发生对流；有人设想为浅对流模式（Boll 等，1971），即仅在软流圈中发生对流。大陆漂移说曾认为大陆是在某些原因下主动漂流；而海底扩张和板块说则认为，新洋壳驮在软流圈上，随着地幔热对流被动移动，从洋中脊起像传送带一样运载到海沟，俯冲入地幔并局部熔融，最终消失于软流圈中，构成一个封闭的循环系统。从洋中脊到海沟，板块有数百到数千千米的水平运动。但是，由于技术条件的限制，既不能推导证实是否存在这种对流，也不能用实验方法制造出这种对流。有人认为软流圈的面积很大，而厚度不大，即使能产生对流，也只能产生半径很小的对流，根本无法推动板块数千千米的水平运动。也有人认为地幔是固体，热只能靠传导来传递，就像对铁加热一样，而不可能产生对流。还有一种看法，认为地幔物质黏度太大，难以发生对流。

20 世纪 70 年代以来，关于板块趋动力的问题，陆续提出一些新的论点。1972 年，摩根（W. J. Morgan）根据卫星资料发现在全球重力图上，重力高的地方往往是板块生长和活火山分布的地方。为什么这些地方重力值较高呢？他设想从近地核处，有深部物质上升形成上升流，他把这种上升流称为地幔柱。据重力值推测，地幔柱的直径可达几百千米，它把深部密度较大的物质和热量向上带到软流圈，在那里像蘑菇云一样向四面八方横向扩散，从而驱动板块移动。地幔柱有时冲破岩石圈，向上拱起形成巨大的穹隆，并具有相当高的热流值。地幔柱中熔融的岩浆喷出地表就形成火山。这些热流值高的隆起区和火山，称为热点，或者说热点就是地幔柱冲破岩石圈的地方。据统计，目前全球发现的热点已达 122 处。热点相连，可以形成洋中脊。如冰岛正好位于大西洋洋中脊的一个热点上，那里喷出的熔岩较多，就形成了一个较大的岛。这些形成于洋中脊附近的活火山，随着海底扩张向两侧移动，形成对称分布的死火山链，且沿此链越远，火山年龄越老。这些火山链被认为是地幔柱或热点随海底扩张留下的痕迹。

但现有研究表明，热点是地幔柱在地表的表现，与板块边界无必然联系，太平洋中部的夏威夷群岛及其西延的天皇海岭，就是板块内部固定热点不同时期火山活动在移动板块上留下的痕迹。

后来，有人企图用重力作用代替对流来解释板块运动。1975 年，哈珀（Harper）认为，板块由洋中脊向两侧滑动，是因板块前缘冷却、加重、下沉引起的。这种设想的根据是，发生于海沟的浅震，已证明是由正断层所引起的。对于这些正断层，有人用板块弯曲外缘发生张裂来解释（图 4-153）。根据这一事实有人认为板块在俯冲，不是被一种力量推下去的，而是被一种力量拉下去的，其理由是：① 冷却的板块密度增大；② 下插的板块因压力增大，发生物相转换，使矿物岩石密度增大；③ 洋中脊高，海沟低，板块会像滑坡一样从洋中脊向海沟滑动。总之，由于这些原因可以把板块给拖下去。哈珀计算下沉的拖拉力比洋中脊的推挤力大 7 倍。但所有这些设想的力，可能实际上是存在的，但同样不能得到直接证据和可靠的数理模拟。福赛斯（Forsyth）和上田诚也（1975）认为板块运动是 8 种力综合作用的结果，但他们认为板块俯冲时，向下的拉力起了重要作用。

7. 地体的概念

在板块构造学说中，关于构造事件和造山作用的模式，只有岩石圈板块俯冲作用和板块碰撞作用所形成的岛弧、火山和褶皱山脉等。但人们发现很多以断层为边界的地质实体，与其相邻区域相比，显示出具有不同的地质构造、沉积建造、生物化石群落、地质历史等，并不具有俯冲或碰撞的痕迹，而只显示出是从遥远距离迁移（或漂移）过来，与原地地质体拼贴或联结在一起的特征。这种独立于邻区的外来体称为地体，或称构造地层地体。换言之，地体就是通过不同途径拼贴或联结在大陆边缘或褶皱带边缘的外来的岩石圈碎块或岩片。

地体的概念是 1972 年在研究美国西部加利福尼亚州克拉马斯山中、晚古生代地层和中生代三叠-侏罗纪地层时发现它们的拼贴关系而提出来的。后来,在美国阿拉斯加和加拿大西部,学者发现古生代岛弧岩石组合和中生代地层的拼合特征,建立了北美大陆地体拼贴带中的第一个典型实例——兰格利亚。地体概念的提出,对现代岩石圈板块构造运动是一种补充,即除了俯冲和碰撞造山形式外,还有不俯冲不碰撞的地体拼贴这种模式。

但是,迄今对地体的含义还有不同的认识。D. 琼斯(1983)认为地体是为断层所围限、具有区域性延伸的地质统一体,以具有与其毗邻地区不同的地质发展史为特征,地体的规模尺度可大至仅次于大陆,也可以小至仅有几平方千米。D. 豪威尔和郭令智等认为地体既是板块的一部分,也是推覆体的一部分。地体可以是岩石圈板块解裂开来的一些小片或地壳板片,板块和地体的区别就在于前者是伸入地幔的“有根”块体,而地体一经漂移拼贴在大陆边缘上,则实际上已脱离了深部基础。地体也可以是逆冲或滑脱所形成的巨大推覆体,成为具有一系列叠瓦构造的岩片。无论是哪种形式的地体,它们都是外来系统,和原地系统在岩石、构造、生物群、生态等方面有本质的区别,而且古地磁位置、同位素年龄等也有极大差异。地体拼贴形成增生构造,往往改变了原来的地壳或板块平衡状态,产生新的俯冲运动;或者使增生的地体再剪切成碎片而分散,形成离散地体。地体的增生和离散,都是在一定的地质时代和一定的地区发生的,同一定的构造事件或构造运动密切相关。

中国许多地区都有发现地体构造的实例。如浙江西北部和东南部,被一条 NE—SW 向大断裂所分割,这两部分呈现明显的地质不连续现象,二者基底也迥然不同,其东南一块被认为是拼贴上来的地体。又如天山褶皱带,也发现有许多地体拼贴构造。再如海南岛,根据白垩纪岩石样品古地磁测定,当时是位于现今北部湾地区与华南大陆连在一起,在白垩纪晚期因地壳拉张作用,海南岛向南漂移到当前位置。此外,台湾岛也是从中国大陆分离出去的离散地体,于新生代初迁移到现今地点。

8. 板块构造学说存在的问题

板块构造学说是综合许多学科的最新成果而建立起来的大地构造学说,是当代地学的最重要的理论成就,并被认为是地球科学的一次革命。它从大量海洋调查资料出发,对大洋壳的新生和代谢过程做了详尽的论证,获得了最近 2 亿年来地壳变化的理论模式,从一个侧面丰富了地质学和地球物理学的理论。特别是它以地球整个岩石圈的活动方式为依据,建立世界范围的构造运动模式,所以板块构造学说又称全球构造学说,这是其他以大陆范围内的各种地质现象为依据而建立的各种大地构造学说所无法比拟的。

尽管如此,板块构造学说毕竟是以海洋和大洋壳为基础建立起的构造学说,大洋壳上的沉积物年龄只有 2 亿年,而大陆壳的岩石年龄可以高达 30 多亿年,个别甚至超过 40 亿年,岩浆活动、构造作用、变质作用也复杂得多,人们目前对板块边界和大陆边缘等活动情况已了解了很多,但是对板块内部(简称板内)及大陆地质历史演化过程,如何利用板块理论来予以揭示,仍然是一个难题。尤其是关于地壳生长的机制,现在主要依据上地幔物质对流或热柱等学说予以解释,而所有这些观点目前无法以实验或足以令人信服的方式予以论证。关于板块驱动力的问题,虽然有关学者提供了多种可能方式,但仍然处于求索过程中。此外,还有一些难以解释的矛盾现象,如已知洋中脊是地幔物质上升形成新洋壳的场所,海沟和岛弧是洋壳俯冲消融的地方,但在东太平洋北部发现 2 种情况却在一个地方同时存在。又如,陆壳厚度很大,可达数十千米,褶皱变形非常复杂,而洋壳厚度很小,最薄处只有 5~6 km,却不曾出现褶皱而只做刚性运动,这些现象也是一时难以讲清楚的。

但是,板块构造学说的建立有着众多的科学依据和测量数据,其科学基础是坚实而深厚的。随着新科学理论和技术手段的应用、调查领域的广度和深度的日益开拓,人们将会获得越来越多的科学资料。例如,当代除了利用“上天”技术,用卫星监测手段获得和积累地球的各种信息资料外,还利用“入地”技术即用深钻的办法向地球深层进军。俄罗斯已经在摩尔曼斯克附近的科拉半岛上钻出了 12 262 m 的深孔,取出了迄今为止最大垂直深度的岩心。“入地”比“上天”还难,因为钻至 10 km 以后,地温将升至 300 ℃,压强将超过 2 500 MPa,其压力相当于一个汽车轮胎内压力的 1 000 倍,但目前已经具有在这样条件下钻进的尖端技术。例如,2017 年埃克森石油天然气公司完成了一口深达 15 000 m 的超深斜井。2025 年 2 月 20 日完成的中国第一口超万米科探井——深地塔科 1 号井达到 10 910 m 深度,是亚洲第一、世界第二垂直深度的超深井。

当今“下海”探测技术也已取得飞跃的进展。继美、日、法、俄之后,我国在深海探测领域也已取得显著的成绩。奋斗者号载人潜水器 2020 年 11 月 10 日在马里亚纳海沟创造了 10 909 m 的深潜纪录;悟空号自主式潜水器(AUV)2021 年 11 月 6 日达到 10 896 m 水深。这些全海深探测器可以在任何海底深潜航行,成为深海研究等地球科学领域的重要“武器”。

20 世纪 70 年代以来,学术界特别强调国际多学科合作,并建立相关组织和制定合作研究计划。如在国际科学联合会理事会(ICSU)下建立的“联合会间岩石圈委员会”(ICL)便是其中之一。至 1991 年已有 62 个国家和地区参加国际岩石圈计划的工作,中国是最早的参加国之一。1990 年已经执行一个新的岩石圈研究计划,以全球变化的地球科学、当代动力学和深部过程、大陆岩石圈、大洋岩石圈等为主题,广泛深入开展研究。

综上所述,板块构造学说在新形势下一定可以获得更大的成就,同时整个地球科学也将会取得辉煌的成果。

复习思考题

1. 何谓构造运动?何谓新构造运动?二者有什么联系和区别?

2. 结合“大地构造学说简介”一节的资料,分析“地槽-地台说”和“板块构造学说”的立论依据,思考以二者为代表的“固定论”和“活动论”的学术争论在学科发展、研究方法等方面有什么启示?

3. 构造运动具有什么特点?新构造运动又具有什么特点?

4. 如何证明构造运动的存在并分析其性质与运动特征?

5. 岩层的产状如何表达?在野外怎样测量和记录岩层的产状?

6. 岩石受力状态下各种应力的分布有何规律?岩石受力变形分为哪几个阶段?岩石性质及环境因素对岩石变形有何影响?

7. 何谓褶皱？何谓褶曲？褶曲要素有哪些？各要素是如何定义的？

8. 按照横剖面、纵剖面和平面形态特征，褶曲可以分为哪些类型？

9. 水平褶皱和倾伏褶皱在地质图上各表现出什么特点？如何进一步判定其中的背斜和向斜？

10. 在野外如何识别向斜和背斜？

11. 向斜山、背斜谷是如何形成的？如何利用地形倒置现象分析构造运动的历史？

12. 如何判断并确定褶皱的形成时代？

13. 如何区分节理与断层？如何确定节理面和断层面的产状？

14. 根据两盘的相对位移，断层分为哪几类？根据力学性质，断层分为哪几类？两种分类体系中的断层类型有何联系？

15. 在野外，根据哪些标志可以确定断层的存在？

16. 在地质图上，断层如何表示？断层两侧的地层有哪些表现？

17. 如何判断并确定褶皱、断层的形成时代？

18. 新构造运动表现在哪些方面？有哪些常见类型？

19. 通常用哪些概念（或术语）描述地震的特征及其产生的破坏作用？

20. 地震是如何形成的？其空间分布具有什么规律？

21. 地震发生之前可能出现什么征兆？

22. 各种大地构造学说，分别体现出什么样的哲学思想？

第5章

地壳演化简史

电子教案
第5章

第1节　概述

地球的发展历史简称地史。地球表面有广阔的大洋、起伏的大陆、复杂多样的自然环境、千差万别的动植物群落，如此丰富多彩的自然环境都是地球发展演变的结果。地壳的演化在其中具有重要的意义。一方面，地壳的状况是内、外地质作用及其变化的综合体现；另一方面，地壳演化引起的地表环境变化，成为自然地理环境及生物发展变化的关键因素。地史学研究地球的发展历史，目前主要是研究地壳的发展过程和演化规律。

长期以来，地质调查主要局限于大陆部分，自20世纪50年代开始，对海底的探测和地壳深部及上地幔的研究逐步开展，航天技术与遥感技术的发展应用，为认识地球提供了新线索和新领域，但这仅仅是开端，目前资料最多的仍旧是大陆壳的历史。不过，在地球科学领域，向地球内部、向深海大洋进军的时代已经开始。

地球经历了46亿年的历史。研究人类历史有文字文物可考，研究地球历史却无任何文字和文物可鉴。但地球本身在特殊的"书页"中记录了自己的发展历程，这些"书页"就是地层。地层留下了历史事件的痕迹，保存了不同时代的生物遗体和遗迹，遗留下环境变化的物质凭证。恢复地球的历史，主要是靠"阅读"这些不是文字却胜似文字的记录，通过地层层序、构造顺序和古地理环境的分析来实现。全球统一的、客观的时间标尺，则是重建地球历史的基础。

一、地层学理论的建立

地层即地壳上部呈带状展布的层状岩石或堆积物，是地壳演化历史的物质记录。

人类对于地层的感性观察与认识可以追溯到古代希腊、中国和阿拉伯世界，其共同的特征是把陆地高山上岩层中所含的化石，作为"沧海桑田"海陆变化的证据。古希腊的色诺芬尼提出，化石是海生动物被大水挟带泥沙一起冲到陆地上堆积而形成的。亚里士多德认为"陆地和海洋的分布不是永恒的"，海陆变迁是"按一定规律在一定时期发生的"。阿拉伯学者阿维森纳和比鲁尼认识到岩层中的化石是海陆变迁的证据，化石的形成要经历很长时间。中国晋代葛洪所著《神仙传》中载有"东海三为桑田"的故事。唐代颜真卿，宋代沈括都把山崖中的螺蚌壳视为沧海桑田变化的见证。宋代朱熹明确指出，岩石"即旧日之土"，化石螺蚌壳"即水中之物"，他认为由于地壳变动"下者变而为高，柔者变而为刚"，对地层和化石形成给予了科学的解释。

欧洲人对化石和地层的细致观察始于文艺复兴时期。意大利著名画家、科学家达·芬奇将贝类化石和现代贝类进行比较，得出化石是过去生物的遗体的正确结论。其《笔记》一书“地球和海”一章，反复论述了是地壳运动把含有生物化石的岩层抬升到高处的。F. 科隆纳区分了化石的保存类型，并将化石分为陆生、海生两大类。在持化石生物成因观点的学者中，不少人将化石与挪亚洪水联系起来。英国的 J. 伍德沃德在《地球自然历史初探》(1695)中提出全球性洪水造成大部分生物死亡，化石就是它们的遗体。这种“洪积说”观点曾为人们普遍接受。

对地层的科学研究做出重要贡献的学者是丹麦的 N. 斯泰诺(1638—1686)。他在《天然固体中的坚质体》(1669)一文中，论述了地层、山脉的形成过程，并提出了地层学的重要基础原理——地层层序律，具体包括：① 叠置律，地层未经变动时则上新下老；② 原始连续律，地层未经变动时则呈横向连续延伸并逐渐尖灭；③ 原始水平律，地层未经变动时则呈水平产状。

根据不同岩层所含化石的出现顺序确定地层相对顺序的原理称为化石顺序律。这一原理是法国 J. L. 苏拉威 1777 年首先发现的，并在《南法兰西自然史》(1780—1784)一书中做了介绍。由于欧洲当时正处于水成论与火成论的激烈争论年代，这一原理没有引起应有的重视。1796 年，英国的 W. 史密斯在不了解吉罗-苏拉威的工作和理论的情况下，独立提出“每一岩层都含有其特殊的化石，根据化石可以鉴定地层顺序”的论断，并成为这一原理的实践者，在《英格兰、威尔士和部分苏格兰地层图》(1815)的编制中予以应用。此后，史密斯发表了两部著作《用生物化石鉴定地层》(1816)和《生物化石的地层系统》(1817—1819)，系统地阐述了化石顺序律的原理及其应用，并指出相同的层总是发现有相同的叠覆次序，并且包含相同的特有化石。这说明化石顺序律与地层层序律是一致的。1859 年 C. R. 达尔文在上述研究的基础上发表《物种起源》确立了生物进化论，进一步赋予化石顺序律以科学性。生物进化不可逆性和阶段性的规律与化石顺序律的结合，奠定了生物地层学的理论基础。

19 世纪末，人们发现同时期形成的地层在不同地点具有不同的岩性，这种变化导出了岩相横向变化的概念。1894 年，德国学者 J. 瓦尔特在《历史性科学——地质学导论》一书中把岩相横向变化与海侵作用联系起来，说明了沉积环境随时间的推移在空间上的变化，解释了时间界面同岩相界面的关系，提出了著名的岩相对比定律，称为瓦尔特定律。

19 世纪 40 年代，从寒武系到第四系的地层层序已经初步建立。此后，随着古生物、地层研究新成果的大量涌现，地质学家们应用地层层序律、化石顺序律、岩相对比定律等原理和方法，不断完善各地区乃至全球的地层系统。20 世纪 30 年代以来，学术界陆续制定了许多地区性和国际性的地层规范。地层学也形成了包括岩石地层学、生物地层学、年代地层学、磁性地层学、事件地层学、地震地层学、层序地层学等传统领域与新兴分支的学科体系，从而为重建地球演化历史奠定了基础。

二、时间标尺的建立

追溯地球历史，是地质学主要研究任务之一。但是，判定地球的年龄，建立地层和各种地质事件的时间标尺，是 19 世纪四五十年代以前地质学界亟须解决的“时间难题(time dilemma)”。

它的解决，主要靠地质学三大基础理论的建立，才得以实现。首先，1669 年丹麦地质学家斯泰诺(N. Steno)提出了著名的“地层三定律”(即地层的叠置律、原始水平律和原始连续律),指出了未受变动的地层的上下顺序关系、产状和分布特征等规律。事隔100多年后,赫顿(J. Hutton)1788年在《地球的理论》中提出“大地质旋回”的理论。他认为:地球是个运动体,地球表面永远处于连续不断变化的状态;它的历史可从成层岩石的研究中得到答案;这些成层岩石是从古老沉积物变来的,古老沉积物是在相当于现代沉积物形成的条件下形成的。最后他认为自地球表面形成后,这种旋回过程就始终不断地重复出现着。可见,他虽未指出地球的具体年龄,却提出到成层的岩石中去找答案的研究方向,还明确了地球历史是极其漫长的,远比“允许的”“标准的”《旧约全书》规定地球只有6 000年的历史长得多。1796年,英国地质学家史密斯(W. Smith)提出根据生物化石鉴定地层时间顺序的想法,并亲自在1815年出版的英格兰和威尔士地质图里予以实践。到1859年达尔文(Darwin)生物进化论发表,才知道史密斯的想法与达尔文关于生物进化阶段性和不可逆性的规律完全符合,从而使史密斯的想法与实践真正成为地层学中的“化石顺序律”,成为生物地层学的理论基础。1830—1833年莱伊尔(Lyell)发表的《地质学原理》中论述了利用沉积地层建立地质相对时间年表的依据。若从史密斯1815年的实践起算,到1874年森姆珀(W. P. Schimper)提出古新统为止,以欧洲地质调查资料为基础的地质相对时间年表经过59年的努力才初步建立起来,使地质学进入了有相对时间标尺的时代。

追求地质绝对年代的努力,通过纯地质学本身的方法,例如冰缘区季候泥计年法,只能解决极其短暂的时间段落,对地质时间尺度讲,它完全可以略而不计。定量测量矿物、岩石及某些地质事件表现物的准确时间,是放射性物质被发现之后。1903年居里(M. Curie)等首先提出利用天然放射性物质测量地质年代的可能性。波特伍德(B. B. Boltwood)等利用铀-铅法测出第一批沥青铀矿的年代数据,标志着由于放射性化学的进步,使地质学进入同位素地质年代研究的崭新阶段。到20世纪五六十年代,不仅地质相对时间表得到绝对年代的填充,而且测出地球的年龄为45.6亿~46.7亿年之间。人类登月成功,并测得月球静海基底月壤的年代为46.7亿年,丰富海伟布(Webb)环形山以西100 km处的月尘年代为46.5亿年。随着测试技术的发展,目前的同位素测年手段,已有20多种,测年时限各不相同,综合应用不同的方法,可使测年范围达到$10 \sim 10^{11}$ a。

地质年表(或称地质年代表、地质时代表)的编制标志着地球演化时间标尺的建立。在相对地质年代的基础上,应用同位素地质年代进行准确的测年,二者相辅相成,所得到的地质年表不仅可以反映地球历史发展的顺序、过程和阶段,而且能够确立地质时代无机界和生物界的演化速度。第一个带有同位素年龄数据的地质年表是英国地质学家A. 霍姆斯于1913年提出的,以后又陆续出现不同时间、不同国家、不同学者提出的地质年表。目前比较通用的地质年表见表5-1。

此地质年表为一简表,按照生物演化阶段及地层形成的时代顺序,表中列出宙、代和纪。地质时代从古至今共划分为冥古宙、太古宙、元古宙和显生宙。其中元古宙又划分为古元古代、中元古代和新元古代;显生宙划分为古生代、中生代和新生代。其中新元古代的晚期,划分出的震旦纪等是适用于中国的区域性地质年代划分方案。古生代划分为寒武纪、奥陶纪、志留纪、泥盆纪、石炭纪和二叠纪;中生代划分为三叠纪、侏罗纪和白垩纪;新生代划分为古近纪、新近纪和第四纪。纪以下还可以再划分为世,除去震旦纪、

表 5-1 地质年代简表

地质时代			距今年龄值/Ma	生物演化
宙	代	纪		
显生宙 PH	新生代 Cz	第四纪 Q	2.58	人类出现、近代哺乳动物出现
		新近纪 N	23.04	
		古近纪 E	66.00	鲸类出现
	中生代 Mz	白垩纪 K	143.1	被子植物出现、灵长目出现
		侏罗纪 J	201.4	鸟类出现
		三叠纪 T	251.9	兽形类出现；哺乳动物出现
	古生代 Pz 晚古生代 Pz_2	二叠纪 P	298.9	裸子植物、爬行动物出现
		石炭纪 C	358.9	两栖动物出现、种子蕨出现
		泥盆纪 D	419.6	石松、节蕨、真蕨植物、鱼类出现
	古生代 Pz 早古生代 Pz_1	志留纪 S	443.1	裸蕨植物出现，植物登陆
		奥陶纪 O	486.9	无颌类出现
		寒武纪 Є	538.8	生物大爆发：硬壳动物、脊椎动物出现
元古宙 PT	新元古代 Pt_3	震旦纪 Z	635	多细胞动物、裸露动物、高级藻类出现
		……	1 000	
	中元古代 Pt_2		1 800	
	古元古代 Pt_1		2 500	真核生物出现
太古宙 AR	新太古代 Ar_3		2 800	叠层石出现
	中太古代 Ar_2		3 200	
	古太古代 Ar_1		3 600	有机细胞出现；原核生物出现
	始太古代 Ar_0		4 031	
冥古宙 HD			4 567	

注：地质时代据全国地层委员会《中国区域年代地层（地质年代）表》简化；距今年龄值据《国际年代地层表（2024年12月）》修订。

石炭纪、白垩纪等是二分外，其余多按三分法，如寒武纪分为早寒武世、中寒武世、晚寒武世，奥陶纪分为早奥陶世、中奥陶世、晚奥陶世，……；但石炭纪原来也是按三分法分为早、中、晚石炭世，近来倾向于按二分法分为早、晚石炭世；至于古近纪、新近纪和第四纪所划分的世则另有专称，如古新世、始新世……更新世、全新世等，所有关于世的划分，此表一概从略。所有与地质时代单位（宙、代、纪、世）相对应的地层单位（宇、界、系、统），如太古宙形成的地层称为太古宇，古生代形成的地层称为古生界，寒武纪形成的地层称为寒武系，早、中、晚寒武世形成的地层分别称为下、中、上寒武统……，凡此种种，本表也都从略。各个地质时代单位都标有英文字母代号，宙（宇）的符号采用两个大写字母，如太古宙（宇）的代号为 AR；代（界）的代号也是两个字母，但第一个字母大写，第二个字母小写，如古生代（界）的代号为 Pz；纪（系）的代号都是采用一个大写字母，如奥陶纪为 O，志留纪为 S 等，这些代号都是各自英文名称的缩写。地质年表的各有关地质时代都列出“距今年龄值”，表的右侧列出与地质时代相应的生物演化阶段。关于地质历史演化的具体情况，将在本章各节予以介绍。

第2节 地壳历史的研究方法

一、地层的划分与对比

（一）地层划分的依据

所谓地层是在地壳发展过程中形成的各种成层岩石的总称，包括变质的和火山成因的成层岩石在内。从时代上讲，地层有老有新，具有时间的概念。地层和岩层这两个名词相似，但岩层一般是泛指各种成层岩石，而不必具有时代的概念。

地层既然具有时代的概念，所以地层就有所谓上下或新老关系，这叫作地层层序，也就是相当于一本书的页次。如果地层没有受过扰动，愈处于下部的地层时代愈老，愈处于上部的地层时代愈新，叫作正常层位。这种上新下老的关系叫作地层层序律。但是，组成地壳的地层是错综复杂的，或者由于构造运动造成地层缺失、层序颠倒，或者由于岩浆活动和变质作用改变了地层的产状和面貌。这就如同一本年代久远并保存得不好的古书一样，已经变成残篇断简，字迹模糊，必须进行一番校订考证工作，分章划段，才能读懂其内容。地层也是如此，既要把地层整理出上下顺序，又要划分出不同等级的阶段并确定其时代，这就是地层的划分。划分地层的主要根据如下：

1. 沉积旋回和岩性变化

对一个地区的地层进行划分时，一般是先建立一个标准剖面。凡是地层出露完全、顺序正常、接触关系清楚、化石保存良好的剖面就可以作为标准剖面。如果是海相地层，则往往表现出岩相由粗到细又由细到粗的重复变化，这样一次变化称一个沉积旋回，也就是每一套海侵层位和海退层位构成一个完整的沉积旋回。例如，在剖面中共包括 3 个大的沉积旋回，那么就可以据此把地层划分为 3 个单位。根据沉积旋回划分地层应当注意这样几点：第一，因为地壳升降运动是波动性的，所以沉积旋回的级别有大有小，即一个大旋回中可以有几个小旋回，而一个小旋回中又可以包括几个更小的旋回，根据具体情况，划分的地层单位也有大有小；第二，每一旋回中的海侵层位容易保存，而海退层位则不易全部保存或者根本不保存，因此一个沉积旋回不一定是完整的；第三，每一沉积旋回一般总是由粗碎屑岩（通常是砾岩）开始，称底砾岩，因此，底砾岩的下部层面往往是 2 个地层单位的分界面。

地层中的沉积旋回特别是陆相地层，不一定都是很清楚的。这时，就可以根据岩性来划分地层。岩性变化在一定程度上反映了沉积环境的变化，而沉积环境的变化又往往与地壳运动密切相关。因此，根据岩性把地层划分成许多单位，基本上可以代表地方性的地史发展阶段。例如，在一个剖面中，下部是砂页岩含煤层，上部是火山碎屑岩，它们代表 2 个不同的环境和时代，一个是还原环境和成煤时代，一个是地壳运动强烈和火山活动时代。这样，就可以根据岩性把地层划分成 2 个单位，代表 2 个发展阶段。

2. 地层接触关系

地层之间的不整合面是划分地层的重要标志。任何类型的不整合（平行不整合和角度不整合）都代表岩层的不连续现象，反映了地理环境的重大变化。其实，2 个沉积旋回之间往往存在一个不整合面，所以，根据不整合面和沉积旋回所划分出来的地层界限在一定范围内常常是一致的。

地层划分的对象一般是沉积岩，但对于火成岩也必须确定它的新老顺序。对于喷出岩来说，如果喷出岩夹于沉积岩层之间，只要把喷出岩上下沉积岩的时代确定出来，喷出岩的时代就知道了（图 5-1）。

对于侵入岩来说，则必须根据侵入岩和围岩的接触关系来确定时代。一种关系是侵入接触，即岩浆体侵入围岩之中，其特点是围岩接触部分有变质现象，火成岩中还往往有捕虏体存在。这种情况，可以确定侵入岩的时代晚于围岩（图 5-2）。另一种关系是沉积接触，即侵入岩上升地表遭受侵蚀之后，又为新的沉积岩层所覆盖。其特点是上覆沉积岩层没有接触变质现象，而侵入岩中也不会有上覆岩层的捕虏体存在。这种情况可以确定侵入岩的时代早于上覆岩层的时代（图 5-3）。

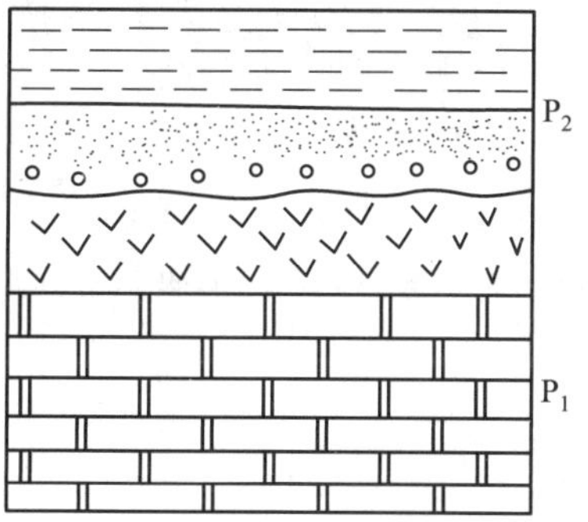

图 5-1　喷出岩时代的确定

喷出时代在 P_1 后，P_2 前

图 5-2　侵入接触

侵入时代在 K 后

如果有多次侵入现象，则侵入体往往互相穿插，在这种情况下，被穿过的岩体时代较老，穿越其他岩体者时代较新（图 5-4）。

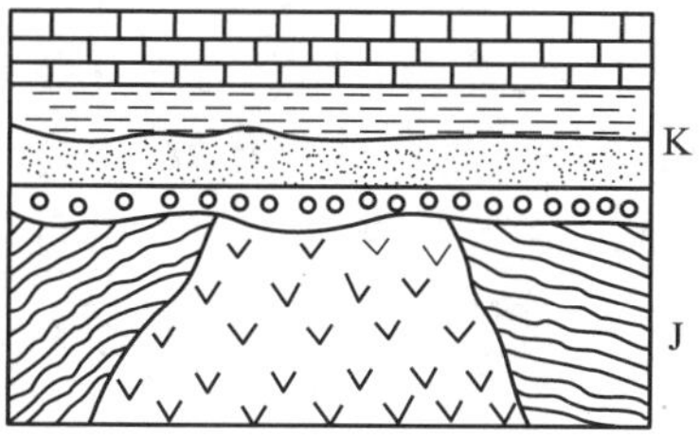

图 5-3　沉积接触

侵入时代在 J 后，K 前

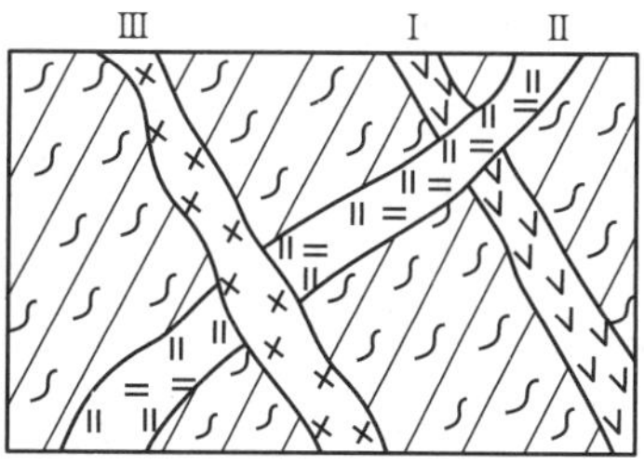

图 5-4　岩体穿插

Ⅰ早于Ⅱ，Ⅱ早于Ⅲ

3. 古生物（化石）

上述方法只能确定各组地层之间的界限和相对新老关系。若要确定各地层的时代，则可以根据地层中所含的生物化石。凡是保存在地层中的地质时期的生物遗体（如

动物骨骼、硬壳等）和遗迹（如动物足印、虫穴、蛋、粪便、人类石器等）都叫作化石。但是，并不是所有古生物都能保存下来成为化石。原因在于：第一，生物如果本身具有硬壳、骨骼等不易毁坏的硬体部分，就容易形成化石。只有在特殊条件下，硬体和软体才能一齐被保存下来，例如保存在琥珀①中的昆虫化石，栩栩如生；1710 年在西伯利亚发现的保存在冻土内的第四纪猛犸象，皮毛血肉俱存。以后又在西伯利亚、阿拉斯加多次发现猛犸象化石。但这种化石毕竟是少见的。第二，生物死后必须尽快地被沉积物所掩埋，这样才能避免氧化腐烂或者被其他动物所吞食。第三，埋藏下来的生物遗体必须在较长时间内经历一定的填充（如疏松多孔的贝壳、骨骼等被水溶液中的 $CaCO_3$、SiO_2 等所填充）、置换（如有机体分子被 SiO_2、$CaCO_3$ 等分子所代换）或升馏（如植物叶子、昆虫的几丁质外壳②中的氢、氧等成分挥发逸出，最后保留下来碳质薄膜）等作用才能形成化石。

生物是从简单向复杂，从低级向高级发展的，生物演化既具有不可逆性，又具有阶段性。所以一定种类的生物或生物群总是埋藏在一定时代的地层里，而相同地质年代的地层里必定保存着相同或近似种属的化石或化石群。这种关系就叫作生物层序律。这样就有可能根据化石确定地层的地质年代。但并非所有化石都具有相等的价值，只有那些演化最快（地层中垂直分布距离短）、水平分布最广的化石，才是鉴定地质年代最有价值的化石，这样的化石称标准化石。例如，在地层中找到一种节肢动物——莱氏三叶虫，就可以据此断定地层时代是早寒武世。因此，化石是鉴定地层时代的重要依据。

总之，地层的划分既要根据地层本身的发展规律，又要根据古生物的发展规律。其实，地壳上的无机界和有机界的发展都服从一条普遍的规律，那就是事物发展的不可逆性和阶段性，所以它们之间存在着辩证统一的关系。例如，地层的旋回，表示环境的变化，而这种环境的变化也必然会引起相应的古生物的变化。所以根据沉积旋回、岩性、岩层接触关系和古生物划分地层的结果，常常具有一致性。

（二）地层的对比

地层划分是指对一个地区的地层进行时代的划分，而地层对比是指不同地区的地层进行时代的比较。在地层对比的基础上才能了解广大地区地史发展过程的共性和异性，才能具体认识地层区域性特征，了解地层空间分异的情况。但是各地区的地层层序及特征，千差万别，各不相同。因此地层对比必须有一个客观标准，这个标准就是时间或地质年代。换言之，在地层划分和层序建立的基础上，必须对同一时代在各地区形成的地层进行比较研究。例如，河北、山西、山东、河南、陕西等地区都各发育了一套地层，弄清哪些是同时代的，哪些不是同时代的，然后才能了解整个华北地区什么时候有海侵过程，范围有多大，哪里最深或最浅，什么时候有海退过程，哪里变成了陆地，生物是怎样演化的，各地区之间有什么共性和差异等。以此类推，重塑全国和全球的地壳历史，也必须进行地层的对比工作。

地层对比既然首先是地质时代的对比，而地质时代的划分和确立，则首先必须以古

---

① 琥珀，分子式为 $C_6H_{16}O$，黄褐色，松脂光泽，透明，硬度为 2～2.5，相对密度为 1.096，易燃，并发白色浓烟及松香气味。琥珀主要产于古近纪煤层中，由松柏科树脂凝聚而成。

② 植物纤维的成分为 $(C_6H_{10}O_5)_n$。几丁质又称角质，成分为 $C_{15}H_{26}N_2O_{10}$。

生物化石为根据。前已说明,生物演化是不可逆的,又是阶段性的,每一个生物的种属在地球上只能出现一次,不可能有任何重复;因此,每一个生物种属只能出现在一定地质时代的地层里。假如在不同地区的地层剖面中含有相同的标准化石和化石群,它们就必然属于同一地质年代(图 5-5)。

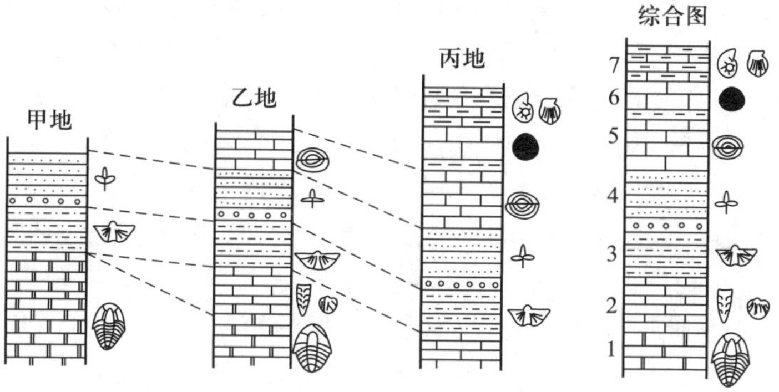

图 5-5　地层对比及综合柱状图

柱状图右侧标出的符号代表不同的化石及其组合,不同的层位有不同的化石组合,图中同一年代的地层用虚线相连

在甲、乙、丙 3 个地点均含有相同的化石,把含相同化石的地层用虚线连接起来,说明它们属于同一时代的地层。有的剖面未见底部出露,有的剖面未见顶部地层,但把甲、乙、丙 3 地的地层综合在一起,就可以知道一个地区的全部地层顺序、岩性、厚度、含化石情况等(图 5-5 右侧综合图),同时对此进行分析,这一地区的古地理发展情况也就一目了然了。

以上所述地层划分和对比的原则与方法,主要是根据生物地层学和岩性地层学的原理,也是传统地层学的普遍性原理,不过这只是对沉积地层纵向堆积作用的划分原则。但实际上还存在着侧向堆积作用,绝大部分沉积地层是侧向进积和纵向加积两方面作用的结果。因此上述原则对局部或单个地层剖面是适宜的,而对较大范围的区域就不一定完全适宜了。

特别是近年同位素地层学、磁性地层学、事件地层学、地震地层学等有了较大的进展,其成果逐渐用于地层的划分和对比方面,起到了积极的促进和完善作用。例如太古宙和元古宙地层,岩石往往深度变质,生物化石极度缺乏或稀少,过去对其地层划分十分困难。但近年积累了大量岩石同位素年龄数据,成为岩层划分的重要依据,如国际上太古宇和元古宇的分界即规定以同位素年龄 25 亿年为依据。应用古地磁学的理论和方法研究地层的学科,称为磁性地层学,或称为古地磁地层学。其主要内容之一,即根据地层的岩石磁性来进行地层划分,并已建立了 118 MaBP(1 MaBP 指距今 100 万年)以来的"地磁极性时间表",其中布容(Brunhes)正极性世为现代~0.780 MaBP;松山(Matuyama)反极性世为 0.780~2.581 MaBP;高斯(Gauss)正极性世为 2.581~3.580 MaBP;吉尔伯(Gilbert)反极性世为 3.580~5.894 MaBP。同时,利用天然剩磁来确定地层形成时古磁极的位置和正反方向,作为全球性对比和古大陆位置重建的依据。

近年来还有不少学者利用地质事件进行地层对比和确定地层界线,这样的学科称事件地层学。事件地层学认为,地层构架是由一系列缓慢的渐变过程和短暂的突变或灾变事件所组成的,而后者在地层研究中具有特殊意义。所谓地质事件包括地内事件(如构造运动、海平面升降、生物绝灭、地磁极性倒转等)和地外事件(如太阳辐射强度变化、超新星爆炸、陨石和彗星撞击地球等)。无论是哪种事件都会在事件发生时形成的地层中留下烙印,并以之作为地层划分的依据。例如,在一些地方白垩系和古近系(实际上也是中生界和新生界)的分界因其岩性近似不易划分,一直是使人困惑的难题,但有人发现在地层剖面中有一层含铱量特别高的黏土层,认为是天体撞击地球事件的产物(因陨石中常含有较多的铱),因此建议以该黏土层作为2个时代地层的分界线,并以此事件作为恐龙灭亡的原因。

最后介绍一下"层型"。前面谈到对一个地区的地层进行划分时,一般是先建立一个标准剖面。所谓层型,实际上也是指一定的标准剖面,但是专指地层单位(如震旦系、泥盆系等)或地层界线(如震旦系与寒武系界线、白垩系与古近系界线等)所依据的典型剖面,换言之,层型是地层单位或地层界线所依据的地层模式。例如,震旦系还未得到世界的公认,问题是必须在世界上选定若干层型剖面,并通过一定的程序才能建立(包括名称问题)。层型可分为单位层型和界线层型,对其剖面选定有严格的要求,首先必须具有全球性;剖面地层要连续;剖面出露要清晰;构造要简单;剖面要容易接近,等等。例如,地层间的不整合面,常常作为一个地区地层划分和对比的依据,但作为层型,这样有间断的剖面是绝对不行的。

国际地层委员会于1976年提出通过建立全球界线层型的方法使系间和系内界线规范化。所确定的全球年代地层单位界线层型剖面和点位(GSSP)俗称"金钉子"。截至2020年,全球已正式确认的有89个剖面,目前还有19个候选剖面在进一步论证中。中国已获批准的"金钉子"有11个,候选剖面有6个,时代上属于寒武、奥陶、石炭、二叠和三叠各纪。

二、岩相古地理分析

在完成地层时代划分与对比的基础上,进一步对各时代的地层进行岩相分析,就可以基本恢复古地理环境。

(一)沉积相的分类

各种沉积物和沉积环境之间都有密切的内在联系。因此根据沉积环境可以把沉积地层分为海相、过渡相和陆相3大类。

1. 海相沉积

海洋是接受沉积的最主要、最广阔的场所,古代沉积岩层很大一部分属于海相沉积。根据现代海洋的特点来看,由于海水深浅不同,物理化学环境(温度、压强、波浪作用力、化学成分等)不同,生物环境不同,沉积物也不相同。据此又可将海相分为滨海相、浅海相、半深海相和深海相(图5-6)。此外还有非正常海相。

(1) 滨海相:发育于低潮线和高潮线之间及其临近地带的狭长滨海区,潮汐作用和波浪作用占主要地位。滨海区可以分为高潮面以上的潮上带、高潮面与低潮面之间的潮间带和低潮面以下的潮下带,然后过渡到开阔的浅海区。在陆源碎屑物供应较多的情况下,沉积物以碎屑物如砾石、沙等为主;由于海水时进时退,波浪作用强且反复进

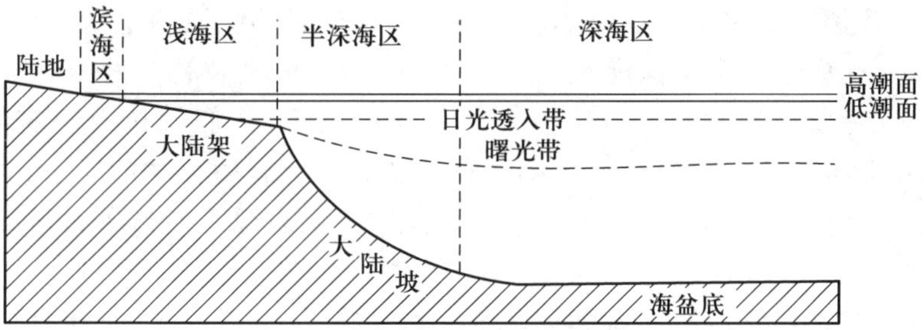

图 5-6　海洋各沉积区

（据 Holmes A）

行，所以磨圆度和分选度较好，常具交错层、波痕、干裂等，含海生动物贝壳，但多已破碎。实际上在滨海区沉积环境和沉积物十分复杂。当有适量陆源碎屑供应时，在滨海区常形成大体与海岸平行的倾斜非常平缓的地区，通称潮坪。在此地区，一方面陆源物质从陆向海运移，另一方面浅海及潮下物质又从海向陆运移，形成复杂的沉积分异方式。例如在潮上带，主要沉积以泥质为主的细粒物质；而在潮间带，则以泥沙混合物沉积为主；到了潮下带，则以沙质沉积为主。这种沉积分异序列，恰与正常浅海沉积分异序列相反。

近年来人们认识到在滨海区还可以形成碳酸盐岩沉积。在潮上带碳酸盐岩中常夹杂膏盐岩层，具碎裂纹理及泥裂，缺乏生物。在潮间带，常有介壳滩、鲕状及生物碎屑灰岩，间有白云岩及石膏层，有时在潮上带被冲碎的岩块又被冲到潮间带，胶结形成竹叶状灰岩，常具有泥裂及生物钻孔潜穴。潮下带水动力条件平稳，常形成水平层理灰岩，化石完整丰富。

（2）浅海相：存在于海面到海面下 200 m 左右的浅海地区，约相当于大陆架上的海洋部分。这一带的特点是波浪作用力减小，阳光充足，底栖生物繁盛，所以沉积物以陆源细碎屑物质及化学和生物化学沉积物质为主，富含生物遗体，但也常含有海盆中形成的内碎屑。地质时代的海相地层绝大部分属于浅海相，一般是从砂岩、页岩过渡到泥灰岩和石灰岩，并常夹有 Al、Fe、Mn 等胶体沉积物，以及磷块岩等生物化学沉积而成的矿产，有时含特有的鲕状结构和含有典型的海相沉积矿物海绿石，生物化石种类多而且丰富。

有些古老地层不是在陆架海中沉积的，而是在广阔的陆表海中沉积的。陆表海又称内陆海，深度小于 200 m，大部分为 30～50 m，一般小于波浪及底流的有效深度，所以沉积分异明显，如有海侵海退，沉积旋回也比较清楚。

（3）半深海相和深海相：存在于半深海（海面下约 200～2 500 m）和深海（约 2 500 m 以下）地区，即相当于大陆坡及大洋盆地地带。深海沉积物中有一种特殊沉积物，少含或基本不含有陆源碎屑物质，主要是由具有灰质和硅质硬体的微小浮游生物遗体堆积而成的，称为生物软泥[1]，古代地层中很少有这类沉积物。在大陆坡及部分深海地区，还

① 半深海及深海区除表层外已处于完全黑暗状态，生物种类单调，但漂浮于海面的浮游生物十分活跃。据估计，每平方千米海水（从 0～200 m 深处）中，浮游生物硬壳总体达 6 000 kg，其中以抱球虫、放射虫（皆属原生动物）、硅藻等为主，死亡沉积后形成生物软泥。有时含有细泥、黏土和火山灰等。

有一种带陆源碎屑的具有沉积韵律的沉积物，即浊流沉积物，在古老地层中也发现同类沉积物。近年来，广泛分布于深海底的铁锰结核，引起极大重视。其中含有锰、铁、镍、钴、铜、铅等40种以上的元素。只以结核中锰储量而言，它们就相当于陆地锰储量的182倍。此外，近年还在2 000~4 000 m海底发现有含金属硫化物的“重金属泥”，其中含Au、Ag、Pt、Cu、Sn、Fe、Mo、Pb等多种元素。这种物质来源可能与海底火山喷发，以及海底地下含矿热水喷出有关。

(4) 非正常海相：包括淡化海和咸化海。前者如现代的黑海，水域较深，最深处达2 400 m，大部为陆地所包围，有大量淡水注入，使海水淡化。表层水密度小，水的垂直循环不畅甚至停止，因此形成海底缺氧和滞流的还原环境。水面浮游及漂流生活的生物死亡下沉，形成富含有机质的黑色泥质沉积物。古代地层中有含笔石黑色页岩相，大致代表此种沉积物。与此相反，在干燥气候条件下的内海，蒸发量大于淡水补给量，内海海面降低，使外海海水不断溢入。由于不断蒸发和海水溢入，含盐量增高，形成咸化海。这种海一般规模较小，海水较浅，不易形成还原环境，常形成缺少生物化石的膏盐或白云岩沉积物。

2. 过渡相沉积(海陆混合相沉积)

它们发育于滨海地区。其中主要包括三角洲相和潟湖相。

(1) 三角洲相：在河流入海处，特别是在河流含沙量大、海底较浅而且比较稳定的地区，常常形成三角洲。三角洲相的特点是具有向海洋方向倾斜的斜层理，以沙质沉积为主，陆生植物、淡水动物和海生动物化石混杂在一起。三角洲底部，沉积物质变细，以粉沙及黏土为主，层理水平，富含海生动物化石。

(2) 潟湖相：形成于水体与海洋的联系为沙堤部分隔绝的滨海地区。在湿润气候条件下，常堆积成砂页岩和泥炭层，具有薄而水平的层理；在干燥炎热气候条件下则往往形成白云岩、石膏、石盐等化学沉积物。

3. 陆相沉积

大陆是遭受剥蚀的地区，但在相对低洼部位可以接受沉积。和海相沉积相比，陆相沉积类型多种多样，横向变化显著，地层对比也比较困难。沉积物中以碎屑(砾、沙、泥)成分为主，有时含陆生动植物化石。陆相沉积对于气候和地形的反映十分敏锐，在不同气候、地形和外营力的条件下便有不同类型的沉积，主要有残积、坡积、洪积、冲积、湖泊和沼泽沉积、风积、冰川和冰水沉积、洞穴堆积等。

(二) 岩相分析的主要根据

在不同环境下形成具有不同生物化石、岩性特征和结构，以及特殊矿物成分的沉积物；反过来说，沉积物中不同的生物化石、岩性特征和结构，以及特殊矿物成分往往指示不同的形成环境。

1. 生物化石

化石可以用来指示古地理环境。例如现代珊瑚若要存活要求水温在20 ℃以上，水中没有混杂的泥沙，水深不超过50~70 m，因此珊瑚化石指示清澈温暖的浅海环境；破碎的贝壳指示滨海环境；植物化石往往指示陆相环境，而不同的植物又反映不同的气候，如苏铁表明气候湿热，而银杏表明气候温和等。凡是代表特殊的地理环境，而且指示特殊岩相的化石或化石群，称指相化石或指相化石群。标准化石和指相化石结合起来，是确定地层时代、岩相和重塑古地理环境的重要依据。

2. 岩性特征和结构

岩性、结构和构造等特征是一定环境下沉积物的表现形式，因此可以作为岩相分析的重要根据。例如，红色岩层指示氧化环境；黑色页岩并含黄铁矿指示还原环境；交错层、不对称波痕等反映流动浅水地区；干裂反映滨海、滨湖等环境；鲕状赤铁矿和石灰岩代表温暖气候条件下的动荡浅海环境；竹叶状灰岩代表波浪作用所及的潮上带、潮间带和波底线以上的浅海环境，有的还可表示风暴环境；盐假象表示气候干燥环境等等。

3. 特殊矿物

有些矿物是在一定环境下形成的，可以起指相作用。例如海绿石代表较深浅海环境；石膏、石盐等代表干燥环境；白云岩（指形成于古生代以后者）特别是化石含量很少的那种，往往代表咸化海或潟湖环境，等等。

（三）岩相分析的原则——现实类比方法

了解岩相的分类及其分析根据，目的是利用这些知识从已知探求未知，从现在推求过去，以便认识地质时期自然环境的变化。这就是莱伊尔所提出的“以今证古”的所谓“现实主义原理”。但是，在应用这一原理时，必须注意以下事实。

1. 自然界演化的不可逆性

在地壳历史中，大气圈、水圈和岩石圈及生物圈总是不断发展的。以大气圈而论，过去和现在并不一样。地史初期，由于当时火山活动强烈，大气中 CO_2 含量比现在多；到石炭-二叠纪，由于大规模森林的出现，增加了光合作用，大气成分有了变化，CO_2 含量减少，而 O_2 的含量增加。由此看来，大气的成分在变化，大气的地质作用也必然在改变。再以生物界为例，如地质时期的海百合（一种固定于海底生活的棘皮动物）生活于亚浅海地区，而现代的海百合却生活于深浅海地区。又如白云岩是在咸化海或潟湖中沉积的，但在寒武纪以前却广泛地形成于正常海里。

2. 时间因素

有些地质作用，即使环境古今相同，但短期作用和长期作用的结果往往有很大的差异。例如，地质时代海相沉积物的机械分异规律是很普遍的，但在现代海洋沉积中，这种分异规律由于时间短促并不明显，这就表明长期反复的地质作用和短期地质作用的结果并不相同。

3. 沉积物的后生变化

古老的沉积岩层都经历了长期的后生作用，已经改变了沉积当时的面貌；而现代沉积还不能看到后生变化，所以尽管环境相似，但地质作用的结果也不一定完全相同。

莱伊尔的现实主义原理在地质学发展历史上曾起过进步作用。但是他没有考虑到上述各种因素，而认为各种地质现象是永恒的，古今是一致的（所谓一致论或均变论），他也没有考虑到地质作用过程中的突变因素。因此，在具体运用以今证古的方法进行岩相分析时，必须充分考虑历史条件、时间和环境，必须考虑到事物发展的渐变与突变，大气圈、水圈、岩石圈、生物圈本身都在不断演变，它们相互作用的规模和程度也在不断变化。这种现实主义与历史分析相结合,用历史发展的辩证观点研究地史的方法,叫作现实类比法。这里以海相沉积铁矿为例加以说明。根据化学沉积分异规律来看,铁是在化学沉积系列中较早分异出来的一种元素,因此,铁矿沉积必然是在近海岸地区,而且呈带状分布,如华北长城系鲕状赤铁矿(宣龙式铁矿)大致反映了这一规律。但是,时间更老的太古界鞍山式铁矿,分布十分广泛(在世界上相同时代的地层里都有类似铁矿),这就不符合现在的化学沉积分异规律了。这种现象可能因为当时的大气成分、生物条件、水介质状态都和以后不同,从而铁元素的搬运形式和沉积规律也和以后不同。由此可见,研究地史不能机械地采用以今证古的方法,必须用历史发展的观点,才能得出正确的结论。

(四)古地理图

对一定地区一定时代的地层进行岩相分析之后,把当时的海陆分布、地形、气候等情况综合起来绘成图件,就是古地理图。有时候利用岩性及古生物资料划分出更详细的单位,如滨海碎屑岩相、潟湖黑色页岩相、浅海灰岩相、山麓角砾岩相等,借以表明古自然环境和岩相空间分布的变化规律,这种图件称岩相-古地理图,它是岩相分析的总结。

三、构造历史分析

构造历史分析在于进一步研究地壳构造运动的历史及发展规律。可以根据岩相的垂直变化、岩层厚度、岩层接触关系等重塑地壳构造运动。

构造运动是长期性和阶段性发展的,所以地壳构造的发展也具有旋回性。地壳的发展都是从一个旋回向另一个旋回发展的过程。每一个旋回所形成的全部地层,称一个构造层。两个构造层之间总是被广泛的区域性不整合所分开。例如,地台的褶皱基底和盖层就代表不同阶段的旋回和构造层,其间呈显著的不整合接触。根据地槽发育构造旋回,结合海陆分布、生物演化和岩浆活动的阶段性变化,可以将地壳的发展过程划分为若干个旋回,或称构造阶段,如早古生代构造阶段、晚古生代构造阶段、中生代构造阶段和新生代构造阶段。

全面地恢复地壳构造发展史,不是一件容易的事。各种构造学说也各有不同的看法。但自板块构造学说问世以来,它把大陆和大洋联系起来,把地壳与地下深部联系起来,把板块活动和地槽理论联系起来,这对阐明地壳发展和海陆形成这些基本问题,提供了新的根据。但是,如何利用板块理论来恢复大陆壳的地质历史过程,目前仍在探索之中。

四、地层系统

由于地层划分的目的、依据和适用范围不同,地层划分系统可以有2类:一是区域性或地方性的,以岩性变化为主的地层划分,称为岩石地层分类系统,地层单位为群、组、段等;二是国际性的、全国性或大区域性的,以时代为准的地层划分,称为年代地层分类系统,地层单位为宇、界、系、统、阶等,与其相对应的地质时代为宙、代、纪、世、期等。

（一）岩石地层单位

为了了解一个地区的地层层序及沉积环境的演变，为了便于按一定的地层单位填绘地质图，野外地质工作首先应该把一个地方的分散的不连续地层剖面，进行野外分层，把它们连缀起来成为一个完整的综合剖面，然后再进行地层划分。地层划分的根据主要是岩性变化及岩性组合差异、沉积韵律（岩层节奏）、沉积间断（平行不整合、角度不整合等）等。

组是地方性的最基本的地层单位。凡是岩相、岩性和变质程度大体一致的，与上下地层之间有明确界限的，在一定地理范围内比较稳定的地层，都可以划分为一个组。组采用最初建组的地名（山名、村名等）命名，如华北中寒武统的徐庄组和张夏组等。

比组大的地方性地层单位称为群。凡是厚度巨大、岩性较复杂而又具有一定的相似性，但又无明确界限可以分组的一套岩系，或者是连续的、在成因上互相联系的几个组的组合，都可以划分成一个群。群也是用专门地理名称命名的，如阜平群，五台群。

组还可以根据岩性特征进一步划分为段。例如燕山地区蓟县系雾迷山组可以分成 4 个或 5 个段，分别称为雾迷山组第一段、第二段……

上述地层的划分，主要以岩性为根据，仅仅反映一定地理范围的沉积过程及沉积环境，只适用于一定地区，所以属于地方性的地层单位。

（二）年代地层单位

对于岩石地层单位，应该利用一切手段来确定其地质时代。为了认识大区域，甚至全球的地层发育和地理环境全貌，认识地球发展的全部历史进程，建立和逐步完善地质年代表，就必须建立大区域性和国际性的地层单位。这种地层单位必须和地质时代单位相对应。换言之，这种单位是一定地质时期所形成地层总体的名称，是超越地区性差异的抽象概括。例如，白垩系代表白垩纪这个地质时代所形成的地层总和，不同地区的白垩系的岩性、厚度、化石分布状况等可能有很大差异，但其所代表的时间长度必须是相等的，其上下界面必须是等时面。由于这种地层划分是以地质时代为标准，所以称为年代地层单位。

确定和对比地层的时代，可以利用同位素年龄、地磁极性时间表等方法，但其基本方法是利用生物地层学方法。由于生物界发展的不可逆性和阶段性，在同一时期生物界总体面貌大体具有全球或大区域的一致性，这就有可能根据生物门类（纲、目、科、属、种）的演化阶段，把地层划分为大小不同的年代地层单位，如宇、界、系、统、阶等。

根据地层中标准化石和化石组合，可以把地层划分为阶（每一个阶还可以包括几个生物带）。阶与阶之间的生物在属和种的范围内有显著差异。阶以地名命名，如华北地区上寒武统根据三叶虫的种类划分为崮山阶、长山阶、凤山阶。阶是全国性或大区域性的年代地层单位。

比阶更高一级的年代地层单位称为统。一个统可以包括数目不等的阶。由于统所代表的时间较长，所以统与统之间的生物在科、目范围内有显著的变化，统是全球性的年代地层单位。例如，在中国和澳大利亚的下寒武统中都有莱氏三叶虫（科），而在欧美都有小油节虫(科),二者都以多节、多刺、小尾为共同特征,说明下寒武统所代表的时代是三叶虫演化的原始阶段。统的名称和系相同,另冠以下、上或下、中、上字样,如下寒武统、中寒武统、上寒武统。古近系、新近系和第四系所划分的统则另有专门名称。

更高一级的年代地层单位称为系。一个系可以分为2~3个统。系与系之间的生物在目、纲范围内有很大变化。如泥盆系以鱼纲的大发展,石炭系以两栖纲的大发展为主要特征。系一般是根据首次研究的典型地区的古地名、古民族名或岩性特征等命名,如寒武系、奥陶系、石炭系、白垩系等。

根据生物界重大门类的演化阶段所划分的年代地层单位称为界。如中生界含有丰富的爬行类化石,新生界含有种类众多的哺乳动物化石,等等。一个界包括2~3甚至6个系。界以象征生物发展阶段的古生、中生和新生等命名。

最高级的年代地层单位称为宇。根据生物的出现和最低硬壳化石带及较高级动物的大量出现,把全部地层分为3个宇,即太古宇、元古宇和显生宇,后者包括古生界、中生界和新生界。

(三)地质时代单位

地质时代单位是从年代地层单位(它们都代表地层的实体)概括抽象出来的时间概念,所以年代地层单位都有一个层型,作为比较研究的根据。组成地壳的全部地层(从最老到最新)所代表的时代称地质时代,不同级别的年代地层单位所代表的时代,称为地质时代单位。形成一个宇的地层所占的时间称为宙;形成一个界的地层所占的时间称为代;形成一个系的地层所占的时间称为纪;形成一个统的地层所占的时间称为世;形成一个阶的地层所占的时间称为期。

岩石地层单位反映一个地区沉积过程的特殊性,年代地层单位反映全球时代划分的一致性和等时性,各具有不同的目的和作用。表5-2表明两类地层分类单位的级别和关系,以及年代地层单位与地质时代单位的对应关系。但是,岩石地层单位下所列各级名称只表示级别顺序,与左边年代地层单位无一定的对应关系。

表5-2 地层分类系统表

地质时代单位	年代地层单位	岩石地层单位
宙(Eon)	宇(Eonthem)	大群
代(Era)	界(Erathem)	群
纪(Period)	系(System)	组
世(Epoch)	统(Series)	段
期(Stage)	阶(Stage)	层

(四)年代地层与地质时代符号

在地质制图和地质记录等实际工作中,各级地层单位及其所属地质时代经常用各种专门地层符号来表示。其中宇、界、系的符号基本上是采用原拉丁文名称的第一个字母或再加一个字母表示。

1. 宇(宙)的符号

用两个大写正体字母表示,如:

冥古宇(Hadean)	HD
太古宇(Archaean)	AR
元古宇(Proterzoic)	PT
显生宇(Phanerozoic)	PH

2. 界(代)的符号

用该单位英文名称两个正体字母表示,第一个大写,第二个小写,如:

古生界(Paleozoic)	Pz
中生界(Mesozoic)	Mz
新生界(Cenozoic)	Cz

但太古宇(宙)四分用 Ar_{0-3} 表示,元古宇(宙)三分用 Pt_{1-3} 表示。

3. 系(纪)的符号

一般用英文名称字首大写正体字母表示,如:

志留系(Silurian)	S
泥盆系(Devonian)	D
石炭系(Carboniferous)	C

但寒武系(纪)Cambrian 字首与石炭系(纪)相同,采用 Є以示区别。中国特有的中、新元古界(代)的长城系(纪)Ch、蓟县系(纪)Jx、青白口系(纪)Qb 和南华系(纪)Nh 以汉语拼音名称第一音节双辅音的一大一小两个字母或用其汉语拼音名称头两个音节第一字母的一大一小两个正体字母表示。古近系(纪)Pleogene 的英文名称首字母“P”已用于二叠系(纪)Permian,因古近纪曾被称作“早第三纪(Early Tertiary)”,故仍沿用国际通用专名 E 为其符号。

4. 统(世)的符号

一般在系的符号右下角加阿拉伯数字 1、2、3 等序号构成,分别代表下统、中统和上统,如:

二叠系(Permian,P)	上二叠统	P_3
	中二叠统	P_2
	下二叠统	P_1
石炭系(Carboniferous,C)	上石炭统	C_2
	下石炭统	C_1

但第四系(纪)的更新统(世)和全新统(世)例外,代表符号分别为 Q_p 和 Q_h,右下角字母来自其英文名称 Pleistocene(更新统)和 Holocene(全新统)。

5. 阶的符号

阶的符号以统的代号为基础,在其右上角注以该阶在统内所处序列位置的阿拉伯数字顺序号 1、2、3、4、……,如:

	凤山阶	ϵ_3^3
上寒武统 ϵ_3	长山阶	ϵ_3^2
	崮山阶	ϵ_3^1

历史上曾按汉语拼音方案，采取阶名的第一个字母或两个字母，放在统的符号之后（小写正体），如：凤山阶 ϵ_3f，长山阶 ϵ_3c，崮山阶 ϵ_3g。这种标注形式在阅读以往的地质资料时，经常可以见到。

此外，在岩石地层单位中，群的符号是在相应的统或系或界的符号后，加上群名汉语拼音第一个字母，或第一个字母后再加上最接近的子音字母（小写斜体）。例如：古太古界密云群 Ar_1m。

组的符号未做统一规定。现在习惯上是按照汉语拼音方案，采取组名第一个字母或第一个字母再加最接近的子音字母（小写斜体），放在统的符号之后。例如：上寒武统凤山组 $\epsilon_3 f$，中寒武统张夏组 $\epsilon_2 z$，下寒武统馒头组 $\epsilon_1 m$。

关于段的符号未做统一规定。有人采用在组名右上角加 1、2、3 等的方案，表示第一段，第二段，第三段……

如把中寒武统张夏组第一段，表示为 $\epsilon_2 z^1$。

第3节　前寒武纪——太古宙和元古宙

前寒武纪又称前古生代，指寒武纪或古生代以前即距今约 5.39 亿年以前的地质时代，是地球历史最早的地质阶段。这一时期形成的地层称前寒武系。地球的年龄为 46 亿年，大约从 40 亿年前开始进入地质阶段，故前寒武纪时距今约为 34 亿年，约占地质历史 85%的时间。1930 年，G. H. 查德威克将全部地质时代分为两部分，寒武纪以前称隐生宙，寒武纪到第四纪称显生宙。隐生宙即相当于前寒武纪。距今 46 亿年到 40 亿年，是缺乏确实资料可考的时代，属于地球演化的天文时期，P. 克劳德称其为冥古宙（HD）。

长期以来，把前寒武纪即隐生宙划分为太古代（界）和元古代（界）。1977 年，国际地层委员会前寒武纪地层分会第四次会议，将前寒武纪划分为太古宙和元古宙，二者界线放在 25 亿年，并沿用至今。关于太古宙和元古宙的进一步划分，经过长期讨论修订，2000 年第 31 届国际地质大会上国际地质科学联合会公布的《国际地层表》将太古宙进一步分为 4 个代，即始太古代（相当于冥古宙 HD）、古太古代、中太古代、新太古代，界线分别为 36 亿年、32 亿年、28 亿年。元古宙则分为 3 个代，界线分别置于 16 亿年和 10 亿年。2002 年中国地层委员会修订的中国区域年代地层（地质年代）表，基本参照《国际地层表》，根据中国实际，把元古宙 3 个代之间的界线置于 18 亿年和 10 亿年。

代（界）下的单位纪（系），是地质年代表中最主要的单位。国际地层委员会前寒武纪地层分会虽然建议把元古宙划分为成铁纪、层侵纪（又译为熔岩纪）等 10 个纪，但其中 9 个纪都不具备层型剖面。当前国际地层委员会将新元古代最晚、寒武纪之前的一个纪，定名为埃迪卡拉纪，并将其底界的全球标准年龄定为 6.35 亿年。中国曾经将新元古代的最后一个纪命名为震旦纪，包括早震旦世和晚震旦世，底界年龄约为 8 亿年。1999 年第二届全国地层委员会前寒武系工作组，根据国际地层表中元古宙的划分方案，提出建立震旦系（纪）并重新厘定震旦系的含义，将震旦系仅限于原震旦系上统的范围，底界年龄 6.8 亿年，湖北峡东地区的震旦系为层型剖面，也是全球层型最佳候选剖面之一。原震旦系下统命名为南华系，得名于“南华大冰期”（表 5-3）。

表 5-3　太古宙与元古宙年代划分和主要地质特征

年代地层[1] 宙	年代地层[1] 代	年代地层[1] 纪/Ma	生物演化[2]	生物演化[2]	主要地质特征[2] 大气圈	主要地质特征[2] 构造阶段	主要地质特征[2] 沉积	国际地层表方案（2024） 纪/Ma	国际地层表方案（2024） 代	国际地层表方案（2024） 宙
显生宙	古生代	寒武纪	后生动物阶段	小壳动物群	富氧气圈 >10%	加里东阶段	生物沉积广布	寒武纪	古生代	显生宙
元古宙	新元古代	543 震旦纪		埃迪卡拉动物群，蠕虫、须腕动物群				539 埃迪卡拉纪	新元古代	元古宙
		680 南华纪	真核生物阶段	宏观藻类植物群	贫氧气圈 <10%	晋宁阶段	冰川沉积膏盐沉积广布	635 成冰纪		
		800 青白口纪						720 拉伸纪		
	中元古代	1 000 蓟县纪		高级藻类			可燃有机岩出现	1 000 狭带纪	中元古代	
								1 200 延展纪		
		1 400 长城纪		真核生物			蒸发盐出现	1 400 盖层纪		
						吕梁阶段		1 600 固结纪	古元古代	
	古元古代	1 800 滹沱纪	原核生物阶段	低级生物				1 800 造山纪		
					缺氧气圈		红层及碳酸盐出现	2 050 层侵纪		
		2 300						2 300 成铁纪		
太古宙	新太古代	2 500					硅铁沉积广布	2 500	新太古代	太古宙
	中太古代	2 800						2 800	中太古代	
	古太古代	3 200						3 200	古太古代	
	始太古代	3 600						3 600	始太古代	
		4 000						4 000		

据：1）中国区域年代地层（地质年代）表说明书，2002；

2）王鸿祯。

一、太古宙

（一）太古宙的一般地史特征

太古宙大约经历了 15 亿年（距今 40 亿～25 亿年）的时间，已经形成了薄而活动的原始地壳，出现了水圈和气圈，孕育和诞生了低级的生命。

1. 缺氧的气圈及水体

在太古宙，地球表面虽然已经形成了岩石圈、水圈和大气圈，但它们的性质和规模跟后来的有明显不同。海水中所含的盐分比现在要低，富含氯化物。大气成分以水蒸气、二氧化碳、硫化氢、氨、甲烷、氯化氢等为主。由于岩浆活动强烈，又无植物进行光合作用，因此大气中 CO_2 含量比后来要高。太古宙地层中含有丰富的普遍由低价铁沉积而成的铁矿，这些都说明当时大气组分和水体性质都处于缺氧的还原状态。

2. 薄弱的地壳和频繁的岩浆活动

太古宙形成的地壳厚度还不大，也远没有像现在那样坚固和复杂。据推测，原始陆壳的组分可能与上地幔更为接近，也就是尚未进行充分的分异过程。由于地壳厚度较小，幔源物质容易沿裂隙上行，常有大规模的超基性、基性断裂喷溢活动，并和硬砂岩、泥岩等一起经变质形成特殊火山沉积组合的绿岩带。此外，也有频繁的中酸性岩浆活动和火山活动，花岗岩、片麻岩、混合岩等常与绿岩带相间排列。由于地壳岩石强度较低，地热梯度较高，因此岩层中多塑性变形构造（如揉皱、肠状褶皱等）。

3. 岩石变质很深

在漫长的时间中，多次的岩浆活动、构造运动，使岩石普遍发生热变质、深变质（区域变质）和强烈的混合岩化，改变了原来的岩相特征，再加上缺少生物化石，因而给恢复古地理面貌和沉积环境造成很大困难，所以地层划分受到很大限制。

4. 海洋占绝对优势

在当今大陆壳的范围内，长期处于活动不稳定状态，陆表海占绝对优势，海底喷溢活动频繁而强烈。陆地面积不大，又不十分稳定，所以不易形成分异充分的沉积。

5. 陆核形成

陆壳经过多次的岩浆喷出、侵入，变质、混合，塑性变形，某些局部地方开始固结硬化，向着稳定方向发展，终于在太古宙中、晚期形成了稳定的基底地块——陆核。但规模仍比后来的地台小得多（图 5-7）。陆核的形成标志着地壳构造发展的第一大阶段的结束。

6. 原始生命萌芽

在最古老的时代，地球上还没有生命现象，到处是一片荒凉死寂。大约经过十几亿年，地球上有了水和空气以后，才出现最原始的生物。目前学术界公认的古老生物化石有澳大利亚约 35 亿年前的席状微生物化石，南非 32 亿年前的超微化石——古杆菌和巴贝通球藻。这些最原始的原核生物，个体呈圆形和椭圆形，整体只有一个细胞组成，没有细胞核。据推测，这种细菌形式的原始生命可能是在范围不大而温度较高的水体中开始出现的，这与当时的火山活动有密切关系。在格陵兰西南部 37 亿年前的变质沉积岩中发现了生物石墨的证据，可能还有叠层石，说明至少在 37 亿年前地球生命活动已经开始。但当时的生物缺少硬体部分，大部分个体又十分微小，加上岩层高度变质，

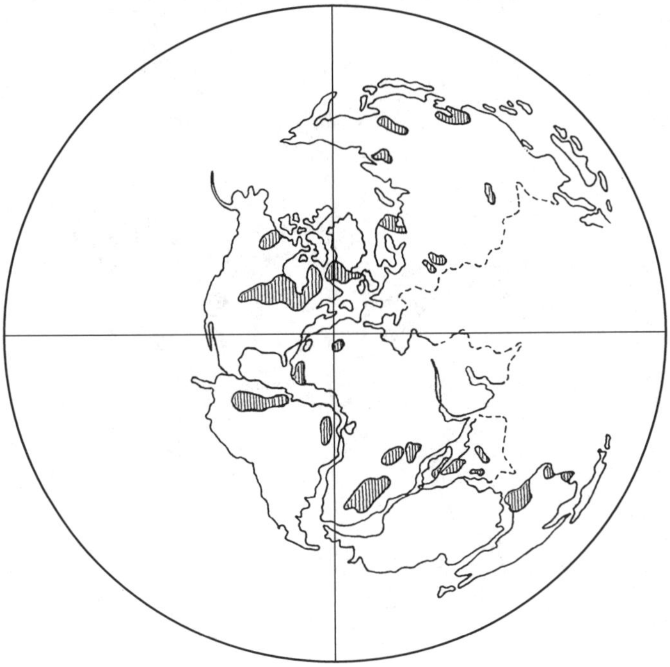

图 5-7　太古宙晚期陆核分布示意图
（据王鸿祯等）

所以，在太古宙的地层中保存下来的化石是很贫乏的。地球上从无生命到有生命，这不仅是地球本身发展史中的重要事件，而且是宇宙星体发展史中已知的唯一事件。

7. 构造运动

太古宙有多少构造运动，目前研究得很不清楚，在世界范围内可能有 3 次主要构造运动。在中国比较确认的是太古宙晚期的阜平运动。此时期缺少板块构造运动的证据，多数人认为太古宙尚未发生板块运动。目前一些人主张板块构造最早发生于古元古代。

（二）中国的太古宙地层

中国的太古宙地层主要分布于华北及东北南部地区，即东经 105°以东，北纬 31°~43°之间，构成华北地台的基底（图 5-8）。自北而南，大致可分为 3 带。

① 北带自宁夏吉兰泰，经内蒙古乌拉山到冀东燕山，东延至吉林南部的龙岗山及辽东地区，其中以燕山东段地区的岩层时代最老，称迁西群，以深变质麻粒岩与片麻岩为主，同位素年龄为 31 亿~36 亿年（铷锶法），是中国已知最老的岩系，属古太古界。原岩以超基性及基性火山岩为主，并含多层硅铁沉积（符号 BIF），变质后成为条带状磁铁石英岩，形成重要铁矿。在辽吉地区划分为龙岗群和鞍山群，鞍山群属新太古界，下部以角闪片麻岩、黑云母片麻岩等为主；上部是浅粒岩、片岩及磁铁石英岩，形成著名的鞍山式铁矿。在晋北、内蒙古阴山一带的太古宇旧称桑干群，现划分为下部的集宁群和上部的乌拉山群，以片麻岩、混合岩、蛇纹大理岩等为主。

② 中带主要分布于吕梁山、太行山和鲁西地区，太行山地区可以分为阜平群和龙泉

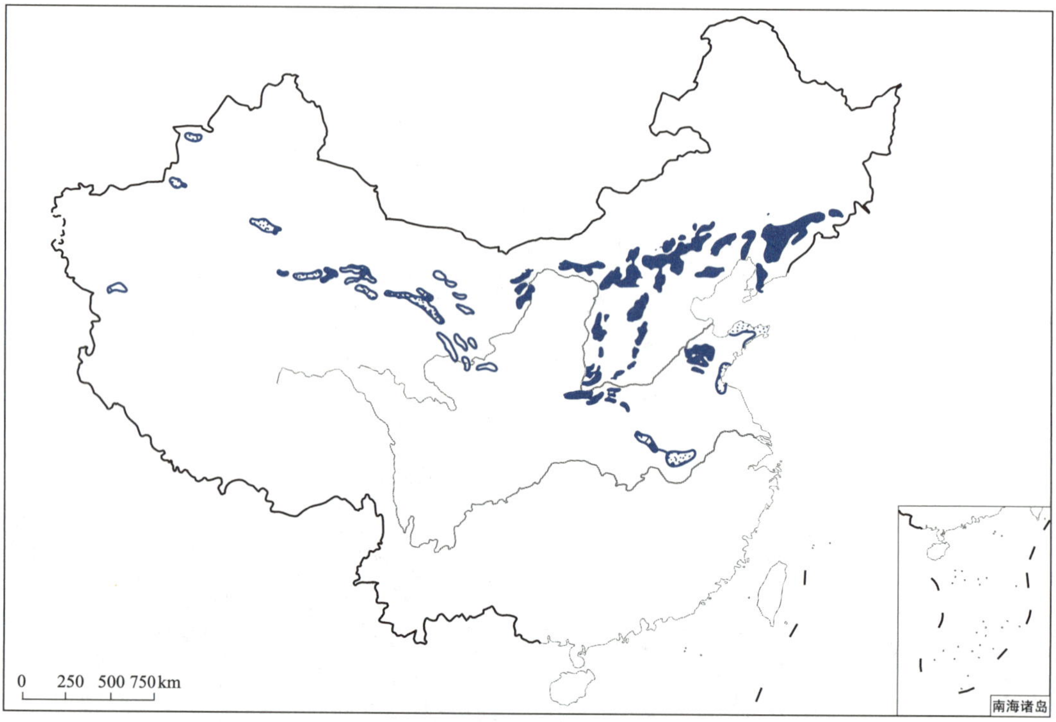

图 5-8 中国太古宙地层分布略图

图中带点部分为待确定的太古宙

关群，二者之间呈不整合接触，称阜平运动（与此运动相当的有建屏运动、鞍山运动、嵩阳运动、铁堡运动等），是中国已知最早的一次构造运动。鲁西地区称泰山群，以黑云母片麻岩、角闪片麻岩、角闪岩及变粒岩等为主，主要由古老的侵入岩变质而成，难以进行地层划分。

③ 南带主要分布于关中、豫西、大别山、安徽淮阳地区，呈 NW—SE 走向，分别称太华群、登封群、大别群等。至于中国西北地区，即东经 105°以西、北纬 35°～45°之间，也分布有古老变质岩系，但太古宇和古元古界目前尚未进行划分。

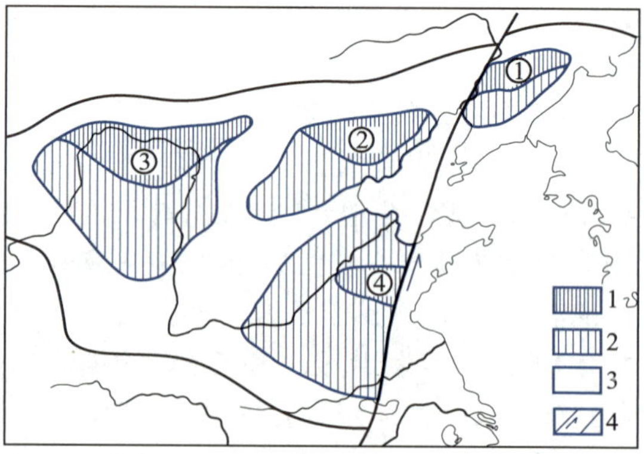

图 5-9 华北地台区太古宙陆核区及活动区分布示意图

（据王鸿祯）

① 早太古代陆核；② 太古宙陆核区；③ 太古宙、元古宙活动区；④ 地台边界及后期转换断裂

在太古宙地层分布区，曾有强烈的超基性、基性以至中酸性火山活动，并有普遍的硅铁质沉积或碳酸盐岩沉积。但是到了古太古代末，这些活动地区逐渐形成陆核（图 5-9），它们是吉（林）南（部）陆核、冀东陆核、河套陆核和鲁中陆核等 4 个古陆核。到了太古宙末，这些陆核又进一步发展扩大。而在陆核的边缘及各陆核之间，则为继续活动的地槽区，如北部边缘为内蒙古地槽，东部边缘为

胶辽地槽,南部边缘为豫皖地槽,斜贯南北为山西地槽等。

(三) 太古宙的重要矿产

太古宙地层中含有重要的矿产,其中尤以铁矿具有世界性的普遍意义。例如,辽宁鞍山一带的鞍山群中含磁铁石英岩,铁矿与石英交互成层,呈条带状,品位较低,但层位稳定,储量较大,常构成大型及特大型铁矿床。这种矿床称鞍山式铁矿。此外,如本溪、北京密云、冀东迁西、山西吕梁等大铁矿,均产于太古宙地层中。

在国外,如北美苏必利尔湖铁矿,南美圭亚那铁矿,北欧瑞典的基隆纳铁矿,澳大利亚西部的铁矿,南非卡普瓦尔陆核和印度铁矿山区的铁矿等,都是产于太古宙地层的著名铁矿。这类铁矿属于沉积变质铁矿,占世界铁矿总储量的 60%,太古宙及其以后的早元古代是世界性的重要铁矿成矿期之一。

此时普遍形成铁矿,与古地理环境如沉积介质条件、火山活动,以及细菌作用等分不开。在太古宙时,陆壳表面大部分被海水覆盖,由于大气及水体中富含 CO_2,海水中 HCO_3^- 浓度较大,从而增加岩石的溶解能力及水体的化学搬运能力,使低价铁源源不断地经过溶解汇入海盆。但当时毕竟陆地规模较小,因此,人们推测频繁的海底火山活动是铁矿物质的主要来源。同时因当时大气及水体处于缺氧还原条件下,低价铁可以长期积累和运移,使其分布的范围广阔。然而,这些低价铁必须变成高价铁才能沉淀,这无疑与当时的还原性水介质矛盾。克劳德 P. 认为,后来在水体中可能出现大量放氧的生物(如细菌),生物的放氧量恰好可以使水体中的低价铁氧化成高价铁而沉淀,使氧化还原处于平衡状态。这样既可保持成矿作用的继续进行,又可维持低级生物的生存,从而造成地史上这种特殊类型铁矿床广泛形成。这类铁矿当时是氢氧化铁和胶体 SiO_2(蛋白石类)同时沉积,所以称硅铁沉积(BIF)。后来遭受区域变质作用,使氢氧化铁脱水和重结晶变成磁铁矿或赤铁矿,胶体 SiO_2 变成石英,结果使原来致密隐晶质的铁质碧玉岩变成条带状磁铁(赤铁)石英岩。

几乎在所有古地块的有关地层中皆形成石英脉金矿(与花岗岩侵入有关),如澳大利亚西部、南非和北美。中国山东招远、河北遵化、青龙等地也都产金矿。在后期侵入的伟晶岩中常有锂、铋、钨、锡,以及白云母、稀有元素、稀土元素等(如内蒙古)。在侵入的基性及超基性岩中常有镍、镉、铜等矿床,如美国的苏必利尔湖区和非洲的津巴布韦等。中国河北大庙有钒钛磁铁矿、山西中条山有大型铜矿等。另外,南非和加拿大等古老岩系中皆有铀矿。

二、元古宙

(一) 元古宙的一般地史特征

元古宙同位素年龄从(25~5.39)亿年,共经历 19 亿年的悠久时间。元古宙划分为 3 个代。(25~18)亿年为古元古代,(18~10)亿年为中元古代,(10~5.39)亿年为新元古代。其中新元古代的后半段,即(6.80~5.39)亿年在我国单独划分为震旦纪,国际上确定为埃迪卡拉纪。元古宙的地史具有下述特征。

1. 从缺氧气圈到贫氧气圈

由于藻类植物日益繁盛,它们通过光合作用不断吸收大气中的 CO_2,放出 O_2,使大气圈和水体从缺氧气发展到含有较多氧气的状态。大约从中元古代开始,地层有含铁紫红色石英砂岩（如常州沟组、大虹峪组等）及赤铁矿层（如串岭沟组宣龙式铁矿）形成，说明当时大气中已含有相当多的游离氧。大气及水体中游离氧的增多，不仅影响岩石风化及沉积作用的方式与进程，而且也给生物发展和演化准备了物质条件（表 5-3）。

2. 从原核生物到真核生物

太古宙已出现菌类和蓝绿藻类，到元古宙得到进一步发展。在岩层中广布蓝绿藻类的群体，经生物作用和沉积作用形成综合体。这种综合体常保存在石灰岩和白云岩中。从横剖面上看，它们呈同心圆状、椭圆状等。从纵剖面上看，它们呈向上凸起的弧形或锥形叠层状，就像扣放着的一摞碗，称作叠层石（图 5-10）。

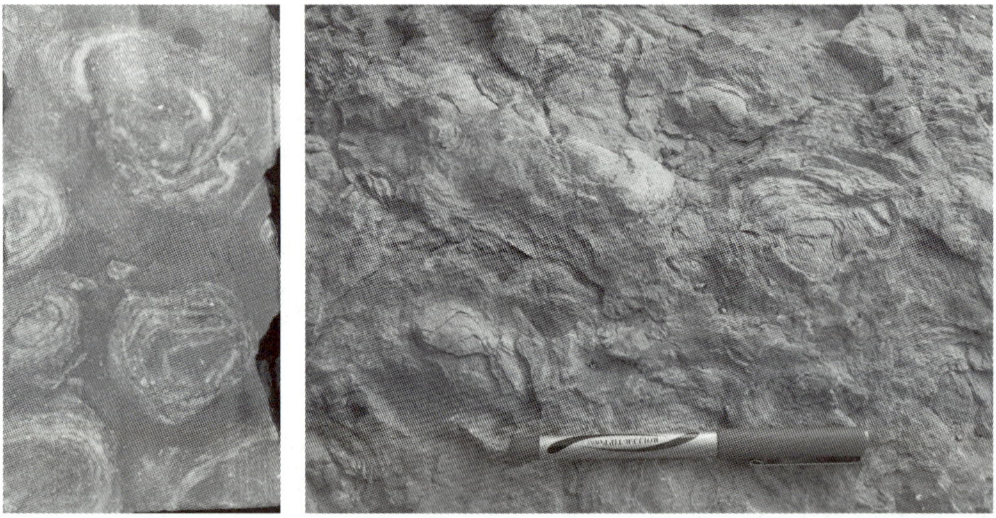

(a) (b)

图 5-10 叠层石

（a）横剖面；（b）野外露头

叠层石的基本构造单位叫作基本层，一般为弧形或锥形，向上凸起。基本层组成集合体，最常见的形状为柱状、锥状、棒槌状，有的呈墙状（图 5-11）。集合体有各种不同的分叉现象（图 5-12）。集合体组成大群体，在地层中多呈透镜状、似层状等礁体现象。

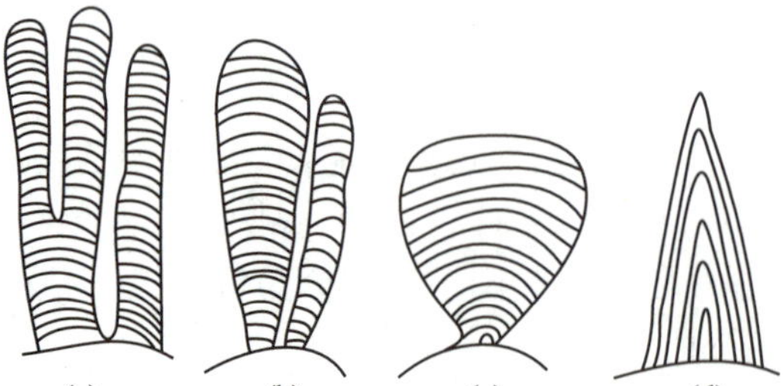

(a) (b) (c) (d)

图 5-11 叠层石集合体的部分形态

（a）柱状；（b）棒槌状；（c）陀螺状；（d）锥状

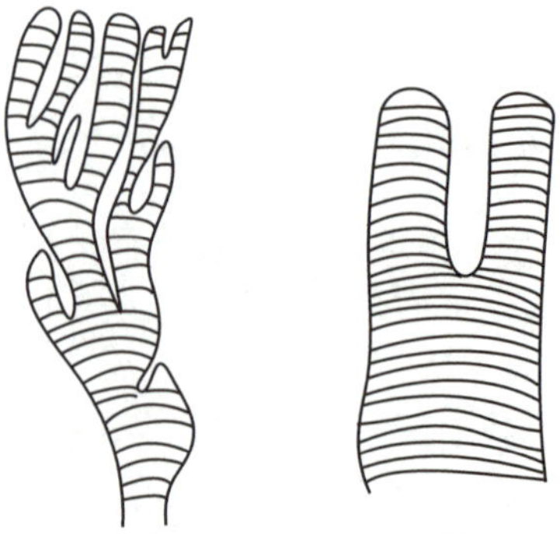

(a) (b)

图 5-12 叠层石集合体的部分分叉类型

（a）树枝状；（b）平行树干状

叠层石主要分布于滨海的潮间带和潮上带，有的能分布于潮下 100 m 深处。近年人们根据叠层石的形态、分叉形式、体壁构造、纹饰及内部构造，将其划分为许多类、群、型，这对于地层的划分和对比有一定意义。

另外，近年在元古宙地层中分离出形体微小的（常小于 10 μm）微古植物，主要指一些单细胞藻类。到了新元古代，微古植物形体增大（50～100 μm），种类繁多。大约从中元古代起还出现了褐藻及红藻等高级藻类。近年在中国北部中元古代串岭沟组地层中发现最古老的真核细胞生物化石，名为丘阿尔藻（*Chuaria*），距今 16～17 亿年。1978 年在中元古代雾迷山组中也发现真核生物化石，命名为震旦塔乌藻（*Tawuia*），距今 12～14 亿年。这些单细胞藻类，分类位置尚不明，总称为疑源类（*Acritarcha*）。太古宙从无生命到有生命，是生物演化史上的一次飞跃，而元古宙则是从原核生物到真核生物，从单细胞到多细胞；新元古代晚期，海洋生物大爆发，出现埃迪卡拉动物群，标志着在地球发展史和生命演化过程中进入一个新阶段（表 5-3）。

3. 由陆核到原地台和古地台

在太古宙晚期的构造运动即阜平运动之后，中国和世界大陆上都出现了小规模的稳定核心，称为陆核，这是陆壳构造发展的第一阶段。古元古代中期的构造运动，在中国称五台运动；古元古代晚期的构造运动，在中国称吕梁运动。通过这些运动，陆核进一步扩大，形成规模较大的稳定地区，称为原地台，在原地台上开始沉积了类似盖层的沉积类型。由于沉积、喷发、侵入、挤压、褶皱、变质、固结等作用反复进行，陆壳某些部分更趋稳定，到中元古代晚期原地台进一步扩大，在世界上终于出现了若干大规模稳定的古地台（参阅图 5-18）。由陆核到原地台和古地台，是陆壳构造发展的第二个阶段。

4. 古元古代地层和中、新元古代地层有很大区别

从岩石性质看，古元古代地层即古元古界往往和新太古界具有共性，大多属于活动类型沉积和浊流沉积变质而成的绿岩系，同时和新太古界一样，常含有规模巨大的铁矿床，性质和鞍山式铁矿近似，以低价铁为主，反映当时大气和水体的缺氧状态。古元古界（Pt_1）和新太古界（Ar_3）共同构成地台的基底。到了中、新元古代，原地台已经出现，出现了稳定地台浅海，真核及藻类生物繁盛，大气及水体中含氧量增加，红层、高价铁、碳酸盐等沉积出现，形成地台盖层，因此，中元古界（Pt_2）特别是新元古界（Pt_3）震旦系（Z）已经属于盖层沉积的范畴。

（二）中国的元古宙古地理和地层

1. 古元古代

在古元古代，中国北方已经形成华北原地台，南方形成扬子原地台，西部则形成塔里木原地台。在华北地区，在初步固结的基础上，发生断裂拗陷，形成了以滹（hū）沱群为代表的碎屑-火山沉积和含叠层石的白云岩沉积；在五台-太行山地区则形成造山后的磨拉石堆积。这些都属于地槽活动型堆积。在河南则形成嵩山群，在安徽形成凤阳群，它们都属于稳定类型，以分选较好的碎屑岩、碳酸盐等为主，很少有火山岩。上述沉积经过褶皱夷平，上面为中、新元古界不整合覆盖，这个不整合面分布广泛，即吕梁运动。华北地区经吕梁运动后，进一步固结，形成华北原地台。

在中国西南，包括川中、鄂西，基底以新太古界崆岭群变质岩系为代表。古元古界分布不广，主要为岛弧型火山沉积岩系，川西一带也有类似沉积。后来古元古界连同新太古界褶皱形成扬子原地台。中国西部，塔里木地区古元古界以浅变质火山沉积岩系为主，属于活动类型，称兴地塔格群。古元古代末形成了原地台。

2. 中元古代和新元古代

古元古代末期，在中国已经出现了华北、扬子、塔里木等相对稳定的原地台，但陆壳稳定情况在中国各地仍存在很大差异。

(1) 华北地区：早在太古宙末，中国北部和辽宁南部已形成几个稳定陆核，陆核之间是活动地区，其间填充了五台群和滹沱群，经过吕梁运动褶皱变质固结，它们把陆核连接起来，形成较大规模的稳定地区——华北原地台。这个原地台地形高低起伏，相当复杂。有些地区在久经剥蚀之后，又开始下沉，形成浅海；而有些地区则高出海面，形成古陆，如图5-13所示，中国北部除内蒙古北部及东北北部属比较活动的地槽外，其余皆属华北原地台范围。原地台大致呈三角形，周围被高地环绕；北有内蒙古古陆，南有淮阳古陆，东边是胶东古陆(后来发展成胶辽古陆)；古陆之间是一片陆表浅海，海中耸立着若干山地和陆岛。如鲁西古陆和晋陕古陆便是较大的古陆。在这片浅海中沉积了类似盖层的中、新元古界，所以在辽宁、吉林南部、河北、山西(部分地区)、大青山、贺兰山、鲁中、豫西和皖北均有出露，但沉积发育情况各地不一，可大体分为3种类型：强烈沉降带沉积，稳定浅海沉积，隆起区的陆相沉积。

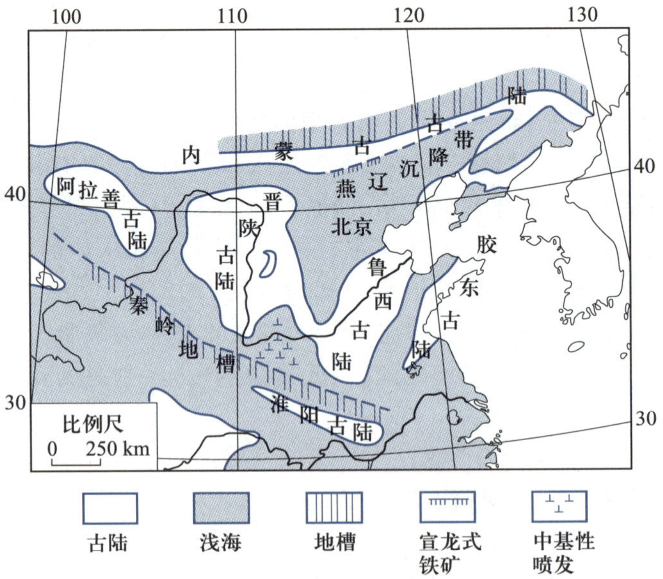

图5-13 中国北方中元古代古地理略图

(据王鸿祯，简化。框外数字表示经度和纬度)

① 燕辽沉降带位于内蒙古古陆南侧，是华北地区强烈坳陷地带，如图5-14所示，坳陷中心在河北兴隆、天津蓟县，以及北京平谷一带，沉积厚度达10 000 m，地层发育完全，分层清楚，是北方中新元古界划分和对比的标准地区。图5-15为燕山地区平谷一带中新元古界综合柱状剖面。

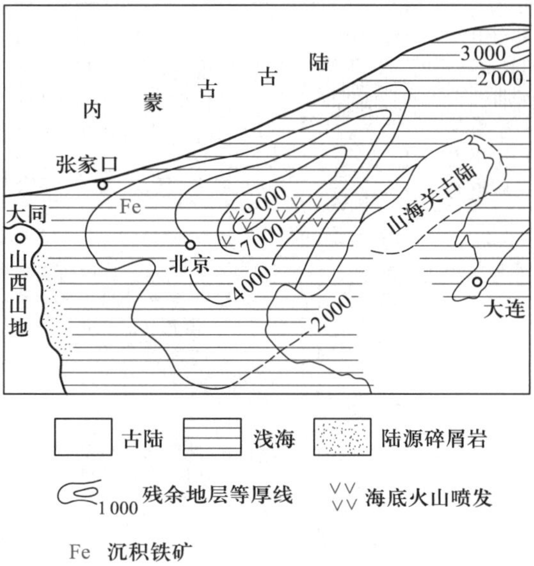

图 5-14　燕辽沉降带古地理图

在图 5-15 剖面中，根据沉积旋回、岩性和沉积间断，可将其分为 3 个系 12 个组。长城系下部以碎屑岩为主，并夹有火山喷发岩，上部为碳酸盐岩；蓟县系以碳酸盐岩为主，厚度最大，分布较广；青白口系以砂页岩、石灰岩为主，厚度较小，分布较窄。中、新元古界由下而上代表一个巨大的沉积旋回；在这个旋回中又可分为 3 个次一级旋回，各旋回间都存在着明显的间断；次一级旋回中还包含着更小旋回。据此，说明以剖面为代表的这一时代初期，海侵开始，堆积了巨厚的滨海浅海碎屑岩，并有海底火山喷发活动；中期海侵扩大，向四周超覆（图 5-16），形成了广厚的碳酸盐建造；后期地壳上升，海水渐退，又以碎屑岩沉积为主。在大旋回中，夹着次一级和更次一级旋回，说明整个地区是波浪式的发展过程。

位于淮阴古陆北缘的豫西-淮南沉降带，其发育过程和燕辽沉降带相似。

② 华北地区其他部分包括现在山东、河南、安徽等部分地区，是一片相对稳定的陆表浅海，沉降幅度较小，沉积厚度一般在 1 000 m 左右，下部以碎屑岩相为主，上部以碳酸盐岩为主。

③ 晋陕古陆为浅海所包围，是一个长期遭受剥蚀的隆起区，其边缘部分只有当海侵超覆时才形成不厚的滨海相沉积；内部低地堆积了陆相石英砂岩，分选良好，交错层发育，厚度仅在 100 m 左右。

总之，华北地区在中元古代开始了新的发展阶段，虽然吕梁运动后已经基本上形成比较稳定地区，但尚有局部活动性较大的地区，如燕辽沉降带即是。沉降带为传统名称，其形成可能与古陆边缘深断裂有关，目前或认为与板块边界活动有关。这些活动单位经过中、新元古代的长期发展才逐渐相对稳定下来，到新元古代初期，已经发展为大规模的相对稳定的华北地台，也称中朝地台。

（2）中国西部塔里木地区：在北天山的北山地区，中、新元古界分布广泛，为相对稳定型的浅变质、含碳酸盐沉积，沉积类型与中朝地台相似。沿中、南天山东段，有呈 NWW 走向的强烈沉降带，沉积厚度逾万米，与燕辽沉降带有类似之处。

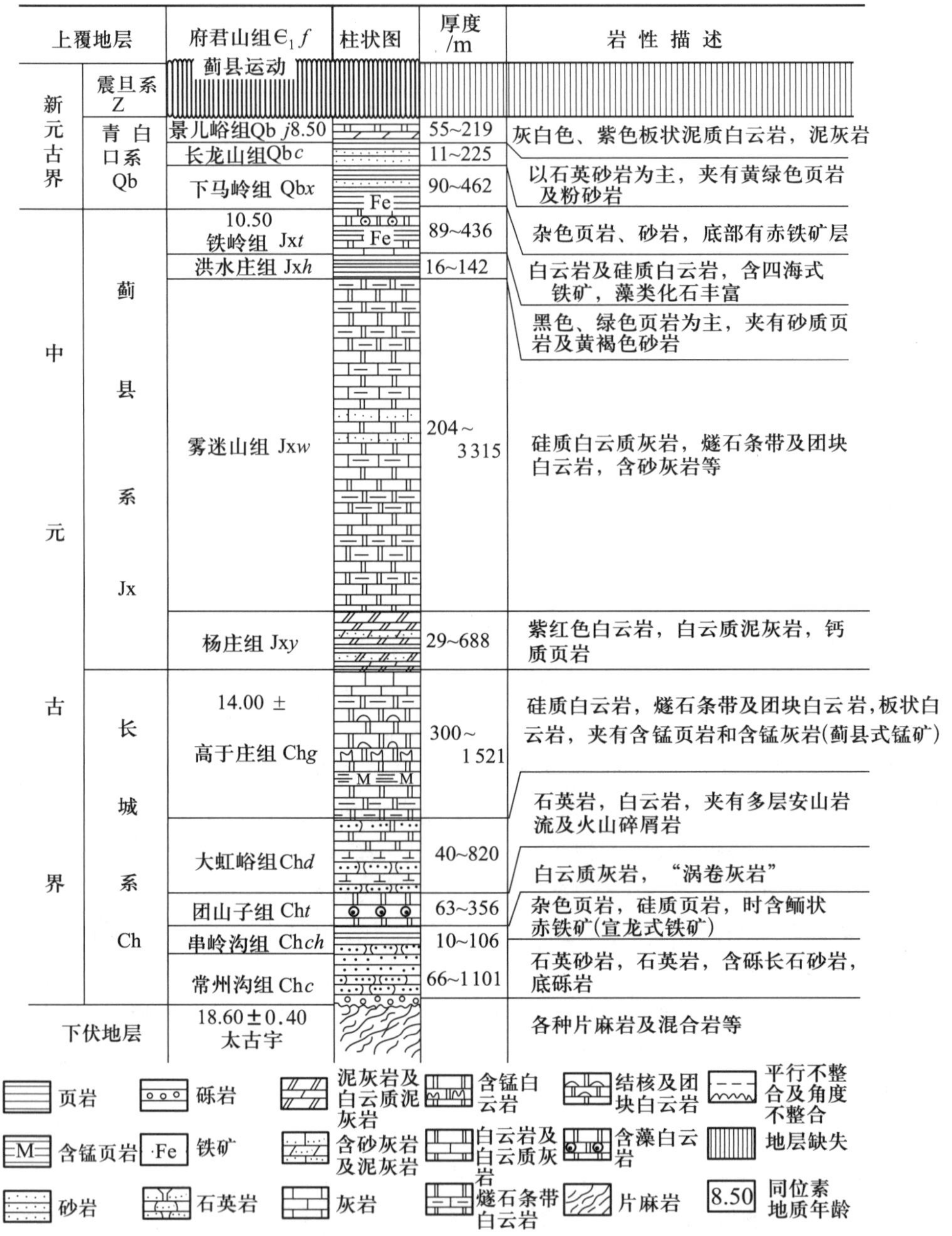

图 5-15 燕山地区中新元古界综合柱状剖面

(3) 中国南部：中国南部和中国北部地壳发育过程有很大不同，在那里缺少太古宇地层，而元古宇地层则广泛发育。南方扬子原地台(包括四川、重庆及湘、鄂、黔、桂等一部分，四川盆地为其核心部分)是一个相对稳定的地区，在它的周围出现了一些活动地带，如在其东部的鄂西地区出露崆岭群，以黑云斜长片麻岩、混合岩、角闪岩等为主，上部夹有大理岩，总厚度大于 5 000 m，时代属古元古界。在其附近出露浅变质的神农架群，以碳酸盐岩为主，下部和上部含有火山物质及硅质、铁质沉积，大约相当于北方的中、新元古界。

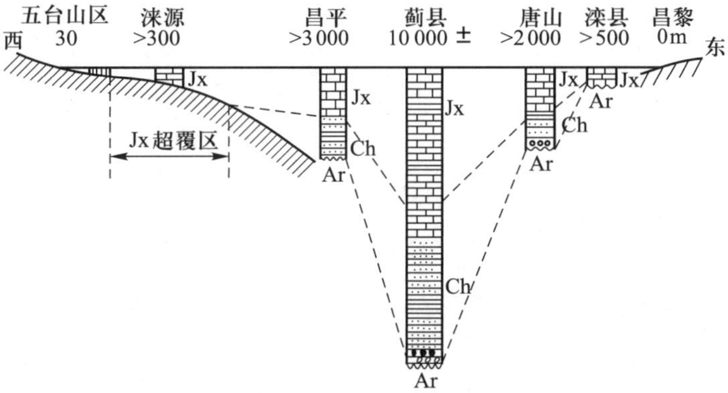

图 5-16 燕辽沉降带自西向东中元古界沉积厚度示意图

/////为太古宇或古元古界褶皱基底;Ar 太古宇;Ch 长城系;Jx 蓟县系

在扬子原地台的东南缘,中、新元古界出露非常广泛,下部称四堡群或梵净山群,上部称板溪群,二者以不整合接触。板溪群以浅变质岩为主,包括砂质板岩、千枚岩、泥灰岩,有时含细碧岩、火山喷发岩,或具海底喷发的枕状构造,间有复理石式沉积,各处厚度不等(1 000~7 000 m)。广泛分布于湘西、黔东、桂北等地。有人认为板溪群非常近似大陆边缘从大陆架海、边缘海、大陆坡到火山岛弧海沉积,然后向外过渡到外海。

在扬子原地台的西侧,即川滇交界地区,也是相对活动地带,沉积了厚达 8 500 m 以上的浅变质的会理群,下部和上部有火山沉积,中部以碳酸盐沉积夹泥沙质沉积为主,中、新元古界之间及上部与下震旦统之间,皆为不整合接触,分别代表晋宁运动早、晚两期。通过晋宁运动,扬子原地台周围固结扩大,到后来形成大型稳定的扬子地台。

总之,从太古宙到元古宙,中国南北地层分布不同的特点,说明地壳发展的不平衡性,北方在古元古代末吕梁运动之后已经形成稳定的基底,其上的活动区只限于沉降带(与古陆边缘断裂有关),火山活动不多;从新元古代开始,已几乎全部固结,形成华北地台;而南方则在扬子原地台的两侧,活动相当强烈,特别是从中元古代起,发育了边缘海及岛弧海,火山活动相当频繁,经晋宁运动,原地台扩大才发展为扬子地台。这种在同一时期北方相对稳定、南方相对活动的特征,一直延续到古生代。

3. 最古老的冰期——南华大冰期

南华大冰期发生于新元古代南华纪,根据冰成岩的层序,这次冰期至少包括两期:一是 7.4~7 亿年,以含冰碛纹泥岩的古城组冰碛砾岩为标志,冰碛层分布最广;一是 6.8 亿年,以夹冰碛的南沱组泥砾岩为代表。在第 1 期冰期之后,许多地方形成膏盐和白云岩沉积,说明气候转为干燥炎热。在第 2 期冰期之后,世界许多地方发现了以埃迪卡拉动物群为代表的软体裸露动物群,这也说明气候状况有很大变化。

南华纪冰期遗迹,最早是在湖北宜昌南沱发现的南沱冰碛层。以后,在滇、湘、黔、鄂、赣、皖、豫、甘、宁、新等省级行政区都相继发现(图 5-17)。同时代的冰川沉积,在澳大利亚、非洲、南美、北美、亚欧等大陆上普遍存在,是一个重要的地质事件。这是已知的具有世界意义的最古老的一次冰期。

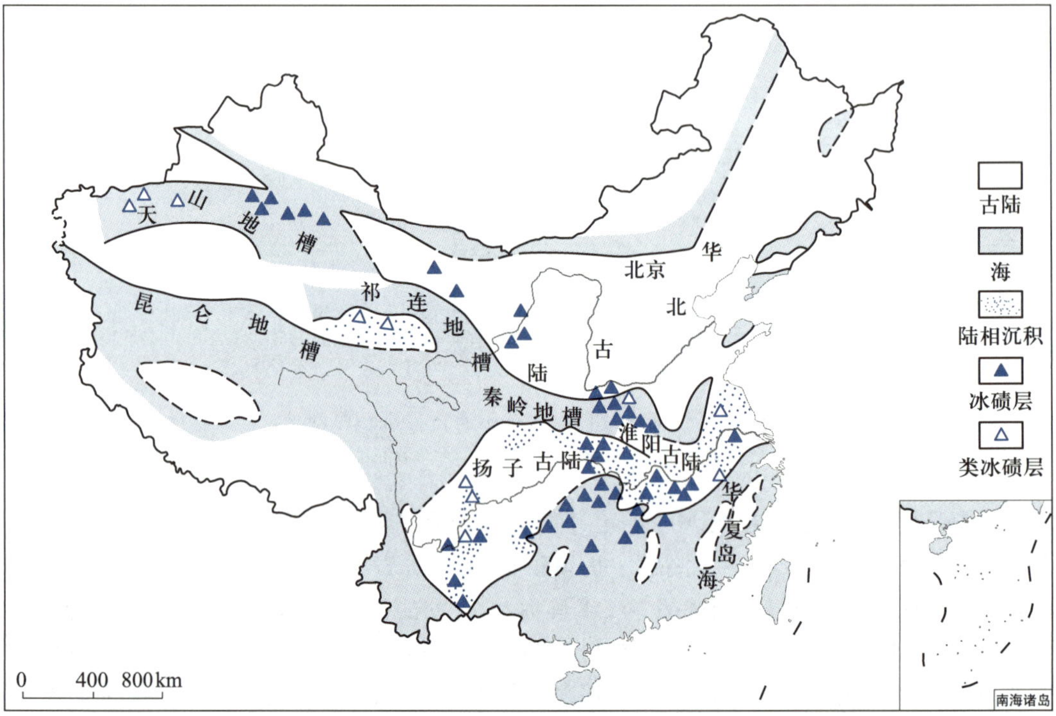

图 5-17 中国南华纪古地理略图

（据王鸿祯，简化）

（三）中国元古宙的矿产

元古宙所经历的时间很长，沉积的厚度也很大，如燕山地区中、新元古界最厚达10 000 m，相当于同一地区古生界地层的若干倍。因此，这一部分地层中含有比较丰富的矿产。

1. 铁矿

中元古代，在华北地区，特别是沿内蒙古古陆的南侧，沉积了大量浅海相鲕状和肾状赤铁矿。以河北宣化、龙关一带的宣龙式铁矿最为典型。矿层位于长城系串岭沟组底部（图 5-14，图 5-15），多为富矿。这些都是吕梁运动后，古陆经长期风化和剥蚀作用，铁质在滨海地区不断富集形成沉积赤铁矿。

在燕山地区的蓟县系铁岭组中，也可见到沉积赤铁矿，称四海式铁矿（因北京延庆四海而命名）。在青白口系下马岭组底部，有时也存在一层不规则的风化壳型铁矿。

2. 锰矿

在华北地区长城系高于庄组中下部，常夹有一层锰矿或含锰页岩及含锰灰岩。如在蓟县高于庄组中有含锰带，称蓟县式锰矿，但多为低品位。除此，在蓟县系铁岭组中部，含铁锰，在辽宁朝阳瓦房子一带形成锰矿层，称瓦房子式锰矿。

3. 其他

在苏北东海锦屏山、皖北大别山等处，古元古界变质岩中形成重要磷矿，称东海式磷矿。在北方长城系串岭沟组和大虹峪组中常有含钾层位（绿色海绿石页岩）。在豫北发现含钾页岩矿床，即位于串岭沟组中。最近，在华北平原掩覆下的雾迷山组白云岩中发现储藏了大量石油，如华北油田(河北任丘)最早发现古潜山油田，这些含油古潜山就是由雾迷山组白云岩构成的。

此外，在北方元古宇中有大量的碳酸盐沉积，其最大特征为富含镁质，绝大部分为白云岩和白云质灰岩，质纯者可作为冶金熔剂。其中辽宁大石桥一带的古元古界辽河群中产有大型菱镁矿床。中、新元古界中纯灰岩不多，在燕山地区一些地方的高于庄组上部、铁岭组上部等，有较纯灰岩，可以作为水泥和石灰等原料。含有叠层石的白云岩及白云质灰岩，磨光后是美观的建筑材料。

三、震旦纪

震旦纪距今 6.35 亿~5.39 亿年，属于新元古代的晚期。震旦为中国的古称，作为地层专名，始于德国 F. von 李希霍芬。1922 年 A. W. 葛利普根据对中国地层的研究重新厘定震旦系的含义，正式提出震旦系是系一级的地层单位。1924 年李四光、赵亚曾在长江三峡地区建立完整的震旦系剖面；后来高振西等在蓟县建立了华北地区的震旦系标准剖面。近年用同位素测定，北方的震旦系年龄为 18~10 亿年；而南方震旦系则为 8~6 亿年，二者不是同时关系而是上下关系。当今以兴隆蓟县剖面为代表的原震旦系已划归中、新元古界。在此所说的震旦纪是指以长江三峡剖面为代表的震旦纪，属于新元古代最后期的一个纪，是从元古宙向古生代寒武纪过渡的一个纪，也是在中国命名并向国际推荐的一个纪一级的地质年代单位。震旦纪形成的地层为震旦系(Z)，震旦纪划分为早、晚 2 个世，相应地层为下、上两个统(Z_1,Z_2)。

(一) 世界古地理基本轮廓

到了元古宙末期即震旦纪，大陆壳已经成为许多大规模的稳定的部分——古地台。构成古地台基底的岩石都是变质的岩石，如各种片麻岩、角闪岩、混合岩、片岩、千枚岩、大理岩、石英岩等，厚度很大，其中经常穿插着各种侵入体。这些古地台，有的部分到后来一直屹立于海面之上，未接受新的沉积，构成地盾部分；但大部分又经历了多次沧桑变化，为以后的盖层所覆盖，一般认为从震旦纪开始，才在稳定的地台上发育了稳定类型的盖层。因此，从大地构造演化或沉积发育的角度来看，震旦纪处于从新元古代向古生代过渡的阶段，它既是前古生代的尾声，也是古生代的序幕。这时候全球形成的古地台(图 5-18，按当今海陆轮廓绘制，后同)有：

Ⅰ. 中国地台(主要包括华北地台，塔里木地台，扬子地台)；

Ⅱ. 西伯利亚地台(又称安卡拉地台)；

Ⅲ. 俄罗斯地台(又称东欧地台，包括俄罗斯、波罗的海沿岸、芬兰及斯堪的纳维亚半岛大部地区)；

Ⅳ. 加拿大地台(又称北美地台，包括美国中北部、加拿大地盾、格陵兰地台)

Ⅴ. 巴西地台(又称南美地台，主要包括巴西)；

Ⅵ. 非洲地台(除去非洲北部及南部，包括非洲的广大地区、马达加斯加岛和阿拉伯半岛地块)；

Ⅶ. 印度地台(包括印度中南部)；

Ⅷ. 澳大利亚地台(包括澳大利亚中、西部)。

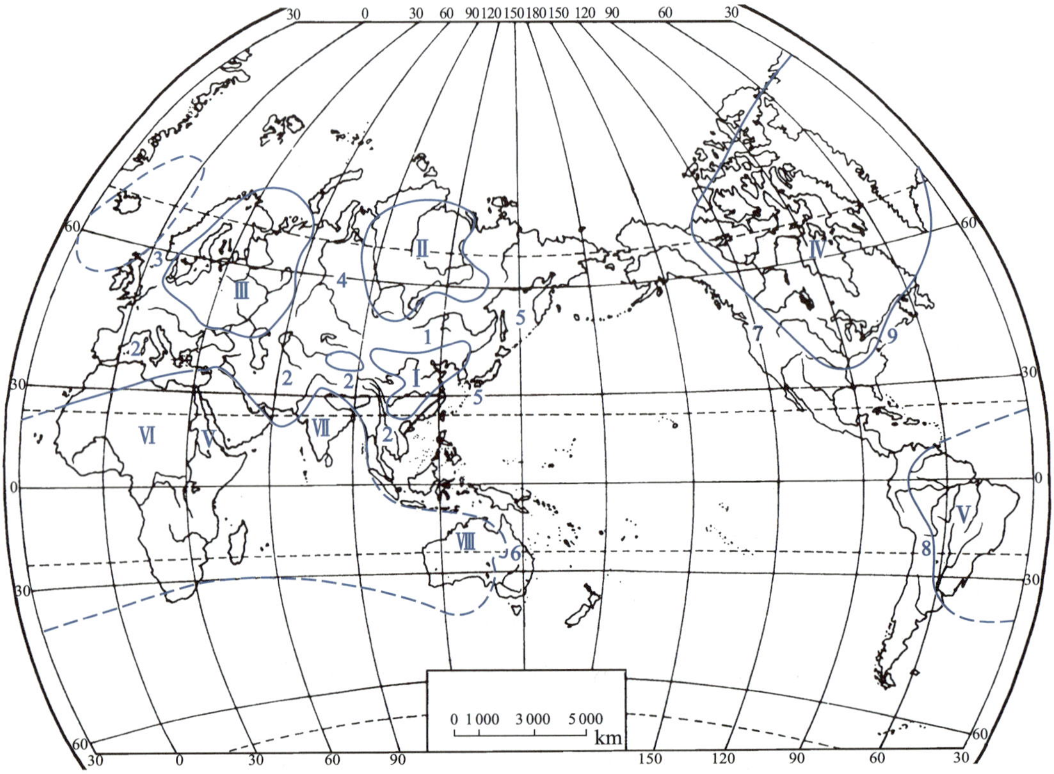

图 5-18 前寒武纪地台和地槽分布略图

Ⅰ. 中国地台；Ⅱ. 西伯利亚地台；Ⅲ. 俄罗斯地台；Ⅳ. 加拿大地台；

Ⅴ. 巴西地台；Ⅵ. 非洲地台；Ⅶ. 印度地台；Ⅷ. 澳大利亚地台；

1. 蒙古地槽；2. 古地中海地槽；3. 加里东地槽；4. 乌拉尔地槽；5. 太平洋西岸地槽；

6. 塔斯马尼亚地槽；7. 科迪勒拉地槽；8. 安第斯地槽；9. 阿巴拉契亚地槽

根据南半球地台分布情况及构造特点，上述巴西地台、非洲地台、印度地台和澳大利亚地台是一个稳定的联合古陆，在中生代以前它们还没有分裂，总称冈瓦纳古陆①。

在古地台之间或其周围，是一些相对活动的地带，从大地构造角度称为地槽，从古地理角度可以称为海槽。各地槽的名称和分布如图 5-18 所示。在地槽中进行着剧烈拗陷和巨厚沉积。与此同时，在许多古陆上有海水侵入形成浅海，在其中进行了数百到数千米的沉积，形成地台的盖层。但也有些古陆，如加拿大古陆中心部分，以及南方的冈瓦纳古陆等，则长期位于海面之上，没有接受沉积。

从板块角度推测，从震旦纪开始，直到古生代末期，是冈瓦纳古陆联合阶段，而北方古陆则处于分裂阶段。到后来则正相反，冈瓦纳古陆逐渐解体，而北方各陆块则趋于联合。

---

① 冈瓦纳古陆(Gondwanaland)指位于南半球的古大陆，又称南方古陆(South Great Land)，因印度中部的冈瓦纳地方得名，因为南方的非洲、马达加斯加、南亚次大陆、澳大利亚、南美和南极大陆，发现有相同的冰碛层和煤系，认为它们是在古生代以后由冈瓦纳古陆分裂而成的。

（二）繁盛藻类和后生动物大量出现

震旦纪生物界的演化与前期相比，出现迅速和突变的趋势，开启了地球的生物大爆发时代。总的说来，早震旦世（距今 6.80～6.30 亿年）大体是继承青白口纪和南华纪，微古植物群（如各种刺球藻，属种繁多）和宏观藻类非常繁盛，后者在地层中形成多种叠层石。在皖南震旦系蓝田组中还发现丛状藻类（*Epiphytaleans*）植物群，具有明显的分枝现象，属于红藻门，是地质历史上出现最早的灌木丛状原叶体大型藻类植物群。这种植物在以后的早寒武世大量繁衍起来。

晚震旦世时，门类多样的后生动物大量出现，反映生物界的一次飞跃。首先是在澳大利亚南部弗林德斯山埃迪卡拉（Ediacara）发现了丰富的无壳动物，其中以腔肠动物门水母类为主，兼有环节动物及可能属于节肢动物的一些化石，是一个以软躯体后生动物为主体的动物群，称为埃迪卡拉裸露动物群。由于这类动物缺少硬体，很难成为化石保存下来。但该动物群的一些分子目前已在欧、亚、非、美等洲发现。中国近年也不断报道黑龙江、陕南、辽宁、湖南等地发现埃迪卡拉群化石，其中主要为蠕形动物和腔肠动物，而前者横向分布更广，纵向分布亦较长；腔肠动物主要为类水母动物，如环轮水母（*Cyclomedusa*）属；在三峡地区震旦系上统还发现了海鳃目的恰尼虫（*Charnia*）属。

总之，从生物地层学角度来看，后生动物的大量出现和高级藻类的繁盛，表明震旦纪具有承前启后的特色，是寒武纪生物群发展的前奏，或者说标志着地质历史即将进入一个新纪元。

（三）中国震旦纪古地理轮廓及震旦系

震旦纪到来之前，在中国曾发生一次强烈而影响宽广的构造运动，即晋宁运动。受晋宁运动影响，中国古地理形成一种新的格局（图 5-18），许多地区隆起为陆，如从西到东，横亘着断续的稳定地带，塔里木地台、柴达木地块、华北地台等几乎连成一体，特别是华北和东北广大地区在震旦纪始终屹立于海面之上，称为华北古陆。中国南部的扬子地台，也出露于海面之上，称为扬子古陆，和其东部的淮扬古陆等连在一起。古陆的周围或边缘，则是拗陷活动地带，北边是天山-蒙古-兴安地槽，南边是昆仑地槽、祁连地槽、秦岭地槽。扬子古陆西侧川滇地区是活动地带；它的东侧湘、桂、皖、浙、闽、粤一带，震旦纪长期海侵，有些岛屿耸立海水之中，称为华夏岛海，这也是非常活动的地带。

震旦纪地层在华南广泛发育，西北地区也有分布，华北地区因当时形成古陆，未曾沉积震旦系，只在南缘和东缘（如辽南、胶东地区）略有分布。震旦时期浅海广布，以碳酸盐岩沉积为主，形成白云岩-硅质岩建造。

湖北宜昌三峡地区为中国震旦系标准剖面出露地区，主要为浅海相碳酸盐沉积，在其顶部（天柱山段）近年发现小型软舌螺等化石，通称小壳化石。国际上认为寒武系底界应从过去的三叶虫带下移至始见小壳化石的层位，因此震旦系顶部小壳化石带成为连续剖面中震旦系与寒武系的重要界线模式之一（云南亦具备此种模式）。

中国的震旦系具有全球性意义（此外还有俄、澳、加拿大等）。从地壳演化、生物演化、古气候角度，震旦纪都代表一个特定的地质历史时期。中国对三峡、云南等震旦系进行了比较深入的研究，已获得丰富的生物地层学、同位素年代学、磁性地层学等资料，是建立国际新元古Ⅲ纪层型的最佳候选者之一。

（四）中国震旦纪的矿产

震旦纪是沉积矿产的重要成矿期之一。这一时期主要形成磷、盐类等矿产，分布于中南及西南各省级行政区。其中具代表性的有湘、鄂、黔地区陡山沱阶的磷矿。含磷建造主要形成于早震旦世，当时已处于冰川时期之后，中国大部分地区低平，气候变暖，华南和西北地区广泛海侵，沉积了碎屑岩，并形成磷矿。晚震旦世，浅海广阔，气候渐趋干热，白云岩等发育，川南、黔北有蒸发海盆出现，形成膏盐建造。上述各矿，以磷矿分布面积广、储量大，具有重要经济意义。磷矿和盐矿也是世界范围内的成矿期。

第4节 早古生代

古生代因地史上出现大批较高级的生物而得名。它又可以分为早古生代（Pz_1）和晚古生代（Pz_2）。

早古生代距今5.39亿~4.20亿年，所形成的地层称下古生界。早古生代划分为3个纪，即寒武纪、奥陶纪和志留纪。寒武纪是古生代的第一个纪，约开始于5.39亿年前，结束于4.90（或5.00）亿年前。寒武纪形成的地层称寒武系（€），1835年英国塞奇威克A取名于英国西部威尔士的坎布连山脉（Cambrian，日译寒武，中国沿用）。志留纪约开始于4.44亿年前，结束于4.20亿年前。志留纪形成的地层称志留系（S），1835年英国R.I.莫企孙取名于英国南威尔士地区的一个古老部族的名称（Silures）。1879年，英国C.拉普沃思将上述二人命名的寒武系和志留系的重复部分划分出来，称奥陶系（O），取名于英国威尔士地区的古民族名称（Ordovices）。形成奥陶系的时代为奥陶纪，约开始于4.85亿年至4.44亿年前。

早古生代和它以前的时代相比，在古地理、古生物、沉积环境、地壳运动等方面，都有很大差异。在大陆壳地区，早古生代海洋占绝对优势，陆地不多，因此下古生界几乎都是海相沉积，少有陆相沉积。海水中无脊椎动物种类繁多，空前繁盛，陆生植物很少。这些特征标志着地质历史发展进入一个新的阶段。

一、动物界的第一次大发展——海生无脊椎动物时代

最早划定寒武系，是以大量三叶虫突然出现为标志。后来发现在寒武系底部（如云南晋宁梅树村组）或震旦系顶部（如三峡灯影组上部）含有大量个体微小的原始硬壳无脊椎动物化石，如软舌螺、腹足类、腕足类、棱管壳、齿形壳等（统称为小壳动物群），故国际地质学界决定以地层中开始出现小壳化石的层位作为寒武系的底界。梅树村组（阶）剖面第一化石带有希望作为寒武系与前寒武系界线层型。

寒武纪已发现动物化石2 500多种，除脊椎动物外，几乎所有门类都有了。其中最多的是节肢动物中的三叶虫，其数量占生物分类总数的60%~70%，故寒武纪又称“三叶虫时代”；其次为腕足类动物，约占20%~30%；其他无脊椎动物占10%~15%，包括海绵动物、古杯动物、腔肠动物（如珊瑚）、软体动物（如头足类）、环节动物、牙形石、棘皮动

物、笔石动物等。因此，早古生代是海生无脊椎动物空前繁盛的时代。

三叶虫是比较高级的节肢动物，种类繁多，形体大小不一，一般长数厘米，大部分游移于浅海底，以其他动物或其尸体为食料。其躯体各部分结构已经分化得很好，可以横分为头、胸、尾三部，又可纵分为中轴和左右肋叶 3 部分，所以称三叶虫。头部结构复杂，有一对眼睛；胸部有若干个胸节；尾部也有各种形状。头胸尾 3 部都有多节的附肢。中国已经描述过的三叶虫有 1 200 多种。其中有些是很好的标准化石。如图 5-19 中莱氏虫（ϵ_1）、德氏虫（ϵ_2）、蝙蝠虫（ϵ_3）等都是。三叶虫以寒武纪为最盛，到古生代末就完全灭绝了。腕足类是具有 2 片硬壳的浅海底栖动物，2 壳一大一小，但每一片壳是左右对称的。这种动物多数可以从 2 壳后端伸出一条肉茎，用以插入泥沙，固着海底生活。

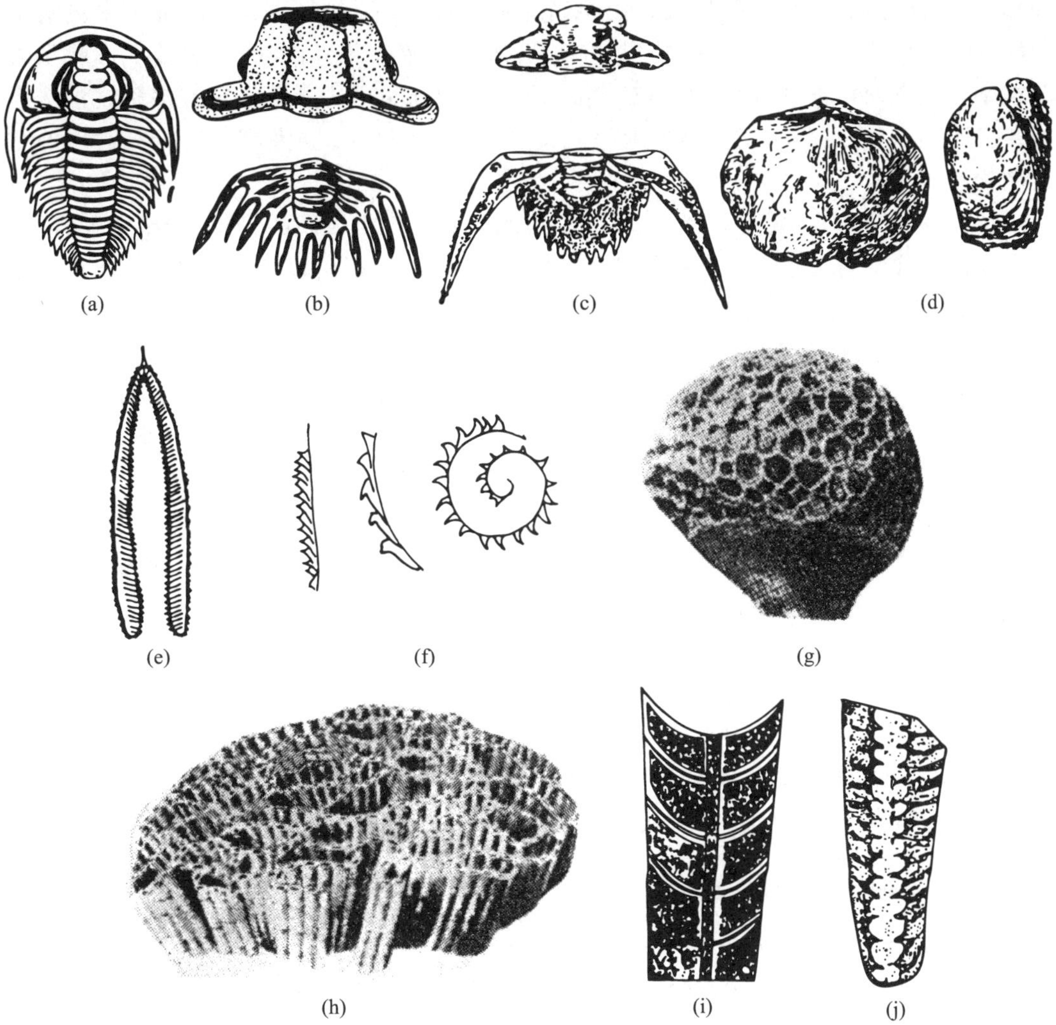

图 5-19　早古生代化石举例

（a）莱氏虫 *Redlichia*，ϵ_1；（b）德氏虫 *Damesella*，上为头部，下为尾部，ϵ_2；
（c）蝙蝠虫 *Drepanura*，上为头部，下为尾部，ϵ_3；（d）扬子贝 *Yangtzella*，O_2；
（e）对笔石 *Didymograptus*，O；（f）单笔石 *Monograptus*，S；（g）蜂房珊瑚 *Favosites*，S；
（h）链珊瑚 *Halysites*，S；（i）直角石 *Orthoceras*，O_2；（j）珠角石 *Actinoceras*，O_2

腕足类在整个古生代都很繁盛，如图中扬子贝是中奥陶世的标准化石，但以志留纪为最盛，是腕足类的"壮年时代"，到中生代以后就衰落了，目前海洋中只剩下不多的种属。笔石是已经绝灭了的小型群体海生动物，开始出现于中寒武世，特别繁盛于奥陶纪和志留纪，演化得很快，形体多种多样，是很好的标准化石。这种化石多保存在页岩特别是黑色页岩里，很像笔迹，因此叫作笔石。

珊瑚是生活于温暖、清澈浅海中的一类腔肠动物，单体或群体，可以分泌灰质形成体内隔壁及外壳等硬体，种类很多。中国南方志留系中常有由蜂房珊瑚和链珊瑚构成的珊瑚礁灰岩。头足类是软体动物中构造最复杂的一类，头上生有许多触手，和现在的乌贼属于同类，可以在海中漂游，但是早古生代的头足类具有一个锥形外壳，壳内分成许多房室，外形像牛角，故称角石。如中国北方的珠角石、南方的直角石都是中奥陶世的标准化石。牙形石又名牙形刺，形体微小，外形很像虫牙，由磷酸钙组成。形状呈直单锥刺状或弯曲单锥刺状，一般小于 1 mm，最大约 5 mm。其分类位置有多种说法。但从寒武纪至三叠纪，分布于世界各地海相地层中，演化迅速，成为地层划分和对比的重要微化石。

从奥陶纪开始，主要是志留纪，出现了淡水原始的鱼类无颌类，属于脊椎动物，说明一个新的时代即将来临。在植物界方面，寒武纪、奥陶纪都是以海生藻类为主，到了志留纪，已出现半陆生的裸蕨植物，也意味着即将进入一个新的时代。

人们很早注意到，从寒武纪一开始生物界便呈现爆发性增长的形势，称其为寒武纪生命"大爆发"。1984 年，中国科学院南京地质与古生物研究所的科研人员在云南省澄江县发现 5.3 亿年前（相当于早寒武世）的动物化石群，包括节肢类、脊索类、叶足类、腕足类等 40 多门类的 80 多种动物，引起国内外科学家的重视，认为这是地球生命演化史上的重大事件，是目前世界上能了解寒武纪生命"大爆发"呈生命多样性的窗口和有力佐证。自然界的生命及其发展过程，也和万事万物一样，既包含缓慢的进化，也包含迅速的飞跃。生物界在寒武纪以前，还是低级的原始的（单细胞的菌类、藻类等极低等生物），分布面积不广，分布密度也不大，特别是还未形成硬体，很难保存成为化石。寒武纪以前的漫长时代，是生物孕育、萌芽和发展的初期阶段，这种长期缓慢演化，为生物本身准备了质变的飞跃和大量繁殖的条件，因而一到寒武纪，在适宜的外界条件（如海水温度、成分、营养物质等）促使下，自然界的生命之火，即成燎原之势，出现动物界从软躯体到硬躯体、从单样性到多样性的飞跃和第一次大发展，并奠定了现代生命存在形式的基本框架。

二、加里东构造阶段世界古地理轮廓及地史特征

（一）加里东构造阶段和加里东运动

早古生代初期的大地构造轮廓和震旦纪很相似。后来发生了具有世界影响的构造运动，引起了世界海陆形势的调整和变化，这就是加里东运动①。从广义上讲，发生在早古生代的构造运动称加里东运动；但狭义的加里东运动，则指志留纪后期的构造运动②。

① 苏格兰古称加里东，加里东地槽、加里东运动、加里东褶皱带等名称，皆源于此。

② 广义的加里东运动包括整个早古生代的构造运动，其中寒武纪后期的构造运动称萨来伊尔运动；奥陶纪后期的构造运动称太康运动，它们都属于加里东的早期运动。

早古生代这一时期，称为加里东构造阶段。从板块构造理论上讲，人们基本上不提构造阶段，但可以理解为这一时期确实发生了某些板块碰撞事件，引起海陆格局的变化。

（二）海洋占优势的时代

在前寒武纪末，世界上一方面出现了许多古陆，而另一方面各古陆之间又为地槽所分隔。进入古生代后，许多古陆重新为海水所浸漫，其中尤以奥陶纪海侵规模最大。从整体来看，早古生代仍然是海洋占优势的时代。

这时候既有剧烈拗陷的地槽纵横于地台之间，又有广阔的相对稳定的陆表浅海，从而提供了在其中不断进行沉积的场所。在地槽中沉积了上万米厚的下古生界，例如贯穿英国的加里东地槽，下古生界厚达 11 500 m。在许多地台陆表海中也沉积了从几百米到几千米的海相地层，形成地台的下古生界盖层，如中国地台上的下古生界盖层厚达 600～3 000 m。

由于海水占优势，下古生界几乎全部是海相地层，沉积基本上可分为两种类型：一类是活动类型沉积，主要是在地槽中沉积的，厚度巨大，多复理石相碎屑岩、硅质岩、火山岩、页岩和少量碳酸盐岩等；一类是稳定类型沉积，主要是地台陆表海中沉积的，厚度较小，横向变化不大，以砂岩、页岩、石灰岩、白云岩等为主。

（三）世界古地理格局及其演变

早古生代海陆分布形势，目前已经恢复出来的有各种不同模式，图 5-20 是其中之一。古生代初期，全球计有北美（相当槽台说的地块、地台，下同）、俄罗斯（欧洲）、西伯利亚、哈萨克斯坦、塔里木、华北（中朝）、华南（扬子）等古陆，以及包括南美、非洲、印度、南极洲、澳大利亚的冈瓦纳古陆。冈瓦纳古陆当时处于南半球高纬度地区，北半球各古陆则位于中、低纬度地区，特别是低纬度地区。北美和俄罗斯古陆之间是一片海洋，称古大西洋。俄罗斯与西伯利亚古陆之间是古乌拉尔海。西伯利亚古陆与华北古陆、塔里木古陆之间是古北亚海，包括祁连海。华北古陆与华南古陆之间是秦岭海。又如北美古陆、扬子古陆、澳大利亚古陆的外侧为古太平洋（分别相当于阿巴拉契亚地槽、华夏活动带、塔斯马尼亚地槽）。北方各古陆和冈瓦纳古陆之间是东西横亘的古特提斯海（又称古地中海）。上述各古陆相当于槽台说的地台，或相当于板块说的板块。

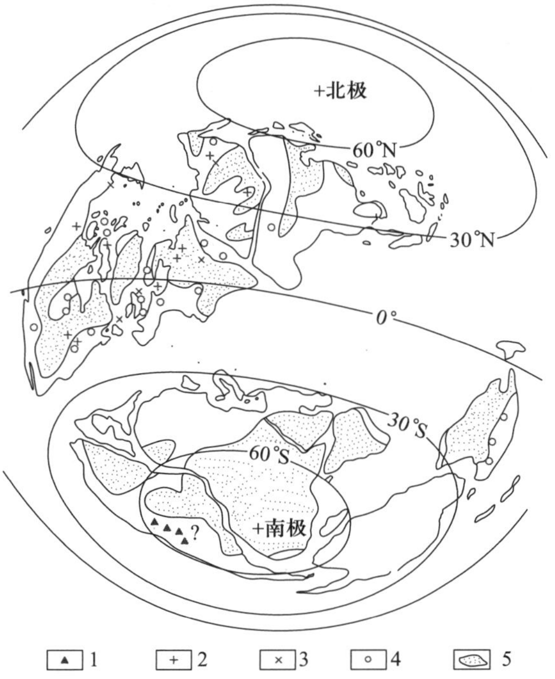

图 5-20　志留纪古陆位置示意图

（王鸿祯等据 Seyfert & Sirkin，简化）

1. 冰碛层；2. 蒸发岩；3. 红层；4. 小型珊瑚礁；5. 古陆

志留纪末期，古大西洋逐渐变窄，

北美板块向欧洲板块俯冲，形成加里东褶皱带，相当于现在的西北欧及英国一带，从而使北美板块与欧洲板块对接，初步形成劳亚大陆(又称劳亚古陆或北方大陆，Laurasia)，并导致古大西洋关闭。中国的祁连海，在志留纪末期，也封闭消失，使柴达木板块和华北(中朝)板块拼合在一起。此外，其他一些古海洋，如扬子板块、澳大利亚板块的外侧，以及古特提斯海等，也都遭受加里东运动不同程度的影响，导致各大陆板块边缘的陆壳增生。总之，志留纪末期，亦即早古生代结束时，由于北方某些板块的拼接和增生，出现最大的海退时期(直到泥盆纪初)，陆地面积扩大，陆表浅海面积缩小，这种环境的变化，必将导致生物界的重大变革，意味着一个新的时代即将到来。

(四) 早古生代气候

寒武纪大部地区气候比较温暖、干燥，如中国北部和东北南部，以及巴基斯坦等，都有紫红色页岩、食盐假晶(中国的馒头组)、具有紫红色氧化圈砾石的砾岩(即竹叶状灰岩)等沉积地层；中国的西南部、伊朗、西伯利亚中部、非洲摩洛哥等有岩盐、石膏等蒸发盐；在世界很多地方都分布有鲕状灰岩、白云岩等；还有在中国长江中下游和西南、新疆中天山、黑龙江北部，西伯利亚、澳大利亚、北美洲、摩洛哥、西班牙、意大利、挪威北部、南极，都发现有古杯动物灰岩和古杯礁。古杯动物是一种海生多细胞动物，有单体、群体之分，单体形似杯状，直径为 5~20 mm，高为 10~30 mm，过去称古杯海绵，目前认为单独成门，名为古杯动物门 Archaeocyatha，繁盛于早寒武世，分布遍及世界各地。古杯动物生活在不低于 25 ℃水温的海水中。以上事实都是说明当时气候情况的依据。

奥陶纪早、中期气候和寒武纪相似，气候比较温暖。当时北美、西伯利亚和中国华北地区，都有蒸发岩沉积，推测曾存在干热气候环境，属于低纬度地区。按古地磁数据，奥陶纪南极位于现在北非西北部，北极位于南太平洋。奥陶纪晚期，在冈瓦纳大陆的西部即非洲西北地区，出现大规模的大陆冰盖和冰海沉积，代表极地寒冷气候，这可能和当时其所处的地理位置是在南极圈内有关。晚奥陶世末期被认为是震旦纪以后的又一次大冰期，因时间短暂，对北方未产生重大影响，但当时出现一次大范围海退(如中国华北地区，晚奥陶世上升为陆，缺失上奥陶统沉积)，被认为是这次大冰期的出现，导致全球海平面下降的缘故。

志留纪初期，当时南极冰盖迅速消融，导致大气环流减弱，纬向气候分带不甚明显。有些浅海地方变为较深海水，环流不畅，含氧量降低，形成滞流环境。早志留世初期，全球广布黑色笔石页岩，表明滞流缺氧环境非常普遍。除高纬度的冈瓦纳大陆外，其他各板块大都处于温暖和干热气候条件下，如在北美和北欧都有碳酸盐岩和生物礁广泛分布；在欧洲、西伯利亚、哈萨克斯坦、华南各板块上均有海相红层发现；在西伯利亚、澳大利亚等地有蒸发岩发现，便是证明。

三、早古生代中国地史概况

(一) 稳定的地台

早古生代，中国地壳构造是继承震旦纪发展的。概括而言，前寒武纪在中国形成了3个稳定核心。这就是前面曾经提到的华北地台、塔里木地台和扬子地台，或者称它们为板块，基底是复杂的变质岩系，盖层主要是稳定沉积类型。

1. 华北地台

它包括阴山-燕山与秦岭-大别山之间、贺兰山以东的近似三角形的广大地区，向东延伸包括东北南部、渤海、黄海北部，从地质构造上讲，也包括朝鲜北部，所以又称中朝地台。北边是蒙古-兴安地槽，南边是秦岭地槽，再南边是扬子地台，向西越过贺兰山与阿拉善地块相接。华北地台是中国最古老的地台，在 18 亿年前古元古代末吕梁运动后就形成了。随后在上面沉积了中、新元古界的巨厚盖层。震旦纪时海水退出，到了寒武纪海水重新进来，变成一片陆表浅海[图 5-21，图 5-22(a)]，直到中奥陶世末，海水退出，又变成了一片和东北南部连在一起的广袤陆地，称为华北古陆。因此，华北地台在中、新元古界盖层之上，又叠加了寒武系和中、上奥陶统的盖层，主要为碳酸盐相建造。河北开平地区(现属唐山市)是华北地台稳定沉积型下古生界标准剖面的出露地区(图 5-23)。从山东济南向南到大汶口一线，也有良好剖面。许多地层名称都源于以上地区。

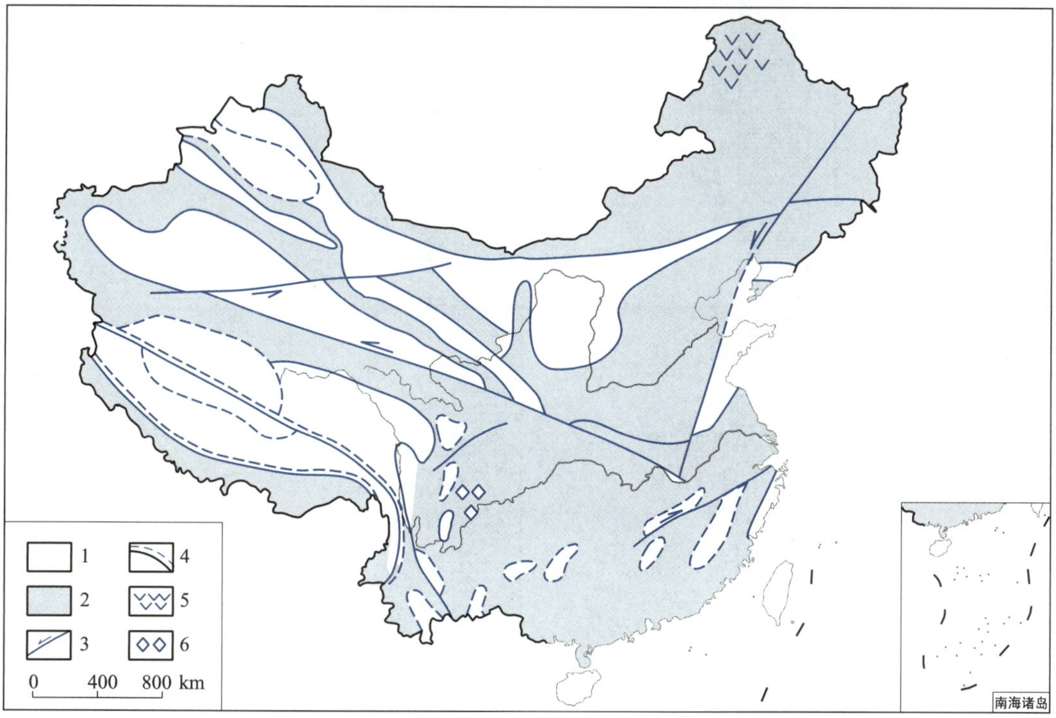

图 5-21 中国早寒武世古地理略图

(据王鸿祯简化)

1. 陆地；2. 海；3. 后期断裂；4. 地壳接合带；5. 火山岩；6. 膏盐沉积

2. 扬子地台

它包括秦岭—大别山以南、雪峰山(湘)—怀玉山(赣)以北、龙门山(川)—哀牢山(滇)以东的广大地区，向东延展没于黄海南部。主要形成于元古宙末晋宁运动。震旦纪时海水广泛入侵，形成震旦系盖层。到寒武纪大部地区继续为海水所淹没[图 5-21，图 5-22(b)]，到中志留世末发生全面海退，扬子地台变为扬子古陆。因此，扬子地台在基底之上形成震旦系盖层之后，继续累加了寒武系、奥陶系和下志留统的盖层，主要为碳酸盐建造、笔石页岩建造、砂页岩建造，湖北宜昌地区为标准剖面出露地区(图 5-23)。

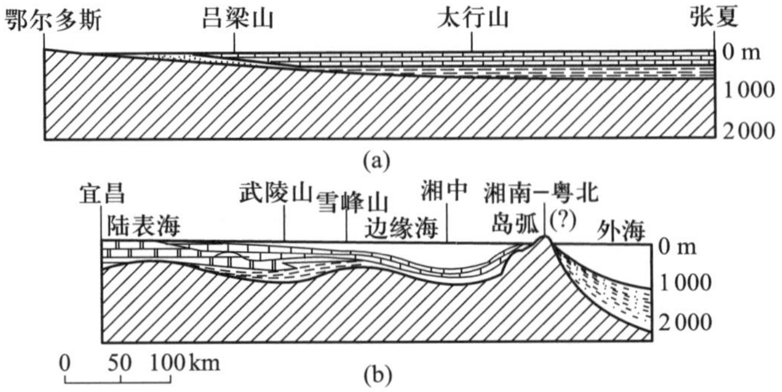

图 5-22 华北地台(a)和扬子地台(b)寒武系沉积比较示意图

(据王鸿祯)

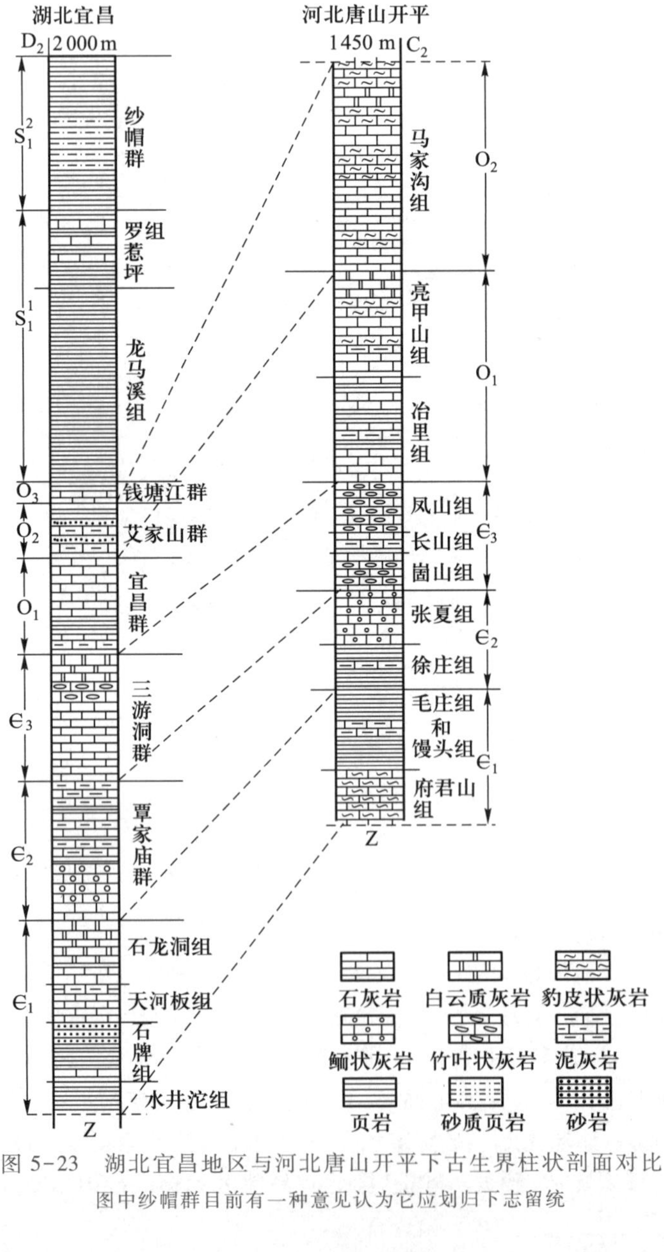

图 5-23 湖北宜昌地区与河北唐山开平下古生界柱状剖面对比

图中纱帽群目前有一种意见认为它应划归下志留统

3. 塔里木地台

它位于天山、昆仑山和阿尔金山之间。由若干隆起带和拗陷带组成。北邻天山地槽，南接昆仑地槽，向东过阿拉善地块与华北地台断续相连。它也形成于新元古代末晋宁运动。震旦纪和早古生代，部分地区有海水进来，形成滨海相及浅海相石灰岩、碎屑岩等盖层。但这一大块地方长期以隆起为主，直到新近纪，随着青藏高原和天山褶皱带的隆起，地台大部分相对沉降，形成中国最大的内陆盆地。

还有准噶尔和柴达木地区，是相对稳定的地块。中国东南部，也是比较稳定的地区，名为华夏地块。

围绕上述各地台（板块）或地台与地台之间，都是相对活动、拗陷较深的活动地带，如蒙古-兴安地槽、天山地槽、祁连地槽、秦岭地槽、昆仑地槽等，沉积厚度巨大，多碳酸盐岩、碎屑岩、火山岩、复理石等建造，岩浆活动频繁，有些地方形成蛇绿岩套。在扬子地台东南部，包括今皖南、苏南、浙西、湘、粤、桂、赣西等地，属于边缘海性质，相对比较活动，向东越过岛弧带，为陆缘外海，拗陷较深，沉积层很厚［图 5-22(b)］。

（二）加里东运动对中国的影响

到了古生代中后期，由于加里东运动，海陆分布和大地构造情况发生了较大变化。首先，在晚奥陶世华北地台海退，形成广大古陆。以后华北地台的北缘发生破碎，有岛弧发育，并向南叠接，形成加里东褶皱带；华北地台的南缘北秦岭地槽，也形成加里东叠接带；志留纪末期，祁连地槽褶皱隆起。这样，柴达木地块和阿拉善地块对接；扬子地台与华北地台部分对接，稳定地区进一步扩大。特别是位于扬子地台和华夏地块之间的东南部活动带，受到加里东运动的影响尤为强烈，二者对接碰撞，形成一条宽广的加里东造山带。

（三）从中国下古生界看中国地史发展主要特征

由于加里东运动，志留纪末期发生了地史上最大的海退，海水面积缩小，古陆面积扩大，地理环境发生很大变化。

中国下古生界地层的发育有 3 种类型的代表地区，即北部稳定区（华北地台）、南部稳定地区（扬子地台）和东南活动区。北部稳定区以河北省唐山市开平为代表，岩层出露完全，构造简单，岩性典型而横向变化少，如下寒武统馒头组以紫红色页岩为主，中寒武统张夏组以鲕状灰岩为主，上寒武统以含竹叶状灰岩为标志；至奥陶系则从薄层灰岩、白云岩发育成中、下统马家沟组厚层纯灰岩。下古生界盖层总厚度可达 1 400 m 左右，反映一次海侵海退过程。南方稳定区以鄂西宜昌为代表，从下寒武统砂页岩过渡到中、上寒武统及奥陶系碳酸盐岩，也反映一次海侵过程；但到早志留纪，沉积了厚度较大、含有笔石的黑色页岩，通称笔石页岩相，反映海水滞流，局部地区海水较深，一般生物不能存活。但中志留世以后也发生大规模海退，下古生界总厚度可达 2 000 m 以上，最厚可达 3 000~4 000 m 以上。东南活动带沉积层厚度更大，横向变化也很大。

概括而言，中国早古生代地史发展具有如下特征：① 中国南方，寒武纪海水入侵较早，故下寒武统地层齐全，化石也较丰富，如云南划分为梅树村组、筇竹寺组、沧浪铺组、龙王庙组，是中国下寒武统标准剖面出露的典型地区。中国北部，寒武纪海水入侵稍晚，故下寒武统层位略高。但中、上寒武统岩层发育较好，依次划分为"毛庄组、徐庄组、张夏组和崮山组、长山组、凤山组"，是北方稳定型地层划分的典型代表。② 中国南方海水退出较晚，如扬子地台大部分地区从中志留世开始海退；而中国北方海水退出较早，如华北地台从晚奥陶世开始海退。因此，南方下古生界包括寒武系、奥陶系和下志留统（局部地区可能有中、上志留统），而北方下古生界只有寒武系和下、中奥陶统，缺失上奥陶统和志留系。③ 从图5-23看，南方下古生界厚度较大，岩性也比较复杂；而北方下古生界厚度较小，岩性比较单纯，说明南方陆壳比北方的活动性要大些。④ 志留系全部缺失或部分缺失，是加里东构造运动的反映，此时由于地台对接，或者地台边缘褶皱，陆地面积增生，海水覆盖面积减少，地理面貌发生了重大变化。

（四）中国早古生代矿产

据现有资料，中国下古生界中已发现磷、石膏等重要矿产。

1. 磷（磷块岩）矿

云南东部（昆阳）、四川西部（峨眉）、贵州（开阳）、湖北北部（襄阳）、湖南西部，以及安徽中部等地的下寒武统底部，有分布普遍的磷矿层位，并形成重要矿床。重要磷矿主要分布于古陆边缘地带，如康滇古陆东侧，江南古陆西侧，秦岭淮阳古陆两侧。由于古陆长期风化剥蚀，在海侵过程中含磷物质大量地搬运入海，沉积成矿。寒武系底部磷矿是中国重要的磷矿资源，对于发展农业生产有很重要的作用。

2. 石膏

在山西吕梁山东麓，中奥陶统马家沟组灰岩上部，含有石膏层，厚数米至十数米。山西西北部黄河附近，中奥陶统灰岩中也有石膏与白云岩共生。中奥陶世后期，发生海退过程，而当时山西一带地势较高，因此出现一些潟湖和闭塞海湾，石膏的形成可能与此有关。

3. 石灰岩

中国下古生界为海相岩层，其中石灰岩分布很广。特别是在华北及东北南部，因中奥陶世海侵达到最高潮，普遍沉积了层厚而质纯的石灰岩（马家沟组灰岩），为具有工业价值的水泥原料及冶金工业原料。

此外，在西北祁连山一带下古生界中发现有与地壳强烈拗陷及火山喷发有关的铜矿。近来太行山东麓下寒武统馒头组页岩中发现含铜砂页岩，可以作为找铜矿的线索。在中国南部的下寒武统地层中往往含有"石煤"层，炭质含量高的可作燃料，其中还常含有稀有元素和放射性元素，具有更大价值。川西地区，由于中奥陶世海侵超覆，在中奥陶统底部的侵蚀面上有鲕状赤铁矿层。滇东地区，在上志留统地层中夹有铝土矿层位。

第5节 晚古生代

晚古生代距今4.20~2.52亿年，晚古生代形成的地层称上古生界，地层年代符号是Pz_2。它被划分为3个纪，即泥盆纪、石炭纪、二叠纪。泥盆纪距今4.20~3.59亿年，这个时期形成的地层称泥盆系（D），该名来源于英国南部的德文郡（Devon，日本学者译为泥盆，中国沿用），1839年A. 塞奇威克和R. I. 莫企孙命名。石炭纪距今3.59~2.99亿年，这个时期形成的地层称石炭系(C)。石炭纪是因其地层中含煤而得名，1822 年首见于 W. D. 科尼比尔《英格兰和威尔士的地质报告》。石炭系二分性明显，下部以海相灰岩为主，上部以海陆交互相和陆相含煤沉积为主。因此，西欧把石炭系分为两个亚系，下部称狄南亚系，上部称西里西亚亚系。北美也是这样，1891 年 H. S. 威廉斯把石炭系划分为下部的密西西比亚系和上部的宾夕法尼亚亚系。中国曾和苏联、日本一样采用三分法，把石炭纪分为早、中、晚三个世，现也采用二分法，上石炭系与下石炭系的界线为 3.23 亿年。二叠纪是古生代最后一个纪，距今 2.99~2.52 亿年，其相应地层称二叠系(P)，该名来源于俄国乌拉尔西坡的彼尔姆(Perm)州，1841 年由莫企孙 R. I. 命名；但二叠是两层相叠的意思，1859 年马考(Marcou)根据德国地方性名称 Dyas 意译而来，德国地层二分性明显，下部为红色砂岩，陆相；上部为镁质灰岩，海相。现在全球采用彼尔姆纪(Permian)的称呼，中国和日本学者习惯译称二叠纪，但现已分为三个世。

晚古生代，在加里东运动之后随着陆地面积的不断扩大，陆生生物开始大量发生和繁盛。植物界从水生发展到陆生，蕨类植物达到极盛，晚古生代晚期出现了裸子植物。动物界从无脊椎动物发展到脊椎动物，鱼类和无颌类有 90%以上的种广布于泥盆纪，两栖类全盛于石炭纪和二叠纪。晚古生代发生了两次生物集群绝灭，一是在晚泥盆世生物量的突然变化和生态系的更替；二是在二叠纪末海洋中许多无脊椎动物如三叶虫、䗴、四射珊瑚和床板珊瑚(珊瑚中的 2 大类)、大部分腕足动物的灭绝，成为划分古生代和中生代的标志。

晚古生代陆生植物繁盛，是地史上大规模形成煤炭的时代。晚古生代后期冈瓦纳大陆是冰川广布的时代。晚古生代发生海西运动，北半球主要板块发生碰撞，大部分地槽和活动带(除去古特提斯海和古太平洋边缘活动带)褶皱成山，形成统一的劳亚古陆，同时与南方的冈瓦纳古陆相接形成联合古陆。

一、晚古生代生物界的飞跃发展

(一) 植物界的第一次大发展——蕨类时代

地球上的植物，最初以原始形态出现于海水中，到元古宙海水中的藻类空前繁盛。陆地上在一段漫长时期内，几乎没有植物。早古生代的地壳运动(加里东运动)使海域缩小，陆地扩大，出现了大面积的低湿平原、洼地或湖泊，为植物“征服”大陆提供了外界条件，促进那些本身具备了发展条件的植物，从水生转为陆生，并逐渐向高等植物演化。由于植物繁茂，大气和水体中的氧气也更丰富。

志留纪已开始发现原始的裸蕨植物，它们是陆生植物的先驱。到泥盆纪才有相当繁盛以裸蕨[图 5-24(a)]为代表的陆生植物群。所以，泥盆纪又称裸蕨时代。这是植物界的第一次大发展。这种植物茎的分化还很不完全，没有叶子，只有枝的分叉，是最原始的陆生孢子植物。这种植物还不能真正适应广大的大陆环境，到泥盆纪晚期就完全灭绝了。到了石炭-二叠纪，代之而起的是较高级的植物(图 5-24)，包括石松类、节蕨类和种子蕨类等，如芦木、楔叶木、鳞木、封印木、科达树、翅羊齿、楔羊齿、细羊齿、大羽羊齿等。这时候植物才从海滨地带延伸到大陆内部，出现了万木参天、郁郁葱葱的景象。因此，石炭-二叠纪又称蕨类时代。这些植物组成的巨大森林由于地壳的下降运动和流水冲刷常常被泥沙所埋藏，而新的森林又在埋藏层上继续成长，这样周而复始，形成了许多煤层，所以石炭-二叠纪是地史上最重要的成煤时代之一。到了晚二叠纪，因为地壳运动十分强烈，环境变化很大，能适应多种环境的以松柏类和苏铁类为代表的裸子植物便相继大量出现了。

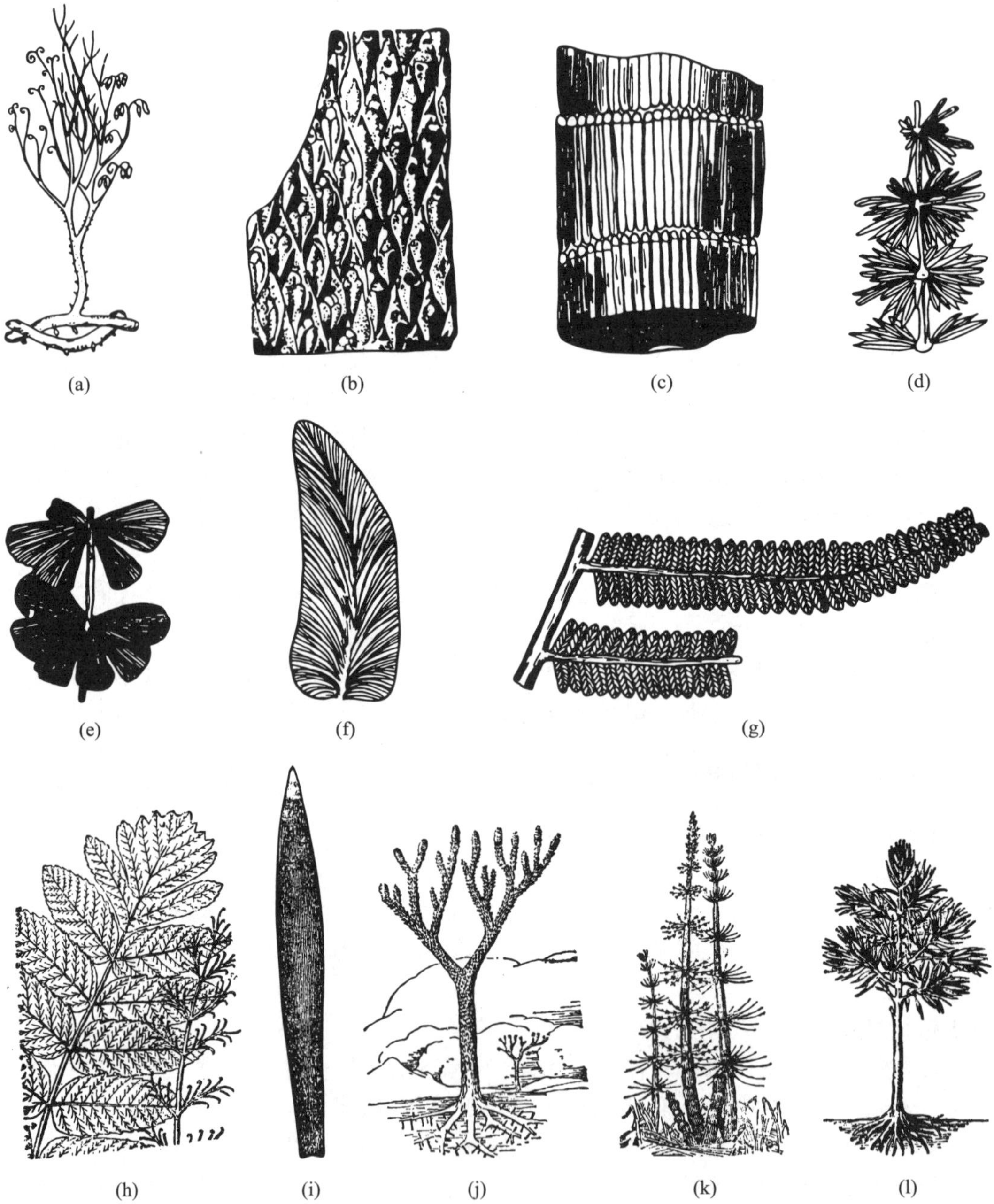

图 5-24 晚古生代植物化石举例

(a) 裸蕨 *Psilophyton* 复原图，D；(b) 鳞木 *Lepidodendron*，C；(c) 芦木 *Calamites*，C_2～P；(d) 轮木 *Annularia*，芦木的叶子，C_2～P；(e) 楔叶木 *Sphenophyllum*，C_2～P_1 最多；(f) 翅羊齿 *Neuropteris*，C_2 最多；(g) 细(栉)羊齿 *Pecopteris*，C～P；(h) 大羽羊齿 *Gigantopteris*，P_2 最盛，东亚二叠系特有植物；(i) 科达树 *Cordaites*，C～P；(j) 鳞木复原图；(k) 芦木复原图；(l) 科达树复原图

（二）动物界的两次大飞跃

1. 从无脊椎到有脊椎

早古生代是海生无脊椎动物空前繁盛的时代。到泥盆纪，三叶虫类逐渐减少，繁盛于奥陶纪和志留纪的笔石类延续至早泥盆世后期已全部灭绝。但珊瑚类、腕足类、双壳类、腹足类等科属数量达到极盛。属于软体动物的头足类菊石（纲）动物在海中开始繁盛，具有小型锥壳的竹节石也大量漂浮于洋面。许多海洋热带底栖动物如层孔虫、苔藓虫、四射珊瑚、床板珊瑚在上古生界地层中常常形成礁体。珊瑚类、腕足类等有许多属种都是上古生界的标准化石（图 5-25(b)~(f)），如拖鞋珊瑚（D_2）、多角珊瑚（D）、鹗头贝（D_2）、云南贝（D_3）、中国石燕（D_3）、长身贝（C~P）等。牙形石仍是地层划分和对比的重要依据。从早石炭世晚期开始，有一种称为蜓的海生动物，突然繁盛起来，演化迅速，层位稳定，成为石炭-二叠系的重要分带化石。蜓（图 5-25(a)）又叫作纺锤虫，属于原生动物有孔虫类，具纺锤形或球形外壳，一般只有几毫米大小，壳内具许多房室，构造各异，种类繁多。另外，在陆上因有大规模森林出现，石炭-二叠纪昆虫类空前繁盛，已知昆虫种类达 1 300 种以上，大型蜻蜓展翅宽达 50~60 cm，创下古今昆虫中身体最大的记录。因陆地面积扩大，淡水软体动物也逐渐多了起来。

应当特别指出的是，有些动物经过复杂的演变，从无脊椎动物中分化出来，这就是从志留纪开始出现而繁盛于泥盆纪的鱼类［图 5-25(g)］。因此，泥盆纪又称鱼类时代。

中国泥盆纪鱼类超过 52 个属，多数在江南发现。当时的鱼类多身披骨甲，没有上下颌骨，称胴甲鱼类或无颌类（通称甲胄鱼）；也没有骨质的中轴骨骼或脊椎，中轴还是很原始的。但这种动物一旦出现，就为向高等脊椎动物发展提供了基础。从无脊椎动物发展到脊椎动物，是动物界发展历史的一次大飞跃。

2. 从水中到陆上

到了石炭纪，有一种叫作总鳍鱼的鱼，逐渐演化成两栖类。因在晚古生代后期，地壳运动强烈，环境多变，许多地方海退，出现湖泊沼泽。这种总鳍鱼具有坚硬的鳍，内有和陆上四足动物相似的骨骼，同时，它们平时在水里呼吸，而遇到干旱水涸季节，还可以在空气中呼吸，甚至可以勉强用鳍代替四肢在陆上移动。再进一步演化，终于形成两栖类，最常见的为迷齿类，又称坚头类，广泛生活于成煤沼泽环境［图 5-25(h)］。所以石炭-二叠纪又称为两栖类时代。从水生到陆生这是动物界发展史上的又一次飞跃。

到了中晚石炭世，随着陆地面积增大和地势分异加剧，许多地方进一步转化为广阔的内陆河湖盆地。气候由潮湿向干燥变化。两栖类为了适应离水较远的生活条件，其中一支进化为原始的爬行动物。两栖动物产卵和繁殖后代，不能脱离水体；而爬行动物则完全可以在陆上产卵和繁殖后代，真正地"征服"了大陆。

（三）晚古生代最重要的生物事件

生物界的演化并不是一帆风顺的，期间不断遇到灾难性的事件。以泥盆纪而论，已经被识别的全球性事件至少有 8 次之多。其中最重要的一次为发生于晚泥盆世的生物危机，表现为生物量急剧下降，造礁生物消失，竹节石类、腕足动物的 3 个目、四射珊瑚的 10 多个科灭亡，这一事件称凯勒瓦瑟尔（Kellewasser）事件，也称弗朗斯-法门事件。

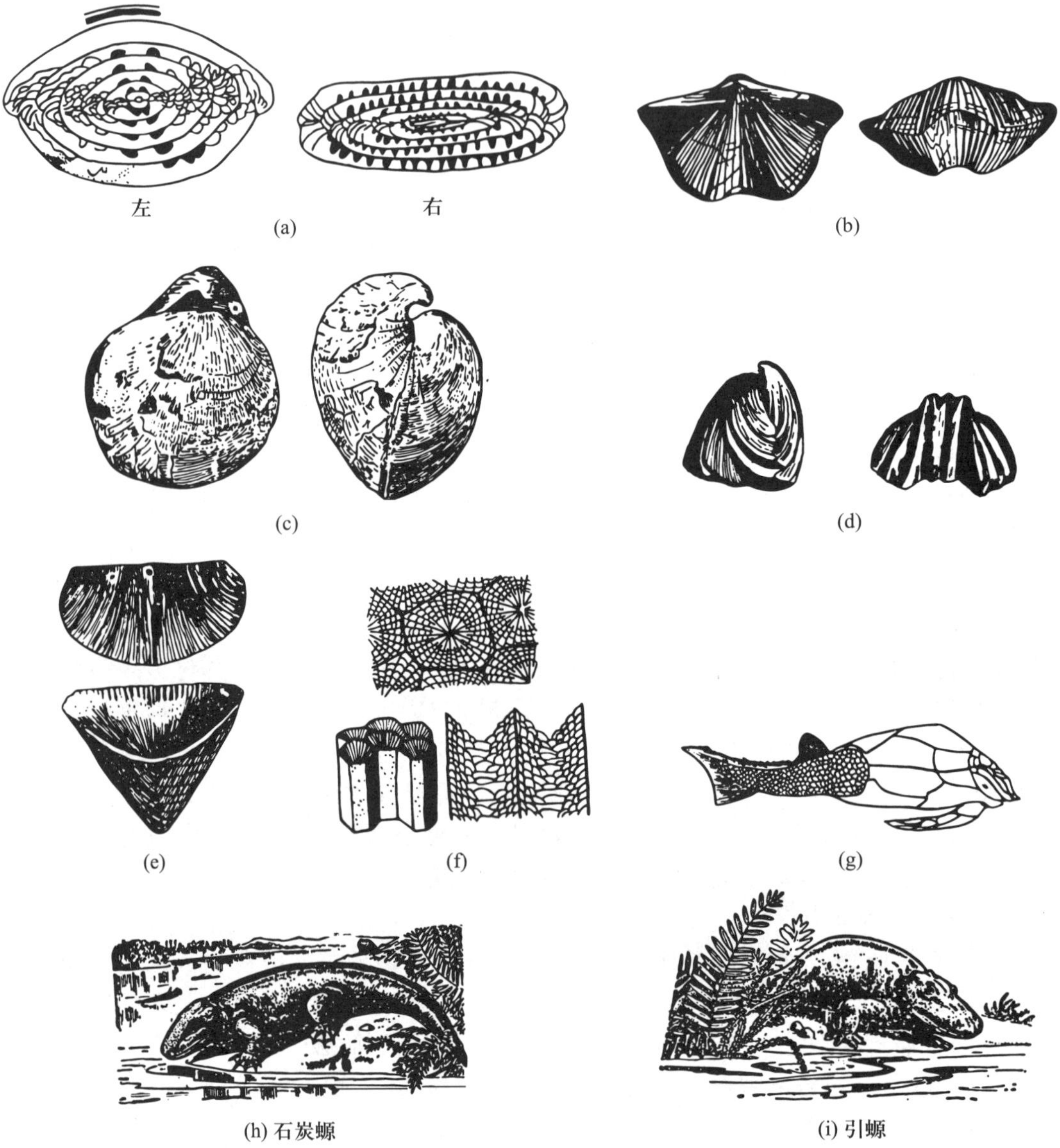

图 5-25 晚古生代动物及动物化石举例

(a) 两种䗴的化石切片:左 *Fusulina*, C_2;右 *Pseudodoliolina*, P_1;(b) 中国石燕 *Cyrtospirifer*, D_3;(c) 鹗头贝 *Stringocephalus*, D_2;(d) 云南贝 *Yunnanella*, D_3;(e) 拖鞋珊瑚 *Caceola*, D_2;(f) 多角珊瑚 *Prismatophyllum*, D;(g) 异甲鱼 *Pterichthyodes*, D_2;(h) 一种石炭纪的两栖类——石炭螈复原图;(i) 一种二叠纪的两栖类——引螈复原图(上列螈类体长可达 1.6~1.8 m)

这一事件之后,世界各地普遍海退,蒸发盐广布,南美大陆出现了冰川沉积。生物事件常常与黑色页岩联系在一起。因此,生物事件的原因可能与海平面变化、气候干燥、缺氧事件等有关。

除此之外,晚古生代末期二叠纪生物事件更为明显。冈瓦纳古陆,包括印度和中国西藏,曾普遍生长舌羊齿植物群,二叠纪末几乎全部绝灭。许多动物门类在二叠纪末整个目或亚目全部灭亡。繁盛于早古生代的三叶虫至此全部消失。䗴类在晚二叠世尚存

40 多个属，该世结束时全然无存。菊石在晚二叠世有 12 个科，该世末有 10 个科绝灭；腕足类在同期大约有 140 个属，至二叠纪末所剩无几。为什么发生这一生物事件，迄今尚无准确解释。或曰与大规模火山喷发，大气二氧化碳含量增加、海洋酸化、海洋盐度变化、气候变化、地磁极倒转、宇宙线暴、超新星爆发、陨石撞击等有关，或曰与生物营养结构变化、病毒和瘟疫等有关。

二、海西构造阶段世界古地理格局变化及地史特征

（一）海西构造阶段地史特征

在加里东运动中，特别是在早古生代晚期，大陆块从浅海广布向陆地转化的序幕就已经揭开。从泥盆纪开始，这种倾向更加明显，海陆形势进一步发生巨大变化，从而促进了生物界的演化。晚古生代的，特别是石炭二叠纪的构造运动，称为海西运动，也称华力西运动。晚古生代可以称为海西构造阶段①。海西或华力西是当初因德国的山名而命名的。

在晚古生代，一方面在那些仍然活动着的地槽中进行着巨厚的沉积，例如在西欧地槽（相当于古地中海地槽的一部分，主要包括从现在法国到波兰一带）中，堆积了总厚度有 15 000～16 000 m 的上古生界，其他地槽也大同小异；另一方面在许多地台上继续进行沉积，形成上古生界盖层，例如中国地台上的上古生界厚 1 000 多米（北方）或 3 000～4 000 m（南方）。由于早古生代海洋面积占绝对优势，所以下古生界几乎都是海相地层。而晚古生代时，因为陆地扩大了，陆相地层也多起来了；有些地方海陆变化频繁，还形成了海陆交互相的地层。所以，从地层内容来看，上古生界比下古生界要复杂得多。这是第一个特点。

自古生代特别是晚古生代以来，大陆块不断靠近和聚集，若干大陆块边缘和相邻地槽受到挤压、发生褶皱和隆起上升，形成岛屿和山脉，导致大陆的拼接和扩大，最后形成联合古陆。所以海西构造阶段使陆块从分散趋向集中，这是第二个特点。

（二）联合古陆的形成

北方各古陆在海西运动以前，都是被活动性很强的地槽所分割的。从石炭纪到二叠纪，许多地槽先后褶皱隆起。海西运动远比加里东运动显著而广泛，是造山作用和火山活动广泛分布的时期。西欧地槽、乌拉尔地槽、中亚-蒙古地槽、中国西北各地槽、阿巴拉契亚地槽、塔斯马尼亚地槽等，由于各陆块的碰撞都发生强烈褶皱，并伴随岩浆侵入活动和火山喷发活动。其结果是原在加里东时期联结在一起的北美古陆和欧洲古陆，因乌拉尔地槽褶皱又和西伯利亚板块对接在一起，形成更加广大、统一的劳亚古陆。劳亚古陆又称北方大陆，指由劳伦古陆（包括加拿大的大部分和格陵兰，名称来源于加拿大的劳伦斯河）与亚欧大陆联合而成的大陆。

---

① 海西构造阶段包括一系列相对集中的构造运动期，以西欧莱茵海西地槽为例：泥盆纪后期的称布列东运动；早石炭世后期的称苏台德运动；石炭纪晚期的称阿思杜运动；二叠纪中期的称萨尔运动；二叠纪末期的称法尔兹运动。

这时,劳亚古陆和南方的冈瓦纳古陆可能局部联结,但为一片古地中海(按现在地理位置相当于从西南欧和非洲北部边缘经小亚细亚、喜马拉雅山脉到马来半岛再到印度尼西亚)所分隔,因此形成南北两大古陆互相联结但又南北对峙的统一大陆,这就是联合古陆(或称泛大陆)。此外,在古陆的周围还环绕着环太平洋地槽。这种南北古陆和两大地槽带的对立形势,就是海西构造阶段结束时大地构造的基本特征。

(三)晚古生代气候和植物分区

从沉积物岩相及其分布情况看,泥盆纪已存在明显的气候分带现象。根据古地磁资料推断(图5-26),泥盆纪南极位置大约位于现在非洲南部津巴布韦和博茨瓦纳一带,北极位于亚洲以东的古太平洋中。古赤道正好穿过加拿大北部、北欧和澳大利亚以东的海洋,北美、俄罗斯、中亚等可能处于亚热带、热带干燥气候条件下,有红层和蒸发盐沉积。冈瓦纳古陆的部分地区则处于极地及寒冷气候环境。

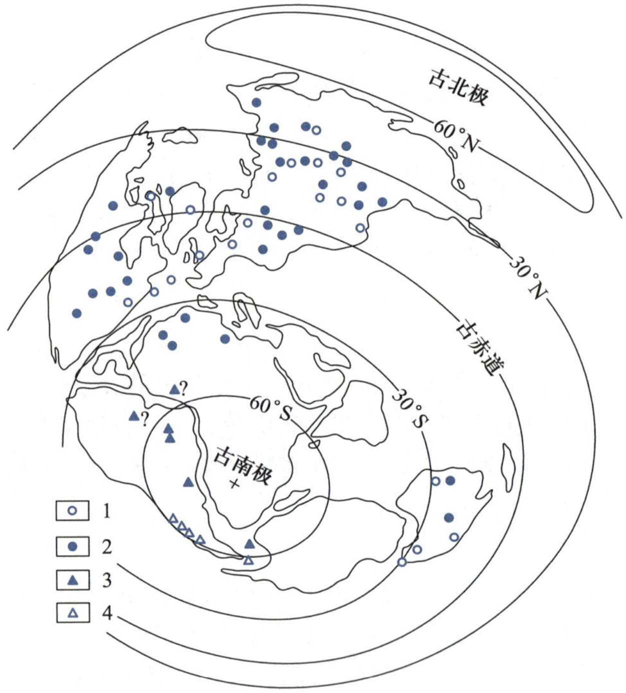

图5-26 泥盆纪海陆位置示意图

(王鸿祯据 Seyfert 和 Sirkin 简化)

1. 红层;2. 蒸发岩;3. 大陆冰川;4. 山岳冰川

根据古地磁资料,石炭纪时的南极位于冈瓦纳古陆南极洲上(图5-27),北极位于西伯利亚。古赤道通过北美洲中部、西北欧,经黑海穿过中国西北、华南,到达印度尼西亚。泥盆纪和石炭纪初,植物生态环境比较单一,只能适应滨海低地环境生存,因此植物的结构和形态往往无显著区别,尚未出现明显的地理分区现象。但是到了中、晚石炭世以至二叠纪,陆地面积不断扩大,各地纬度不同,气候条件亦不相同,在不同环境下生长的各类植物,分别占领了不同的生态空间,因此在地史上呈现第一次明显的植物分区现象。

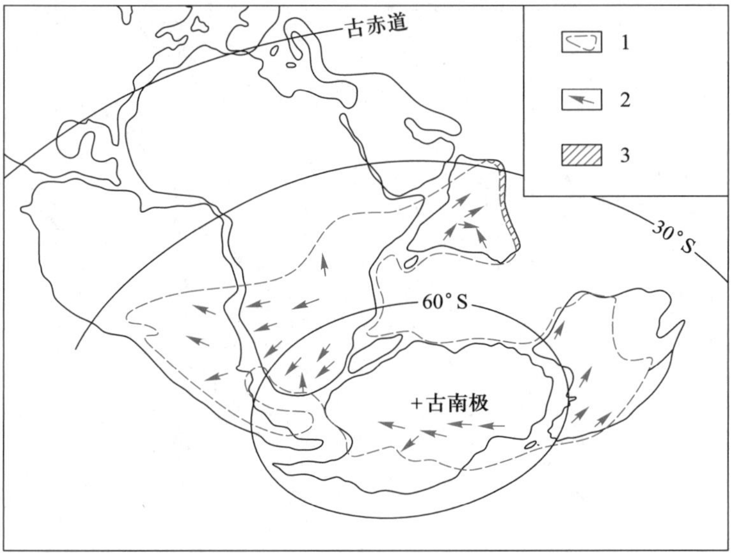

图 5-27　石炭纪末二叠纪初冈瓦纳大陆古纬度位置及冰川分布图
（王鸿祯据 Seyfert & Sirkin 简化）
1. 冰川分布范围；2. 冰流方向；3. 喜马拉雅山脉位置

在劳亚古陆上的植物群总称北方植物群，它又可以细分为：① 欧美植物区，包括北美洲、北非、欧洲、小亚细亚、中亚、中国和东南亚，以热带、亚热带气候为特征。② 华夏植物区，包括中国和东南亚，早、中石炭世时属于欧美植物区；从晚石炭世开始，欧美植物区气候转为干燥，而中国等地区气候仍然湿热，并且到二叠纪末形成特有的大羽羊齿植物群，所以它从欧美植物区分出来称华夏植物区。③ 安卡拉植物区，包括西伯利亚通古斯、哈萨克斯坦及天山、蒙古、兴安地槽以北广大地区，气候以温带偏凉为特征。

在冈瓦纳古陆上的植物群，又称南方植物群，该植物区称冈瓦纳植物区，包括南美洲、南非、澳大利亚、印度、巴基斯坦、南极大陆和中国西藏南部，气候也以温凉为特征，晚石炭世开始形成特有的舌羊齿植物群。图 5-28 是中国及相邻地区植物分区图，中国的大部，东到日本，南到马来西亚、苏门答腊，爪哇岛等地，都属于华夏植物区，高大的石松类（如鳞木，不显年轮）、节蕨类（如芦木）、科达树等，十分繁茂，为典型的热带、亚热带森林景观。在天山、阴山以北，即亚洲北部地区，从早石炭世晚期开始，以草本的真蕨和种子蕨等为主，木本植物有显著年轮，代表北部温带植物，属于安卡拉植物区。这个植物群在中国主要分布于新疆北部、内蒙古大部和东北北部。图 5-28 的西南部，包括印度等地，为冈瓦纳植物区，植被是以舌羊齿为代表的灌木-草本植物群，代表南方温凉气候。本植物群在中国仅见于喜马拉雅山的北麓，这也可作为喜马拉雅山脉是由印度板块向北俯冲挤压成山的证据。到了二叠纪，华夏植物区又以昆仑秦岭为界，分为北方亚区和南方亚区。植物分区现象，无疑与地理纬度、南北极位置、海陆分布、地形起伏等密切相关。

（四）北方大陆广大煤田形成和南方大陆冰川广布

石炭、二叠纪是世界上最重要的成煤时代。欧美植物群和华夏植物群均代表热带

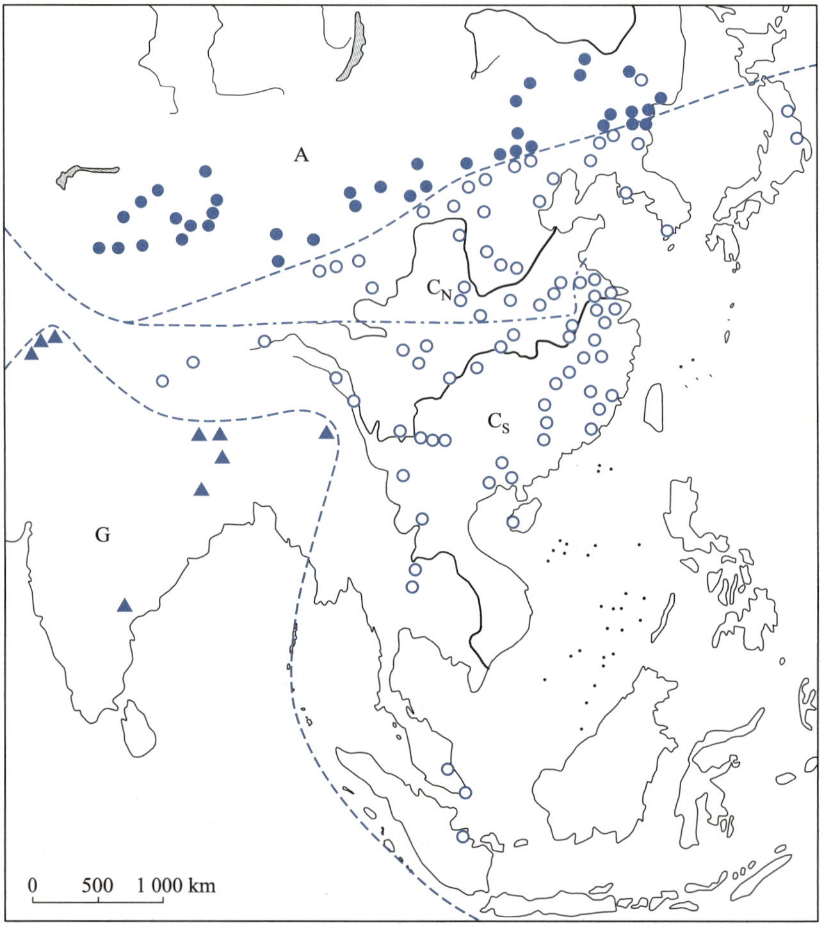

图 5-28 东亚地区二叠纪植物分区

A. 安卡拉植物区；G. 冈瓦纳植物区；C. 华夏植物区（C_N 北方亚区；C_S 南方亚区）

潮湿气候，它们分布的地方往往形成广大煤田。安卡拉植物群和冈瓦纳植物群均代表温凉气候，但在一定条件下也可形成重要煤田。石炭纪时赤道通过北美洲、西北欧、中亚、中国西北和华南、印度尼西亚等地，其两侧是热带和亚热带植物丛生的地带，因此，从煤田分布面积来看，北方大陆远远大于南方大陆。

当石炭、二叠纪北方大陆森林繁茂，形成广大煤田的时候，南方冈瓦纳古陆上却是冰雪晶莹，出现了震旦纪和奥陶纪以来规模最大的一次冰川活动（图 5-27 和图 5-29）。从石炭纪末至二叠纪初，冰川活动持续时间长达 50 Ma，仅据巴西境内的统计资料，冰碛层覆盖面积超过 4 000 000 km^2。由此可见当时冰川应属极地大陆冰盖类型。根据南方诸大陆古地磁资料，恢复晚石炭世至早二叠世古陆纬度位置，可以拼成一个统一的冈瓦纳大陆，而大陆冰盖的中心正好大致接近南极位置（图 5-27），若把图 5-29 上冰流方向移绘于图 5-27 上，则可以看出冰川流动方向大致呈放射状。特别有趣的是，巴西的冰川来自东方，而冰碛层中的某些岩石在南美洲并不存在，但在非洲西南部发现；同时非洲西南部的冰川流动方向有的正好指向西方。这些事实也是大陆漂移学说的有力证据。

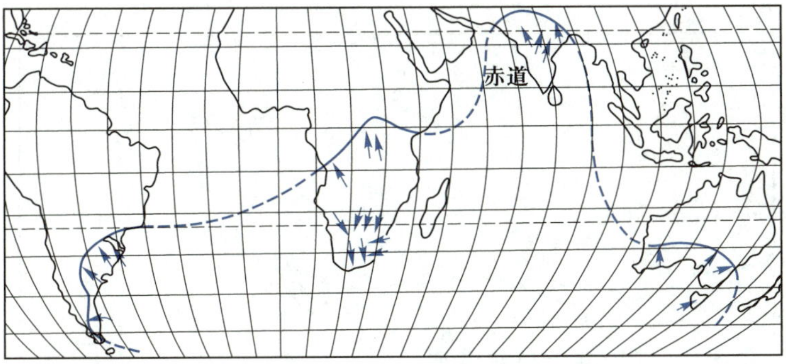

图 5-29 石炭-二叠纪冰川的分布

←冰流方向

三、晚古生代中国地史概况

(一) 由海洋向大陆的环境转化

晚古生代,中国也和世界许多地方一样,是由海洋占优势向陆地面积进一步扩大发展的时代。虽然晚古生代也曾多次发生海侵过程,有时海侵范围还相当广泛,但就整个时代看,主要还是陆地在不断扩大。

华北地台区(包括中国东北南部),从晚奥陶世就已经脱离了海洋环境形成古陆,沉积间断约达一亿数千万年之久(图 5-30)。到了中石炭世和晚石炭世,华北有过多次海侵过程(图 5-31),但每次海侵过程时间都很短暂,时而为海,时而为陆,沉积了海陆交互相地层。到二叠纪时,又全部隆起成陆(图 5-32),沉积了陆相地层,一直延续到现代。虽然在新生代海水曾经漫覆过平原地区,但与过去的规模相比,这次是微不足道的。

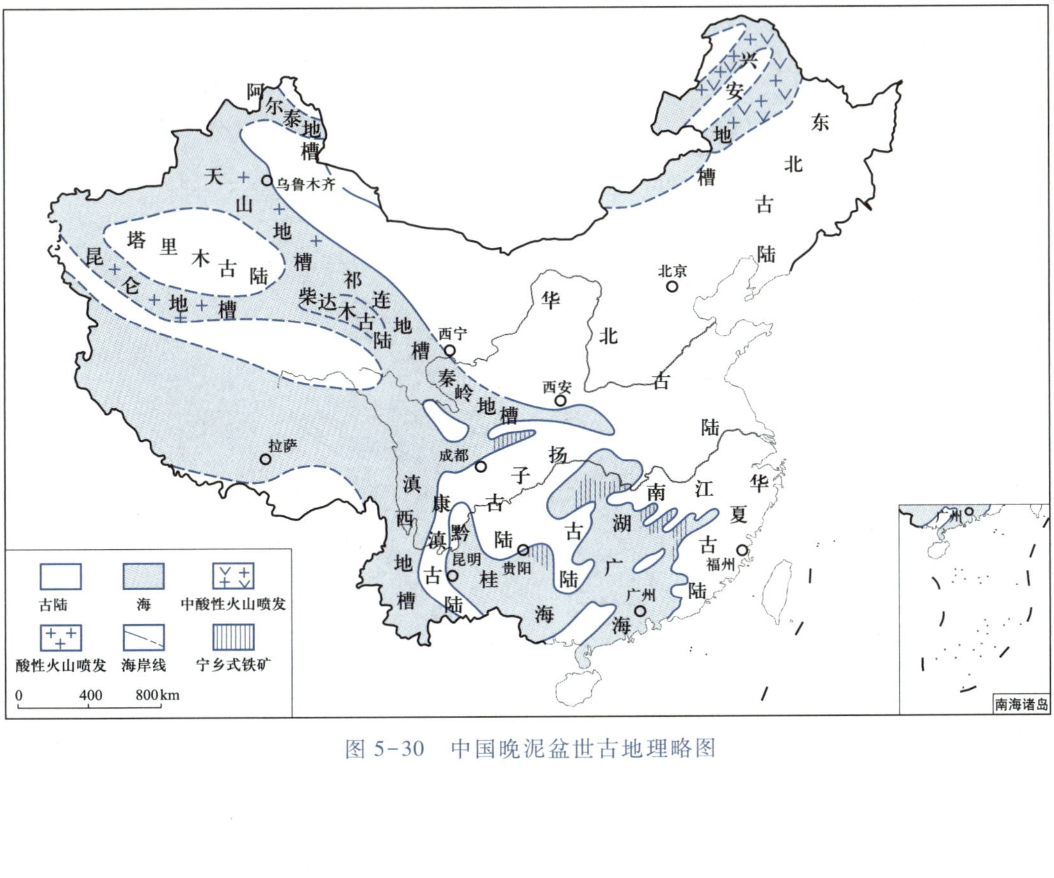

图 5-30 中国晚泥盆世古地理略图

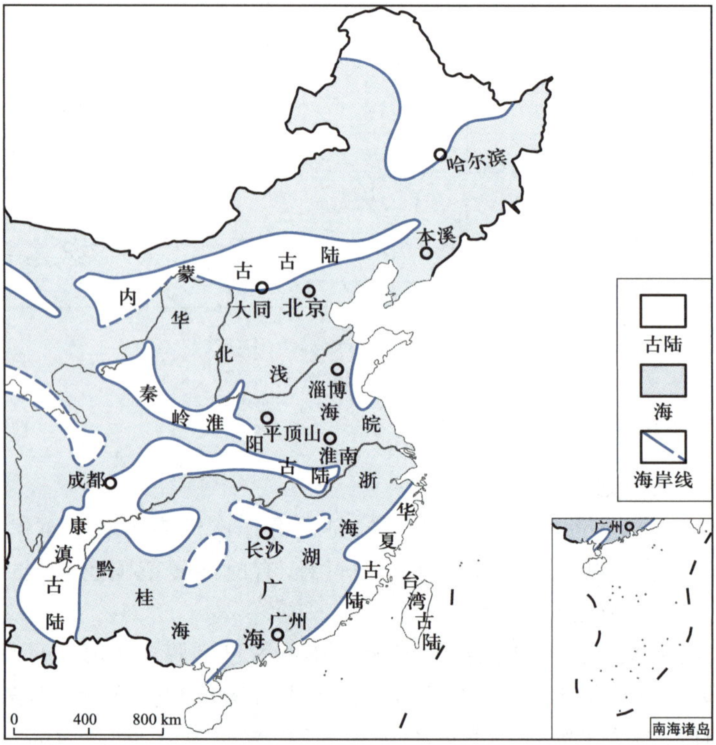

图 5-31 中国东部晚石炭世古地理略图

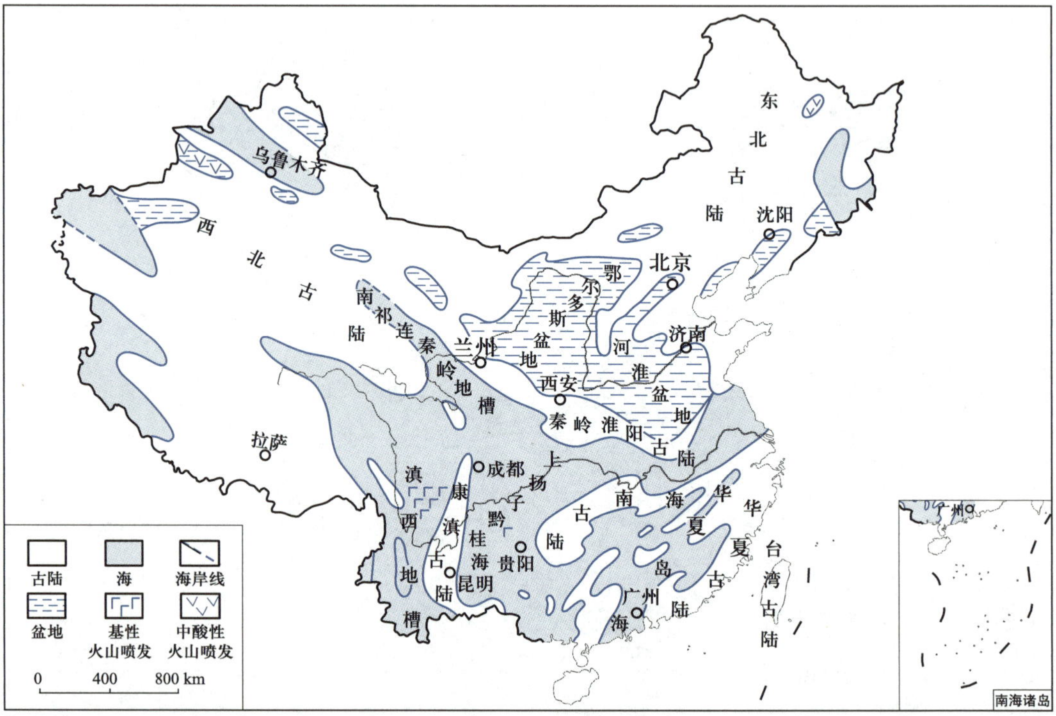

图 5-32 中国晚二叠世早期古地理略图

在扬子地台区，早古生代时广大地区曾长期沉没于海水之中，后来由于受加里东运动影响，到泥盆纪初期，大部分地区隆起为陆。但此后又多次海侵，差不多整个晚古生代都是在海水浸漫之下，沉积了海相为主的地层。到晚二叠世早期，扬子地台产生大规模裂隙，川、滇、黔地区有大面积的玄武岩喷发活动（峨眉玄武岩，图5-32）。总的来看，华南要比华北活动性大，地理环境也比华北复杂。

在海西构造阶段，介于各地台之间的地槽活动区沉积了巨厚的碎屑岩、碳酸岩、火山岩等，厚度从数千米到一万多米。到晚古生代末期，海西运动十分强烈，天山、昆仑、秦岭、蒙古-兴安等地槽相继褶皱隆起，并伴随着广泛的岩浆侵入活动。华北地台与西伯利亚地台对接在一起，华北地台与塔里木地台也基本联结在一起。稳定地台区进一步扩大。扬子地台的边缘地带在晚古生代末期仍然十分活跃，直到三叠纪印支运动中才褶皱隆起，但扬子地台内部及边缘在海西期产生强烈的张裂和拗陷作用，导致了中国西南地区大范围玄武岩裂隙喷发活动。

经过海西运动，海水已经大规模撤退，环列中国西北和北方的各地槽都已褶皱为山，华北、东北，以及华南的一部分，已连结成广阔的大陆，只在西藏、西南和华南等相对狭小的地方，还有海水存在。所以说，晚古生代是从海洋向陆地转化的重大变革时期，也是使中国出现陆地空前占优势的时代。

在海西运动之后，地势起伏分异显著，山岭盆地互相阻隔，使气候由湿润向干燥演变，生物界遭受一次严峻的考验，这意味着中国地史又将推进到一个新的阶段。

（二）上古生界特征

中国上古生界地层分布很广。上古生界总的特点是：陆相地层和海陆交互相地层相对增多，而海相地层相对减少；陆生植物化石大量出现；含煤地层广布。但是，在晚古生代时中国各地地壳运动强烈程度不同，地壳运动性质和古地理环境也不同，所以，上古生界的层序、厚度、岩相等，因地而异，相差很大。现以山西代表华北地台，贵州代表扬子地台，概括说明中国南北2个地台区上古生界的特征（图5-33）。

1. 华北地区上古生界的特征

① 整个华北地区（包括东北南部），上古生界只有上石炭统和二叠系。

② 各地上古生界总厚度一般为数百米至一千四五百米，相对比较稳定。

③ 各地岩相变化不大，一般说来，上石炭统（即本溪组和太原组）主要岩性为砂页岩和灰岩夹煤层，灰岩厚度很小，富含海生动物化石，故属于海陆交互成煤相地层，总厚度一般不超过一二百米。二叠系全部为陆相，下二叠统（山西组、下石盒子组）为砂页岩夹煤层，属于沼泽盆地成煤相地层。上二叠统（上石盒子组，石千峰组）逐渐变为红色岩层，植物化石减少，煤层绝迹，有的含有石膏，厚度也较大。说明由沼泽盆地成煤相向半干燥和干燥内陆盆地相转变。

④ 上古生界下伏地层为中奥陶统马家沟组灰岩，C_2 与 O_2 之间呈普遍的明显的平行不整合，说明中间有一个长时期沉积间断。

⑤ 上古生界含有很多矿产，首先是丰富的煤炭。其次，是在石炭二叠纪煤系之下，中奥陶纪灰岩侵蚀面之上，往往富集有铝土、黏土或铁矿。

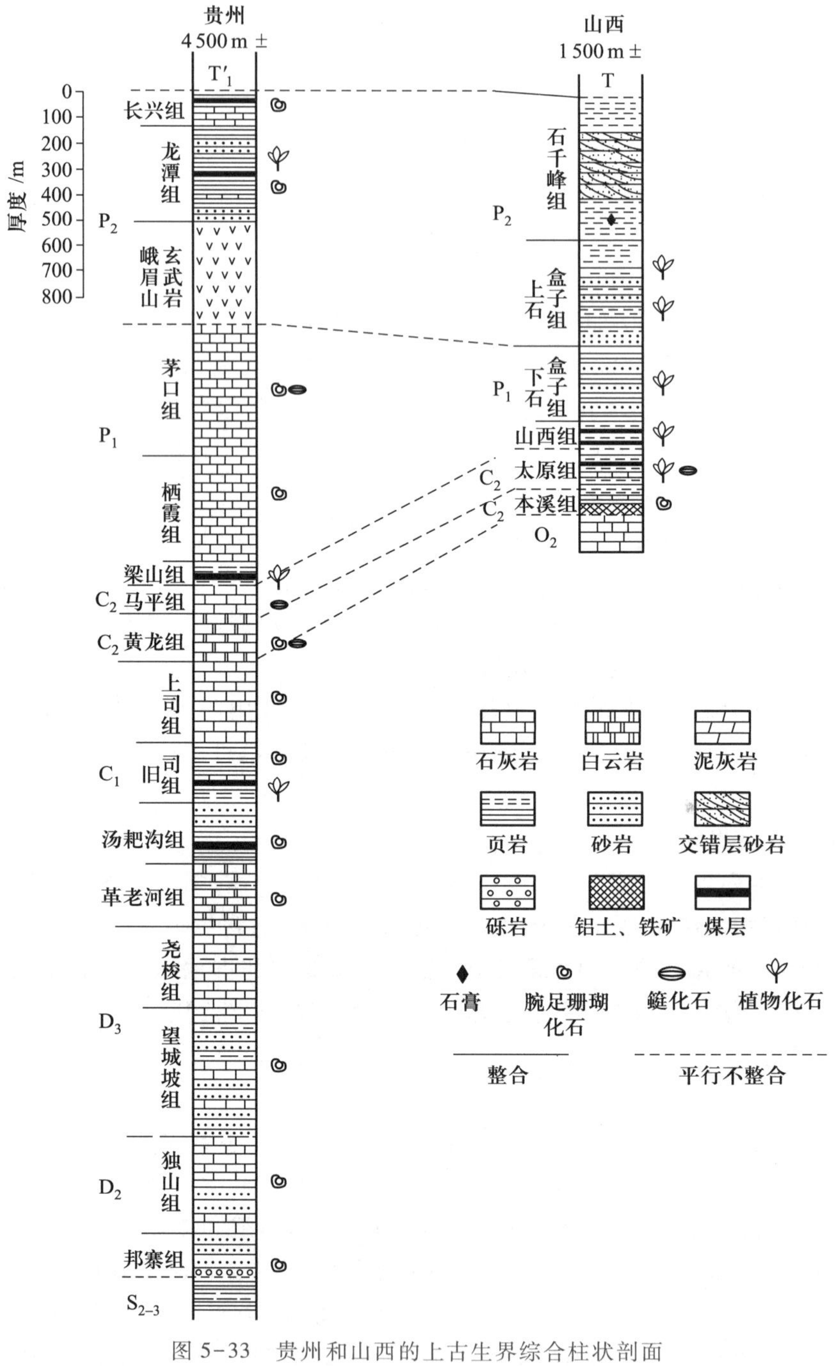

图 5-33 贵州和山西的上古生界综合柱状剖面

2. 华南地区上古生界的特征

① 上古生界包括泥盆、石炭和二叠系。

② 地层总厚度超过 4 000 m，但各地差异较大，横向变化显著。

③ 整个上古生界以海相地层为主，间有陆相地层，和北方显著不同，说明曾经出现多次海侵过程。

④ 含煤地层层位较多，但分布面积和规模一般不如北方大。

⑤ 地层之间接触关系比较复杂，西南地区有大规模玄武岩喷发活动，东南地区有褶皱运动，常呈角度不整合关系。这是海西运动在华南地区的表现。

综上所述，充分说明南北地壳发展有很大的差异，总的说来，南方比北方具有较大的活动性和不均一性。

至于在西北天山、昆仑山、祁连山等所在地区，上古生界地层一般厚度较大，并有强烈的喷发活动和花岗岩侵入活动。东北北部是蒙古-兴安地槽通过的地方，上古生界也很厚，如大小兴安岭地区泥盆系厚为 5 000~6 000 m，东北北部的石炭系（吉林群）可厚达 7 000~8 000 m。

（三）中国晚古生代矿产

中国在晚古生代形成了许多重要的矿产，主要的有铁、锰、铝土、煤及金属矿产。

1. 铁矿

中国南方中、上泥盆统中分布有丰富的赤铁矿和菱铁矿，上泥盆统的铁矿工业价值较大，分布于湖南、鄂西、赣东等地，这类铁矿因首先发现于湖南宁乡，故称宁乡式铁矿。铁矿的形成跟当时的地理环境有密不可分的关系。从图 5-30 可以看出，铁矿大都分布于当时的古陆边缘地带，泥盆纪初海侵规模较小，到了中、晚泥盆世海侵规模变大，许多古陆被海水淹没，从而使大量风化物质在海陆交界地方沉积下来，并富集了铁矿，属典型的滨海、浅海沉积类型。

在华北地台范围内，在上石炭统底部，也就是中奥陶统石灰岩侵蚀面上，相当普遍地分布有一层赤铁矿或褐铁矿，称山西式铁矿。它们多呈透镜体状、似层状及不规则状，规模一般不大，但多为富矿。

2. 锰矿

锰矿主要分布于南方上古生界地层中，含矿层位较多。广西上泥盆统榴江组底部与中部有含锰矿层，称桂平式锰矿。沉积环境主要为古陆边缘浅海地带。江西、广西等地石炭统中分布有具开采价值的锰矿。在广西、湖南、江西、皖南等地下二叠统中常有含锰硅质页岩，一般以软锰矿为主。

3. 铝土矿

华北地台石炭二叠系含煤地层中常有数层铝土矿和耐火黏土，特别是位于最底部（即中奥陶统灰岩侵蚀面之上，本溪组之下）的铝土矿，质量好，分布广，通称 G 层铝土。例如冀东开滦、辽宁本溪、山东淄博、河南等地，都产有重要经济价值的铝土矿。同时，在西南地区贵州中部及云南东部等地的下石炭统（旧司组）中也分布有极丰富的铝土矿。因为石炭纪初南方海侵范围还不广，许多地方位于海面之上，因此大量铝的风化物被搬运入海，于古陆边缘的近岸地带形成了重要铝土矿。

4. 煤

石炭-二叠纪是最主要的造煤时代，但煤的分布情况和形成时间因地而异。华北地台的成煤时期是上石炭统和下二叠统下部，合称石炭-二叠纪煤系（包括本溪组、太原组和山西组）。由于华北地台稳定，地势低平（因久经侵蚀），因此煤田具有含煤地层厚度不大（一般 200~300 m，最大可达 500~600 m），但层位稳定、分布广、面积大、储量丰、质量好的特点。如图 5-31 所示，从东北到华北的广大地带，几乎都有这一时代的煤田分布，如有名的开滦、淮南、平顶山、淄博，以及本溪、焦作、大同、太原、峰峰等煤矿。

华南地区的情况和华北不同，因为海水长期漫覆，只有海退间隙在滨海低地形成一些小块煤田，所以，南方煤田分布规模较小而分散。但成煤地层时代延续长，在下、上石炭统和下、上二叠统中几乎都有煤层存在，其中以上二叠统龙潭组更为重要（因海西运动海退），形成海陆交互相煤系，如有名的江西乐平煤系，浙江礼贤煤系，安徽宣泾煤系，湖南斗岭煤系，云南宣威煤系等，皆与龙潭组相当。

中国西北部也有煤田形成，如甘肃河西走廊的武威、山丹等石炭纪煤田，代表祁连地槽褶皱隆起后的山前拗陷类型。这一类型含煤地层厚度较大（1 000 m 以上），往往呈带状分布。

5. 金属矿产

在各地槽中有岩浆活动，因此形成许多金属矿产，例如西北祁连山地区的著名斑状铜矿。其他有色金属矿，以及阿尔泰山地区的铅、锌、铁等矿，大都和岩浆侵入体有关。

第 6 节　中生代

中生代距今 2.52 亿~0.66 亿年，中生代形成的地层称中生界，地层符号为 Mz。中生代划分为 3 个纪，即三叠纪、侏罗纪、白垩纪。三叠纪距今 2.52 亿~2.01 亿年，这个时期形成的地层称三叠系（T）。1834 年，F. A. von 阿伯蒂因德国中部该地层的三分性明显而命名。侏罗纪距今 2.01 亿~1.45 亿年，这个时期形成的地层称侏罗系（J）。1829 年，法国人 A. 布龙尼亚因瑞士和法国交界处的汝拉山（日本学者译为侏罗，中国沿用）而命名（1795 年德国 A. von 洪堡曾根据该山的白色灰岩首先使用“侏罗灰岩”一词）。白垩纪距今 1.45 亿~0.66 亿年，这个时期形成的地层称白垩系（K）。这一名称来源于英吉利海峡两岸出露的白垩地层，由比利时学者 J. B. J. 奥马利达鲁瓦于 1822 年创立。白垩是石灰（$CaCO_3$）的意思，是由海生的一种钙质超微化石（颗石藻）和浮游有孔虫化石构成，在英吉利海峡两岸形成壮丽的崖壁。

海西运动之后，世界许多地区已经发展为褶皱带，陆地面积增大；但从世界范围看，侏罗纪和白垩纪频遭大范围海侵，然而总趋势还是继续向着陆地面积增大演变；古生代末期形成的联合古大陆，特别是南方冈瓦纳古陆，到中生代末期显著分裂漂移，位于太平洋板块俯冲带边缘的环太平洋地带地壳运动十分强烈，地理环境尤多变化。因此，生物界在新环境中又有了新的进化和飞跃，最突出的是裸子植物代替了蕨类植物，爬行动物代替两栖动物而盛极一时。但是，到白垩纪末期恐龙类爬行动物全部绝灭，是地史中的一次重大生物事件。

一、中生代生物界的新发展

中生代是生物界大变革的时代，无论是古植物或古动物，其演化均进入一个新阶段。

（一）裸子植物时代

中生代陆地面积空前扩大，地形高低起伏随地而异，气候条件也远比海洋占优势的时代复杂得多。植物对于环境是十分“敏感”的，性喜湿热的蕨类植物由于不太适应海西运动之后干湿冷热多变的大陆环境，逐渐趋向衰退；而更能适应各种环境的以种子繁殖的裸子植物，从晚二叠世初露头角，到中生代更加迅速地发展起来了。因此，中生代又称裸子植物时代。苏铁、银杏、松柏等类是中生代最主要的代表植物（图 5-34）。以银杏而论，目前只残余了一种，主要分布于中国，有活化石之称，可是，银杏类植物在中生代有很多种。此外，有些新兴起的蕨类（主要是真蕨），如枝脉蕨、锥叶蕨（图 5-34）等虽然还相当繁茂，但已退居次要地位。这些繁盛的裸子植物和蕨类植物，是当时的主要

(a)

(b)

(c)

(d)

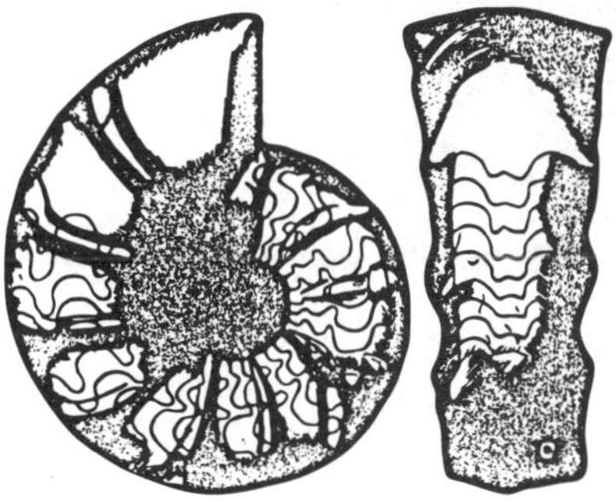

(e)

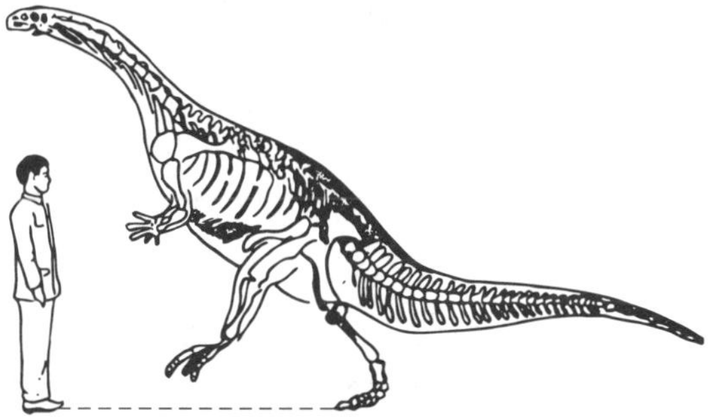

(f)

(g)

(h)

(i)

(j)

(k)

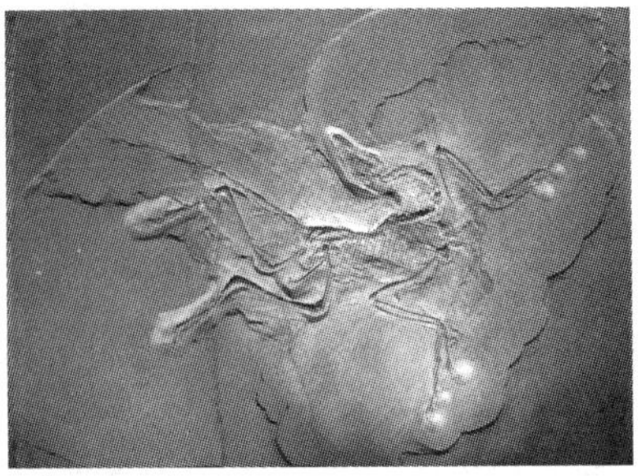

(l)

(m)

图 5-34 中生代生物及化石举例

(a) 苏铁之一种 *Ctenis*；(b) 银杏之一种 *Gingoites*；(c) 锥叶蕨，又称锥羊齿 *Coniopteris*，J；

(d) 枝脉蕨，又称格拉多羊齿 *Cladophlebis*，J；(e) 三叠纪的一种菊石 *Ceratites*；

(f) 禄丰龙，J_1；(g) 雷龙；(h) 剑龙；(i) 霸王龙和三角龙；(j) 鱼龙；

(k) 飞龙；(l) 始祖鸟 Archeopteryx；(m) 始祖鸟复原图

造煤植物。中生代，特别是侏罗纪，是一个仅次于石炭二叠纪的造煤时代。早白垩世晚期，地史上第一次出现被子植物，发展迅速，到晚白垩世终于取代了裸子植物，在大陆占统治地位。如山毛榉、榕树、木兰、枫、栎、杨、樟、胡桃、悬铃木等均已出现。和动物演化相比，植物界比动物界提前半个纪进入新生代。

（二）爬行动物时代

中生代动物界发展的突出标志是爬行动物的高度发展，因此中生代也称爬行动物时代。

石炭二叠纪的两栖类，虽然初步占据了大陆，但还不能完全脱离水环境。而爬行动物则可以完全在陆地环境中生活了，其中最占优势的一类就是恐龙。恐龙是中生代一类爬行动物的总称，共分两大类，一类叫蜥龙类，它又分为素食的蜥脚类和肉食的兽脚类；另一类叫鸟龙类，这一类都是素食的。恐龙的身体大小、形状、生活习性等各不相同，种类很多。有的很大，已知最大者身长 26 m，体重可达 80 t，是地史上最巨大的陆生动物；有的身体则很小。有的头小体大，颈长尾长，用四肢行走，专吃植物，如雷龙；有的则头大颈短，牙齿锋利，用后肢行走，凶猛吃肉，如霸王龙；还有后背具有两列骨板的剑龙；身披骨甲的甲龙；头长 3 个大角的三角龙；嘴如鸭子的鸭嘴龙等。此外，还有一些爬行动物能在空中飞翔，如具有长尾的飞龙和头大无尾的翼龙；另外有一些生活于海中的鱼龙和长颈龙等。所以说，海陆空 3 个领域都成了爬行动物生活的场所。

中国在中生代主要是大陆环境，所以发现了非常丰富的恐龙化石（包括恐龙蛋和足痕）。早年在云南禄丰盆地发现了禄丰龙（J_1）。1957 年在四川合川上沙溪庙组发现了中国最大最完整的合川马门溪龙（J_3），它身长 22 m，高 3.5 m，估计体重 30~40 t，是蜥脚类的典型代表。1977—1984 年在四川自贡大山铺下沙溪庙组发现了极为丰富的恐龙化石层，定名为"大山铺恐龙动物群"（J_2），包括 3 个纲、11 个目、15 个科、近 20 个种，填补了恐龙演化史的空白（因世界上 J_2 恐龙发现很少）。1993 年，在河南西峡发现恐龙蛋化石群，分布面积达 40 km^2，埋藏数量达数万枚。其分布之广、数量之大、种类之多、原始状态保存之完好，均为世界所罕见。

特别引人注意的是在晚侏罗世已经发现了原始的鸟类。最早是 1862 年在德国南部上侏罗统潟湖沉积岩层中发现的，定名为始祖鸟[图 5-34(l)、(m)]。始祖鸟大小如乌鸦，体外披羽毛，前肢已变为翼，足具 4 趾，有由锁骨愈合形成的叉骨，耻骨向后伸长，凡此都与鸟类近似。但始祖鸟又具有由多节尾椎组成的长尾，胸骨不发达，颚上有齿，已变成翼的前肢上还有 3 个分开的指骨，这些特征又不同于鸟类，而与爬行动物相似。因此，始祖鸟是爬行动物向鸟类演化的过渡类型，成为现代鸟类的祖先。始祖鸟具有羽毛及翼，已是温血动物，但从骨骼特点来看，它们的飞行能力还很低，只能在树枝间作短距离滑行。鸟类是最难保存成化石的动物，故其化石非常珍贵。1981 年，中国甘肃玉门昌马盆地曾发现白垩纪鸟类化石。1994 年，中国地质学家在辽宁北票上侏罗统地层中也发现了和始祖鸟同时代的鸟类化石，其特征是已有喙，口中无牙齿，其他特征与德国始祖鸟相似，是继德国始祖鸟化石发现以来最重要的发现之一。

在晚三叠世，还发现了从爬行动物到哺乳动物的过渡类型，在中国云南发现的云南卞氏兽（*Bienotherium*）便属于这一类。它的下颚骨像爬行动物，而牙齿却像哺乳动物。这说明爬行动物的一支已开始向哺乳动物演化。

（三）无脊椎动物进一步发展

从三叠纪开始，海生无脊椎动物有大量更替现象。腕足类在古生代末及三叠纪初曾趋于衰落，但从中三叠世开始激增，大约出现 120 多个属 200 多种。珊瑚类的六射珊瑚在中生代特别繁盛，在南北纬 30°之间的浅海环境中经常形成珊瑚礁（在岩层中出现礁灰岩）。特别是属于软体动物的菊石类和箭石类在中生代分布很广，演化十分迅速，如菊石类在泥盆纪已经出现，进入中生代空前繁盛，和早古生代的直角石、珠角石等都属于头足类，硬体构造也相似，只是菊石具有旋卷的外壳[图 5-34(e)]，壳上的缝合线由简单到复杂，演化得很快，是中生界海相地层划分的标准化石，故中生代又称菊石时代。中生代由于陆地面积不断扩大，适应各种生态环境的淡水软体动物，如双壳类、腹足类、叶肢介、介形虫等也十分发育，和这些软体动物伴生的还有各种昆虫、淡水轮藻等，以及属于硬骨鱼类的狼鳍鱼等，后者在中国北方晚侏罗世地层中的化石很多。

（四）恐龙灭绝——最突出的生物事件

到中生代末，亦即白垩纪结束，昌盛并称“霸”中生代的菊石类和恐龙类等突然灭绝，这一事件引起国际科学界的重视和争议。特别是恐龙为什么灭绝，至今有多种不同的说法。或认为这和中生代末期强烈的构造运动所引起的地形、气候、植被等条件的改变有一定的关系；或认为与地球磁极倒转、流行病，以及恐龙本身的退化等有关。总之，均认为恐龙的绝灭与其本身内在因素和与其生存环境的外在因素有关。例如，恐龙在适应中生代较稳定的暖湿环境和繁茂裸子植物的过程中出现了特化，部分种类的如体型越来越大，结果难以适应中生代末期的地形、气候，以及植物的突然变化，最后不得不灭绝。

但近年盛行的看法是恐龙的灭亡源于“地外事件”。即在 6 600 万年前，有一颗小天体碰撞地球，导致海水温度升高，造成生物死亡；有人认为小行星和地球相撞，粉尘弥漫天空，遮住阳光辐射地表，造成大批生物绝灭。其主要证据是在白垩纪和古近纪地层界线处的黏土层中，发现较普遍存在铱的含量比正常值高若干倍至 30 倍的现象，而铱是陨石的重要组分之一。

近年关于陨石与地球相撞的直接或间接证据日益增多。有人计算在 6 600 万年前撞击地球的天体直径约为 10 km，撞击地点在墨西哥湾尤卡坦半岛附近。目前，世界上共发现大陨石坑有 80 多个，美国亚利桑那州的巨大陨石坑，其直径 1 240 m，深 120 m，周壁高出地面 40 m。20 世纪最著名的外物撞击地球事件是 1908 年一颗小行星（估计直径为 80 m）坠落在西伯利亚通古斯附近，在地面砸出了一个直径 1 200 m、深 130 m 的大坑。大量事实说明，小天体撞击行星是极普遍的客观现象。月球上由小天体撞击而成的直径大于 1km 的环形山有 33 000 多个。科学家估计，每年落向地球的小天体约有 20×10^4 t。所幸我们的地球有一层厚厚的大气层，绝大多数小天体在进入大气层时已被烧毁。特别是 1994 年 7 月 16 日至 22 日苏梅克—利维 9 号彗星 21 块碎片以每秒 60 km 的速度连续撞击木星（俗称“彗木之吻”事件），估计产生的能量相当于 10×10^{12} t TNT，或等于 5 亿颗当年在广岛爆炸的原子弹。这一事件给予人们有益的启示，告诉人们应该正视而不是回避地外事件，这样才能意识到应该研究预警系统和预防措施，以避免其造成的不良后果。

二、中生代全球大地构造和古地理演化

（一）中生代的构造运动

中生代是构造运动剧烈而频繁的时代，是岩石圈板块发展演化趋向于形成近代构架模式的时代，也是岩石圈板块从联合又走向分裂、漂移、逐步完成近代海陆分布格局的时代。

西方习惯于称中生代和新生代的构造运动为阿尔卑斯运动，典型地区是在欧洲的阿尔卑斯山地区。阿尔卑斯运动又分为两个阶段，中生代的构造运动称为老阿尔卑斯运动，又称太平洋运动，相当于中国的燕山运动；新生代的构造运动称为新阿尔卑斯运动，也是指狭义的阿尔卑斯运动，相当于中国和亚洲的喜马拉雅运动。

从中国和东方来看，中生代的构造运动包括两个阶段，一是发生于三叠纪中、晚期

的运动，称为印支运动。印支运动实际上是晚古生代海西运动的继续，一些板块还在对接（如华北地台与扬子地台），一些活动地槽带还在褶皱隆起（如中国西南部及东南部活动带），最后使中国和亚洲的主要部分全部固结。因此，常把海西构造阶段和印支构造阶段合称海西–印支构造阶段，它是联合古陆的形成阶段。另一是发生于侏罗纪和白垩纪的运动，称为燕山运动。燕山运动奠定了中国大地构造轮廓和古地理形势的基础，对于中国来说是至关重要的。燕山运动和喜马拉雅运动时期，合称燕山–喜马拉雅构造阶段，它是联合古陆的解体阶段。中、新生代构造运动名称和相互关系如下表：

阿尔卑斯运动（中、新生代）	新阿尔卑斯运动（新生代）	在中国对应于	喜马拉雅运动
	老阿尔卑斯运动，又称太平洋运动（中生代）	在中国对应于	燕山运动（侏罗纪、白垩纪） 印支运动（属于海西–印支运动体系、三叠纪中晚期）

（二）联合古陆解体

老阿尔卑斯构造阶段是联合古陆解体阶段。大约从三叠纪晚期开始，位于南极周围的冈瓦纳超级大陆逐步分裂为几个大陆（图 5–35）。到侏罗纪这种分裂趋势进一步增强（图 5–36），在北大西洋西部巴哈马群岛附近已发现中侏罗世的洋底深水沉积物，说明北美洲和非洲在这一时期已经分裂、漂移，出现北大西洋洋壳海盆。晚侏罗世时南大西洋也开始分裂。与此大约同时，非洲与南极洲、南亚次大陆与澳大利亚之间也开始分裂，已经初显古印度洋。同时古特提斯海（古地中海）[①]于晚侏罗世也已扩张到最大规模（图 5–36）。在古特提斯海西段，相当现在南阿尔卑斯地区，可以见到中、晚侏罗世深水型红色结核灰岩、放射虫硅质岩等直接覆盖在浅水灰岩上，表明这一地区已经开裂、塌陷，由浅水向大陆坡和深海盆环境演化。在古特提斯海东段，即今雅鲁藏布江一带，经古地磁研究，江南和江北的古纬度相差 30°左右，表明开裂幅度比西段更大。古特提斯海东段大规模开裂的结果，是冈瓦纳大陆北缘分裂出冈底斯和伊朗等一系列小地块。这些小地块大约从三叠纪晚期开始脱离冈瓦纳大陆，侏罗纪时显著向北漂移，到侏罗纪末已和古亚洲大陆拼接在一起。与此同时，在许多大陆内部也产生断裂和裂谷，导致大规模的火山喷溢活动。如印度德干高原玄武岩喷发厚达 3 800 m（J—K—E）；非洲中、南部和南美洲东部玄武岩厚度超过

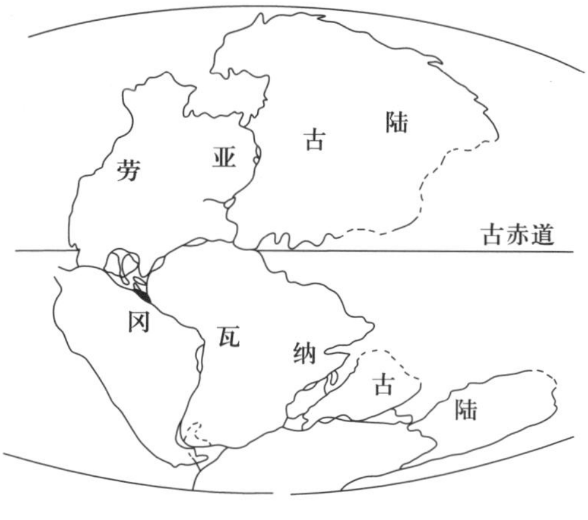

图 5–35　三叠纪初期的联合古大陆

（据 Dietz 和 Holden，1970，简化）

① 特提斯海（Tethys，特提斯是古希腊神话中的女海神名）发育于劳亚和冈瓦纳两大古陆中间，大体沿阿尔卑斯–喜马拉雅褶皱带的走向，东与环太平洋海域相连，后经阿尔卑斯–喜马拉雅运动上升，成为今天高耸的山脉。今天位于亚欧非之间的地中海是其残留部分。

1 000 m(J_1);非洲东部还形成著名的东非大裂谷,等等。总之,联合古陆分裂和互相离散,一方面使大西洋、印度洋、古地中海不断开启,形成大西洋洋中脊、印度洋洋中脊、太平洋东部海岭等全球性洋盆张裂体系;另一方面使古地中海受到挤压,不断缩小,最后导致非洲地块与欧洲地块碰撞联结,形成阿尔卑斯山系;同时在太平洋盆地周缘普遍发生洋壳向陆壳俯冲,形成太平洋弧盆海沟体系。地球表面面积是一个常数,一方面岩石圈板块张裂使地球表面面积扩大,另一方面板块碰撞、压缩使地球表面面积缩小,全球性的张裂体系和挤压体系是矛盾的两个方面,是共存的和互相制约的。因此,到中生代末期形成如下大地构造格局:由分到合的劳亚古陆和由合到分的冈瓦纳古陆南北对峙,古地中海东西横亘于南北两大古陆中间不断受到挤压,环太平洋大陆不断遭受俯冲而形成复杂的活动的大陆边缘。这一构造格局,可以清楚地反映岩石圈的分裂与聚合、张裂与挤压的共存和依赖关系。

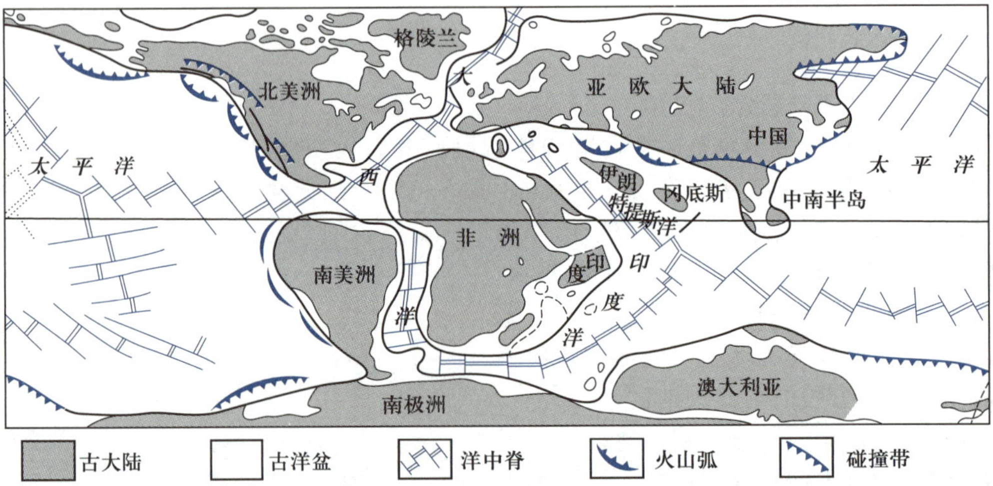

图 5-36 晚侏罗世世界古地理略图

(据刘本培)

(三)中生代古地理概况

早三叠世,全世界基本继承晚古生代末的古地理面貌,变化不大。从中三叠世开始,特别是到晚三叠世,伴随着联合古陆的分裂,发生了规模宏大的印支运动,使古地理轮廓向着典型的中生代面貌过渡。印支运动影响最大的地区是特提斯海的东段,这可能跟从冈瓦纳大陆分裂出来的伊朗、冈底斯等小板块向北漂移和亚洲板块碰撞相关。印支运动的结果是中国西南部的秦岭地槽、巴颜喀喇-松潘地槽、滇西地槽、缅(甸)马(来西亚)地槽形成世界上大规模的印支褶皱带,导致华北地台与扬子地台的对接和古亚洲大陆的向南增长,使古地理面貌发生重大改变。同时,处于环太平洋带的西伯利亚远东地区、日本群岛、马来群岛、北美洲的科迪勒拉山脉等地,也受到印支运动的一定影响。

在中生代环太平洋地带是构造运动最强烈的地带。特别是在侏罗纪和白垩纪,由于太平洋洋壳板块不断向大陆板块俯冲,引起大陆边缘地带的挤压褶皱、岩浆侵入和喷出活动,以及陆内碰撞、张裂拗陷和挤压推覆等现象,所有这些构造活动相当于燕山运动。燕山运动的结果，是形成了环太平洋褶皱带（如北美洲的内华达山脉、亚洲西伯利亚东部各山脉等），以及环太平洋岛弧和海沟体系。大陆活动边缘的增长，导致活动带的向外推移，包括北美洲东部的海岸山系、日本、中国台湾、菲律宾、印度尼西亚、新西兰等地，到了新生代即新阿尔卑斯阶段才褶皱隆起。

在印支和燕山期，因联合古陆的分裂解体及特提斯海的扩大，曾引起侏罗纪特别是白垩纪的巨大规模的海侵过程，白垩纪特提斯海张开到最大程度，现在的中南欧和中近东的许多区域都淹没在海水之中，但在亚洲东部和中国大部分，除去西南边陲等地区有海侵现象外，广大地区都是位于海面以上的陆地。

（四）中生代气候和沉积矿产

三叠纪初气候比较干燥，之后由炎热向温湿转化，气候分带现象很明显。在赤道两侧各有一条宽阔的干旱带，在高纬地带和极区（北极区），存在潮湿地带。进入侏罗纪，因海侵范围扩大，潮湿气候分布益加广泛，如在北美洲、北欧、东亚、东北亚和南极洲都形成煤层，因此它是仅次于石炭-二叠纪的世界主要聚煤期。白垩纪的气候也比较温暖，在北纬40°~90°地带年平均温度为10 ℃，未见极地冰盖迹象，格陵兰和阿拉斯加等高纬度地区，可以见到温带和亚热带植物化石。地表许多地区植被茂密，形成许多白垩系大煤田。由于大部分地区气候湿润，雨量充沛，在一些近海及滨海地区形成了丰富的石油、天然气及油页岩矿床。如美国的得克萨斯州、墨西哥、波斯湾、北非、苏联等地，形成了许多大油田，在中国松辽平原上也形成上白垩统的大庆油田。但在一些干燥地区的红层中也形成许多有价值的膏盐矿床。

（五）环太平洋内生金属成矿带形成

在整个中生代，岩浆活动频繁而强烈。印支期，许多地方如西藏、北美洲科迪勒拉、西伯利亚等地区皆有基性、超基性岩侵入现象。特别是在环太平洋带，燕山期有大量中酸性岩浆侵入和喷发活动，形成种类繁多而丰富的金属矿产，称为太平洋内生金属成矿带。这个金属成矿带是太平洋板块向大陆板块俯冲消融导致岩浆和火山活动的必然产物。

三、中生代中国地史概况

中国的地理位置，东靠古太平洋，南邻古特提斯海，恰好夹在环太平洋和古特提斯海两大活动地带的中间，所以中国中生代构造运动和岩浆活动的规模和强度，是古生代以来任何时期都无法比拟的。中生代除受印支运动影响外，还受到燕山运动极为强烈的影响。燕山运动大体又可分为3期，一期在中、晚侏罗世，一期在侏罗纪、白垩纪间，最后一期在白垩纪末。由于这些运动，中生代中国地质构造和古地理轮廓都发生了巨大的变化，其特征大致如下：

（一）印支运动结束南海北陆的局面，中国基本形成大陆环境

三叠纪初期，中国华南地区仍然为海水所占据，形成南海北陆的形势（图5-37）。三叠纪中、晚期，即印支运动期，扬子地台与华北地台之间、扬子地台与塔里木地台之间，形成印支褶皱带，互相对接在一起。向西又与巴颜喀喇和三江、滇西的广大印支褶

皱区相连。故印支运动期以后，中国和亚洲的主要部分已全部固结，亚欧古大陆主体最终形成。到侏罗纪，在中国只有西藏、青海南部、两广沿海，以及东北乌苏里江下游等处仍有海侵过程（图 5-38）。到白垩纪亦大致如此，只有在西南边陲还有海侵，古特提斯海淹没了西藏地区，还在新疆喀什地区伸进了一个狭长的海湾（图 5-39），在台湾地区也发现过早白垩世的菊石和海相双壳类化石。除此之外，可以说在印支运动以后，从侏罗纪开始中国已经基本结束了南海北陆的分布格局，南北东西形成一片宽广的大陆环境。

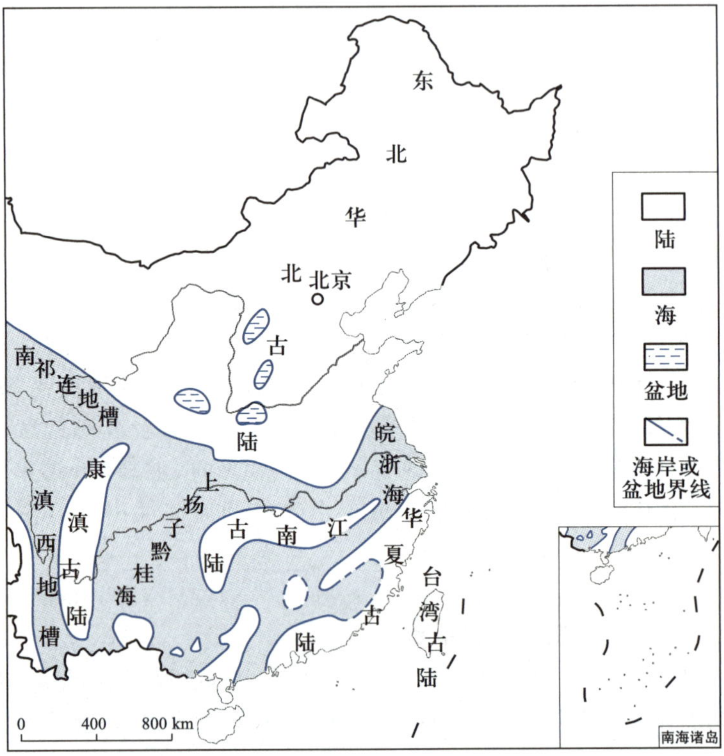

图 5-37 中国东部早三叠世古地理略图

（二）燕山运动期从南北分异转向东西分异

印支运动以后，中国大部分地区处于大陆环境（图 5-38），新形成的古昆仑山、古秦岭横贯大陆东西，对于分隔南北古气候产生一定影响。但在中国东部地区，沿着 NNE—SSW 方向，即从大兴安岭—太行山—武陵山一线东西两侧，显示出更为明显的分异现象。该线以西出现大型稳定内陆盆地，如北方的鄂尔多斯盆地（亦称陕甘宁盆地）和川鄂盆地，该线以东则属于环太平洋强烈的地壳构造运动和岩浆活动带，形成一系列新华夏小型裂谷盆地群，从北方的大兴安岭、内蒙古、燕山地区，到南方的闽浙沿海，在侏罗纪和白垩纪有多次大规模的火山喷发活动。越是靠近东部，其活动亦愈强烈。同时，形成 NNE 或 NE 向褶皱断裂山地，以及众多斜列的隆起和拗陷。所有这些都是燕山运动的反映，也是太平洋板块向中国大陆板块俯冲的结果。与此相反，鄂尔多斯盆地和川鄂盆地不仅面积大，拗陷幅度大，沉积了巨厚的陆相碎屑岩，而且岩浆活动和构造运动也十分微弱，东西分异形成明显的反差。

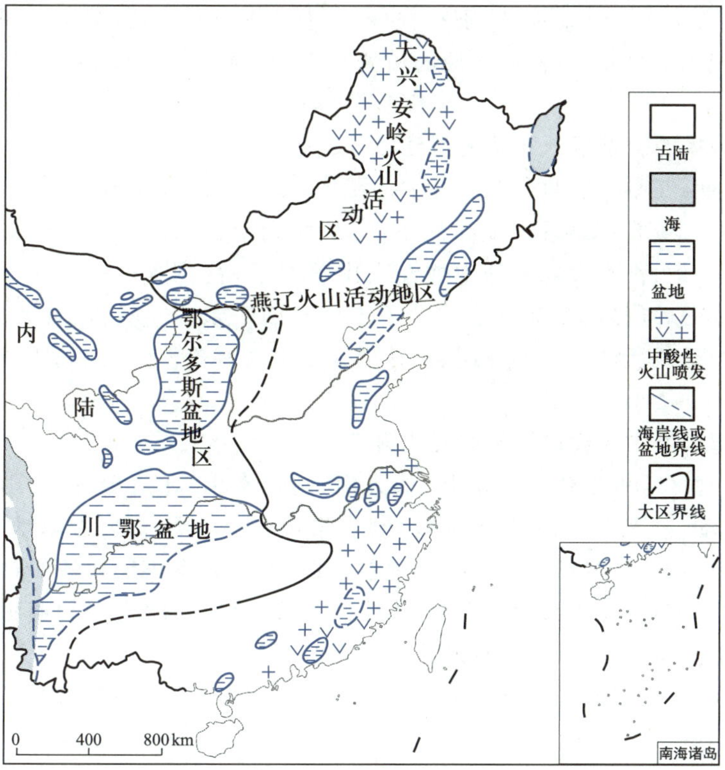

图 5-38　中国东部晚侏罗世古地理略图

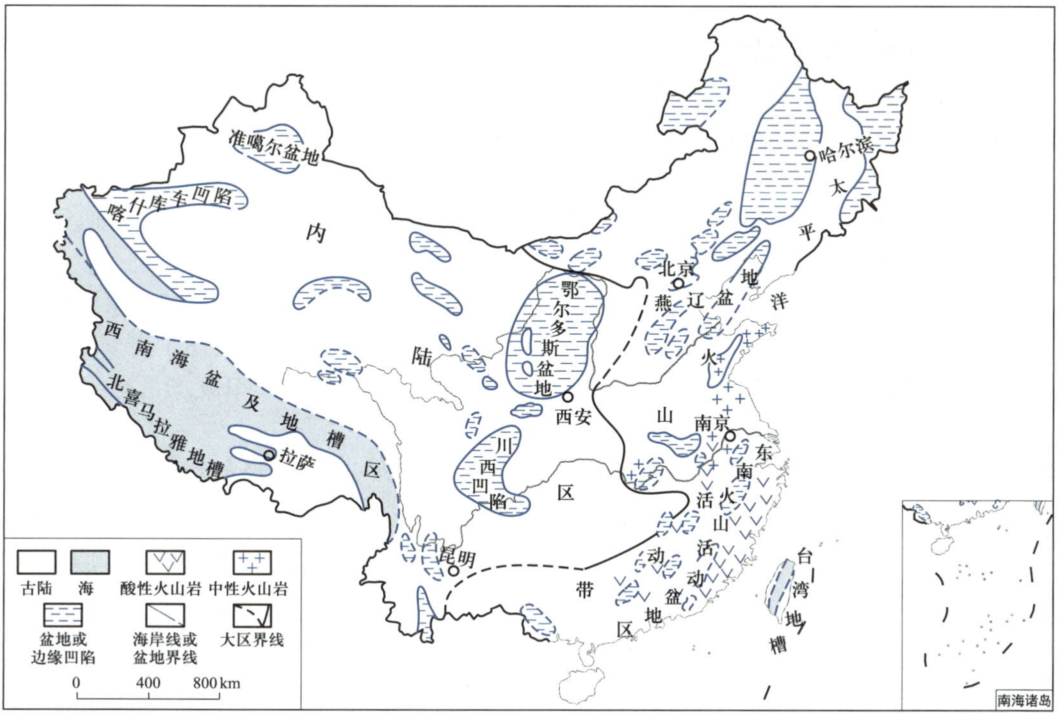

图 5-39　中国早白垩世古地理略图

在上述大大小小的盆地里，特别是在侏罗纪，形成了许多煤层；在一些盆地中还形成石油、天然气和油页岩，在松辽平原的白垩系中，石油尤为丰富。

（三）大规模的岩浆侵入和喷发活动

三叠纪末期，在秦岭、川西、长江下游、藏北等地区，都有印支期岩浆侵入活动。特别是伴随着燕山运动，在靠近太平洋的东部，从北到南，如大兴安岭、燕山地区、山东半岛、浙江、福建等地，都有大规模的中酸性火山喷发活动（图 5-38，图 5-39），形成安山岩、流纹岩及火山碎屑岩，厚度可达一二千米到三四千米。同时，还有大规模的中酸性岩浆侵入活动，形成所谓燕山期花岗岩，并形成了多种有价值的内生金属矿产。

（四）西部地区古生代褶皱带强烈上升

中国西部地区各古生代褶皱山脉，如天山、阿尔泰山、祁连山、昆仑山等，在燕山运动中都重新活动，强烈上升，并出现了准噶尔、塔里木等大型盆地，在盆地和山前拗陷盆地中堆积了厚达四五千米的陆相中生界地层，其中经常含有煤层和各种矿产。

至于中国西南地区，如藏北、滇西、川西一带，也分别在印支期和燕山期褶皱隆起。喀喇昆仑山脉、念青唐古拉山脉、横断山脉都是这时形成的。

总之，印支运动特别是燕山运动影响范围甚广，几乎遍及全国。现代中国的地质构造轮廓和地貌基础，基本上是燕山运动阶段形成的。到了中生代后期，在中国已经是山脉纵横、盆地罗列，火山活动此起彼伏，只有西藏和喜马拉雅山一带及台湾地区，仍然是碧波浩瀚的海水。

（五）中国东部中生界

中国除西南地区，例如西藏和喜马拉雅山等地区的中生界，以及南方的三叠系和极少数地区的侏罗系为海相沉积外，其余广大地区的中生界主要为陆相盆地型沉积，部分为火山岩和火山碎屑岩系沉积，岩相和厚度变化较大，含煤和含油地层、红色岩系及石膏、岩盐等沉积分布广泛。现在仅以西部川鄂盆地、鄂尔多斯盆地①和东部北京地区、浙江东部的中生界地层为例，简单说明中国东部中生界的特征：

第一，北方中生界全部为陆相沉积；而南方则不同，如川鄂盆地三叠系大冶组和嘉陵江组等皆为海相灰岩、白云岩沉积，说明在中生代初期，中国南海北陆的形势仍很显著。在三叠纪晚期由于印支运动的影响，南方发生海退，发展为陆相成煤盆地，沉积了上三叠统须家河组，以后又沉积了陆相侏罗系和白垩系。

第二，西部川鄂盆地和鄂尔多斯盆地，中生界不见火山岩系，地层间也少有角度不整合接触；而东部地区（代表中、小型盆地），除陆相碎屑岩系外，还有巨厚的火山岩和火山碎屑岩系（另有多次花岗岩侵入活动），地层间多有角度不整合接触，说明越是东部地区，火山活动、岩浆侵入活动和构造运动越强烈。

第三，无论南方或北方，从三叠纪晚期起，特别是到侏罗纪早期，很多盆地中都沉积

① 川鄂盆地包括四川、鄂西及滇黔的一部分。鄂尔多斯盆地，又称陕甘宁盆地，大致北以阴山、南以秦岭、西以贺兰山、东以吕梁山为界，呈南北向的长方形。

了含煤地层,说明当时气候湿暖、植物丛生。有的地方,在三叠系、侏罗系中还含有油层或油页岩。

中生界上部,如中上侏罗统和白垩系,多巨厚红色碎屑岩相(通称红层),有的地区含石膏和岩盐,说明到了中生代后期,地势分异加剧,气候逐渐转为干燥。但是,中国土地广大,各地气候条件并不一样,如在东北北部,在上侏罗统中含有重要煤层,在白垩系中含有丰富油层,可见那里仍然是潮湿气候。

(六) 中国中生代矿产

中生代地层中含有种类繁多的矿产,其中价值最大的是可燃性矿产、盐类和金属矿产,在中国占相当重要地位。

1. 金属矿产

(1) 沉积型金属矿产:在川东、鄂西中三叠统(巴东组)和四川下三叠统(飞仙关组)砂页岩中有含铜砂岩;云南白垩纪红层中也有含铜砂岩矿床,品位高,规模大,易于开采和冶炼。在四川、湖北、甘肃、新疆等侏罗纪含煤地层中常夹有沉积铁矿层,其中四川的铁矿层位属上三叠统,以湖相成因的菱铁矿、赤铁矿为主,称綦江式铁矿。

(2) 与岩浆活动有关的矿产:在中国东部,由于印支期,特别是燕山期花岗岩侵入的影响,形成有名的金属成矿带。尤其是在中国东南、华南形成了 W、Sn、Mo、Cu、Pb、Zn、As、Sb、Hg 等重要金属矿产,其中钨、锑等储量居世界首位。在藏北有印支期基性、超基性岩体,形成铜、镍等矿产。在湖北、安徽等省,燕山期花岗岩与石灰岩接触,还形成了不少接触矿床。如湖北大冶、安徽当涂和铜官山等地的铁矿、铜矿、黄铁矿等,其中大冶铁矿储量丰富,称大冶式铁矿。

在东南地区,燕山期有大量酸性喷出岩(如流纹岩),经水热变质形成了明矾石①、萤石、叶蜡石、陶土等重要非金属矿产,其中以浙江平阳明矾石矿最为著名。

2. 可燃性矿产

(1) 煤:由于中生代出现了许多盆地,加以侏罗纪气候温暖湿润,所以侏罗纪是一次重要聚煤期。在南方晚三叠世也是重要的聚煤期。从成煤时期来看,大约从西南向东北有渐新的现象。如云南一平浪组、江西安源组煤系、长江流域(如四川)的含煤地层属上三叠统;华北则以下、中侏罗统为主,如山西大同,河北下花园,北京门头沟,山东坊子,辽西北票,内蒙古石拐沟,以及鄂尔多斯盆地的神府、东胜、华亭等;东北北部如鸡西、鹤岗等地,以及辽宁阜新含煤层为上侏罗统;东北和内蒙古还形成了许多下白垩统大型煤田。此外,在天山、祁连山等两侧及陕西等地,也有许多煤田(如新疆吐鲁番,甘肃酒泉、阿干镇、窑街,陕西铜川等),层位相当下、中侏罗统,其中新疆哈密大南湖煤田单层煤厚度达 182 m。

(2) 石油、天然气和油页岩:中生代的大型盆地,如鄂尔多斯盆地、柴达木盆地、准噶尔盆地等,形成许多重要的油气田,含油层位为上三叠统和侏罗系;而在东北著名的大庆油田,含油层位则为上白垩统。四川盆地也有油气田,含油气层位为海相下、中三叠统。

---

① 明矾石的化学式为 $KAl_3[SO_4]_2[OH]_6$,明矾石多呈致密块状,灰白、粉红色,硬度为 3.5~4,相对密度为 2.58~2.75。明矾石主要为中酸性火山岩受含有硫酸的低温热水溶液的作用生成,是制明矾的主要原料。

在四川、陕北等地侏罗系中常有油页岩发育。油页岩是在侏罗纪潮湿气候还原条件下的内陆盆地或湖沼中由大量有机物堆积而成的,往往与煤共生。

(3) 岩盐、石膏:四川盆地是有名的井盐产地。含盐卤水产于嘉陵江组上部和巴东组(黑卤),以及自流井群、沙溪庙组(黄卤),一般认为大部分属于埋藏水。当三叠纪后期,因印支运动海水逐渐退出,在一些地区残留了海水并经强烈蒸发,矿化度增大,后又被泥沙掩埋而保存于地层之中。卤水除制盐外,还可提取钾、溴、碘等。在云南的上三叠统(禄丰组)中也含有盐。在江西上白垩统红色岩层中也找到大盐矿。

石膏产于四川中三叠统(雷口坡组或巴东组)中;最近在江苏宁镇山脉中、上三叠统之间(青龙组之上,黄马青组之下)也发现有厚几百米的石膏层,其成因可能与印支运动引起海退所形成的残余海水沉积有关。

第 7 节 新生代

新生代是地球历史最近 6 600 万年的地质时代,所经历的时间仅相当于古生代的一个纪。新生代形成的地层称新生界,其符号是 Cz(Cenozoic Era),或 Kz(Kainozoic Era)。1760 年,阿尔杜伊诺 G. 把南阿尔卑斯至意大利平原的地层自老至新,划分为 3 个纪,第一纪为结晶岩;第二纪为含化石的成层岩石;第三纪是半胶结的层状岩石,常含有海生贝壳。1829 年,德努瓦耶 J. 根据对巴黎盆地的研究,把第三纪地层之上的松散沉积层划分出来,称为第四纪。后来地层划分越来越细,第一纪大致相当前寒武纪,第二纪相当古生代和中生代,第一纪和第二纪早已废弃不用,第三纪和第四纪合在一起,称新生代。第三纪沿用到 20 世纪末,曾划分为早第三纪和晚第三纪两个亚纪。《中国地层指南》修订版(2001)采用国际划分方案,取消亚纪,将早第三纪改称古近纪,晚第三纪改称新近纪,新生代由原来的 2 个纪,改为 3 个纪。

古近纪(旧称早第三纪、老第三纪),约开始于距今 6 600 万年前,结束于 2 304 万年前。这一时期形成的地层称古近系(E,旧称下第三系、老第三系)。新近纪(旧称晚第三纪、新第三纪),约开始于距今 2 304 万年前,结束于 258 万年前。这一时期形成的地层称新近系(N,旧称上第三系、新第三系)。古近纪划分为 3 个世:古新世、始新世和渐新世,其相当地层单位称为古新统(E_1)、始新统(E_2)和渐新统(E_3);新近纪划分为 2 个世:中新世和上新世,其相当地层单位称为中新统(N_1)和上新统(N_2)。

第四纪是地球发展历史的最新阶段,约始于距今 258 万年前,直到现在。第四纪分为更新世(Qp)和全新世(Qh),更新世又可划分为早更新世(Qp^1,曾用 Q_1)、中更新世(Qp^2,曾用 Q_2)和晚更新世(Qp^3,曾用 Q_3)。第四纪形成的地层称第四系(Q),下分更新统(Qp)和全新统(Qh,曾用 Q_4)。

新生代地质年代的划分经过了长期的实践研究过程。最早在 1833 年,英国地质学家莱伊尔 C. 研究巴黎盆地第三纪地层时,根据地层中软体动物化石现代种属百分比,将第三纪划分为始新世(1%~5%)、中新世(20%~40%)和上新世(50%~90%)。1854 年,贝利希 E. 在德国发现早于中新世的沉积物,提出渐新世名称。1853 年,赫奈斯 M. 在研究维也纳盆地一组海陆交互相沉积物时,将中新世和上新世合称新近纪。1866 年,瑞曼 K. F. 把始新世和渐新世合称古近纪。1874 年,夏姆珀 W. P. 在巴黎盆地始新世沉积物下部发现比始新世还早的植物化石，命名为古新世，因此古近纪划分成 3 个世。至于更新世，是 1839 年 C. 莱伊尔对巴黎盆地含有 70% 以上现代软体动物的沉积物所建立的名称。1833 年，莱伊尔还把近代（recent）一词引入地质学中，指地球上人类所居住的时代。1850 年，P. 热尔韦提出全新世，1885 年国际地质大会正式通过。

新生代是地表环境逐渐演化成现代海陆分布和地表形态的时代。生物界也逐渐演化成今天的面貌，称为被子植物时代和哺乳动物时代。到新近纪晚期出现了人类，这是地球发展历史中的一件大事。迄今为止，在广阔无垠的宇宙中，地球是已知唯一有人类并创造璀璨文化的星体。

一、古近纪

（一）向近代发展的生物界

被子植物开始出现于早白垩世晚期，到古近纪极度繁盛，以前由古代羊齿和各种松柏等裸子植物组成的植被逐渐为被子植物所代替。此时被子植物以乔木为主，无论是种类和数量都较中生代有很大增加。显花植物和草类的繁盛，给昆虫、哺乳动物的发展创造了必要的条件。由于纬度、气候各地不同，植物分区现象明显。

新生代动物界也发生了重大变化。中生代占统治地位的爬行动物已经衰退，而在中生代开始出现的哺乳动物得到迅速发展。晚白垩世时哺乳动物大约有 10 多个科，但到古新世却增加到 40 多个科，始新世又增加了大约 80%，不过大多数都是些古老的和土著的种类。尽管如此，从中生代爬行动物时代过渡到古近纪哺乳动物时代，是地球生命发展史上的重要事件，也是生物界的又一次巨大的飞跃。到渐新世，一些古老的和土著的哺乳动物逐渐衰微，而一些趋向近代化的种类，如奇蹄目、偶蹄目，以及食肉目、啮齿目等逐渐获得繁衍。其他脊椎动物如软骨鱼类、硬骨鱼类、鳄类、龟鳖类、鸟类都有所发展。在无脊椎动物中，双壳类、腹足类、介形类等也十分繁盛。特别是在古地中海区，属于原生动物的货币虫（*Nummulites*，扁圆形似硬币，故名），分布广泛，演化迅速，常作为海相地层划分和对比的依据，故欧洲常称古近纪为货币虫纪。

（二）喜马拉雅构造阶段地史特征

新生代的构造运动称新阿尔卑斯运动，又称喜马拉雅运动，简称喜山运动。

从中生代进入新生代，世界古地理形势如图 5-40 所示。由于海底扩张，冈瓦纳古陆进一步分裂，澳大利亚与南极大陆分开，逐渐向北转移；印度地块在始新世和亚洲碰撞，形成南亚次大陆；非洲逐渐向北靠近，向欧洲大陆挤压；南、北美洲时而在“巴拿马地峡”相接，从而使南北部分动物种类产生互相迁徙现象；阿拉伯半岛与非洲分开，同亚洲相连，红海出现。古近纪初期，亚欧大陆和冈瓦纳大陆的非洲和印度部分之间尚横亘一狭片古地中海，古近纪末，亚欧板块和南方板块碰撞加剧，相当于喜马拉雅运动期间，地球上出现了横贯东西的山脉，包括北非的阿特拉斯、欧洲的比利牛斯、阿尔卑斯和喀尔巴阡，以及向东延伸的高加索和喜马拉雅等山脉，它们是地球上最年轻的褶皱山脉，显得雄伟高峻。与此同时，古地中海消失，只剩下残余部分。又由于太平洋板块继中生代后连续向环太平洋外带俯冲，北美洲的海岸山脉、南美洲的安第斯山脉，以及亚洲的堪察加半岛、日本列岛、中国的台湾岛、菲律宾群岛、马来群岛、大洋洲的南岛和北岛等，相继褶皱隆起或形成岛弧。古近纪后期,亚洲大陆的最后形成和中国东部边缘海域的形成,奠定了中国现代地势的基本格局。

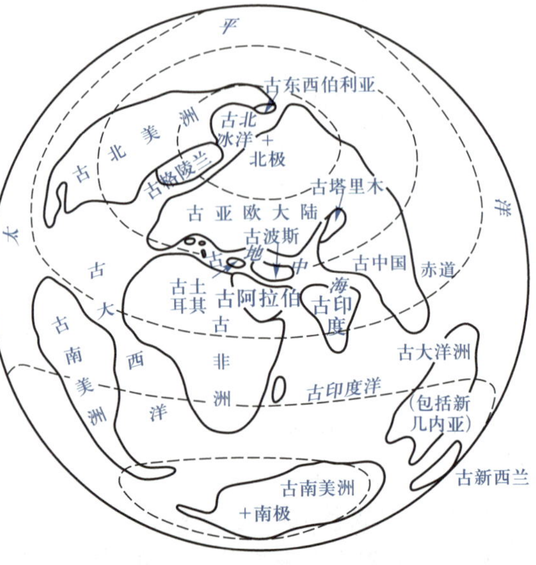

图5-40 古近纪古地理图
(据《中国大百科全书·地质学》)

在喜马拉雅运动过程中,各大陆发生断裂,形成许多拗陷盆地;东非大断裂继续发展,并伴有大规模的玄武岩喷发活动;印度继续喷发玄武岩;格陵兰及西北欧等都出现玄武岩喷发活动。中国东部在中生代强烈的褶皱断裂运动和岩浆活动之后,差异性升降运动和裂隙式玄武岩喷发活动都很强烈。

此外,那些在加里东和海西阶段形成的古老褶皱带,在喜马拉雅运动中也表现了剧烈上升和断裂,特别是在中亚广大地区形成巨大山脉和大型盆地相间的自然地理环境。许多古老褶皱山脉经过长期侵蚀之后,在这一阶段又重新恢复了挺拔高耸的面貌。

冈瓦纳大陆继续分裂漂移,越来越接近现代地理面貌(图5-41)。

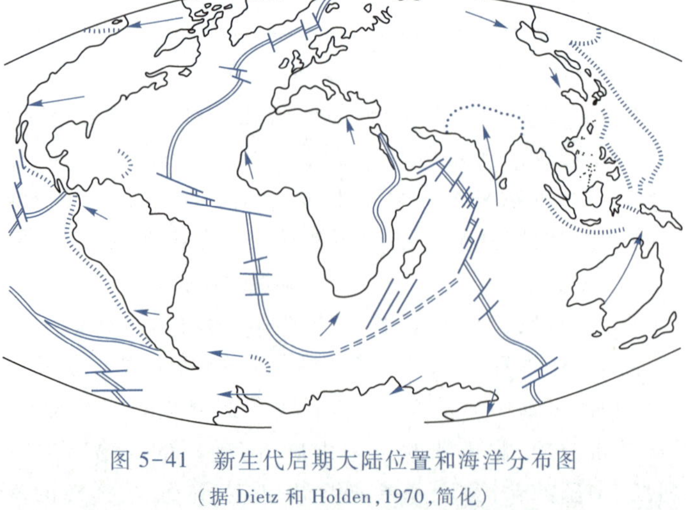

图5-41 新生代后期大陆位置和海洋分布图
(据 Dietz 和 Holden,1970,简化)

（三）中国古近纪古地理概况

1. 古地理轮廓

中国现代构造和地貌轮廓在中生代末期，即燕山运动以后就基本上奠定了基础。古近纪初期，除台湾尚被海水淹没，喜马拉雅地区仍是通往欧洲的海槽，塔里木盆地西缘及海南岛和旅顺等濒海地区遭受海侵外，中国大陆已是山川交错，盆地相间的景象。当时西北地区最大的盆地是塔里木、准噶尔、柴达木等。中国东部在燕山运动中，由于亚洲大陆和太平洋壳挤压所产生的扭力，形成一系列 NE—SW 向和 NNE—SSW 向（新华夏系）的褶皱、断裂，以及由断裂控制的大型隆起和拗陷。到了新生代，又在中生代构造的基础上进一步发展，自东而西大体可分 3 个拗陷带：第一拗陷带位于中国东部和南部沿海，大部分为海水所淹没；第二拗陷带包括松辽平原、华北平原、江汉平原等；第三拗陷带包括呼伦贝尔、陕甘宁（鄂尔多斯）、四川等盆地（图 4-137）。在这些拗陷中填充了大量碎屑物质，古近系和新近系最厚可达 5 000 m。拗陷盆地古近系中还聚集了大量石油。此外，在松辽平原还形成重要的成煤盆地，如东北抚顺煤田就是有名的古近系煤田。由于喜马拉雅运动，喜马拉雅海槽褶皱上升，台湾也脱水而出。这次运动对中国东部也有很大影响，如东北、内蒙古、河北北部等地沿着断裂有大规模玄武岩喷发活动。

2. 古近纪地层及有关矿产

中国古近系和新近系以陆相为主，海相沉积仅限于喜马拉雅山、塔里木盆地西缘、台湾局部地区（图 5-42）。由于喜马拉雅运动影响范围甚广，二者之间常形成不整合接触。

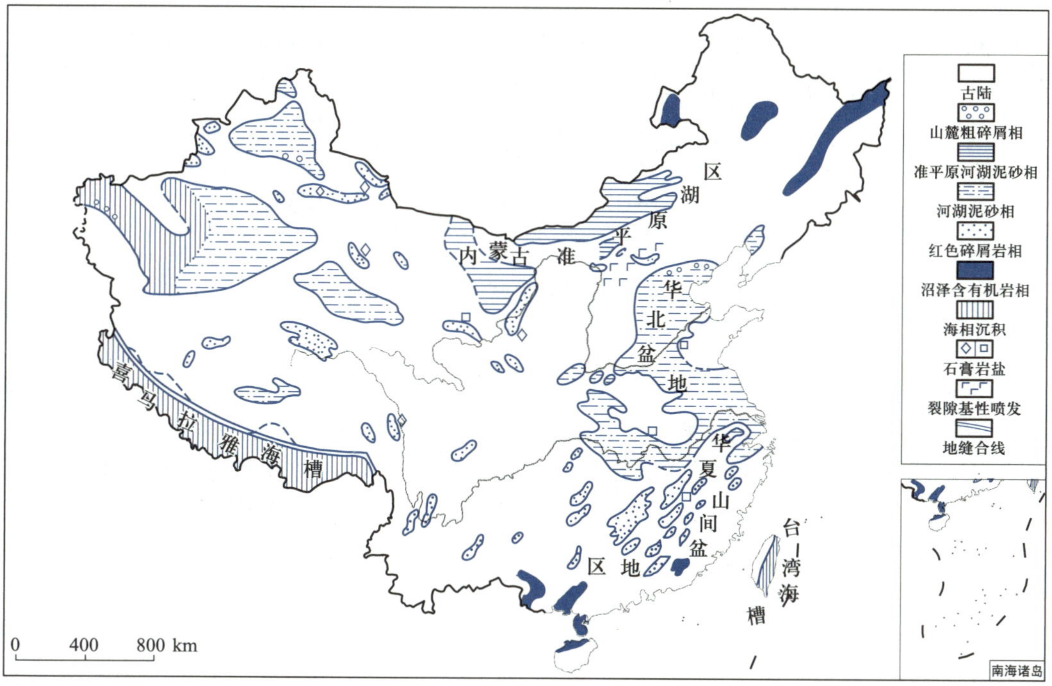

图 5-42 中国古近纪岩相古地理略图

（据王鸿祯等，简化）

(1) 中国东部地区：贺兰山—龙门山一线以东地区，在燕山运动和喜马拉雅运动中形成一系列以 NE 或 NNE 方向为主的大小断陷盆地，其中填充了很厚的古近系和新近系。古近系因沉积环境不同，自北而南大致可以分为以下几种类型(图 5-42)：

① 北部潮湿盆地含可燃有机岩沉积主要形成于中国地台北部边缘(即内蒙古古陆南缘地带)。该地区地壳活动强烈，断裂发育，形成若干地堑式断陷盆地，下陷幅度较大，并有多次的裂隙基性喷发活动，形成有名的张家口以北的汉诺坝玄武岩，以及晋北、内蒙古等地区的玄武岩(喷发时间因地而异，可从古近纪至新近纪，有的延续到第四纪)。在一些盆地中，例如辽宁抚顺，除底部有玄武岩喷出外，沉积了砂页岩夹煤层和油页岩——这是中国古近纪的重要煤田和油页岩资源，称抚顺群(E_{1+2})，总厚 1 000 m，富含琥珀、昆虫和植物化石(图 5-43)。植物群组合为常绿、落叶阔叶混交林，反映潮湿亚热带气候。

图 5-43 抚顺煤田地层剖面图

1. 老虎台组；2. 栗子沟组；3. 古城子组；4. 计军屯组；5. 西露天组；6. 龙凤坎组(以上总称抚顺群，E_{1+2})

② 内蒙古准平原湖相沉积发育在海西褶皱带和内蒙古古陆地带。该地区经过中生代长期侵蚀，形成一片地势低平的准平原，其上分布着许多小型湖盆，这里气候湿润，植物茂密，是哺乳动物活动的良好场所。沉积物以棕红色夹灰绿色泥质沙质沉积为主，因地壳稳定，地势高差不大，故无明显山麓堆积，沉积厚度不大，一般为数十米至 200 m，岩层未遭受重要变动(多水平或微倾斜)，富含哺乳类动物化石。主要分布于内蒙古及宁夏一带。

③ 华北沉降盆地干湿相间的泥沙沉积见于新生代坳陷中。华北地区经过燕山运动，太行山以西隆起，以东发生坳陷；在古近纪初由于喜马拉雅运动，断裂影响加剧，又形成许多次一级的隆起和坳陷，在坳陷中普遍沉积了古近系和新近系，厚度可达四五千米；而在隆起地带，则沉积变薄以至消失(图 5-44)。

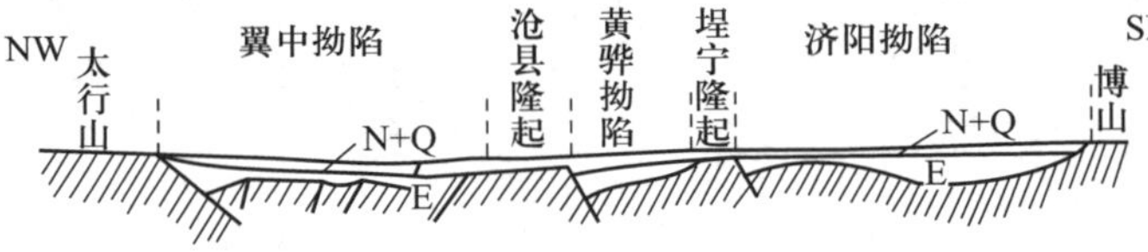

图 5-44 华北平原构造示意图

(湖北石油地质大队，王鸿祯等简化修改。沧县为今沧州)

现以华北平原为例，说明该地区地层综合特征：a. 古近纪与新近纪形成盆地，总体以沉降占优势，沉积物以湖相细碎屑物质为主，沙河街组 2~4 段为沉降最剧烈时期，沉积厚度达 3 000 m；b. 湖盆多次与海水沟通(海水内泛)和中断，咸水或半咸水和淡水沉积及生物组合成有规律的变化；c. 反映气候有周期性变化，有时干热，形成石膏、盐及红色岩层，有时潮湿，形成暗色岩及煤线、油页岩、石油等，沙河街组为主要生、储油层；d. 随着断裂发育，有多次玄武岩喷发活动。

在盆地边缘，常形成山麓堆积，如北京长辛店组、河北迁西辛集组、山东中西部官庄组等为代表，主要为粗碎屑沉积。在上升区，如晋南垣曲组、平陆组，湖北汉水两岸东湖组，都代表半干燥河湖碎屑相堆积物，常夹有石膏层。

④ 华夏山间盆地干旱红色碎屑沉积广泛分布在两湖、江西、浙江，以及云南、两广等地

燕山运动时期褶皱山地所形成的山间盆地中。盆地一般为 NE—SW 向排列，规模不大，山脉走向与海岸平行，所以气候干燥，堆积了河湖相红色碎屑岩，也常夹有石膏、岩盐等矿产。

⑤ 南部湿润盆地含可燃有机岩沉积见于南方沿海地区，如广东茂名、广西百色等，早期处于干燥气候条件下，中后期转为湿润，在盆地中堆积了油页岩和煤层。

上述事实说明，在古近纪中国东部气候分带现象十分明显，即南北各有一个潮湿气候带，东南部（并可延续到西北）是典型的干燥气候，而华北地区处于干湿二带之间的过渡地带，气候干湿变化显著，有利于形成石油、盐类等矿产。

（2）中国海相古近系：主要分布于新疆和西藏地区。如塔里木盆地西缘喀什一带，古近纪时有海水侵入，形成海相沉积；向东到和田一带逐渐过渡为海陆交互相；再东则变为陆相沉积。喀什地区古近系为泥质灰岩夹膏盐沉积，厚 1 000 m 左右。新近系则转为陆相粗碎屑沉积，厚度很大，可达 6 000 m。在准噶尔盆地南缘也有类似情况，古近系厚约 1 600 m，而新近系可厚达 3 000~5 000 m。说明在喜马拉雅阶段，天山等急剧上升，塔里木、准噶尔等盆地急剧拗陷，而到新近纪则愈甚。在新疆、甘肃、柴达木等古近系和新近系中常夹有石膏盐矿产，但也常形成重要含油层，反映气候条件时有干湿波动。

在西藏喜马拉雅山北麓岗巴和定日一带，发现有古新统（宗浦组）和始新统（遮普惹组）海相沉积，以灰岩为主，含有货币虫化石，说明古特提斯海曾经东延至此。

台湾在古近纪和新近纪初有海槽纵贯南北，始新统海相沉积厚达 9 500 m，而后由于太平洋板块俯冲，形成中央山脉，但两侧发生强烈拗陷，继续沉积新近纪海相岩层。

综上所述，在古近系地层中含有煤、油页岩、石膏、盐、石油等重要矿产。

二、新近纪

（一）接近现代的生物界

植物界已基本上由现生属组成，并有大量现生种。和现代不同的是北半球喜暖植物分布范围延伸到更靠北的地方，如西伯利亚生长温带阔叶林，北欧生长热带常绿植物。到上新世末，因气候变冷，喜暖植物南退。因地势和纬度等不同，植物分区从中新世开始明显，在中国至少可以分为华北区、华东沿海区、西北区和西藏高原区。

无脊椎动物有大量现生属种。古近纪特别繁盛的海生货币虫类全部灭绝。适应能力较强的双壳类、腹足类、介形类继续繁衍。海水中有孔虫、放射虫等非常繁盛。

哺乳动物中大多数古近纪的特有门类如有袋类、肉齿类，奇蹄目中的雷兽、原始貘、两栖犀、巨犀，偶蹄目中的石炭兽、古猪兽等，均相继灭绝。但另外一些门类如长鼻目，肉食目中的鬣狗科、熊科，奇蹄目中的三趾马、板齿犀、大唇犀，偶蹄目中的猪类，反刍动物中的鹿、羊、长颈鹿，以及啮齿目、兔形目中的大量属种，则发展得很快。虽然其中大部分属种后来也都灭绝了。但从科的范畴讲，它们都已和现代密切相关。

哺乳动物是具有固定体温的胎生动物，比那些体温随外界变化的卵生动物，具有优越的进一步演化条件。同时，哺乳动物演化系统清楚，运动能力强，扩散快，分布广，多数根据牙齿即可进行鉴定，所以对于地层的研究具有重要意义。

（二）新近纪地史特征

新近纪全球海陆分布轮廓已经和现代相似。只是海水所占面积比现在稍大，而陆地面积比现在稍小。古地中海虽然在古近纪末基本消失，但残余海水仍然淹没北非北部、意大利大部、西班牙和法国的南部；法国西部和北欧地区则为大西洋海水所覆盖；北美洲西海岸南部和墨西哥湾滨海地区也都为海水所占据。在欧洲阿尔卑斯山升起后，古地中海逐渐变成封闭的内陆海，其余部分经过多次变化，海水消失，残留下来黑海、里海和咸海。中国大陆则和上述地方相反，当时沿海各海域都是陆地，后来才为海水所侵没。

经过喜马拉雅运动期，阿尔卑斯-喜马拉雅山脉和环太平洋山脉都已形成，并继续隆起，特别是青藏高原的隆起，对生物界的分布、迁徙和气候的变化影响甚巨，是地史发展中的一件重要事件。

(三) 中国新近纪古地理概况

中国新近纪地理轮廓已基本和现代相似，除去台湾、海南岛及沿海个别地段还有海水覆盖，全国大部分地区都是陆地。中国东部相当于现代日本海、南海、东海、黄海、渤海等地区也都是陆地，新近纪后期，太平洋海水向西侵入大陆，形成日本海、东海、南海、黄海等，大约在第四纪初才形成渤海。所以说新近纪基本奠定了现代海陆轮廓。但大陆地貌比较复杂，由于中国西南部受到印度板块俯冲，东部受到太平洋板块俯冲影响，大陆内部断裂发育，许多已经夷平的古生代和中生代褶皱山系急剧上升，而断陷盆地则急剧下降，如塔里木盆地新近系堆积以粗碎屑为主，厚度巨大，竟达 6 000 m，其物质皆来源于山地剥蚀产物，足见山地上升幅度和速度之大。

中国北部和西北部，河湖发育，如西宁、兰州、河西走廊、宁夏、内蒙古等地均有中新统河湖相碎屑沉积。内蒙古准平原湖泊中，新近系分布很广，厚度在 100 m 左右。在华北地区也有湖泊分布，如山东临朐的山旺组，即为典型的湖相堆积，属于中中新统。由泥岩、硅藻土、油页岩并夹玄武岩组成，厚 400 m 左右，保存着极为丰富的动植物化石，包括哺乳动物、爬行类、两栖类、鸟类、鱼类、昆虫等；植物组合以温带为主，间有部分亚热带植物。因为化石丰富，保存完好，素有“化石宝库”之称。其中硅藻土层理微细，俗称“万卷书”，也是重要矿产。

华北平原地区继古近纪之后仍然下沉，古近系之上普遍沉积新近系，总厚可达 1 000~2 000 m。中新统称馆陶组，中上新统称明化镇组。松辽盆地此时亦大范围下沉。秦岭北侧形成渭河断陷盆地，新近系厚达 2 000 m 多，下陷一直延续到第四纪。

中新世后，地势趋向平坦，气候也较湿热，在河北、河南、山西、陕西、甘肃、广西、云南等地，广泛堆积了河湖相、红色黏土相的上新统。一般说来，南方以湖相为主，如云南东部开远、宜良一带，分布着一系列小型盆地，形成湖沼含褐煤堆积（小龙潭组 N_1，和河头组 N_2），为潮湿气候条件下产物；而北方特别是晋陕一带广泛堆积了棕红色、鲜红色黏土，含三趾马及大唇犀等化石，旧称三趾马红土。因最早发现于山西保德，又称保德红土。

雷州半岛及海南岛北部，新近纪以来发生断陷，有玄武岩喷发，并遭受海侵，形成中、上新统玄武岩夹滨海浅海沉积。

新近纪，特别是在上新世，中国东部沿海地区，普遍有玄武岩喷发活动。除上述海南岛北部及雷州半岛外，如福建漳浦、澎湖列岛、浙江嵊泗县、江苏、山东、庙岛群岛，以及东北长白山区，皆有玄武岩分布。

在喜马拉雅运动后，青藏高原逐渐隆起，主要处于剥蚀状态。但在局部地区堆积了上新统河湖相碎屑岩，含有褐煤及植物化石。在希夏邦马峰北坡海拔5 700～5 900 m处出露的上新统(卧马组)上部曾发现高山栎(*Quercus*)植物化石，高山栎是生长在海拔2 200～3 000 m之间的植物，故推测当时海拔应在2 500 m左右，第四纪以来上升了约3 000 m。据此推断青藏高原和喜马拉雅山脉进入第四纪才进一步大幅度抬升，形成现在的雄伟面貌。20世纪70年代在希夏邦马峰北坡还发现了三趾马化石，三趾马是广泛活动于中国北方的上新世草原动物，在青藏高原发现了它的足迹，也说明那里当时还没有隆起到今天的高度。

在台湾地区，中央山脉在中新世升起，但其东西两侧强烈拗陷，西部形成海陆交互相含煤沉积，厚达5 500 m，少火山活动，属冒地槽类型沉积。东侧拗陷更为强烈，沉积厚度达6 000～7 000 m，形成蛇绿岩套、蓝片岩及混杂岩堆积，属于太平洋板块俯冲地带，也是有名的地震活动频繁地带。

三、第四纪

第四纪是地史发展的最新阶段，也是生物界发展的最新阶段，现代海陆分布及地貌起伏格局已经形成，但新构造运动仍很强烈，气候变化和气候波动仍很频繁，周期性地出现过冰川活动，堆积了引人注目的大面积黄土，特别是出现了有智能的人类，成为改造地球的新动力，从这个意义上讲，地球的历史进入了一个空前的崭新的时代。

（一）向现代继续演化的生物界

第四纪生物界总的面貌已和今天相似，以西北欧为例，在现生植物中大约有80%，在第四纪开始时就已经存在了。但动物界变化较大，特别是哺乳动物发展很快，第四纪哺乳动物和上新世相比(以欧洲及其相邻的亚洲地区为例)，在119个种中，仅有6个种是在上新世生存过的。即使在第四纪生存过的哺乳动物，也是一茬茬地灭绝，一批批地新生，在第四纪后期，即距今15 000～9 000年间，还发生过大型陆生哺乳动物大规模灭绝事件。自然环境变化迅速，再加上人类出现后的狩猎活动，是导致哺乳动物灭绝的重要因素。

当然环境条件的变化也是导致动物界适应环境加速发展的因素。1948年第18届国际地质大会确定，以真马、真牛、真象的出现作为划分更新世底界的标志。说明这些哺乳动物从古近纪以来演化得极为迅速。这里把马和象的演化过程简略叙述如下：

马属于奇蹄类，其祖先在古近纪初已经出现。其发展是从小到大，从多趾到单趾，从细小牙齿到粗大牙齿，从吃嫩叶到吃硬草的发展过程。最初的马生活于低矮密林中，所以具有小巧的身体(和现代狐狸大小相似)和多趾(前四后三)的脚，这样便于在森林间起伏不平和湿软的地上奔走；因为采食树叶，牙齿也比较细小。这就是所谓的始新马(始祖马)。后来地球上很多地方的气候逐渐变干，树木渐少，草原渐多。在这种条件下，有些马被淘汰了，有些便演化为前后足都有三趾(只有中间一趾接触地面)，身体和牙齿也都加大了。这就是大量繁衍于上新世的三趾马。到了更新世，出现了广阔的草原，在一望无际的草原上，马类必须具备看得远和行走迅速的能力才能躲避猛兽的袭击，并在干燥的草原上很快找到水喝，所以发展成肢长体高，具有单趾硬蹄和流线型的身体，这就是现代类型的真马。同时，为了咬断和咀嚼多纤维的草，它们的牙齿也变得粗大了。马的演化充分说明动物在与地理环境不断适应中发展的过程[图5-45(a)]。

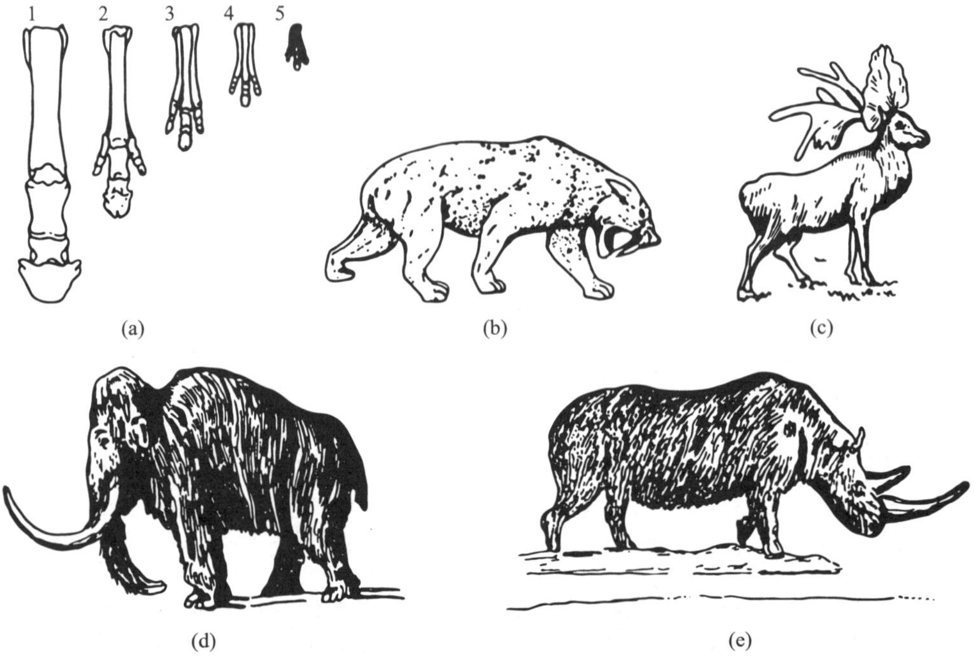

图 5-45 马趾的演化和第四纪动物举例

(a) 马趾的演化:1. 真马,2. 三趾马,3. 中新马,4. 渐新马,5. 始新马;

(b) 剑齿虎;(c) 肿骨鹿,$Qp^2 \sim Qp^3$;(d) 猛犸象,$Qp^2 \sim Qp^3$;(e) 披毛犀 Qp^2

这里再以象(长鼻类)为例说明动物演化和地理环境的关系。象的祖先出现于始新世,称始祖象,大小和猪相仿,过着水陆两栖的生活。它们没有长鼻和巨大的门齿。臼齿原始,只有两个横脊。后来,许多地方形成了茂密的森林,象的门齿逐渐增大,既是防御"武器",也是在密林中穿行时披荆斩棘的"工具";臼齿的齿脊数也不断加多,上新世以前在5个以下,而更新世可达10个以上(最多达30个)。鼻子逐渐加长,以便采食植物。第四纪时,北半球曾经出现冰川,因而有一支演化成有长毛的象;森林消失了,两个巨大门齿开始弯卷起来;而且臼齿粗大,牙冠上的齿脊也比较复杂,才能更好地磨碎寒带的粗糙食料(少汁的枝叶和草类);同时,背上出现一个瘤状突起,以储存养料,用来度过食物缺乏的季节,这就是在更新统地层中常发现的猛犸象。

在第四纪冰川时代还有一种身披浓密长毛的犀牛,叫作披毛犀。随着冰川的消逝,猛犸象和披毛犀都绝迹了。

在白垩纪晚期,即已出现了最初的灵长类。大约在新近纪晚期,古代猿类的一支,开始向人类的方向演化,并在第四纪得到巨大的发展。随着人类的出现,地球的历史进入了一个全新的阶段。

(二)频繁而普遍的新构造运动

第四纪虽然已形成现代全球构造和地理形势,但新构造运动却在时时刻刻改变和塑造着新的面貌。在海洋中洋中脊不断向外扩张,如太平洋板块洋中脊两侧,每年向东移动6.6 cm,向西移动最大可达11 cm。近年中日两国科学家发现,日本列岛与中国大陆之间的地理距离在逐年靠近,日本茨城县鹿岛町与中国上海市的距离每年缩短2.9 cm。美国卫星全球定位系统（1994）提供的数据显示，澳大利亚大陆正在以每年 5~8 cm 的速度朝着北东方向缓慢移动。又如喜马拉雅山和青藏高原，虽然在喜马拉雅运动期间即已隆起，但是第四纪以来上升速度和幅度急剧增大。以希夏邦马峰为例，新近纪在 2 000 多万年中上升了 2 000 多米，而在第四纪 260 万年中却上升了 3 000 多米，比起新近纪上升速度快了 10 几倍。地质学家考察认为珠穆朗玛峰还在继续增高，年平均增高 1 cm。说明亚欧大陆和印度岩石圈板块之间的缓慢而又极强的撞击，仍在起着力拔千钧的作用。青藏高原在第四纪迅猛隆起，对于亚洲乃至全球的气候状态和自然地理环境起着不可估量的作用。

在喜马拉雅山南麓的印度西瓦里克群地层（上新统）中产三趾马化石，而且可以据此与山的北麓，以及中国北部的三趾马化石互相对比，说明在上新世时南北环境差别不大，喜马拉雅山和青藏高原在当时还没有成为动物活动或迁徙的障碍。但是从当前看，三趾马化石产地海拔高度相差非常大，如在藏南为 4 300 m，藏北唐古拉山为 4 000 m，兰州为 1 000 m，山西为 500~700 m，华北平原在海面下 320 m（钻孔中）。这足以说明中国目前这种西（南）高东低、百川东流的地势是在第四纪中完成的。

青藏高原的隆起对于全球气候的变化，更具有显著影响。美国 W. 拉迪曼和 M. 雷莫（1989）认为：大约在 4 000 万至 5 500 万年以前（相当古近纪始新世），那时全球的气温相对平稳，比较暖和。随着青藏高原渐渐升起，大气环流和风向都发生了变化，从而形成了北半球与以往格局迥异的环流形式，导致了这个地区季风的形成，造就了特殊的植被组成情况。夏季高原作为高空热源，引起上空热空气不断上升，形成低气压系统，印度洋海面上吹来的温暖湿润空气因此北上，从而造成了每年的雨季。正是这些降雨从空气中溶解大量的 CO_2，含有 CO_2 的雨水与裸露岩石发生反应，加速岩石风化，所溶解的碳酸钙物质经河流进入海洋，于是具有硬壳的海生动物便有了取之不尽的食物来源。而最终这些物质将沉入海底，形成石灰岩。虽然青藏高原和喜马拉雅山只占全球陆地面积的 5%，但是流入全球海洋中的沉积物几乎有 25%来自这个地区。拉迪曼和雷莫认为：大气中 CO_2 大量减少，致使全球气温变低。今天地球的气温比 5 000 万年前低 12~15 ℃。他们的这种青藏高原隆起和大气中 CO_2 日益稀薄相关的观点曾引起一定的反响。

板块的碰撞和俯冲，不仅导致青藏高原的隆起，而且导致大陆内部断裂运动的增加，如天山和祁连山都因断裂而产生差异性升降运动，上升部分形成高山，高山之间则形成断陷河谷或盆地，如天山西北部赛里木湖便是上升山块中的下陷洼地。许多早期的断块山地，如长江下游的庐山和九华山，华北平原上的泰山，在第四纪也都继续上升，而松辽平原、华北平原等也在继续下沉，反映了新构造运动的继承性特点。

（三）第四纪大冰期

1. 大冰期冰川分布

根据地质记录，大约在新近纪即距今 1 400~1 100 万年前，冰期即已开始，但到第四纪才出现冰期和间冰期交替的现象。在冰期最寒冷时期，北半球高纬地区形成大陆冰盖（图 5-46），格陵兰冰盖把格陵兰和冰岛全部覆盖；劳伦大冰盖覆盖了整个加拿大，并向南延伸到美国纽约和辛辛那提一带；斯堪的那维亚冰盖达到北纬 48°，几乎把欧洲的一半都掩埋住，冰盖最大厚度约达 3 000 m；西伯利亚冰盖占据西伯利亚北部，大约达到北纬 60°；许多高山地区，如阿尔卑斯山、高加索山、喜马拉雅山等都出现了较大规模的山地冰川。在南半球，南美洲南端、澳大利亚东南部、新西兰等地也都发现第四纪冰川的遗迹。这些冰川曾经发生过多次进退，并且每次活动都遗留下具有特色的冰川堆积物。第四纪冰川活动历史就是根据冰碛物的研究结果而恢复的。

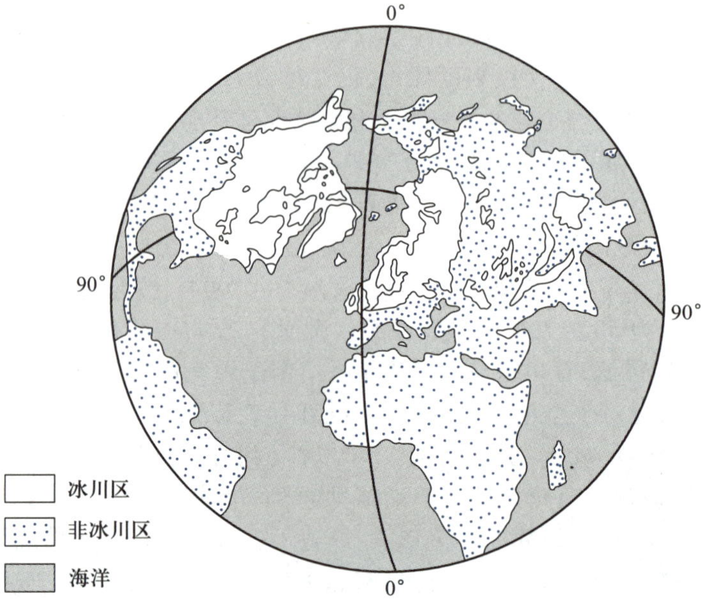

图 5-46 北半球更新世冰川分布范围
（据 Flint, 1970）

2. 冰期划分与对比

欧洲阿尔卑斯山区是最早开展第四纪冰川研究的地区。1909 年，德国 A. 彭克和 E. 布吕克纳根据阿尔卑斯山冰川沉积物研究结果，划分了贡兹、民德、里斯、玉木 4 个冰期和 3 个间冰期，成为经典的冰期划分方案。其后，世界各地根据当地冰川沉积物研究的结果都划分出相应的冰期，并与阿尔卑斯山冰期对比（表 5-4）。第二次世界大战后，人们经过对欧洲阿尔卑斯山冰川沉积的研究，认为典型的 4 次冰期是距今 70～80 万年以来发生的冰期，在这 4 次冰期之前又划分出多瑙和比伯 2 次冰期。

表 5-4 北半球第四纪冰期经典划分方案对比

地质时代	中国		阿尔卑斯	北欧	美国
	东部	喜马拉雅山地区			
全新世 Qh	冰后期	冰后期	冰后期	冰后期	冰后期
更新世晚期 Qp^3	大理冰期 庐山-大理间冰期 庐山冰期	珠穆朗玛冰期	玉木冰期 里斯-玉木间冰期 里斯冰期	威契色尔冰期 埃姆间冰期 萨勒冰期	威斯康星冰期 桑加蒙间冰期 伊利诺冰期
更新世中期 Qp^2	大姑-庐山间冰期 大姑冰期	加布拉间冰期 聂聂雄拉冰期	民德-里斯间冰期 民德冰期	霍尔斯廷间冰期 埃尔斯特冰期	雅茅斯间冰期 堪萨斯冰期

续表

地质时代	中国		阿尔卑斯	北欧	美国
	东部	喜马拉雅山地区			
更新世早期 Qp[1]	鄱阳-大姑间冰期 鄱阳冰期	帕里间冰期 希夏邦马冰期	贡兹-民德间冰期 贡兹冰期 多瑙-贡兹间冰期 多瑙冰期 比伯冰期	玛诺间冰期 埃尔伯冰期	阿夫东间冰期 内布拉斯加冰期

1968 年开始实施的深海钻探计划（DSDP）和 1985 年开始的大洋钻探计划（ODP）获取了大量来自深海的连续沉积记录。通过已有的研究发现，温带和高纬地区深海岩芯的岩性变化与冰期、间冰期的变化相对应。由于浮游生物的迁移与表层水团的温度变化有关，微体化石组合的变化更反映了冰期、间冰期的变化。微体化石壳体中氧同位素的变化则可用来定量地估计更新世冰期-间冰期阶段中海水表层温度和大陆冰盖的体积变化。微体化石还被用来对岩芯进行放射性绝对年龄标定，其所得出的年代与古地磁年龄结合可以进一步细化环境变化过程，从而获得对冰期和间冰期气候变化规律更清楚的认识（图 5-47）。此外，科学家们也利用冰芯进行研究。欧洲丹麦等 7 国参加的“格陵兰冰芯计划”，在冰盖上钻取 3 000 m 厚度内的冰芯，探索 20 万年之久的气候变化规律。通过研究同位素比例、微量酸、尘埃、温室气体浓度及其他杂质，从冰样的气泡中寻找气候变化的线索。

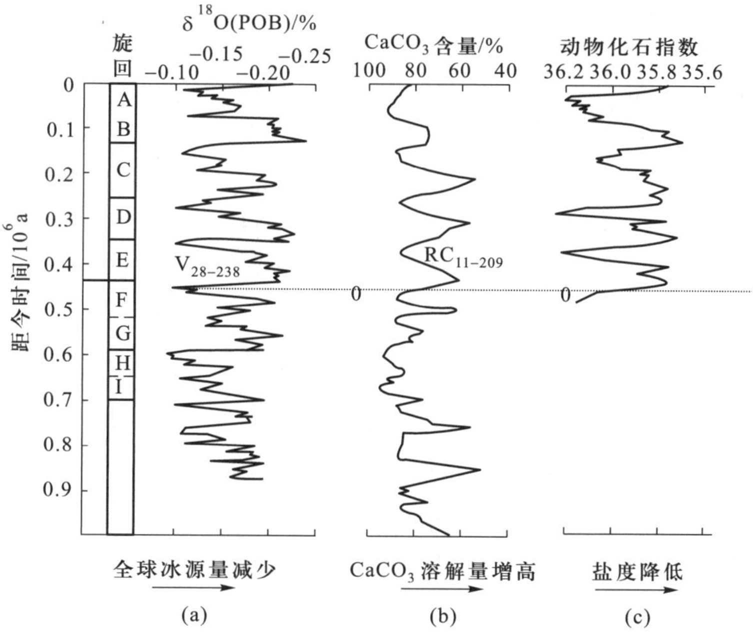

图 5-47　深海钻孔微体化石壳体氧同位素曲线反映的冰期-间冰期旋回

（据 Lockwood，1979；引自夏正楷，1997）

（a）太平洋有孔虫 $\delta^{18}O$；（b）赤道太平洋沉积；（c）加勒比海有孔虫种数比

在20世纪30年代，李四光根据对庐山冰川遗迹的研究，把中国第四纪冰川划分为鄱阳、大姑、庐山3个冰期。后来又在云南点苍山确立了大理冰期。第四纪冰川是客观存在，气候曾经出现多次寒暖交替也是事实。但对中国东部是否普遍存在过第四纪山地冰川，当前还存在着争论。由于历史条件的限制，李四光对中国东部冰川的论证并不充分，但他对第四纪冰川问题开创性的研究，极大地推动了中国第四纪地质学、冰川学，以及相关研究领域的发展。近年人们对中国西部新疆、祁连山、西藏、云南等地高山冰川进行了深入研究，通过冰芯样品的采集与分析，获取重建第四纪气候变化的信息；通过研究近百年来冰川的进退，分析冰川对气候变化的响应。

3. 植被迁移和海平面升降

冰期和间冰期的更替，导致植被带的迁移和海平面变化。冰期气候寒冷干旱。如在距今1.8万年为末次冰期（玉木冰期）最盛时期，北半球中纬地区气温下降10~15 ℃，苔原由北纬60°向南移到北纬45°，中国多年冻土南界南移到北纬40°。植物则随冰期和间冰期大陆冰盖的进退，发生周期性南北迁徙现象，植被移动范围最大可达纬度30°。目前地球气候正处于冰后期，也可能是另一个间冰期，但地史上有的间冰期气温比现在高2~3 ℃。

第四纪冰期，海平面有明显的升降变化。冰期来临时，地球表面大量水分以冰的形式积累在大陆冰盖和山地冰川中；间冰期时冰盖和冰川融化，大量的水回归海洋。据推算，末次冰期时，冰川体积约为 $71.36\times10^{6}\ km^{3}$，现在全球冰川体积约为 $24.06\times10^{6}\ km^{3}$，冰期比现在约多 $47.30\times10^{6}\ km^{3}$，相当于海平面下降132 m。故在冰期内，许多浅海滩露出海面，甚至使原来为海水隔绝的大陆或岛屿有部分相连，为生物迁徙提供了条件。末次冰期结束后，海面逐渐波动性回升，大约到距今6 000年时，海平面达到现在的位置。

（四）第四纪沉积物和矿产

1. 第四纪沉积下界

第四系下界如何确定，至今在国际上仍有不同意见，实际上它涉及一些基本理论问题，由于第四系有海相陆相之分，二者很难找到共同的标准。1977年，国际第四纪会议建议，以意大利的弗利卡（Vrica）剖面作为上新统和更新统的分界剖面，其地质年龄在1984年曾定为180万年。2000年国际地质科学联合会公布的《国际地层表》把第四纪下限修订为175~180万年。但也有学者认为第四纪下限应定在人类出现时开始，地质年龄定在距今330~350万年。中国地质学者曾建议第四纪应定在黄土沉积的下界，因为黄土沉积反映气候和环境发生了显著的变化，黄土开始沉积的时间距今248万年。1999年全国地层委员会第四系工作组提出以河北省阳原县的“泥河湾组”为中国更新世早期的层型剖面，依据其下界，暂定第四纪开始在距今260万年。2022年公布的《国际地层表》把第四纪开始年定为距今258万年。

2. 第四纪沉积物特征

第四纪沉积物在大陆上分布极广，除去岩石裸露的陡峻山坡外，几乎到处都为第四纪沉积物所覆盖。第四纪沉积物的特点是：大多数未胶结，呈松散状态；保存得比较完整；厚度一般不大，数十米至数百米，但在一些拗陷盆地可达一二千米；沉积类型比较复杂,相变剧烈,主要有河流沉积、湖相沉积、风成沉积、冰川沉积、冰水沉积、洞穴沉积、残积、坡积、洪积、重力堆积、火山堆积、生物沉积和海相沉积等。第四纪沉积记录了地球发展最新阶段的历史和自然环境的变化,所以研究它具有重要的理论和现实意义。

3. 第四纪海侵

中国的第四系主要是陆相沉积。海相沉积只限于滨海地带及河口沉积,或者遭受第四纪海侵的地方。如华北平原第四系河湖相沉积中,偶尔夹有薄层海相沉积,据研究对比,在更新世华北沿海地区共有5次海侵过程,从古至新分别称为海兴海侵过程、黄骅海侵过程、白洋淀海侵过程、献县海侵过程和沧州海侵过程;在全新世还有一次海侵过程,称为天津海侵过程。导致这种海侵过程的原因,一般认为主要与间冰期引起的海面上升有关,也受沿海平原构造下沉的影响。因海侵过程时间短促,规模较小,所以也有人称之为海泛过程。

4. 黄土与气候波动记录

第四纪最具有特色的沉积物应该算是黄土。中国、欧洲、北美洲和南美洲都有大面积黄土分布。中国北方黄土广布,总面积约为 $38\times10^4\ km^2$,主要分布于甘肃、陕西、山西、河南,以及河北、内蒙古等地区,是世界上黄土发育最好和分布面积最大的地区。黄土层一般厚100~200 m,最厚可达300 m以上。黄土是在特定环境下形成的一种粉沙性(间含亚沙、亚黏)、多钙性、多孔隙、多垂直节理的松散土状堆积,粒级主要为0.05~0.001 mm,矿物成分有石英、长石和未分解的角闪石、辉石、黑云母等碎屑,有时含哺乳动物和蜗牛等化石。原生黄土一般没有明显的层理。

黄土在黄土塬区保存得较好,堆积厚而连续。刘东生等根据黄土性质和动物化石,把黄土地层划分为下更新统午城黄土(Qp^1)、中更新统离石黄土(Qp^2)和上更新统马兰黄土(Qp^3)。午城黄土一般为黄红色,离石黄土为淡棕色,马兰黄土为灰黄色。习惯上把前二者称老黄土,后者称新黄土。最新的研究表明,可能在距今248万年以前黄土就已经开始堆积。气候干冷时,黄土堆积速度快,形成黄土堆积;气候转为温湿时,黄土堆积速度减缓,成土作用加强,形成土壤层。在连续黄土剖面中,共夹有30多层古土壤层,记录了第四纪时期古气候波动变化的历史。在近250万年中至少经历了24个气候旋回,可以与深海钻孔氧同位素曲线对比(图5-48)。

黄土的成因是一个反复争论的问题。欧洲和北美洲的黄土分布在冰川作用区外围,黄土剖面中夹有古土壤层。一般认为这些黄土是冰碛物和冰水沉积物的粉沙颗粒,被风吹扬搬运到冰川作用区外围地带堆积而成的,黄土是冰期的产物,古土壤层是间冰期的产物。中国黄土主要分布于干旱沙漠地区外围,一般认为中国黄土主要是西北沙漠、戈壁地区的粉沙颗粒,被西风急流携带到目前的黄土塬区,降落堆积而成。黄土由风力搬运堆积,大约有下列依据:① 黄土基本无层理;② 黄土中矿物颗粒多具棱角;③ 黄土中含有角闪石、辉石、黑云母等矿物,反映干燥气候条件,因为如果气候潮湿,这些矿物就早都风化分解了;④ 黄土颗粒自西而东、自北而南有逐渐变小的趋势,说明黄土颗粒是由西风吹扬而来的;⑤ 黄土厚度(在甘肃兰州西津村最大达409.93 m)自西而东、自北而南有逐渐变小的趋势;⑥ 在同一地区自山下到山上常可见到黄土分布具有披覆特点;⑦ 黄土地形常和被黄土覆盖的古地形基本一致,说明只有风力搬运才能铺天盖地地进行堆积;⑧ 黄土中常发现鸵鸟蛋、蜗牛等干燥区动物化石。

5. 中国第四系概况

（1）华北和东北地区：华北平原和松辽平原均有第四系发育。华北平原主要为河湖相沉积，包括黏土、粉沙、细沙等，并夹有玄武岩及凝灰岩，总厚度有二三百米。其中夹有数层海相层，含有孔虫、介形虫等。沿海地区曾有多次短暂海侵过程。东北第四系与华北相似，但厚度稍小，在上更新统（如顾乡屯组）产猛犸象、披毛犀等化石，说明那里曾出现寒冷气候。

华北上升区（山间盆地）也发育有较好的第四系，其典型地层如：

① 马兰阶（上更新统，Qp^3）黄土堆积，因与北京西山马兰台同期而得名。

② 周口店阶（中更新统，Qp^2）石灰岩洞穴堆积（图 5-49），以泥沙、砾石、灰烬层为主，含有丰富哺乳动物化石，并发现了“北京人（猿人）”，闻名国内外。

③ 泥河湾阶（下更新统，Qp^1）典型湖相兼河流相沉积，主要由浅绿色、浅红色黏沙、沙黏、泥灰岩、沙层、砾石层等组成，含有淡水软体动物及脊椎动物化石。标准地点在河北省桑干河流域阳原县泥河湾、虎头梁、红崖村等地。在河南三门峡黄河两岸亦有相同层位出露，称三门组。

（2）南方地区：沉积类型比较复杂，主要为洞穴堆积、阶地堆积、土状堆积及小盆地堆积。长江下游宁镇山脉地区，下更新统称雨花台组，以砾、沙为主；中、上更新统称下蜀组，为浅棕黄色、浅棕红色黏土质粉沙、粉沙质黏土沉积。

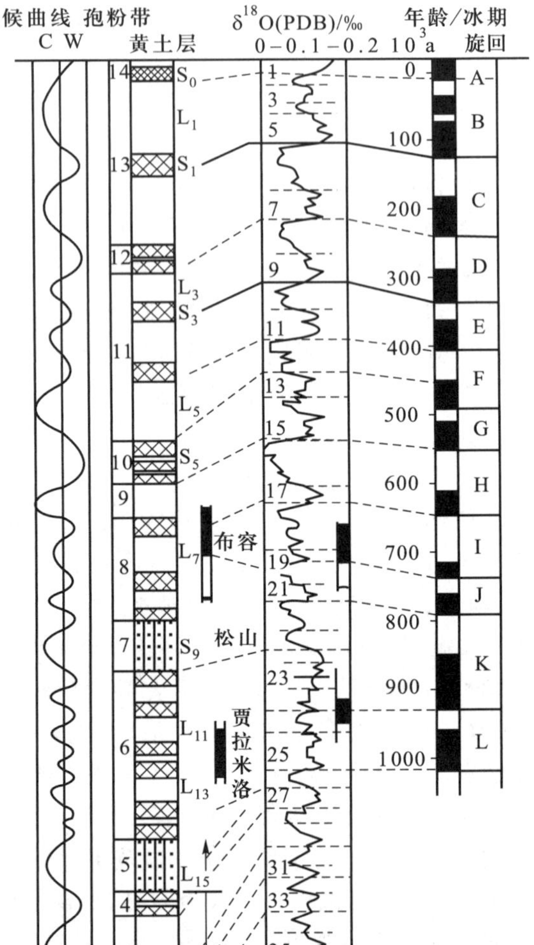

图 5-48 黄土-古土壤序列与氧同位素气候旋回的对比

（据王永焱，1984，引自夏正楷，1997）

此外，如广西柳城巨猿洞穴堆积，云南发现元谋人的河湖相元谋组等，都属于下更新统；四川万州盐井沟洞穴堆积，分布甚广的雅安砾石层（局部含沙金）等，皆属于中更新统；广西柳江人洞穴堆积，四川江北砾石层等皆属于上更新统。

（3）中国西部及青藏地区：西部山高盆大，升降运动强烈，在山麓地带有粗碎屑堆积。如天山北麓（即准噶尔盆地南缘）下更新统称西域组，以砾石为主，厚 1 350 m，含三

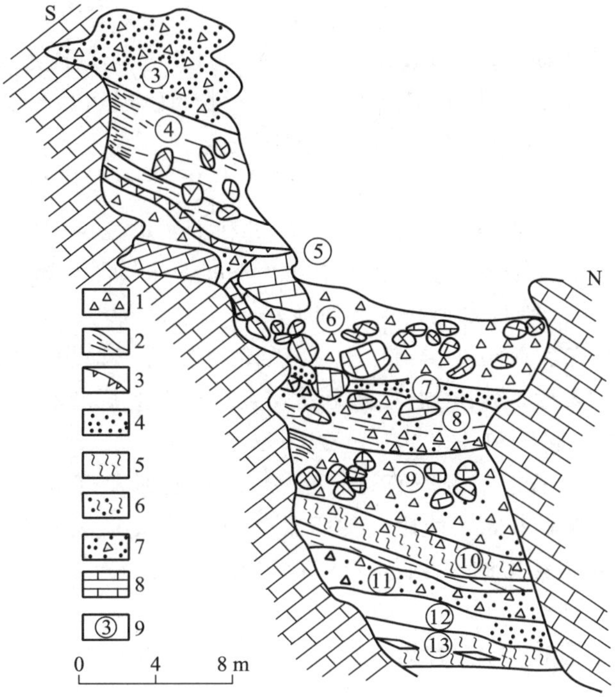

图 5-49　周口店龙骨山北京猿人产地洞穴堆积剖面

（据贾兰坡）

1. 角砾岩；2. 灰烬；3. 石灰华；4. 沙；5. 红色土；6. 泥沙；7. 砾岩；8. 石灰岩；9. 分层编号；

图中未画出第 1、2 层，总厚度 35 m；11～13 层属 Qp^1，其余为 Qp^2

门马化石。中更新统称乌苏组，厚 30 m；上更新统称新疆组，厚 150 m，皆以砾石或砾、沙、黏土等为主。盆地中全新统则主要为风沙堆积或盐湖沉积，代表干燥气候条件下的产物。如柴达木盆地共有 24 个盐湖，盐类总储量为 $600×10^{12}$ t，其中察尔汗盐湖是中国最大的可溶性钾镁矿床，面积广达 5 800 km^2，氯化钾储量约占全国的 97%，还含有大量的镁、锂等元素。

近年对青藏高原的考察结果表明那里曾有多次冰川活动。在藏北遗留有众多的湖泊，蕴藏丰富的硅藻土、硼砂及盐类矿产。

6. 第四纪矿产

第四纪的矿产以砂矿为主，如钨、锡、金、金刚石及稀有元素等。广西富川、钟山、贺州地区是有名的钨、锡砂矿区，并含稀有元素。金沙江、黑龙江流域有现代河流的冲积沙金矿。南海诸岛上有现代鸟粪堆积，可作磷矿开采。内蒙古等的内陆湖泊中有钠盐，西藏高原上的内陆湖泊中有硅藻土、硼砂，在柴达木盆地有钠盐及钾、镁、锂等。在台湾还有与第四纪火山活动有关的硫磺和其他矿产。

（五）人类的发展

人类的发展是第四纪的重大事件，也是地球生物演化史上的一次重大飞跃。人会劳动和制造工具，从这个意义上看，人类已脱离了动物范畴，因此第四纪实际上是人类时代。由于人类的发展对自然环境产生了深刻的影响，因此有人提出应当在第四纪划出“人类世”的建议。

人类由猿类分化出来，并逐步发展为现代人。这个过程是通过劳动和若干次飞跃而实现的。真正的劳动是从制造工具开始的。人类的发展可以分为古猿、直立人（猿人）、早期智人（古人）和晚期智人（新人）4 个阶段。

1. 古猿阶段

人是从古猿中的一支演化而来的。在中新世和上新世地层中曾发现过若干种古猿化石，国际上普遍认为人类分化是从腊玛古猿（*Ramapithecus*）开始的，其时间大约为距今 1 400 万~800 万年。腊玛古猿是从猿到人的一个过渡类型，是人类最早的祖先。从 1932 年以来，学者曾先后在印度、希腊、土耳其、匈牙利、巴基斯坦、肯尼亚等地发现腊玛古猿化石。1980 年 12 月 1 日，在中国云南禄丰县石灰坝上新世地层中发现腊玛古猿头骨化石，这对研究人类起源和进化具有重要意义。

腊玛古猿已从四肢着地到可以直立行走，这是从猿到人迈出的具有决定性意义的一步；同时这种古猿能够本能地使用天然工具（木棒、石块），但还不能制造工具，因此，许多学者认为它只是古猿中的一个进步类型，是人猿分化点上的重要一支。

2. 直立人（猿人）阶段

直立人是人类的直接祖先，大约生存于距今约 200 万年到三四十万年前。直立人头骨低平，眉脊骨突出，牙齿较大，具有猿和人的中间性质。他们已经能制造石器，是最早能制造工具的人。直立人过去称为猿人，目前人们认为猿人应该归属于人属的直立人，故把猿人阶段改称直立人（*Homo erectus*）阶段。直立人阶段可分为早期直立人和晚期直立人。早期直立人以在非洲坦桑尼亚奥杜威峡谷发现的早更新世能人（*Homo habilis*）为代表，化石地点有旧石器，地层年代为距今 175 万年。

晚期直立人以爪哇直立人和北京直立人为代表，他们都生活于中更新世早期。爪哇直立人是 1891 年发现的［图 5-50（a）］，过去称为爪哇猿人。北京直立人（*Homo erectus Pekingensis*）化石是 1929 年 12 月在北京周口店龙骨山首先发现的［图 5-50（b），图 5-51］，当时被命名为北京中国猿人（*Sinanthropus pekingensis*）。北京直立人生活时代

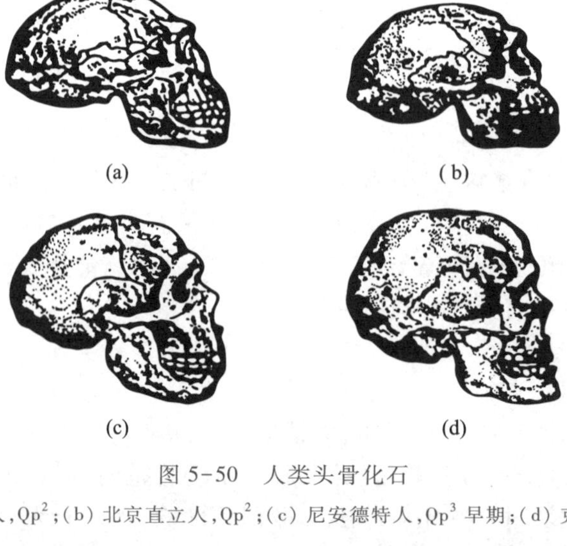

(a) (b) (c) (d)

图 5-50 人类头骨化石

（a）爪哇直立人，Qp^2；（b）北京直立人，Qp^2；（c）尼安德特人，Qp^3 早期；（d）克鲁马奴人，Qp^3

为距今 24～50 万年(黄培华曾测定年龄为 57.8 万年,1989)。到目前为止,已发掘出 40 个左右的男女个体和约 10 万件石器(图 5-52),并首先发现世界上人类用火的遗迹①。此外,还发现了 100 多种动物化石。他们遗留的化石之丰富,在周口店居住时间之长,都堪称世界第一。1964 年在陕西蓝田公王岭又发现了一个直立人头盖骨,称蓝田人,时代稍早,距今约 60 万～100 万年。1965 年在云南元谋还发现了两颗直立人牙齿化石,称元谋人,时代更早,经古地磁测定,其年龄为 170 万年。1980 年在安徽和县龙潭洞发现了完好的直立人头骨化石,称为和县人,同时发现 30 多种哺乳动物等化石。1981 年在山东沂源县骑子鞍山发现直立人化石和伴生的 10 余种哺乳动物化石,被命名为"沂源猿人"。在陕西大荔县段家乡还发现大荔人,他们已经接近早期智人,距今约 20 万年。特别引起国内外重视的是 1993—1994 年在南京江宁县汤山镇雷公山葫芦洞先后发现两具直立人头骨和 1 枚牙齿(右上第三臼齿)化石,及大量北方动物群(与周口店动物群相同或类似)化石,时代为中更新世晚期,距今 30 万年。这一发现为研究当时古气候、古环境、动物群的迁徙、古人类演化及长江发展史提供了重要资料。这一阶段的文化属于早期旧石器文化。在欧洲与此相当的有阿布维利文化、阿舍利文化、克拉克当文化等。

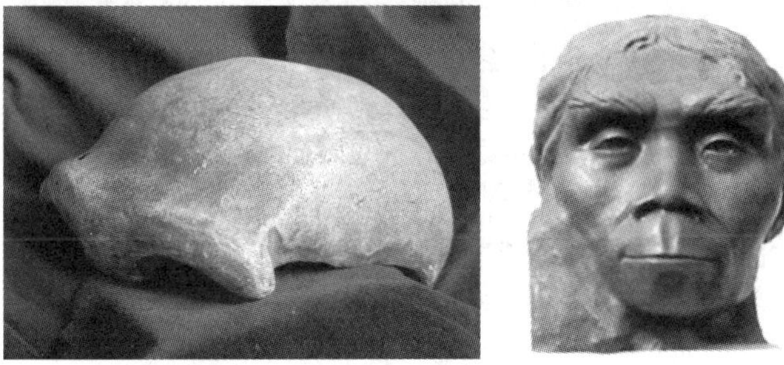

图 5-51　北京直立人头盖骨(左)及其复原像(右)

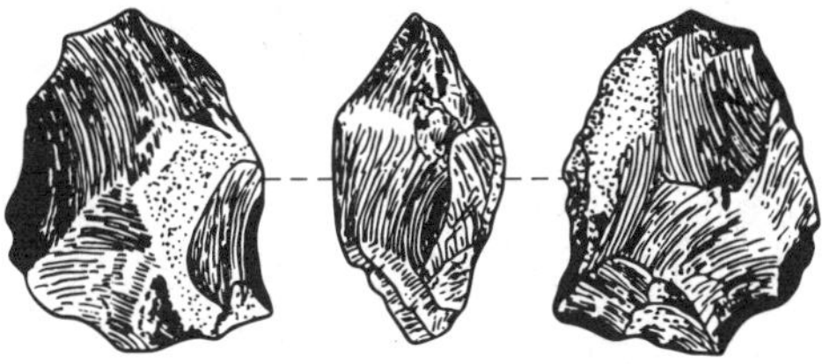

图 5-52　在周口店第 13 地点发现的最古的石核石器

(据裴文中)

3. 早期智人(古人)阶段

它又称尼安德特人阶段。在德国等欧洲国家发现的尼安德特人[图 5-50(c)]生活在距今 23 万年到 2.4 万年前,属中更新世晚期和晚更新世。文化阶段相当于旧石器中期。早期智人已能用兽皮蔽体,人工取火御寒,广泛采用修理石核技术来制造石器,后期可能已具备了组成原始社会的条件。中国已发现的早期智人化石有广东曲江县的马

① 后来,在陕西蓝田人头骨化石出土层位中发现有炭粒;与元谋人时代相当的山西芮城西侯度遗址发现火烧过的鹿角;最近在安徽和县洞穴堆积中也发现火烧的骨片和灰烬。这说明猿人或直立人开始用火已确凿无疑。

坝人(距今 12 万年),湖北西部的长阳人(距今 19.6 万年),山西襄汾的丁村人(距今 10 万年)等。欧洲的莫斯特文化,西亚的勒瓦娄哇文化与此阶段文化相当。

4. 晚期智人(新人)阶段

它又称克鲁马奴人[图 5-50(d)]阶段,大约生活于距今 2.8 万~1 万年,相当于晚更新世后期。文化期相当于旧石器时代晚期。晚期智人在同自然界斗争的过程中,劳动经验和技能都有了更大的进步,他们已经用火煮食物,用骨针、兽皮缝制衣服,并开始捕鱼。此外,他们还能从事艺术活动,制造装饰品。1933 年在周口店发现山顶洞人(图 5-53),同时还发现不少钻孔的石珠、蚌壳、兽齿等装饰品,以及缝制衣服的骨针等(图 5-54)。1951 年在四川发现资阳人。除此,广西柳江、内蒙古乌审旗等地也都有所发现。另外,早年在鄂尔多斯地区发现的河套人,近年也被归属于晚期智人。欧洲的晚期智人文化分为奥瑞纳、梭鲁特、马格德林 3 期。这一阶段的人类化石除具有某些原始性质外,已基本上和现代人相似,并逐渐发展成为现代全球的各色人种。

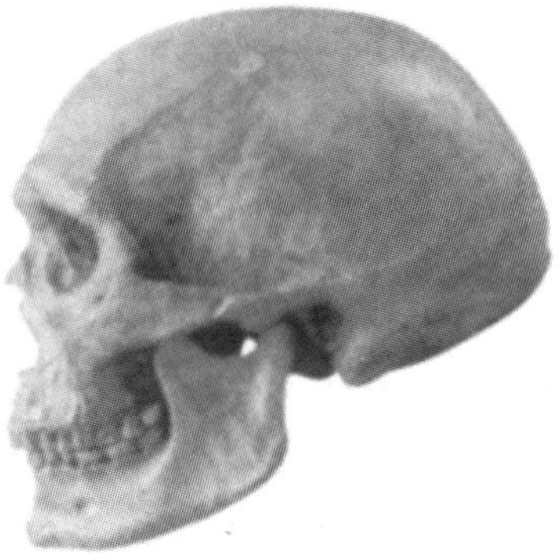

图 5-53 山顶洞人头骨

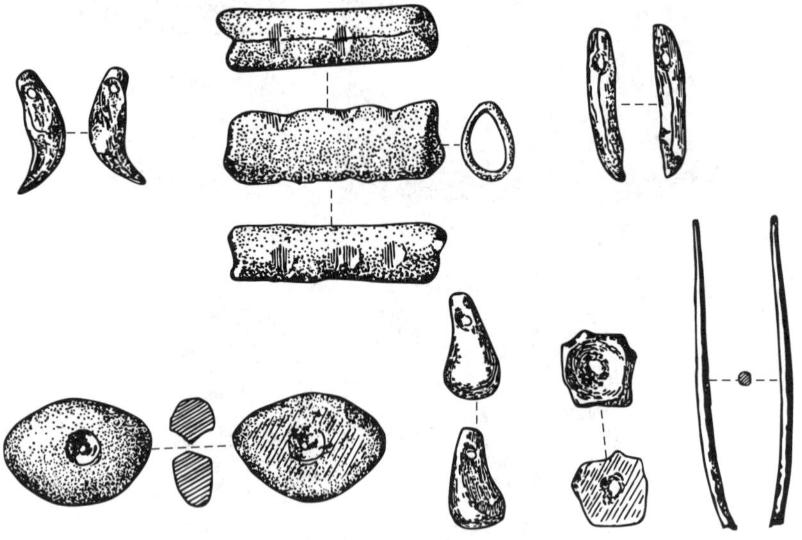

图 5-54 山顶洞人的骨针及装饰品

(引自杨怀仁,1987)

(六) 全新世

全新世是第四纪最后一个分期,开始年代距今 11 700 年。它与更新世的分界以第四纪最后一次冰期结束、气候由寒转暖为标志,因此也称冰后期。

全新世自然环境与更新世相比,更接近现代,生物几乎都是现生种。全新世延续至今的时间很短,但自然地理状况仍然在不断地变化。全新世海面变化比较显著,冰后期海面迅速上升,到距今 11 000 年时,海面上升到-60 m 位置。距今 6 000 年时,海面上升到目前位置,但仍不时有一定幅度的波动。

全新世气候总的趋势是转向温暖，但气候波动非常明显。以欧洲为例，公元前 12 000 年气温迅速上升，但到公元前约 10 000 年，气候又转为寒冷；公元前 8 500～7 600 年、公元前 1 000～500 年，又都处于寒冷期；在公元 1 550—1 850 年这一阶段，又是一个明显的寒冷期，称“小冰期”，年平均气温比现在约低 2 ℃。19 世纪以后，气候又转为温暖，冰川后退。

中国全新世气候变化规律大致和欧洲相同。竺可桢根据中国古代物候记录，曾论述中国近 5 000 年来的温度变化过程，中国明显存在 4 个温暖期和 4 个寒冷期。在前 2 000 年中，即从仰韶文化到安阳殷墟时期，黄河流域年平均温度比现在高 2 ℃，冬季平均温度高 3～5 ℃。在后 3 000 年中，中国气候有一系列冷暖波动，周期为 400～800 年，年平均温度变化范围为 0.5～1 ℃。竺可桢将中国古代物候记录与同时期格陵兰冰芯记录对比之后，认为这种气候波动是世界性的。

全新世地层厚度很小，但分布很广。由于当今可以利用各种现代化手段进行年代测定，如碳十四法（C^{14}）、热释光法，以及考古法等，因此可进行精确和详细的划分。

人类在全新世进入现代人阶段，早期属于新石器文化时代，人类会磨制石器，以后又会制作陶器，并且有了农业和畜牧业。中国北方，这个阶段有裴李岗文化、仰韶文化和龙山文化等。此后人类进入青铜器时代、铁器时代，直到现代。人类的历史是从使用天然工具到自己制造工具，从应用天然火到人工取火，从石器时代到金属时代，一直到电能、原子能时代，这一切都说明人类的历史就是在改造客观世界的同时也逐步改造了人类本身的历史，是不断从必然王国向自由王国发展的历史。

世界万事万物都是有规律地发展的。回顾地球的发展历史，目的就是要认识到地球始终处于不断发展和阶段性变化的过程之中。但是，地球上无机界和有机界每一阶段的变化，都是以千百万年计，比人类改造自然的速度要慢得多。在亿万年的历史长河中，从来没有像今天这样，地球被人们装饰得绚丽多彩；在无边无际的宇宙空间，也没有任何一个星体像地球一样，由人类的作用加速这颗星体的发展进程。然而，人类的一切利用和改造自然的计划与运作，如果顺应自然规律，便会使地球更加美丽辉煌；而如果违背自然规律办事，便会对地球发展产生负面影响。当前已经有许多事实给人类敲起警钟：如毁林造田，乱砍滥伐，正在引起大量水土流失；矿产资源，难以再生，地方采矿者乱采滥挖，采富弃贫，或者对一些矿种超量采掘，已经导致矿产资源的破坏乃至枯竭；许多城市和农田，超量开采地下水，不断引起地面严重下沉；工业排污，污染环境，大气中 CO_2 成分增加，造成温室效应，导致气温上升。观测资料表明，全球山地冰川体积正在减少，目前阿尔卑斯山冰川中的冰量是 1850 年的一半，总面积减少了 30%～40%。1995 年发现有一座巨大冰山脱离南极冰原，冰山面积为 2 900 km^2，超过卢森堡的面积。气温回升，冰川消融的后果，必然引起海平面上升。在过去 100 年中，全球海平面上升了 10～20 cm，德国海湾海平面的高度甚至上升了 35 cm。预计到 2050 年，中国珠江三角洲海平面的上升幅度为 40～60 cm，而上海及天津地区可能更大。有关资料表明，近几十年来中国沿海地区海平面每年以平均 1.5 mm 的速度上升，今后有加速上升的趋势。海平面上升将会引起海岸线后退、沿海滩地被淹、加重海岸侵蚀、降低海堤和挡潮闸等工程的抗灾能力、增加沿海城镇排除污水的难度，导致三角洲地区水质恶化、出现土壤盐渍化等一系列后果。

“我们只有一个地球!”目前国内外有识之士已经向世界的人们发出呼吁。我们关心地球的今天,更要关心地球的未来。我们在这里讲述地球的基础知识,就是希望人们都懂得一点地球发展的客观规律,都要比其他任何时候更加热爱她,保护她,建设她,以求创造出美好的全新的世界!

复习思考题

1. 简述地层层序律,并分析该定律在确定地层相对年代和认识地壳发育历史方面的意义。

2. 概括地质年代表的建立过程,分析理论研究与技术进步在解决地质学时间难题中的作用。

3. 何谓地层划分?何谓地层对比?二者的意义何在?依据是什么?

4. 地层划分与对比的生物地层学方法存在什么难题?有何解决对策?

5. 如何判断特定地层的形成环境?如何分析一个地区的构造历史?

6. 太古宙和元古宙的地球演化有哪些主要特征?

7. 简述早古生代动物界的发展特点。依据相关文献,讨论寒武纪“生命大爆发”的原因与条件。

8. 概括早古生代世界古地理特征的变化。举例说明加里东运动的影响主要表现在哪些方面。

9. 简述晚古生代生物界的发展特点。依据相关文献,讨论晚古生代生物繁盛与灭绝事件的原因与条件。

10. 概括晚古生代世界古地理特征的变化。举例说明海西运动的影响主要表现在哪些方面。

11. 比较中国早古生代和晚古生代的海陆格局、地层特征和矿产分布,分析造成南北差异及其变化的原因。

12. 对比图5-37、图5-38和图5-39,分析印支运动、燕山运动对中国古地理环境的影响。

13. 分析中生代中国海陆格局的演化特征及其与主要矿产分布的关系。

14. 喜马拉雅运动和新构造运动在中国现代地理环境形成过程中具有什么意义?

15. 第四纪时期地理环境演化具有哪些主要特征?

16. 人类的演化经历了哪些阶段?人类的演化与地理环境的变化有什么联系?

17. 概括地壳构造演化阶段,并分析各主要构造运动(构造旋回)对世界古地理环境的影响。

18. 概括地球生物发展阶段,通过查阅文献,归纳各主要生物门类的繁盛时期与灭绝时间,并分析其可能的原因。

19. 概括地球气候变化历史,地球经历了哪几个大的温暖时期和寒冷时期,各时期的特征如何?

第 6 章

地质学在资源与环境中的应用

电子教案
第 6 章

当代应用地质学的核心任务是解决资源问题和环境问题，建设生态文明，推动绿色低碳循环发展。人类社会的发展主要在两个方面依赖自然界。其一，人类需要从自然界获取有用的物质与能量，即各种资源与能源；其二，自然界作为一种环境条件，是人类存在与活动的舞台。地质学以岩石圈的物质组成、构造运动、发展历史和演化规律为主要研究内容，其实践意义主要在于资源与环境条件的地质评价，进而为人类的生存与发展提供地质学依据。

应用地质学由于研究对象、研究内容，以及社会服务侧重点的不同，分化出许多分支学科（参见第 1 章）。本书的任务不在于系统介绍应用地质学或其任何分支，只是选择应用地质学的主要方面，通过地质学知识和理论在解决实际问题中的应用，说明地质学的基础所在，进而表明地质学的学习重点。

有关资源与能源的开发利用，在此仅以矿产资源、地下水资源为例说明地质学的应用。

地质环境条件评价的具体内容十分庞杂，大致可以概括为工程地质条件、地质灾害、环境地球化学等 3 个主要方面。鉴于工程建设的普遍性，以及地质条件的多样性，不同类型的工程具有不同的特点，需要解决的地质问题也不同，在此择其要点，重点从工业与民用建筑（工民建）、水利工程、道路建设、大型建筑与港口建设等方面介绍地质学的应用。这里对地质灾害和地球化学环境方面也给予简要的说明。

第 1 节　矿产资源

一、基本概念

（一）矿石与矿床

1. 矿石

各种岩石都或多或少地含有有用矿物。若有用矿物含量很多，达到现代工业技术水平能够利用的程度，则这种岩石就称为矿石。若含量很少，无法利用，便不是矿石。如四川攀枝花的辉长岩中含有很多钒钛磁铁矿，成为可开采的铁矿石。一般的花岗岩中也含有极少量的磁铁矿，但不能作为铁矿石开采。因此，矿石和岩石的概念具有相对性：矿石只是含有一定量有用矿物的岩石。有些岩石所含有用矿物较少，目前无法利用，随着科学技术的发展，一旦能够利用，也就成为矿石。还有些岩石由于本身特有的化学成分或物理特性，具有工业或工艺价值，也被看作广义的矿石。如石灰岩、白云岩、黏土、硅藻土，它们是岩石，也是“矿石”。

2. 矿床

发现矿石的地方或地段，通称为矿点。矿点的经济价值视其储量而定。如果数量有限,就不值得开采。如果储量很大,值得开采,这样的矿点就称为矿床或工业矿床。所谓矿床是在一定地质作用下形成的在质量和数量上都能满足当前开采利用要求的有用矿物的富集地段。

矿床的定义包括3方面的含义:

第一,矿床是在一定地质作用下形成的。无论是岩浆作用、沉积作用和变质作用,只要在其作用过程中导致有用矿物的富集,就都可形成矿床。造成有用矿物富集的作用,称为成矿作用。成矿作用实际上是一种特殊的成岩过程,矿床是成岩过程中某些方面突出发展的结果。

第二,矿床必须有一定的数量和质量。数量即储量,比如,铁矿储量达到上亿吨级才是大型或特大型矿床;铜矿、铅锌矿等金属矿达到百万吨级就可以构成大型或特大型矿床。品位是衡量矿床质量的一个重要指标,指矿石中有用组分的单位含量,一般用百分比表示。如品位为2%的铜矿石,表示每百吨矿石中含铜2 t。贵金属常用g/t表示,如品位5 g/t的金矿石,表示每吨矿石含金5 g。矿石的应用价值和品位的关系极大,富矿和贫矿就是按品位划分的。如品位在50%以上的铁矿为富矿,可以直接入炉冶炼;品位在25%~30%之间的铁矿为贫矿,必须经选矿富集后才能冶炼。在一定条件下,常常规定开采矿石的最低工业品位,如锰的最低工业品位为30%;铜的最低工业品位为0.4%~0.5%;金则为1~5 g/t,等等。

第三,矿床应该满足当前的工业要求,包括开采、冶炼和利用等方面的要求。

所以说矿点不一定成为矿床,只有值得开采的矿点才能构成矿床。评价一个矿床要根据许多条件,其中主要有储量、品位、伴生的有益组分、有害杂质、地质条件(矿体形状、埋藏深浅、地质构造情况等)、地理位置、交通及经济地理情况、选矿及冶炼技术、国民经济需要等。这些条件有的是不变的,有的是随着科技水平和国民经济发展的需要而改变的。

(二)矿产及其分类

一切埋藏在地下或分布于地表的可供人类开采利用的天然矿物资源,泛称矿产,或矿产资源。矿产这一术语一般不必包含成因的概念。按照工业用途,矿产分为金属矿产、非金属矿产和能源矿产。

1. 金属矿产

用于工业上提取金属物质的有用矿物资源称金属矿产,是冶金工业的原料。它们可按工业用途和金属特性分为:黑色金属矿产(即钢铁基本原料,如铁、锰、铬、镍、钛、钒等)、有色金属矿产(如铜、铅、锌、铝、镁、钴、钨、锡、钼、铋、汞、锑、砷等)、贵金属矿产(铂族金属、金、银等)、稀有金属矿产(如钽、铌、铍、锂、锆、铯、铷、锶、稀土元素——铈族和钇族等)、分散元素矿产(如锗、镓、铟、铊、硒、碲等)、放射性元素矿产(如铀、钍等)。

2. 非金属矿产

工业上不用于提取金属物质的有用矿物资源称非金属矿产。其中只有少数用来提取非金属原料,大多数是利用矿物或矿物集合体的性质,经简单加工或直接利用。根据用途可以分为:冶金辅助原料矿产(如石灰石、白云石、萤石、耐火黏土等)、化工原料矿产(如钾盐、石盐、重晶石、磷、硫、芒硝等)、建筑材料矿产(包括水泥、玻璃、陶瓷、铸石等的原料）、美术工艺原料矿产（各种宝玉石、彩石等）。

3. 能源矿产

能够产生机械能、热能、电磁能或化学能等各种能量的资源称为能源。在现有科技水平下人们已经广泛使用且技术比较成熟的能源，称为常规能源或传统能源，如煤炭、石油、天然气、水能等。有些能源虽然人类早就开始利用，但目前尚未得到广泛应用，有些能源在利用技术方面还有待于完善和提高，则称为新能源，如地热能、核燃料、海洋能等。许多能源如煤炭、石油、天然气、油页岩、铀、钍等，都是地壳演化过程中的自然产物，称为地壳能源，是一类特殊的矿产。太阳能、水能、风能、海洋能等也是能源，但不是矿产。

（三）矿床的成因分类

岩石和矿床都是地质作用的产物，它们在成因上有密切的联系。岩石可以分为火成岩、沉积岩和变质岩，而矿床实际上是地壳岩石中由于化学元素的迁移和聚集（即成矿作用），形成某些元素克拉克值高于平均值的特定地段，所以，矿床可以相应地分为内生矿床、外生矿床和变质矿床（表 6-1）。实际上许多矿床是多成因的或不同成因叠加而形成的。

表 6-1　矿床成因分类

<table>
<tr><td rowspan="9">内生矿床</td><td rowspan="3">岩浆矿床</td><td colspan="2">早期岩浆矿床</td></tr>
<tr><td colspan="2">晚期岩浆矿床</td></tr>
<tr><td colspan="2">熔离矿床</td></tr>
<tr><td colspan="3">伟晶岩矿床</td></tr>
<tr><td rowspan="4">汽化-热液矿床
（岩浆期后矿床）</td><td colspan="2">夕卡岩矿床（接触交代矿床）</td></tr>
<tr><td rowspan="3">热液矿床</td><td>高温热液矿床</td></tr>
<tr><td>中温热液矿床</td></tr>
<tr><td>低温热液矿床</td></tr>
<tr><td colspan="3">火山矿床</td></tr>
<tr><td rowspan="10">外生矿床</td><td rowspan="3">风化矿床</td><td colspan="2">残积-坡积砂矿床</td></tr>
<tr><td colspan="2">残余矿床</td></tr>
<tr><td colspan="2">淋积（渗滤）矿床</td></tr>
<tr><td rowspan="7">沉积矿床</td><td rowspan="3">机械沉积矿床</td><td>碎屑沉积物矿床</td></tr>
<tr><td>冲积砂矿床</td></tr>
<tr><td>滨海砂矿床</td></tr>
<tr><td rowspan="3">化学及生物化学沉积矿床</td><td>蒸发沉积矿床（真溶液沉积矿床）</td></tr>
<tr><td>胶体化学沉积矿床</td></tr>
<tr><td>生物及生物化学沉积矿床</td></tr>
<tr><td colspan="2">可燃有机岩矿床</td></tr>
<tr><td colspan="4">变质矿床及多成因矿床</td></tr>
</table>

二、内生矿床

内生矿床主要是在岩浆活动过程中，在一定条件下，有用组分富集起来所形成的矿床。绝大多数的有色金属、稀有金属和部分非金属矿产来自内生矿床。根据岩浆的发展顺序和冷凝成矿阶段，内生矿床可以分为岩浆矿床、伟晶岩矿床、汽化热液矿床和火山矿床。

（一）岩浆矿床

岩浆矿床是岩浆在冷凝过程中，由于岩浆分异作用使分散在岩浆中的有用组分聚集而成的矿床。这类矿床一般形成于具有较高温、高压环境的地下深处，相当于深成岩的形成部位，矿石矿物一般为熔点高、密度大、成分简单的矿物，如铬铁矿、铂族元素等。其矿物质来源于上地幔或地壳深处，矿体几乎都产于超基性或基性侵入体母岩内。实际上矿床就是火成岩体内有用组分相对富集的地段，母岩即是围岩，二者多呈逐渐过渡的关系。绝大多数的铬、镍、铂族元素及相当数量的钒、钛、钴、稀土等矿产，都产于岩浆矿床中。

岩浆矿床又分为早期岩浆矿床、晚期岩浆矿床和熔离矿床。

1. 早期岩浆矿床

有用矿物在岩浆冷凝结晶过程中，比主要造岩矿物的硅酸盐矿物（橄榄石、辉石等）早结晶或同时结晶所形成的矿床，称早期岩浆矿床。

岩浆温度下降到一定程度，便开始结晶。由于不同组分的熔点不同，加上其他因素的影响，结晶有先有后。各种组分按照一定顺序结晶并相对分化的过程叫作结晶分异作用。由于重力的影响，从岩浆中析出的晶体，重者下沉，轻者上浮。结晶较早的铬铁矿、铂族金属等，以及橄榄石、辉石等铁镁硅酸盐矿物，因密度大，常聚集于岩体底部或边缘部分，形成矿床（图 6-1）。这种矿床主要存在于橄榄岩或蛇纹岩等超基性岩中。中国西北某个产于超基性岩体中的铬铁矿即属于此类。

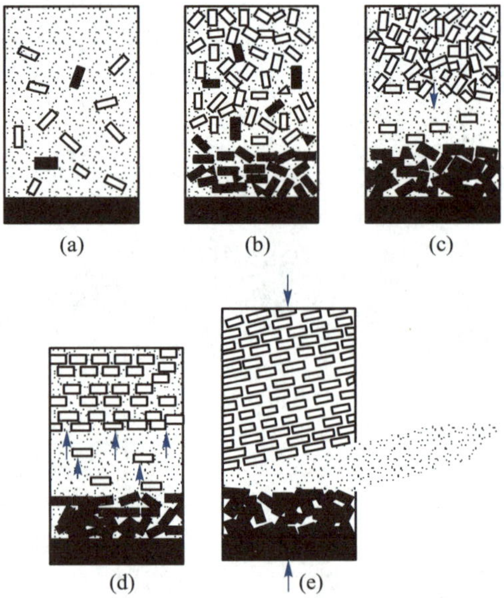

图 6-1 结晶分异和重力作用使有用矿物聚集示意图

（据贝特曼修改）

图中白色长条表示铁镁硅酸盐矿物，上浮集中形成超基性岩或基性岩；黑色长条表示有用重矿物，下沉富集形成矿床；黑点表示剩余的富含挥发成分和金属的熔浆，最初填充在硅酸盐晶体的空隙中，后来向下集中，如果受到挤压（如（e）图箭头所示），这部分剩余岩浆可以贯入母岩或围岩裂隙中去，形成脉状矿体

2. 晚期岩浆矿床

有用矿物在岩浆冷凝过程中，在主要硅酸盐矿物结晶之后形成的矿床，称晚期岩浆矿床。这种矿床的形成主要与气体分异作用（即通过气体使某些有用成分从岩浆中分离出来）有关。

岩浆中含有大量的挥发性成分，愈到结

晶晚期挥发性成分相对富集得愈多。这些挥发性成分主要有以下特点和作用：① 化学性质很活泼，常跟分散在岩浆中的微量金属元素相结合，成为“携带”金属元素的介质；② 有很强的运移能力，随着岩浆结晶分异过程的进行，这些挥发性成分常从岩浆底部向上层移动集中，从而使克拉克值很低的金属元素得到富集，创造形成矿床的条件；③ 可以降低岩浆熔点，形成含矿熔浆，到岩浆晚期才结晶成矿。如图 6-1 所示，富含挥发成分和金属的熔浆，最初可能分散于硅酸盐矿物晶体颗粒的空隙中（b）；后来由于硅酸盐矿物上浮，熔浆相对下沉集中到岩体中下部（c），形成条带状或似层状矿体；也可能受到挤压，以及在挥发性成分内压力作用下，挤入到母岩或围岩的裂隙中（e），形成贯入矿体。

此类矿床亦主要产于超基性或基性岩体中，矿体与围岩多呈渐变关系（贯入者例外），世界上许多大型铬铁矿、钒钛磁铁矿、铂族金属、稀土矿等多属于晚期岩浆矿床。四川攀枝花钒钛磁铁矿床即属于此类，矿体产于延伸 35 km、宽 2 km 的辉长岩体中，矿石为含钒的磁铁矿和钛铁矿，呈致密块状或浸染状，并伴生铜、钴、镍、铬等，以及稀土元素，可以综合利用。

3. 熔离矿床

岩浆的成分很复杂，在高温高压条件下可以混熔在一起，但随着温度逐渐降低或压强减小，岩浆中的某些成分可以分离出来，就像水和油在高温时可以溶在一起，而当温度下降时，水和油就分离开来是同样道理。这种物理或化学条件的变化使岩浆在液态情况下发生分异的作用，称熔离作用或液态分异作用。凡是由熔离作用使有用组分呈液态从岩浆中分离出来而集聚形成的矿床，称为熔离矿床。

实验表明，基性岩浆在 1 300 ℃ 以上时可以溶解 6%～7%的金属硫化物，当温度降低时，挥发组分逸出和某些成分的加入，岩浆中的金属硫化物便呈珠滴状分离出来，因其密度较大，向底部富集。待硅酸盐矿物结晶后，这些低熔点的金属硫化物才结晶成矿。总之，这类矿床是在早期岩浆阶段便熔离分异，而到晚期岩浆阶段才结晶形成的矿床。

熔离矿床主要分布于基性或超基性岩中，产于侵入体的底部或边缘，矿石矿物以金属硫化物（如黄铜矿、镍黄铁矿等）为主，常构成铜、镍硫化矿床。著名的加拿大肖德贝里铜镍硫化矿床是世界上最大的同类矿床，一向被认为是熔离矿床的典型代表。1964 年，迪茨 R. S. 提出“陨石成矿说”，认为该矿床是由陨石冲击产生的高能量使陨石熔化，经过熔离和结晶分异而成。图 6-2 为吉林某铜镍硫化矿床的剖面。

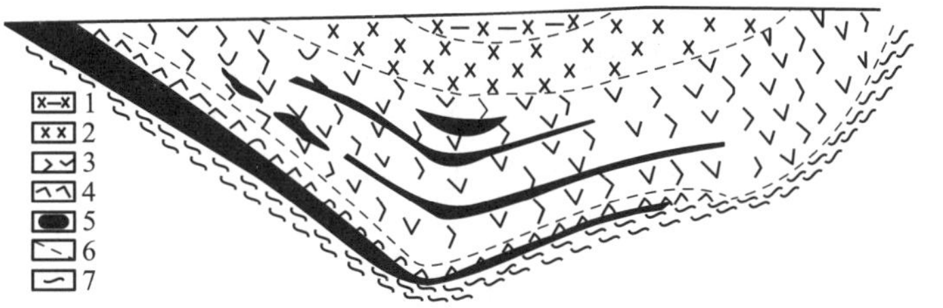

图 6-2　硫化物铜镍矿床剖面（吉林）

1. 辉长岩；2. 辉石岩；3. 辉橄岩；4. 橄榄岩；5. 矿床；6. 破碎带；7. 片麻岩

（二）伟晶岩矿床

伟晶岩是一种由粗大晶体组成的呈脉状岩体产出的火成岩。在伟晶岩形成过程中，由于挥发成分的影响，岩浆出现分异或气液交代作用，使有用组分富集而形成的矿床，称伟晶岩矿床。各种成分的岩浆均能产生相应的伟晶岩，但分布最广、工业意义最大的是花岗伟晶岩矿床。

伟晶岩矿床的形成跟挥发性成分的大量富集密切相关，推测其成矿条件为地下较深、压强较大（$85.113\times10^6 \sim 243.326\times10^6$ Pa）的环境。在这种条件下，从岩浆中分异出来的挥发性成分，无法逃逸到岩浆体之外，而是在岩浆内部大量聚集。这些挥发性成分不仅带来（通过化合）各种分散于岩浆中的金属和稀有金属元素，使之富集起来，它的存在还大大降低岩浆的黏度和矿物的结晶温度（含水1%能降低熔点30～50 ℃），使结晶作用和交代作用可以充分进行，从而形成晶体粗大、富含稀有元素的伟晶岩矿床。由于伟晶岩浆中挥发成分多，内压强很大，常常侵入母岩或围岩的裂隙中，形成岩脉群，有时可达数百到数千条。但具有工业价值的伟晶岩脉一般只占少数。

花岗伟晶岩与其母岩花岗岩的主要矿物成分相同，如钾长石、石英和云母；但次要矿物和副矿物成分差别较大。花岗伟晶岩的特点是：常有富含挥发成分的矿物（如萤石、电气石、黄玉、磷灰石等）和稀有元素矿物（如锂云母、绿柱石等）。据统计，花岗伟晶岩中含有40种元素和300多种矿物，这是其他岩石和矿床难以相比的。

伟晶岩矿床中常富集锂、铍、铌、钽、铷、铯、锆、铀、钍、稀土等各种稀有元素和放射性元素，也常富集钨、锡、钼等金属元素，以及含挥发成分氟、氯、硼等的矿物，所以说伟晶岩是稀有元素的重要宝库。同时，伟晶岩中常有电气石、绿柱石、黄玉、水晶等，可以用作宝石原料。由于晶体巨大，还经常形成长石矿床、云母矿床等。

中国伟晶岩矿床产地很多，如内蒙古大青山白云母伟晶岩矿床、新疆阿尔泰稀有金属（钽、铌、铯、锂、铍等）伟晶岩矿床等。

（三）汽化-热液矿床

成矿物质在热气和热液中被搬运并填充到岩石裂隙里所形成的矿床，统称为汽化-热液矿床。

从岩浆演化的角度来看，随着温度下降，岩浆中的挥发成分相对增多，当大部分硅酸盐矿物已凝结成岩，剩下来的物质几乎都是挥发成分，由于成分不同和温度变化，它们以热气和热液的形式存在，并成为重要的成矿介质。所以人们过去把这种矿床叫作“岩浆期后矿床”。

但近年各种观测资料和实验表明，气水热液（即热气热液）的成因是多样的，有岩浆成因的、变质成因的，也有地下水成因的（即地下水受热形成热液），而且有许多矿床是岩浆成因的气水溶液和地下水热液综合作用形成的。

无论哪种成因的气水热液，在其活动过程中所发生的成矿作用，都有两种基本方式：一是气水溶液与围岩发生化学反应和物质交换，形成接触交代矿床；二是仅仅因为物理化学条件的改变，填充于围岩裂隙中的气水溶液发生沉淀，而形成充填矿床，即热液矿床。但有些矿床在温度较高的条件下，往往具有交代和充填的双重成因。

汽化-热液矿床的类型虽然多种多样,但一般具有如下总的特征:① 从成矿条件看,温度不高(50~700 ℃),深度不大(地下 4~5 km 到地表环境);矿体明显受断裂构造控制,断裂是气液通道和成矿场所;热气热液与中、酸性侵入体有密切关系。② 从矿体与围岩的关系看,矿体常充填于围岩的裂隙和孔洞中,矿体形成时代晚于围岩时代,二者的岩性、结构和构造等明显不同;成矿气水溶液常与围岩发生交代作用,使围岩成分、结构和构造发生变化,这种变化通称围岩蚀变,如硅化、绢云母化、夕卡岩化等等。③ 从矿石成分和矿产种类看,主要矿物为金属硫化物,少数为金属氧化物及含氧盐。绝大部分有色金属和分散元素、部分铁和非金属矿产,都来自这一类矿床。汽化-热液矿床是内生矿床中分布最广、类型较多、矿种复杂、矿产丰富的一类矿床。

1. 接触交代矿床

在岩浆侵入体与围岩接触地带,由于气水热液的交代作用而形成的矿床,又称夕卡岩矿床。

这类矿床主要产于中酸性岩体与碳酸盐岩的接触带,从图 6-3 可以看出:接触交代作用的强弱主要受岩层和构造的控制,例如围岩为石灰岩的地方,交代作用最强;页岩其次;砂岩最弱。又如,沿着围岩断裂和层间裂隙所在,接触交代作用最强,变质最深;远离断裂的地方,就几乎不受任何影响。此外,跟岩体与围岩的产状也有关系,如岩体弯曲内凹处和接触带平缓处交代作用较强;接触带较陡处交代作用较弱。

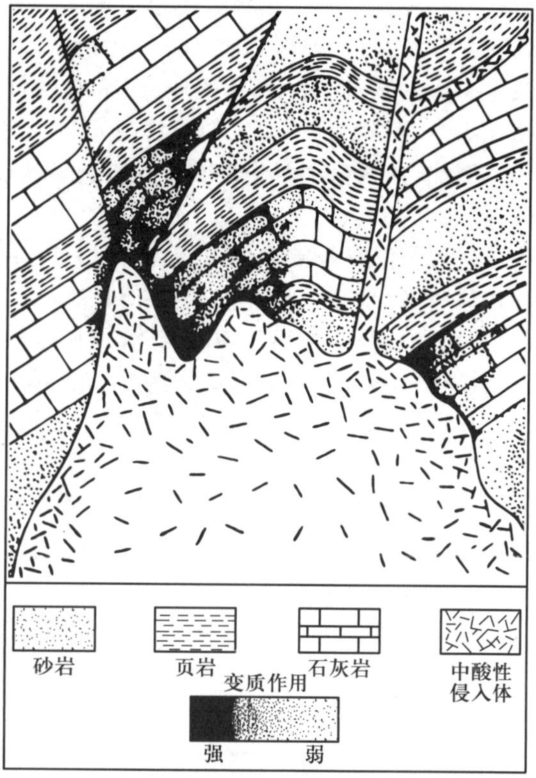

图 6-3 接触交代作用受围岩成分及构造控制示意图

在岩体边界产状较缓处,岩体凹入处,围岩为石灰岩处,以及断层和岩脉两侧,接触交代作用比较强烈

这类矿床的另一特点是夕卡岩化显著,成为找矿的重要标志。含矿气液与石灰岩等接触,常形成重要铁矿,这种成因的铁矿床占中国富矿储量的第一位。下式表示形成接触铁矿的化学反应式:

$$\underset{\text{石灰岩}}{3CaCO_3}+2FeCl_3 \longrightarrow \underset{\text{赤铁矿}}{Fe_2O_3}+3CaCl_2+3CO_2\uparrow$$

此外,在接触带还常形成铜、铅、锌、钨、锡、钼、铋、铍、钴、硫、硼等矿床。

此类矿床在中国分布甚广。如有名的大冶铁矿产于闪长岩与三叠纪大冶石灰岩的接触带上,矿体延伸约 4 km,矿层厚 10~180 m,倾向延伸 100~400 m,矿石以磁铁矿为主,多为富矿(品位 60%以上),伴生黄铁矿、黄铜矿等。长江中下游的铁矿、铜矿等也多属此种成矿类型。辽宁杨家杖子钼矿,云南个旧的某些锡矿,湘、闽、滇、粤、桂等省级行政区的白钨矿,南岭一带的铍矿,辽宁、吉林等地的硼矿等,也都属于夕卡岩型矿床。

2. 热液矿床

根据形成温度，热液矿床分为高温、中温、低温等 3 类。

(1) 高温热液矿床：形成温度为 300～500 ℃，矿体多位于花岗岩体顶部及与其靠近的非碳酸盐围岩中，多呈脉状，其发育程度往往与裂隙发育程度有关。在成矿过程中，高温气液作用显著，围岩蚀变强烈，如花岗岩中的长石常被分解成绢云母、石英，形成云英岩，称为云英岩化。除此，还常有电气石化、黑云母化等现象。矿石矿物以高温氧化物和含氧盐为主，如黑钨矿、锡石、辉钼矿、辉锡矿、磁铁矿等为主，常形成钨、锡、钼、铋、铍等矿床。脉石矿物除石英外，还常有含挥发成分的矿物如电气石（含硼）、萤石（含氟）、磷灰石（含氟、氯）等，这些矿物可以作为判断高温热液矿床的一种标志。

例如，江西南部西华山钨矿为高中温热液矿床，矿体呈脉状产于黑云母花岗岩岩体内。

(2) 中温热液矿床：形成温度约为 200～300 ℃，矿体位于距侵入体较远的围岩中，并往往为围岩的断裂等构造条件所控制。由于温度在水蒸气的临界温度（为 374.3 ℃）以下，挥发成分的作用已逐渐减弱，成矿以热液作用为主。围岩可出现硅化、绿泥石化、黄铁矿化蚀变现象。矿石矿物为铜、铅、锌、铁等亲硫元素所组成的硫化物，如黄铜矿、方铅矿、闪锌矿、黄铁矿等；脉石矿物主要为石英、方解石、白云石、重晶石等。中温热液矿床常为铜、铅、锌等多金属矿、硫铁矿等主要来源。

中国铅锌矿床中有一部分为中温热液矿床，如湖南桃林铅锌矿床，为大型同类矿床之一，矿体产于花岗岩与前震旦纪变质岩接触带以外约 200 m 左右地方。又如，广东北部有大型中温热液硫铁矿（黄铁矿）矿床，最大矿体填充于破碎带中，延长近 1 000 m，厚 10 m 多，深达 300 m 以上（图 6-4）。此外，如云南金顶铅锌矿、四川石棉县石棉矿等，亦产于此类矿床。

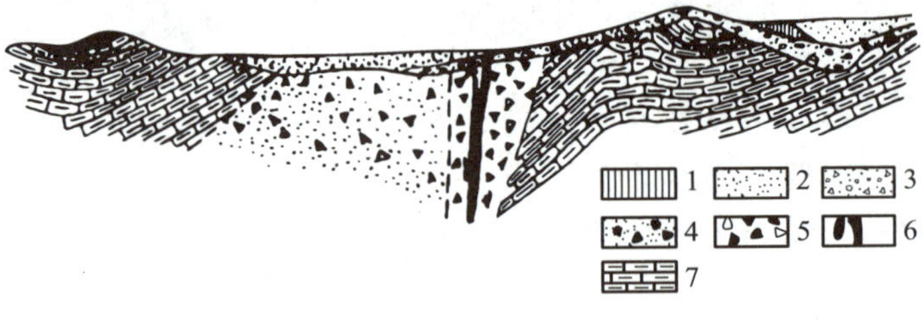

图 6-4 广东北部黄铁矿床示意图

（据原成都地质学院）

1. 第四系坡积物；2. 第四系冲积物；3. 风化残土；
4. 大理岩化断层角砾岩；5. 断层角砾岩；6. 黄铁矿体；7. 上泥盆系结核灰岩

(3) 低温热液矿床：形成温度为 50～200 ℃，矿体多发现于距侵入体很远的沉积岩中，形成部位较浅。热液矿床的热液来源比较复杂，特别是低温热液矿床，由于其形成接近地表条件，地下水热液作用在成矿中占有重要地位。矿体明显受围岩性质和断裂构造等所控制。矿石矿物也以硫化物为主，辉锑矿、辰砂、雄黄、雌黄等为典型的低温热液矿物，有时也有方铅矿、闪锌矿等；脉石矿物有石英、方解石、重晶石，以及胶体矿物蛋白石等。世界上的锑、汞、砷等矿产，几乎全部来源于本类矿床。

湖南冷水江市锡矿山锑矿是典型的低温热液矿床，也是世界上最大的锑矿。矿体呈似层状产于晚古生代石灰岩、砂页岩内。矿石品位可达 20%，经同位素测定其形成温度为 135~215 ℃。在中国的铅锌矿床中，地下水热液成因的占有很大比例，就储量而论居铅锌矿床的首位。湘西、黔东汞矿带（如贵州万山汞矿），也属于低温热液矿床。

（四）火山矿床

在火山活动过程中，形成于地表或接近地表（0~1.5 km）的矿床，称火山矿床。根据成矿作用可以将其分为火山岩浆矿床、火山气液矿床和火山沉积矿床。

1. 火山岩浆矿床

它是由于岩浆的喷发作用，早期结晶的有用矿物和熔融状态的有用组分被带至地表或抵近地表，所形成的一些特有矿床。

世界上的原生金刚石矿，几乎都来源于本类矿床。研究表明，金刚石为高温高压条件下上地幔物质的产物，形成于那里的含金刚石的超基性岩浆，沿着深断裂上升，充填并富集于火山通道，形成金伯利岩岩筒（呈筒状的岩体）；也有的喷出地表，呈似层状或透镜状夹于火山岩层中。世界上有 20 多个国家发现了含金刚石的金伯利岩，几乎皆分布于深断裂附近。其中最著名的南非金刚石矿床产于金伯利岩岩筒群中，每 3~40 个为一群，至少有 10 个岩筒群。在中国山东、辽宁，大体沿着郯庐大断裂（指通过山东郯城和安徽庐江的大断裂），也发现了许多含金刚石的岩筒群（图 6-5）。一般金刚石富集于岩筒上部，愈向深处则愈少。

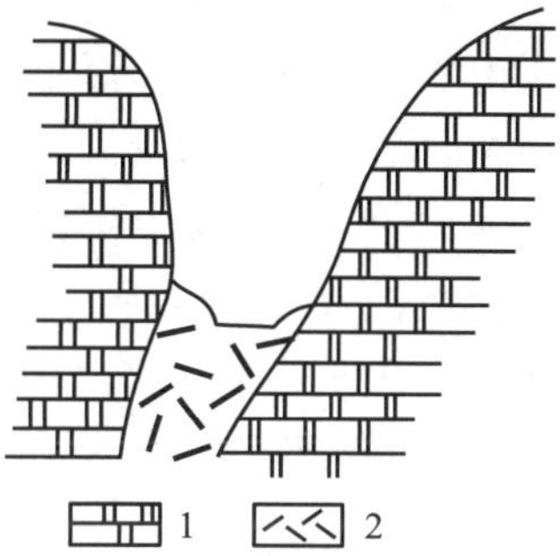

图 6-5　辽宁金伯利岩岩筒

1. 寒武系白云岩；2. 金伯利岩

此外，在世界上还发现这种类型的铁、镍、铜矿，如著名的瑞典基律纳铁矿即属于火山岩浆矿床。

2. 火山气液矿床

它是火山喷发或喷发期后的气体和热液，在一定地质条件下，气液相互作用或气液与围岩作用，促使有用组分富集和沉淀所形成的矿床。如火山喷发的气体通过直接凝结或与围岩相互作用，常在火山口附近或凝灰岩及熔岩的裂隙中，形成小型的硫黄、雄黄、雌黄、硼酸盐等矿床。

火山活动逸出的含矿气体，在地表或近地表条件下，因温度下降凝聚形成含矿热水溶液；有时候，在火山活动地区岩浆能够提供充足的热源，使地下水变热并从围岩中吸取某些元素，也可形成含矿的热水溶液。这些含矿的热水溶液可以独立或混合地与围岩发生接触交代或填充形成各种矿床，称为火山热液矿床。

在火山热液矿床中最有价值的是各种斑岩型矿床。在火山活动过程中，有些与火山岩浆同源的岩浆没有喷出地表，而是形成浅成或超浅成的侵入体（如火山颈、岩脉、岩墙等）。这些侵入体的岩石，有些像火山岩，但又不是真正的火山岩，所以称为次火山岩。其岩石往往以各种中酸性斑岩为主（如石英斑岩、安山玢岩等），在其中形成的火山热液矿床就称为斑岩型矿床。而斑岩铜矿是斑岩型矿床中最重要的一类。在世界上探明的铜矿床中，按储量论约有一半属于斑岩铜矿。中国铜矿远景储量的 1/3 以上也属于此类铜矿。这类矿床的一般特点是：规模大，埋藏浅，品位低，伴生金属多（如黄铜矿、黄铁矿、方铅矿、闪锌矿、辉钼矿等）。中国江西德兴斑岩型铜矿是一个特大型铜矿床，其伴生的金、银、钼、铼等也达到大型矿床的规模。

此外还有斑岩型钼矿床，世界上有2/3的钼矿储量是来自此种矿床。中国吉林、陕西等省皆有斑岩钼矿床。

目前有一种理论，认为斑岩型矿床与板块活动有关。即大洋板块与大陆板块相撞，大洋板块俯冲于大陆板块之下，因局部熔融而沿断裂上升至浅处形成。因此这类矿床主要分布于环太平洋成矿带和地中海-喜马拉雅成矿带，和板块碰撞的边界一致。

3. 火山沉积矿床

火山喷发过程中产生的有用组分，溶解在水中经过搬运和沉积形成矿床。此处有用组分包括火山气水热液、火山固体喷发物（如火山灰）被海水淋滤分解的产物等。海底火山活动可以提供大量的金属元素，在海底具有巨大水压的条件下，矿物质不易散失，最终沉积在海底，形成矿床。因此，这类矿床是海底火山活动与海水共同作用的产物，也是内生和外生成矿作用的综合产物。

海底火山沉积矿床的成矿理论及其实际价值现在日益受到人们的重视。沿日本岛弧分布的长500 km、宽80 km的硫化矿床带，主要矿石成分为黄铁矿、黄铜矿、闪锌矿、方铅矿等，称为“黑矿”，被认为与板块俯冲所形成的海底火山喷发活动有关。20世纪70年代以来，科学工作者乘坐深潜器在东太平洋海隆的深海底，发现有从海底热洞中涌出的热卤水，温度高达300 ℃以上，它和海水混合后形成铁、铜、锌、铅、锰、金、银等金属矿泥的沉积。在大洋深海淤泥中形成有大量富含镍、钴、铜的铁锰结核，其成因也被认为与海底火山活动有密切联系。

三、外生矿床

在地表外力作用下有用元素或有用组分聚集所形成的矿床，称外生矿床。外生矿床根据成矿过程的不同分为风化矿床和沉积矿床两大类。另有一类是由生物堆积而成的可燃有机岩矿床，从广义角度看，它也属于沉积矿床的范畴，但因其形成的特殊性和复杂性，一般又作为专门的成矿理论进行研究。

（一）风化矿床

地壳表层岩石（包括含矿的母岩及原生矿床）在风化作用过程中，使某些稳定的有用组分在原地或原地附近富集起来所形成的矿床，称为风化矿床。根据风化作用类型、风化物质、聚积地点和方式，大体分为残积砂矿床、坡积砂矿床、残余矿床和淋积矿床。具体如表6-2所示。

表6-2 风化矿床分类

地表岩石	主要风化作用类型	风 化 产 物	聚集地点	矿床类型
母岩（包括各种岩石及原生矿床）	物理风化作用为主	有用碎屑物质	原地	残积沙矿床
			原地附近	坡积沙矿床
	化学风化作用为主	Fe、Si、Al 等胶体物质	原地	残余矿床
		溶解物质	向地下渗透	淋积矿床

1. 残积-坡积砂矿床

岩石或矿脉等在风化过程中，一些相对密度小、颗粒微细的碎屑被流水、风等带走，而其中相对密度大、化学性质稳定的矿物颗粒，如金、铂、锡石、金刚石等，在风化碎屑中就会相对增加。这种有用矿物若堆积在原地，则称为残积砂矿床；若沿地表移动堆积于山坡上，则称为坡积砂矿床（图 6-6）。

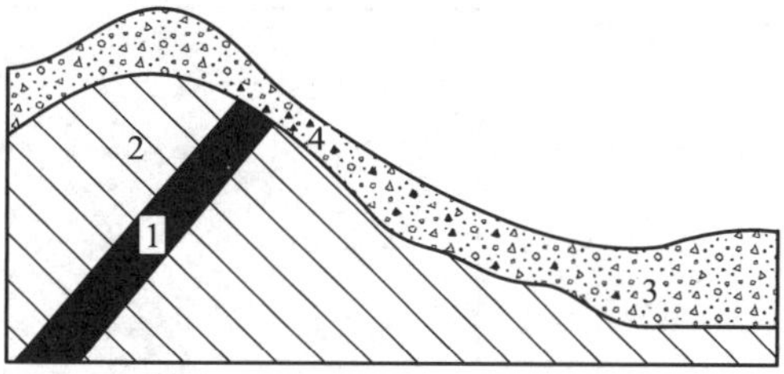

图 6-6 金矿脉及残积坡积砂矿形成示意图
1. 金矿脉；2. 基岩；3. 风化碎屑堆积物；4. 残、坡积砂矿床

2. 残余矿床

岩石在化学风化为主的条件下，可溶物质（如 K、Na、Ca、Mg 等往往形成各种盐类，在水中处于真溶液状态）被淋走或淋滤，带出风化壳；而难溶或不溶的物质（如 Si、Al、Fe、Mn 等往往形成胶体）则残留原地及其附近，由此而形成的矿床称为残余矿床（图 6-7）。

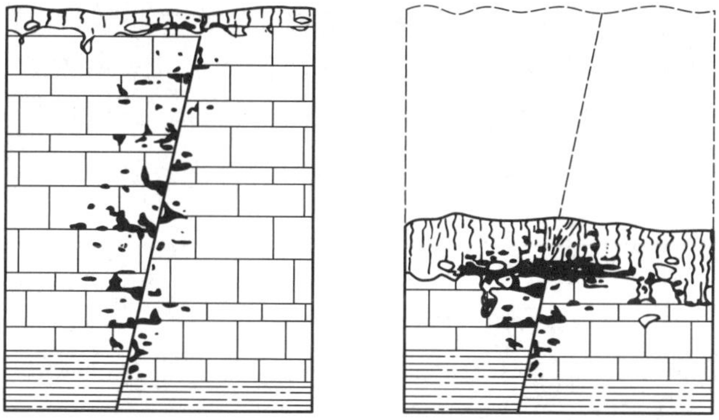

图 6-7 石灰岩中的不溶物质形成的残余矿床
黑色部分表示不溶物质；(a) 风化前；(b) 风化后矿物富集于石灰岩溶蚀后的残积物中

形成这类矿床需要有一定的母岩、气候和地形条件，如花岗岩一类的岩石，在气候炎热和雨季旱季相互交替的条件下，其中长石等硅酸盐矿物，经化学分解后往往残余下来形成高岭土矿床或铝土矿床。有些岩石在风化后也可形成残余铁、锰矿床。如江西星子高岭土矿床、福建樟浦的三水型铝土矿床，都是残余矿床。

3. 淋积矿床

它又称渗滤矿床。地表岩石或品位较低的矿床，在风化过程中有一部分溶于水的组分渗入地下，因沉积作用或沿途与围岩发生交代作用所形成的矿床，称为淋积矿床。例如某些含镍的超基性岩，在风化淋滤作用下可以使镍矿得到富集，形成镍矿床。特别是金属硫化物（黄铜矿、黄铁矿、方铅矿、闪锌矿等），在淋滤作用下往往使硫化物发生次生富集作用，大大提高矿床的品位和开采价值，因此这种淋滤成矿作用对于硫化物矿床特别是铜矿床具有重要的意义。

硫化物矿床的变化和次生富集作用，主要与潜水循环分带和各带的化学环境有关。图 6-8 表示一条以黄铜矿为主的硫化物矿脉，在地下氧化带和还原带的变化。

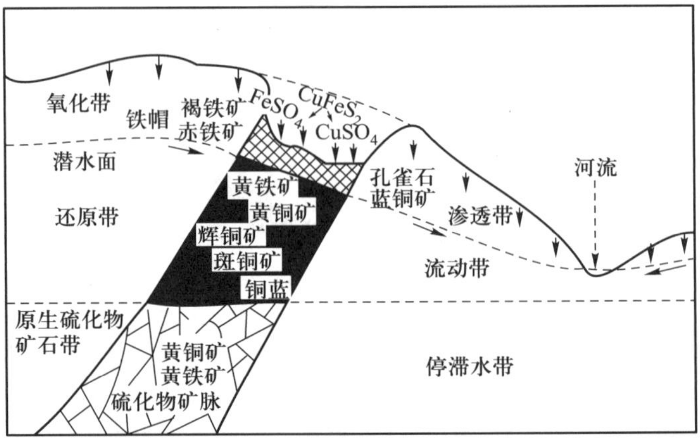

图 6-8 潜水循环分带和硫化物矿床氧化及次生富集作用示意图
箭头表示地下水流动方向

(1) 氧化带：从地表到地下潜水面以上的地带，地下水自上而下渗透，叫作渗透带。因为渗透水中含有大量的 O_2 和 CO_2，具有很强的氧化能力，又叫作氧化带。

各种硫化物矿物在氧化带中往往和水溶液中的氧气化合成各种硫酸盐（绝大部分硫化物在氧化条件下都是不稳定的），其中有一部分硫酸盐可以再转变为不溶的氧化物残留在氧化带，而另一部分硫酸盐溶液则继续向下渗透。现以黄铜矿 $CuFeS_2$ 为例说明其变化特性：

首先，黄铜矿氧化为 $FeSO_4$ 和 $CuSO_4$：

$$CuFeS_2+4O_2 \longrightarrow FeSO_4+CuSO_4$$

然后，硫酸亚铁 $FeSO_4$ 继续氧化形成褐铁矿，残留于地表，形成铁帽。

$$4FeSO_4+2H_2SO_4+O_2 \longrightarrow 2Fe_2(SO_4)_3+2H_2O$$

$$2Fe_2(SO_4)_3+9H_2O \longrightarrow \underset{\text{褐铁矿}}{2Fe_2O_3 \cdot 3H_2O}+6H_2SO_4$$

$CuSO_4$ 则溶于水向下渗透，遇到石灰岩或方解石脉可以形成稳定的孔雀石和蓝铜矿等：

$$2CuSO_4+2CaCO_3+H_2O \longrightarrow \underset{\text{孔雀石}}{Cu(OH)_2 \cdot CuCO_3}+2CaSO_4+CO_2\uparrow$$

$$3CuSO_4+3CaCO_3+H_2O \longrightarrow \underset{\text{蓝铜矿}}{Cu(OH)_2 \cdot 2CuCO_3}+3CaSO_4+CO_2\uparrow$$

由此可见，氧化带中硫化矿床在地表虽然隐而不见，但残留了由稳定的褐铁矿等所形成的铁帽及颜色鲜艳的孔雀石和蓝铜矿等。铁帽是寻找隐蔽硫化物矿床的重要标志。

(2) 还原带（次生硫化物富集带）：在潜水面以下，到一定深度，地下水由高向低进行侧向流动，叫作流动带。在这一带的地下水中 O_2 和 CO_2 逐渐减少，岩石和矿物在这里往往发生还原作用，又叫作还原带。从氧化带渗透下来的硫酸盐溶液（如 $CuSO_4$）在此遇到原生硫化物矿物（如黄铜矿、黄铁矿等）往往发生交代作用，并在还原作用条件下生成富含铜的次生硫化物（如辉铜矿、斑铜矿、铜蓝等），使铜矿石的品位增高。这种作用称次生富集作用，这一带又称次生硫化物富集带。下式表示从氧化带渗入还原带的 $CuSO_4$ 溶液，在还原条件下与黄铜矿、黄铁矿发生的交代作用：

$$\underset{\text{黄铜矿}}{5CuFeS_2}+11CuSO_4+8H_2O \longrightarrow \underset{\text{辉铜矿}}{8Cu_2S}+5FeSO_4+8H_2SO_4$$

$$\underset{\text{黄铜矿}}{CuFeS_2}+CuSO_4 \longrightarrow \underset{\text{铜蓝}}{2CuS}+FeSO_4$$

$$\underset{\text{黄铁矿}}{2FeS_2}+10CuSO_4+6H_2O \longrightarrow \underset{\text{斑铜矿}}{2Cu_5FeS_4}+6H_2SO_4+11O_2\uparrow$$

$$\underset{\text{黄铁矿}}{5FeS_2}+14CuSO_4+12H_2O \longrightarrow \underset{\text{辉铜矿}}{7Cu_2S}+5FeSO_4+12H_2SO_4$$

此类矿床经过次生富集作用，常形成重要的铜矿床。次生富集的含义包括两个方面，一是从氧化带分散渗透下来的 $CuSO_4$ 溶液都集中在还原带；二是所产生的次生硫化物铜矿，普遍增加了 Cu 的含量，如表 6-3 所示。由此可见，次生富集作用对于硫化物铜矿床具有极其重要的意义。

表 6-3 主要铜矿含铜量

矿物名称	化学式	含铜量/%
黄铜矿	$CuFeS_2$	34.57
斑铜矿	Cu_5FeS_4	63.30
铜蓝	CuS	64.44
辉铜矿	Cu_2S	79.83

（3）原生硫化物矿石带：位于还原带以下的地带，地下水基本处于停滞状态，叫作停滞水带。这里的地下水基本不含游离氧，化学作用和搬运作用非常微弱，硫化物在此带不发生什么变化，故称原生硫化物矿石带。

中国祁连山区的黄铁矿型铜矿床，就有明显的分带，在次生富集带里形成了各种富矿石。

（二）沉积矿床

在地表外力作用下，主要通过沉积分异作用使有用组分富集而成的矿床，称为沉积矿床。这类矿床与沉积岩的形成条件和过程是一致的，因此具有和沉积岩相同的一般特征，如具有层理，有的含有化石，层位比较稳定，有时规模巨大，找矿和勘探也比较容易。根据其形成方式，可以将它们分为机械沉积矿床、化学及生物化学沉积矿床、可燃有机岩矿床，具体如表 6-4 所示。

表 6-4 沉积矿床分类

有用沉积组分	成矿方式	矿床类型
碎屑物质	机械分异作用	机械沉积矿床

续表

有用沉积组分	成矿方式	矿床类型	
胶体物质 真溶液物质 生物分解物	浓缩、电解质等作用 蒸发结晶作用 生物化学作用	化学及生物化学沉积矿床	胶体化学沉积矿床 蒸发沉积矿床 生物化学沉积矿床
生物遗体	直接堆积	可燃有机岩矿床	

1. 机械沉积矿床

岩石风化形成的碎屑产物，在搬运过程中，按粒级和比重大小进行沉积分异，使有用成分聚集形成矿床，叫作机械沉积矿床，通常简称为砂矿床。砂矿中的有用成分主要是化学性质稳定、相对密度大、硬度大的矿物碎屑，如金、铂、锡石、金刚石、磁铁矿等。根据砂矿床的形成条件，可以将它们分为洪积砂矿床、冲积砂矿床、海滨砂矿床、湖泊砂矿床、风成砂矿床等。其中以冲积砂矿床和海滨砂矿床分布最广和最有实际意义。

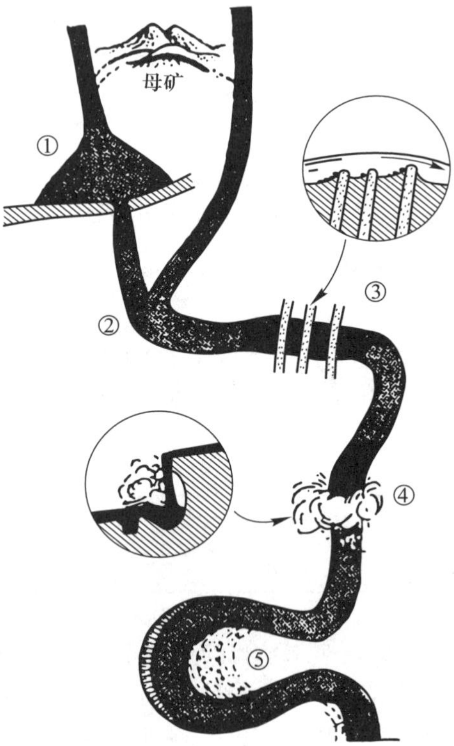

图 6-9 形成冲积砂矿的可能位置示意图
① 河流由窄变宽或为坚硬岩石所阻的地方；② 支、主流汇合处；③ 河床凹凸不平处；④ 瀑布冲刷河床形成的凹地；⑤ 河流凸岸

（1）冲积砂矿床：由河流作用形成的砂矿床，称为冲积砂矿床。这种砂矿沿河谷断续分布，如图 6-9 所示，在河水流速由快变慢形成堆积或产生涡流的地方，常富集相对密度较大的砂矿。砂矿除分布于河床的适当部位外，还可以分布于河流两岸的阶地上，称阶地砂矿，是古代河流作用形成的砂矿。

砂矿分布广泛，开采容易，选矿也非常简便。目前世界上 65% 以上的金、相当数量的金刚石皆采自砂矿。中国黑龙江流域是著名的砂金产地。20 世纪 50 年代在湖南沅江流域、60 年代在山东沂沭河流域都找到金刚石砂矿。

（2）海滨砂矿床：由河流带来的物质或海岸岩石被破坏物质，经海浪和岸流的冲刷、分选和沉积，往往使有用矿物富集，形成海滨砂矿床。这种矿床沿海岸呈带状分布，在海滨地带因海浪把碎屑物抛回海滩，回流和底流又把较轻碎屑带走，经过反复冲刷，沉积物彻底分选，使一些硬度大、相对密度大的矿物富集成矿。有些砂矿保留在海岸阶地沉积物中，形成海滨阶地砂矿。中国辽东半岛、山东半岛，以及东南沿海地带，分布有多种海滨砂矿。

2. 化学及生物化学沉积矿床

（1）蒸发沉积矿床：指溶解于水的盐类物质，由于蒸发作用在地表水体中沉淀结晶而成的矿床，也叫作蒸发盐矿床或真溶液矿床。

造成蒸发沉积的条件有三：一要有封闭的地理环境（如湖盆、潟湖、海湾等）；二要有干燥的气候，水的蒸发量超过补给量；三要有盐类物质的补给。由于各种矿物的溶解度不同，盐类沉积一般按其化学分异规律，即按石灰岩、白云岩—石膏、硬石膏—石盐—钾盐—镁盐的顺序沉积，所以盐类矿床往往具有明显的沉积韵律和垂直分带，有时包括若干个不完全的沉积韵律。常见的盐类矿床有：石膏、石盐、钾盐、芒硝（$Na_2SO_4 \cdot 10H_2O$）、天然碱（$Na_2CO_3 \cdot 10H_2O$）、硼砂（$Na_2B_4O_7 \cdot 10H_2O$）等。

中国盐类矿床非常丰富，在古老地层中夹有石膏和盐类，通称膏盐沉积。如在江西周田红层盆地中发现大盐矿；在湖北应城有著名的古近纪石膏矿床。内蒙古、西藏、青海等地有许多现代盐湖，如柴达木盆地各大小盐湖中盐类储量达600亿t。山西南部的解池，自古以来即为有名产盐之地，有人认为夏周文明及三晋兴起，都与此盐池的存在有关。

（2）胶体化学沉积矿床：岩石风化所形成的胶体溶液（铁、锰、铝、硅等），除部分残留原地外，还有一部分在腐殖酸的作用下形成稳定络合物长距离搬运入湖入海，在电解质的中和作用下发生沉淀，聚集成矿。如河北的龙烟铁矿、湖南的宁乡铁矿、湖南湘潭的锰矿、河南巩义的铝土矿等，都属于这种类型的矿床。这类矿床，常分布于一定层位中，分布广而储量可观，找矿、勘探也比较容易。

实际的胶体化学沉积矿床，其有用物质除来源于大陆风化产物（即陆源供给物），也可（甚至主要是）来源于海盆内部供给物，即来自海底火山喷发物质或海水对火山岩的溶滤作用产生的成矿物质。

（3）生物及生物化学沉积矿床：指生物遗体堆积或由生物作用直接、间接引起有用物质聚集所形成的矿床。如煤、石油、生物灰岩、硅藻土等，都是由生物遗体堆积再经过一系列化学变化形成的。

由生物作用所引起的有用物质沉积，是指在生物活动过程中产生的O_2、CO_2、H_2S、NH_3、有机酸等的影响下或在植物光合作用下，以及细菌作用下，有用物质聚集成矿。如在黑色页岩、沥青质泥灰岩中，常聚集金属硫化物矿床（铜、铅、锌、镍、黄铁矿等），其成因与还原环境及生物分解产生的H_2S有关。又如$CaCO_3$的溶解度与水中CO_2含量有关，水中植物光合作用吸收水中的CO_2，可以导致$CaCO_3$沉淀形成石灰岩。还有一类铁细菌，能把Fe^{2+}摄入体内经过催化作用，氧化成不溶性的氧化铁，形成沉积铁矿。

磷块岩矿床是此类矿床中普遍而具有经济意义的矿床。海洋中动物的骨骼、贝壳及某些微体生物，含有较多的磷酸钙$Ca_3[PO_4]_2$，生物死亡后遗体向海底下沉，因海水越深，所含CO_2越多，溶解的磷质也越多。由于洋流作用，深海磷质被带到浅海地带，随着表层海水温度升高及植物光合作用加强，水中CO_2减少，从而磷酸盐的溶解度亦减小，在浅海地带导致其沉淀，形成磷块岩矿床。云南昆阳、贵州开阳、湖北襄阳、湖南浏阳、四川绵阳等地均有丰富的磷块岩矿床。

（三）可燃有机岩矿床

这是一类有机成因的可以作为燃料能源的矿床，包括煤、石油、天然气、油页岩等。所谓能源是能生产能量的物质，或者说是能够转换成机械能、热能、电磁能和化学能等各种能量的资源。因此，本类矿床在国计民生，以及在国际战略资源方面占有极重要位置。当然,煤和石油等的用途不仅限于能源,还可以转化为多种合成材料,特别是石油,几乎与所有工业有关。可燃有机岩矿产占世界矿物原料总产量或总产值的 3/4 以上,由此可见本类矿床具有特殊重要的意义。

1. 煤

(1) 煤的概念和成分:煤是由植物遗体堆积在一定环境,经过复杂的变化形成的一种可燃有机岩。在含煤地层中可以发现丰富的植物化石,还有许多电子显微镜下的证据可以说明煤是由地质时代的植物被埋藏后变成的。

煤的成分包括有机组分和无机组分。有机组分主要由碳、氢、氧等元素组成,主要由植物遗体转化而来,燃烧后便挥发逸失;无机组分燃烧后变成残渣,称为灰分。煤中的灰分一般在 30%以下。

(2) 煤的形成条件:形成煤必须具备一定的条件。

① 必须有植物大量繁生,提供形成煤的物质来源。而植物茂盛又必须有湿热的气候条件。在地质时代,石炭-二叠纪、侏罗纪和古近纪等,都曾有过植物繁茂、树木葱郁的时代,因此,在世界上形成了这些时代的煤田。

② 植物遗体堆积后必须与空气隔绝,以免彻底分解破坏。而满足这种条件则必须具备一定的沉积环境,如封闭的沼泽盆地、潟湖、滨海平原、三角洲平原、海湾等。

③ 使成煤作用持续进行,还须经历有节奏的构造运动。构造运动反复进行,才能导致煤层反复堆积,在同一地区形成很厚的含煤地层①。

(3) 成煤作用:指由植物转变为煤的过程,大体可分为 3 个阶段:

① 菌解阶段,即泥炭化阶段。当植物堆积在水下被泥沙覆盖时便逐渐与氧气隔绝,由嫌气细菌参与作用,促使有机质腐烂分解及分解物的合成,使植物遗体中氢、氧成分逐渐减少,而碳的成分及腐殖酸、沥青等新生合成物质逐渐增加,这些新生物质与植物残体、矿物质的混合物,称为泥炭。植物被细菌分解腐烂的作用,叫作菌解作用。这一阶段也可以说是生物化学作用阶段,其化学反应式如下:

$$5C_6H_{10}O_5(\text{菌解}) \longrightarrow \underset{\text{泥炭}}{C_{20}H_{22}O_4} + 6CO_2\uparrow + CO\uparrow + \underset{\text{沼气}}{3CH_4}\uparrow + 8H_2O$$

泥炭质地疏松,颜色和条痕皆为褐色,无光泽,相对密度小(为 0.70~1.06),可看出有机物质的残体。用火柴可以引燃,烟浓灰多。

② 煤化阶段,即褐煤阶段。泥炭被沉积物覆盖形成顶板后,便处于完全封闭的环境,细菌作用逐渐停止。在一定温度和压强的作用下,泥炭被压缩、脱水和胶结,碳的含量进一步增加,过渡为褐煤。以上这种作用称煤化作用,也就是煤的成岩作用。

褐煤颜色和条痕皆为褐色或近乎黑色,光泽暗淡,相对密度为 0.8~1.3,基本上不见有机物的残体,质地较泥炭致密。易引燃,有烟。

③ 变质阶段,即烟煤及无烟煤阶段。如果褐煤埋藏在地下较深位置,就会受到高温高压的作用,使褐煤在化学成分上发生变化,主要是水分和挥发成分减少,碳的含量相对增加,腐殖酸完全消失;在物理性质上也发生改变,主要是密度、相对密度、光泽和硬

---

① 含煤地层亦称"煤系",主要由砂岩、页岩、砾岩等组成,其中夹有若干薄厚不等的煤层。通常每层煤的上下为砂页岩所分开,称为顶板和底板。含煤地层分布的地区,通称为煤田。

度等增加，而成为烟煤。这种作用就是煤的变质作用。

烟煤的颜色和条痕皆为黑色，有光泽，致密状，相对密度为 1.15～1.5，火焰明亮，有烟。

无烟煤是烟煤进一步变质而成。质地坚硬，颜色、条痕为黑色，有光泽，贝壳状断口，相对密度为 1.4～1.7。燃之无烟。

煤是重要的能源，世界上所使用的能源大约有 1/4 源自煤。煤在中国能源结构中约占 70%以上。中国的煤产量和储量均居世界前列。美、俄、波、德、英、澳、南非、印度等也是煤产量和储量较多的国家。

2. 油页岩

油页岩是一种高灰分、干馏后可以获得页岩油的可燃有机岩，又称油母页岩。为致密薄层状，主要呈灰褐、褐黄（土色）、深灰、灰黑等色，少数呈灰绿或杂色。暗淡无光泽，指甲刻划可呈现有光泽的油迹。具韧性，小刀可以切割，薄片具弹性。可以点燃，具高火焰并发出沥青臭味。油页岩由有机质和无机质组成，有机质主要为腐泥质成分，含有未经充分分解的低等生物遗体；无机质主要是石英、长石、黏土、碳酸盐类、黄铁矿及其他矿物微粒。油页岩干馏后获得的页岩油含量百分比，称为含油率。工业上要求的最低含油率（铝甑法）要高于 4%～5%。中国已发现的油页岩矿床的含油率从百分之几到十几，最高可达 20%以上。发热量一般是煤的 1/4 到 1/2。因此，油页岩主要用来炼油和作化工原料。一般认为油页岩是由潟湖海湾、滨海三角洲外缘、内陆湖泊中低等生物沉积所形成的腐泥，在地下深处经成岩作用和散失挥发成分及一系列物理化学作用而形成。油页岩矿床可分为近海型和内陆湖泊型。前者分布面积广，矿层多，但每层厚度不大，含油率高（最高可达 24%），广东茂名油页岩即属于这种类型。后者常与煤共生，或呈互层出现，矿层厚度大，可达数十米，但横向变化较大，含油率一般较低，抚顺油页岩即属于这种类型。抚顺油页岩为典型的内陆湖相沉积矿床，油页岩位于主煤层之上，厚 48～190 m，呈褐、暗褐色，致密，薄层至中厚层状，含植物、鱼类及昆虫化石，属于古近纪地层。目前查明，中国有 16 个省级行政区产油页岩，时代以侏罗-白垩纪和古近纪为主。

3. 石油和天然气

石油是最重要的能源，现在世界上每年消费能源折合标准煤（指含热量为 3.13×10^{7} J/kg 的煤）约为 100 亿 t，其中石油和天然气约占 65%，煤炭约占 27%，其他（水能、原子能等）不到 8%，可见石油所占的地位多么重要。同时，石油还是“万能的化工原料”，从石油中提炼的产品达 500 多种，用来制造的产品达 5 000 多种，20 世纪 70 年代以来，世界各国有机合成产品，有 70%来自石油化工。

石油和天然气是产于地层中的可燃性油质液体和气体。它们不能形成独立的地层，而存在于岩石空隙和裂隙之中。

（1）石油和天然气的成分和性质：据 J. M. 亨特统计（1979），石油的平均元素组成：碳为 84.5%，氢为 13%，硫为 1.5%，氮为 0.5%，氧为 0.5%。石油主要由碳和氢组成，碳和氢的总量在 95%～99%之间。石油中已鉴定出 3 000 种化合物，其中烃类化合物 230 种以上，主要有烷属烃 C_nH_{2n+2}、环烷属烃 C_nH_{2n}、芳香属烃 C_nH_{2n-6} 等，种类繁多。

石油在化学上不是纯一物质，所以它的物理性质变化范围很大。颜色是棕黑、深褐、棕黄等，相对密度为0.75~1.0，带特有臭味，沸点和凝固点不固定，可点燃，含热量比煤高出近1倍。

天然气比石油轻，所以常位于石油的上部，称为气顶。四川、重庆等省级行政区也有单独的天然气矿藏。四川的天然气是以气态碳氢化合物为主的混合物，以甲烷 CH_4 最多，占气体成分的80%~90%。另外，还有少量的乙烷、丙烷和丁烷等。天然气一般无色无味，可以燃烧，是重要能源之一。

（2）石油的成因：在石油地质学发展史中，出现两种石油成因学说，一种是石油无机成因说，另一种是石油有机成因说。前者认为石油是由自然界的无机碳和氢经过化学作用而形成的。这种学说又大致分为两类：一类是地深成因说，认为烃类起源于地球深处，其主要根据是在火山喷出的气体及熔岩中含有烃；另一类是宇宙成因说，认为烃类在宇宙形成阶段即已生成，其依据是在天体中常有碳、氢、氧等元素及其化合物存在，在太阳系行星的气圈中也存在一定浓度的甲烷，在陨石中也已鉴定出有烃类化合物。石油无机成因论者还用实验的方法证明可以获得烃类化合物。但他们往往忽视石油形成的地质条件，即石油勘探的大量实践证明，世界上99%以上的油气田分布在富含有机质的沉积岩中，即使在火成岩或变质岩中也曾发现油气，但几乎都是由毗邻的沉积岩中生成的石油运移而来的。

石油有机成因说认为石油是在地质时期生物死亡后有机物分解而形成的。这里所说的生物，既有动物，也有植物，更重要的是浮游生物和低等微生物。近年有学者进行了统计，大洋中浮游生物和细菌等总量接近280亿t，其中60%生活于温带海洋。多数石油地质学家并不排除在自然界也有非生物起源的烃类，特别是气态烃。但是，具有工业价值的石油应当是有机成因的。

① 石油有机成因的依据包括4个方面，a. 大多数石油具有旋光性，生物有机质普遍具有这种性质，而无机物则普遍不具有这种旋光性；b. 现代及古代沉积物中均含有构成石油的各种烃类化合物，而且所有活有机体中也都含有烃类；c. 实验证明，动植物有机体组分在适当条件下可不同程度地生成烃类化合物；d. 大多数沉积岩中都含有有机质成分，而世界上几乎所有的油气田均分布于沉积岩地区。

② 干酪根成油说是目前关于石油生成的主要理论。最早的石油有机成因说是俄国M.B.罗蒙诺索夫于1763年提出的蒸馏说，认为石油是煤在地热作用下干馏产生的。20世纪40~50年代石油勘探实践证明，大多数油气田并不与煤层共生，以后人们着重研究石油乃是从沉积岩中分散的有机质形成的理论，特别是对于分散有机质生成石油的转化条件及生成环境等进行了研究。1963年，P. H. 埃布尔森提出干酪根成油说，又称干酪根热降解成油说，认为石油是沉积物的干酪根在成岩过程中的晚期经过热解生成的。干酪根是沉积物中既不溶于无机碱、又不溶于有机溶剂的有机聚合物，其相对分子质量很大，约占沉积岩中有机质的80%以上。干酪根的原始母质可以主要由动物与低等植物遗体组成，富含类脂化合物与蛋白质的分解产物，以脂肪短结构为特征，称为腐泥型；也可以是主要由高等植物组成，富含木质素与碳水化合物分解产物，以芳烃结构为特征，称为腐殖型；还有一类介于腐泥型与腐殖型之间，称为过渡型。20世纪60年代以来，许多学者已就干酪根生油的地球化学依据、全球干酪根的数量、干酪根的类型、干酪根的演化等有关干酪根成油的机理问题进行了深入研究，20世纪70年代到80年代许

多学者还建立了石油生成模型（B. P. 索蒂，1975）、运移模型（B. 迪朗，1983）等，逐渐使石油地质理论走向定量化和模式化，从而使干酪根成油说成为石油生成的现代最重要的理论，并成为指导石油勘探工作和评价油气资源的重要依据。

石油的生成，不仅是有机质中原有烃类的富集过程，更重要的是在有机质埋藏过程中不断形成新的烃类。近年的研究揭示了干酪根转化成油的机理，认为有机质在一定深度和温度条件下才能大量转化为石油。20 世纪 70 年代法国 B. P. 索蒂以巴黎盆地中页岩为研究对象，得出结论：1 500 m 深度是导致干酪根转化为烃类的重要转化点，页岩中的干酪根含量在埋深小于 1 500 m 时其变化很不显著，而当埋深大于 1 500 m 时则其含量明显减少；与此相关，页岩中的烃类含量在埋深小于 1 500 m 时增长得很慢，而当埋深大于 1 500 m 时则其含量明显增长。烃类含量与干酪根含量随埋深的变化曲线的转折点（均在埋深 1 500 m 处）是一致的，表明烃确是由干酪根生成的，并需要一定的埋藏深度。干酪根大量成油需要一定的埋藏深度，也表明干酪根成油需要一定的温度，即沉积物中干酪根在一定温度下才能热解形成石油。在干酪根热解过程中，时间也是一个重要因素。根据化学动力学原理，母质产生石油的数量与温度呈指数关系，而与时间呈线性关系，故温度与时间相比，后者处于次要地位，所以石油的形成需要漫长甚至上百万年的过程。

干酪根成油理论的成立还建立在干酪根物源充足的基础上。目前我们知道地壳表面积为 5.10×10^{8} km^2，地壳平均厚度为 17 km，沉积岩占地壳总量的 5%，则地球上沉积岩的总体积为 4.3×10^{8} km^3。假定沉积岩的平均相对密度为 2.3，则地球上沉积岩的总质量大致为 10^{18} t。若沉积岩中干酪根平均含量为 0.3%，则全球干酪根数量约为 3×10^{15} t。世界油气资源总量（天然气按 1 000 m^3 相当原油 1 t 折算）粗略估计为 1×10^{12} t。据此计算，全球干酪根的数量大约是世界油气资源总量的 3 000 倍，这为油气资源的形成提供了足够的保证。

③ 石油演化是指石油发生、发展的全过程。从有机质和石油的化学成分看，有机质形成石油，实际上是一个碳、氢不断增加而氧不断减少（即去氧加氢富集碳）的过程。因此形成石油首先必须有一个有利于生物繁殖和聚集的环境，而且是适于形成石油的还原环境，其中包括陆相环境和海相环境，如淡水湖泊、半咸水湖泊、潟湖、半封闭海湾或三角洲浅海等。除此之外，还必须有利于生物特别是微生物繁殖的气候条件，如温度、日照、大气湿度等；同时，还需要有大量泥沙物质输入，使有机质沉积物被新沉积物所覆盖，造成与空气隔绝的环境。概括而言，沉积物中有机质的演化需要经历 3 个主要阶段：a. 成岩作用阶段，成岩作用初期微生物活动十分重要，使有机物发生腐烂分解；接着是使化学元素重新组合、缩聚，形成腐殖酸一类物质（相对分子质量为 700～30 000，广泛分布于土壤、湖沼、海底、泥炭等沉积物中）；成岩作用后期，有机质进一步转化为干酪根。b. 后生作用阶段，有机沉积物形成后，还需要伴随地壳的下沉运动，使沉积物不断埋深加厚，导致地热增温，达到“石油成熟点”，使干酪根热降解而形成石油。c. 变生阶段，即沉积盆地埋深进一步扩大，使已生成的石油降解成低分子烃类，直至形成甲烷干气及伴生的固体沥青。石油生成和演化阶段的划分（依据许多项指标），在石油勘探中具有重要的指导意义。

（3）油、气藏的形成：油、气生成后，必须经过由分散到集中的转化过程，在具备生油、集中和保存的条件下,才能形成油、气矿床。

① 生油层指当初具备成油条件生成油气的地层。油、气生成后,一般呈分散状态存在于生油层中,不同的沉积物中所含的有机质多少不同,如泥质岩平均为2.1%,碳酸盐岩为0.2%,砂岩为0.05%,故泥质岩和某些碳酸盐岩常成为良好的生油层。

② 储油层(或称储集层)是能储集油气并可在其中流动的岩层。在生油层中呈分散状态存在的油气,必须运移集中到孔隙和裂隙发育较好的岩层中,才有可能形成油气藏。储油层的孔隙性越好,储油的能力越大;储油层的渗透性良好,油气的流动性越强。这些条件可以决定油气的产量。

油气能从生油层向储油层运移集中,是由于油气本身是流体,具有流动性;另外也须有导致油气运移的外部动力条件。这种动力条件表现在4个方面。

a. 静压力所产生的压实作用。在一个盆地内沉积了巨厚的岩层后,下部岩层受到上覆岩层的压力,可以使岩层中孔隙缩小,把孔隙中的油气挤出。但由于不同的岩石,其颗粒粗细不同,静压力对其所产生的压缩效应也不同。例如,泥质岩石容易压缩,而砂质岩石则不易压缩,因而在一定静压力作用下,油气就由细粒生油层向粗粒储油层运移储集。从整个沉积盆地来看,由于盆地中心沉积厚度大,边缘厚度小,也可以导致油气从静压强大的中心地区向静压强小的盆地边缘移动。

b. 定向压力的作用。岩层在构造运动作用下,产生定向压力,使岩层进一步压缩变形,促使油气由高压区向低压区流动。

c. 水、油、气的分异作用。由于三者相对密度不同,地下水在流动过程中可以带动油气运移,同时由于水的浮力,气常在上部聚集,油在中间集中,而水居于下部。

d. 毛管力的作用。毛管力的大小与液体的表面张力成正比,与毛管的半径成反比。由于岩石中的孔隙有粗有细,因此在粗细孔隙不同的岩层中间产生了毛管压强差,促使油气从小孔隙岩层向大孔隙岩层中流动;再加上水的表面张力大于油,水可以把油气从小孔隙的泥质岩层中驱赶出来,更促使它向大孔隙的岩层中移动。

此外,A. H. 斯纳尔斯基(1962)指出渗透性差的生油层中的微裂缝,对石油从其中排出有重要作用。20世纪70年代,B. P. 索蒂、R. 佩列特和H. D. 赫德伯格还认为,液态或气态烃类数量不断增加,导致生油层内压强增大,当压强增到大于岩石强度时,岩石产生微裂缝,使烃类液体或气体排出;它们排出后,岩层内压强减低,又使岩石中微裂缝闭合;随着烃类不断产生,岩层内压强增大,岩石又产生微裂缝,使烃类排出。如此反复进行,就使烃类断断续续从生油层中排出,成为石油运移的新理论。

③ 圈闭指储油层的油气得以集中并且保存的条件。圈闭可有多种形式,如储集层岩性发生横向变化,岩石孔隙由粗变细,形成圈闭,这种圈闭称为岩性圈闭。又如,倾斜的储集层上面被水平的或产状不同的不渗透岩层所覆盖,这种圈闭称为地层圈闭;有时储集层被断层错开,导致圈闭,这种圈闭称为断层圈闭;但最好的圈闭是岩层隆起形成背斜或穹隆构造(图6-10,参见第4章),岩层拱起像倒扣着的锅一样,把油气保护起来,这种圈闭称为构造圈闭。不过,随着日益增多的勘探实践,非构造圈闭越来越引起人们的重视。当然,有了圈闭条件,也并不一定有油气藏,这还要看被圈闭的地层中有没有油气,被圈闭的有效空间有多大,圈闭的场所是否严实无缝(是否有裂隙或破碎之处),等等。由此可见,真正形成油气藏的条件是很复杂的。

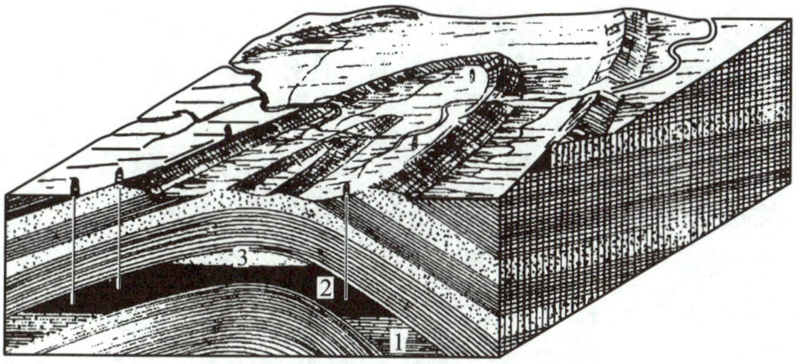

图 6-10　储油的穹隆构造

(据 Brinkmann R)

1. 水;2. 油;3. 天然气

(4) 中国是石油资源较为丰富的国家之一,石油开发利用的历史悠久。大约在2000 年前,陕北石油就被发现了(首见《汉书·地理志》)。古人称石油为石漆、脂水、石脂水、石脂、石脑油等。北宋沈括(1031—1095)在《梦溪笔谈》中首先提出“石油”这一名称,又预言“石油至多,生于地中无穷”。根据《大元大一统志》(成书于 1303 年)记载,在陕北延长、延川、宜君一带凿了油井,比所谓世界第一口油井(美国,1859 年钻成;苏联,1848 年钻成)早好几百年。中国第一口气井开凿的时间更早,至少在公元 320 年以前,四川就开凿了天然气井,比所谓世界上最早的天然气井(英国,1668 年)要早 1 348 年。

中国石油资源分布比较广泛,在 32 个油区探明地质储量有 181.4 亿 t。据美国《石油和天然气》(Oil & Gas)杂志 1997 年报道,世界石油剩余探明可采储量 1 390 亿 t,中国 1997 年公布的剩余探明可采储量 22.41 亿 t,居世界第 11 位。全国共有盆地 319 个,据对其中 145 个盆地估算,资源量达 930 亿 t。其中,已证实有油田存在的有 24 个盆地,拥有资源量 785.9 亿 t,占总资源量的 84.48%;已发现有油气的盆地有 42 个,拥有资源量 75.66 亿 t,占总资源量的 8.13%。从盆地规模看,145 个盆地中面积大于 1×10^4 km^2 的有塔里木、松辽、准噶尔、珠江口、东海、渤海湾、鄂尔多斯、柴达木、四川、二连、银根-额济纳旗、中扬子海、莺歌海 13 个盆地,累计面积为 264.08×10^4 km^2,占总面积的 53.4%,合计预测石油资源量为 707.88 亿 t,占 76.09%。其中松辽、塔里木、渤海湾 3 个盆地预测资源量为 422.32 亿 t,占总资源量的 45.40%。至 1996 年,在陆地和海域的 32 个油区探明储量 181.4 亿 t,占资源量的 19.5%,找油的潜力还相当可观。目前已探明储量的石油田主要分布在东部地区,但从长远看,中国西部和海域有相当的发展前景。

四、变质矿床和多成因矿床

(一) 变质矿床

在变质地区受到区域变质作用影响形成的矿床,统称为变质矿床。在受到变质作用以前,可能已经存在某种矿床,也可能不存在已成矿床,但在区域变质作用过程中使矿床受到改造或使某些成矿组分发生活动、迁移、集中和重结晶形成矿床,都属于变质矿床。在变质矿床中经常赋存铁、铜、铅、锌、金、铀、锰、铬、镍、钴、铌、钽、白云母、硼、石墨、菱镁矿、蓝晶石、红柱石、夕线石、石棉等矿产,并占有世界储量的很大比重,如铁矿为70%、铜为60%、银为63%等。变质矿床类型复杂,目前尚无统一分类方案,根据变质矿床研究现状,可以分为受变质矿床、变成矿床、混合岩化矿床三类。

1. 受变质矿床

这指原已形成的矿床,后又受到区域变质作用改造所形成的矿床。原有矿床主要是与火山作用有关或者与基性岩浆有关的硫化物或氧化物矿床。在变质作用过程中,主要是应力的叠加,使原岩重结晶和产生定向结构,矿体本身可拉长成长条状,有时局部呈浸染状,含矿组分少有运移和再集中。这类矿床主要产于古老变质岩中,如鞍山式铁矿,在变质前即已存在沉积铁矿,变质后形成具有条带状特征的石英磁铁矿。有些硫化物矿床,可以部分产生金、银、砷、锑等集中现象。但变质作用对于原有矿床的影响(在总的成分方面)并不显著。

2. 变成矿床

这指原来岩石中含有某些有用矿物组分但未形成矿床,在区域变质作用过程中使某些成分活化、集中,重结晶所形成的矿床。这类矿床又可分为两类:

(1) 变质重结晶型矿床:原岩受到高温高压的影响,以变质重结晶作用为主形成的矿床,含矿组分没有明显迁移,如某些有机质岩石受到高温低压影响,失去挥发组分,使碳的成分重结晶形成石墨矿床。又如某些富含硅铝成分的泥质岩石,经变质作用使某些成分重新组合形成红柱石、蓝晶石、夕线石或刚玉等矿床。再如一些含镁的岩石如白云岩、白云质灰岩等,在变质作用中形成菱镁矿、滑石、蛇纹石、石棉等矿床;含硅铁或锰的岩石在变质作用中,可形成铁矿床或锰矿床。

(2) 变质热液型矿床:原岩受到变质热液的作用所形成的矿床。热液水分主要来自结晶水或从晶格中析出的水分。矿床主要有铁、铜、铅、锌、金和某些非金属矿床。矿体常伴有区域性蚀变现象,如硅化、绿泥石化、钠长石化等。矿体常受矿源层(指原来含有成矿组分虽有一定富集,但未形成矿床的岩石)的控制,呈层状或脉状。矿石多具定向结构和构造。

3. 混合岩化矿床

这指原岩在变质作用后期受区域混合岩化作用及部分深熔作用所形成的矿床。这类矿床主要是矿源层中的成矿组分,在混合岩化流体(包括来自地幔的上升流体,以及从混合岩浆析出的热液等)的作用下,发生运移和集中而形成的。交代作用显著,具区域性蚀变矿物,成矿时期和混合岩化时期同步或大体一致。矿体主要赋存在矿源层内。蚀变现象显著,如绿泥石化、白云母化、透辉石化、碳酸盐化、硅化等。主要矿床有伟晶岩型白云母、稀有元素和磷灰石矿床,混合花岗岩型含铀、钍和稀有元素的矿床,以及某些非金属矿床。混合岩化后期,热液作用更加活跃,可以由于构造活动使热液流体延伸形成较长的矿化带和矿床,主要有富铁矿床、硼矿床、铜矿床、稀有元素矿床等。

(二) 多成因矿床

许多矿床是在长期的复杂过程中形成的,因此很难用单一的成因进行解释。成矿物质可能是多源的,比如来自地下深处,来自岩浆,来自围岩。成矿作用可能是多期多阶段的。成矿作用类型也可能是多种多样、前后叠加的,等等。由于人们只能看到成矿作用的结果即矿体本身,而看不到成矿过程,再加上矿床形成后在各种地质作用下不断变化，所以人们对某些矿床的成因往往持有不同看法，或者把成矿过程简单化。当前成矿理论不断提高，研究手段不断更新，认为许多矿床的形成是多种成因的，其中包括改造矿床和叠加矿床。

1. 改造矿床

这指早期分散于地层或岩石中的元素或有用矿物组分，在后期的地质作用中产生活化、运移、富集而形成的矿床。形成改造矿床的重要媒介经常是下渗加热的热水溶液或来自岩浆的热液。改造的热源或来自岩浆、地热梯度，或来自构造活动。这类矿床的形成是长期的、多期的，早期成岩时期和晚期成矿时期的时差可以长达几亿甚至 10～20 亿年。例如在中国北方太古宙古老变质岩层的绿岩带中，常常赋存具有重要价值的金矿（如小秦岭、赤峰、吉林夹皮沟等地），但其成矿时间是在中生代。即古老地层中的金因受燕山运动的影响，被活化、转移而富集形成矿床，成岩与成矿时差达 25 亿年之久。又如中国南方的铀矿床（矿石主为沥青铀矿，化学组成 UO_2），产于不同时代的花岗岩、砂岩或泥岩中，但铀矿的同位素年龄基本上是相同的，即都是晚白垩世至古近纪间的产物，这说明不同岩石和不同时代的铀矿，均为受到燕山运动影响产生活化、转移，在造山运动结束时期富集成矿的。中国南方湘桂黔一带的汞矿（辰砂）、锑矿、雄黄雌黄矿等也大都受到燕山期的改造。再以石油矿床而论，它们属于沉积矿床类型，但在其成岩阶段只是形成分散在生油层中的有机质，并未形成矿床。必须在后期地质作用中，有机质转化为烃类并经过运移圈闭，才能富集成矿。因此油气矿床实际上是典型的改造矿床。

2. 叠加矿床

在先存矿床（主要指沉积矿床）的基础上，叠加了后期热液带来的成矿物质，形成具有双重成因的矿床，或者说形成于两个时代、两种成矿作用的矿床，称为叠加矿床，亦称叠生矿床。如在前寒武纪形成沉积铁矿，后来又叠加了热液成因的金矿或铀矿，形成铁-金矿床或铁-铀矿床。又如长江中下游成矿带中的某些硫化物矿床，常叠加上燕山期铜或金的热液矿化作用，使矿床有用成分复杂而丰富。事实上先存矿床在后期热液的作用下，其物质成分、结构、构造以至矿体的形状常常受到改造，因此许多叠加矿床也可称为叠加改造矿床。

广义的叠加矿床，不只限于两个成矿时期和两种成矿作用，也可能是 3 个成矿时期和 3 种成矿作用，例如沉积—变质—热液或岩浆—热液—变质等叠加在一起，成为典型的多成因矿床。如有名的内蒙古白云鄂博铁-稀土矿床，人们对其成因长期以来有很大争议。此矿床存在于元古宙白云岩中，还有少量板岩、石英岩等，矿石成分复杂，含铁及稀土，稀土储量居世界之冠。有人认为此矿床为特种高温热液矿床，近年许多人认为是多成因叠加矿床。首先在元古宙沉积了海相含铁和稀土的碳酸盐岩和碎屑岩，这些物质主要来自古老基底岩石的风化产物；其后受到区域变质作用，原来的海相沉积物重结晶变质并产生新矿物；到古生代晚期有花岗岩（同位素年龄为 2.7 亿年）侵入，分离出含矿气水溶液，对原矿和围岩发生接触交代和填充作用，使矿物更加富集。因此白云鄂博矿床实际上是多成因的沉积—变质—热液交代叠加矿床。

3. 层控矿床

层控矿床的概念首先由德国 A. 毛赫尔（1939）提出，但其含义以后有很大变化。广义的层控矿床指受地层或层状岩石控制的矿床，而不论其成因如何；狭义的层控矿床指由沉积作用(包括火山沉积作用)初步形成的矿胚层或矿源层,经后期改造富集或再造叠加而形成的矿床。因此,层控矿床实际上是一类多成因矿床。这种矿床在一定区域内,产于一个或几个特定地层单元内(如组或统等),明显受到层位、岩性和岩相的控制。

有的矿床形成于沉积-成岩过程中,与原生沉积环境非常密切,例如在一定深度的水体中,形成相关的沉积岩体,同时某些有机物或硫酸盐在沉积或成岩过程中发生分解或还原产生硫化物,形成有关的铜、铅、锌矿床等,这类矿床称为沉积-成岩型层控矿床。有的矿床所在部位在沉积-成岩期并无工业矿体,甚至缺少矿源层,成矿物质来自异地、异层位(主要通过围岩的裂隙、喀斯特洞穴等,将其他岩系中的矿源层或矿床中的成矿物质,经地下水搬运集中到某一或某些岩层中来),这类矿床称为后成层控矿床。还有些矿床的成矿作用与海底喷流-热泉活动有关,一方面形成有关沉积物,一方面形成与火山喷发有关的金属矿床(铁、锰、铜、铅、锌、金、银、汞等)和非金属矿床,其中硫主要来自火山喷发物,金属主要来源于海水淋滤围岩所得,这类矿床称为喷流-沉积型层控矿床。还有一类矿床原是由火山沉积而成,但又有后期热液活动的矿化作用叠加其上,这类矿床称为火山沉积(或沉积)-热液叠加改造型层控矿床。

总之,层控矿床是多种成矿作用的产物。矿体呈层状、似层状甚至不规则形状,层位稳定,受一定地层层位控制,常具同生和后生成矿作用特征,矿石成分较简单,矿石品位较稳定,规模较大,分布较广。云南兰坪巨型铅锌矿,云南东川大型铜矿,湖南锡矿山大型锑矿,贵州万山大型汞矿,南京栖霞山铅锌矿,安徽铜官山铜矿等,都属于层控矿床。研究层控矿床的成矿规律,有助于在一定区域一定层位中探寻新的矿点。

第2节 地下水资源

地下水分布广泛,供水条件比较稳定,水质良好,是农业灌溉、工矿企业和城市生活用水的重要水源,在世界各地得到普遍地开发利用,尤其是在地表水贫乏的干旱、半干旱地区,它们往往成为最重要的淡水资源。

地下水是存在于地表以下岩石和土体(岩土)空隙中各种不同形式水的总称,其分布、运动和水的性质受岩石和土体特征的影响,即与地层的岩性、结构和构造条件密切相关。地下水资源开发首先面临的找水问题,以及随着地下水开采派生的相关问题,均需要地质学协助解决。

一、含水层与隔水层

岩土中的空隙是地下水的储存空间。自然界的岩土都具有形状不一、大小不等的空隙,即具有含水能力,但是,其中有的不含水,有的含水;有的虽含水却难以透水,有的既含水又能够透水。因此,含水层是指贮存有地下水,并在自然状态或人为条件下,能够流出地下水的岩体,如沙层、砂砾石层等。而虽然含水但几乎不透水或透水很弱的岩层,称为隔水层,如黏土层、页岩等。

岩土的这种与水的贮容运移有关的性质,称为水理性质,包括容水性、持水性、给水性、透水性等。

容水性是岩土空隙能够容纳一定水量的性能,通常以容水度来衡量。容水度即岩土中所能容纳的水的体积与容水岩土体积之比，以小数或百分数表示。容水度在数值上与岩土的孔隙度相等。持水性指由于岩土颗粒表面对水分子的吸引力，而在岩土空隙中保持若干水量的性能，用持水度衡量。在分子力作用范围内分子力比重力大若干倍，岩土所保持的这种水为结合水，不受重力支配。所以，持水度是受重力作用排水后，岩土空隙中保持的水量与岩土总体积之比。给水性则指饱和含水的岩土在重力作用下，能自由流出（排出）若干水的性能，以给水度作为数量指标。给水度即常压下从饱和含水岩土中流出水的体积与饱和岩土总体积之比，数值上等于容水度与持水度之差。很显然，岩土的持水度与给水度成反比（图 6-11）。

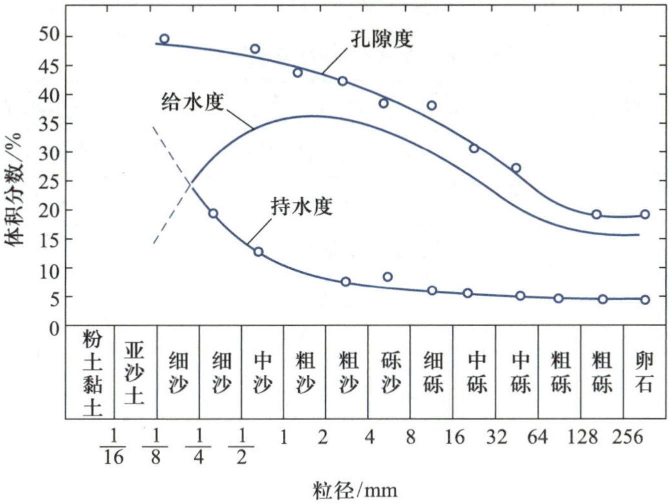

图 6-11　给水度、持水度、孔隙度的关系
（据黄锡荃等，1993）

透水性是指在一定压强梯度条件下岩土允许水透过的性能。岩土的透水能力首先取决于空隙直径的大小和连通程度，其次是空隙的多少。因为水在细粒物质（如黏土）组成的微小孔隙中运动时，不仅由于存在水与孔壁的摩擦阻力，而且由于细小颗粒吸附了一层结合水膜，几乎将整个孔隙堵塞，使得水很难通过。因此，透水性与持水度成反比，与给水度成正比。即给水度愈高的岩土，透水性也愈好；持水度愈高的岩土，透水性愈差。衡量岩土透水性的指标是渗透系数 K（表 6-5）。透水层与隔水层虽然没有严格的界限，但目前公认，凡渗透系数 K 小于 0.001 m/d 的岩土，均列入隔水层，大于或等于这个数值的岩土属于透水层。

表 6-5　不同土类的渗透系数（K）与透水性分级

典型土类		砾石、粗沙	中沙、细沙	粉沙、粉土	粉质黏土	黏土
K	（m·d^{-1}）	>10	10～1	1～0.01	0.01～0.001	<0.001
	（cm·s^{-1}）	$>i\times10^{-1}$	$i\times10^{-1}\sim i\times10^{-3}$	$i\times10^{-3}\sim i\times10^{-5}$	$i\times10^{-5}\sim i\times10^{-7}$	$<i\times10^{-7}$
透水性分级		极强透水	强透水	中等透水	弱透水	极弱透水（不透水）

注：据唐大雄等，1999。

从水理性质分析，粉黏土和黏土，虽然孔隙度大，但因为颗粒细，空隙小，持水度大，给水度小，其透水性也差，常成为隔水层。砾石持水度很小，给水度较大，是很好的含水层，但由于孔隙度较小，其容水度也小，所含地下水资源有限。中沙、粗沙与黏土、粉黏土相比，孔隙度虽稍小，但给水度远远高于后者；与砾石相比，虽然持水度稍大，但孔隙度更大。综合而言，沙层应该是最理想的含水层。

坚硬致密的岩石几乎没有空隙，一般不容水，也不透水，其渗透系数均小于 10^{-7} cm/s 量级。但是，有裂隙发育时，同一种岩石的渗透系数比新鲜岩石大 4~6 个数量级，甚至更大（表 6-6）。因此，发育有断层和节理（特别是张性节理）的部位，岩石的透水性大大提高，在条件允许的情况下，成为储水的含水岩体。

表 6-6 主要岩石的渗透系数（*K*）

岩石名称	空隙情况	渗透系数/($cm \cdot s^{-1}$)
花岗岩	较致密，含微裂隙	$1.1\times10^{-12}\sim9.5\times10^{-11}$
	含微裂隙	$1.1\times10^{-11}\sim2.5\times10^{-11}$
	微裂隙及部分粗裂隙	$2.8\times10^{-9}\sim7\times10^{-8}$
石灰岩	致密	$3\times10^{-12}\sim6\times10^{-10}$
	微裂隙、孔隙	$2\times10^{-9}\sim3\times10^{-6}$
	空隙较发育	$9\times10^{-5}\sim3\times10^{-4}$
片麻岩	致密	$<1\times10^{-13}$
	微裂隙	$9\times10^{-8}\sim4\times10^{-7}$
	微裂隙发育	$2\times10^{-6}\sim3\times10^{-5}$
辉绿岩、玄武岩	致密	$<1\times10^{-13}$
砂岩	较致密	$1\times10^{-13}\sim2.5\times10^{-10}$
	空隙发育	5.5×10^{-6}
页岩	微裂隙发育	$2\times10^{-10}\sim8\times10^{-9}$
片岩	微裂隙发育	$1\times10^{-9}\sim5\times10^{-5}$
石英岩	微裂隙	$1.2\times10^{-10}\sim1.8\times10^{-10}$

注：据唐大雄等，1999。

二、地下水的类型

存在于岩石空隙中的地下水，根据物理力学性质分为气态水、结合水（吸湿水和薄膜水）、毛管水、重力水和固态水等形态。从地下水资源利用的角度看，重力水最为重要，按其埋藏条件分为上层滞水、潜水和承压水。

地面以下的岩石与土体依含水状况分为包气带和饱水带。从地表到地下稳定自由水面之间的地带，岩石与土体中的空隙没有完全被水充满，其中包含有许多与大气连通的气体，称为包气带。自由水面之下的地带，岩石与土体中的空隙全部被液态水充满，即饱水带（图 6-12）。

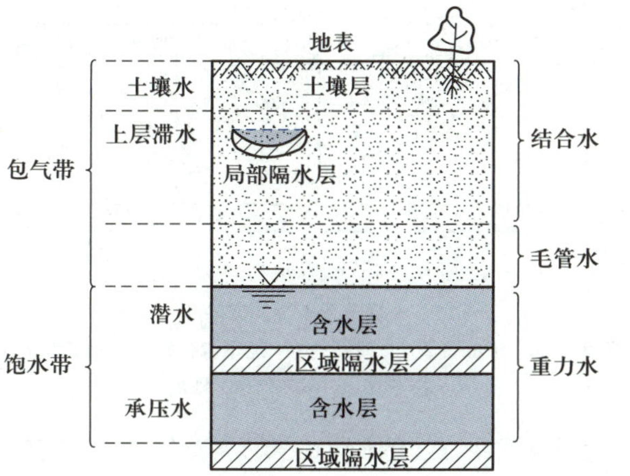

图 6-12　地下水的类型

（据黄锡荃等，2022，简化）

包气带内局部隔水层积聚下渗的重力水，形成局部饱水带，称为上层滞水。其范围和水量均很有限。饱水带中自地表向下第一个具有自由水面的含水层中的重力水，称为潜水。潜水一般埋藏在第四系松散沉积物的孔隙中或出露地表的基岩裂隙中，分布区与补给区基本一致，具有较稳定的隔水层和较大的水量。由于潜水面通过包气带的孔隙与大气相连通，受外界气象、水文因素的影响呈现季节性变化。受地形、岩性等因素的制约，其表面常常为向下游微倾斜的斜面（图 6-13）。

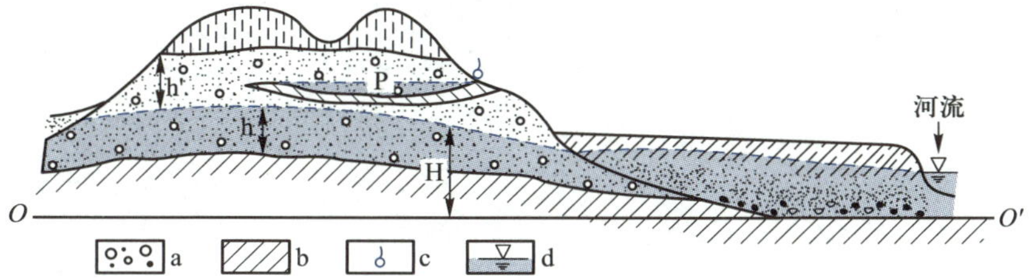

图 6-13　潜水剖面图

（据金伯欣、张效良等，1986）

a. 含水层；b. 隔水层；c. 季节性泉；d. 地表水；OO'. 基准面；
P. 上层滞水；H. 潜水位高程；h. 潜水层厚度；h'. 潜水埋藏深度

饱水带中充满两个稳定隔水层之间的含水层中的地下水称为承压水。承压水由于存在隔水层顶板而承受静压力。当钻孔穿透隔水层顶板时，孔中地下水将上升到一定的高度才能静止下来，此时静止水面的高程就是该点的承压水位。如果承压水位高于地表，地下水将能自喷而出，成为自流水（图 6-14）。与潜水不同的是，承压水的补给区和分布区不一致。相对封闭的存在环境，使其具有受外界影响较小，动态变化相对稳定的特点。因此，承压水成为地下水资源开发的重点。

三、储水构造

地下水的富集与贮存需要含水（透水）层与隔水层的相互结合。具有透水岩层和隔水层，能够富集并贮存地下水的地质构造体，称为储水构造。一个储水构造需要具备 3

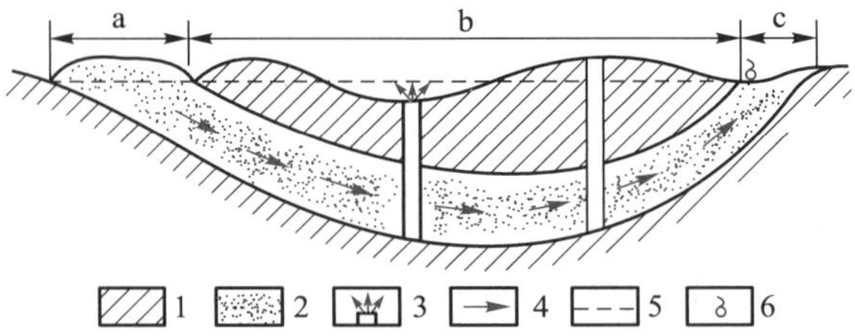

图 6-14 承压水与自流盆地

(据黄锡荃等,2023)

1. 隔水层;2. 含水层;3. 自喷钻孔;4. 地下水流向;5. 承压水位;6. 泉

a. 补给区;b. 承压区;c. 排泄区

个基本条件:① 具有透水的岩层或土体构成蓄水空间;② 具有相对的隔水层构成隔水边界;③ 具有透水边界作为地下水补给与排泄的出路。

不同的储水构造,对含水层的埋藏及地下水的补给水量、水质等均有很大的影响。尤其在坚硬岩层分布地区,首先要查明储水构造,才能找到比较理想的地下水源。常见的储水构造主要有:向斜(或构造盆地)储水构造、单斜储水构造、喀斯特储水构造、断裂储水构造等(图 6-15)。在松散沉积物分布区,根据沉积物的成因类型与空间分布,分为山前冲洪积型储水构造、河谷冲积型储水构造、湖盆沉积型储水构造。

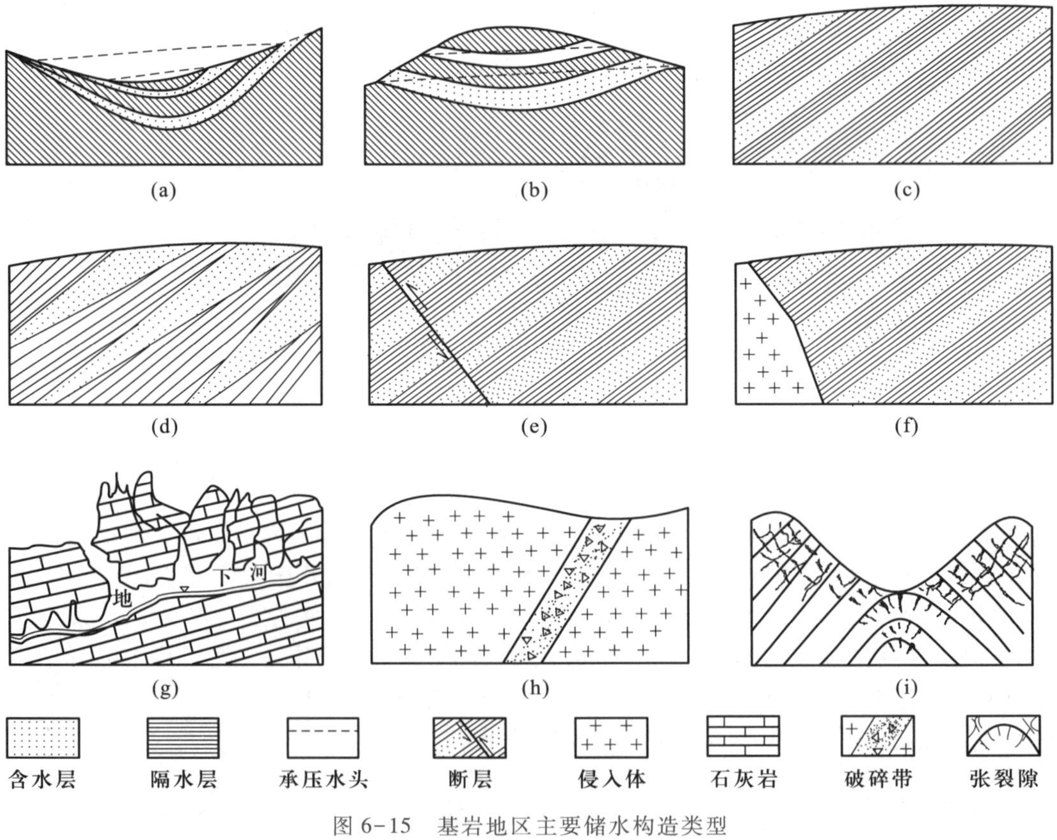

图 6-15 基岩地区主要储水构造类型

(a) 构造盆地;(b) 向斜山;(c) 含水层具量性变化的单斜构造;(d) 含水层尖灭的单斜构造;(e) 具断层阻水的单斜构造;(f) 侵入岩体阻水的单斜构造;(g) 喀斯特储水构造;(h) 断裂带;(i) 张裂隙带

向斜构造(构造盆地)和单斜构造通常是由软、硬相间的沉积岩层构成,既具有透水-含水层,也具有隔水层,是最适合承压水形成的储水构造。向斜构造无论是盆地[图 6-15(a)]或山地[图 6-15(b)],均包括补给区、承压区、排泄区,所不同的是,向斜盆地的承压水位可以高出地表,即具有"正水头",可以成为自流盆地。在向斜山地条件下,承压水位无法高出地表形成自流。单斜构造又称自流斜地,是单斜岩层末端具有阻水条件时形成的储水构造。其阻水条件主要包括 4 种类型:① 含水层的量性变化,具体表现在含水层的空隙性和透水性随着埋藏深度的增加而减小,到达一定深度成为不透水层[图 6-15(c)];② 含水层向其倾没方向尖灭或发生相变而形成阻水条件[图 6-15(d)];③ 含水层倾没端被阻水断层所封闭,压性断裂或不透水层形成阻水条件[图 6-15(e)];④ 含水层倾没端被阻水岩体(主要是侵入体)所封闭,形成阻水条件[图 6-15(f)]。

石灰岩地区由于岩石的可溶蚀性,喀斯特地貌发育,形成大量的地下裂隙与洞穴体系,结果导致地表水分布不均,相对匮乏。喀斯特储水构造分为溶管型和溶隙型两类[图 6-15(g)]。溶管型储水构造主要是喀斯特洞穴(管道)体系,其发育往往受断裂带或构造裂隙控制,管道中的水流相对集中,在宽大的洞穴里往往具有自由水面,即地下河,进入狭小的管道则成为承压流。溶隙型储水构造主要指各种网状、脉状、带状的溶蚀裂隙体系,其分布常与一定的构造部位相关,形成的岩溶带可以汇集地下水流,在排泄区常形成巨大的喀斯特泉群。总体而言,溶隙型储水构造的水量不如溶管型的多。因此,在纯石灰岩区、褶皱轴部、断裂带、碳酸岩与非碳酸岩接触带等有利于地下溶洞发育的地区,往往是喀斯特水的富水地带。喀斯特储水构造的特征之一是地下水量的时空分布极不均匀。受气候与水文条件的影响,喀斯特地下水季节性变化显著,丰水期与枯水期水量差别巨大。受集水管道分布的影响,喀斯特地下水的空间差异也非常大,在集水管道的底部,水量丰沛,偏离管道则水量骤减。

完整的侵入岩体和背斜构造的轴部本来不利于储水,但在有断层破碎带、张裂隙带的情况下,也可以成为裂隙水的良好储水构造[图 6-15(h)、(i)]。此外,在缺水地区如果局部存在有利的小型储水构造,也可以找到少量地下水。

四、地下水开采需要注意的问题

地下水通过不断的循环运动保持动态平衡。人类对地下水资源的过度开采,会打破这种平衡,导致地下水位下降,进而诱发地面下沉、海水倒灌等新的地质问题。

(一) 地下水允许开采量

地下水的开采应该以保证地下水资源不遭受破坏为前提,因此需要确定地下水的最大允许开采量。

从开发利用的角度看,地下水资源可以分为补给量、储存量和消耗量。补给量是指在天然状态或开采条件下,含水层获得的流入水量。储存量是指储存于含水层内重力水的体积,分容积储存量(潜水)和弹性储存量(承压水)。消耗量是指地下水从补给区到排泄区过程中消耗的总量,包括天然消耗量和人工开采量,常用单位时间内消耗的水量表示。

当地下水的补给量等于消耗量时,地下水的储存量不变,表现为水位稳定。当补给量大于消耗量时,地下水的储存量增加,地下水位上升。当补给量小于消耗量时,地下水的储存量减少,地下水位下降。因此,地下水资源的储存量具有波动性。为了描述这一特点,地下水的储存量还可进一步分为静储量、调节储量和动储量。

静储量是指天然条件下,最低水位以下含水层中所储存的水的体积。调节储量是指天然条件下,最高水位与最低水位之间含水层中储存的水的体积。动储量是指地下水的径流量,即在天然条件下,单位时间流经含水层某过水断面的地下水体积,表示含水层的侧向补给量。地下水的动储量和调节储量,实质上是地下水补给量的两种表现形式,都存在季节变化或多年变化。

因此,地下水的最大允许开采量可以从两个角度确定。首先,对应于最低水位的静储量是含水层中难以补偿恢复的部分,一般不允许开采,调节储量和动储量(包括最低水位时的动储量)是补给量与消耗量相对变化的表现,是人类可开发利用的地下水资源。其次,从补给与消耗的关系来看,消耗量超过补给量必将引起地下水资源的耗竭,因此,地下水的最大开采量不能超过多年平均补给量。考虑到地下水的消耗不仅仅是人类的开采,还包括具有生态意义的天然消耗,实际上地下水的允许开采量应该是在保证区域基本生态需水量的前提下,多年平均补给量扣除天然消耗后的剩余部分。

但是,在现实社会中,地下水资源的开采常常突破允许开采量,更没有考虑生态需水量,大量抽取静储量的结果是导致区域性地下水位下降,形成地下水漏斗甚至盆地,不仅使地下水资源难以恢复,而且严重影响区域生态功能。

(二) 地面下沉与地面裂缝

超量开采地下水引起地面下沉与地面裂缝已经成为沿海平原和内陆盆地区普遍存在的现象,严重的可以导致地质灾害。

地下水超采地区的地面下沉与区域性地下水位下降有关。在平原或盆地地区,松散沉积物形成的含水层与隔水层相间分布,在垂直方向上往往成多层结构(图 6-16)。地下水的开采以深层承压水为主,随着地下水位的下降,原来处于饱水带的含水层及隔水层进入包气带,并因失水而收缩,引起地表下沉,严重时会造成地面裂缝。具体变化包括 3 个方面。

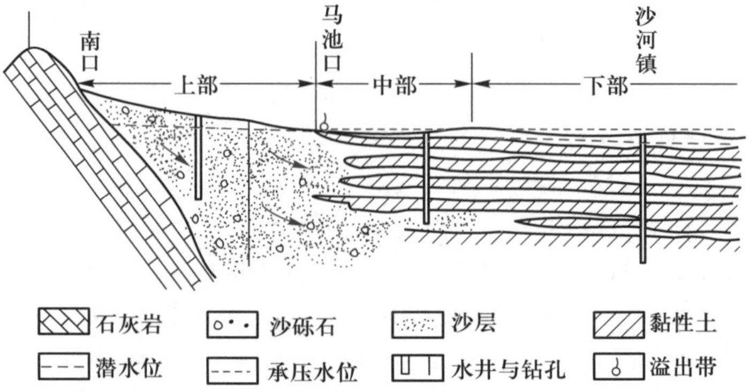

图 6-16 南口冲洪积扇水文地质剖面

(据黄锡荃等,2022)

上部:径流带;中部:溢出带;下部:承压带

首先，地下深处含水层中的承压水，承受了上覆地层的一部分荷载，当承压水被抽出后，上覆地层由于减少了原有水层的浮力，在重力作用下下沉。

其次，含水层本是多空隙的，在充满承压水时，上覆荷载是由其中的固体颗粒与水层共同承受的，当空隙中的水被排出，全部荷载都由含水层的固体颗粒负担，结果颗粒之间的空隙被压缩，孔隙度减小，由此产生的体积变化，在地面表现为下沉。

再次，隔水层主要由颗粒细小、具有吸水膨胀特点的黏土、亚黏土组成。在饱水带中，隔水层实际上是含水-不透水层，其水理性质是容水度大，持水度大，给水度小，透水性差。当含水层的水被排出，其上下的隔水层均会缓慢地释放水分，以保持水分交换的平衡。随着地下水位下降，进入包气带的隔水层逐渐脱水、干燥、收缩，其体积收缩率可以高达 20%~25%。地下水位下降引起的地面下沉，主要就是具备黏土性质的隔水层失水收缩的结果。

因此，隔水层的黏土含量、饱和水含量、累计厚度等都会影响地下水位下降后的地面沉降量。一般平原区愈靠近河流下游、靠近河口三角洲，细颗粒沉积物愈丰富，超采地下水引起的地面下沉愈显著。观测资料表明，天津地下水位下降引起的地面下沉的幅度大于北京。

（三）海水倒灌

在正常情况下，水循环的基本路径是地表径流和地下径流都汇入海洋。但是，超采地下水的结果，在沿海地区可以引起海水倒灌，导致地表水和地下水的咸化或盐碱化。

海水倒灌存在两种情况。第一，沿海地区超量开采地下水引起地面下沉，当沉降区的地面高程低于海平面，海水就可直接涌入这些低洼地区，形成潟湖或湿地。第二，地下海水的倒灌，主要是由于过量开采地下水会在含水层中产生负压，打破地下原有的淡水与海水的压力平衡，使得地下海水的水位（包括承压水位）高于淡水，海水便向陆地方向渗透，地下淡水资源逐渐咸化，严重的完全为海水所替代。

由于沿海地区地下水超采和地面下沉现象主要与人口集中的城市相关，海水倒灌无论是发生在地表还是地下，都会产生严重的影响。天津地区由于海水倒灌，地下水咸化，通过“引滦入津”工程跨流域调水，才缓解了天津淡水资源匮乏的问题。山东青岛、烟台、威海等沿海地区，同样存在海水倒灌问题。

第 3 节　工程建设的地质环境

工程建筑是人类经济活动与社会发展的产物。按照功能或用途可以将其简单概括为工业与民用建筑（简称“工民建”）、水利工程、道路工程，以及规模和功能特殊的大型建筑或建筑群等类型。不同类型的工程对地质环境的要求不同，需要解决的地质问题也有所不同。

一、工业与民用建筑

工业与民用建筑以普通的厂房或楼房为主，需要解决的主要地质问题，包括地基的稳定性、周边环境的稳定性，以及施工中的破坏性地质过程的预防等。

(一) 建筑物地基的稳定性

1. 岩层性质的影响

建筑物的地基或为天然的岩石和土体,或是人工堆填的土石。在建筑物荷载的压力作用下,岩土孔隙缩小,颗粒下移,产生变形或变位,从而引起地基沉降。地基的沉降分为均匀沉降和不均匀沉降两类。从建筑物安全的角度看,一定限度内的均匀沉降是容许的,下沉过大或不均匀则会影响建筑物的正常使用,甚至导致建筑物的破坏。

地基的不均匀沉降主要与地层性质的不均匀性有关。土体的不均匀性表现在不同成因或类型的土体压缩性不同。岩石的不均匀性则表现在不同类型或状态的岩石抗压强度各异。

压缩模量(Es)是描述土体压缩性的一个常用指标,指土在侧限条件下受压时,某压力段压应力增量与压应变增量之比。因此,土体的压缩模量愈大,说明在同等压应力增量的条件下,压应变增量小,即土体的压缩性小;反之,压缩模量愈小,说明在同等压应力增量的条件下,压应变增量大,即土体的压缩性大。由于压缩模量随着所取的压强区段范围不同而变化,工程上常用压强变化从 0.1 MPa 至 0.2 MPa 或从 0.1 MPa 至 0.3 MPa 所得的压缩模量 $Es_{1\sim2}$ 或 $Es_{1\sim3}$ 来判断土的压缩性(表 6-7)。显然,砾石、干燥的沙和黏土的压缩性较小,湿润、饱和、可塑性的沙与黏土的压缩性大。在同样的建筑物荷载作用下,地层性质的这种差别,必然导致地基的不均匀沉降。人工堆积的土石,压缩模量通常都小于相类似的天然岩土,因此,在建筑物地基跨越自然地层和人工土层的情况下,更要注意地基的不均匀沉降现象。

表 6-7 各种土的压缩模量参考值

地基土的类型	压缩模量 $Es_{1\sim2}/(\mathrm{kg\cdot cm^{-2}})$	地基土的类型	压缩模量 $Es_{1\sim2}/(\mathrm{kg\cdot cm^{-2}})$
砾石、碎石(卵石)土	400~560	硬塑的亚黏土和亚沙土	320~400
粗沙土	400~480	可塑的亚黏土和亚沙土	80~160
中沙土	320~400	坚硬的黏土	800~1 600
干的细沙土	240~320	硬塑的黏土	400~560
饱和的细沙	80~160	可塑的黏土	80~160

注:据胡广韬等,1984。

通常岩石是坚硬的,压缩性很小,但在压力作用下也会遭受破碎。岩石的抗压强度就是反映岩石抵抗压力破坏的力学指标之一。岩石单向受压时,抵抗压碎破坏的最大轴向压应力,称为岩石的极限抗压强度,简称抗压强度。不同类型、不同状态的岩石具有不同的抗压强度(表 4-1)。表 6-8 具体地列出了主要岩石的抗压强度,表明影响岩石抗压强度的因素主要有 3 类:① 岩性特征,即岩石的矿物成分、颗粒大小、胶结程度,特别是岩石层理、片理等构造,对岩石强度影响很大。一般而言,压力方向垂直层理时的抗压强度大于平行层理;结晶岩石的抗压强度大于非结晶岩石;细晶岩石的抗压强度大于粗晶岩石。② 风化程度,岩石经风化形成的各种裂隙,大大降低抗压强度。新鲜花岗岩抗压强度超过 1 000 $\mathrm{kg/cm^2}$,而风化后可降低至 40 $\mathrm{kg/cm^2}$,或更低。③ 水分条件,饱和状态下岩石的抗压强度小于天然状态或干燥条件下的岩石。不同岩石抗压强度及最大承载力的差别,也是影响地基平衡的因素。

表 6-8　主要岩石的极限抗压强度

岩石名称	抗压强度 /($kg \cdot cm^{-2}$)
胶结不良的砾岩,各种不坚固的页岩、硅藻岩、石膏等	<200
中等坚硬的泥灰岩、凝灰岩、浮岩、页岩,软而有裂隙的石灰岩、贝壳石灰岩	200～400
钙质胶结的砾岩,裂隙发育的泥质砂岩,坚固的页岩、泥灰岩	400～600
硬石膏、泥灰质石灰岩、云母及砂质页岩、泥质页岩、角砾状花岗岩	600～800
微裂隙发育的花岗岩、片麻岩、正长岩、蛇纹岩,致密灰岩,带有沉积岩卵石的硅质胶结的砾岩、砂岩、砂质灰岩、页岩、菱铁矿、菱镁矿	800～1 000
白云岩、坚固石灰岩、大理岩,石灰质胶结的致密砂岩,坚固的硅质页岩	1 000～1 200
粗粒花岗岩,非常坚固的白云岩、蛇纹岩,含有岩浆岩卵石的石灰质胶结的砾岩,硅质胶结坚固砂岩,粗粒正长岩	1 200～1 400
微风化安山岩和玄武岩,片麻岩,非常坚固的石灰岩,含有岩浆岩卵石的硅质胶结的砾岩,粗面岩	1 400～1 600
中粒花岗岩,坚固的片麻岩、辉绿岩、玢岩、粗面岩,中粒辉长岩	1 600～1 800
非常坚固的细粒花岗岩、花岗片麻岩、闪长岩,最坚固的石灰岩,坚固的玢岩	1 800～2 000
安山岩、玄武岩,最坚固的辉绿岩、闪长岩,坚固的辉长岩、石英岩	2 000～2 500
钙钠斜长石的橄榄玄武岩,特别坚固的辉绿岩、辉长岩、石英岩、玢岩	>2 500

注:据胡广韬等,1984。

2. 活断层的影响

活断层对地基和建筑物本身稳定性的影响非常严重,活断层造成的地面错动及其附近伴生的地面变形,会直接损害跨越断层修建或建于临近场地的建筑物。例如:1976 年 7 月 28 日河北唐山地震出现长达 8 km 的地表错断,呈 NE30°方向穿越市区,最大水平错距为 3 m,最大垂直断距为 0.7～1.0 m,破坏切过的所有建筑物(图 6-17)。宁夏石嘴山红果子沟一带的活断层,将 400 年前修建的明代长城水平错开 1.45 m(右旋),垂直断距达到 0.9 m。因此,建筑物地基选址应尽可能避免跨越活断层。

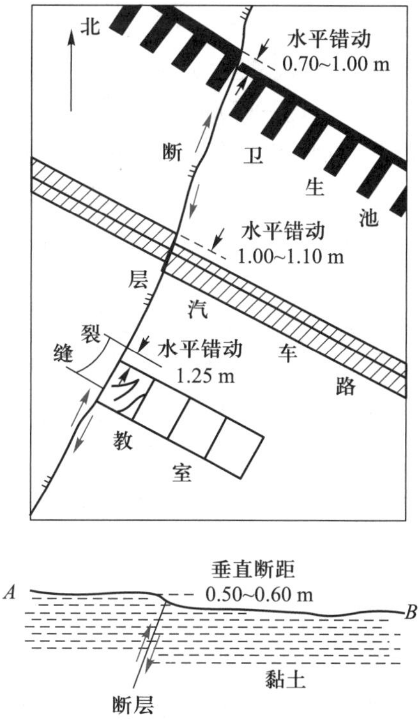

图 6-17　唐山地震活断层对建筑物的破坏
(引自刘超臣等,2002)

活断层一般是指目前正在活动,或者近期曾有过活动而不久的将来可能重新活动的断层。但是对于“近期”的理解并不一致,有人认为限于全新世之内(距今 11 700 年以来),也有人认为以 ^{14}C 测年的可靠上限(距今 35 000 年以内)为界。至于“不久的将来”则是指重要的大型建筑物(如大坝、核电站等)的使用年限,一般按100年考虑。

活断层的突出特点即近期的活动性,因此,其区别于一般断层的判别标志主要有:① 全新世以来地层的错断、拉裂或扭动;② 地表疏松土层出现大面积有规律分布的地裂缝;③ 错断现代地貌体,引起水系调整;④ 顺谷断层造成河谷两侧河漫滩与低阶地不对称;⑤ 古建筑被错断;⑥ 伴随火山或地震活动;⑦ 具有重力、地热、射线等物理异常现象;⑧ 可以直接监测断层位移量。

3. 地下水位与水质变化的影响

(1) 水位变化对地基的影响:主要是改变地层的物理性状,引起地基的不均匀沉降。地下水位的变化包括上升与下降两方面。

地下水位上升,意味着原来处于包气带中的部分岩土体进入饱水带范围,从非饱和状态变成饱和状态。水与岩土的相互作用,可以使岩土发生水解、软化、崩解等现象,水的浸润还可以溶解岩土中的可溶性盐类,破坏岩土结构,结果导致不均匀沉降。例如:黏土含量高、黏结力大的细粒土层,地下水的浸润使其饱和、软化、膨胀,降低了抗剪强度,易于发生塑性变形;黏土含量较低的粉质土层,水的浸润降低了颗粒之间的黏结力,水进入空隙时的不平衡,引起粒间扩散层增厚的速度也不平衡,在粒间排斥力超过吸引力的情况下,土体会崩解成散体;粉沙及粉细沙层含水饱和的条件下,外来的振动(如地震或人工振动)会引起沙土液化,形成流沙、管涌,导致侧壁变形、坍塌等破坏过程。

此外,在地下水位接近地表的地区,水位上升可以引起表土沼泽化、盐渍化,淹没建筑物地下洞室,甚至可能使地基上浮,使建筑物失稳。在寒冷地区,地下多年冻土层的阻隔使地下潜水位升高,地基土中的含水量偏多。在冻结作用下,地基土产生冻胀、地面隆起等变化,冻结状态的岩土体具有较高的强度和较低的压缩性,但随着温度升高,岩土解冻,其抗压和抗剪强度大大降低,压缩性增高,可使地基产生融沉,导致建筑物开裂失稳。

地下水位下降则是原来处于饱水带中的岩土体进入包气带,从饱和状态变成非饱和状态,与此相伴的是岩土体的脱水、收缩、硬化过程,其结果也会引起地面下沉。对此上一节已有介绍。需要补充的是,人类超量开采地下水资源引起的地下水位下降,往往是大范围的,而且难以恢复,由于在较大的空间范围内地层均一性差,地面的不均匀沉降就是必然的。

潜水带地下水位受气候和水文条件的影响,发生频繁的季节性升降变化,在膨胀性岩土分布区极易造成地基膨胀收缩的不均匀变形,产生滑动、破裂、坍塌等不良地质现象。因此,这种地区的地基评价必须特别注意建筑场区的水文地质条件分析。

(2) 水质变化对地基的影响:主要表现在对建筑材料的侵蚀性破坏方面。水是自然界最普遍存在的溶剂,地下水在其形成过程中,往往溶解有一定数量的可溶性盐类,含有一定数量的有机或无机酸类。这些溶解物质决定了地下水的水质,也使地下水具有腐蚀地基混凝土建筑与金属管线的破坏能力。这种破坏包括分解性侵蚀、结晶性侵蚀和复合性侵蚀。

① 分解性侵蚀,主要指地下水对地基建材的溶解作用。矿化度极低的软水(硬度<1.5 mmol/L)所含的CO_2、H^+、游离碳酸等会使混凝土碳酸化,或使其石料水解,导致其中的CaO、$Ca(OH)_2$等成分溶解流失,减少混凝土的碱度,降低混凝土的强度。有机酸或其他酸性物质进入地下水,也可以使其pH降低,对碱性的混凝土产生酸性腐蚀作用。

② 结晶性侵蚀,指地下水中盐分结晶对地基建材的破坏作用。地下水中含有的某些特殊盐类,在与混凝土接触时可以渗入混凝土内部,与混凝土成分起化合作用,使石料发生水化作用,从而形成水化物及稳定的含水结晶体。晶体膨胀引起的破坏,会使混凝土崩解、胀裂,特别是在地下水位变化比较频繁的地区,反复的结晶侵蚀严重影响混凝土的耐久性。

③ 复合性侵蚀,指分解性与结晶性并存的侵蚀作用。地下水中所含成分复杂时,与混凝土、水泥石料产生化学反应,结果是分解与结晶过程都存在,例如:某些化学成分(主要是阴离子)产生结晶性侵蚀,另一些成分(主要是阳离子)则产生分解性腐蚀。

(二) 建筑场地周边环境的稳定性

建筑物的安全不仅与所在具体位置的地基有关,还受到建筑场地周边环境稳定性的影响,其中现代构造运动和坡地稳定性是最主要的影响因素。

现代构造运动活跃的地区一般活断层的发育比较集中,甚至多火山、地震活动。相对于具体活断层对建筑物的破坏,断层活动形成的地震往往具有更大的破坏性,波及的范围更广。对建筑工程而言,这种地区地质环境的稳定性很差,因此必须进行区域稳定性评价和危险性分区评价。

坡地是丘陵、山区最普遍的地形,坡地的稳定性是许多建筑物都要面临的问题。无论是天然斜坡还是人工开挖的边坡,当其内部原有的应力平衡发生改变,都可以诱发斜坡岩土体的变形与破坏,甚至造成灾害。滑坡、泥石流、崩塌等就是不同条件下斜坡物质运动的结果,是坡地不稳定的具体表现。作为一种环境条件,工业与民用建筑必须考虑其所在地段的坡地稳定性问题。关于坡地稳定性的条件及影响因素的分析,详见道路工程部分。

(三) 施工过程可能引发的破坏性地质过程

工业与民用建筑物的施工过程,可以分为两个阶段:首先是地基的清理与开挖;然后才是建筑物的建设。

在开挖地基的过程中,一旦遇到不稳定地层或结构面,就会引发破坏性地质过程。例如,对不稳定的坡地进行开挖,会引起崩塌或者滑坡;在平地开挖,清除表层沉积物时,如果存在较厚的粉细沙层,易产生流沙;切穿局部饱和含水层,可引起管涌;基底存在软性含水地层,会发生挤压变形,形成底鼓;遇到抗压强度小的地层,会发生侧壁变形,甚至坍塌。

这些局部不稳定现象如果不能很好地防范、处理,一旦发生,就不仅会影响工程的进度和质量,还可能造成人身伤亡。

(四) 地质调查的工作重点

针对上述工业与民用建筑可能面临的工程地质问题,地质调查的主要工作应该包括:① 地层的岩性、厚度与分布,重点是岩土工程力学性质的均匀程度;② 场地及周边地质构造条件,重点是活动构造或重新活动的老构造的性质,以及斜坡的稳定性;③ 地下水的类型、埋藏深度与含水层的性质与分布,包括上层滞水的特点,重点是水位与水质的变化及其对地基岩土稳定性的影响。

大型建筑或建筑群(如港口码头、大型厂矿、城镇)的工程地质勘探,不仅需要注意地基强度与安全性等方面的因素,还需要特别注意水资源供给条件和区域地质环境的稳定性问题。

二、水利工程

水利工程是一系列具有蓄水、排水、输水、引水等功能的工程建筑的总称。水库是水利工程的主体,蓄水是其最基本的功能。因此,水利工程需要解决的地质问题,不仅需要考虑各种构筑物特别是大坝的稳定性与安全性,还必须注意水的渗漏和库区的淤积问题。前者是水利工程蓄水、输水功能的保障,后者影响着水库乃至整个水利工程系统的使用寿命。

(一)水库渗漏问题

水的渗漏问题在水利工程的各个部分(如水库、水渠、涵洞、渡槽)均可能发生,在此重点分析水库的渗漏问题。水库包括坝体与库区 2 个主要部分,当水库蓄水以后,水可能的渗漏方向有 3 个:绕坝渗漏、坝下渗漏和库区渗漏。水库的工程地质调查就是要找出各个方向水的渗漏条件和可能的渗漏量,为工程设计提供充分的依据。

1. 绕坝渗漏与坝肩稳定性

水库的坝址通常选在流域中的基岩峡谷地段,两岸的岩性和构造条件不仅决定了绕坝渗漏的程度,同时也影响着坝肩的稳定性。在一般情况下,坚硬、均一、完整、不透水、不软化的岩石组成的河段是最理想的坝址,但现实情况却是复杂多样的。

火成岩一般强度高,压缩性低,不溶于水,软化性小,而且均一性好。但是,断层带或节理、裂隙密集部位往往具有较高的渗透性。例如,深成岩常沿裂隙风化,深度可达数十米;浅成岩由于原生节理或多次小岩体侵入,接触带变质或形成破碎带。喷出岩由于多次喷发,形成坚硬的块状岩石与凝灰岩互层,凝灰岩往往成为易风化、泥化的软弱夹层,对坝肩的稳定性不利。

沉积岩具有层理,岩性差别大,特别是软硬岩层互层使得岩体的均一性比较差。一般而言,软岩层强度低,不利于坝肩的稳定,却往往是隔水层;硬岩层强度高,大多具有较好的透水性。沉积岩的产状则决定了坡地的稳定性与透水层的延伸方向。碎屑岩类的强度与胶结物成分有关,硅质胶结的强度最高;铁质、钙质胶结的强度虽较高,但易风化;黏土胶结的强度低,易风化,遇水易软化、崩解。黏土岩类强度低,易风化、软化、变形。化学岩及生物化学岩的强度一般能够满足建坝的要求,但坚脆的燧石岩裂隙发育,碳酸盐岩类溶蚀现象发育,都是易于渗漏的。

在变质岩中,呈块状构造的石英岩、大理岩等力学强度高,但石英岩性脆多节理,大理岩有溶蚀现象,易渗漏;片麻岩工程性质良好,抗压强度高,但有时风化深度较大;各类片岩一般沿片理方向强度较低,由石英或长石等矿物组成的片岩性质较好,由云母或绿泥石等矿物组成的片岩性质较差,不利于坝基抗滑稳定;板岩和千枚岩岩质软弱,常构成软弱夹层。

松散沉积物的强度远远低于基岩,透水性一般都高于基岩,刚性高坝应该尽量避免松散沉积厚度大的部位。

因此,坝肩稳定性与预防绕坝渗漏的工程地质调查,重点是坝肩所在地岩石的物质组成、岩石完整程度,特别是断裂与节理、裂隙的性质、软弱岩层与结构面的数量及产状等,必要时可以进行岩土渗透性实验。基岩渗透性一般采用压水实验,基岩严重渗漏段及松散沉积物则采用单孔抽水实验及渗水实验。依据获取的数据可以进行渗漏量的估算。

2. 坝下渗漏与坝基稳定性

影响坝肩稳定性与绕坝渗漏的因素,对于坝基稳定性和坝下渗漏具有同样重要的意义。但是,由于坝基坐落在谷底,在考虑基岩的岩性与产状等特征之外,还需要特别注意坝址基底河床的埋藏深度、上覆松散沉积层的岩性与渗透性、顺河断裂的性质、渗水性及其活动性等因素。

在一般情况下,谷底主要分布着以沙砾石层为主的河流沉积物,透水性好,易于遭受侵蚀,既不利于蓄水,也不利于坝基的稳定性,因此需要确定其厚度与渗漏量,以便采取相应的工程措施。基底河床埋藏深度实际上反映了河床以下松散沉积物的厚度。如果基底埋藏很浅,即覆盖沉积层很薄,则通过工程开挖清除,坝体可以直接建在基岩上,坝基的稳定性最好。但实际上,山区河流的基底河床埋藏深度往往很大,比如,北京西山清水河斋堂水库坝址处基底河床埋深超过 40 m,从工程角度不容易、也不必要进行清除,关键是在探明沉积物厚度的同时,确定其岩性及透水性特征,估算渗透量。进而可以采用帷幕灌浆等工程手段降低其渗透性,采用固结灌浆等手段增加坝下沉积层的强度和完整性。

山区河流的发育,往往受断层、裂隙等构造线的控制,因此,顺河断层是比较常见的现象。断层性质的不同,对坝基稳定性和坝下渗漏的影响也不同。通常张性断裂的透水性好,压性断裂的透水性较差;老断裂构造对坝基稳定性的影响小,活动构造对坝基稳定性的影响大。对于岩体透水性的问题,可以采用灌浆技术予以解决。活动构造对坝基稳定性的影响却是不易控制的。因此,在水库选址时,应避免跨越活断层。

3. 库区渗漏

库区渗漏主要发生在蓄水库容范围,包括侧方渗漏和库底渗漏。当水库蓄水,水位上升,超越地下分水岭或与邻近地区形成显著水位差时,一旦存在透水通道,渗漏必然发生。与坝肩相似,影响库区渗漏的主要因素也是岩性和构造条件,由于库区涉及的范围远远超过坝址,库区内岩性与构造条件的复杂程度也明显增加,因此,库区防渗的重点是找到渗漏通道,即透水层与透水带。

库水通过地下通道向库外渗漏的首要条件是库区周边存在透水岩层。第四纪地层区,沙砾石层是主要的渗漏通道。基岩地区,岩石的透水性一般较弱,但有规模大、延伸长的断层破碎带,串通的节理裂隙密集带,且其产状自水库正常高水位以下穿越分水岭达到低于水库水位的邻近低地,也会发生渗漏;沙砾岩一般为透水层,其结构越松散,透水性越强,在库区水位高于邻近谷地水位时,可能发生渗漏;完整的石灰岩实际上不透水,但发育有连通库区内外岩溶裂隙和洞穴的部位,则漏水非常强烈。

(二)水库塌岸与库岸稳定性

水库塌岸即水库蓄水后原有库岸斜坡被破坏的过程。其结果危及两岸的土地与建筑物，塌岸物质又是库区淤积的物质来源。

水库塌岸的主要原因是库水的浸润与波浪作用改变了库岸岩石和土体的工程地质状况，降低了岩土的抗剪强度和库岸的稳定性。影响库岸坍塌的因素主要有库岸的原坡度、地层性质、地质构造、库区水位变化、波浪作用、水下冲刷程度，以及风力与地震等。

一般而言，不论土质或岩质库岸，只要存在不稳定因素，水库蓄水就会增加其不稳定性，甚至导致破坏。相比较而言，岩质库岸一般不出现广泛的塌岸现象，大多是在有软弱结构面的条件下，发生滑坡或岩崩。土质库岸更容易出现塌岸现象，其发展过程如图6-18所示。塌岸在水库蓄水的最初几年最为强烈，随着时间的推移，水库水位升降变化，波浪侵蚀迫使岸线后退，水下浅滩不断扩大，当库岸斜坡及水下浅滩都达到新的稳定坡角时，库岸趋于稳定。

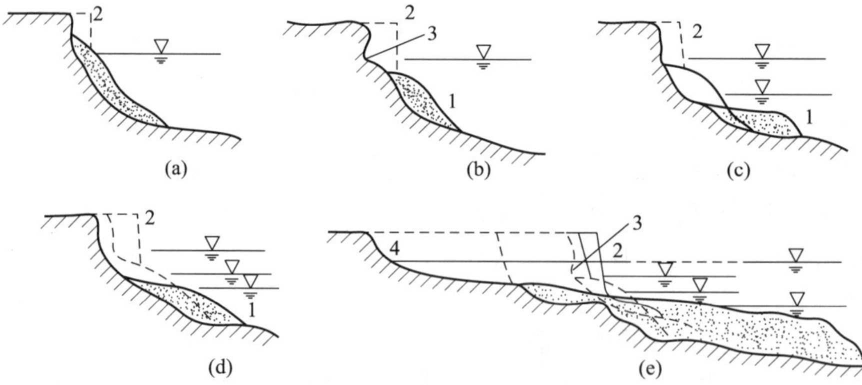

图6-18 土质库岸塌岸过程示意图

（引自胡广韬等，1984）

（a）蓄水初期陡岸崩塌；（b）出现浪蚀龛及水下浅滩雏形；

（c）库水位下降出现水下浅滩；（d）库水位上升岸壁后退，浅滩扩大；

（e）新的稳定岸坡形成，浅滩扩大终止于平衡状态；

1. 水下浅滩；2. 原库岸；3. 浪蚀龛；4. 最终库岸

物质的稳定坡角与其抗剪强度有关（参见下节），不同土类的天然稳定坡角不同（表6-9），通常粗物质的稳定坡角大于细物质的。沉积后的压实作用和胶结作用都会增加岩土的抗剪强度，增大其稳定坡角。水的浸润作用则会降低岩土的抗剪强度，减小其稳定坡角。

表6-9 不同土类的天然稳定坡角（β）

岸坡土类别	β/°	岸坡土类别	β/°
黏　土	5~30	含砾石亚黏土	35~45
黄　土	20~38	粗沙土	38~45
亚黏土	25~48	细砾石	>45
细沙土	30~35	卵石	>45
中沙土	30~40		

水下浅滩的物质处于含水饱和状态，其稳定坡角主要受沉积物粒度特征和波浪作用强度的控制（图 6-19）。如图所示，以波高代表波浪作用强度，则其规律是：① 当波高一定时，粗物质的稳定坡角大于细物质的；② 随波高的增加，各种土类的稳定坡角都减小；③ 波高小时，各种物质稳定坡角的差别大，波高大时，各种物质的稳定坡角差别小，反映波浪作用强度对水下浅滩的稳定坡角具有显著的控制作用。根据水库周边工程地质条件和水库水位变化情况，比较原库岸与最终库岸稳定坡角的差别，可以定量估算水库塌岸的范围、最终塌岸宽度、塌岸速度及总物质量。

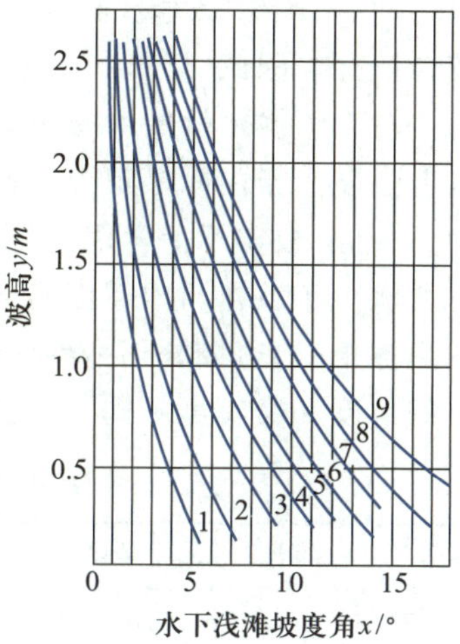

图 6-19　不同波高条件下各种土体的水下浅滩坡度角

1. 黏土；2. 黄土；3. 亚黏土；4. 细沙土；5. 中沙土；6. 含砾亚黏土；7. 粗沙土；8. 细砾；9. 卵石

（三）地质调查的工作重点

围绕水库大坝的稳定性，应着重调查坝址地段地层岩性的工程地质特征。针对水库渗漏问题，则需要重点调查库区周围地层岩性的水文地质特征，特别是库区底部和坝下断层及其导水性方面的特征。对于库区内的石灰岩层，需要对其岩性和喀斯特地貌（特别是溶洞与裂隙）发育状况进行考察。此外，水库工地附近筑坝建筑材料（主要是砂石料）的勘察，也属于水库建设地质调查的工作范畴。

三、道路工程

道路是线状延伸的构筑物，穿越的空间范围大，遭遇的地质条件往往很复杂。在道路工程中，路基的建设是主体，其面临的主要地质问题是边坡的稳定性和不良地质地段路基的稳定性。此外，道路工程还包括桥梁、隧洞等，地质条件对其安全性的影响也是需要考虑的。

（一）边坡稳定性

边坡泛指建筑物或构筑物近旁的天然斜坡或人工开挖形成的斜坡。边坡的稳定性受两方面因素的影响：其一是岩石和土体的内在地质条件，主要是岩性与结构面所决定的物理力学特征；其二是外在的触发因子，包括水、地震、人类活动等方面的作用。

1. 岩土抗剪强度与边坡坡角

自然界的岩石和土体在重力及外来荷载的作用下都要承受一定的压应力，在与压应力成一定交角的方向，会产生剪应力（图 4-16）。岩土的抗剪强度就是岩石或土体能够抵抗剪切破坏的最大剪应力。根据库仑定律，岩土的抗剪强度由内聚力压强 C 和内摩擦力强度 $\sigma\tan\varphi$ 两部分组成（图 6-20），其方程为：

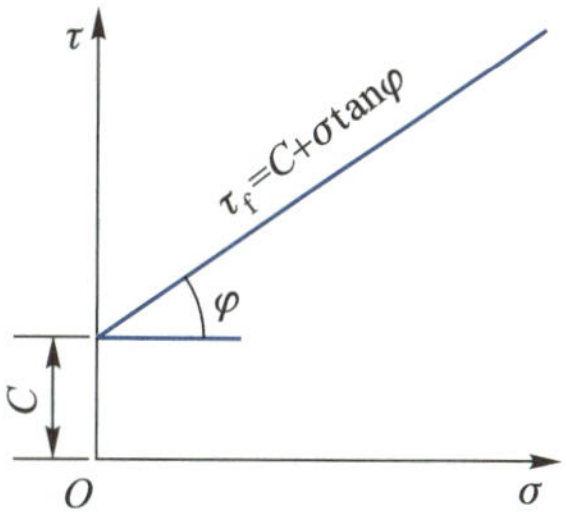

图 6-20　岩土抗剪强度与压力的关系

$$\tau_f = C+\sigma\tan\varphi$$

式中：τ_f 为岩土的抗剪强度，MPa；σ 为剪切面上的法向压强，

MPa；tan φ 为岩土的内摩擦系数；φ 为岩土的内摩擦角，°；C 为岩土的内聚力压强，MPa。其中 C、φ 值称为抗剪强度参数，是常用的反映岩石力学性质的重要指标。

岩土的内聚力是阻止土粒移动的主要阻力，取决于颗粒之间的连接、胶结情况。土粒移动后，内摩擦力起阻力作用，内摩擦系数取决于颗粒表面的粗糙程度和交错排列的咬合情况。因此，岩石和土体的抗剪强度与岩性密切相关，并且决定了边坡的稳定性。

对于干燥松散的沙质土体而言，颗粒之间的连接极其微弱，内聚力可以忽略不计，抗剪强度等于内摩擦阻力。此时物质堆积形成的天然稳定坡角即休止角，其值与内摩擦角相似，故实际上常用天然休止角来代替物质松散状态的内摩擦角。边坡的稳定性主要取决于坡角与内摩擦角的关系。当坡角小于内摩擦角时，边坡是稳定的；坡角等于内摩擦角时，边坡处于临界状态；坡角大于内摩擦角时，边坡不稳定。需要注意的是，沙土的粒度和密实度不同，其内摩擦角也有所不同（表6-10）。

表6-10 不同状态沙土的内摩擦角 φ 参考值

	粗沙	中沙	细沙	粉沙		粗沙	中沙	细沙	粉沙
松散	34	30	28	26	中密	38	36	34	32
稍密	36	33	30	28	密实	41	38	36	34

注：引自唐大雄等，1999。

含有黏性细颗粒的土体，由于土粒周围存在各种连接，例如结合水连接、胶结连接、毛细连接等，其抗剪强度由内摩擦力强度和内聚力压强组成，而且以内聚力压强为主。在这种情况下，边坡的稳定坡角取决于抗剪强度，必须综合考虑 C、φ 值的大小。需要注意的是，细粒土的连接以结合水连接为主，随着含水率（液性指数）的增加，水膜增厚，连接力下降，内聚力减小；另外，土粒周围的结合水膜可以起到润滑作用，减小颗粒之间的内摩擦力。因此，随着含水量的增加，土体的 C、φ 值（表6-11），以及抗剪强度都会降低，从而破坏边坡的稳定性。

表6-11 黏性土 C、φ 参考值

土类 / 指标 / 液性指数	黏土		亚黏土（粉质黏土）		亚沙土（粉土）	
	φ/°	C/kPa	φ/°	C/kPa	φ/°	C/kPa
0	22	100	25	60	28	20
0~0.25	20	60	23	40	26	15
0.25~0.50	18	40	21	25	24	10
0.50~0.75	14	20	17	15	20	5
0.75~1.00	8	10	13	10	18	2
>1.00	≤6	≤5	≤10	≤5	≤14	0.00

注：据唐大雄等，1999。

岩石的抗剪强度也是由内摩擦力强度和内聚力压强两部分组成，只是其 C、φ 值都比土体大（表6-12）。由于岩石已经固结，内聚力所起的作用很大，边坡的稳定性与内摩擦角的关系不明显，因此，坚硬岩石分布地段不仅是陡坡，即便是直立的悬崖也很稳定。需要指出的是：① 岩石的内聚力随着岩石风化程度的加深而减小，边坡的稳定性随之降低；② 对岩石边坡稳定性具有决定性影响的是各种结构面的性质与产状。

表 6-12　常见岩石的强度指标值

岩石名称	抗压强度 R/MPa	抗拉强度 σ_t/MPa	内摩擦角 φ/°	内聚力压强 C/MPa
花岗岩	100~250	7~25	45~60	14~50
流纹岩	180~300	15~30	45~60	10~50
闪长岩	100~250	10~25	53~55	10~50
安山岩	100~250	10~20	45~50	10~40
辉绿岩	200~350	15~35	55~60	25~60
玄武岩	150~300	10~30	48~55	20~60
石英岩	150~350	10~30	50~60	20~60
辉长岩	180~300	15~36	50~55	10~50
片麻岩	50~200	5~20	30~50	3~5
千枚岩、片岩	10~100	1~10	26~65	1~20
板岩	60~200	7~15	45~60	2~20
页岩	10~100	2~10	15~30	3~20
砂岩	20~200	4~25	35~50	8~40
砾岩	10~150	2~15	35~50	8~50
石灰岩	50~200	5~20	35~50	10~50
白云岩	80~250	15~25	35~50	20~50

注：引自唐大雄等，1999。

2. 岩体的结构面与边坡稳定性

岩体由各种不同形态的岩块和结构面组成，其强度受到岩块、结构面及其组合形式的控制。在一般情况下，岩体的强度既不等于岩块的强度，也不等于结构面的强度，而是两者共同影响表现出来的强度。当岩体完整、结构面不发育时，其强度与岩块强度相近或相等；当岩体沿结构面整体滑移时，其强度完全取决于结构面的抗剪强度。在多数情况下，岩体的强度介于岩块和结构面强度之间。

岩体的结构面可以是岩层层面、断层面、节理面、片理面、不整合面等地质构造面。根据其形态、连续性、充填情况，以及力学性质，结构面可分为平直光滑无充填的、粗糙起伏无充填的、非贯通断续的、有充填的软弱结构面 4 类。平直光滑无充填结构面内聚力较小，抗剪强度主要是摩擦阻力。粗糙起伏无充填结构面的抗剪强度大于前者，其起伏粗糙的表面增大了结构面的内摩擦角。非贯通断续结构面的抗剪强度包括各段结构面的抗剪强度和非贯通岩石的抗剪断强度，整个结构面的强度取决于结构面和岩石性质，以及结构面的连续性，比较复杂。有充填的软弱结构面的抗剪强度主要取决于充填物的成分、结构、厚度及充填度和含水状况等，一般规律是抗剪强度随充填碎屑含量增加及颗粒变粗而增高，随黏粒含量增加而降低(表 6-13)；当充填度(充填物厚度与结构面起伏差之比)小于 100% 时，抗剪强度随充填物厚度增加快速降低，当充填度达到 200%，结构面的摩擦系数趋于稳定，并达到最低值，抗剪强度取决于充填物的性质；结构面抗剪强度随充填物含水率增高而降低。

表 6-13 结构面不同夹层的抗剪强度

夹层成分	抗剪强度参数	
	摩擦系数 $f=\tan\varphi$	内聚力/kPa
泥化夹层和夹泥层	0.15~0.25	5~20
碎屑夹泥层	0.3~0.4	20~40
碎屑夹层	0.5~0.6	0~100
含铁锰质角砾碎屑夹层	0.6~0.85	30~150

注：引自唐大雄等，1999。

岩体边坡的稳定性不仅与结构面的性质有关，更主要的是受结构面产状的影响。当结构面的倾向与坡面一致且倾角小于坡面，即结构面向斜坡临空的一侧延伸时，这种结构面称为临空面。一旦出现促使临空面抗剪强度减小的诱发因子，岩土块体就会向坡下运动，导致边坡的变形与破坏。

图 6-21 举例说明了不同产状与性质的结构面、临空面与边坡稳定性的关系。由水平岩层组成的斜坡具有稳定的水平层面结构面[图 6-21(a)]。由倾斜岩层组成的斜坡，岩层产状与斜坡产状存在不同的组合形式：其一，岩层的倾向与斜坡一致，其倾角也与斜坡相等，等斜的层面结构面处于临界稳定状态[图 6-21(b)]，如果在坡脚人工切坡，则会形成不稳定的临空面；其二，岩层的倾向与斜坡一致，倾角大于斜坡，同倾向的层面结构面处于稳定状态[图 6-21(c)]；其三，岩层的倾向与斜坡一致，倾角小于斜坡，形成不稳定的临空面，当存在软弱夹层时，即为有充填的软弱结构面[图 6-21(d)]，如果没有夹层，视岩层层面的特征，可能是平直光滑的结构面，也可能是粗糙起伏的结构面[图 6-21(e)]；其四，岩层倾向与斜坡相反，通常这种情况下的层面结构面是稳定的，但如果垂直于层面的一组节理非常发育，节理面形成的非贯通断续的结构面成为不稳定的临空面[图 6-21(f)]。这种临空面在水平岩层条件下也可能存在。松散沉积物构成的坡面，由于抗剪强度低，往往形成剪切破裂面，成为不稳定的临空面[图 6-21(g)、(h)]。均匀、完整的结晶岩构成的斜坡一般是稳定的，如果岩体中的断层面或节理面成为临空面，则斜坡也是不稳定的[图 6-21(i)]。

3. 影响边坡稳定性的外营力因素

岩石和土体中的结构面与临空面是边坡不稳定的潜在构造条件，它们的存在不等于斜坡马上遭到破坏，只有当其抗剪强度减小或荷载增加，应力平衡被改变，才会发生斜坡的变形与破坏。

导致岩土及其结构面、临空面失稳的因素主要有风化作用、水的作用(包括大气降水、地表水、地下水、人工灌溉水等)、地震、人类活动(如工程开挖或堆砌、爆破、机械振动等)。这些统称为外营力因素。

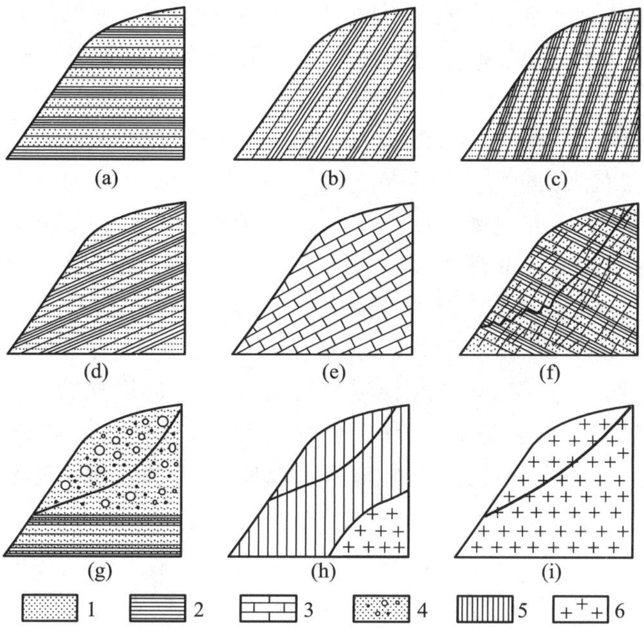

图 6-21　结构面与边坡稳定性的关系

1. 砂岩；2. 页岩；3. 石灰岩；4. 砂砾石层；5. 黄土；6. 结晶岩；

(a) 稳定的水平结构面；(b) 临界稳定的等斜结构面；(c) 稳定的同倾向结构面；(d) 具软弱夹层的临空面；(e) 坚硬岩层临空面；(f) 稳定的层面结构面与不稳定的节理临空面；(g) 含水砂砾石层剪切面形成临空面；(h) 厚层黄土剪切面形成临空面；(i) 均匀结晶岩中断层面形成临空面

在岩土内在地质条件和各种外营力因素的共同作用下，边坡破坏的形式因具体条件的不同而呈现多种类型，如：拉裂、蠕滑、弯曲倾倒、崩塌、剥落、滑坡等。

（二）路基的稳定性

路基是道路的基础，路基的稳定性是道路质量与交通安全的基本保障。边坡稳定性对道路的影响来自侧面，路基稳定性对道路的影响则来自地下。影响路基稳定性的因素主要有两类。其一，影响路基的水分状况，导致路面过湿、翻浆。这在寒冷地区主要是季节性冻土或多年冻土活动层冻融作用的结果；在湿润地区主要受地下水位上升、潜水溢出、浸润的影响。其二，影响路基稳固性，导致局部沉降。在新构造运动活跃的盆地或平原地区，路基沉降与构造下沉有关；在松散沉积物深厚地区，则与松软、含水地层的压缩、变形有关。由于构造下沉区也是松散沉积物的主要堆积区，其影响往往叠加并加重。例如，经由河北阳原盆地和山西大同盆地的宣大高速公路（宣化—大同），通过盆地内的沉积与沉降中心时，均为不良地质沉降路段。

（三）桥梁与隧道

桥梁与涵洞是道路跨越河流、沟谷的构筑物。桥涵设计关键需要考虑两方面的安全。其一是避免洪水的影响；其二是保证桥墩的稳定性。

洪水位是桥高或涵洞孔径设计的基本参数。由于不同重现期洪水的大小即水位高低不同，例如，百年一遇的洪水大于 50 年一遇的洪水，因此必须根据桥涵的设计使用年限,确定相应重现期的洪水位。在有水文观测资料的流域,可以通过洪水记录进行计算。在没有水文资料的流域,则需要通过古洪水沉积物的调查与分析,确定古洪水位的位置。

桥涵自身的稳定性取决于建筑地基的稳定性,即河床环境中桥墩的稳定性。为此必须获取河床基底埋深(即沉积物厚度)、沉积物性质,以及洪水冲刷深度等方面的资料,供桥墩设计参考。当沉积物厚度小于冲刷深度时,桥墩可以直接建在基底基岩上;当沉积物很厚时,桥墩地基的深度需要根据桥梁自重与最大承重、沉积物岩性及其力学特征(如,抗压强度、承载力等)、最大冲刷深度等进行测算。

隧道是道路穿越山脊开挖的地下洞室。隧道面临的重要地质问题是洞室的稳定性,其影响因素主要有:岩层的性质(特别是抗剪强度)、岩层产状、层面特征(结构面的强度)、构造线与隧道走向的关系、岩体完整性或被分割程度(节理裂隙的产状与密度)等。此外,还需要注意地下水的渗出量与涌水现象,以解决进水与排水问题。

(四) 港口

与交通有关的另一类特殊建筑是港口,由于其功能和地貌部位的特殊性,需要重点解决的地质问题是泥沙的淤积。在海岸带,应从波浪与海流作用的特点入手,着重搞清常年波浪辐聚、辐散的规律,确定泥沙的来源、运移方向和数量,为工程设计提供依据。

(五) 地质调查的工作重点

道路工程建设的地质勘察主要是围绕道路的选址选线开展,需要重点调查的地质问题包括沿线地层的性质(包括工程地质特征和水文地质特征)、地层组合关系、各种结构面的力学性质、结构面与坡向和坡度的关系;已有斜坡变形与破坏迹象的调查;不良地质沉降段的性质、范围、幅度与速率;河流洪水流速、泥沙含量、挟沙力、河床沉积与最大可能冲刷深度;海岸波浪与潮汐运动、泥沙淤积规律等。

第 4 节 地质灾害与地球化学环境

地质灾害是地质作用或地质过程与人类活动发生冲突的表现。这些地质过程可以是纯天然的,也可以是人为诱发的,其结果是造成人类的经济损失或人身伤害。

常见的地质灾害包括火山喷发、地震、崩塌(或塌方)、滑坡、泥石流、地面下沉、地裂缝、地面塌陷、海啸、海岸冲刷、河岸坍塌,等等。其中火山与地震往往可以诱发多种灾害过程。这些灾害性地质过程发生的条件与具体机制,在《动力地质学》《地貌学》等教材的相关部分均有较详细的介绍,本书前文中也有所涉及,在此不再重复。

随着世界人口增长与区域人口密度增大,人类在地球表面活动的范围不断扩大,地质过程致灾的频率与破坏程度(灾情)也明显增加。从数量来看,人为活动诱发的灾害所占比例上升;从灾情来看,强烈地质过程造成的损失越来越大,特别是在工业发达或其他人口密集的地区。因此,调查区域地质环境,确定可能存在的不稳定地质条件,预测或预防地质灾害的发生,指导人们遵循地质科学规律,减少人类活动触发的灾害,减轻地质灾害造成的损失,也是地质科学的重要任务。

地质灾害主要强调了物理地质过程，作为人类的生存环境，化学因素也是不应忽视的问题。地壳的化学特征或地球化学环境对于人类的影响存在利弊两个方面。

地壳元素的克拉克值只是化学元素在地壳中的平均含量，在各种地质作用下，地壳物质实际是不均匀的，矿床的形成就是有用元素相对富集的表现。对于其他元素，特别是微量元素，当对人体有害的成分含量增多，或对人体有益的成分含量偏低时，就有可能造成地方病，例如，我国较常见的有克山病、大骨节病、地方性氟中毒、地方性甲状腺肿、克汀病等。反之，当对人体有益的成分含量丰富，或对人体的有害成分含量降低时，则有益于健康，如温泉中含有的某些有益元素，可用于治疗疾病。

地球化学环境对人类的影响与元素的分布和含量有关，其规律受地质条件的控制。元素释放是通过岩石或沉积物的风化实现的，其结果是土壤和地下水中元素缺少或过多，进而影响人类健康。

需要特别指出的是，人类对矿产资源的开发利用，实际是把地壳中的某些元素提纯，并在生产与消费过程中，高浓度地释放到环境中，结果造成严重的环境污染，干扰了正常的元素地球化学循环过程，其中各种重金属元素的富集，对人体的危害非常大。污染元素在环境中的迁移、富集与扩散规律，有害元素在人体内的积累与毒害等一系列的问题已经成为环境地质学、环境医学等环境学科的研究重点。

综上所述，地质学在人类生产、生活各方面的应用，虽然服务的对象和具体的内容有所不同，但所立足的都是有关地壳物质组成及其特性、构造运动与地质构造、地层时代与层序等方面的基本知识和理论。这正是本书所着重强调的基础，也应该是读者们学习地质学的重点。

复习思考题

1. 名词解释：矿石、矿床、品位、矿产、金属矿产、非金属矿产、能源矿产。
2. 分析矿床的形成与岩石成因之间的关系，并举例说明。
3. 利用网络资源，查找矿产资源开发引起地面塌陷、沉降或环境污染的实例，分析矿产资源开发需要注意哪些问题？
4. 举例说明地质学知识在地下水资源开发及解决相关地质问题中的应用。
5. 工业与民用建筑的建设主要面临哪些地质问题？需要应用哪些地质学知识协助解决？
6. 水利工程的建设主要面临哪些地质问题？需要应用哪些地质学知识协助解决？
7. 道路工程的建设主要面临哪些地质问题？需要应用哪些地质学知识协助解决？
8. 查阅资料，举例说明地质环境条件评价的主要内容。
9. 分析主要地质灾害发生的地质条件。
10. 地质条件如何影响人类生存的化学环境条件？人类活动怎样改变环境的化学特征？

主要参考文献及指导读物

[1] 阿莱格尔 C J. 活动的大陆[M]. 北京:科学出版社,1987

[2] 曹琼英,沈德勋. 第四纪年代学及实验技术[M]. 南京:南京大学出版社,1988

[3] 长春地质学院,成都地质学院. 地质学基础[M]. 北京:地质出版社,1984

[4] 常士骠. 工程地质手册[M]. 北京:中国建筑工业出版社,1992

[5] 陈建强,周洪瑞,王训练. 沉积学及古地理学教程[M]. 北京:地质出版社,2015

[6] 陈武,季寿元. 矿物学导论[M]. 北京:地质出版社,1985

[7] 程裕淇,王鸿祯,等. 中国大百科全书 · 地质学[M]. 北京:中国大百科全书出版社,1993

[8] 《地球科学大辞典》编委会. 地球科学大辞典 · 应用学科卷[M]. 北京:地质出版社,2005

[9] 《地球科学大辞典》编委会. 地球科学大辞典 · 基础学科卷[M]. 北京:地质出版社,2006

[10] 地震问答编写组. 地震问答[M]. 北京:地震出版社,1981

[11] 杜蔚章. 地史学[M]. 北京:地质出版社,1985

[12] 方邺森,任磊夫. 沉积岩石学教程[M]. 北京:地质出版社,1987

[13] 傅英琪,杨季楷. 地史学简明教程[M]. 北京:地质出版社,1987

[14] 戈定夷,田慧新,曾若谷. 矿物学简明教程[M]. 北京:地质出版社,1989

[15] 贺同兴,卢良兆,等. 变质岩岩石学[M]. 北京:地质出版社,1988

[16] 胡广韬,杨文远. 工程地质学[M]. 北京:地质出版社,2005

[17] 胡受奚. 矿床学[M]. 北京:地质出版社,1983

[18] 华东石油学院岩矿教研室. 沉积岩石学[M]. 北京:石油工业出版社,1984

[19] 黄邦强,等. 大地构造学基础及中国区域构造概要[M]. 北京:地质出版社,1984

[20] 黄汲清. 中国主要地质构造单位(九十寿辰版)[M]. 北京:地质出版社,1994

[21] 黄锡荃,李惠明,金伯欣. 水文学[M]. 2 版. 北京:高等教育出版社,2023

[22] 金伯欣,张效良. 水文学与水资源概论[M]. 武汉:华中师范大学出版社,1986

[23] 金性春. 板块构造学基础[M]. 上海:上海科技出版社,1984

[24] 康迪 K C. 板块构造与板块演化[M]. 北京:科学出版社,1986

[25] 蓝淇锋,宋姚生,丁民雄,等. 野外地质素描[M]. 北京:地质出版社,1979

[26] 乐昌硕. 岩石学[M]. 北京:地质出版社,1984

[27] 李方正,蔡瑞凤. 岩石学. 2 版. 北京:地质出版社,1993

[28] 李善邦. 中国地震[M]. 北京:地震出版社,1981

[29] 李尚宽. 透视与地质素描[M]. 北京:地质出版社,1982

[30] 李叔达. 动力地质学原理[M]. 北京:地质出版社,1983

[31] 李亚美,夏德馨. 地史学[M]. 北京:地质出版社,1985

[32] 刘宝珺. 沉积岩石学[M]. 北京:地质出版社,1980

[33] 刘本培. 地史学教程[M]. 北京:地质出版社,1986
[34] 刘本培,蔡运龙. 地球科学导论[M]. 北京:高等教育出版社,2000
[35] 刘超臣,吴奇. 工程地质基础[M]. 北京:地质出版社,2002
[36] 刘东生,等. 黄土与环境[M]. 北京:科学出版社,1985
[37] 刘嘉麒. 核子在地学中的应用与发展[M]. 第四纪研究,1995,(4)
[38] 刘肇昌. 板块构造学[M]. 成都:四川科学技术出版社,1985
[39] 刘志宏,刘正宏,梁一鸿,等. 构造地质学[M]. 北京:地质出版社,2011
[40] 陆仲家,黄培华. 地震地质学简明教程[M]. 北京:地震出版社,1991
[41] 路凤香,桑隆康. 岩石学[M]. 北京:地质出版社,2002
[42] 罗金海,梁文天,于在平. 构造地质学[M]. 北京:高等教育出版社,2018
[43] 马杏垣,等. 地质构造形迹图册[M]. 北京:地质出版社,1981
[44] 倪丙荣. 地史学[M]. 北京:石油工业出版社,1988
[45] 潘兆橹. 结晶学及矿物学　上册[M]. 北京:地质出版社,1984
[46] 潘兆橹. 结晶学及矿物学　下册[M]. 北京:地质出版社,1985
[47] 潘钟祥. 石油地质学[M]. 北京:地质出版社,1986
[48] 钱正英,等. 中国大百科全书·水利[M]. 北京,上海:中国大百科全书出版社,1992
[49] 邱家骧. 岩浆岩岩石学[M]. 北京:地质出版社,1985
[50] 全国地层委员. 中国区域年代地层(地质年代)表说明书[M]. 北京:地质出版社,2002
[51] 苏文才,朱积安. 地质学简明教程[M]. 上海:华东师范大学出版社,1991
[52] 孙鼐,彭亚鸣. 火成岩岩石学[M]. 北京:地质出版社,1985
[53] 唐大雄,刘佑荣,张文殊,等. 工程岩土学[M]. 北京:地质出版社,1999
[54] 铁道部第一勘测设计院. 铁路工程地质手册[M]. 北京:中国铁道出版社,1999
[55] 童金南. 古生物学[M]. 2 版. 北京:高等教育出版社,2021
[56] 王鸿祯,李光岑. 国际地层时代对比表[M]. 北京:地质出版社,1990
[57] 王维. 地球的形状[M]. 北京:科学出版社,1982
[58] 王子贤,王恒礼. 简明地质学史[M]. 郑州:河南科学技术出版社,1985
[59] 吴惠群. 地质学基础学习纲要[M]. 昆明:云南大学出版社,1992
[60] 夏邦栋. 普通地质学[M]. 北京:地质出版社,1984
[61] 夏邦栋,刘寿和. 地质学概论[M]. 北京:高等教育出版社,1992
[62] 夏树芳. 历史地质学[M]. 北京:地质出版社,1991
[63] 夏正楷. 第四纪环境学[M]. 北京:北京大学出版社,1997
[64] 肖传桃. 古生物学与地史学概论[M]. 北京:石油工业出版社,2017
[65] 小林英夫. 刘兴义. 地质学发展史[M]. 刘肇生,译. 北京:地质出版社,1983
[66] 邢裕盛. 中国的上前寒武系[M]//中国地层概论. 北京:地质出版社,1982
[67] 徐成彦,赵不亿. 普通地质学[M]. 北京:地质出版社,1988
[68] 徐开礼,朱志澄. 构造地质学[M]. 北京:地质出版社,1984
[69] 徐秀登. 基础地质学教程[M]. 北京:高等教育出版社,1990

[70] 岩石分类和命名方案·火成岩岩石分类和命名方案[S]. GB/T17412.1-1998.

[71] 岩石分类和命名方案·沉积岩岩石分类和命名方案[S]. GB/T17412.2-1998.

[72] 杨怀仁. 第四纪地质[M]. 北京:高等教育出版社,1988

[73] 姚凤良,郑明华. 矿床学基础教程[M]. 北京:地质出版社,1983

[74] 叶俊林,等. 地质学基础[M]. 北京:地质出版社,1987

[75] 俞鸿年,卢华复. 构造地质学原理[M]. 北京:地质出版社,1986

[76] 王濮,潘兆橹,翁宝玲,等. 系统矿物学 上册[M]. 北京:地质出版社,1982

[77] 袁见齐. 矿床学[M]. 北京:地质出版社,1985

[78] 袁开先. 水文地质学. 2版. 北京:水利电力出版社,1987

[79] 曾佐勋,樊光明. 构造地质学. 武汉:中国地质大学出版社,2008

[80] 张宝政,陈琦. 地质学原理. 北京:地质出版社,1983

[81] 朱大奎,王颖,陈方. 环境地质学[M]. 北京:高等教育出版社,2000

[82] Bullen K E, Bolt B A. An introduction to the theory of seismology[M]. 4th ed. Cambridge: Cambridge University Press, 1988

[83] Christopherson R W. Geosystems: an introduction to physical geography[M]. 8th ed. Upper Saddle River: Prentice Hall, 2012

[84] Eicher D L, McAlester A L. History of the earth. Englewood Cliffs: Prentice-Hall, Inc., 1980

[85] Montgomery C W, Dathe D. Earth: then and now. 3rd ed. Boston: McGraw Hill, 1997

[86] Press F, Siever R. Earth[M]. 3rd ed. New York: W. H. Freeman and Company, 1982

[87] Prothero D R. Evolution of the earth. 8th ed. New York: McGraw-Hill, 2010

[88] Reineck H-E, Singh I B. Depositional sedimentary environments[M]. 2nd ed. Berlin: Springer-Verlag, 1980

[89] Salop L J. Geological evolution of the earth during the Precambrian[M]. Berlin: Springer-Verlag, 1983

[90] Seyfert C K, Sirkin L A. Earth history and plate tectonics[M]. New York: Harper & Row, 1979

[91] Stokes W L. Essentials of earth history: an introduction of historical geology[M]. 4th ed. Englewood Cliffs: Prentice-Hall, 1982

[92] Strahler A N. Physical geology[M]. New york: Harper & Row, 1981

[93] Taira A, Byrne T, Ashi J. Photographic atlas of an accretionary prism[M]. Tokyo: University of Tokyo Press, 1992

[94] Tarbuck E J, Lutgens F K. The earth[M]. Ohio: Merrill Publishing Company, 1984

附表 地质年代表

地质时代、地层单位及其代号					同位素年龄/Ma		构造阶段			生物演化阶段		
宙(宇)	代(界)		纪(系)	世(统)	时代间距	距今年龄	大阶段	阶段		动物		植物
显生宙 PH	新生代 Cz		第四纪 Q	全新世 Qh	~0.01	0.011 7	联合古陆解体	喜玛拉雅阶段	新阿尔卑斯阶段	人类出现	无脊椎动物继续演化发展	被子植物繁盛
				更新世 Qp	~2.57	2.58						
			新近纪 N	上新世 N_2	~2.75	5.333						
				中新世 N_1	~17.70	23.04				哺乳动物繁盛		
			古近纪 E	渐新世 E_3	~10.87	33.9						
				始新世 E_2	~22.10	56.0						
				古新世 E_1	~10.00	66						
	中生代 Mz		白垩纪 K	晚白垩世 K_2	~34.50	100.5		燕山阶段	老阿尔卑斯阶段	爬行动物繁盛		
				早白垩世 K_1	~44.50	~143.1						
			侏罗纪 J	晚侏罗世 J_3	~18.50	161.5±1.0						裸子植物繁盛
				中侏罗世 J_2	~10.60	174.7±0.8						
				早侏罗世 J_1	~27.20	201.4±0.2						
			三叠纪 T	晚三叠世 T_3	~35.70	~237						
				中三叠世 T_2	~10.20	246.7	联合古陆形成	海西—印支阶段	印支阶段			
				早三叠世 T_1	~4.70	251.902±0.024						
	古生代 Pz	晚古生代 Pz_2	二叠纪 P	晚二叠世 P_3	~7.61	259.51±0.21			海西阶段	两栖动物繁盛		
				中二叠世 P_2	~13.50	274.4±0.4						蕨类植物繁盛
				早二叠世 P_1	~25.80	298.9±0.15						
			石炭纪 C	晚石炭世 C_2	~24.30	323.4±0.4						
				早石炭世 C_1	~35.70	358.86±0.19				鱼类繁盛		裸蕨植物繁盛
			泥盆纪 D	晚泥盆世 D_3	~23.80	382.31±1.36						
				中泥盆世 D_2	~10.60	393.47±0.99						
				早泥盆世 D_1	~25.90	419.62±1.36						

续表

地质时代、地层单位及其代号					同位素年龄/Ma		构造阶段		生物演化阶段	
宙(宇)	代(界)		纪(系)	世(统)	时代间距	距今年龄	大阶段	阶段	动物	植物
显生宙 PH	古生代 Pz	早古生代 Pz_1	志留纪 S	末志留世 S_4	~3.80	422.7±1.6	联合古陆形成	加里东阶段	海生无脊椎动物繁盛	藻类及菌类繁盛
				晚志留世 S_3	~4.40	426.7±1.5				
				中志留世 S_2	~6.00	432.9±1.2				
				早志留世 S_1	~10.40	443.1±0.9				
			奥陶纪 O	晚奥陶世 O_3	~14.60	458.2±0.7				
				中奥陶世 O_2	~11.60	471.3±1.4				
				早奥陶世 O_1	~15.40	486.85±1.5				
			寒武纪 Є	末寒武世 Є$_4$	~11.60	~497.0				
				晚寒武世 Є$_3$	~12.00	~506.5				
				中寒武世 Є$_2$	~12.00	~521			生物大爆发 脊椎动物出现 硬壳动物出现	
				早寒武世 Є$_1$	~17.80	538.8±0.6				
元古宙 PT	新元古代 Pt_3		震旦纪 Z	晚震旦世 Z_2	~91.20	635			多细胞动物出现 裸露动物出现	
				早震旦世 Z_1	~50	680				
			南华纪 Nh	晚南华世 Nh_2	~120					
				早南华世 Nh_1		800	地台形成	晋宁运动		
			青白口纪 Qb	晚青白口世 Qb_2	~100	900				
				早青白口世 Qb_1	~100	1 000				

续表

地质时代、地层单位及其代号				同位素年龄/Ma		构造阶段		生物演化阶段	
宙(宇)	代(界)	纪(系)	世(统)	时代间距	距今年龄	大阶段	阶 段	动 物	植 物
元古宙 PT	中元古代 Pt_2	蓟县纪 Jx	晚蓟县世 Jx_2	~200	1 200	地台形成	晋宁运动	真核生物出现	藻类及菌类繁盛
			早蓟县世 Jx_1	~200	1 400				
		长城纪 Ch	晚长城世 Ch_2	~200	1 600				
			早长城世 Ch_1	~200	1 800				(绿藻)
	古元古代 Pt_1	滹沱纪 Ht		~500	2 300		吕梁运动		
				~200	2 500				
太古宙 AR	新太古代 Ar_3			~300	2 800				
	中太古代 Ar_2			~400	3 200	陆核形成			原核生物出现
	古太古代 Ar_1			~400	3 600				
	始太古代 Ar_0			~400	4 031			生命现象开始出现	
冥古宙 HD					~4 567				

注:① 本表同位素年龄及地质时代划分依据国际地层委员会发布的《国际年代地层表》2024 年 12 月(英文版)。元古宙、太古宙仍按《中国区域年代地层表》的方案。

② 本表只列到“世”一级地质时代单位,相应的地层单位则把宙、代、纪、世改为宇、界、系、统即可,同时把早、中、晚、末改为下、中、上、顶,如早志留世、中志留世、晚志留世、末志留世所形成的地层则称为下志留统、中志留统、上志留统、顶志留统,余此类推;但是,太古宙和元古宙中各代所形成的地层,只把代改为界,分别称为新太古界、中太古界、古太古界、始太古界,新元古界、中元古界、古元古界。

③ 本表震旦纪、南华纪、青白口纪、蓟县纪、长城纪、滹沱纪只限于国内使用。

第一版后记

本书是按高等师范院校地理系地理专业的需要编写的。全书除绪论外共包括三部分，第一部分是地壳的组成物质（矿物、岩石的基本知识和理论，以及矿床成因类型）；第二部分是地壳的构造变动（地壳运动、褶皱和断裂、地质力学、大地构造学说介绍和地震）；第三部分是地壳的发展历史，按地壳构造发展阶段扼要叙述世界和中国地壳构造和古地理演化的基本规律。本书除作为高等师范院校地理专业的教材外，也可供其他院校有关课程的参考之用。

为了适应社会主义的四个现代化的需要，本书在内容分量和基础理论方面都比“文化大革命”前有所加强。为了发展我国地质科学成就，本书系统扼要地介绍了我国地质学家李四光所创立的地质力学的基本内容，同时，还简要地介绍了其他大地构造学说，如板块构造学说等。考虑到兄弟院校所在地区的地质条件和教学的具体需要，本书的部分内容略有增多，以便各兄弟院校使用本教材时，有灵活取舍的余地。另外，还有些内容如古生物分类、地质制图、野外地质测量等，准备结合室内和野外实习讲述，因此，未编入本书。关于遥感方面的内容已编入测量和地图课中，故本书也未涉及，以免重复。

本书在初稿完成后，承蒙甘肃师大荣书之，吉林师大孙肇春、吕金福，上海师大苏文才，北京师院张兴修，西南师院杜子荣、秦万成，华南师院李健生、龙志强，华中师院刘涣川，新疆大学朱诚顺等同志认真负责地审阅全稿，并积极提出具体修改意见；中国地质科学院地质力学研究所李述靖同志在百忙中审阅了地质力学部分；武汉地质学院王鸿祯教授精心审阅和修改了地史部分古地理图件，提出了宝贵的意见。此外，蒲恩竹、彭庆祥、秦琪等同志为本书绘制了部分插图，在此一并致谢。

由于我们水平有限、编写时间仓促，其中错误和不当之处，在所难免，请批评指正。

作　者

1978年2月10日

第二版后记

本书出版已经四年多了。在此期间各兄弟院校在使用中提出不少的宝贵意见；同时近年来地质科学发展很快，经常有新成果出现。因此，我们决定对本教材进行一次修订，以便更好地反映地质科学现状和进一步适应地理专业的需要。

在本书出版后不久，北京师范大学曾受教育部委托草拟供高等师范院校地理专业试用的《地质学基础教学大纲》，于一九八〇年五月在杭州举行的高等学校理科地理教材编审委员会扩大会议上，由东北师范大学、甘肃师范大学、山东师范大学、兰州大学、西北大学、北京师范大学等校代表参加讨论修改，并经编委会审订。这次修订工作就是按照这个大纲的要求进行的。

概括起来，本书修订版与初版主要有下述不同之点：第一，芟削或精简了一些偏烦琐或对专业无关紧要的内容，如火山碎屑岩的详细分类、劈理的分类和应用、震中的迁移、莲花状和涡轮状构造等。第二，增加或补充了一些反映科学发展方向的内容，如沉积分异理论、油积岩的概念及成因、碳酸盐岩的结构、中国板块构造、板块构造与地壳的历史等。第三，适当加强了与专业关系较密切的内容，如关于矿床部分、岩相的分类等。第四，根据一九七九年全国第二届地层会议的精神，修正了有关地层的名称、划分和时代归属等问题，如书中不再采用“震旦亚界”这一名称，而代之以中、上元古界等。第五，为了使学生视野开阔、思想活跃、勇于探索，对于某些理论问题，本书采取不拘一家、兼容并蓄的原则，如对于大地构造各学派做了全面而又有重点的介绍。第六，有些描述性或参考性的内容，采取小字排版办法，以便各院校根据不同情况灵活掌握，也可以作为学生阅读之用。此外，本书在章节、标题、文字、插图等方面也都做了一定的修订、增减或调整。

我们在修订过程中，采纳或考虑了许多兄弟院校的宝贵意见，还参考或引用了一些有关院校的出版资料，并经教材编委会委员孙肇春同志审阅，人民教育出版社焦东立、章美玉同志整理清绘全书图件，在此谨向他们表示衷心的感谢。由于我们水平不高，书中仍难免有鲁鱼亥豕之误，希望同志们不吝赐教。

作　者

1982 年 6 月 15 日于北京师大

第三版后记

本书自第二次修订出版以来，已经第10次印刷，累计印数超过10万册，此乃作者始料所不及。回顾十余年来，地质科学突飞猛进，大有一日千里之势，深感教材务必及时汰旧增新，重新修订，方能适应和满足新形势之需要。所幸本书修订任务已列入国家教委审核批准的《高等学校理科1991—1995年教材编写选题规划》，据此，作者伏案埋首，数历寒暑，终于近日修订完成。

作者一向认为地质学基础应该包括矿物、岩石、矿床、构造、大地构造和地史等几个方面，只有基础宽厚，才能不论学什么或研究什么，都能得心应手、游刃有余、后劲无穷。因此，本书大的框架，未予变动；而若干细节则多有更新。本书名曰修订，实则是作者展纸握管，大部分为逐字逐句爬格而成，确实在主观上下了一番功夫。本书负有一项最重要的任务，就是把那些有用而又需要的基础知识很好地有效地传授给青年一代，掌握得越牢固越好，其中包括一些类似一加一恒等于二那样亘古不变的最基本的知识。有人不看对象和有用没有，把这类基础知识跟陈旧落后、无价值等同起来，这其实是一种误解。但仅仅这样就显得不够用了，还必须在此基础上有选择地进行知识更新和知识补充，使教材带有时代的气息和应有的导向作用。尽管如此，因教材使用对象是专业性很强的低年级学生，更新知识也并非是一件容易的事。所谓有选择地进行知识更新和补充，那就是知识再新再有用，但不是专业所需要的，不是低年级学生水平所能接受的，也一概或基本舍而弃之。作者的想法是，教材中既有一定广度和深度的基础知识和理论，又适当选进了一些代表发展方向的新东西，二者相辅相成，对于跨世纪的学生来说，肯定是受用无穷的。

但作者修订本书感到最不容易的事，是教材内容如何和课时多少无所适从。过去编写教材有部颁教学大纲为依据，而如今似乎找不到什么依据了。目前各兄弟院校地理系本科开设地质学基础课(或其他名称)，或开一学年，或开一学期，有的还没有师专的课时多。根据课程内容难易、学生知识水平和学生年级高低，分别情况适当缩减课时，是教学改革的必要措施。但若因之起到削弱基础而不是加强基础的作用，亦恐非面向21世纪所应采取的办法。作者有鉴于此，在教材处理上使其具有一定弹性或选择性，即各兄弟院校在使用本书过程中，其不足处可补充之；其多余处可芟除之。这是一点粗浅的想法。

本书初稿完成后，承华东师大苏文才教授、西北大学马乃喜教授、陕西师大吴成基副教授审阅，并提出宝贵的建设性意见；还有许多兄弟院校的教师在过去十余年中曾先后来信提出批评和修改意见；北师大资环系张保民副教授、杨志荣博士研究生在百忙中帮助整理复印书稿。在此作者向他们表示衷心感谢！本书第二次修订，张振春副教授不幸长期患病，未能参与工作。作者个人力单学浅，虽想尽善尽美完成修订任务，仍有力不从心、语多纰缪之感。敬希同志们惠赐高见，不胜感激之至。

宋春青

1995年6月1日

第四版后记

《地质学基础》1978年初版，前3版累计印数达24.6万册，第2版还被译成蒙古文出版，从一个侧面反映了广大师生和读者对本书的肯定。然而，本书第3版出版已近10年，面对21世纪高校教育改革的要求，作者深感有必要对教材做进一步修订，以满足新形势下教学改革的需要。2001年本书列入《普通高等教育"十五"国家级教材规划申报指南》"地理科学类"(0707)"专业主干课"教材修订计划并获准立项。第三次修订工作得以顺利开展。

地壳的组成物质、构造运动和发展历史是地质学的核心内容，也是本书一贯强调的基础。我们认为，主要矿物与岩石的识别是地理专业野外工作的基础；地质构造分析是认识区域地理特征的基础，大地构造学说是认识洲际地貌特征和海陆变迁规律的基础；地壳演化历史是了解过去，认识现在，估测未来的基础；岩矿、地层、构造的基本知识和野外认知能力也是应用地质学的基础。

根据教学改革"拓宽基础"的实际需要，此次修订在保留教材原有优点的前提下，进行了结构调整，按照地壳的组成物质、地壳的运动、地壳的演化3个方面对原书的相关章节进行了归并，并增添了地质学基本理论及其建立过程、地质学在资源与环境方面的应用等内容，意在突出基础性与实用性，也使教材章节更简明、完整。对于可供实践课参考的描述性内容，如主要矿物、岩石种类的特征，褶皱构造与断层的野外识别；有助于拓展视野的补充性材料，如褶皱构造与断层的研究意义，韧性断层与区域性大断裂，有关地震成因的假说，大地构造学说，各时代地层中的重要矿产等，在本书中均以小号字处理，使教材具有一定的弹性，为各兄弟院校在使用本书过程中，按需选用提供了方便。

此外，本次修订注意了避免重复，如地质年代表在原书第1章第3节和第10章第2节都出现了，现予以合并；对原书中的瑕疵，如图件倒置、图号错误以及易引起读者歧义的表述等，也予以订正。

本书修订过程中，适逢"第18届全国高校地质学教学研究会学术年会(2003.10.17—20)"在北京师范大学召开，会上各位代表曾就本书的修订思路进行了讨论，提出了许多好的建议；本书初稿完成后，承北京师范大学李容全教授、石油勘探开发科学研究院张保民研究员审阅，并提出宝贵的建设性意见；许多读者在过去十余年中曾来信提出批评和修改意见；北京师范大学地理学与遥感科学学院硕士研究生白鸿叶、朱楠帮助整理扫描书稿与图件。本书责任编辑徐丽萍同志在各个方面给予了大力的支持与耐心的指导。在此作者向他们表示衷心感谢！

这次修订，宋春青先生年事已高，张振春副教授长期患病无法参与工作，经学院领导与宋先生协商，由邱维理副教授协助导师并承担具体的修订工作。在先生指导下，学生广泛收集最新相关资料，就修订方案同先生进行了多次讨论。遗憾的是，由于学生两次出国，加之教学科研任务繁重，耽误了教材修订进度。2004年3月23日宋先生仙逝。3月21日学生最后一次探望先生时，先生念念不忘的仍是教材的修订工作，当得知学生已经着手工作，先生露出了欣慰的笑容。本书凝聚了先生毕生的心血，此次修订乃是先生生前挂念的最后一件大事。对于如此重任，由于学生才疏学浅，虽竭尽所能，结果恐怕仍然难以达到先生的期望，所幸经过一年多的努力，现在终于完稿付梓，对先生多少是一点慰藉。正因为如此，学生恳请各位读者不吝赐教，帮助指出、纠正书中纰缪，使本书更加完善，以慰先生在天之灵，学生不胜感激之至。

邱维理（代笔）

2005年6月30日

第五版后记

时光飞逝，本书第四版出版已将近20年。虽然高等教育出版社曾多次提议修订，但自己总感觉准备得还不够充分，以致长期搁置。2020年是一个特殊的年份，受新型冠状病毒影响，人们的生活节奏与工作模式都发生了变化，也给了我一个调整工作重心的机会。

促使我着手修订本书的动因有两个。其一，2020年底，北京师范大学推荐本书参评"首届全国教材建设奖"，出版社提供的发行量显示，截止到2020年12月第30次印刷，第四版累计印数达20多万册，1978年初版以来总印数超过50万册。大数据时代的氛围令人对数据更加敏感。已有印数让我倍感责任重大：书中的任何问题都有可能误导数以万计的读者，教材修订已经刻不容缓。其二，因深知教材的重要性，自己总持有一种完美主义心态，希望教材修订做到尽善尽美。受益于与徐丽萍、杨俊杰两位责任编辑的交流，我认识到修订工作是一个与时俱进、逐步完善的过程。这使我能够放平心态，着手解决教材中已经发现的问题，而不是构建一个全新的理想体系。

随着教学模式改革，教学课时减少，教学内容的取舍已成为任课教师必须面对的问题。近些年在学术会议或教研活动中，常有老师跟我讨论"如何把握地理学专业本科生地质类课程的教学重点"，这也促使我立足地理学的专业需求，思考教材内容的选取与呈现。

本教材的修订一直秉承强调基础的传统。第五版保留上一版的整体结构，在探讨地质学与地理学关系的基础上，进一步强调岩矿、地层、构造的基本知识及其应用是地理野外研究能力的基础，突出地质学对于地理学的基础性与实用性。本次修订幅度较大的部分包括：从地球的形成演化认识地质作用；以主要造岩矿物和常见岩石为重点；更新地球基本参数、地质年代及多种图件；配套提供教学课件和网络资源。

本书的修订离不开广大师生的大力支持。作者在此首先要感谢吴成基、李兆江、韩军青、张祖陆等前辈老师，郑祥民、康建成、伍永秋、俞鸣同、王祖伟、张云吉、杨前进、刘洪杰、辛存林、宋保平、刘吉夫、杨木壮、张志全、张广胜、吕红华、葛兆帅等同仁的鼓励和建设性意见；感谢许棱泽、潘翔等同学指出书中表述欠准确之处。本人还要特别感谢宋春青和张振春两位先生的家属对教材修订的支持和署名调整的理解。感谢高等教育出版社的编辑、排版、制图、印刷等各个环节工作人员为保证本教材图文质量所做的努力。感谢我的家人在幕后的支持与付出。

教材的完善不可能一蹴而就。囿于本人的有限学识，第五版教材仍然难免纰缪，恳请各位读者予以指正，以使本书更加完善，作者将不胜感激。

邱维理

2024年2月4日(立春)